어느 종교학자가 본 한국의 종교교단

강돈구

저자 **강돈구**

한국학중앙연구원 교수

어느 종교학자가 본
한국의 종교교단

초판인쇄 2016년 12월 20일
초판발행 2017년 1월 1일

저   자 강돈구
책임편집 이신
발 행 인 윤석현
등록번호 제2009-11호
발 행 처 박문사
　　　　 서울시 도봉구 우이천로 353 성주빌딩 3F
　　　　 Tel: (02) 992-3253(대)　　　　 Fax: (02) 991-1285
　　　　 Email: bakmunsa@daum.net
　　　　 Web : http://jnc.jncbms.co.kr

ISBN 979-11-87425-16-8 93200　　　　　 정가 41,000원

어느 종교학자가 본 한국의 종교교단

강돈구

박문사

책머리에

2011년에 『종교이론과 한국종교』라는 책을 간행하였습니다. 1985년부터 그 때까지 필자가 쓴 논문 19편을 모아서 엮은 책입니다. 다행히 이책이 2012년도 (사)한국종교문화연구소 학술상과 동시에 대한민국학술원우수도서에 선정되기도 하였으나, 지금까지 우리나라 종교학계에 얼마나기여했는지는 알 수 없습니다. 어느 덧 햇수로 6년이 지나가고 있습니다.

이번에는 1994년부터 쓴 종교교단 관련 논문 17편을 모아 『어느 종교학자가 본 한국의 종교교단』이라는 제목으로 출간합니다. 지금 이 순간에도책의 제목이 어딘지 어색하기 짝이 없다는 느낌이 듭니다. 여러 글을 꿰뚫는 시각이 없다는 인상을 줄 수 있습니다. 그러나 이 책의 제목은 6개월이상 고민한 결과 정해진 것입니다. 제가 쓴 종교교단 관련 논문 하나를인용하면서 어느 학자는 그 논문이 개략적인 스케치에 불과하다고 평하기도 하였습니다. 그리고 어떤 논문에 대해서는 해당 종교교단 사람들이 불만 섞인 평을 늘어놓기도 하였습니다.

이 책의 제목은 좀 어색하기는 해도 '종교학자'가 쓴 논문들을 묶은 책이라는 점을 의도적으로 강조하기 위한 표현입니다. 이 책에 실린 논문들은 해당 종교교단 내부에 계시는 분들을 만족시키기 위한 내용이 아닙니다. 비록 개략적인 스케치에 불과하다는 평을 듣는 한이 있더라도 무엇보다도 자신의 정체성을 종교학자로 규정하는 동학들의 인용을 희망하는 학술적인 논문들을 묶은 책이라는 점을 밝히고자 합니다.

　여기에 언급된 종교교단들이 한국의 종교교단을 망라하는 것은 물론 아닙니다. 오히려 종교학계나 종교계, 그리고 한국사회에서 어느 정도 소외된 종교교단들이 의외로 많다는 사실을 알 수 있을 것입니다. 여기 언급된 종교교단들을 그래도 억지로 묶어본다면 '종교교단' 보다는 '신종교'라는 용어가 더 어울릴지도 모르겠습니다. 그러나 언제부터인지는 모르겠으나 필자는 '신종교'라는 용어를 그다지 좋아하지 않게 되었습니다. 여기 언급된 종교교단들이 한국의 종교교단을 망라하는 것은 아니지만, 한국의 종교교단에 속한다는 점에는 이의가 없을 것으로 생각합니다.

　근래에 국내외에서 '종교'라는 개념에 관한 학술적인 논의가 많이 이루어지고 있습니다. 그러면서 '종교'라는 개념이 까다롭고 어색한 용어로 인식되는 경향도 있는 것으로 보입니다. 현재 정치학이 '정치'라는 개념에, 사회학이 '사회'라는 개념에, 그리고 문화인류학이 '문화'라는 개념에 그다지 몰두하지 않는 것을 보면, '종교'라는 개념에 몰두하고 있는 종교학의 현재는 좀 별나게 보이기도 합니다. '종교'라는 개념에 몰두하고 있는 종교학은 또한 '종교학'이라는 학문을 별난 학문으로 규정하려고까지 하고 있는 것이 아닌지 모르겠습니다. 요즈음도 국내에서 소위 중견 학자들이 쓴 종교학의 '정체성' 관련 논문을 심심찮게 발견할 수 있습니다. 이런 관심이 물론 필요 없다는 것은 아닙니다. 단지 이런 관심이 차지하는 비중이 좀

과하다는 생각을 지울 수 없습니다.

언제부터인지 필자는 '종교', 그리고 '종교학'이라는 용어를 가능하면 사용하지 않으려고 하고 있습니다. 그러다가 종교교단이라는 용어에 착안했는지 모르겠습니다. 누군가는 또 '종교교단'이라는 용어를 분석하고 정의하려고 힘을 쏟을까 걱정이 되기도 합니다. 단지 '종교교단'이라는 용어는 여기에서 언급된 교단들을 묶는 범주에 불과할 뿐입니다.

여력이 있으면 이 책에서 언급되지 않은 한국의 다른 종교교단들에 대해서도 앞으로 하나씩 살펴보았으면 하는 바람을 가지고 있습니다. 그리고 또 여력이 있으면 일단 일본의 종교교단들, 특히 우리나라에서 활동하고 있는 일본의 종교교단들에 대해서 살펴보았으면 하는 바람도 가지고 있습니다. 이러한 필자의 작업이 앞으로 우리나라 종교학계에 어떻게 기여할 수 있을지는 모르겠습니다. 그러나 개략적인 스케치라는 평가를 넘어설 수 있고, 또 종교교단에 속해 있는 분들의 지지를 좀 더 받을 수 있는 글들을 쓸 수 있었으면 합니다. 물론 그러기 위해서는 필자의 이러한 관심이 동학들의 호응을 얻어야 할 것입니다. 그럴 수 있기를 희망할 뿐입니다.

여기에 실린 논문들은 각각 대략 1년 정도의 노력을 기울인 결과입니다. 경우에 따라서는 의외로 발간물이나 연구물들이 없거나, 또는 외부인들이 접근하기가 쉽지 않은 종교교단들도 있습니다. 또 경우에 따라서는, 특히 외국에서 들어온 종교교단의 경우, 외국이 아니라 한국에서 발간된 서적이 없는 경우도 종종 있습니다. 그럼에도 불구하고 해당 종교교단에 속해 있는 분들의 많은 협조가 있었습니다. 이 자리를 빌어 이 분들에게 감사의 말씀을 드립니다.

종교교단 관련 논문을 쓸 경우 특정의 학자나 이론을 빌려 다소 쉽게 정리하는 경우를 종종 볼 수 있습니다. 이 경우 해당 종교교단보다는 특정의 학자나 이론에 중점을 두기 때문에 해당 종교교단이 오히려 소외되는 경우도 종종 볼 수 있습니다. 또는 경우에 따라서는 해당 종교교단에 속해 있는 분들이 우리와 동떨어져 있는 사람들로 인식되는 경우도 종종 볼 수 있습니다. 종교교단에 관심이 있는 종교학자는 가능하면 해당 종교교단을 존중하는 태도를 지녔으면 합니다. 그리고 가능하면 해당 종교교단에 속해 있는 분들이 우리와 다른 분들이 아니고 그야말로 우리와 똑같은 분들이라는 생각을 아울러 지녔으면 합니다.

여기에 언급된 종교교단들을 네 개 정도의 장으로 나누어서 엮어볼까도 생각했습니다. 그러나 끝내 장으로 분류할 수 있는 틀을 만들어 내지 못하고 결국 논문이 발표된 순서대로 차례로 열거할 수밖에 없었습니다. 양해를 바랄 뿐입니다.

각 논문의 앞부분에 출처를 제시했습니다. 발표된 연도를 감안하고 논문들을 읽어주기를 바랍니다. 끝으로 기존의 논문들을 묶어서 출판할 수 있게 허락해 주신 관계 기관에 감사를 드립니다.

2017년 1월

목차 ━━━━━━━━━━━━━━━━━━━━━━━━━━━━━━━━━━━━━

책머리에 _003

제1장 한국 무교회운동의 종교사적 의의   _013
　1. 머리말   _013
　2. 內村鑑三과 일본의 무교회운동   _016
　3. 한국 무교회운동의 성격   _032
　4. 맺음말   _051

제2장 오순절교의 특징과 전개   _053
　1. 들어가는 말   _053
　2. 오순절교의 특징   _057
　3. 오순절교의 기원과 전개   _068
　4. 한국 오순절교의 전개   _073
　5. 나오는 말   _080

제3장 침례교의 특징과 전개   _083
　1. 들어가는 말   _083
　2. 침례교의 특징   _086
　3. 침례교의 기원   _099
　4. 침례교의 세계사적 전개   _101
　5. 일제하의 한국 침례교   _107
　6. 광복 후의 한국 침례교   _112
　7. 나오는 말   _116

제4장 수운교의 특징과 전개   _119
　1. 들어가는 말   _119
　2. 수운교와의 만남   _121

7

3. 동학의 계보와 수운교 _123

4. 수운교의 특징 _127

5. 수운교의 기원과 전개 _141

6. 나오는 말 _143

제5장 '여호와의 증인'의 특징과 전개 _145

1. 들어가는 말 _145

2. '여호와의 증인'과의 만남 _147

3. '여호와의 증인'의 특징 _151

4. '여호와의 증인'의 기원과 전개 _163

5. 나오는 말 _170

제6장 세계평화통일가정연합의 현재와 미래: 천주청평수련원을 중심으로 _173

1. 머리말 _173

2. 통일교와의 만남 _178

3. 통일교의 주요 교리 _183

4. 천주청평수련원 _192

5. 영계의 구조 _196

6. 맺음말: 통일교의 최근 경향 _198

제7장 예수그리스도후기성도교회의 특징과 전개 _203

1. 들어가는 말 _203

2. 몰몬교와의 만남 _207

3. 몰몬교의 특징 _211

4. 몰몬교의 기원과 전개 _225

5. 나오는 말 _230

제8장 제칠일안식일재림교의 교리와 역사 _233

1. 머리말 _233

2. 재림교회에 대한 인상 _236

3. 재림교회의 교리 _239

4. 재림교회의 역사 _252

5. 맺음말 _259

제9장 **구세군의 역사와 정체성**   _261
  1. 머리말   _261
  2. 구세군의 역사   _264
  3. 구세군의 교리와 의례   _279
  4. 구세군의 조직과 현황   _285
  5. 맺음말   _288

제10장 **원불교의 일원상과 교화단**   _293
  1. 머리말   _293
  2. 원불교에 대한 일반적인 인식   _296
  3. 원불교의 신앙대상   _301
  4. 원불교의 조직   _313
  5. 맺음말   _320

제11장 **금강대도의 현재와 미래**   _323
  1. 머리말   _323
  2. 금강대도와의 만남   _325
  3. 금강대도의 교리   _330
  4. 금강대도의 현재   _341
  5. 금강대도의 미래   _349
  6. 맺음말   _352

제12장 **한국 신종교의 종교교육: 대순진리회를 중심으로**   _355
  1. 머리말   _355
  2. 역사와 교리   _358
  3. 방면교육   _371
  4. 도장 교육   _377
  5. 맺음말   _380

제13장 **유교 조상의례의 미래**   _385
  1. 머리말   _385
  2. 유교 조상의례의 배경   _389

3. 상속법 개정 이전과 이후의 유교 조상의례 _399
4. 한·중·일 조상의례의 비교 _403
5. 맺음말 _407

제14장 대순진리회의 신관과 의례 _413
1. 머리말 _413
2. 대순진리회의 신관 _416
3. 대순진리회의 주요 의례 _436
4. 맺음말 _445

제15장 한국 종교교단의 '국학운동' _449
1. 머리말 _449
2. 동아시아의 국학 _452
3. 한국 종교교단의 '국학운동' _465
4. 맺음말 _479

제16장 대한불교 천태종의 정체성 형성 과정 _483
1. 머리말 _483
2. 천태종의 현재 _487
3. 천태종의 정체성 형성 _499
4. 맺음말 _509

제17장 미래 한국의 또 다른 종교들?: 선도계 수련단체들을 중심으로 _513
1. 머리말 _513
2. 선도계 수련단체들 Ⅰ _516
3. 선도계 수련단체들 Ⅱ _533
4. 맺음말 _540

참고문헌 _544
색   인 _570

어느 종교학자가 본 한국의 종교교단

제1장

한국 무교회운동의
종교사적 의의.*

1. 머리말

우리나라는 동양 종교와 서양 종교가 비슷한 세력을 유지하면서 함께
존재하는 유일한 나라이다. 대체로 동양에 위치한 나라들은 서양 종교가
유입되어도 동양 종교가 주축을 이루고, 서양에 위치한 나라들은 동양 종
교가 유입되어도 서양 종교가 주축을 이루고 있다. 다시 말해서 지구상의
대부분의 나라들은 국교나 공인교를 채택하지 않은 나라라고 할지라도
주도적인 종교를 가지고 있다. 이에 비해 우리나라는 동양 종교와 서양
종교가 영향력 면에서 우열을 가리지 못할 정도로 함께 활동을 하고 있기
때문에 말 그대로 종교의 다원성plurality이 존재하는 나라이다.

이와 같이 종교의 다원성이 존재하는 우리나라의 경우 문화의 정체성을
뚜렷이 찾아 볼 수 없다는 문제점을 안고 있다. 문화의 정체성이 미확립된

---

* 나학진교수 정년퇴임기념논문집 간행위원회 편, 『종교다원주의와 종교윤리』, 집문당,
  1994.

상태에서 민족의 정체성, 민족의 통합성, 민족의 자존성은 기대하기가 어려울 수밖에 없다. 이로 인해 발생하는 현상을 사회나 문화 곳곳에서 발견할 수 있다.

동시에 우리나라는 종교의 다원성을 종교 다원주의religious pluralism로, 다시 말해서 잠재적인 종교 간의 갈등을 종교 간의 공존으로 바꾸어야 할 시대적인 과제를 안고 있다. 지연과 혈연으로 인한 갈등 상태가 현존하는 사회에서 종교 간의 갈등은 민족 내부의 통합에 저해가 되는 요인으로 작용할 가능성을 지닌다. 역사적으로 볼 때 종교 간의 갈등은 오히려 지연과 혈연으로 인한 갈등을 더 한층 가속화시키는 구실을 해 왔다.

한국 문화의 정체성이 확립되고, 종교 다원주의가 가능하려면 한국의 종교들이 민족주의적인 성격을 지니는 것이 필요하다.[1] 이러한 규범적인 전제를 가지기까지에는 학문적인 고민을 거쳐야만 하였다. 왜냐하면 규범적인 전제는 종교학의 전제로 타당하지 않다는 것이 일반적인 의견이기 때문이다. 그러나 한국의 종교학은 적어도 한국의 종교에 대해서 규범적인 발언을 할 수 있어야 하고 또 그것이 한국의 종교학자들의 의무라는 결론에 도달하였다.

이러한 전제 아래 필자는 근대사에서 활동하였던 유교, 불교, 천주교, 개신교 그리고 신종교들의 민족주의적인 성격을 『한국 근대종교와 민족주의』[2]에서 비판적으로 고찰한 적이 있다. 이 책의 제5장에서 필자는 김교

---

1 한국의 종교들이 민족주의적 성격을 지니는 것이 필요하다는 주장이 한국 민족주의 안에 한국의 종교들이 포괄되어야 한다는 것을 의미하지는 않는다. 이 말은 한국의 종교들이 각자의 특색을 유지하되 민족주의적 요소를 공통부분으로 지녀야 한다는 것을 의미한다. 이 문제는 강돈구, 『한국 근대종교와 민족주의』, 집문당, 1992의 서평인 류성민, 「민족을 위한 종교」, 『신학연구』 34, 1993, 209-214쪽을 참조 바람.

신의 무교회운동이 민족주의적 성격을 지녔다는 기존의 학설에 이의를 제기하였다. 그 이유는 '일본적 기독교'를 표방한 內村鑑三의 무교회운동에서 비롯한 김교신의 무교회운동이 조선 민족적 기독교로 전개되는 것이 쉽지 않았을 것이라는 점에서 찾았다.

본 논문은 김교신을 중심으로 한 한국 무교회운동에 대해서 지녔던 앞서의 견해를 수정하여 한국종교사에서 한국 무교회운동의 위치를 적절히 평가하려는 의도에서 비롯되었다.

제2장에서는 內村鑑三의 무교회운동의 일반적 성격을 고찰할 것이다. 그리고 제3장에서는 한국 무교회운동의 대표적인 인물인 김교신과 함석헌의 무교회운동을 고찰하여 이것이 한국종교사에서 차지하는 위치를 지적할 것이다. 일반적으로 김교신은 민족적 기독교인으로, 그리고 함석헌은 그의 '씨올의 사상'을 중심으로 민중신학과의 관련 속에서 이해되고 있다. 그러나 김교신과 함석헌은 內村鑑三의 무교회운동으로부터 많은 영향을 받은 것이 사실이다. 그럼에도 불구하고 일제하에서 주로 활동을 하였던 김교신을 민족적 기독교인으로 묘사하기 위해서 그가 內村鑑三으로부터 받은 영향을 도외시하는 경향이 있어 왔다. 그리고 함석헌의 경우는 그가 무교회운동으로부터 이탈하여 나중에 퀘이커교인이 되었다는 사실에서 그가 內村鑑三으로부터 받은 영향이 주목을 받지 못하였다. 그러나 김교신과 함석헌의 저작물과 그들의 활동을 內村鑑三의 그것들과 살펴보면 이들이 內村鑑三으로부터 지대한 영향을 받았다는 사실에 놀라움을 금할 수 없다.

---

2 강돈구,『한국 근대종교와 민족주의』, 집문당, 1992.

따라서 본 논문은 內村鑑三의 무교회운동이 일본종교사에서 차지하는 비중을 먼저 살피고, 이어서 김교신과 함석헌의 무교회운동이 內村鑑三의 그것과 어떤 차이가 있는지, 그리고 이것이 한국종교사에서 어떤 위치를 차지하는지를 차례대로 살펴볼 것이다. 이러한 논의 과정을 통해서 한국의 무교회운동이 지닌 민족주의적 성격의 특징을 밝히고 아울러 한국의 종교 다원주의에 기여한 측면에 주목할 것이다.

2. 內村鑑三과 일본의 무교회운동

內村鑑三(1861-1930)은 일본 무교회운동의 창시자이다. 그는 1861년 3월 23일 상주上州에서 무사계급 집안의 장남으로 태어났다. 그는 동경외국어학교를 거쳐 1881년 삿보로농학교[3]를 졸업하고 북해도 개척사의 관리가 되었다. 재학중에 선배들의 강요에 못 이겨 '예수를 믿기로 한 자의 서약'에 서명하고, 이어서 미국 선교사로부터 세례를 받았다.[4] 1882년 삿보로독립교회를 설립하고, 이어 동경에 머물면서 학농사學農社의 강사와 농상무성 수산과의 직원 등으로 일하면서 결혼을 하였으나 곧 이혼하고, 1884년 11월에 미국으로 건너갔다.

미국에서 그는 자선기관에서 일하면서 아모스트 대학을 졸업하고 하트호드 신학교에 입학하였으나 미국의 교회와 신학에 실망을 하여 고심 끝

---

3 國立 北海道大學의 전신.
4 「나는 어떻게 크리스천이 되었는가?」, 『內村鑑三全集』 2, 설우사, 1975, 26-30쪽.

에 1888년 일본으로 돌아왔다.[5] 귀국 후 그는 기다고시 학교에 잠시 근무하다가 1890년 9월 제일고등학교의 촉탁교원이 되었다. 1891년 1월 소위 '불경사건不敬事件'으로 제일고등학교를 사직하고 잠시 오오사카의 태서학관太西學館의 교사로 있다가 이후에는 저술활동[6]과 강연을 통해서 무교회운동에 전념하였다. 1900년 9월에 『성서지연구聖書之研究』를 창간하고 일요 성서연구회와 하기 강연회를 지속적으로 시행하여 많은 제자를 얻었다. 그의 제자들로는 畔上賢造, 塚本虎二, 藤井武, 淺野猶三郎 등이 있으며, 특히 矢内原忠雄[7]은 1940년 김교신의 초청으로 경주, 대구, 평양, 함흥, 경성 등지에서 강연을 한 적이 있다.[8] 内村鑑三은 1930년 3월에 사망하였는데 그의 유언에 의해 『성서지연구』는 1930년 4월호(357호)로 종간하고 성서연구회는 같은 시기에 해산되었다.

그가 태어나서 활동하였던 시기는 일본이 새로운 서구문물에 접하면서 혼란을 겪던 시기였다. 일본에도 그 당시 보수주의자, 절충주의자, 그리고 진보주의자들이 있기는 하였지만, 일본은 대체로 명치유신 이후 국가신도를 중심으로 문화적 통합을 유지한 채 서구문물을 성공적으로 수용할 수 있었다.

이런 시대적 상황 속에서 그는 일본japan과 예수jesus라는 두 개의 'J'를

---

5 위의 책, 138-144쪽.
6 그의 저술은 『内村鑑三全集』 20(岩波書店, 1933-1935), 『内村鑑三著作集』 21(岩波書店, 1955-1957), 『内村鑑三 聖書註解 全集』 17(教文館, 1962-1963), 『内村鑑三 信仰著作 全集』 25(教文館, 1964)에 실려 있다. 우리나라에서는 설우사에서 1975년에 번역 출판한 『内村鑑三全集』을 참조할 수 있다.
7 나중에 동경대학 총장을 지내기도 하였다.
8 한석희, 『일제의 종교침략사』(김승태 옮김), 기독교문사, 1990, 189-192쪽.

동시에 강조하여 일본을 위해서는 기독교가, 그리고 기독교를 위해서는 일본이 필요하다는 점을 역설하였다. 다시 말해서 그는 일본을 사랑하면서 동시에 예수의 복음이 일본이 간직해 온 목표를 달성하는 데 긴요하다는 점을 주장하였다. 그러나 그 당시는 이미 국가신도를 중심으로 국가적인 체계가 정립되는 시기였기 때문에, 그리고 일본의 기독교적 사명을 강조하는 것이 기독교의 보편성에 위배된다는 이유로 인해, 内村鑑三은 사회와 기독교계 양 쪽으로부터 비판을 받을 수밖에 없었다. 그의 기독교는 '무교회주의'와 '일본적 기독교'라는 용어로 정리해 볼 수 있다.

2.1. 무교회주의

内村鑑三이 무교회주의를 주장한 것은 『聖書之硏究』를 창간하고 독립 전도자로 나선 1900년경부터이다. 그는 삿보로농학교에 들어가기 전에는 신도적神道的인 삶을 살았다. 삿보로농학교에 들어간 뒤에 그는 선교사 중심의 일본 기독교에 접하게 되었고, 또한 4년여의 미국 생활에서 미국의 기독교가 안고 있는 문제점을 파악할 수 있었다.[9] 다시 일본으로 귀국하여 그는 미국 기독교의 가장 큰 문제로 교파주의를, 그리고 일본 기독교의 가장 큰 문제로 서구식 기독교라는 점을 지적하였다. 그리고 기독교가 안고 있는 이러한 문제들을 해결하기 위한 대안으로 무교회주의를 제창하였다.

内村鑑三의 무교회주의는 '제2의 종교개혁'을 목표로 하고 있다. 루터의 개혁에 의해 가톨릭교에서 프로테스탄트교가 출현했는데 프로테스탄트

9 「나는 어떻게 크리스천이 되었는가?」, 『内村鑑三全集』 2, 104-105쪽.

교가 다시 가톨릭교화하였기 때문에 또 다시 개혁이 필요하다는 것이다. 그의 말을 직접 인용해 보자.

세계는 종교개혁을 다시 할 것을 요구한다. 16세기의 종교개혁은 저지된 운동으로 끝났다. 프로테스탄트교는 제도화되어 버림을 받고 로마 가톨릭으로 되돌아갔다. 우리들은 프로테스탄트주의를 논리적 결론에까지 이끌어 가는 두 번째의 종교개혁을 원한다. 새 프로테스탄트주의는 완전히 자유로워야 하며 그 안에 교회주의의 흔적마저도 남겨져서는 안 된다.[10]

그는 "사람이 의롭다 함을 얻는 것은 믿음에 있고 율법의 행위로 말미암는 것이 아니다"라는 루터의 복음신앙이 그 당시 유럽에 새로운 생명을 주었다는 사실을 인정한다. 그러나 로마 가톨릭교가 로마 교황과 결탁한 것과 마찬가지로 루터는 독일의 봉건제후의 세속적 권위와 결탁했으며, 바이블의 권위를 교회 위에 둔 것은 올바른 일이었으나 바이블을 존중한 나머지 '바이블 숭배'를 초래했다고 비판하였다.[11] 이로 인해 교파주의와 종교분쟁이 발생했는데 이러한 현상을 치유하기 위해서는 루터의 개혁에다 사랑을 첨가한 새로운 개혁이 필요하다는 것이다.[12]

교파주의를 배격하고 무교회주의를 실현하기 위해서 그는 구체적으로 몇 가지 방안을 제시하였다. 첫째, 그는 제도와 건물로서의 교회를 부정하

----

10 「종교개혁을 다시 할 필요」, 『内村鑑三全集』 7, 163쪽.
11 「루터가 남긴 害毒, 부록 제2종교개혁의 필요」, 『内村鑑三全集』 2, 437-439쪽.
12 위의 글, 443쪽.

였다. 内村鑑三에 의하면 에클레시아Eclesia는 제도적인 교회나 교회당을 의미하지 않는다. 에클레시아는 본래 '규칙에 의하지 않고, 법률에 의하지 않으며, 예수를 그리스도라고 인정하는 자발적인 인식에서 나오는 사랑의 신앙을 기초로 한 그리스도 특유의 영적 회중'[13]이다. 따라서 진정한 교회 는 그리스도를 믿는 자들이 사랑에 의해서 결속된 영적 교제의 단체여야 하며, 인위적, 기교적, 제도적 교회여서는 안 된다. 무교회주의의 교회관 은 그의 아래의 지적에서 적나라하게 살필 수 있다.

이 세상의 교회란 무엇이며 어디에 있는 것인가? 그것은 하느님이 지은 우주이며 자연이다. 그것이 우리 무교회신자들이 가지는 이 세상의 교회 이다. 교회의 천정은 푸른 하늘이고, 그 곳에는 별이 반짝이고 있다. 마룻 바닥은 푸른 들이며 돗자리는 여러 종류의 꽃들이다. 악기는 소나무 가지 이고 악사는 숲의 새들이다. 강단은 산의 정상이고, 설교자는 하느님 자신 이다. 이것이 우리들 무교회신자의 교회이다. 로마나 런던에 있는 훌륭한 교회당도 우리의 대교회보다 훌륭하지 못하다. 무교회는 글자 그대로 무 교회이다. 교회를 가지지 않는 자들이 사실은 제일 좋은 교회를 가지고 있는 것이다.[14]

둘째, 그는 교회의 성례전을 부정하였다. 기독교인의 구원은 예수 그리 스도를 믿음으로써 이루어진다. 따라서 그리스도에 대한 신앙 이외의 모

---

13 「에크레시아」, 『内村鑑三全集』 8, 355쪽.
14 「무교회론」, 위의 책, 416쪽.

든 것은 구원에 관한 한 무의미하다는 것이다.

> 나는 교회의 의식인 세례와 성찬을 믿지 않는다. 의식은 아무리 장엄해
> 도 인간의 영혼을 구원하는 힘을 갖지 못한다. 세례의 물은 어디까지나
> 물이다. 이것이 죄를 씻는 힘은 없다. 성찬의 빵과 포도주는 어디까지나
> 빵이고 포도주다. 이것이 영생을 얻게 하는 힘은 없다. 하느님의 은혜는
> 의식에 의해 내려오는 것이 아니다. 그 증거로 세례를 받은 악인도 있고
> 또 이것을 받지 않은 선인善人도 있으며 날마다 성찬의 빵과 포도주를 받
> 으면서도 모든 악한 일을 하고도 조금도 양심의 가책을 받지 않는 기독교
> 인도 있다. 교회에서 행해지는 세례와 성찬의식은 사람의 영혼을 구원하
> 는 데에는 아무 관계도 없다.[15]

이와 같이 구원을 얻기 위해서는 성례전을 행하는 것보다 오히려 바이
블을 연구하는 것이 보다 좋은 방법이라는 것이 内村鑑三의 입장이다.

셋째, 그는 교회의 성직聖職을 부정하였다. 그리스도를 믿는 사람들이
모인 곳에 진정한 교회가 성립하는 것이기 때문에 안수례를 받은 목사나
전도사는 필요가 없다는 것이다.

> 우리들은 신학을 연구하고, 교회에 들어가고, 교역자의 시험에 합격해
> 서 사제의 반열에 들어 갈 필요가 없다. 사람은 모두가 하느님이 그를
> 놓아 둔 그 자리에 있으면서 선한 사제司祭가 될 수 있다. 쟁기를 잡는

---

15 「세례와 성찬」, 『内村鑑三全集』 6, 420쪽.

사제, 도끼를 잡는 사제… 우리들은 어느 지위, 어느 직업에 종사하든 간에 좋은 사제가 되어서 일할 수가 있다.[16]

'하느님이 주시는 생명의 힘에 의해서' 모든 사람이 사제가 될 수 있기 때문에 특정한 교직자는 필요가 없다는 것이다.

한편, 종교 다원주의와 관련해서 우리의 주목을 끄는 것은 内村鑑三의 종교관과 그의 소위 '만인구원론萬人救援論'이다.

먼저 그의 종교관부터 살펴보기로 하자. 그의 종교관을 살피기 위해서는 그 당시 일본의 종교적 상황을 염두에 둘 필요가 있다. 명치유신 이후 국가신도가 형성되는 과정에서 불교는 서서히 위축되어 갔다. 그리고 기독교는 서구문화의 수용 통로로 근대론자들에 의해 각광을 받으면서도 세력 면에서는 괄목할 만한 성장을 보지 못했다. 그리고 기독교는 교파로 분열되어 있으면서도 우리나라와 달리 선교사들의 영향권에서 벗어나려는 움직임을 보이고 있었다. 그리고 유교는 도덕적인 면에서 여전히 영향력을 행사하고 있었고, 신도는 교파신도와 민간신앙으로 존재하면서 한편으로 국가권력과 관련을 맺으면서 국가 통합의 상징으로 작용하고 있었다.

内村鑑三은 일본의 문화와 도덕이 기본적으로 유교와 불교, 그리고 신도에 터하고 있다는 것을 인정하였다. 그리고 그는 다른 종교들의 존재를 인정하였다. 기독교의 적은 불교가 아니고 불교의 적은 기독교가 아니라고 하는가 하면,[17] 아래와 같이 다른 종교들과의 관련 속에서 기독교의

---

16 「제사장이란 무엇인가」, 위의 책, 368쪽.

위치를 파악하는 여유를 지니고 있었다.

> 기독교는 종교이다. 세계에 있는 많은 종교 중의 하나이며, 그것이 우수
> 한 종교라는 것은 틀림이 없지만, 그러나 독특하고 둘도 없는 종교라고
> 말할 수는 없다. 이것을 부인하는 것은 너무도 좁은 도량이며, 학자답지
> 않게 보인다. 그렇지만 학자답다는 것이 반드시 진리는 아니다. 진리란
> 볼품도 아니요, 장식도 아니다. 진리란 사실 있는 그대로다. 문제는 기독
> 교에 있는 것이 다른 종교에도 있는가 하는 것이다. 예를 들면 불교 또는
> 유교 또는 신도는 기독교의 대용을 할 수 있는가? 굳이 다른 종교를 나쁘
> 게 말하는 것은 아니다. 나는 정당한 문제로서 이것을 거론하려고 하는
> 것이다… 기독교에는 다른 종교에 없는 것이 있다. 그런 의미에서 기독교
> 는 우주 유일의 종교이다.[18]

内村鑑三은 아시아의 전통종교들이 긍정적인 측면도 지니고 있다는 점
을 인식하면서, 한편으로는 서구식의 제도화된 기독교는 배척하였다. 그
리고 탈서구화된 기독교가 아시아의 정신의 총체인 무사도武士道와 결합될
때 그것이 진정한 종교가 될 수 있다고 하였다.

그는 또한 자기가 주창한 무교회주의가 쉽게 타락할 수 있다는 점을
지적하였다. 무교회가 만약 고정된 규칙이나 정형화된 형식에 얽매이게
되면 무교회의 종교체계 자체가 목표로 되고 그렇게 되면 무교회의 진정

---

17 「종교의 大敵」, 위의 책, 340쪽.
18 「唯一한 종교」, 『内村鑑三全集』 7, 71-73쪽.

한 목표를 상실하게 된다는 것이다. 이러한 가능성을 의식하고 內村鑑三
은 끊임없는 정신적 혁명과 '과거의' 무교회를 지속적으로 부인하는 태도
가 필요하다고 역설하였다.[19] 따라서 그는 자신의 추종자들이 무교회를
계속해서 재창조해 나갈 것을 촉구하고 자신의 무교회가 또 다른 교파로
전개되는 것을 원하지 않았다.

內村鑑三의 무교회주의의 특징은 또한 그의 '만인구원론'에서 찾아 볼
수 있다. 그가 만인구원론에 주목을 하게 된 것은 그가 미국에 체류하고
있을 때 유니테리안교도Unitarian로부터 받은 영향에 의해서이다. 처음에
그는 삼위일체를 주장하는 정통 기독교의 입장에서 유니테리안교도를 비
판적으로 대하였다. 그러나 차츰 그는 유니테리안교도의 진실성에 접하면
서 다음과 같이 생각하게 되었다.

> 이러한 유니테리안주의와 손을 잡을 수 없는 정통주의는 정통신앙이라
> 든가 '올바른 교리'라고 부를 수 없는 것이라고 나는 믿는다. 진정한 관용
> 이라는 것은 자기 자신의 신앙에 부동의 확신을 가지면서, 그리고 모든
> 정직한 신앙을 용납하고, 또 인내하는 것이라고 생각한다.[20]

유니테리안교는 신의 유일성, 예수의 인성人性과 인간의 종교적 책임은
긍정하면서, 삼위일체 교리, 예수의 신성神性, 인간의 타락 또는 완전한 타
락은 부정하고 있다.[21] 북미의 유니테리안교는 1961년에 유니버살리스트

---

19 「무교회주의의 前進」, 『內村鑑三全集』 8, 429-431쪽.
20 「나는 어떻게 크리스천이 되었는가?」, 『內村鑑三全集』 2, 100쪽.
21 유니테리안교의 이러한 기독론은 현대 기독교의 다원주이 신학의 기독론과도 유사하

교Universalism와 합병하였다. 유니버살리스트교는 최후의 심판이 그것 자체가 목적이 아니고 어디까지나 보완적인 것이며 궁극적으로는 사탄과 천사, 그리고 모든 인간과 신이 화해하고 조화를 이루게 될 것이라고 주장한다.[22] 유니테리안교가 유니버살리스트교와 합병하게 된 것은 이미 유니테리안교에 만인구원론이 내재해 있었기 때문에 가능하였다. 内村鑑三은 바로 이 유니테리안교의 만인구원론으로부터 영향을 받은 것이다.[23]

그는 바이블에 소수구원론의 근거가 되는 구절이 있다는 사실을 인정하였다.[24] 그러나 소수구원론의 필연적인 결과는 편협, 배척, 자기 찬미이고 이것으로 인해 수많은 종교전쟁이 일어났다고 지적하였다.[25] 그리고 아래와 같이 신은 부분보다는 전체를 사랑한다고 주장하였다.

하느님은 부분보다는 전체를 사랑하신다. 그리고 때로 부분을 사랑하시는 것은 이것으로 전체에 대한 사랑을 나타내시기 위해서이다. 소수를 구원하시는 것은 만인을 구하시기 위해서이다. 하느님은 소수의 성자에게

다. 현대 기독교신학자들은 기독교가 종교 다원주의에 대처하기 위해서는 그리스도중심주의christocentrism에서 신중심주의theocentrism로 바꾸어야 한다고 주장하고, 이러한 사고의 전환을 코페르니쿠스적 전회에 비유하기도 한다. 김경재, 「종교다원주의와 예수그리스도의 주성」, 『신학연구』 27, 1986, 369-411쪽; H.카워드, 『종교다원주의와 세계종교』(한국종교연구회 옮김), 서광사, 1990, 70-74쪽 참조.

22 J. C. Godbey, 'Unitarian Universalist Association' in *The Encyclopedia of Religion*, vol. 15, ed. by, M. Eliade(New York: Macmillan, 1987), pp. 143-145.

23 「유니테리안교에 대하여」, 『内村鑑三全集』 7, 166-167쪽.

24 마태복음 22장 14절(청함을 받은 사람은 많으나 택함을 받은 사람은 적다); 마태복음 25장 46절(그들은 영원한 형벌을 받겠고 의인들은 영원한 생명으로 들어갈 것이다); 로마서 9장 27절(이스라엘의 자손들이 바다의 모래같이 많을지라도 남은 자만이 구원을 얻을 것이다).

25 「萬人의 구원」, 『内村鑑三全集』 5, 373쪽.

은혜를 주시기 위해서 우주와 인류를 만드셨다고 하는 것은 그야 말로 큰 이단이라고 하지 않을 수 없다.[26]

다시 말해서 신의 사랑이 무한하다는 것은 의심의 여지가 없는 사실이기 때문에 소수구원론보다는 만인구원론이 적절하다는 것이다.

이와 같이 內村鑑三은 교파주의에 반대하여 자신의 무교회가 무교회주의에 의해서 끊임없이 거듭나기를 바라면서, 한편으로는 기독교의 다른 교파와 타종교에 대해서 종교 다원주의에 접근하는 입장을 보이고 있었다.

2.2. 일본적 기독교

內村鑑三의 묘비에는 '나는 일본을 위해서; 일본은 세계를 위해서; 세계는 그리스도를 위해서; 그리고 모든 것은 하느님을 위해서'라는 구절이 쓰여 있다. 그는 신과 개인의 인격적인 관계의 중요성을 무엇보다도 강조하고 있지만, 한편으로는 개인은 국가와 세계에 참여함으로써 신과의 관계를 유지할 수 있다고 하였다. 그리고 그는 '일본적 기독교'라는 말을 사용하였다. 그의 '일본적 기독교'는 일본에서 활동하고 있던 서양 선교사들로부터 혹독한 비판을 받았다. 서양 선교사들은 '일본적 기독교'라는 용어가 선교정신에 어긋나는 것이라고 생각하였기 때문이다.

內村鑑三은 '일본적 기독교'의 타당성을 아래와 같이 지적하였다.

---

26 위의 글, 374쪽.

기독교를 신학이라는 한 면에서 보더라도 독일 신학, 네덜란드 신학, 영국 신학 등이 있다는 것을 누구나 알고 있다. 그것은 마치 '예술에는 국경이 없다'고 말하면서도 실제로는 나라마다 예술에 차별이 있는 것과 마찬가지이다. 그것이 오히려 당연하다. 만일 그렇지 않으면 발전도 개선도 있을 수 없기 때문이다. 일본인이 진실하게 기독교를 믿으면, 그것이 바로 일본적 기독교가 되는 것이다… 일본적 기독교라고 말한다고 해서 그것이 기독교를 일본인의 종교로 변화시킨 것이라는 뜻은 물론 아니다. 일본인의 독특한 견지에서 기독교의 진리를 밝힌 것이다. 기독교는 세계적인 종교이기 때문에 각 국민들이 모두 자기 나름의 공헌을 해야 비로소 완전하게 세상에 드러난다. 일본인을 통하여 나타난 종교, 그것이 일본적 기독교이다. 그런데 이는 결코 편협하거나 나쁜 것이 아니다. 도리어 그 반대로 하느님과 인류가 일본인에게 요구하고 있는 바이다. 그리스, 로마, 독일, 프랑스, 영국, 미국 등 어느 나라나 세계적 최대 종교인 기독교에 공헌하는 바가 있었다. 이번에는 일본의 차례이다. 일본인은 일본적 기독교를 낳음으로써 전 세계의 기대를 충족시켜 주지 않으면 안 된다.[27]

이와 같이 그는 일본은 '일본적 기독교'를 통해서 기독교와 인류에 이바지 할 수 있다고 하였다. 그리고 '일본적 기독교'는 무사도 위에 기독교를 접목한 것이라고 규정하였다.[28] 기독교는 하느님의 도이고 무사도는 사람의 도라는 점에서,[29] 그리고 무사도가 하느님의 의와 미래의 심판에 관하

---

27 「일본적 기독교에 관하여」, 『內村鑑三全集』, 7, 292-293쪽.
28 「무사도와 기독교(3)」, 『內村鑑三全集』 9, 404쪽.
29 「무사도와 기독교(1)」, 위의 책, 395쪽.

여 가르쳐 주지 못한다는 점에서[30] 무사도가 불완전하기는 하다. 그러나 그는 정의가 正道를 걷는 점에 있어서, 의무와 책임을 다하는 점에 있어서, 공명정대한 면에 있어서, 약자를 동정하는 면에 있어서, 무사도가 명하는 바는 기독교가 가르치는 바와 과히 다르지 않다고 하여 무사도와 기독교의 유사성을 지적하였다. 그리고 그는 요한과 바울이 모범적 유대인이었기 때문에 모범적 크리스천이 될 수 있었듯이 일본인도 무사도를 존중할 때에만 그리스도의 훌륭한 제자가 될 수 있다고 하였다.[31]

그는 또한 무사도가 '하느님께서 2천년이란 긴 세월 동안 현재의 세계 상태를 타개하시기 위하여 일본에서 배양하고 계셨던 것'[32]이라고 지적하고 아울러 이와 같이 무사도 위에 접목된 '일본적 기독교'의 세계사적, 그리고 기독교사적 사명을 아래와 같이 강조하였다.

> 일찍이 독일이 부패한 로마의 뒤를 이어서 종교개혁의 열매를 거두었듯이, 일본은 바야흐로 타락한 미국의 뒤를 이어 받아, 이제 또 다시 기독교를 부흥시켜 인류에게 이바지하여야 하겠다.[33]

그의 이러한 지적은 세계를 구원하기 위해서 야웨가 유대인들을 선택하였다는 유대인들의 역사 인식과 궤를 같이 하는 것으로 일본 역사에 기독교적 의미를 부여한 것으로 생각할 수 있다.

30 「무사도와 기독교(4)」, 위의 책, 405쪽.
31 「무사도와 기독교(4)」, 위의 책, 405쪽.
32 「무사도와 기독교(3)」, 위의 책, 405쪽.
33 「일본적 기독교에 관하여」, 『内村鑑三全集』 7, 293쪽.

2.3. 内村鑑三과 일본 민족주의

여기에서는 内村鑑三의 무교회운동이 지니고 있는 일본 민족주의적 성격을 고찰해 보기로 하자. 첫째, 그의 무교회운동에서 특히 반선교사反宣教師 의식에 주목할 필요가 있다. 그는 기독교의 교파주의에 반대하면서 한편으로 선교사에 대해 강한 반감을 지니고 있었다. 그의 선교사에 대한 반감은 그의 글 곳곳에서 살필 수 있다.

> 당신은 무엇입니까? 그렇습니다. 사람입니다. 일본사람입니다. 나는 그리스도의 제자라고 생각하고 있습니다만, 교회 사람들 중에 아니라고 부정할 사람이 있는 것을 나는 잘 알고 있습니다. 혹은 나는 신자가 아닌지도 모릅니다. 불신자로서 지옥에 갈 사람인지도 모릅니다. 그러나 나는 아무래도 구미의 어떤 교회에도 속할 수가 없습니다. 나는 다만 예수를 믿습니다. … 나는 그 밖에 교회나 선교사들에게 기독교신자 취급을 받고 싶은 생각은 조금도 없습니다. "당신은 무엇입니까?" 일본 사람입니다. 무사의 아들입니다. 그래서 비굴할 수는 없습니다. 외국 선교사가 주는 빵을 먹고 살 수는 없습니다. 설사, 지옥에 떨어진다 해도 나는 그렇게 할 수 없습니다.[34]

선교 모국으로부터 철저히 독립하려는 그의 이러한 태도는 비록 선교사 중심의 기독교 측으로부터 비난을 받기는 하였지만 기독교의 주체적인

---

34 「당신은 무엇입니까?」, 『内村鑑三全集』 6, 482-483쪽.

수용이라는 점에서, 그리고 반외세라는 점에서 일본 민족주의에 기여한 바가 크다고 하겠다.

둘째, 그의 일본 역사에 대한 태도를 살필 필요가 있다. 그는 "세계는 마침내 기독교에 의해서 구원될 것이다"[35]라고 확언하고 있다. 그 때 그 기독교는 무사도에 접목된 기독교이다. 그리고 그 무사도는 앞에서도 지적하였듯이 인류를 구원하기 위해서 신이 일본이라는 나라에서 배양해 온 것이다. 이렇게 보면 일본의 역사는 인류 구원의 역사의 핵심을 차지한다. 따라서 일본의 역사는 기독교사적인 의미, 즉 기독교적 신성성를 획득하게 된다. 일본 역사에 기독교적 신성성을 부여했다는 점에서 内村鑑三의 무교회운동은 일본 민족주의에 기여한 것이다.

셋째, 그의 일본의 강역에 대한 견해를 살펴보기로 하자. 그는 일본의 강역을 잠자리와 선녀에 비유하였다.[36] 그리고 일본의 강역이 지리적으로 영국과 그리스와 유사하고, 구조적으로는 유럽대륙과 유사하다고 하였다. 따라서 일본의 강역은 아시아에 위치하고 있으나 구조상에 있어서는 유럽적이라고 지적하였다.[37] 그리고 이어서 그는 일본이 아메리카와 아시아의 매개자로서의 천직을 부여받았다고 하고,[38] 아래와 같이 새로운 문명이 일본으로부터 출현하여 동, 서양으로 펴져나갈 것이라고 하였다.

---

35 「무사도와 기독교(3)」, 『内村鑑三全集』 9, 405쪽.
36 「地人論」, 『内村鑑三全集』 2, 248-249쪽.
37 위의 글, 252-255쪽.
38 위의 글, 255-256쪽.

서린西隣이 만일 서양을 배우려고 한다면 반드시 우리에게서 배울 것이다. 동린東隣이 만일 동양의 좋은 점을 배우려면 반드시 우리에게서 인식하게 될 것이다. 동양과 서양은 우리에게서 합해졌다. 파미르고원의 동서에서 정반대의 방향으로 갈라져 흘러갔던 두 문명은 태평양 가운데서 서로 만나 양자의 배합으로 배태된 새 문명은 우리에게서 나와 다시 동양과 서양에 퍼져 나가려 하고 있다. 아침 해 솟는 일본의 빛으로 고려와 중국도 봄을 알리라.[39]

넷째, 민족의 통합성에 관한 그의 견해를 살필 필요가 있다. 그는 민족의 문제와 신앙의 문제를 동전의 양 면으로 보았다. 애국의 길이 곧 신앙의 길이고, 신앙의 길이 곧 애국의 길이라는 아래의 지적에서 우리는 신앙과 민족의 중요성을 동시에 강조하는 그의 일본 민족주의적인 종교관을 살필 수 있다.

신앙은 하느님을 위하여 자기를 버리는 일이다. 애국은 나라를 위하여 자기를 버리는 일이다. 자기를 버리는 점에 있어서는 신앙, 애국이 그 길을 같이 한다. 우리는 일찍이 하느님을 믿는 사람으로서 나라를 사랑하지 않는 사람을 보지 못했으며, 또 참으로 나라를 사랑하는 사람으로서 하느님을 믿지 않는 사람을 알지 못한다. 사람의 애국은 그 신앙으로써 알 수 있을 것이다.[40]

---

39 위의 글, 259쪽.
40 「신앙과 애국」, 『内村鑑三全集』 3, 245쪽.

이러한 견해를 지니고 있었기 때문에 그는 두 개의 'J(Japan과 Jesus)'를 동시에 사랑한다고 하였고, 또한 자신이 기독교인이기 이전에 일본인이라는 점을 잊지 않았던 것이다. 다양한 종교가 존재하는 그 당시 일본의 종교적 상황에서 자신이 일본인이라는 점을 먼저 강조한 것은 그의 무교회운동이 일본 민족의 통합성 제고에 기여한 것으로 이해할 수 있다.

전체적으로 보아 內村鑑三의 무교회운동은 그 당시 일본 민족주의의 과제라고 할 수 있는 반외세의 성향을 지니고 있었고, 또한 일본의 역사와 강역에 대한 나름대로의 견해를 통해서 일본 민족의 정체성과 개별성을 확보하였으며, 신앙과 민족을 동시에 강조하여 일본 민족의 통합성에 기여한 것으로 정리해 볼 수 있다.[41]

3. 한국 무교회운동의 성격

3.1. 김교신의 무교회운동

김교신은 1901년 함경남도 함흥 사포리에서 태어났다. 함흥공립보통학교와 함흥공립농업학교를 졸업하고, 1919년에 일본으로 건너가 동경 正則英語學校를 거쳐 동경 고등사범학교 영어과에 입학하였다. 그리고 이듬해 지리 박물과로 전과하여 1927년에 졸업하였다. 일본에 머무르는 동안 성

---

41 필자는 종교민족주의의 구성 요소로 민족의 개별성과 정체성의 확보, 민족의 통합성의 제고, 그리고 민족주의의 과제라는 당대 인식의 문제를 제시한 적이 있다. 강돈구, 앞의 책, 41-44쪽 참조.

결교회의 노방설교를 듣고 矢來町 성결교회에 입교하여 세례를 받았으나 교회 내분에 실망을 느끼고 內村鑑三 문하에 들어가 이후 7년 간 그의 성서 강연회에 참석하였다.

그는 1927년에 귀국하여 함흥 영생여자고등보통학교에서 교편을 잡다가 이듬해 양정고등보통학교로 옮겨, 이후 1940년 3월까지 그 곳에서 교원생활을 하였다. 1940년 9월에 제일고등보통학교의 일본인 교장의 호의로 이 학교에서 교편을 잡았으나 불온 인물로 낙인이 찍혀 6개월 뒤 추방을 당하였다. 다시 1941년 10월에 개성 송도고등보통학교에 부임하였으나 1942년 3월 소위 '성서조선사건'[42]으로 인해 함석헌, 송두용, 류달영 등 12인과 함께 1년 동안 옥고를 치렀다. 1943년 3월 불기소로 출옥하였고, 이듬해 7월에는 흥남 일본질소비료회사에 입사하여 노무자들의 복리를 위해 힘쓰는 한편, 전국의 지우誌友 청년들을 모아 질소비료공장에서 전쟁의 피해를 피하게 하였다. 그러다가 1945년 4월 해방을 수 개월 남겨 놓고 발진티푸스로 급작스럽게 사망하였다.

일본에서 귀국한 직후인 1927년 7월에 김교신은 함석헌, 송두용, 정상훈, 류석동, 양인성 과 함께 『성서조선』[43]을 창간하였다. 그는 1930년 5월 제16호부터 1942년 3월 '성서조선사건'으로 인해 이 잡지가 폐간될 때까지

---

42 『성서조선』, 제158호(1942년 3월호)의 권두언인 「弔蛙」가 혹한에도 불구하고 살아남는 개구리의 생명력을 빌어 민족의 희망을 표현했다는 혐의로 김교신 등 13인이 1년간 옥고를 치른 사건을 말한다.

43 『성서조선』이라는 잡지의 이름이 뜻하는 바는 "우리의 염두의 全幅을 차지하는 것은 '朝鮮' 二字이고 愛人에게 보낼 最珍의 선물은 성서 일 권뿐이니 兩者의 一을 버리지 못하여 된 것이 그 이름이었다"라는 「『성서조선』 창간사」(『김교신전집』 2, 20쪽)와 '성서와 조선, 성서를 조선에, 조선을 성서 위에'라는 내용을 수록한 「『성서조선』의 解」, 같은 책, 21-22쪽)에서 살필 수 있다.

이 잡지의 주필로 편집과 간행의 모든 일을 담당하였다. 그리고 1930년부터 매주 성서연구회를 개최하였고, 겨울에는 1주간씩 동계 성서집회를 개최하였으며, 1940년에는 함석헌과 함께 『内村鑑三과 조선朝鮮』이라는 책자를 일본어로 간행하였다. 그가 죽은 뒤 동지, 후배, 제자들에 의해 『김교신전집』[44]과 『김교신과 한국』[45]이 출간되었다.

우리는 이 글의 앞부분에서 김교신의 '조선적 기독교'가 内村鑑三의 '일본적 기독교'에 뿌리를 두고 있다는 점을 지적하였다. 그리고 그 당시 시대적인 상황을 고려할 때 '조선적 기독교'와 '일본적 기독교'는 상충할 수밖에 없었을 것이라는 점도 아울러 지적하였다. 그러나 결과적으로 볼 때 김교신의 '조선적 기독교'는 内村鑑三의 '일본적 기독교'에서 비롯하였고, 또한 김교신은 끝까지 内村鑑三의 제자임을 자랑하였다. 여기에서 얼핏 보기에 드러나는 이러한 모순을 어떻게 이해할 것인가가 우리의 과제로 제기된다.

결론적으로 말해서 김교신의 무교회운동은 内村鑑三의 무교회주의를 그대로 받아들이는 한편 内村鑑三이 주장한 '일본적 기독교' 중에서 그 내용은 제외하고 그 논리만을 받아 들여 '조선적 기독교'를 주장한 것으로 이해할 수 있다. 김교신의 무교회운동에 대해 内村鑑三이 어떻게 평가했는지는 알 수 없다. 그러나 김교신은 内村鑑三의 무교회운동이 무교회주의를 기반으로 해서 '일본적 기독교'로 전개했듯이 자신의 무교회운동도 무교회주의를 기반으로 해서 '조선적 기독교'로 전개할 수 있으며, 이러한

---

44 『김교신전집』 1~6권, 경지사, 1975.
45 노평구 편, 『김교신과 한국 - 신앙·교육·애국의 생애』, 경지사, 1975.

'조선적 기독교'도 內村鑑三의 무교회주의의 일환으로 볼 수 있다고 생각하였던 것이다. 따라서 內村鑑三의 무교회운동의 특징을 무교회주의와 '일본적 기독교'에서 찾을 수 있었듯이 김교신의 무교회운동도 무교회주의와 '조선적 기독교'에서 찾아 볼 수 있다.

內村鑑三과 김교신의 생애는 여러 면에서 비슷하다. 두 사람 모두 농업 계통의 학교를 나왔고, 나라는 비록 다르나 모두 외국에서 공부를 한 경력이 있다. 그리고 귀국 후에는 학교의 교직 생활을 거쳐 각기 『聖書之研究』와 『성서조선』이라는 잡지의 편집, 간행과 함께 성서연구회를 정기적으로 개최하여 나름대로 선교 활동을 전개하였다. 內村鑑三은 미국에서 체류할 때 교파주의의 폐해를 절감하여 무교회주의를 제창하고 이어서 '일본적 기독교'를 부르짖었다. 그리고 김교신은 일본에서 체류할 때 교회 내부의 분열을 목격하고 內村鑑三의 무교회주의에 심취하였고, 귀국 후에는 內村鑑三의 '일본적 기독교'에 암시를 받고 '조선적 기독교'를 제창하였다.

다만 두 사람 사이에 차이가 있다면 김교신이 젊은 나이에 요절하여 남긴 글의 양이 內村鑑三에 비해 적다는 점과 한국과 일본의 그 당시 시대적인 상황이 달랐다는 점에서 찾을 수 있을 뿐이다. 內村鑑三이 활동하였던 그 당시의 일본은 국가신도로 사회가 통합되어 가고 있었기 때문에 반서구 사상이 이미 내재해 있었다. 따라서 內村鑑三의 무교회운동이 그 당시 일본 사회로부터 비난을 받지 않은 것은 아니지만 그래도 어느 정도 설득력을 얻을 수 있었다. 그 당시 일본의 기독교계에도 이미 반선교사의 분위기가 있었고 이러한 반선교사의 분위기가 일방적으로 '이단'으로 매도되지는 않았기 때문이다.

김교신의 무교회운동은 內村鑑三의 무교회주의를 그대로 따르고 있다.

그의 종교, 기독교, 신, 그리스도, 바이블, 신앙, 전도, 사랑, 자연 등에 관한 견해는 內村鑑三의 그것과 차이를 찾아 볼 수 없다. 그리고 內村鑑三의 무교회주의의 특징이라고 할 수 있는 반선교사적 성향, 그리고 교회, 의식, 성직에 대한 부정적인 태도와 만인구원론도 김교신에게서도 그대로 찾아 볼 수 있다.[46] 하나의 예를 들어 보기 위해 김교신의 '다수구원론'에 대한 견해를 살펴보도록 하자. 그는 『성서조선』의 어느 독자의 질문에 답해서 아래와 같은 견해를 피력하였다.

　　원래 나는 사후 문제에 관하여 지식이 매우 천박합니다. 가보고 온 것처럼 확연하게 세밀하게 이야기하기를 원치 않고 또 불가능합니다. 다만 나의 믿음으로는 베드로 전서 3장 19절 및 동同 4장 6절의 경우는 믿는 자는 물론이요 미신자에게까지 미치는 것인 줄로 압니다. 하느님의 사랑이 지옥에까지 나타날 것인지는 '지옥'이란 개념에 따라 다르게 되겠지만 어쨌든 구원받지 못할 이는 하나도 없을 것인 줄로 믿습니다. 즉 만인구원론을 취합니다. 그러니 단테의 연옥설은 물론 용납할 수 있습니다. 이것이 비성서적이라 하더라도 어쩔 수 없는 나의 신념이외다. 나는 구원을 확신합니다(그리스도의 십자가로). 그러나 만일 인류 중에 한 사람이라도 멸망할 사람이 있다면 나의 구원을 믿을 수 없게 됩니다. 성서에는 소수, 다수 구원론이 다 상당한 근거가 있으므로 성서적이란 점은 피차일반이 될 것이요, 다만 각자의 받은 바 은혜에 따라 믿음의 태도를 결정함이 좋을 줄 압니다.[47]

---

46 『김교신전집』 1 참조.

다수구원론에 대한 김교신의 이러한 견해는 內村鑑三의 만인구원론과 대동소이하다는 것을 알 수 있다.

內村鑑三의 무교회주의가 '일본적 기독교'로 전개되었듯이 김교신의 무교회주의도 곧 '조선적 기독교'로 전개되었다. 따라서 內村鑑三의 무교회운동과 김교신의 무교회운동의 차이는 김교신의 '조선적 기독교'에서 찾아볼 수 있다. 內村鑑三의 '일본적 기독교'의 논리는 '일본적 기독교'가 기독교의 보편성에 기여할 수 있다는 것이었다. 그리고 한 걸음 더 나가서 內村鑑三은 '일본적 기독교'만이 보편적 기독교를 쇄신시킬 수 있으며 같은 논리로 일본이 세계에서 중심적 역할을 수행할 것이라고 주장하였다. 바로 이와 같은 주장으로 인해 內村鑑三은 일본의 애국자로 평가를 받았던 것이다.

김교신은 內村鑑三의 무교회주의에는 동감하지만 內村鑑三의 무교회주의가 '일본적 기독교'로 전개되는 것에는 당혹감을 느꼈다. 그의 이러한 당혹감은 그가 內村鑑三의 성서강연회에 참석하고 나서 느낀 점을 적은 아래의 글에서 살필 수 있다.

일본의 애국자가 일본의 잃어버린 양을 찾기 위하여 심혈을 경주하는 자리에 외방 사람이 일석一席을 점유하고 앉았음은 너무도 황송하고 너무도 엄숙한 사정이었다. 애국자에 대한 도리를 다하기 위하여서는 차지하였던 의자를 일본 청년에게 사양하고 나는 의자 다리 밑으로 들어가거나 천장에 구멍을 뚫고서라도 듣게만 되었으면 만족하겠다는 것이 나의

47 「다수구원론」, 위의 책, 179-180쪽.

실감이었다.[48]

그가 内村鑑三에게서 배운 것은 무교회주의와 함께 기독교인은 자기 나라를 사랑해야 한다는 점이었다. 여기에서 '조선적 기독교'의 근거가 생긴 것이다. 그리고 内村鑑三의 주장대로 '일본적 기독교'가 기독교의 보편성에 기여할 수 있다면 '조선적 기독교'도 역시 기독교의 보편성에 기여할 수 있다는 것이 김교신의 생각이었다.

김교신은 한편 内村鑑三이 일본 열도에 대해서 가졌던 견해와 유사하게 한반도의 중요성을 인식하였다. 그는 「조선지리소고」에서 면적, 산악과 평야, 해안선, 기후, 위치 면에서 한반도를 다른 나라들과 비교하고 조선은 극동의 중심이며, "물러나 은둔하기는 불안한 곳이나 나아가 활약하기는 이만한 데가 다시 없다"[49]고 하였다. 그리고 한반도가 세계 내에서 차지하는 의미를 아래와 같이 피력하였다.

일반 문화로 보아서 동방 고대 문명이 歐美 諸邦으로 西漸을 시작할 때에 희랍 문명의 독특한 꽃이 찬연히 피었던 것처럼 인도 서역 문명이 東漸할 때에 棧橋와 같은 동반도에서 이채있는 문화를 출현하고라야 以東에 광명이 전해 졌고 現今은 도리어 태평양을 건너온 문화의 潮流가 태백산과 소백산의 縱谷을 遡及하여 백두산록까지 浸潤하였으니 西에서나 東에서나 모름지기 고귀한 광명이 출현하고는 이 반도가 암흑하고 있을 수

---

48 「内村鑑三論에 답하여」, 위의 책, 321쪽.
49 「조선지리소고」, 『김교신전집』 2, 67쪽.

없는 처지에 위치하였다. 동양의 凡百 苦難도 이 땅에 집중되었거니와 동

양에서 산출해야 할 바 무슨 고귀한 사상, 동반구의 반만년의 總量을 大鎔

鑛爐에 달이어煎 낸 엑스精素는 필연코 이 반도에서 찾아 보리라.[50]

우리는 이 글에서 김교신이 한반도의 강역에 의미를 부여한 방법이 內

村鑑三이 일본 열도에 의미를 부여한 방법과 유사하다는 것을 알 수 있다.

다만 차이가 있다면 內村鑑三은 일본 열도의 세계 내적 중요성을 지적한

반면 김교신은 동양에서의 한반도의 중요성을 지적하였다는 점을 지적할

수 있다. 이러한 차이는 물론 그 당시 일제하의 정치적인 상황에서 기인한

것으로 보아야 할 것이다.

김교신의 무교회운동은 이와 같이 內村鑑三의 무교회주의를 그대로 수

용한 반면, 內村鑑三의 '일본적 기독교'에서 '조선적 기독교'를 수립해 낸

것으로 이해해 볼 수 있다. 김교신의 무교회운동은 이러한 성격을 지니고

있기 때문에 그에 대한 평가는 양분되어 있다. 혹자는 김교신의 무교회운

동을 일본 제국주의의 앞잡이라고 비난을 하는가 하면,[51] 혹자는 김교신의

무교회운동을 민족기독교의 원형으로,[52] 그리고 김교신을 진정한 애국자

로[53] 평가하고 있다. 전자의 견해는 김교신의 무교회운동이 '일본적 기독

교'의 색채를 지니고 있을 것이라는 추측에서 기인한 것이다. 그러나 김교

---

50 위의 글, 68-69쪽.

51 김인서, 「무교회주의자 내촌감삼씨에 대하야」, 『신학지남』 12-4, 1930년 7월, 71-376쪽;
   김인서, 「무교회자의 비평에 답함」, 『신학지남』 12-6, 1930년 11월.

52 민경배, 「김교신과 민족기독교」, 『나라사랑』 17, 1974, 47-61쪽; 민경배, 「김교신의 무교
   회주의와 '조선적' 기독교」, 『교회와 민족』, 대한기독교출판사, 1981, 310-332쪽.

53 노평구 편, 앞의 책; 김정환, 『김교신』, 한국신학연구소출판부, 1980.

신의 무교회운동은 內村鑑三의 '일본적 기독교'를 '조선적 기독교'로 대치하였다는 점에 유의할 필요가 있다. 그리고 후자의 견해는 김교신의 무교회운동 중에서 특히 '조선적 기독교'의 측면에 주목한 것이다.

김교신의 무교회운동이 비록 內村鑑三의 무교회운동에서 비롯하기는 하였지만 일제하의 상황에서 '조선적 기독교'를 부르짖었다는 점은 한국종교사에서 중요한 의미를 지닌다. 그리고 그의 '조선적 기독교'의 민족주의적 성격은 그가 한반도의 강역의 존재 의의를 지적하여 민족의 개별성과 정체성의 확립에 기여하였다는 점과, 반외세라는 그 당시의 민족주의의 과제에 부응할 수 있었다는 점을 아울러 지적할 수 있다. 그리고 『성서조선』이라는 책 이름에서 단적으로 볼 수 있듯이 신앙과 민족을 동시에 강조하였다는 점에서 민족의 통합성 제고에도 일익을 담당하였다는 점도 아울러 지적할 수 있다.

3.2. 함석헌의 무교회운동

함석헌은 1901년 3월에 평안북도 용천군龍川郡 부라면部羅面 원성동元成洞 일명 사자섬 또는 사점에서 태어났다. 德一 소학교와 楊市 공립보통학교를 거쳐 1916년 4월에 평양고등보통학교에 입학하였다. 3학년 때 3·1운동에 가담한 뒤 학교를 자퇴하고 1921년에 오산학교 3학년에 편입하였다. 그 곳에서 오산학교의 교장으로 있던 유영모를 만났다. 1923년에 오산학교를 졸업하고 이듬해 4월 동경고등사범학교에 입학하였다. 김교신의 주선으로 1928년 4월 귀국할 때까지 內村鑑三의 성서연구회에 출석하여 內村鑑三으로부터 많은 감화를 받았다. 귀국하여 1938년 3월 사임을 당할 때까지 오산학교에서 교편을 잡았다. 그 뒤 2년간 오산에서 과수원을 경영하다 1940년 3월에 金赫이 경영하던 송산농사학원을 인수, 경영하였다. 그러다 같은 해 8월 金赫이 동경에서 계우회鷄友會 사건으로 체포되자 함석헌은 그 사건의 연루자로 1년 동안 구속되었다. 그리고 성서조선사건으로 1942년부터 1년 동안 서대문형무소에서 미결수로 복역하였다. 광복 뒤에는 용암포와 용산군의 자치위원장을 거쳐 평안북도 자치위원회 문교부장에 취임하였으나 신의주 학생사건으로 다시 1개월 동안 옥고를 치르고, 1947년 3월에 월남하였다.

그는 1948년부터 일요종교집회를 개최하였고, 1970년에는 『씨울의 소리』를 창간하였다. 이 잡지는 1980년 7월에 폐간되었다가 1988년 12월호부터 다시 출간되었다. 그리고 1971년 7월에 젠센기념관에서 노자 강의를 시작하였는데, 노자와 맹자 강의는 1988년 5월까지 계속하였다. 1973년 11월 가톨릭 여학생관에서 주일 오후 성서강좌를 개설하여 1978년까지 계속하였다.

1962년에는 퀘이커세계대회에 참석한 후 10개월 동안 펜들힐의 퀘이커학교에서 공부한 것이 인연이 되어 1967년과 1970년에 퀘이커세계대회에 참석하였다. 1989년 2월 사망하였다.[54] 그의 글은 그가 생존해 있을 때 『함석헌전집』[55]으로 출간되었다.

함석헌은 광복 뒤에 여러 사상들에 접하게 되었고, 또한 한반도의 급변하는 정세에 직접 참여하면서 김교신과 달리 무교회운동으로 묶을 수 없

54 함석헌의 약력에 대해서는 김용준, 「선생님의 걸어오신 길 - 함석헌 선생님 약력」, 『씨울의 소리』 99(1989년 3월호), 44-50쪽 참조.
55 『함석헌전집』 1~20권, 한길사, 1983-1988.

는 사상의 다양성을 보여 주고 있다. 따라서 그에 대한 이해나 평가는 어쩔 수 없이 개개인의 주관에 딸 다를 수밖에 없다.

함석헌이 죽은 뒤 수년 밖에 지나지 않았음에도 불구하고 그에 대한 학술논문이 이미 여러 편 발표되었다.[56] 먼저 이들 중에서 우리의 주제와 관련이 있는 몇몇 연구 결과들을 직접 인용해 보도록 하자. 김경재는 함석헌에 대해 아래와 같이 언급하고 있다.

개신교 역사 100년 만에 함석헌이라는 정신의 최고봉에 도달한 종교사 상가를 한국 근대사는 배출하였다. 그는 한국개신교 100년이 낳은 최고의 종교사상가일 뿐만 아니라 동양종교사상을 몸으로 깊이 체득하면서도 서 양사상과 기독교사상을 동시에 깊이 체득한 산 혼이다. 동서종교사상을 한 몸 안에 융섭한 위대한 혼의 모습은 어떤 것일까 하고 궁금해 할 온 세계 종교학자들과 사상가들이 연구해 볼 하나의 진주와 같다. 왜냐하면 함석헌이라는 한 큰 마음 안에서 동과 서가 만나고, 불교와 기독교가 만나 고, 노장의 자연주의와 성서적 자연주의가 만나고, 종교적 신비주의와 합 리적 과학주의가 만나고 있는데 단순한 병존이나 갈등이나 천박한 습합이

---

56 함석헌에 대한 학술논문 중 주요한 것들을 열거하면 아래와 같다. 김경재, 「씨ᄋᆞᆯ사상 의 신학적 조명」, 『씨ᄋᆞᆯ의 소리』 105(89.9); 김경재, 「함석헌의 사관과 기독교적 요소」, 『신학사상』 66, 1988; 김경재, 「함석헌의 씨ᄋᆞᆯ사상연구」, 『신학연구』 30, 1989; 김경재, 「함석헌의 종교사상」, 『씨ᄋᆞᆯ의 소리』 100(89.4); 김영호, 「함석헌과 동양사상 - 인도전 통을 중심으로」, 앞의 책; 박재순, 『민중신학과 씨ᄋᆞᆯ사상』, 천지, 1990; 박재순, 「씨ᄋᆞᆯ사 상과 민중신학」, 『신학사상』 66, 1989; 박재순, 「씨ᄋᆞᆯ의 소리와 씨ᄋᆞᆯ사상」, 『씨ᄋᆞᆯ의 소리』 100(89.4); 박재순, 「함석헌의 씨ᄋᆞᆯ사상」, 『씨ᄋᆞᆯ의 소리』 105(89.9); 이윤구, 「하 늘만 믿은 님과 퀘이커 신앙」, 『씨ᄋᆞᆯ의 소리』 100(89.4). 이 밖에도 아래와 같은 석사논 문들이 발표되었다. 박정희, 「함석헌의 고난 경험과 죄인식 - 사회전기적 고찰」, 이화 여대대학원, 1990; 김진, 「함석헌의 종교사상연구」, 한신대 신학대학원, 1991.

아니라 인류 미래 종교의 어떤 방향을 암시하는 실증적 범례를 만나 볼 수 있기 때문이다.[57]

함석헌의 씨올사상 속에 아세아의 정신적 유산의 알짬과 성서적 신앙의 핵심이 융합되어 새로운 21세기의 종교사상의 씨앗으로 열매 맺고 있다.[58]

그리고 박재순은 함석헌에 대해 아래와 같이 언급하고 있다.

십자가의 고난과 민족의 고난을 같은 맥락에서 봄으로써 참으로 한국적 기독교 신앙에 도달했다. 그는 기독교인이면서 그 누구보다도 한국적 인간, 민족혼의 화신이었다. … 고조선의 홍익인간사상, 동학의 인내천사상이 함석헌의 민족혼 속에서 살아났고, 동양사상의 포용적 ,종합적 정신이 함석헌 사상의 바탕을 이루었고, 기독교신앙의 변혁적 저항적 성격이 함석헌 사상의 내용을 이루었다.[59]

한마디로 말해서 함석헌은 동양과 서양의 종교사상을 융합하여 한국적 기독교를 주창했다는 것이다. 함석헌에 대한 이러한 결론적인 평가에서 우리는 内村鑑三과 김교신의 무교회운동에 대한 평가를 상기하게 된다. 이 점에서 우리는 함석헌의 모든 것을 무교회운동의 테두리 내에서 일단 이해할 수 있을 것이라는 생각을 해보게 된다.

---

57 김경재, 「함석헌의 종교사상」, 『씨올의 소리』 100, 1988.4, 58쪽.
58 김경재, 「함석헌의 씨올사상연구」, 『신학연구』 30, 1989, 102쪽.
59 박재순, 「함석헌의 씨올사상」, 『씨올의 소리』 105, 1988.9, 128쪽.

일반적으로 함석헌은 1950년대에 무교회운동으로부터 완전히 탈퇴한 것으로 이해되고 있다. 함석헌은 1952년에 「흰 손」,[60] 그리고 1953년에 「대선언」[61]을 발표했다. 그는 이 글들에서 무교회를 포함한 이미 있는 모든 종교들로부터 탈퇴를 선언했다. 그리고 그는 「말씀모임」이라는 글에서 "오산에 있을 때만 해도 우찌무라의 테두리를 벗지 못했었다"[62]고 하여 그가 오산을 떠난 1940년대 초부터 이미 内村鑑三으로부터 멀어져 갔음을 밝혔다. 함석헌의 이러한 언급을 통해서 대체로 그의 종교관은 1940년대까지는 무교회신앙이, 그리고 1950년대까지는 유영모로부터 영향을 받고 동양종교에 심취한 것으로, 그리고 1960년대 이후에는 퀘이커교에 기울어진 것으로 이해되고 있다.

그러나 여기에서 우리가 주목해야 할 점은 함석헌은 처음부터 끝까지 '무교회정신'에 투철한 사람이었다는 것이다. 그 근거를 몇 가지 살펴보도록 하자. 「흰 손」과 「대선언」을 발표한 뒤 그가 느낀 심정을 그의 글을 통해서 직접 살펴보도록 하자.

그것은 나의 이미 있는 모든 종교에서의, 물론 무교회에서도, 탈퇴를 선언하는 것이었다. 새 시대를 건질 새 종교를 애원하는 기도였다. 그러나 내가 기독교를 버리려 하면 버려질까? 무교회를 내놓으려 하면 내놔질까? 버릴 수 있고 내 놀 수 있는 것은 진리가 아니다. 그것은 정말 내놓고 버려야 할 껍질을 두고 하는 말이다. 내가 기독교의 이단자가 되노라 하는

60 「흰 손」, 『함석헌전집』 6, 337-354쪽.
61 「대선언」, 위의 책, 256-260쪽.
62 「말씀모임」, 『함석헌전집』 3, 138쪽.

것도 참 기독교적이기 위해서 하는 말이요, 무교회를 내놓는다는 것도 더 무교회적이기 위해서 하는 것이다.[63]

그리고 이어서 그 당시 무교회의 동료들이 자신의 이 글들에 분노를 느끼는 것에 대해 오히려 섭섭하게 느꼈다고 말하고 있다. 여기에서 우리는 함석헌이 內村鑑三의 테두리에서 벗어 난 것과 그 당시의 무교회를 비판한 것은 모두 '무교회 정신'에 입각한 것이라는 점을 인식할 필요가 있다.

또한 그는 자신이 동양종교에 관심을 가지게 된 이유 중의 하나가 '동양적인 것 갖고는 안된다'고 말한 內村鑑三에 대한 일종의 반발심이었다고 하였다.[64] 그리고 內村鑑三의 무교회가 자기 자신과 우리에게 모두 소용이 없다고 하고 그 이유로 아래와 같이 말하였다.

> 자리가 더 좋은 것이 없으면 그것은 '다다미'를 쓸 수가 있고, 김치가 모자라면 '다꾸앙'을 써도 좋지만, 정치는 암만해도 일본 혼을 가지고 우리를 다스려 될 수는 없고, 신앙도 우찌무라의 무교회를 가지고 우리를 살릴 수 없다. … 그러니 나는 지난날에 배우던 무교회를 찾고 그것을 받들고 있을 겨를이 없었다. 나는 오늘 나의 종교, 우리의 종교를 발견해야 했다. 그러노라니 어느덧 나도 모르게 무교회 빛깔이 차차 멀어지게 되었다. … 나는 무교회 친구들의 기대를 저버리고 섭섭하게 만들었다.[65]

---

63 위의 글, 141쪽.
64 「퀘이커와 평화사상」, 『함석헌전집』 3, 156쪽.
65 「말씀모임」, 『함석헌전집』 3, 139쪽.

함석헌이 內村鑑三의 무교회로부터 벗어나려고 한 것은 이와 같이 나의 종교, 우리의 종교, 주체적인 종교를 찾기 위한 것이었다. 그러나 함석헌의 이러한 입장은 그가 철두철미 內村鑑三을 이해하고 있었기 때문에 가능한 것이었다. 內村鑑三은 이미 자신이 주창한 무교회가 고정된 규칙이나 정형화된 형식에 얽매이게 될 가능성을 의식하고 끊임없는 정신적 혁명과 '과거의' 무교회를 지속적으로 부인하는 태도가 필요하다고 역설하였다.[66] 그리고 자신의 추종자들이 무교회를 계속해서 재창조해 나갈 것을 촉구하고 자신의 무교회가 또 다른 교파로 전개되는 것을 원하지 않았던 것이다. 또한 內村鑑三은 "젊을 때는 노인에게서 독립해야 하고, 늙어서는 젊은이에게서 독립해야 한다. 사람은 누구에게서나 독립해야 하며 오직 하느님에게만 절대적으로 의지해야 한다"라고 하여 제자들에게 독립심을 고취시켰다. 이렇게 보면 역설적이게도 內村鑑三의 무교회와 그 당시의 무교회를 비판하고, 그와 달리 동양종교 연구에 몰두한 함석헌의 입장은 참으로 무교회주의적인 것으로 볼 수 있는 것이다.

그리고 함석헌이 나중에 퀘이커교에 가담한 것도 무교회주의로부터 이탈한 것으로 볼 수 없는 여지가 있다. 그는 이미 자신이 일본에서 內村鑑三 문하에 있을 때 퀘이커에 대해서 다 알았다고 말하고 있다. 그의 말을 직접 인용해 보도록 하자.

나는 일본 있을 때 우찌무라 영감한테 세례를 받았어요. 우찌무라도 퀘이커와 공통된 점이 많아요, 나도 그 때부터 퀘이커를 다 알게 됐지요.

---

66 「무교회주의의 前進」, 『內村鑑三全集』 8, 429-431쪽.

그 때 나는 우찌무라와 니노베와 함께 퀘이커 모임에 갔었는데 우찌무라
는 무교회주의자가 되었고, 니노베는 퀘이커가 되었어요.[67]

이와 같이 그가 퀘이커에 가담한 이유 중의 하나는 퀘이커가 무교회와
친화력이 있다고 생각하였기 때문이다.[68]
이어서 새 시대의 종교에 대한 함석헌의 견해를 살펴보도록 하자.

새 종교는 어떤 것일까? 이처럼 궁금한 것은 없지만 알지 못하는 것이
마땅한 일이다. 새 종교가 나오지만 그것은 나오는 때까지 알 수 없다.
… 미래의 종교는 절대 알 수 없고 기다리는 수밖에 없다. 그러나 해산하
는 날이 도적같이 임하여 어머니도 아들도 알 수 없으나 그러나 그것을
개산槪算을 할 수 있고 그것으로 인하여 산욕産褥의 준비를 할 수는 있는
것같이 역사에 있어서도 새 종교가 어떤 것이요, 언제 어디서 나타나게
될지는 전연 알 수 없으나, 그러나 또 그 대개는 추산을 할 수 있다. 그리하
여 그것으로 새로 오는 말씀을 받을 준비를 할 수 있다.[69]

우리는 함석헌의 새 시대의 종교에 대한 이러한 견해가 内村鑑三의 미
래의 무교회에 대한 견해와 매우 유사함을 발견할 수 있다. 内村鑑三은
말년에 자신의 제자들 사이에 불화가 생기자 무교회의 미래의 모습에 대

---

67 「퀘이커와 평화사상」, 『함석헌전집』 3, 168쪽.
68 함석헌은 "지금 내가 같이 있는 퀘이커도 내 영혼의 주는 아닙니다"라고 말하고 있다.
　　「펜들힐의 명상」, 『함석헌전집』 3, 318쪽.
69 「새 시대의 종교」, 『함석헌전집』 3, 222-223쪽.

한 자신의 견해를 아래와 같이 밝히고 있다.

> 무교회주의는 이 세상에서는 실행이 불가능한 주의이다. 만일 실행이
> 가능하다면 교회가 되어서 나타난다. 무교회주의의 좋은 점은 그 실행이
> 불가능한 점에 있다. 그리스도의 가르침도 또한 그렇다. 산상수훈이 문자
> 그대로 실행될 수가 있으리라고 믿는 사람은 없다. 불가능한 것을 실행하
> 려고 노력 분투하는 곳에 그리스도의 가치가 있다. 무교회는 그리스도의
> 재림이 이루어져야만 그 실행을 볼 수 있는 주의이다. 그 때까지는 부분적
> 실현으로 만족해야 한다.[70]

内村鑑三은 이와 같이 무교회주의를 종말론적으로 이해하고 있는데 그
의 이러한 입장과 함석헌의 미래의 종교에 대한 입장은 상당히 근접해
있다는 것을 알 수 있다.[71]

지금까지 우리는 함석헌의 입장이 무교회주의적이라는 것을 다소 장황
히 살펴보았다. 그렇지만 함석헌의 무교회주의가 内村鑑三이나 김교신의
그것과 완전히 같다는 것은 아니다.[72] 이제부터는 함석헌의 활동을 무교
회운동으로 규정하되 본 논문의 주제와 관련하여 그것이 지니는 나름대로
의 특징을 살펴보도록 하자.

---

70 『内村鑑三全集』 20, 590-591쪽.

71 함석헌의 종교, 문화, 사회, 정치에 대한 비판의식도 시대와 장소에 따른 요인을 제외하
　면 内村鑑三의 그것과 근본적으로 다르지 않다. Chung Jun Ki, *Social Criticism of
　Uchimura Kanzo and Kim Kyo-Shin*, Seoul: the UBF Press, 1988 참조.

72 예를 들어서 함석헌은 内村鑑三이나 김교신과 달리 대속신앙代贖信仰을 거부하고 있는
　듯이 보인다. 「어떻게 하는 것이 버리는 것이냐」, 『함석헌전집』 5, 262쪽 참조.

함석헌의 무교회운동의 첫째 특징은 역시 '조선적 기독교'에서 찾을 수 있다. 김교신과 마찬가지로 그도 內村鑑三으로부터 무교회주의를 받아들이되 內村鑑三의 '일본적 기독교' 대신에 '조선적 기독교'를 확립시켰다. 그러나 함석헌이 '조선적 기독교'를 확립할 때 이용한 방법은 김교신의 그것과 차이가 있다. 김교신은 한반도의 강역에 의미를 부여했다면 함석헌은 한반도의 강역보다는 오히려 역사에 착안하였다.

함석헌은 '한국 역사의 밑에 숨어 흐르는 바닥 가락은 고난이다'[73]라고 말하였다. 그리고 한국을 '수난의 여왕',[74] 또는 '세계의 하수구'나 '공창公娼'[75]으로 표현하였다. 그리고 그 고난은 결코 정의情意없는 자연현상도 아니고, 잔혹한 운명의 장난도 아니며, 그것은 하느님의 섭리라고 하였다.[76] 고난의 역사인 한국의 역사는 이와 같이 하느님의 섭리에 의한 것이기 때문에 당연히 뜻과 의미가 있게 마련이다. 그리하여 함석헌은 한반도와 한민족의 세계사적 사명을 '세계의 불의를 담당함으로써 인류의 역사를 도덕적으로 한층 높이 올리는 일'[77]로 규정하였다. 다시 말해서 '조선 사람의 손에 세계의 운명이 달려 있다'[78]는 것이다. 함석헌의 이러한 주장의 논리와 배경은 "예수가 개인적으로 나타냈던 그것을, 세계 역사에 있어서 한국 민족이라고 하는 자격을 가지고 할 수 있지 않을까, 그렇게 생각을 해 봤던 겁니다."[79]라는 그의 말에서 살필 수 있다.

---

73 「한국 역사의 기조」, 『함석헌전집』 1, 72쪽.
74 「지리적으로 결정된 한국 역사의 성질」, 위의 책, 81쪽.
75 「역사가 지시하는 우리의 사명」, 위의 책, 330쪽.
76 「고난의 의미」, 위의 책, 315쪽.
77 「역사가 지시하는 우리의 사명」, 위의 책, 328쪽.
78 「무교회 신앙과 조선」, 『함석헌전집』 3, 129쪽.

함석헌의 무교회운동의 둘째 특징은 그의 다원주의적 종교관에서 찾을 수 있다. 그의 다원주의적 종교관은 內村鑑三과 김교신의 그것보다 한층 더 진전된 것이다. 그의 이러한 종교관은 유영모[80]로부터 받은 영향에 기인한다. 유영모는 제자에게 "어떤 곳을 찾았는데 한 방에는 예수가 있고 그 옆에는 공자가 있고 그 옆에는 석가가 있다면 어떻게 예수에게만 인사를 할 수 있겠는가? 다 같이 인사를 하는 것이 마땅하다"라고 하였다.[81] 함석헌의 다원주의적 종교관은 그의 아래와 같은 언급에서 살필 수 있다.

내게는 이제는 기독교가 유일의 참 종교도 아니요, 성경만 완전한 진리도 아니다. 모든 종교는 따지고 들어가면 결국 하나이다.[82]

기독교가 결코 유일의 진리도 아니요, 참 사관이 성경에만 있는 것이 아니다. 같은 진리가 기독교에서는 기독교식으로 나타났을 뿐이다.[83]

이 단계에서 인류가 생각할 것은 다원적으로 하면서 어떻게 하나가 될 수 있겠나 하는 것이 우리의 하느님이 원하는 바일 거요. 생명의 목표가 그런 거니까. 그렇지 않고 하느님은 하나 밖에 없는데 이게 무슨 소리냐, 노자가 다 뭐냐 한다면 통쾌한 것 같지만 하느님이 너무 조그마해진단 말이야.[84]

---

79 「한국 역사의 의미」, 위의 책, 386쪽.
80 유영모에 대해서는 김흥호, 『제소리 - 유영모 선생님 말씀』, 풍만, 1983; 박영호, 『씨ᄋᆞᆯ - 다석 유영모의 생애와 사상』, 홍익제, 1985를 참조.
81 박영호, 앞의 책, 121-122쪽.
82 「넷째 판에 부치는 말」, 『함석헌전집』 1, 18쪽.
83 「종교적 사관」, 위의 책, 41쪽.
84 「퀘이커와 평화사상」, 『함석헌전집』 3, 172쪽.

그러면서도 그는 청년들의 질문에 답하면서 "내가 노자도 좋아하고 장자도 좋아하지만 내가 믿는 내 주님이 누구냐 하면 예수 그리스도지, 다른 이가 있겠느냐"라고 답하고 있다. 이렇게 보면 함석헌의 다원주의적 종교관은 현대 기독교신학의 다원주의 신학과 꽤 근접해 있다는 것을 알 수 있다.

4. 맺음말

지금까지 우리는 內村鑑三의 일본 무교회운동에서 시작하여, 김교신과 함석헌의 한국 무교회운동의 성격을 살펴보았다. 內村鑑三의 무교회운동의 성격은 무교회주의와 '일본적 기독교'로 구분해서 살펴보았다. 그리고 한국 무교회운동은 內村鑑三의 무교회주의는 그대로 받아 들이되, 그의 '일본적 기독교'를 '조선적 기독교'로 대치했다는 점에서 그 성격을 지적하였다. 이 때 김교신은 한반도의 강역에 의미를 부여하는 것에 의해서, 그리고 함석헌은 한반도의 역사에 의미를 부여하는 것에 의해서, 각기 '조선적 기독교'의 확립에 기여했다는 점을 아울러 지적하였다. 그리고 함석헌의 경우에는 內村鑑三이나 김교신보다 동양종교에 접할 기회를 더 많이 가질 수 있었기 때문에 결과적으로 무교회주의의 정신을 다원주의적 종교관으로까지 연결시켰다는 점을 지적하였다.

이 논문의 처음 부분에서 지적하였듯이 우리나라의 종교들은 민족과 문화의 정체성을 확립하고 민족의 통합성에 기여할 의무를 지니고 있고, 아울러 종교의 다원성을 종교다원주의로 전개시킬 과제를 지니고 있다.

우리나라의 종교들이 이러한 시대적인 의무와 과제를 지니고 있다고 할 때 한국의 무교회운동은 이 점에 있어서 많은 기여를 했고, 또 많은 기여를 할 수 있는 잠재력을 지니고 있다고 하겠다.

다만 그러한 잠재력이 현실로 충분히 발휘되지 못하고 있는 것은 무교회운동의 조직상의 특징[85]에서도 찾을 수 있겠지만, 무교회운동의 이러한 성격이 일반 종교계에서는 보기 드문 선구적인 것이라는 점에서 찾을 수 있다.[86]

---

85 일본 무교회운동의 조직적 특징은 「교우회敎友會의 설립」, 『內村鑑三全集』 8, 168-169 쪽에서 살필 수 있다. 우리나라 무교회운동의 조직도 이와 유사할 것으로 추측된다.
86 현재 한국의 무교회운동의 실제 모습은 김정환, 앞의 책, 180-201쪽을 참조.

제2장

오순절교의
특징과 전개.*

1. 들어가는 말

본고는 한국 오순절교의 특징을 이해하고 그 전개 과정을 서술하는 데 일차적인 목적을 지닌다. 그러기 위해서 우리는 우선 오순절교의 일반적인 특징과 세계사적 전개 과정을 살피게 될 것이다. 그리고 그러한 이해를 기반으로 한국 오순절교의 전개 과정을 광복 전후로 나누어 서술해 볼 것이다.

본고의 목적을 달성하기 위해서 우리는 일단 몇몇 용어들을 이해할 필요가 있다. 우선 오순절五旬節, Pentecost이란 용어에 대해 살펴보도록 하자. 오순절은 기독교의 주요 축일 가운데 하나로 부활절로부터 50일째 되는 일요일을 말한다. 예수는 죽은 뒤 3일 만에 부활하여 40일 동안 제자들에게 나타나 자신이 아직 살아 있다는 것을 확신시키고 나서 승천하였다. 예수가 그 때 남긴 말 가운데 "요한은 물로 세례를 베풀었지만 오래지 않

* 『한국 개신교 주요교파 연구 Ⅰ』, 한국정신문화연구원, 1998(공저).

아 너희는 성령으로 세례를 받게 될 것이다"라는 말에 오순절교인들은 주목한다.

예수가 승천한 다음 그의 제자들은 유대교의 샤부오트Shavuot, 七七節[1]라는 계절 축제를 기념하기 위해 올리브 산을 내려와 자신들이 묵고 있던 예루살렘의 집 이층 방으로 올라가 기도에 전념하고 있었다. 그 때 바로 아래와 같은 일이 벌어졌다.

갑자기 하늘에서 세찬 바람이 부는 듯한 소리가 들려오더니 그들이 앉아 있던 온 집안을 가득 채웠다. 그러자 혀 같은 것들이 나타나 불길처럼 갈라지며 각 사람 위에 내렸다. 그들의 마음은 성령으로 가득차서 성령이 시키시는 대로 여러 가지 외국어로 말을 하기 시작하였다.[2]

기독교인들은 바로 이 사건을 예수가 앞에서 말한 성령 세례, 즉 성령이 제자들에게 강림한 것으로 믿고, 이 날을 기독교가 세계를 향해 선교를 시작한 날로 생각한다. 초기 교회의 기독교인들은 부활절 다음 50일 동안을 오순절이라고 불렀고, 주로 이 기간에 세례식을 거행하였다. 유대교에서는 본래 모세가 시내산에서 십계명을 받은 사건을 기념하던 날이 기독교에서는 성령이 최초로 강림한 사건을 기념하는 날로 바뀐 것이다.

오순절교는 성령이 최초로 강림한 바로 이 사건에 주목한다. 그리고

---

1 샤부오트는 유월절踰月節(유대인들의 봄 축제로 출애굽을 기념하는 축제일로 무효절無酵節이라고도 함)로부터 49일째 되는 날로 원래 농경 축제일이었으나 나중에 바리새 랍비들에 의해 모세가 시내산에서 십계명을 받은 사건을 기념하는 날로 바뀌었다. 한국종교연구회, 『세계종교사입문』, 청년사, 1989, 328쪽 참조.
2 「사도행전」, 2장 2-4절.

동시에 「고린도 전서」 12장에서 바울이 한 다음의 말에도 역시 귀를 기울인다.

성령께서는 각 사람에게 각각 다른 은총의 선물을 주셨는데 그것은 공동이익을 위한 것입니다. 어떤 사람은 성령에게서 지혜의 말씀을 받았고 어떤 사람은 같은 성령에게서 지식의 말씀을 받았으며 어떤 사람은 같은 성령에게서 믿음을 받았고 어떤 사람은 같은 성령에게서 병 고치는 능력을 선물로 받았습니다. 어떤 사람은 기적을 행하는 능력을, 어떤 사람은 하느님의 말씀을 받아서 전하는 직책을, 어떤 사람은 어느 것이 성령의 활동인지를 가려내는 힘을, 어떤 사람은 여러 가지 이상한 언어를 말하는 능력을, 어떤 사람은 그 이상한 언어를 해석하는 힘을 받았습니다. 이 모든 것은 같은 성령께서 하시는 일입니다. 성령께서는 이렇게 당신이 원하시는 대로 각 사람에게 각각 다른 은총의 선물을 나누어 주십니다.[3]

오순절교에서는 성령이 주는 이상의 아홉 가지 선물, 즉 권능權能을 은사恩賜, charisma라고 부른다. 그리고 오순절교는 성령이 제자들에게 최초로 임한 사건이 오늘날에도 여전히 일어날 수 있으며, 또한 기도를 통해서 성령의 선물, 즉 은사를 간절히 갈구하면, 오늘날에도 여전히 은사를 받을 수 있다는 것을 믿는 데서 시작되었다.

오순절운동은 크게 셋으로 유형화해 볼 수 있다.[4] 첫째, 20세기 초 미국

---

3 「고린도전서」, 12장 7-11절.
4 R. M. Anderson, "Pentecostal and Charismatic Christianity" in *ER*, vol.11, p. 230.

에서 일어난 오순절 부흥운동에서 교파로 발전한 소위 '고전적 오순절주의자classical pentecostals'들에 의한 오순절운동이다. 이들은 기존 교단에서 분리하여 오순절 계통의 여러 교단들을 설립하였다. 이들이 설립한 교단 가운데에는 '오순절'이라는 용어를 교단의 명칭에 사용하지 않은 교단도 있다. 따라서 교단 이름에 '오순절'이라는 용어가 들어가지 않은 경우에도 오순절 계통의 교단일 수 있다는 점을 염두에 둘 필요가 있다.

둘째, 소위 '은사주의자들charismatics'에 의해 1960년대에 미국에서 시작된 오순절 부흥운동이다. 이들은 오순절 계통의 교단이 아니라 비오순절 계통의 교단 내에서 일반적으로 기도 모임을 조직하여 활동하고 있다. 다시 말해서 첫째의 오순절운동이 기존의 교단으로부터 분리하여 스스로 교단을 설립하여 활동하고 있는 것에 비해, 이들은 비오순절 계통의 기존 교단 내에서 활동하고 있다는 점에 양자의 차이가 있다. 이 둘째 유형을 '신오순절주의 운동neo pentescotalism'이라고 하는데 이 운동에는 개신교와 천주교가 모두 참여하고 있다.

셋째, 오순절운동의 교리와 실천에 기본적으로 동조하고 있음에도 불구하고, '고전적 오순절주의자들'이나 '은사주의자들'로부터, 이들이 주장하는 몇몇 교리와 실천으로 인해, 이단, 또는 비기독교적인 운동으로 규정되는 오순절운동이다. 이들은 주로 아프리카, 라틴 아메리카 그리고 아시아에서 활동하고 있으며, 미국 내에서는 유색인종들이 많이 관여하고 있는 것으로 알려져 있다.

이 세 유형을 다시 정리하면, 첫째 유형은 오순절 교단에 의한 오순절운동을, 그리고 둘째 유형은 오순절 계통의 교단이 아닌 다른 교파들에 의한 오순절운동을 말하며, 셋째 유형은 오순절 계통의 신종교들에 의한 오순절운동을 말한다고 할 수 있다. 본고는 이들 세 유형을 모두 염두에 두되 오순절 계통의 교단, 다시 말해서 '고전적 오순절주의'와 관련이 있는 오순절 교단을 주로 살피고, 둘째 유형과 셋째 유형은 필요한 경우에만 살피게 될 것이다.

본고는 크게 세 부분으로 구성될 것이다. 우선 처음에는 오순절교의 교리적 측면과 의례 및 조직적 측면을 중심으로 오순절교의 일반적인 특징을 살피고, 이어서 오순절교의 기원과 세계사적 전개를 간략히 살피고, 마지막으로 한국의 오순절교를 광복 이전과 이후로 나누어 살피게 될 것이다.

2. 오순절교의 특징

본 장에서는 오순절교의 교리와 의례, 그리고 조직적인 측면을 중심으로 오순절교의 일반적인 특징을 서술해 보고자 한다. 주지하다시피 오순절교는 창시자가 없다. 오순절교 내에서는 성령이 바로 오순절교의 창시자라고 주장하기도 한다. 따라서 비록 오순절교라고 이름을 붙이더라도 오순절교는 교리나 의례, 그리고 조직적인 측면에서 매우 다양한 양상을 보인다. 여기에서는 다양한 양상을 모두 고찰하기보다는 오순절 계통 교단의 공통점들을 중심으로 오순절교의 일반적인 특징을 지적하게 될 것이다. 그리고 필요에 따라서는 한국 오순절교의 특징도 아울러 살피는 경우도 있을 것이다.

2.1. 교리적 측면

오순절교는 단일한 운동으로 전개되지 않고 다양한 견해를 지닌 다수의 집단운동으로 전개되었다. 따라서 표준적인 오순절 교단은 존재하지 않으며, 신앙과 교리의 여러 측면에서 오순절교의 각 교단은 근본적인 정도까지 차이를 보이기도 한다. 그럼에도 불구하고 우리는 여기에서 오순절교와 다른 교파 사이에서 살필 수 있는 기본적인 차이를 지적해 볼 수 있을 것이다.

오순절교는 사실 교리보다는 체험에 일차적인 관심을 지닌다. 오순절 교인은 성령으로 채워진 사람에게는 선생이 필요 없다고 생각할 정도로 초기에는 지적인 면에 관심을 보이지 않았다. 다시 말해서 이들은 기독교인의 삶 가운데 체험적인 측면을 무엇보다도 중요시하며, 신과의 인격적이며 실존적인 체험을 강조한다.[5] 이 때 이들은 체험은 되었지만 지적으로 납득하기 힘든 신적 행위에 대한 신학적 해명에 대해서는 별로 관심이 없다. 오순절교는 신조 중심이나 신학 중심의 교파가 결코 아니다. 오순절교는 교리의 기본적인 내용을 밝히는 신앙적인 진술을 제시하기는 하지만 포괄적인 신조나 조직신학을 만드는 데는 비교적 관심이 적다.[6] 최근에는 오순절교도 조직신학에 나름대로 관심을 보이고는 있지만 오순절신학은 여전히 다른 교파의 신학에 비해 비교적 덜 체계적이다.[7]

----

5 헤롤드 스미스 편, 『오순절운동의 기원과 전망』(박정렬 역), 순신대학교출판부, 1994, 56, 61쪽.

6 위의 책, 57쪽.

7 럿셀 p. 스피틀러 편저, 『오순절신학의 전망』(이재범 옮김), 나단, 1989, 역자 서문 참조.

오순절신학은 한마디로 '행동하는 신학'으로 규정할 수 있다.[8] 이들의 신학은 인식론적이기보다는 경험적이고, 사변적이기보다는 행동적이며, 분석적이기보다는 실천적이다. 따라서 오순절교의 신은 지금 행동하는 신으로 체험된다.[9] 오순절신학은 기본적으로 사도와 선지자와 방언하는 자의 계시적 은사들을 포함하여 성령의 은사들이 오늘날의 교회에서도 일어날 수 있으며, 그것은 적법하다는 입장을 취한다. 오순절신학의 이러한 입장은 계시적 은사가 바이블이 완성된 뒤에는 교회에서 일어날 수 없다는 입장을 취하는 대부분의 다른 교파들의 입장과 궤를 달리한다. 웨스트민스터 신앙고백은 사도시대가 끝났을 때 계시도 함께 중단되었다고 주장한다. 따라서 웨스트민스터 신앙고백을 인정하는 장로교의 경우 예언은 물론이고 방언도 제한적인 경우에만 인정한다.[10]

오순절신학은 이와 달리 '늦은 비'라는 개념을 통해 성령의 은사가 오늘날에도 여전히 일어날 수 있다고 주장한다. 오순절신학의 이러한 입장을 이해하기 위해서는 '늦은 비'라는 개념을 이해할 필요가 있다. 「신명기」에 보면 아래와 같은 언급이 있다.

> 여호와께서 너희 땅에 이른 비, 늦은 비를 적당한 때에 내리시리니 너희가 곡식과 포도주와 기름을 얻을 것이요.[11]

---

8 헤롤드 스미스 편, 앞의 책, 95쪽.
9 럿셀 p. 스피틀러 편저, 앞의 책, 373쪽.
10 장로교는 방언을 하는 사람들이 장로나 집사와 같은 교회의 직분을 맡을 수 없다는 입장을 취한다. 레이몬드, 『신오순절운동 비판 - 장로교회의 계시와 이적관』, 개혁주의 신행협회, 1978, 96쪽.
11 「신명기」 11장 14절.

여기에서 이른 비란 9월 중순부터 11월 중순까지 씨를 뿌리는 계절인 가을에 필요한 비를 말하고, 늦은 비란 봄에 밀을 추수하기 직전인 3월 중순부터 5월 중순까지 내리는 비를 말한다. 따라서 늦은 비는 추수하기 직전에 밀이 충분한 양의 물을 흡수하여 충실한 결실을 맺기 위해서 반드시 필요한 비이다. 이스라엘 사람들은 출애굽을 하고 나서부터 애굽에 있을 때와 달리 농사짓는 데 필요한 물의 부족을 항상 걱정하면서 살았다. 이러한 상황을 알고 있었던 여호와는 이스라엘 사람들의 물 부족에 대한 걱정을 덜어 주기 위해 비를 제 때에 충분히 내려 줄 것을 위와 같이 약속하였던 것이다.

오순절교는 「신명기」의 이 구절을 문자 그대로 이해하지 않고 이른 비와 늦은 비에 상징적인 의미를 부여한다.[12] 이들은 이른 비를 「사도행전」 2장에서 서술하고 있는 최초의 성령세례를 의미하는 것으로, 그리고 늦은 비를 20세기 초 오순절운동의 탄생으로 보고 있다. 그리고 복음이 오늘날까지 전파될 수 있었던 것은 오순절 날에 임한 성령의 충만한 역사가 그때부터 시작하여 오늘날까지 자신들과 함께 하기 때문인 것으로 생각한다.[13]

늦은 비는 추수하기 직전에 내리는 비를 말하기 때문에 오순절교에 의하면 20세기 초에 일어난 오순절운동은 결과적으로 추수하기 직전, 다시 말해서 마지막 때가 오기 직전에 일어난 사건이다. 따라서 오순절교는 다른 교파들에 비해 당연히 종말에 더 많은 관심을 보인다.[14] 20세기 초 최초

---

12 빈슨 사이난, 『20세기 성령운동의 현주소』(국제신학연구원 역), 예인, 1995, 17-18쪽.
13 조용기, 『오중복음과 삼중축복』, 서울말씀사, 1997, 15쪽.
14 종말에 대한 오순절교의 관념은 교단별로 前千年說, 後千年說, 無千年說의 각기 상이

의 오순절교인들은 무슨 일인가가 곧 일어나리라는 종말론적인 흥분에 사로 잡혀 있었다. 이들은 스스로를 적에 대한 마지막 대공세를 위해 신이 예비한 특공대로, 그리고 자신들의 선교는 곧 최후의 선교라고 생각하였다.[15] 기독교의 초기 교인들이 예수가 곧 재림할 것이라는 기대 속에 살았던 것과 마찬가지로 오순절교인들도 오순절운동을 신이 마지막 때에 세계를 복음화시키기 위해 일으킨 선교운동으로 생각하였다. 한마디로 이들은 종말이 곧 올 것이라고 믿었기 때문에 선교에 열중하였으며, 동시에 바로 자신들이 선교하기 때문에 종말이 곧 올 것으로 믿었다.[16]

우리나라에서는 종말에 대한 오순절교의 관심이 한국의 교회사적인 사명을 강조하는 것으로 나타났다. 세계 최대 교인인 여의도순복음교회의 당회장인 조용기는 한국이 마지막 때에 선교의 막중한 사명을 짊어진 복음의 못자리라고 말한다.[17] 그리고 용문산기도원을 설립한 나운몽은 바이블에 한국의 소망이 뚜렷하게 드러나 있고 신께서 한민족을 이미 택해서 종말의 때에 귀하게 쓸 것이 분명하다고 말하였다. 그리하여 용문산기도원에서는 집회를 위한 예배당 못지않게 구국제단[18]이 기도원의 중심 역할

한 입장으로 나누인다.(헤롤드 스미스 편, 앞의 책, 65-66쪽 참조) 그러나 우리나라의 오순절교는 대체로 전천년설을 지지하는 것으로 보인다. 우리나라의 대표적인 오순절주의자인 조용기는 환난 前 휴거설pretribulational rapture theory을, 그리고 나운몽은 환난 後 전천년설을 주장하고 있다.(조용기, 앞의 책, 27, 221쪽; 나운몽, 『내가 체험한 성령과 그 운동 반세기』, 애향숙출판부, 1980, 427쪽 참조).

15 헤롤드 스미스 편, 앞의 책, 99쪽.
16 위의 책, 97쪽.
17 조용기, 앞의 책, 18쪽.
18 나운몽이 한 때 기도를 하던 중 이 곳에서 '황금십자가'를 보았다고 하며, 민족제단이라고도 한다.

을 하고 있다. 용문산기도원의 신자들은 구국제단에서 1960년대 전반부터 현재까지 하루 24시간, 1년 365일 동안 하루도 빠지지 않고 1인이 1시간씩 교대로 나라와 민족을 위해 통성기도를 하고 있다.

오순절교의 교리는 복음주의적인 기독교의 교리와 대체로 같은 편이다. 그러나 복음주의자들은 회심과 성령세례를 동일시하는 반면, 오순절교는 전통적으로 회심과 성령세례를 구분하고 있다는 점에서 양자의 교리는 확연히 구분된다. 다시 말해서 오순절교는 회심 후에 성령세례를 따로 받아야 한다고 주장하고 있는 점에서 복음주의와 크게 다르다. 복음주의에 의하면 모든 기독교인은 이미 성령세례를 받았다. 그러나 오순절교에 의하면 회심만 한 기독교인과 성령세례까지 받은 기독교인은 차이가 있다.[19]

오순절교에 의하면 인간의 육肉은 혼魂에 의해, 그리고 혼魂은 영靈에 의해 지배를 받는데 바로 이 영靈이 신神의 영靈, 즉 성령과 교통을 한다.[20] 따라서 예수 믿고 구원받았다고 할지라도 생명력 넘치는 신앙생활을 하기 위해서는 성령이 충만해야 한다. 오순절교인들은 성령으로 하여금 자기 안에 거하게 하여 그리스도의 삶을 살도록 할 때 거룩함을 성취할 수 있다고 믿으며, 성령세례는 개개인의 노력 여하에 따라 누구나 받을 수 있다고 생각한다.[21] 따라서 오순절교인들에게는 성령세례를 받도록 노력하는 것이 무엇보다 중요하다.

초기의 오순절교인들은 성령세례를 받은 사람은 반드시 방언을 하게 된다고 생각하였기 때문에 방언을 할 수 있는 사람만이 성령세례를 받은

19 럿셀 p. 스피틀러 편저, 앞의 책, 111쪽.
20 조용기, 앞의 책, 55쪽.
21 럿셀 p. 스피틀러 편저, 앞의 책, 154-155쪽.

사람으로 인정하였다. 그러나 신오순절주의자들은 방언의 능력만이 성령세례를 받았는지의 여부를 판단하는 기준으로 생각하지 않는다. 이들은 방언을 포함해서 고린도전서 12장 8절에서 10절에 제시된 성령의 아홉 가지 은사들 가운데 어느 하나도 성령세례를 받았는지의 여부를 판단할 수 있는 기준이 될 수 있다고 생각한다. 다시 말해서 초기의 오순절교인들은 방언이 성령세례를 받았는지의 여부를 판단할 수 있는 1차적인 기준이라고 생각한 반면, 신오순절주의자들은 방언이 성령세례를 받았는지의 여부를 판단할 수 있는 여러 가지 기준 가운데 하나라고 생각하였다.

조용기는 바이블에서 말하는 복음의 진수를 중생, 성령충만, 축복, 신유, 재림으로 제시하고 이들을 '오중복음'이라고 하였다. 조용기의 오중복음은 미국 '하나님의 성회'의 사중복음에 '축복'을 첨가한 것이다. 그가 미국 하나님의 성회의 사중복음에 축복을 첨가한 것은 1940년대 축복 개념으로 미국 오순절운동에 활력을 부어 넣었던 로버츠Oral Roberts의 영향을 받은 것으로 보인다.[22] 그리고 그는 이 오중복음은 순복음 신앙의 이론적인 부분이며, '삼중축복'이 오중복음의 실천 부분이라고 하였다. 그에 의하면 삼중축복은 영혼이 잘되는 축복, 범사에 잘되는 축복, 그리고 강건하게 되는 축복을 말한다.[23]

조용기가 말하는 오중복음과 삼중축복의 구체적인 내용을 여기에서 자세히 고찰할 필요는 없다. 여기에서는 이들을 염두에 두고 오순절교의 교리적인 특징을 이해하는 범위 내에서 성령세례를 받고 난 결과를 몇 가지

---

22 빈슨 사이난, 앞의 책, 244쪽.
23 조용기, 앞의 책 참조.

제시해 보는 데 그치고자 한다.

첫째, 오순절교는 성령세례를 받고 나면 육체적인 건강을 회복하고 유지할 수 있다고 주장한다. 오순절교에 의하면 육체적인 병은 마귀와 범죄, 그리고 저주에서 비롯된다.[24] 이 가운데 오순절교는 마귀에 의한 육체적인 병을 믿음에 의해서 고칠 수 있다는 신유神癒를 주장하고, 그 방법으로 안수라는 의식을 행한다. 안수는 신유의 능력을 가진 사람이 자신의 손을 환자에게 얹는 행위를 통해 환자의 병을 치유할 수 있다는 믿음 아래 치러지는 의식이다.

우리나라에서는 용문산기도원을 설립한 나운몽에 의해 안수 의식이 최초로 시행된 것으로 보인다.[25] 용문산기도원에서도 축귀逐鬼에 의한 병의 치유가 행해지고 있으나 대체로 이는 정신질환자를 치유할 목적으로 행해지고 있다. 정신질환자가 아닌 경우에는 안수에 의해 '성령의 불'을 임하도록 하여 체내의 악성을 소멸시킬 수 있다고 믿어진다. 용문산기도원에서는 성령이 임할 때 뜨거움을 느낄 수 있다고 하여 성령세례를 불세례라고도 부른다.

육체적 질병이 신앙에 의해 치유될 수 있을 것으로 믿는다고 해서 오순절교인들이 현대의학을 전혀 도외시하는 것은 아니다. 이들은 의학적인 도움을 거부하고 죽은 사람들로 인해 많은 비난을 받기도 하였다. 그러나 이들이 의학 그 자체를 악으로 보는 것은 아니다. 이들은 만일 신자들이 자신의 믿음에 자신이 없다는 생각이 들면 병원의 문을 두드리라는 충고

---

24 위의 책, 145쪽.
25 나운몽, 앞의 책, 162쪽.

를 한다.[26]

둘째, 오순절교는 예수를 믿고 성령세례를 받으면 물질적으로 부유한 생활을 할 수 있다고 믿는다. 이들은 가난하고 고통 가운데 사는 것이 아니라 잘살고 부유하게 사는 것이 신의 뜻이라고 생각한다.[27] 따라서 이들은 삶에 지치고 수고하고 무거운 짐을 진 채 교회를 찾아오는 사람들에게 교회가 과연 무엇을 해 줄 수 있을 것인가를 먼저 생각하라고 주장한다. 이들에게 중요한 것은 자신들이 신을 위해 무엇을 할 것인가 보다는 신이 자신들을 위해 무엇을 해 주었는가를 먼저 생각하는 것이다.[28]

물질적 부에 대한 오순절교의 이러한 입장에 대해 개신교 일부의 비판자들은 신의 뜻을 기도에 종속시킴으로써 종교로부터 신비를 제거해 버렸다고 비난한다.[29] 다시 말해서 비판자들은 오순절교의 이러한 입장이 기독교라는 종교를 '주술'로 변질시켰다고 주장한다. 그러나 오순절교인들은 신유와 물질적 번영이 그것들을 받기에 충분한 신앙을 소유한 모든 신자들의 권리라고 믿는다. 그리고 이러한 축복은 어떤 주문이나 불법을 통해 받는 것이 아니라 신이 내리는 신앙적 축복이라고 생각한다.[30]

이상 오순절교의 교리적 측면의 특징을 일별해 보았다. 오순절 교단들 내에서는 삼위일체를 부인하는 교단이 있을 정도로 오순절교는 교리 일반에 대해서 다양한 견해를 보인다. 그리고 오순절 계통의 교단들이 크게

---

26 헤롤드 스미스 편, 앞의 책, 83쪽.
27 조용기, 앞의 책, 172쪽.
28 위의 책, 10쪽.
29 헤롤드 스미스 편, 앞의 책, 70쪽.
30 조용기, 앞의 책, 197쪽.

개혁주의계의 하나님의 성회 측과 웨슬리계의 오순절성결교회 측으로 양분되어 서로 견해를 달리하고 있다는 점도 아울러 지적하고자 한다.[31]

2.2. 의례 및 조직적 측면

오순절교는 신과의 인격적이고 실존적인 만남을 기대하며 감성적인 정서를 중시한다. 그리고 이들에게 신은 현재 여기에서 행동하는 신으로 체험된다. 미국의 초기 오순절운동이 중산층의 개신교의 특징이었던 형식주의와 현대주의의 반발로 일어났다는 점을 감안할 때 오순절교의 이러한 입장은 쉽게 이해할 수 있다.

오순절교는 신과 인간의 직접적인 체험의 관계를 강조하기 때문에 오순절교의 특징 또한 신과 인간의 만남이 이루어지는 교회 의식에서 찾아볼 수 있다. 미국의 초기 오순절운동의 모든 집회에서는 방언, 축귀, 신유, 예언, 통성기도, 울부짖기 등을 볼 수 있었다. 따라서 이 운동에 참여하는 사람들에게는 '떼굴떼굴 구르는 사람들Holy Rollers[32]이라는 별명이 붙을 정도였다.

이와 같이 울고 소리치고 몸을 심하게 움직이는 현상은 개신교 일반에서도 어렵지 않게 관찰할 수 있다. 그러나 대부분의 개신교에서는 이러한 현상을 비정상적이고 바람직하지 않은 것으로 보는 것이 일반적이다. 다

31 우리나라의 경우 나운몽의 '대한예수교오순절성결회'는 전자에 속하고, 조용기의 '예수교대한하나님의 성회'는 후자에 속한다.
32 이들이 성령을 체험할 때 뛰거나 구르는 모습을 빗대어 일컫던 말. 헤롤드 스미스 편, 앞의 책, 5쪽 참조.

시 말해서 대부분의 개신교인들은 조용하고 경건하게 예배를 드리는 것이 옳다고 생각한다. 그러나 오순절교인들은 박수를 칠 뿐만 아니라 기쁨에 겨워 춤추고 뛰는 행위가 오히려 예배에서 정상적이고 바람직한 행위로 생각한다. 그리고 이러한 생각은 바이블에 의해서 뒷받침 될 수 있다고 주장한다.[33]

오순절교의 이러한 예배 양상에 대해 오순절운동의 안과 밖에서 많은 이론異論이 제기되어 점차 이러한 예배 양상은 줄어들었다. 미국의 경우 백인들이 주축이 되어 있는 오순절 교단에서는 이러한 의식 양상이 모두 사라졌다고 해도 과언이 아니다. 그러나 이러한 예배 양상은 북미나 유럽의 소수 민족, 사하라 이남의 아프리카와 라틴 아메리카의 전부, 그리고 아시아 일부의 오순절 교단에서 여전히 찾아볼 수 있다.

오순절교의 의례적인 특징으로 이와 같이 생동감 넘치는 예배 양상과 함께 세례의식을 침수浸水에 의해 행한다는 점, 그리고 일부이기는 하지만 미국에서 주로 흑인들이 주축이 되어 있는 '하나님의 교회' 교단의 경우 몰몬교나 안식교와 마찬가지로 세족례洗足禮, Feet Washing를 행한다는 점 또한 아울러 지적할 수 있다.[34]

한편, 오순절교는 교인들을 인도하는 것이 교단이 아니라 성령이라고 믿기 때문에 기본적으로 조직과 중앙집권적인 권위보다는 신에 대한 개개인의 판단을 중요시한다.[35] 그러나 실질적인 면에서 교단의 운영은 특히

---

33 나운몽은 일견 아수라장 같이 보이는 예배 양상이 바람직하다는 근거로 「시편」 47편, 149편, 150편, 그리고 「사도행전」 3장 8절을 제시한다. 나운몽, 앞의 책, 334-335쪽.
34 James L. Slay, 『오순절운동의 신앙적 특성』(김용식 역), 샘, 1994, 162쪽.
35 헤롤드 스미스 편, 앞의 책, 59쪽.

오순절 계통의 교단 가운데 가장 큰 성장률을 보이고 있는 '하나님의 성회'의 경우 장로교와 회중교회의 치리 형태를 조합한 조직을 지니고 있다는 점을 오순절교의 조직적인 특징으로 지적할 수 있다.[36]

3. 오순절교의 기원과 전개

오순절교인들은 오순절운동의 기원을 「사도행전」 2장에 서술되어 있는 성령세례의 최초 사건에서 찾고 있다. 이들은 그날 있었던 성령세례와 은사의 체험이 이후 교회나 각 신도들의 삶을 규정한다고 생각한다. 이들은 은사의 체험이 비록 사도시대 이후 주류 교회 내에서는 중단되기는 하였지만 몬타누스주의, 재침례교, 몰몬교, 그리고 19세기의 다양한 성결운동가들을 통해 끊임없이 지속되었다고 주장한다.[37] 오순절교의 일반적인 특징을 방언이나 이적異蹟에서 찾는다면 오순절운동은 사도시대 이래 꾸준히 지속되었다는 것이다.

그러나 20세기 초에 생겨난 오순절 계통의 교단은, 구태여 계보를 말한다면, 가깝게는 1890년에서 1900년 사이에 형성된 성결교회, 그리고 멀게는 18세기 웨슬리에 의해 시작된 감리교에서 비롯되었다고 할 수 있다.[38] 더 구체적으로 말한다면 오순절교는 19세기말 미국에서 일어난 성결운동

---

36 위의 책, 150쪽.
37 빈슨 사이난, 앞의 책, 48, 73-74쪽.
38 Young-Hoon Lee, "The Holy Spirit Movement in Korea", 『순신대학교 논문집』 4, 1993, 152쪽.

의 급진적인 분파, 즉 성결교로부터 분리된 소집단을 주축으로 하는 독립적인 집단들에 의해 시작되었다. 20세기 초의 오순절운동은 감리교인이었다가 나중에 성결교의 독립 설교가로 활동하였던 파램Charles Fox Parham이라는 인물에 의해 시작되었다. 1901년 캔사스의 토페카Topeka에 있던 파램의 베델성서학교에서 방언과 함께 기괴한 현상들이 나타났다. 그러자 파램은 방언이 성령세례의 증거라고 가르치고 이러한 가르침과 신유를 기반으로 하는 사도신앙운동Apostolic Faith movement을 전개하였다.

성결교 설교가였던 세이무어William Joseph Seymour는 파램의 영향을 받고 1906년부터 로스엔젤레스에서 사도신앙운동을 전개하였다. 세이무어가 설립한 아주사 거리의 사도신앙복음선교회는 곧 오순절운동의 본거지가 되었고 이 선교회를 통해 오순절운동은 수년 내에 미국 전역은 물론이고 세계로 확산되어 갔다.

20세기 초의 오순절교는 교리와 예배상의 특징으로 인해 주류 교회로부터 많은 비난을 받았다. 그리고 이 운동에 참가한 사람들은 인종이나 종교, 그리고 문화적 배경이 매우 다양한 사람들이었기 때문에 당시의 오순절운동은 내부에 적대적인 성격을 지닌 집단이 있을 정도로 다양한 양상으로 전개되었다. 1916년이 되자 당시의 미국 오순절운동은 교리적으로 크게 세 집단으로 나뉘어 전개되었으며,[39] 1930년대에는 다시 이 세 집단이 각

---

39 첫째, '하나님의 성회the Assemblies of God'가 대표적인 교단으로 침례교 측에 가까운 오순절 운동, 둘째, '그리스도 하나님의 교회the Chruch of God in Christ', 클리블랜드에 본부를 두고 있는 '하나님의 교회the Church of God', 그리고 '오순절성결교회the Pentecostal Holiness Church'가 대표적인 교단으로 감리교 측에 가까운 오순절운동, 그리고 셋째, 삼위일체를 부인하며 성부와 성자, 성령이 예수의 다른 이름에 불과하다고 주장하는 '오직 예수Jesus Only' 오순절운동의 세 부류를 말한다. R. M. Anderson, op. cit., p. 232.

각 인종별로 분리되어 여러 교단들을 출현시켰다.

1940년대가 되면 미국 오순절운동은 약간 침체되는 분위기에 놓여 있었다. 그러나 브란햄William Branham과 로버츠Oral Roberts를 중심으로 하는 신유 운동이 천막 부흥회를 중심으로 전개되어 오순절운동은 다시 새로운 활력을 얻게 되었다. 그러다가 이들과 기존 오순절교단 사이에 마찰이 생겼고, 그러자 이들을 중심으로 전개된 신유 운동은 다시 모든 신자들은 부유해야만 하는 것이 신의 뜻이라는 교리를 새로 첨가하여 당시의 오순절운동을 또 다른 방향으로 이끌어 나갔다.[40]

1960년대에는 미국에서 개신교와 천주교 양측에서 소위 신오순절운동이 전개되었다. 신오순절운동은 앞에서도 지적하였듯이 오순절 교단이 아니라 비오순절 교단 안에서 전개된 오순절운동을 말한다. 1961년에 성공회의 신부인 베네트Dennis Bennett는 성령세례를 받고 방언을 하였다. 베네트에 의해 시작된 신오순절운동은 매스컴을 통해 교계에 서서히 알려지기 시작하였다. 베네트에 의해 시작된 개신교 측의 신오순절운동은 초기부터 분리운동을 목표로 하지 않았기 때문에 비오순절 계통의 기존 교단으로부터 핍박을 받지 않고 전개될 수 있었다.

1960년대의 미국 가톨릭은 침체 일로를 걷고 있었으나 1967년에 가톨릭 측의 신오순절운동이 피츠버그의 드퀘스니 대학과 미시간 대학을 중심으로 전개되면서 새로운 활로를 찾기 시작하였다. 가톨릭의 신오순절운동은 제2차 바티칸공의회에 의해 고무되었으며,[41] 또한 개신교 측의 신오순절

---

40 당시의 미국 오순절운동의 방향이 조용기에게 영향을 끼친 것으로 말해진다.
41 럿셀 p. 스피틀러 편저, 앞의 책, 128쪽.

운동으로부터도 많은 영향을 받은 것으로 보인다.[42] 가톨릭의 신오순절운동은 기도모임과 국내외의 여러 회의를 통해 급격히 성장하여 개신교의 신오순절운동보다 오히려 활발한 활동을 전개하였다.

미국 안에서 전개된 개신교와 가톨릭의 신오순절운동이 각각의 교회에 많은 활력을 부어 넣어 준 것은 사실이나, 또한 각각의 교회에 갈등의 요소를 심어 주기도 하였다.[43] 오순절 계통의 교단은 개신교나 가톨릭의 신오순절주의자들이 소속 교회로부터 이탈하여 오순절 계통의 교단에서 활동하기를 바랐다. 그런가 하면 신오순절주의자들이 소속해 있는 교회는 이들의 활동이 교회의 기존 전통을 위협하지 않고 어떻게 기존 전통에 통합될 수 있는가에 대해 많은 고심을 하였다.

현재 미국의 오순절 계통의 대표적인 교단으로는 그리스도 하나님의 교회, 하나님의 성회, 하나님의 교회, 그리고 오순절 성결교회를 들 수 있다. 이 밖에도 군소 교단으로 미국 오순절 계통의 교단은 20여 개가 더 있는 것으로 알려져 있다.[44]

미국에서 일어난 오순절운동은 곧 이어 유럽으로 확산되었다.[45] 영국에서 태어난 감리교 목사로서 노르웨이에서 활동하고 있던 바랏Thomas Ball Barratt은 1906년 미국 뉴욕에서 오순절운동으로부터 영향을 받고 오순절주의자가 되었다. 노르웨이에 있던 바랏의 교회는 곧 서유럽 오순절운동의

42 빈슨 사이난, 앞의 책, 1995, 180쪽.
43 럿셀 p. 스피틀러 편저, 앞의 책, 266쪽.
44 빈슨 사이난, 앞의 책, 87쪽.
45 미국 이외 지역의 오순절운동의 구체적인 전개는 빈슨 사이난, 앞의 책, 94-115쪽을 참조할 것.

중심지가 되어 스웨덴, 덴마크, 핀란드는 물론이고, 영국, 독일의 오순절운동의 단초를 열어 주었다. 그리고 1920년대에는 오순절운동이 동유럽까지 확산되어 파시즘과 공산주의 치하에서도 살아남아 현재까지 무시하지 못할 교세를 보이고 있다.

오순절운동은 미국과 유럽의 선교사들을 통해서 남미와 아프리카, 그리고 아시아 지역으로까지 확산되었다. 이들 지역에도 일찍이 20세기 초반에 오순절교의 선교사업이 시작되었으나 1950년대에 가서야 그 성과를 볼 수 있었다. 오순절교의 선교사업은 다른 교파의 그것과 달리 해당 지역의 문화와 비교적 마찰 없이 전개되었던 것으로 보인다.[46] 특히 남미와 사하라 이남 아프리카의 오순절운동은 교회사적으로 많은 주목을 받고 있으며, 이들 지역에서는 미국과 유럽 오순절운동의 영향권 밖에서 독자적으로 전개된 오순절운동도 발견되고 있다.

1979년 통계에 의하면 미국의 경우 (신)오순절주의자들은 전국민의 19%이고 방언을 하는 사람들은 전국민의 4%이다.[47] 그리고 1990년 통계에 의하면 (신)오순절주의자들은 전세계 기독교인 가운데 21.4%를 차지한다.[48] 1900년 이전에는 세계에 단 한명의 오순절주의자도 없었다는 점을 감안할 때 이 통계는 우리에게 많은 점을 시사해 주고 있다.

46 럿셀 p. 스피틀러 편저, 앞의 책, 300쪽.
47 빈슨 사이난, 앞의 책, 37쪽.
48 위의 책, 34쪽.

4. 한국 오순절교의 전개

4.1. 일제하의 한국 오순절교

한국의 오순절교는 1928년 오순절 계통의 미국 선교사 럼지_{Mary Rumsey}가 내한하면서 시작되었다. 럼지는 본래 감리교 계통의 신학교를 졸업한 감리교인이었으나 1907년 로스엔젤레스의 아주사에서 오순절운동에 접하고 오순절교인이 되었다. 그녀는 그 뒤 20여 년이 지난 다음인 1928년 독립 선교사로 내한하여 한국에 최초의 오순절 교회를 설립하였다.[49] 따라서 한국의 오순절교는 정확히 말하면 1928년부터 시작되었다고 하여야 할 것이다.

럼지가 내한하기 전에도 구미에서 전개되었던 오순절운동과 유사한 소위 성령운동이 한국에서도 전개되었다. 우선 캐나다의 선교사 하디_{R. A. Hardie}의 주도 아래 1903년 원산에서 시작된 부흥운동과 이후 선교사 리_{G. Lee}와 블레어_{W. N. Blair}, 그리고 길선주의 주도 아래 1907년을 전후하여 평양 일대에서 전개된 부흥운동에 주목할 필요가 있다.[50] 그리고 평양신학교 출신인 김익두와 협성신학교(감리교신학대학 전신) 출신인 이용도의 전도 활동도 우리의 관심을 끈다. 김익두는 1920년대 초에 주로 활동한 인물로 소위 영력靈力을 얻기 위한 금식기도와 전도를 위한 외적인 기적과 이사異事, 특히 신유의 은사를 강조하였다. 그리고 이용도는 1928년에서

---

49 위의 책, 240-241쪽.
50 그 당시의 부흥운동에 대해서는 윌리엄 블레어 · 브루스 헌트, 『한국의 오순절과 그 후의 박해』(김태곤 옮김), 생명의 말씀사, 1995, 80-89쪽.

1933년까지 목사로 활동하였는데 그 기간 중에 그가 주도한 집회에서 방언과 예언하는 사람들이 많았던 것으로 알려져 있다.

평양 중심의 부흥운동과 김익두, 이용도의 활동을 일반적으로 한국 오순절운동의 전사前史로 보기도 한다. 그러나 1907년을 전후한 평양 일대의 부흥운동은 회개와 자백, 그리고 통성기도에 관한 기록은 있어도 방언이나 신유에 관한 기록은 보이지 않는다. 따라서 이 부흥운동을 오순절운동과 직, 간접적으로 관련시키는 것은 타당하지 않은 것으로 보인다. 만약 이 부흥운동을 오순절운동과 관련시킬 수 있다면 웨슬리가 영국에서 감리교를 시작할 당시의 부흥운동이나 또는 미국에서 일어난 2회에 걸친 부흥운동도 오순절운동과 관련시키는 것이 가능할 것이기 때문이다.

김익두의 활동에서 신유현상을 살필 수 있고 또한 이용도의 활동에서 방언현상을 살필 수 있다는 점에서 이 두 인물의 활동을 오순절운동과 관련시키는 것은 가능할 것으로 보인다. 다시 말해서 이 두 인물의 활동은 구미의 오순절운동으로부터 전혀 영향을 받지 않은 토착적인 오순절운동으로 볼 수 있을 것이다. 그러나 이 두 인물의 활동이 구미에서 전개되고 있던 오순절운동과 무관하게 전개되었다는 사실, 그리고 이들의 활동이 오순절 교단의 설립으로 이어지지 않았다는 점에서 이들의 활동을 오순절운동 그 자체로 볼 수 있을 것인가는 의문으로 남는다.

앞에서 지적한대로 한국의 오순절교는 1928년 미국 선교사 럼지가 내한하면서 본격적으로 시작되었다. 그녀는 구세군 본부에서 사무를 보고 있던 허홍과 일본에서 오순절 계통의 성서신학원을 졸업하고 1932년에 귀국한 박성산의 도움으로 1933년에 한국 최초의 오순절교회를 서빙고에 설립하였다. 교회 설립 이전에는 단지 럼지 선교사의 생활과 말을 통해서 소개되던 오순절운동이 교회 설립 이후 박성산에 의해 "오순절운동이란 방언하는 것이며, 기도로써 병을 고치는 것이다"라는 신학적 체계를 지닌 본격적인 오순절운동으로 전개되었다.[51]

이보다 앞서 1930년에는 미국 오순절교회 소속의 선교사 파슨스T. M. Parsons가 개인 자격으로 내한하였고, 그의 요청으로 1933년에는 영국 오순절교회 소속의 선교사 메레디스E. H. Meredith와 베시L. Vessey가 내한하였다. 그리하여 우리나라에서는 이후 이들이 일제에 의해 출국당하기 전까지 오순절 계통의 선교사 4인이 활동하였다.

한편, 박성산의 일본 성서신학원 후배인 배부근은 1933년에 귀국하여 파슨스와 함께 사직공원 앞에 수창동교회를 설립하였다. 그리하여 허홍과 박성산은 럼지와 함께, 그리고 배부근은 파슨스, 메레디스, 베시와 함께 두 팀으로 나뉘어 오순절운동을 전개하였다. 1938년에는 영국 오순절교회의 감독 카터 목사와 선교사들을 안수위원으로 하여 당시 조선오순절교회 선교본부가 있던 정동 시병원에서 허홍, 박성산, 배부근이 한국 최초의 오순절교회 목사가 되었다. 그리고 서빙고에 있던 오순절교회는 같은 시기에 '조선오순절교회포교소'로 이름을 바꾸었다.[52]

미국의 경우에서와 마찬가지로 한국의 주류 교회들은 이들의 활동에 많은 핍박을 가하였다. 이들은 오순절교를 이단으로 비판하면서 이들을 '방언파' 또는 '딴따라파'로 지칭하였다.[53] 이러한 불리한 여건 속에서도 한국의 오순절교는 1938년 당시 교회 6개소, 목회자 11인, 그리고 교인 192인

---

51 국제신학연구원, 『하나님의 성회 교회사』, 서울서적, 1993, 150-151쪽.
52 빈슨 사이난, 앞의 책, 241쪽.
53 국제신학연구원, 앞의 책, 151쪽.

에 달할 정도로 성장하였다.[54] 그러나 1937년부터 1940년 사이에 일제에 의해 선교사들이 강제 출국당하면서 일제하 오순절교는 급격히 침체되었고 광복 직전에는 흔적만 남아 있을 정도로 쇠퇴하였다.

미국과 영국 선교사들의 도움으로 전개된 오순절운동 이외에도 중국에서 들어온 신소회神召會가 김천을 중심으로 활동하였고, 일본 오순절운동의 개척자인 영국인 선교사 쿠트L. W. Coote가 설립한 극동사도선교회 계통의 교회가 전라도 지방에 있었던 것으로 알려져 있으나 활동은 미약했던 것으로 보인다.

4.2. 광복 후의 한국 오순절교

광복 직후 한국의 오순절교는 거의 쇠퇴한 것이나 마찬가지였다. 오순절교의 대표적인 인물조차도 생계를 위해서 전도활동을 포기하고 있을 정도였다. 이런 상황에서 광복 직후의 오순절교는 일제하에 일본에서 활동하였던 한국인 오순절교인들에 의해 활기를 되찾기 시작하였다.

1933년에 곽봉조는 일본 오사카에 '조선예수교오순절교회'라는 한인교회를 개척하였는데 그는 이코마生駒신학교를 졸업하였으며, 선교사 쿠트와 친분이 있었던 인물이다. 곽봉조가 설립한 오사카 한인교회에 다니던 교인들의 직, 간접적인 영향 아래 광복 직후 전라남도 순천지방에서 '대한기독교순천오순절교회'가 설립되었다. 이 교회는 1949년에 장년 200여 명, 주일학교 150여 명의 신자가 모일 정도로 성장하였고, 6.25 직전에는 300

---

54 『朝鮮の宗教及享祀要覽』, 1941 참조.

여 명이 출석하는 교회로 발전하였다.[55]

1950년 4월에는 허홍, 박성산, 배부근 등 일제시대에 활동하던 오순절교인들과 광복 후 순천지방에서 활동하던 오순절교인들이 모여 제1회 대한기독교오순절대회를 개최하였다.[56] 이 대회는 비록 교단 조직에 관한 구체적인 논의가 없이 연합 부흥회의 성격을 지닌 대회에 불과하기는 하였지만 광복 후 한국 오순절운동의 초석을 다지는 대회였다.

6.25 직후 오순절 교회는 8개에 불과하였다. 그러나 6.25를 통해서 한국의 오순절교는 미국 '하나님의 성회'와 관계를 맺게 됨으로써 점차 발전의 계기를 맞이하게 되었다. 6.25에 참전하였던 오순절 계통의 미국 군종목사의 주선으로 1952년 12월에 미국 '하나님의 성회' 선교사 체스넛A. B. Chesnut이 내한하였다. 그는 내한한 뒤 1953년 4월에 한국 측 오순절교의 지도자 6인과 함께 서울 용산구 한강로에 있는 남부교회에서 '기독교대한하나님의 성회'를 창립하고 초대 총리가 되었다. 그리고 그는 같은 해 남부교회에 순복음신학교를 설립하고 초대 교장이 되었다.

'기독교대한하나님의 성회'의 신조는 미국 '하나님의 성회'의 그것과 다를 것이 없었다. 신조 가운데 우리의 주목을 끄는 것들로는 성경무오설, 교회 휴거설, 성령세례, 신유 등을 들 수 있다.[57]

'기독교대한하나님의 성회'는 이후 빠른 속도로 성장하여 1953년 10월에는 14개 교회, 1954년 8월에는 28개 교회, 그리고 1955년 말에는 44개 교회를 소속 교회로 하는 교단으로 발전하였다. 그러나 '기독교대한하나님의

---

55 국제신학연구원, 앞의 책, 159쪽.
56 위의 책, 160쪽.
57 신조의 구체적인 내용은 국제신학연구원, 앞의 책, 166-167쪽 참조.

성회'는 1957년 11월에 순복음신학교의 맹휴사건과 교리논쟁 등을 계기로
내분에 휩싸이게 되었다. 그러자 '기독교대한하나님의 성회'에서 허홍 등
은 '기독교대한오순절교회'를 만들어 나갔고, 또한 일부 목사들은 마침 일
본에서 활동하던 선교사 쿠트가 대전에 '극동사도선교회'를 조직하고 중도
신학교를 설립하자 이에 합류하였다.[58] 그리하여 '기독교대한하나님의 성
회'는 세 부류로 분열되었고, 이 와중에 적지 않은 목회자들이 안식교, 여
호와의 증인, 장로교, 감리교 등 타교단으로 옮겨갔다.

　1960년대에는 미국 '하나님의 성회' 이 외에 오순절 계통의 미국 교단들
이 한국에서 활동을 시작하였다. 1963년에는 미국 '하나님의 교회'가 들어
와 '기독교한국오순절하나님의 교회'를 설립하였는데, 이 교단은 나중에
'기독교한국하나님의 교회'로 교단 이름을 바꾸었다. 그리고 1965년에는
미국 '연합오순절교회'가 들어와 '한국연합오순절교회'를 설립하였으며,
1968년에는 미국 '성서하나님의 교회'가 들어와 '기독교한국오순절복음선
교회'를 설립하였다. '기독교한국오순절복음선교회'는 나중에 교단 이름을
'기독교한국하나님의 교회'로 바꾸었다가 다시 '기독교한국성서하나님의
교회'로 변경하였다.

　한국 오순절 계통의 최대 교단인 '기독교대한하나님의 성회'는 1981년
여의도순복음교회의 당회장인 조용기 목사의 이단 시비문제로 인해 총회
측과 순복음 측으로 분열되었다. 조용기를 중심으로 하는 순복음 측은
1982년에 국내외 선교를 목적으로 재단법인 순복음선교회를 설립하고,

---

58 '기독교대한오순절교회'는 1972년에 다시 '기독교대한하나님의 성회'와 통합하였고, '극
　동사도선교회'는 나중에 '대한예수교오순절교회'로 교단 이름을 바꾸었다.

1985년에는 '예수교대한하나님의 성회'라는 새로운 교단을 만들었다. 그러다가 1991년 '기독교대한하나님의 성회'와 '예수교대한하나님의 성회'는 양측 교역자들의 노력과 미국 '하나님의 성회' 측의 도움으로 다시 '기독교대한하나님의 성회'[59]라는 교단 이름으로 통합하였다. 그러나 '예수교대한하나님의 성회'에 소속되어 있는 모든 교회가 이에 동참한 것은 아니었다. '예수교대한하나님의 성회' 소속 교회 가운데 통합에 참여하지 않은 교회들은 현재 '기독교대한하나님의 성회순복음'라는 교단 이름으로 활동하고 있다.

이밖에 해외의 오순절 교단들과 관련을 맺지 않고 한국에서 독자적으로 생겨난 오순절 계통의 교단들도 있다. 나운몽은 김천에 있는 용문산에서 1942년에 성령을 체험하고 1947부터 애향숙愛鄉塾이란 이름으로 오순절운동을 독자적으로 전개하였다.[60] 그는 용문산에 기도원과 신학교를 설립하여 활동하던 중 1978년 대통령령으로 기존 교단에 소속되지 않은 기도원을 철거하라는 명령이 내려지자 기도원 보존을 위해 교단을 만들기로 결정하였다. 그리하여 1979년 미국 '국제오순절성결회'와 협약을 맺고 '대한예수교오순절성결회'를 창립하였다.[61]

그리고 박종덕은 1963년 벧엘교회를 만들어 활동하다가 1969년에 '기독교오순절협동교회연합회'라는 교단을 창립하였는데 이 교단은 현재 '국제순복음교단한국총회'라는 이름으로 활동하고 있다.[62]

59 일반적으로 '기독교대한하나님의 성회서대문 측'로 알려져 있다.
60 나운몽, 앞의 책, 44, 109쪽.
61 위의 책, 491쪽.
62 『한국종교연감』, 한국종교사회연구소, 1995, 534-536쪽.

5. 나오는 말

지금까지 우리는 「오순절교의 특징과 전개」라는 제목 아래 먼저 오순절교의 교리와 의례, 그리고 조직상의 특징을 살펴보고, 오순절교의 기원과 함께 미국, 유럽, 그리고 비서구권에서 오순절운동이 어떻게 전개되었는지를 서술하였다. 그리고 끝으로 한국 오순절교의 전개를 일제하와 광복 후로 나누어 일별해 보았다.

장로교는 스코틀랜드에서 시작되었지만 가장 큰 장로교회는 한국에 있고, 감리교는 영국에서 시작되었지만 역시 가장 큰 감리교회는 한국에 있다. 그리고 오순절 계통의 하나님의 성회는 미국에서 비롯되었지만 가장 큰 하나님의 성회 교회는 역시 한국에 있다.

한국의 개신교가 급성장한 배경 내지 요인은 여러 가지 측면에서 지적할 수 있을 것이다. 그 여러 가지 측면 가운데 우리는 오순절교의 전개가 한국 개신교 성장의 주요 배경 내지 요인 가운데 하나로 작용하였다는 지적은 일면 타당한 지적으로 여겨진다.[63] 그리고 나아가서 장로교, 감리교, 성결교, 침례교의 성장에 소위 신오순절주의가 많은 기여를 한 것이 아닌가 하는 생각도 해 볼 수 있다. 물론 이에 대한 고찰은 본 논문에서 구체적으로 다루지는 않았지만 금후의 과제로 설정해 볼 수 있을 것으로 생각한다.

우리는 한국의 개신교가 무속적이라는 지적에 심심치 않게 접한다. 한

---

63 Jae-Bum Lee, "Pentecostal Type Distinctives and Korean Protestant Church Growth", Unpublished Ph. D. dissertation, Fuller Theological Seminary, 1986 참조.

국의 개신교가 무속적이라는 지적은 주지하다시피 한국의 개신교가 비개신교적인 요소를 많이 지니고 있다는 비판적인 시각에서 나온 지적이다.

한국에 무속이라는 종교현상이 적지 않은 영향력을 지니고 존재하는 것은 틀림없다. 따라서 무속이 한국 개신교에 어느 정도 영향을 미쳤을 것이라는 사실 또한 당연하다. 개신교가 무속에 영향을 받은 것이 좋은 것인가 아니면 나쁜 것인가의 문제는 종교학 밖의 문제이다. 다만 본 연구를 통해서 우리는 한국의 개신교가 무속적이라는 주장이 다른 각도에서 이해될 수도 있다는 가능성을 보게 되었다. 다시 말해서 지금까지 심심치 않게 지적되어 왔던 개신교의 무속적인 요소는 다른 말로 하면 개신교의 오순절주의적 요소였을지도 모른다.

만약 이상의 지적이 타당성이 있다면 우리는 지금까지 지적되어 왔던 개신교의 무속적인 측면의 상당 부분을 비판적인 시각에서만 언급할 것이 아니라 보다 긍정적인 시각에서 보다 적극적으로 이해해 볼 수도 있을 것이다.

제3장

침례교의
특징과 전개*

1. 들어가는 말

예수에서 비롯한 기독교는 성립 이래 다양한 모습으로 전개되어 왔다. 루터의 교회개혁이 있기 이전에 서유럽에는 천주교가, 그리고 동유럽에는 동방정교회가 있어서 기독교는 크게 양대 세력으로 분리되어 있었다. 그리고 루터의 교회개혁이 있은 다음에 기독교는 로마 가톨릭과 동방정교회, 그리고 개신교로 크게 세 부분으로 나뉘어 전개되어 왔다.

로마 가톨릭은 비록 국가를 초월하여 하나의 조직체계를 이루고 있기는 하지만 예를 들어서 유럽의 천주교와 남미의 천주교, 그리고 한국의 천주교는 그 모습을 달리하고 있다고 보는 것이 옳다. 로마 가톨릭과 달리 국가별로 조직체계를 이루고 있는 동방정교회 역시 예를 들어서 그리스정교회와 러시아정교회는 분명히 그 모습을 달리하고 있다.

개신교는 로마 가톨릭과 동방정교회에 비해서 그 다양성의 정도가 보다

* 『한국 개신교 주요교파 연구 Ⅰ』, 한국정신문화연구원, 1998(공저).

크다. 루터교, 장로교, 감리교를 비롯해서 성결교, 침례교, 오순절교, 구세군, 그리고 안식교, 여호와의 증인, 몰몬교 등 세계의 역사상 존재하는 개신교 교파는 무수히 많다. 게다가 각 교파는 또한 여러 교단으로 분리되어 있는 것이 보통이다. 물론 이 밖에도 여러 교파운동이 기독교의 이름으로 무수히 존재했었고, 또한 현재에도 존재한다. 따라서 예수에서 비롯한 종교를 보다 정확히 이해하기 위해서는 '기독교'보다는 '기독교들'이라는 용어를 사용하는 것이 더 바람직한지도 모른다.

본 논문에서 우리는 기독교의 여러 교단 가운데 침례교의 특징을 살펴보게 될 것이다. 침례교는 유아침례를 인정하지 않으며, 교단조직이 다른 교단에 비해 개교회 중심적이면서도 교회의 운영이 보다 민주적이라고 알려져 있다. 그리고 침례교는 루터교나 장로교와 같이 개신교 교파 가운데 비교적 오랜 역사를 지니고 있으며, 미국에서는 가장 큰 세력을 지닌 교단이며 우리나라에서도 4대 개신교 교파 안에 포함되는 교단이다. 그럼에도 불구하고 침례교는 장로교와 감리교에 비해 비교적 덜 알려져 있는 교파이다. 따라서 본 논문은 침례교의 일반적인 특징과 함께 그의 역사적 전개 과정을 살펴 개신교를 포함한 기독교 전반에 대한 이해에 도움이 되고자 한다.

침례교뿐만 아니라 특정 종교에 대한 이해에는 두 가지 관점이 있을 수 있다. 첫째는 종교 내부에서 자신의 종교를 호교론적으로 이해하려는 관점이고, 둘째는 관찰자의 입장에서 특정 종교를 이해하는 관점이다. 본 논문은 둘째의 관점에서 침례교를 이해하고자 한다. 그러면서도 본 논문은 침례교 내부에서 논란이 일고 있거나 또는 침례교의 고도의 신학적인 문제들에는 가능한 한 관심을 보이지 않을 것이다. 그 이유는 본 논문이 침례교 내부에서 침례교 외부에 침례교를 소개하는 것이 아니고 침례교 외부에서 침례교 외부에 침례교를 소개하는 데 일차적인 목표를 두고 있기 때문이다.

외국에 비해 국내에서 침례교에 관한 연구 성과는 그다지 많지 않은 것으로 보인다. 필자가 침례교 전문서점이나 일반 도서관에서 찾아 본 바에 의하면 침례교 일반에 관해 국내에서 발간된 연구 서적은 10여 종을 넘지 않는다. 따라서 침례교 전반에 대해 알아보기 위해서는 외국의 전문 서적을 참고로 할 수밖에 없는 상황이다. 그러나 본 논문은 침례교에 관한 모든 연구 업적들을 참고하기보다는 침례교에 관한 일반 서적, 즉 일반 교양인들이나 침례교의 일반 신자들이 쉽게 접할 수 있는 연구 업적들만을 참고로 할 것이다.

본 논문을 통해서 우리는 특정종교의 외부에서 특정종교를 이해하는 것이 과연 가능한지, 그리고 그러한 이해가 특정종교의 외부에 서 있는 일반 교양인들이나 또는 타종교나 타교파를 신봉하고 있는 사람들에게 얼마나 도움을 줄 수 있는지를 판단해 볼 수 있을 것이다. 본 논문은 특정 종교 내부의 이해보다는 특정종교 외부의 이해가 특정종교의 외부에 서 있는 사람들에게 더 도움이 될 수 있을 것이라는 전제에 서 있다.

우선 본 논문은 천주교를 비롯하여 개신교 여러 교파들과 대비해 볼 때 지적할 수 있는 침례교의 여러 특징들을 제시해 볼 것이다. 그리고 이어서 침례교의 발단에서 시작하여 서구에서의 침례교의 전개를 일별해 본 다음 한국 침례교의 전개과정을 살펴볼 것이다.

2. 침례교의 특징

침례교는 루터의 교회개혁 이후 개신교의 여러 교파들에 비해 비교적 일찍이 출현한 교파이다. 일반적으로 침례교는 개신교 여러 교파들 가운데 좌파에 속하는 것으로 알려져 있다.[1] 왜냐하면 침례교는 신약의 본질적인 원리를 지키는 교회라는 자부심을 가지고, 원형적인 교회Primitive Church 로서의 신약교회New Testament Church의 신앙을 전승하려고 노력하고 있기 때문이다. 어찌 보면 침례교는 당시 교회개혁이 지향하였던 여러 가지 목표들을 짐짓 극단적이라고 생각할 정도로 밀고 나갔던 교파이다. 침례교는 루터가 유아세례와 성찬식을 로마 가톨릭의 방식대로 계승했다는 점에서 그의 개혁이 불충분하였다고 생각하였다.[2] 침례교는 무엇보다도 침례나 성찬식과 같은 교회의식이나 조직 면에서 바이블에 가장 근접하려고 노력하였던 것이다. 물론 그러기 위해서 침례교가 바이블에 절대적인 권위를 부여하고 있다는 사실은 말할 필요도 없다.

아래에서는 의식, 교리, 조직, 대사회적 측면으로 나누어 침례교의 특징을 살펴보기로 하겠다.

2.1. 의례적 측면

침례교는 죄를 회개하고, 예수 그리스도를 믿으며, 침례를 통해 신앙을

---

1 로버트 G. 토벳트, 『침례교회사』(허긴 역), 침례신학대학출판부, 1984, 582쪽.
2 로버트 A. 베이커, 『침례교발전사』(허긴 역), 침례회출판사, 1968, 55쪽.

고백하는 것을 강조한다. 그런데 주지하다시피 침례교의 가장 중요한 특징은 침례의 방법에서 찾을 수 있다. 다른 교파들은 주로 물을 뿌리는 방법에 의해 세례를 주고 있는 것에 비해 침례교는 아예 물 속에 담그는 방법을 통해 세례를 주고 있다. 침례교는 다른 교파들에 비해 이와 같이 세례를 주는 방식을 달리하고 그 방식에 많은 의미를 부여하고 있기 때문에 본래 세례라는 말 대신에 '뱁티스마baptisma'라는 용어를 사용하기를 원하였다.[3] 캐나다인으로 우리나라에 온 침례교 최초의 선교사이며, 주한 외국선교사들로 구성된 성경번역위원회의 부회장으로 있던 펜윅Malcom C. Fenwick(1863-1935)은 'baptism'을 세례 대신 '뱁티스마'로 번역하자고 주장하였다. 그러다가 이것이 받아들여지지 않자 그는 부회장직을 사퇴하고 바이블을 혼자 번역할 정도였다.[4] 그러나 침례교는 '뱁티스마'라는 용어가 일반에 생소할 것을 우려하여 '뱁티스마'라는 용어는 포기하되, 세례라는 용어 대신 침례라는 용어를 사용하고 있다.[5]

침례교에 의하면 중세까지 모든 교회는 대체로 침수침례를 행하였다. 2세기의 문헌인 『열두 사도의 교훈Teaching of the Twelve Apostles』은 물이 귀할 경우에만 물에 들어가는 대신에 물을 붓는 것을 허락하고 있다.[6] 그리고 『디다케』(7:1-3)[7]에는 "흐르는 물에서 아버지와 아들과 성령의 이름으로 침례를 주라. 만일 흐르는 물이 없으면 다른 물에 침례를 주라. 찬 물이

---

3 위의 책, 25쪽.
4 김장배, 『한국침례교회의 산증인들』, 침례회출판사, 1981, 22쪽.
5 이하에서는 침례교에서 사용하는 용례에 따라 세례라는 용어 대신 침례라는 용어를 사용할 것이다.
6 에드워드 콜, 『침례교의 유래』(임성택 역), 생명의 말씀사, 1995, 112쪽 참조.
7 저자 미상의 2세기 초반 문헌.

없으면 더운 물에 주라. 찬 물도 더운 물도 없거든 아버지와 아들과 성령의 이름으로 물을 머리에 세 번 부어라"는 구절이 있다. 이들 문헌을 보면 기독교는 본래 침수침례를 행하였으나 어쩔 수 없는 상황에만 약식으로 세례를 행하였음을 알 수 있다.[8]

그러나 1311년에 개최된 라벤나 회의는 관수례灌水禮가 로마가톨릭교회의 유일한 세례 방법이며 침수침례는 이단이라고 결정하고, 침수침례를 행하는 자들을 사형에 처하도록 하였다.[9] 그 뒤부터 침수침례는 침례교의 가시적인 첫 번째 특징으로 지적되어 왔다.

이와 같이 침례교는 침수침례를 주장하면서 동시에 믿는 자들만이 침례를 받을 수 있다고 주장한다. 침례교에 의하면 신약교회는 믿는 자들만이 침례를 받았으며, 믿는 자들만이 구원을 받았다.[10] 침례 때 물에 들어가는 것은 죽음을, 물에 완전히 잠기는 것은 장사 지냄을, 그리고 물에서 나오는 것은 부활을 의미한다. 그런데 만약 믿지 않는 사람이 침례로 인해 몸이 물에 잠겼다면, 그것은 물에 젖지 않은 죄인이 물에 젖은 죄인으로 바뀐 사실 이외의 다른 것을 의미하지 않는다.

이런 생각을 가지고 있기 때문에 침례교는 모태교인을 인정하지 않으며, 유아세례를 거부하고 있다. 왜냐하면 어린 아이는 자기의 믿음을 보여줄 수 없음으로 유아세례는 의미가 없을 뿐만 아니라 나아가 좋지 않은 것으로 간주되기 때문이다. 물론 유아세례에 대한 침례교의 이러한 입장

8 조효훈, 『침례교회의 의식』, 요단출판사, 1988, 12쪽.
9 헤롤드 L. 픽켈, 『침례교인의 신앙』(도한호 · 정익환 공역), 침례회출판사, 1975, 97쪽 참조.
10 조 T. 오들, 『침례교인 핸드북』(정명섭 역), 요단춘판사, 1985, 41쪽.

은 재침례파Anabaptist의 그것과 일맥상통한다.[11]

이와 같이 유아세례를 거부하는 침례교는 세례를 받았건 안 받았건 일찍 죽은 어린 아이는 모두 구원받을 수 있다고 생각한다. 왜냐하면 침례교는 무지에 의한 죄도 예수에 의해 대속되었는데 어린 아이의 죄가 무지에 의한 죄에 포함된다고 생각하기 때문이다.

그런데 침례교는 침례가 곧 구원의 방법이라고 생각하지는 않는다. 다시 말해서 침례교인에게 침례는 구원을 받기 위한 필수 조건이 결코 아니다.[12] 침례는 죄를 씻지 못한다. 따라서 죄를 씻기 위해 침례를 받는 것은 의미가 없다. 침례교는 믿음이 있는 사람이 침례를 못 받았다고 해서 구원을 못 받는다고 생각하지도 않는다. 왜냐하면 침례교는 침례를 상징적으로 이해하고 있기 때문이다.

또한 침례교인은 구원을 받기 위해서가 아니라 구원을 받았기 때문에 침례를 받아야 한다고 생각한다.[13] 침례교인에게 침례의 이유는 예수가 전도하라는 명령과 가르치라는 명령 못지않게 침례를 주라고 명령하였기 때문이다.[14] 따라서 침례교인에게 침례는 단지 신앙을 고백하는 것을 의미한다. 침례교는 확실히 믿지 않고 철저히 회개하지 않은 사람에게 침례를 행하는 것을 삼가야 한다고 생각하는 반면, 인위적인 기간이 지난 후가 아니라 확실히 믿고 있다는 증거만 있으면 침례를 주는 것이 바람직하다

---

11 유아세례를 지지하는 교파들은 유아세례에서 의미가 있는 것은 유아의 믿음이 아니라 유아세례가 행해지는 교회의 믿음이라고 주장한다.(폴 칼슨, 『장로교의 유래』(오성종 역), 생명의 말씀사, 1994, 197쪽 참조)

12 조 T. 오들, 앞의 책, 41쪽.

13 위의 책, 42쪽.

14 「마태복음」 28:19-20.

고 생각한다.[15]

한편, 침례교는 로마 가톨릭이 7대 성사[16]를 행하는 것과 달리 개신교 일반과 마찬가지로 침례와 성찬식만을 성사로 인정한다. 그런데 성찬식에 대한 침례교의 입장은 로마 가톨릭은 물론이고 개신교의 다른 교파들과도 상이한 측면을 지니고 있다.

성찬식에 대한 기독교 각 교파의 입장은 크게 화체설化體說, transubstantiation, 공재설共在說, consubstantiation, 그리고 상징설symbolism로 구분할 수 있다. 화체설은 로마 가톨릭의 입장으로 성찬식 때 사제에 의해 떡과 포도주가 그리스도의 몸과 피로 변한다는 견해이다. 이 경우 그리스도가 떡과 포도주에 임재하기 때문에 성찬은 믿음이 있는 사람이거나 없는 사람이거나 간에 똑같이 작용한다고 믿어진다.[17] 공재설은 루터와 칼빈의 입장으로 다시 구분된다. 루터는 인간이 이해할 수 없는 신비스러운 방법에 의해 그리스도의 몸과 피가 떡과 포도주 '안에, 함께 그리고 가운데' 실제로 존재한다고 믿었다. 따라서 이 입장에 의하면 역시 성찬을 받을 자격이 없는 사람이나 믿음이 없는 사람도 성찬을 받을 수 있다고 믿어진다. 이에 비해 칼빈은 그리스도가 성령을 통하여 떡과 포도주에 임재한다고 믿고 성찬은 오직 신앙을 가진 사람에게만 작용한다고 믿었다.

화체설과 공재설은 비록 그리스도가 어떻게 임재하는지에 대한 견해를 달리하기는 하지만 그리스도가 떡과 포도주에 임재한다는 점에서는 견해를 같이 한다. 상징설은 이와 달리 그리스도가 떡과 포도주에 실제로 임재

---

15 조요훈, 앞의 책, 12쪽.
16 세례, 견진, 성체, 고백, 신품, 혼인, 병자성사를 말함.
17 김균진, 『기독교조직신학』 VI, 연세대학교출판부, 1993, 545쪽.

하는 것이 아니라 떡과 포도주는 단지 그리스도의 몸과 피를 상징할 뿐이라는 견해이다. 침례교는 츠빙글리에서 비롯된 이 상징설을 지지한다는 점에서 기독교의 다른 교파들과 대비된다.

침례교는 침례가 교인권敎人權의 시작이라면, 성찬식은 교인권의 점검이라고 생각한다.[18] 그리고 침례교는 아무리 기도를 해도 떡은 떡 그대로, 포도주는 포도주 그대로 남아 있다고 믿으며, 성찬을 이와 같이 은유적 표현으로 보는 견해가 바이블에 가장 가까운 견해라고 생각한다.[19]

2.2. 교리적 측면

침례교는 교파신학이나 헌법 혹은 특별한 신조를 두지 않으려는 경향이 있다. 따라서 경우에 따라서 침례교는 교리도 없고 신앙고백도 없는 것으로 오해되기도 한다.[20] 그러나 침례교 역시 하나의 교파로 존재하는 한 교리적인 측면의 특징이 없을 수 없다.

침례교는 무엇보다도 바이블에 무한정의 권위를 부여하며 성경무오설을 지지한다. 침례교에 의하면 권위는 오직 살아있는 그리스도로부터 오며 그리스도의 메시지는 신약성서 안에 포함되어 있다. 이런 이유로 침례교 최초의 선교사였던 펜윅은 무엇보다도 바이블의 한글 번역에 힘을 썼으며, 바이블 읽기를 장려하였던 것이다.

침례교는 바이블에 대한 교단의 권위 있는 해석보다 개개인의 자유로운

---

18 조효훈, 앞의 책, 16쪽.
19 위의 책, 23쪽.
20 정학봉 엮음 · 옮김 · 강해, 『침례교인의 신앙고백』, 동서남북, 1990, 7쪽.

해석을 인정하는 경향이 있다. 펜웍은 신도들이 바이블의 어려운 구절에 부닥쳤을 때 남의 도움을 빌어 해석하기보다는 수차 그 구절을 읽으면 성령이 필요에 따라 알게 할 것이라고 가르쳤다.[21] 침례교는 바이블에 무한정의 권위를 부여하면서도 한편으로는 신도 개개인이 누구나 자신의 양심에 따라 바이블을 해석할 수 있으며, 과학과 교육에 의해 새로운 해석이 가능할 때에는 그에 따라 신앙을 수정할 수 있다는 입장을 취한다.[22] 아마도 이러한 입장은 침례교가 영적 개인주의와 양심의 자유, 그리고 영혼의 자유와 개인의 책임을 다른 어느 교파보다도 강조하여 모든 신자가 똑같이 제사장의 지위를 지닌다는 입장을 취하고 있기 때문에 가능한 것으로 보인다.

침례교에도 교파 나름의 신조가 없는 것은 아니다. 침례교는 대체로 웨스트민스터 문답서와 필라델피아 신앙고백서를 지지하다가 1925년에 가서야 일반적으로 '뉴 햄프셔 신앙고백New Hampshire Confession'으로 알려져 있는 신앙고백을 채택하여 신앙의 표준으로 삼았다. 그러다가 침례교는 1962년에 이르러 이 '뉴 햄프셔 신앙고백'을 수정, 보완하여 '침례교인의 신앙과 메시지Baptist Faith and Message'[23]라는 신앙고백을 채택하여 오늘에 이르고 있다.[24]

---

21 기독교한국침례회총회 역사편찬위원회 편저, 『한국침례교회사』, 침례회출판사, 1990, 113-114쪽.
22 심재원, 『교파의 유래』, 대한기독교서회, 1992, 54쪽.
23 1963년 5월 9일 미국 남침례회총회에서 채택되었다. 비록 침례교 교단 가운데 하나인 미국 남침례회에서 채택한 신조이기는 하지만 미국 남침례회가 세계의 대표적인 침례교 교단이라는 점을 감안할 때 침례교의 대표적인 신조라고 보아도 될 것이다.
24 '침례교인의 신앙과 메시지'의 구체적인 내용은 정학봉 엮음 · 옮김 · 강해, 앞의 책, 31-52쪽 참조.

침례교는 이 신앙고백서가 최종적이며 오류가 전혀 없는 것이 아니며, 만약 새로운 상황이 도래한다면 적절한 시기에 이 신앙고백서를 수정할 수 있다고 생각한다. 그리고 '침례교인의 신앙과 메시지'가 미국 남침례회라는 침례교의 대표적인 교단에서 채택된 신앙고백서라고 해서 이 신앙고백서를 모든 침례교 교단이 승인할 것을 바라지도 않는다. 침례교의 다른 교단은 물론이고 미국 남침례회에 소속된 침례교 교회라고 할지라도 나름대로의 신앙고백서를 만들 권리가 있다고 생각한다. 그리고 이러한 신앙고백서는 어디까지나 바이블 해석에 도움이 되는 지침일 뿐 이것이 모든 침례교인의 신앙을 좌지우지할 권위를 지닌다고 생각하지도 않는다.[25] 다시 말해서 침례교는 개신교의 다른 교파와 달리 신조信條가 신도들의 양심을 구속하는 것으로 생각하지 않는다.

한편, 침례교는 신과의 개인적이고 직접적인 소통과 체험의 중요성을 강조하기 때문에 집단적으로 신과 올바른 관계를 수립한다는 것은 있을 수 없다고 생각한다.[26] 따라서 침례교 내부에는 다양한 신앙 양상을 보일 가능성이 내재해 있다. 예를 들어서 1731년에 런던에 있던 침례교 목회자 25명 가운데 7명은 율법폐기론자 혹은 고등칼빈주의자, 7명은 칼빈주의자, 6명은 알미니안주의자, 3명은 유니테리언주의자, 그리고 2명은 제7일 안식교도였던 것으로 알려져 있다.[27] 비교적 침례교 초기의 목회자들이 이렇게 다양한 신학적 성향을 지닐 수 있었던 것은 침례교가 개인 나름의 신앙을 존중하는 성향을 지녔기 때문에 가능할 수 있었다. 우리나라의 침

---

25 위의 책, 32-33쪽.
26 로버트 A.베이커, 앞의 책, 16쪽.
27 로버트 G. 토벳트, 앞의 책, 74쪽.

례교가 1950년대에 다른 교파의 목사들을 대거 영입할 수 있었던 것도 물론 이러한 맥락에서만 이해가 가능하다.

침례교는 이와 같이 개인의 체험적인 신앙을 강조하기 때문에 교단 나름의 신학을 정립하는 데 비교적 관심을 덜 가지고 있는 것으로 보인다. 하지만 침례교의 신학적인 성향을 개신교의 대표적인 교파인 장로교나 감리교와 어느 정도 대비해 볼 수 있다.

영국침례교는 초기에 알미니안주의를 따르는 일반침례교와 극단적인 칼빈주의를 따르는 특수침례교로 양분되어 전개되었다. 알미니안주의는 네델란드의 알미니우스Jacobus Arminius(1560-1609)에서 비롯되었다. 알미니우스는 극단적 칼빈주의에 반대하여 인간의 자유의지의 교리와 함께 인간은 자신의 구원에 최종적이고 결정적인 역할을 한다고 가르쳤다. 따라서 알미니우스에 의하면 인간이 살고 죽는 문제는 최종적으로 신의 손에 달린 것이 아니라 인간의 손에 달려 있다. 또한 알미니우스는 그리스도가 모든 사람을 위하여 죽었다고 가르쳤으며, 은혜로부터 타락이 가능하다고 하고 성령의 불가항력적 사역을 부인하였다.[28]

장로교가 이러한 알미니안주의를 인정한다는 것은 불가능하였다. 따라서 1618년 11월과 1619년 5월 사이에 열린 돌트회의the Synod Dort에서 알미니안주의는 장로교로부터 철저히 단죄되었다.[29] 이 과정에서 칼빈주의의 5대 요점이라고 알려진 'TULIP'[30]이 제시되었다. 'TULIP' 가운데 여기에서

---

28 B. K. 카이퍼, 『세계기독교회사』(김해연 옮김), 성광문화사, 1980, 325-326쪽.
29 폴 칼슨, 앞의 책, 65-66쪽.
30 'Total depravity, Unconditional election, Limited atonement, Irresistible grace, Perseverance of the saints'에서 첫 알파벳 5개를 합친 말인데, 자세한 내용은 위의 책, 173-187쪽을

장로교의 특징으로 지적하고 싶은 것은 어떤 이들에게는 영원한 생명이 미리 정해져 있고 또 다른 이들에게는 영원한 저주가 미리 정해져 있다는, 다시 말해서 신에 의해 선택된 사람들만 구원받을 수 있다는 소위 '예정론'과, 인간이 회심하여 한번 구원을 받으면 이 구원의 효력은 영원히 지속된다는 교리이다.

감리교는 신이 회심한 사람일지라도 신으로부터 멀리 떨어져나가는 자유를 부여했다는 소위 '은총으로부터의 타락'을 말하고 있는 것으로 보아 신학적으로 칼빈주의보다는 오히려 알미니안주의에 가까운 성향을 보이고 있다는 것을 알 수 있다.[31]

영국의 초기 침례교는 앞에서 지적하였듯이 알미니안주의를 지지하는 일반침례교와 극단적 칼빈주의를 따르는 특수침례교로 양분되어 전개되었다. 그러다가 일반침례교 내에 온건한 칼빈주의를 토대로 한 복음적인 침례교 교리가 출현하게 되어 18세기말에 일반침례교와 특수침례교가 통합될 수 있었다.[32]

이러한 과정을 통해서 우리는 칼빈주의의 장로교와 알미니안주의의 감리교와 비교해 볼 때 침례교의 신학적 경향이 장로교 쪽에 가까운 온건한 칼빈주의의 입장에 서 있는 것으로 정리해 볼 수 있다.

참조할 것.
31 찰스 케이저, 『감리교의 유래』(조재국 역), 생명의 말씀사, 1984, 26쪽.
32 로버트 G. 토벳트, 앞의 책, 99쪽.

2.3. 조직적 측면

침례교는 원칙적으로 철저한 개교회주의를 지향한다. 비록 개교회가 모인 지방연합회, 그리고 지방연합회가 모인 총회가 있기는 하지만 이들 3자는 수직적 관계가 아니라 상호 협동의 관계이다. 따라서 침례교의 교단 조직은 한마디로 개교회주의에 입각한 협동적 연합체라고 할 수 있다. 침례교의 이러한 교단 조직은 로마 가톨릭은 물론이고 개신교의 다른 교파의 그것과 비교해 볼 때 침례교의 두드러진 특징이라고 할 수 있다.

또한 자치권과 자결권을 가지는 침례교의 개교회는 감독제도나 장로제도와 대비되는 회중제도라는 조직 형태를 취한다.[33] 감독제도는 감독이나 주교에 의해 치리되는 교회 형태로 로마 가톨릭, 영국 국교회, 프로테스탄트 감독교회, 연합 감리교회, 그리고 루터교의 일부가 채택하고 있다. 장로제도는 목사와 장로로 구성되는 당회가 교회를 치리하는 교회 형태를 말하는데 장로교가 이 제도를 채택하고 있는 대표적인 교파이다.

감독제도와 장로제도가 모두 중앙집권적인 조직 형태라면 회중제도는 보다 민주적인 조직 형태라고 할 수 있다. 회중제도 아래에서는 교회의 모든 문제가 회중 자신에 의해 다수결의 원칙에 의해 결정된다. 회중제도를 채택하고 있는 교파는 회중교회, 연합 그리스도의 교회, 그리고 침례교를 열거할 수 있다.

이와 같이 침례교는 중앙집권적 조직 형태가 아니라 회중제도라는 민주적인 조직 형태를 지니고 있기 때문에 성직자와 평신도는 기본적으로 동

---

33 에드워드 콜, 앞의 책, 105쪽.

등한 권한을 가진다. 비록 개교회 내에 목사와 집사라는 직분이 있기는 하지만 이러한 직분은 계급의 직분이 아니라 어디까지나 기능의 직분으로 이해된다. 이런 조직 형태 내에서 신도 개개인이 자신의 의사를 보다 민주적으로 표시할 수 있는 기회를 보다 많이 가질 수 있다는 것은 말할 필요도 없다.

이렇게 볼 때 침례교의 조직적인 측면에서의 특징은 한마디로 개교회의 자치와 회중의 권위를 강조하고 있다는 것으로 정리할 수 있다.

2.4. 대사회적 측면

침례교는 대사회적 측면에서도 몇 가지 특징을 지니고 있다. 우선 침례교는 교회와 국가의 분리를 주장한다는 점에서 로마 가톨릭은 물론 여타 개신교 교파들과 대비된다. 침례교는 회중의 권한을 강조한다는 점에서 회중교회와 비슷한 측면을 지니고 있다. 그러나 침례교는, 회중교회가 국가의 통제 아래 있으려는 것과 달리, 국가가 교회에 대해 그 어떤 통제도 할 수 없다고 주장한다는 점에서 회중교회와 차이가 있다. 장로교는 적어도 칼빈 당시에는 국가와 교회의 밀접한 관계를 강조하였고, 이러한 성향이 장로교에 여전히 남아 있다고 할 수 있다.

침례교가 국가와 교회의 철저한 분리를 주장한 이유는 침례교가 처음 비롯된 영국의 종교상황으로부터 찾아 볼 수 있다. 헨리 8세에 의해 1534년 성공회가 국교로 지정된 이래 영국에서 성공회 이외의 교파들은 직, 간접적인 피해를 받아 왔다. 그러다가 1689년 소위 신교자유령the Act of Toleration이 공포되면서 비로소 성공회 이외의 교파들도 비교적 자유로운 분위기 아래 활동을 할 수 있었다. 그러나 주지하다시피 영국은 여전히 성공회를 국교로 인정하고 있다. 게다가 침례교는 미국에서 활동을 전개할 초기에 소위 '유아세례'를 부인한다는 이유로 알게 모르게 정치 주체나 다른 교파들로부터 적지 않은 피해를 받았다.

이런 상황 속에서 침례교가 국가와 교회의 철저한 분리를 주장하게 된 것은 충분히 이해할 수 있다. 침례교는 국가가 특정 교파를 선호해서는 안 되며 그 어떤 종류의 종교적인 견해에 대해서도 처벌할 권리가 없으며 특정 종교에 대한 지원을 위해 세금을 부과할 수 없다고 주장한다.[34] 그리하여 침례교는 1833년 영국 정부가 새로운 학교 설립을 후원하기 위해 각 종교단체에 매년 2천 파운드의 보조금을 지원하였을 때 배당된 보조금을 받지 않아 교파주의로부터 공립학교를 보호하였다는 평가를 받기도 하였다.[35]

이러한 입장을 지니고 있었기 때문에 침례교는 다른 교파에 비해 종교의 자유 획득에 일정한 기여를 한 것으로 평가되기도 하나, 한편으로는 교단유형론의 입장에서 볼 때 교회형이라기보다는 섹트형에 가까운 양상을 보이기도 하였다.[36] 침례교는 에큐메니칼 운동에 비교적 소극적인 자세를 취하였으며, 영국, 유럽, 미국 등지에서 주로 서민들이나 노동자 계급에 더 많은 호소력을 지니고 파고들었다.[37] 그리고 개신교 교파 가운데 최초로 해외 선교를 시도한 케리William Carey(1761-1834)는 1793년부터 인

---

34 정학봉 엮음 · 옮김 · 강해, 앞의 책, 51-52쪽.
35 로버트 G. 토벳트, 앞의 책, 143, 146쪽.
36 위의 책, 19쪽.
37 위의 책, 606쪽.

도에서 선교활동을 시작하였는데 침례교가 이렇게 다른 교파들에 비해 일찍부터 해외 선교에 관심을 가질 수 있었던 것도 침례교가 섹트형에 가까운 성향을 지녔기 때문에 가능하였던 것으로 보인다.

지금까지 우리는 의례, 교리, 조직, 그리고 대사회적 성향을 중심으로 침례교의 특징을 살펴보았다. 이 과정에서 우리는 침례교가 유아세례를 반대하고 세례의 방법으로 침례를 행하며, 성찬식을 상징적으로 이해한다는 점, 신도 개개인이 바이블을 해석할 권리를 인정하고 있으며, 신조가 다른 교파들에 비해 그다지 중요한 의미를 지니고 있지 않다는 점, 그리고 비교적 융통성이 있는 칼빈주의를 지향하고 있다는 점을 알 수 있었다. 아울러 우리는 침례교가 개교회주의를 지향하며 회중의 권한을 강조한다는 점, 그리고 국가와 교회의 엄격한 분리를 주장하고 있다는 점 등도 알 수 있었다.

아래에서는 침례교의 이러한 특징을 염두에 두고 침례교의 발단에서부터 영국과 미국에서의 침례교의 전개, 그리고 이어서 우리나라에서의 침례교의 전개 과정을 차례대로 살펴보도록 하겠다.

3. 침례교의 기원

대체로 개신교의 여러 교파들은 그 기원을 정확히 추적할 수 있다. 예를 들어서 루터교는 1520년 독일에서 루터에 의해서 비롯되었으며, 영국성공회는 1534년 영국에서 헨리 8세에 의해서 비롯되었다. 그리고 장로교는 1536년 스위스에서 칼빈에 의해 비롯되었으며, 회중교회는 1582년 영국에서 브로윈에 의해, 그리고 감리교는 1740년 영국에서 웨슬리에 의해 시작되었다. 이와 달리 침례교는 비록 그 교회의 최초 설립을 역사적으로 확인하는 것이 불가능하지는 않지만, 침례교회의 최초 설립이 침례교의 기원을 설명하는 데는 그다지 중요하게 여겨지지 않는다. 따라서 침례교가 언제, 어디에서, 누구에 의해 시작되었다고 확고하게 단언을 내리는 것은 의미도 없고 가능하지도 않다.[38]

그럼에도 불구하고 침례교의 기원에 대해서는 몇 가지 학설이 제기되어 있다.[39] 첫째는 침례교 내부에서 제기되었을 것으로 생각되는 전승설이 있다. 이 설은 침례교가 요단강가에서 침례요한이 사역하던 그 때부터 지속되어 왔다고 주장한다. 따라서 이 설은 침례교의 역사를 원시 기독교로부터 비롯된 것으로 보는 사도전승사상에 기반을 두고 있다고 할 수 있다. 그러나 이 설은 역사적으로 용인되거나 고증된 학설로 볼 수는 없다.[40]

둘째는 침례교가 재침례교와 밀접한 관계 속에서 비롯되었다고 주장하는 재침례교와의 영적 혈족설The Anabaptist spiritual kinship theory이 있다. 역사적으로 재침례교는 왈도파the Waldensians, 페트로부르스파Petrobrusians, 노바티안파the Novatians, 그리고 도나티스파the Donatists, 메노나이트파the Mennonites 등 여러 계보가 존재했었는데 이 설은 바로 침례교가 중생한 신도의 침례를 주장하는 이들 재침례교와 영적 관계를 지니고 있다고 주장한다. 그러나 대부분의 학자들은 대륙의 재침례교가 영국의 침례교에 결정적인 영향을 미쳤다는 증거를 찾아 내지 못하고, 다만 영국의 일반침례교만이 이들

---

38 조 T. 오들, 앞의 책, 25쪽.
39 로버트 G. 토벳트, 앞의 책, 20-24쪽 참조.
40 에드워드 콜, 앞의 책, 10쪽.

로부터 약간의 영향을 받았을 뿐이라고 주장하고 있다.[41]

셋째는 회중제도와 신자의 침례를 주장하였던 일단의 영국의 분리주의자들로부터 침례교가 비롯되었다는 영국 분리주의자 후예설the English Separatist descent theory이 있다. 이 설은 물 속에 잠그는 침례가 바이블의 가르침에 가장 가깝다고 간주한 영국의 분리주의자들 가운데 일부에서 침례교가 비롯되었다고 주장한다.

이와 같이 침례교의 기원에 관한 설이 여러 가지가 있는 가운데 대부분의 학자들은 유럽의 재침례파와 이들 가운데 네델란드에서 활동하였던 메노나이트파, 그리고 17세기 영국의 회중교회의 분파인 17세기 청교도주의로부터 침례교가 비롯되었다는 데에 대체로 의견을 같이 하고 있는 것으로 보인다.

4. 침례교의 세계사적 전개

영국에서 침례교는 초기에 두 가지 별도의 집단에 의해 전개되었다. 이 두 집단은 일반침례교General Baptists와 특수침례교Particular Baptists를 말한다. 일반침례교와 특수침례교는 유아침례를 반대한다는 점에서는 같지만 구원의 대상을 한정시킬 것인가 말 것인가에 대해서는 서로 의견을 달리한다. 일반침례교는 한마디로 알미니안주의를 따르기 때문에 그리스도의 구원은 모든 인류를 포괄한다는 만인구원론을 지지한다. 이와 달리 특수

---

41 허긴, 「침례교」, 『기독교대백과사전』, 제14권, 1984, 958쪽.

침례교는 칼빈주의를 따르기 때문에 그리스도의 구원은 신에 의해 구원받기로 예정된 사람들에게만 해당된다고 주장한다. 일반침례교와 특수침례교는 각기 별개로 활동하다가 18세기말에 가서 비교적 온건한 칼빈주의를 중심으로 일반침례교와 특수침례교가 통합되었다.

대체로 현대의 침례교는 특수침례교의 영향을 보다 많이 받고 있지만 역사적으로는 일반침례교가 특수침례교보다 먼저 시작되었다.[42] 17세기 초 영국에서 케임브리지 출신의 존 스미스John Smith 목사를 중심으로 토마스Thomas와 제인 헬위스Jane Helwys 등 몇몇 사람들이 비국교도적인 분리주의 운동을 전개시켰다. 그러나 이들의 활동은 정부 및 국교도들로부터 많은 박해를 받았고, 결국 1609년에 37명의 이들 분리주의자들은 박해를 피해 네덜란드의 암스텔담으로 이주하였다. 이들을 중심으로 하나의 교회가 설립되었는데 대부분의 침례교인들은 이 교회에서 비로소 최초의 침례교가 시작되었다고 주장하기도 한다.

그러다가 존 스미스와 토마스 헬위스는 교회의 권위 및 침례에 대해 서로 다른 의견을 가지게 되었다. 그리하여 존 스미스는 그 곳에서 활동하고 있던 메노나이트파와 연합하였고, 헬위스는 1612년에 그를 따르던 8, 9명의 추종자들과 다시 영국으로 돌아와 런던 교외에 있는 스피탈필드Spitalfield에 영국 최초의 침례교를 설립하였다. 그러자 스미스의 교회는 점차 쇠퇴하여 갔다. 그리고 헬위스는 1년간 비밀리에 예배를 보다가 자신의 신앙을 고백하는 『죄악의 비밀에 관한 소론A Short Description of the Mistery of Iniquity』이라는 책자를 발간하여 교회에 대한 왕의 권한에 이의를

---

42 위의 책, 19-24쪽 참조.

제기하였다. 예상한대로 헬위스는 왕에 의해 투옥당하고 이후 소식이 두절되었다.

이렇게 시작된 일반침례교는 교회정치와 성례전 등 몇 가지를 빼 놓고는 웨스트민스터 신앙고백을 그대로 채택하여 다른 교파들과의 갈등을 피하려는 노력을 보였다. 그러나 일반침례교는 영국정부로부터 무정부주의자로 인식되어 끊임없는 박해 속에서 지하활동을 전개할 수밖에 없었다.[43] 그러다가 1689년에 국교 이외의 교파들에게도 신앙의 자유를 인정하는 신교자유령이 공포되어 일반침례교의 발전에 희망이 보였다. 그러나 일반침례교는 신교자유령이 공포된 이후 20여 년간 좋은 여건을 활용하지 못하고 오히려 회의주의에 빠져 아예 소멸되거나 또는 그리스도의 神性을 부인하는 보편주의교회the Universalists로 전향하는 경향을 보였다.

그러다가 18세기 후반 영국에서 시작된 웨슬리의 감리교 운동의 영향으로 침례교 역시 부흥하는 좋은 계기를 맞이하게 되었다.[44] 그리하여 1770년에 웨슬리신학을 신봉하는 일반침례교연맹이 결성되었고, 다시 1세기 남짓 후인 1891년 일반침례교 안에 온건한 칼빈주의를 토대로 한 복음적인 침례교 교리가 출현하게 되어 일반침례교는 특수침례교와 통합할 수 있었다.[45]

특수침례교는 분리주의자들의 일부가 1633년과 1638년 사이에 런던에 세운 교회에서 비롯되었는데, 1644년에는 런던을 중심으로 최소한 7개의 특수 침례교회가 있었던 것으로 보인다.[46] 특수침례교도 1689년 신교자유

---

43 로버트 G. 토벳, 앞의 책, 61쪽.
44 로버트 A. 베이커, 앞의 책, 73쪽.
45 로버트 G. 토벳, 앞의 책, 99쪽.

령이 공포되기 전까지는 많은 박해를 받으면서 서서히 발전하였다.

특수침례교의 이후 전개는 일반침례교와 유사한 측면을 보였다. 신교자유령의 공포 이후 특수침례교는 오히려 칼빈주의를 극단적으로 이해하여 일반인들에게 전도하려는 노력을 전혀 기울이지 않아 급격한 쇠퇴를 보게 되었다. 그러다가 역시 웨슬리의 감리교 운동의 영향으로 18세기 후반에 특수침례교는 서서히 소생하게 되었는데 특히 18세기 후반의 특수침례교의 선교활동과 19세기 초반의 특수침례교 나름의 바이블 번역사업은 주목할 만한 것이었다.

1792년에 윌리암 케리는 최초의 침례교선교회를 조직하고 자신이 직접 1793년에 인도의 첫 선교사로 파송되었다. 그는 침례교 내에서 현대 선교의 아버지로 칭송되는 인물로 바이블을 26개의 인도 방언으로 번역까지 하는 열성적인 선교를 전개하였다.[47] 그리고 특수침례교는 1804년에 바이블 번역과 출판사업을 목적으로 특수침례교 나름의 바이블번역회를 조직하였는데 이 일은 미국과 우리나라에서 침례교가 타교단과 독립적으로 바이블 번역 사업을 전개하는 데 선구적인 사례가 되었다.

영국의 침례교는 이러한 전개 과정을 거치면서 웨일즈, 스코틀랜드, 아일랜드는 물론이고 나아가 호주와 뉴질랜드까지 확산되어 갔다.[48] 1891년 일반침례교와 특수침례교가 통합되어 침례교연맹이 구성되었고 1905년에는 런던에서 침례교세계연맹이 결성되었다. 그러나 제1차세계대전 이후 영국 침례교의 성장은 괄목한 것이 못되는 수준에서 현재에 이르고 있다.

---

46 로버트 A. 베이커, 앞의 책, 68쪽.
47 B. K. 카이퍼, 앞의 책, 394쪽.
48 캐나다의 침례교는 미국 침례교의 영향을 받았다. 로버트 A. 베이커, 앞의 책, 80쪽.

미국 침례교가 영국 침례교의 영향에서 비롯된 것인지 또는 독자적으로 시작된 것인지에 대해서는 학자들의 의견이 서로 다르다. 그러나 대체로 미국 침례교는 로저 윌리암스R. Williams가 1639년 로드 아일랜드의 프로비던스에 침례교회를 세운 것과 존 클락J. Clark이 같은 해 로드 아일랜드의 뉴 포트에 침례교회를 세우면서 시작된 것으로 알려져 있다. 이 두 사람은 미국 종교사에서 종교의 자유를 신장시킨 선구자로 인식되고 있다.[49]

이들로부터 비롯된 미국의 침례교는 거의 1세기 동안 식민지 당국으로부터 극심한 박해를 받았다. 그 와중에서도 1665년에 침례교회 한 개가 보스톤에 설립되었다. 그리고 1684년에 이 교회 몇 사람을 중심으로 남부 캐롤라이나 주 찰스톤에 침례교회가 한 개 설립되었는데 이 교회가 미국 남부에 세워진 최초의 침례교회이다.[50] 또한 1688년 이후 수 개의 교회가 필라델피아를 중심으로 설립되었는데, 뉴잉글랜드 지역의 침례교가 알미니안주의를 따른 것과 달리 필라델피아 지역의 침례교는 칼빈주의를 따랐다.

미국에서는 1733년 메사추세츠 주의 에드워즈Jonathan Edwards의 설교에서 비롯된 대각성운동이 수년간 지속되었다. 이 운동의 주도자들은 개인의 회심을 무엇보다도 강조하였다. 이 운동에 침례교는 적극적으로 참여하지 않았고, 비록 이 운동으로 인해 분파가 생겨나기도 하였지만, 이 운동으로 인해 침례교는 많은 발전을 할 수 있었다. 그리하여 1733년 대각성운동이 시작된 때부터 1774년 독립운동이 일어난 때까지 40여 년간 침례교

---

49 에드워드 콜, 앞의 책, 33쪽.
50 위의 책, 36쪽.

인의 수는 5백 명에서 3만 5천 명으로 증가하였고, 다시 1800년경에는 그 수가 10만 명으로 증가하였다.[51]

영국으로부터 미국이 독립하였음에도 불구하고 미국에 종교의 자유가 완전히 실현되기까지에는 시간이 필요하였다. 1777년에는 뉴욕 주가, 그리고 1785년에는 버지니아 주가 신앙의 자유를 보장하는 법률을 만들었으며, 1789년에는 미국연방정부 헌법에 종교의 자유를 보장하는 구절이 포함되었다. 그리고 1833년에 메사추세츠 주가 완전한 신앙의 자유를 보장하는 법률을 만들어 이후 미국의 모든 주는 신앙의 자유를 보장하고, 교회와 국가의 분리를 선언하는 법률을 만드는 계기를 마련하였다. 물론 침례교는 이러한 일에 많은 역할을 담당하였다.

이후 침례교는 남부와 서부에서 순회전도자들의 활발한 선교로 인해 많은 발전을 거듭하였다. 그러나 미국침례교는 선교를 할 것인가 말 것인가의 문제와 남북전쟁의 여파, 그리고 인종 문제 등을 중심으로 여러 분파로 나뉘게 되었다. 현재 미국에는 40여 개 남짓의 침례교 교파가 있는데 이들 가운데 대표적인 교단으로는 미국남침례교총회(1,050만), 미국통합침례교(550만), 미국침례교협의회(250만), 미국침례회(150만)를 열거할 수 있다. 그리고 침례교의 교세가 비교적 많은 나라로 러시아(54만 5천), 인도(50만 8천), 브라질(24만 3천), 자이레(22만 8천), 미얀마(22만 3천), 캐나다(17만 7천)를 열거할 수 있다.[52]

---

51 위의 책, 43, 44쪽.
52 허긴, 앞의 글, 958쪽.

5. 일제하의 한국 침례교

지금까지 침례교의 주요 특성과 세계사적 전개 과정을 차례대로 살펴보았다. 이제부터는 우리나라에서 침례교가 어떻게 전개되어 왔는지를 광복 전과 후로 나누어 살펴보도록 하겠다.

현재 우리나라에서 침례교는 장로교, 감리교, 성결교 다음으로 큰 교세를 가지고 있는 교단이다. 그리고 미국을 비롯한 해외의 한인교회의 통계를 보면 침례교는 해외의 한인 사회에서 장로교 다음으로 큰 교세를 유지하고 있는 것으로 나타나 있다.[53] 그럼에도 불구하고 일제하에서 침례교는 생각보다 발전하지 못하고 비교적 작은 교단으로 활동할 수밖에 없었다. 침례교 내부에서는 그 이유로 몇 가지를 제시하고 있다.[54]

첫째, 일제하의 침례교를 주도적으로 이끌었던 선교사 펜윅이 독립선교사로 활동하였기 때문에 다른 교단에 비해 충분한 선교비를 지원받을 수 없었다는 것이다. 다시 말해서 일제하 침례교의 재정은 주로 한국의 침례교인 스스로가 조달하였기 때문에 침례교는 다른 교단에 비해 경제적으로 열악한 조건 아래에서 활동하였다는 것이다.

둘째, 펜윅은 주로 함경도 오지와 간도 지역을 주요 선교지로 삼았다는 것이다. 펜윅은 다른 교단과의 마찰을 피해 이미 다른 교파의 선교사가 활동하고 있는 곳에서는 선교활동을 하지 않았다. 그가 선교활동을 시작하였을 때 함경도 지역이 아직 다른 선교사들의 활동이 없었기 때문에

---

53 전택부, 『한국교회발전사』, 대한기독교출판사, 1987, 350-352쪽.
54 기독교한국침례회총회 역사편찬위원회 편저, 앞의 책, 14쪽.

그 지역을 주요 선교지로 삼았다. 그리고 그는 간도 등 만주와 시베리아, 그리고 멀리는 몽고에까지 선교의 손을 뻗쳤다. 이로 인해 침례교는 대도시 위주의 선교활동에서 얻을 수 있는 교세 확장의 득을 보지 못하였다.

셋째, 일제 말기에 침례교는 성결교 등과 함께 신사참배를 끝까지 반대하여 교단이 해체되는 위기를 겪었다는 것이다. 실제로 그 당시 침례교의 예배와 집회가 금지당한 것은 물론이고, 교회 건물과 대지, 그리고 종각까지 국방헌금이라는 명목으로 몰수당하였다고 한다.

넷째, 일제하 침례교의 주요 활동 무대는 이북이었기 때문에 남북분단으로 인해 침례교의 교세가 위축될 수밖에 없었다는 것이다. 실제로 광복 직전에 전국에 140여 개의 침례교회가 있었는데 이들 가운데 남한에 있었던 침례교회는 35개 정도에 불과하였다.

다섯째, 1959년에서 1968년 사이에 교단이 분열되어 한창 교세를 확장할 좋은 기회를 이용하지 못하였다는 것이다. 사실 이 시기의 교단 분열로 인한 후유증은 현재까지 알게 모르게 남아 있는 것으로 보인다.

이상 침례교가 광복 이전에 생각보다 발전하지 못한 이유로 침례교 내부에서 지적한 것들을 열거해 보았다. 침례교의 역사적 전개는 사실 이상의 이유를 중심으로 살펴보는 것이 가능할 정도로 위에서 열거한 사실들은 중요한 의미를 지닌다.

광복 이전의 한국 침례교의 역사는 펜윅의 초기 활동기(1889-1905), 대한기독교 시대(1906-1920), 동아기독교 시대(1921-1932), 동아기독대 시대(1933-1940), 동아기독교 시대(1940-1949)로 나누어 살펴볼 수 있다. 아래에서는 이 시대 구분을 염두에 두고 광복 이전 한국 침례교의 역사를 일별해 보도록 하겠다.

펜윅은 1889년 캐나다의 독립선교사로 내한하였다. 그는 한국어를 공부하는 한편 황해도 소래에서 머물다가 선교사업이 별다른 진전을 보이지 않자 1893년 다시 캐나다로 돌아갔다. 그는 보스톤에서 고든A. J. Gordon이라는 북침례교의 목사와 친분을 맺고 비로소 침례교의 신앙을 갖게 되었다. 그는 1894년에 한국순회선교회를 조직하고 1896년에 다시 내한하여 원산을 중심으로 침례교 선교사업을 시작하였다.

비슷한 시기에 고든이 시무하던 교회에 엘라 씽 기념선교회Ella Thing Memorial Mission[55]가 조직되었는데 이 선교회는 1895년에 수 명의 선교사를 공주와 강경 지역에 파송하였다. 이들의 침례교 선교사업은 사실 펜윅의 그것보다 앞 선 것이었으나 재정난으로 인해 1901년 원산 지역에서 활동하던 펜윅에게 이양되었다.

펜윅은 재정적으로 선교지원을 받지 못하는 독립선교사로 활동하였으나, 반면 그 어떤 선교부의 선교정책에도 간섭을 받지 않고 독자적이며 독창적인 활동을 전개할 수 있었다. 그리고 개인전도와 순회선교라는 펜윅 나름의 방식이 결실을 맺어 비로소 1906년 충남의 강경에서 대회를 열고 대한기독교회를 조직, 46개조의 회칙을 만들 수 있었다.

펜윅은 개인전도와 순회선교, 그리고 자급개척이라는 침례교 고유의 방식을 따랐다. 그러나 그는 교단의 행정체제를 회중주의식으로 하지 않고, 장로교와 감리교의 절충적 감독체제인 감목체제로 하였다.[56] 게다가 그는

---

55 고든이 시무하던 교회의 집사였던 씽s. B. Thing이 자신의 외동딸 엘라의 죽음을 기념하기 위해 만든 선교회.
56 기독교한국침례회총회 역사편찬위원회 편저, 앞의 책, 64쪽. 감목은 현재 총회장에 해당한다.

많은 일화를 남길 정도로 매우 엄격했고 나아가 카리스마적인 존재로 처신을 하여 그의 조직 운영은 독재적이라는 평가를 받기도 하였다.[57] 그러나 그는 이미 당시에 만주와 간도까지 선교사업을 확장하였을 정도로 그의 선교에 대한 열정은 남다른 것이었다.

조선총독부는 1905년 각 종단으로 하여금 포교계를 제출하도록 하여 선교 활동을 통제하고자 하였다. 이 때 펜윅은 포교계 제출을 끝까지 거부하였다. 그리고 '대한기독교'라는 교명은 일제가 보기에 불순한 것이었다. 이로 인해 펜윅의 선교활동은 일제로부터 보이지 않는 박해를 받을 수밖에 없었다. 결국 3·1운동 후 일제가 포교 허가제를 포교 신고제로 바꾸자 펜윅은 대한기독교라는 교명을 동아기독교로 바꾸어 등록하였다.

펜윅은 전천년설前千年說의 극단적인 종말론적 신앙을 가지고 있었다. 따라서 그는 1926년에는 동아기독교의 모든 신자에게 학교 교육을 받지 말도록 하였다. 심지어는 교단의 지도자들 가운데 자녀를 교육시키는 사람들은 심한 책벌과 함께 성직을 파면당하기까지 하였다.[58] 이 당시 펜윅은 「만민 좋은 기별」이라는 전도지와 「달편지」라는 교단 소식지를 발간하였는데 이 전도지와 교단 소식지는 선교활동에 많은 기여를 하였다.

펜윅은 1933년 동아기독교라는 교명을 동아기독대로 변경하였다. 그는 장로교나 감리교와 같은 교파운동이나 세속화되어 가는 교회들과의 교제를 끊으라는 의미에서 교회라는 명칭 대신 성별된 양의 무리를 듯하는

---

57 한 때 펜윅은 제자들에게 무를 하나씩 나누어 주고 무를 거꾸로 심으라고 한 적이 있다. 무를 거꾸로 심으면 무는 물론 죽고 만다. 그럼에도 불구하고 펜윅의 이러한 명령에 따른 사람이 있었고, 펜윅은 그를 매우 좋아하였다고 한다. 위의 책, 122쪽.
58 위의 책, 91-92쪽.

'대隊'라는 명칭을 선택한 것이다.[59] 여기에서 우리는 펜윅이 근본주의적인 섭리주의자로서 자신의 선교사업을 타교파들의 그것과 분리하려는 비타 협적인 노선을 걸었다는 사실을 알 수 있다.

1935년 일제가 황궁요배와 신사참배를 강요하여 동아기독대가 일제로부터 박해를 받을 즈음인 그해 12월 펜윅은 사망하였다. 펜윅이 사망하자 1940년 동아기독대는 다시 동아기독교로 교명을 바꾸었다. '대隊'라는 명칭이 군대를 연상하여 일제로부터 박해를 받을 여지가 있을 뿐만 아니라 이 명칭은 펜윅이 고집하였을 뿐 다른 사람들은 이 명칭을 좋아하지 않았기 때문이었다.

당시에는 바이블 교육을 받는 외에 정규 신학교육을 받은 사람은 한 사람도 없었다. 따라서 체계성을 지닌 신학적인 기초가 없었다는 것이 동아기독교 지도자들의 가장 큰 약점이었다. 게다가 당시 대부분의 교회는 전담 목회자가 아닌 사람들이 예배와 바이블 공부를 인도하는 상황이었다.[60]

일제 말기에 성결교, 구세군, 안식교와 함께 동아기독교는 일제에 비협조적이라는 이유와 함께 재림설을 강조한다는 이유로 교단이 해체되는 위기에 처하게 되었다.[61] 1944년 함흥재판소는 동아기독교의 해체를 명령하는 판결을 내렸다. 이로 인해 동아기독교의 예배와 집회는 금지되고, 교회 건물과 대지, 심지어는 종각까지 국방헌금이라는 미명으로 강제 몰

---

59 위의 책, 102쪽.
60 위의 책, 137쪽.
61 Allen D. Clark, *A History of the Church in Korea*, Seoul: Christian Literature Society of Korea, 1971, p. 239.

수당하고 말았다.[62] 이를 침례교에서는 '원산사건'이라고 부른다.

이 시기 동아기독교의 교세 현황은 한국 24개 구역에 100여 교회, 만주 6개 구역에 100여 교회, 시베리아 2개 구역에 47개 교회, 그리고 몽고에 수개 처의 개척교회가 있었다는 사실에서 짐작해 볼 수 있다. 1941년 만주에 기독교연합교단이 설립되면서 동아기독교의 재만교회는 만주 기독교연합교단에 흡수되었다.[63]

6. 광복 후의 한국 침례교

동아기독교는 북한의 원산을 총부로 하여 만주와 시베리아 일대에서 많은 활동을 하였기 때문에 남북 분단으로 인해 많은 타격을 받았다. 광복 직후 남한에는 약 40여 개의 교회와 350여 명의 교인, 그리고 목사는 10명 정도였을 뿐이다.[64]

동아기독교는 1946년 감목체제를 회중체제로 바꾸고 임원 명칭도 전통적인 명칭을 버리고 일반 다른 교파에서 사용하는 명칭으로 변경하였으며, 교역자도 종전의 파송제에서 청빙제로 바꾸었다. 그러자 구체제를 옹호하는 일부 교인들을 중심으로 10여 개의 교회가 대한기독교라는 교명을 걸고 분리해 나갔다. 이후 대한기독교는 대한기독교침례회라는 교명으로 현재까지 활동을 계속하고 있다.

----

62 기독교한국침례회총회 역사편찬위원회 편저, 앞의 책, 148쪽.
63 위의 책, 130-131쪽.
64 위의 책, 173쪽.

동아기독교는 1949년 제39회 총회를 충남 강경에서 개최하고 교명을 대한기독교침례회로 변경하였다. 그리고 이 총회를 계기로 대한기독교침례회는 미국남침례회와 손을 잡고 많은 변모를 겪었다. 1941년 태평양전쟁 발발 당시 미남침례회 외국선교부 산하에는 105명의 선교사들이 중국, 일본 및 필리핀 등지에서 활동하고 있었다. 그리고 1945년 미남침례회 외국선교부는 중국에서 백만 불에 상당하는 선교회의 재산 손실과 유럽에서는 50만 불 상당의 재산 손실을 입었다고 보고하고 있다.[65]

그럼에도 불구하고 미남침례회는 광복 이전 중국에서 활동하던 선교사들을 중심으로 대한기독교침례회를 통해서 그들의 선교사업을 전개하려고 하였다. 광복 후 최초로 우리나라에 들어 온 미남침례회 선교사는 광복 이전 중국에서 활동하였던 에버내티John Arch Abernathy(1896-1973)였다. 그는 1950년에 내한하여 폐허가 된 한국 침례교를 위해 많은 구호사업을 전개하였다.

1952년 충남 칠산에서 개최된 42회 총회에서 대한기독교침례회는 다시 대한기독교침례회연맹으로 교명을 바꾸었다. 문제는 미남침례회의 선교 지원을 받으면서 대한기독교침례회연맹은 서서히 분열의 조짐을 보이기 시작하였다는 것이다. 대한기독교침례회연맹 측은 미국으로부터 들어오는 선교자금을 이용하여 교세를 확장시키고자 타교파의 목회자들을 대거 영입하였다. 이 때 타교파의 목회자들은 침례교의 신앙을 철저하게 이해해서라기보다 미남침례회의 풍부한 선교자금을 이용하여 보다 자유로운 목회활동을 하기 위해서 침례교를 선택하였던 것이다.

---

65 로버트 G. 토벳트, 앞의 책, 470쪽.

그리하여 대한기독교침례회연맹은 수적으로는 교세를 확장하는 데 어느 정도 성공하였지만 선교자금을 관장하는 선교사를 중심으로 소위 진보파혁신파와 보수파노장파로 나뉘는 비운을 맞이하게 되었다. 진보파는 영입된 목회자들을 중심으로 한 친선교사 계통이었고, 보수파는 펜윅의 지도 아래 일제하에서부터 활동하였던 반선교사 계통이었다.

결국 이들 사이의 내분이 표면화되어 대한기독교침례회연맹은 두 개의 총회로 분열되고 말았다. 먼저 1959년 4월 25일 선교회의 지원을 받는 몇몇 교단의 지도자들과 전입 교역자들을 중심으로 대전의 대흥동침례교회에서 소위 대전총회가 열리고 그 곳에서 기독교한국침례회라는 교단이 출현하였다. 그리고 같은 해 5월 25일 그 때까지 총회를 주도해 온 교단의 지도자들이 포항침례교회에서 소위 포항총회를 개최하고 한국기독교침례회라는 교단을 설립하였다.[66] 한국 침례교의 이러한 분열은 선교부와 총회의 정책적 갈등, 타교단 교역자의 무분별한 영입으로 인한 부작용, 총회 내의 여러 파벌, 그리고 거기에 편승한 한국인과 선교사의 개인적 감정 혹은 한국인 사이의 개인적인 감정에서 비롯되었다고 하겠으나 보기에 따라서는 결국 민족의 자긍심 대 선교부를 등에 업은 실제적 이권의 싸움에서 비롯되었다고 할 수 있다.[67]

이 분열로 인해 특히 기독교한국침례회 측은 선교부의 지원을 받지 못하는 어려운 상황에 처하였다. 그러나 1963년에 대전총회에서 일부 한국 교역자들이 선교사들의 비행과 그들의 정책을 반대하는 성명서를 내고

---

66 위의 책, 198-199쪽.
67 위의 책, 214쪽.

선교사 배격운동을 벌이기 시작하였다. 그리고 1965년을 전후하여 신학교 출신 교역자들이 전입파를 반대하고 선교부의 독주를 견제하며 주권을 회복하려는 세력으로 서서히 등장하기 시작하였다. 이러한 분위기에 힘입어 1968년 4월 소장파 목사들의 추진에 의해 두 개의 교단이 통합되어 '한국침례회연맹'이라는 교단이 출현하였다.

9년간의 교단 분열로 인해 한국 침례교는 분명히 손실을 입었다. 그러나 이러한 분열은 한국 침례교로 하여금 세계의 침례교와 궤를 같이 하는 명실상부한 개교회 중심의 침례교로 거듭나는 계기가 되기도 하였다. 물론 보는 관점에 따라서는 미남침례회와의 연합으로 인해 한국 침례교는 독자적인 발전을 보지 못하고 미남침례회에 예속되어 있는 교회에 불과하다는 자성의 소리를 듣기도 하였다.[68]

한국침례회연맹은 1976년 교명을 다시 기독교한국침례회로 변경하여 오늘에 이르고 있다. 그리고 기독교한국침례회는 근래에 침례교 세계대회를 한국에서 개최할 정도로 세계에서 주목받는 교단으로 성장하였다.

지금까지 광복 후 한국의 침례교를 주로 기독교한국침례회를 중심으로 살펴보았다. 그러나 우리나라에는 기독교한국침례회 이외에도 대한기독교침례회, 한국성서침례회, 그리고 대한선교침례회연합회라는 침례교 교단이 있다. 대한기독교침례회는 앞에서 설명하였듯이 1946년 동아기독교가 감독체제를 회중체제로 바꾸고 임원 명칭도 변경하는 등 조직을 일신하려고 할 때 일제하의 구체제를 옹호하는 교인들에 의해 조직된 교단이다. 그리고 한국성서침례회는 1954년에 들어 온 미국성서침례회에서 비롯

---

68 정학봉 엮음 · 옮김 · 강해, 앞의 책, 7쪽.

된 교단이며, 대한선교침례회연합회는 1971년에 들어 온 미국선교침례회에서 비롯된 교단이다.

7. 나오는 말

지금까지 우리는 개신교의 한 교파인 침례교를 보다 잘 이해하기 위해 침례교의 여러 특징과 세계사적 전개, 그리고 한국 침례교의 역사적 전개 과정을 광복 이전과 이후로 구분하여 살펴보았다.

17세기에 영국에서 시작된 침례교의 역사는 어언 4백여 년에 가깝다. 짧지 않은 오랜 기간에 걸쳐 발전해 온 침례교의 특징과 세계사적 전개 과정을 짧은 글에서 모두 서술한다는 것은 처음부터 불가능한 일이었다. 따라서 침례교의 특징과 역사를 서술하면서 필자의 견해가 많이 작용할 수밖에 없었다.

다시 한 번 여기에서 부언해야 할 것은 본 논문이 침례교의 특징과 역사를 침례교 내부에서 완벽하게 서술하는 것이 아니었다는 점이다. 이 문제에 관심이 있는 학자들은 침례교 내부에서 발간한 연구 업적들을 참고하는 것이 좋을 것이다. 본 논문은 어디까지나 일반 교양인이나 일반 개신교 신자들에게 침례교라는 하나의 교파를 이해시키는 데 일차적인 목표를 두고 있다.

침례교의 특징과 역사적인 전개를 이해하는 데에는 몇 가지 어려움이 있었다. 우선 침례교에 대한 소개 책자가 다른 교파에 비해 비교적 적었다는 점을 지적해야 할 것이다. 우리나라에 소개되어 있는 세계기독교사에 관한 서적은 거의가 장로교와 감리교의 입장에서 서술된 것들이다. 따라서 이들을 중심으로 침례교의 역사를 올바로 이해하는 것은 무리가 따른다. 서구에서 발간된 침례교에 관한 연구서적들은 많이 있는 것으로 보인다. 그러나 한국의 침례교는 침례교 내부에서 발간된 이러한 연구서적들을 우리나라에 소개하는 데 매우 인색한 것으로 보인다.

또한 한국 침례교의 역사를 서술하는 데에도 나름의 어려움이 있었다. 우선 광복 이전의 사료가 소위 원산사건으로 인해 거의 소실되었기 때문에 교단 차원에서 조차 한국 침례교의 역사를 제대로 정리하지 못하고 있는 것으로 보인다. 그나마 펜윅이 독립선교사로 활동하였기 때문에 일제하의 한국 침례교에 관한 자료들이 외국에 보관되어 있지도 못하다. 그리고 광복 이후에도 교단 분열 기간을 거치면서 이것의 후유증으로 인해 교단 내부에서 조차 역사를 객관적으로 서술할 수 있는 분위기가 아직 아닌 것으로 보인다. 게다가 필자로서는 기독교한국침례회 이외의 한국 침례교의 활동을 살필 수 있는 자료를 입수하는 것은 쉬운 일이 아니었다. 앞으로 침례교 내부에서 더 많은 자료들이 발간되기를 바랄 뿐이다.

수운교의
특징과 전개*

1. 들어가는 말

본 논문은 한국 신종교에 대한 각론적 연구의 일환으로 수운교水雲敎의 교리와 의례, 역사 등을 중심으로 수운교의 특징을 살펴보는 데에 목적이 있다. 오래 전부터 필자는 우리나라의 신종교 연구가 총론적 연구에 치중한 감이 없지 않다는 점에 착안하여 이제 우리 학계는 신종교에 대한 각론적 연구를 진행해야 한다는 점을 지적해 왔다.[1]

동시에 필자는 기독교, 불교 등 거대 종교의 경우 각 종교의 전반적이고 추상적인 연구보다 특정 교파나 종단, 또는 단체를 중심으로 연구를 진척시키는 것이 무엇보다 긴요하다는 점도 아울러 지적해 왔다. 예를 들어서 우리는 한국기독교사라고하면 초교파의 통사적 서술에 익숙해 왔지, 특정

---

* 강돈구·송현주·윤용복·조현범, 『한국종교교단연구 Ⅲ』, 한국학중앙연구원 문화와 종교연구소, 2007.
1 강돈구, 「신종교연구서설」, 『종교학연구』 6, 1986; 강돈구, 「신종교연구의 길」, 『한국종교』 23, 1998 참조.

교파의 통사적 서술에는 접할 기회가 거의 없었다고 해도 과언이 아니다. 한국기독교통사에서 개신교 전래 이전 천주교 전래에 대한 서술은 항상 포함시키면서 개신교 전래 이후 천주교의 전개에 대해 언급이 없다는 사실에 주목할 필요가 있다. 그리고 한편으로는 한국기독교통사 서술에서 그 저자가 속해 있는 특정 교파의 영향을 읽어낼 수 있어야 한다. 물론 이러한 예는 기독교뿐만 아니라 불교의 경우에도 쉽게 찾아볼 수 있다. 현대 한국불교의 상황을 서술하면서 우리는 조계종 이외의 다른 종단에 대해 얼마나 관심을 보여 왔는지 이제는 생각해 볼 때가 되었다.

하나의 종교단체를 집중적으로 연구하는 것이 아직 활성화되지 않은 상태에서 필자는 무교회주의를 비롯해서 침례교, 오순절교, 그리고 최근에는 미륵대도, 몰몬교, 그리고 여호와의 증인에 대해 글을 발표하였다.[2] 하나의 종교단체를 집중적으로 연구하기 위해서는 상당한 시간이 필요하다는 것은 말할 필요도 없다. 종단에서 발간한 자료를 섭렵해야 하는 것은 물론이고, 종단의 1년 주기의 활동을 살피기 위해서는 적어도 1년 동안의 꾸준하고 정기적인 현지답사를 거쳐야 제대로 된 연구 성과를 낼 수 있다. 이런 점을 감안하면서도 종교학계에서 연구대상의 폭을 넓히는 것이 현재로서 무엇보다 긴요하다는 생각 아래 주어진 여건 속에서나마 특정의 종단을 중점적으로 연구해보는 또 다른 시도의 일환으로 본 글을 시작하였다.

---

2 「한국 무교회운동의 종교사적 의미」, 『종교다원주의와 종교윤리』, 집문당, 1994; 「침례교의 특징과 전개」, 『한국 개신교 주요교파 연구 Ⅰ』, 한국정신문화연구원, 1998; 「오순절교의 특징과 전개」, 『종교연구』 42, 2006; 「미륵신앙과 미륵대도」, 『신종교연구』 4, 2001; 「예수그리스도 후기성도 교회의 특징과 전개」, 『종교연구』 39, 2005; 「여호와의 증인'의 특징과 전개」, 『종교연구』 43, 2006.

2장에서는 수운교에 처음 접하면서 느꼈던 생각을 중심으로 수운교에 대한 초심의 궁금증을 정리하고, 3장에서는 수운에서 비롯한 동학의 계보를 정리하면서 수운교가 동학 교단에서 차지하는 위치를 살펴볼 것이다. 이어서 4장에서는 수운교의 교리와 의식을 중심으로 수운교의 전반적인 특징을 정리하고, 5장에서는 수운교의 전개에서 몇몇 중요한 사실들을 살펴보고자 한다.

2. 수운교와의 만남

수운교와의 만남은 2001년 5월경음력 4월 15일 교주탄강일 행사에 참가하기 위해 수운교 본부를 처음으로 방문한 것에서부터 시작되었다. 도량의 모습은 불교의 일반적인 규모의 사찰과 유사했다. 사찰의 법당과 유사한 건물 앞에 줄지어 진열되어 있는 접이식 의자에 교인들과 외부 인사들이 앉아 있었고, 행사는 관공서의 공식적인 행사와 유사하게 진행되었다. 교인들이 입고 있는 복식이 꽤 특이했으며, 종교의식임에도 외부인사의 축사가 있었고, 행사 끝부분에 교인들이 함께 부르는 노래의 가사는 분명히 종교적인데, 노래의 곡조가 우리들이 알고 있는 민요였던 것이 인상적이었다. 대부분의 교인들이 나이가 많아 보였으며 젊은 사람들은 그다지 많지 않았던 것으로 기억한다. 사찰의 법당과 유사한 건물에 '도솔천'이라는 현판이 걸려있고, 내부에는 최고신을 상징하는 금색의 4각판이 중앙에 걸려있으며, 단군 등의 위패와 함께 적지 않은 규모의 화려한 탑이 좌, 우로 서 있는 것이 특이해 보였다.

전반적으로 도솔천이라는 건물 내부는 꽤 화려해 보였으나 수운교 본부 내부에 있는 몇몇 건물들은 꽤 퇴색해 보여 수운교의 교세는 크지 않을 것으로 생각되었다. 계룡산 일대에 육군본부 등 국방부의 주요 부서가 이전해 옴에 따라 그 일대의 거의 모든 토지가 국가에 수용되었으나 그나마 수운교 본부가 있는 토지의 일부가 수용 대상에서 제외되었다는 사실을 나중에 알게 되었다. 수운교에서는 도솔천을 중심으로 하는 도량이 차지하는 비중이 교리적으로 매우 중요하다. 도량이 있는 토지의 상당 부분을 국가에 수용당하면서 수운교는 꽤 어려운 시기를 보내야만 했을 것으로 생각되었다.

청양에 있는 도성암에는 2002년 4월에 한국신종교학회 회원들과 함께 방문하여 1박을 할 기회가 있었다. 도성암은 소규모의 암자로 내부에는 꽤 비예술적인 불상 여러 구가 줄지어 서 있다. 도성암에서 수운교 의식에 직접 참여할 수 있었는데, 불교의식에 조예가 있는 어느 회원의 말에 의하면 수운교 의식은 불교와 매우 유사하나 조금씩 다르다고 한다. 그 사람은 꽤 비판적으로 수운교는 의식을 불교로부터 잘못 배웠다고 지적하기도 하였다. 또한 그는 수운교가 주로 죽은 자를 위한 의식을 행함으로써 교세를 유지하고 있다는 점도 아울러 지적하였다.

도성암을 책임지고 있는 분으로부터 밤이 늦도록 수운교에 대한 개괄적인 설명을 듣고 함께 토론하는 시간도 가졌다. 그 때 알게 된 것이 수운교의 교조는 바로 동학에서 말하는 수운인데, 수운은 1863년에 대구에서 참형당한 것이 아니라 그곳에서 살아남았고, 그 뒤 꽤 오랫동안 숨어서 수도 생활을 하다가 1920년대 초에 다시 세상에 나와 수운교를 세웠고, 100세가 훨씬 넘게 살다가 죽었다는 것이다. 자리를 함께 한 회원 가운데에는 다른 종교의 교인도 있어서 자연스럽게 토론의 주제는 수운이 1863년에 죽은 것은 역사적 사실이지 않은가, 그리고 수운교에서 말하는 교조 그 분이 동학에서 말하는 수운 바로 그 사람이라는 것을 어떻게 인정할 수 있는 지였다. 물론 이 주제는 신앙의 문제라고 할 수 있기 때문에 토론의 결말은 날 수 없는 것이었다. 한 쪽에서는 믿을 수 없다는 것이고, 한 쪽에서는 그것이 사실이라는 것으로 토론이 진행될 수밖에 없었다.

또 하나의 토론 주제는 수운교가 일제 말기에 일본불교의 사찰로 변신한 것은 결과적으로 수운교가 일제에 협력한 것으로 볼 수밖에 없는 것 아닌 가였다. 이 문제 역시 한 쪽에서는 수운교가 일제 말기에 친일행위를 하였다는 것이고, 다른 쪽에서는 당시에 일본불교의 사찰로 변신한 것은 사실이지만 그럴 수밖에 없는 이유가 있었으며, 그 사실만 가지고 수운교가 당시에 친일 행위를 했다고 말할 수는 없다는 것이었다.

하여간 당시 필자는 수운교에서 말하는 수운 최제우는 1863년에 죽지 않고 계속 살아서, 100세 가까이가 되어 천도교와 상관없이 수운교라는 새로운 종교를 세웠으며, 천도교와 달리 불교식 의례를 많이 행하고, 죽은 자에 대한 의례가 적지 않은 비중을 차지한다는 점에 주목할 수 있었다.

3. 동학의 계보와 수운교

수운교는 동학을 세운 최제우와 관련이 있기 때문에 수운교를 이해하기 위해서는 일단 최제우에서 비롯한 여러 교단들 속에서 수운교가 차지하는 위치를 파악하는 것이 중요하다. 최제우에서 비롯한 교단은 광복 전에 20

여 개[3]를 포함해서 전체적으로 30여 개[4]가 역사상 존재해 왔던 것으로 알려져 있다. 현재는 천도교와 수운교를 비롯해서 창명대(청양), 동학성도교(논산), 그리고 동학교(상주) 정도가 활동하고 있는 것으로 보인다.[5] 아래에서는 현재까지 남아있는 교단을 중심으로 최제우에서 비롯한 교단들의 전개 과정을 일별해 보도록 하자.

1904년 김주희(1860-1944) 등이 설립한 경천교가 최제우, 최시형, 손병희로 이어지는 동학에서 분리된 최초의 분파이다. 최제우는 최시형을 북접도주로 임명하고 남접도주를 임명하지 않았으나 김주희는 자신을 남접도주로 자처하고 정광덕 등과 함께 경북 상주에서 경천교를 설립하였다. 일반적으로 전봉준이 진보적이었고 최시형이 중도적이었다면 김주희는 보수적인 인물로 평가된다.[6] 경천교가 이후 정치적으로 활동함에 따라 김주희는 이들과 결별하고 1915년에 따로 인근에 동학교를 설립하였다. 동학교는 1922년 조선총독부에 등록을 하고 1930년대 초반까지 경전 사업을 대대적으로 벌여나가면서,[7] 당시 일제에 대해서는 무저항, 비타협의 자세를 견지하고 오직 종교적 수련에만 정진하였다. 천도교의 신이 내재적인 측면이 강한 데 비해, 동학교의 신은 초월적이며, 주역과 정감록으로부터

3 윤정란, 「일제시대 청림교의 활동과 성격」, 『일제강점기의 민족운동과 종교』(한국민족운동사학회), 국학자료원, 2002, 218쪽; 이경우, 「한국의 신종교와 주문(2) - 수은이 계시 받아 지은 '시천주'」, 『종교신문』, 2004.11.25.
4 한국종교학회, 『한국신종교실태조사보고서』, 1985, 107쪽.
5 이찬구, 「수운교의 미륵관」, 『신종교연구』 11, 2004, 65쪽; 이경우, 앞의 글.
6 최원식, 「동학가사 해제」, 『동학가사 Ⅰ』, 한국학중앙연구원, 1979, 6-7쪽.
7 한국학중앙연구원에서 이들이 발간한 동학가사를 집대성하여, 1979년에 『동학가사』 Ⅰ과 Ⅱ를 발간하였다.

많은 영향을 받은 것으로 보인다. 현재 안동과 상주 지역을 중심으로 50여 가구가 동학교를 신봉하고 있는 것으로 알려져 있다.[8]

동학의 맥이 1905년 손병희의 천도교로 이어지자 곧바로 1906년에 이용구에 의해 시천교가 설립되었다. 1907년 최제우와 최시형이 고종으로부터 신원대사伸寃大赦를 받은 것은 바로 이 시천교의 노력 덕분이었다.[9] 시천교는 1911년 이용구가 사망하고 송병준이 실권을 잡게 되자 1913년에 송병준과 박형채가 이끄는 시천교견지동[10]와 김연국, 권병덕이 이끄는 시천교가회동[11]로 분리되었다. 시천교의 견지동 교당은 해방 후에 적산 취급을 받고, 각 정당의 당사로 사용되다가 재산권 분쟁 끝에 결국 안식교로 넘어갔다고 한다. 견지동 시천교는 꽤 나중까지 서울 강동구 성내동에서 홍종천에 의해 명맥이 유지되었으나 현재는 소멸한 것으로 보인다.[12]

김연국은 1925년 세칭 김파 시천교의 교명을 상제교로 바꾸고 계룡산으로 이전하였다. 상제교는 1960년에 교명을 다시 천진교로 변경, 활동을 지속하다가 계룡산 철거 이후 다시 청양의 창명대와 논산의 동학성도교로 분리되어 현재까지 지속되고 있다. 창명대와 동학성도교는 최제우, 최시형, 김연국을 삼성인三聖人이라 하여 '한울님'의 화신으로 신봉한다.[13]

8 한국민족종교협의회, 『민족종교총람』, 한누리, 1992, 458-463쪽; 안태현, 「상주동학촌의 전개과정을 통해 본 민중적 이상사회의 상과 실재」, 한동대학교대학원 석사학위논문, 1998; 서영남, 「동학교의 복식에 관한 연구」, 효성여대대학원 석사학위논문, 1994; 한국종교학회, 앞의 책, 122쪽 이하 참조.
9 한국종교학회, 위의 책, 134쪽.
10 세칭 '송파 시천교' 또는 '견지동 시천교'라고 하였다.
11 세칭 '김파 시천교' 또는 '가회동 시천교'라고 하였다.
12 한국종교학회, 앞의 책, 135쪽.
13 김홍철, 「김연국과 천진교」, 『원광』 1988.3, 106쪽.

천도교는 주지하다시피 손병희 사망 이후 종통 계승 문제로 구파와 신파로 분리되었다. 구파는 손병희 이후 춘암 박인호가 종통을 이은 것으로 보고 소위 사세일계四世一系: 수운, 해월, 의암, 춘암를 주장하는 측이다. 구파와 신파의 대립은 일제하는 물론이고 해방 공간까지 이어졌으나 현재는 연합해 있는 상태이다. 구파와 신파는 지역적으로도 구분이 되어 구파는 주로 경기도, 충청도, 전라도 지역 출신이, 그리고 신파는 주로 평안 남북도 출신으로 이루어져 있다. 박인호가 천도교의 4세 교주임을 주장하는 구파, 그리고 그것을 인정하지 않는 신파의 대립은 천도교 내부에서 여전히 존재하고 있는 것으로 보인다.[14]

수운교는 1923년 이상룡李象龍에 의해 설립되었다. 이상룡이라는 이름은 수운교 교조의 호적상 이름이다. 무라야마 지준村山智順은 이상룡이 불국사의 승려출신이라고 주장하며,[15] 김홍철은 최제우의 영이 이상룡에게 옮겨온 것으로 말하고 있다.[16] 물론 수운교에서는 이러한 주장과 달리 이상룡이 수운 최제우 바로 그 사람이라고 믿고 있으며, 동학이 씨라면 수운교는 열매에 비유하여, 동학을 완성한 것이 수운교라고 주장하고 있다.[17] 아래에서는 교리와 의식 등을 통해 수운교의 특징을 보다 구체적으로 살펴보도록 하자.

---

14 天道敎 京忠全淵源 編, 『천도교정신사』 1981(출판사 미정의 비매품) 참조.
15 村山智順, 『조선의 유사종교』(최길성 · 장상언 공역), 계명대학교출판부, 1991, 202쪽.
16 김홍철, 「이상룡의 수운교」, 『원광』 1988.4, 90쪽.
17 이찬구, 「동학수운교의 수행에 관한 고찰」, 『신종교와 수행』(한국 신종교학회 춘계학술회의 자료집), 2005, 49쪽; 수운교교리연구원 편찬, 『수운교진리』, 수운교출판부, 1999, 214쪽.

4. 수운교의 특징

4.1. 교리

수운교의 교리는 옥황상제인 하날님 신앙, 인간계, 도솔천계, 무량광계의 삼등세계三等世界, 불천심佛天心 일원一圓의 종지로 요약할 수 있다.[18] 그리고 수운교의 기본적인 주장은 수운교 측의 아래의 설명에서 살필 수 있다.

> 수운 천사님은 1822년임오 4월 15일 금강산에서 태어나시고, 1860년경신 4월 경주 용담정에서 하날님으로부터 무극대도를 받아 이를 동학의 이름으로 포덕하시던 중, 1864년갑자 3월 10일 보국안민을 오히려 좌도난정左道亂政이라는 누명으로 어명에 따라 경상감영에서 참형될 즈음, 하날님의 조화로 사지에서 환생하시어 근 육십 년간 은둔고행 속에 삼대원三大願[19] 성취를 축수하시다가, 1920년경신 재위출세再爲出世에 오르시어, 천황씨天皇氏에 자거하시며 유불선을 삼합한 하날님의 대도인 수운교를 1923년계해에 개교하시고, 1929년기사 금병산하에 도솔천궁을 건설하시어 후천 5만년의 불천묘법佛天妙法을 세계와 제자에게 전포전수하신 후, 117세에 용호도량에서 열반하시다"[20]

---

18 『수운교요람』, 수운교본부, 2003, 16쪽.
19 보국안민, 광제창생, 포덕천하를 말함.
20 수운교교리연구원 편찬, 앞의 책, 167-168쪽.

여기에서는 수운교의 종지와 수운교 측의 이러한 기본적인 주장을 이해하기 위해 수운의 전기를 중심으로 수운교의 신관을 살피고, 이어서 수운교의 도장道場, 도솔천궁을 중심으로 수운교의 우주관과 구원관을 차례대로 살펴보도록 하자.

가. 수운의 전기와 신관

수운의 전기는 천도교 측의 자료에 의해 이미 상당부분 우리에게 잘 알려져 있다. 여기에서는 기존의 통설과 다른 수운교의 주장을 중심으로 수운의 전기를 간략히 살펴보도록 하자. 수운교에 의하면 수운은 경주가 아니라 금강산에서, 1824년이 아니라 1822년에 태어났다. 수운의 부모는 수운을 얻기 위해 기도하러 경주에서 금강산으로 갔고, 그 곳에서 수운을 낳아 수운이 3세인 1824년에 경주로 다시 돌아왔다. 또한 기존 통설에 의하면 1855년에 수운이 금강산 유점사의 노승으로부터 천서天書를 받았다고 하는데, 수운교에 의하면 그 승려는 바로 나옹이다.

기존 통설과 뚜렷이 구별되는 수운교의 가장 중요한 주장은 수운이 1864년에 대구감옥에서 참형을 당한 것이 아니라 감옥에서 탈출하여[21] 금강산으로 은신, 이최출룡자李崔出龍子로 이름을 바꾸고 이후 55년간의 은둔 고행,[22] 그리고 청양의 도성암에서 9년간의 기도를 마치고 99세의 나이에 다시 세상에 출현, 수운교를 설립하였다는 것이다. 따라서 수운교의 주장에 의하면 이상룡은 바로 동학을 창시한 수운 최제우 바로 그 사람이다.[23]

---

21 수운교에서는 이것을 허신참형虛身斬刑이라고 한다.
22 수운교교리연구원 편찬, 앞의 책, 616-618쪽.
23 수운의 생애는 변문호, 「수운교 연혁 및 교리 개관」, 『신종교연구』 3, 2000, 167-178쪽

수운은 대구 감옥에 있을 때 옥사장 부인의 병을 고쳐주고 옥사장의 호감을 산 뒤, 옥사장으로부터 석자 세치 가량의 버드나무를 얻었는데, 당시 참형을 당한 것은 수운 자신이 아니라 버드나무였으며, 나중에 수운의 무덤을 파 보니 수운의 시신 대신 버드나무가 발견되었다고 한다. 수운교는 최시형을 비롯하여 당시의 동학교인들도 이런 사실을 알고 있었을 것으로 주장하고 있다.[24]

수운교에 의하면 도맥道脈은 아미타불-비바세불-석가모니-하날님-나옹-수운으로 이어진다.[25] 이 도맥에 의하면 아미타불의 불법이 석가모니를 통해 하날님에게 전수되고, 하날님은 나옹을 통해 그 불법을 수운에게 전수하였다. 하날님은 불법으로는 아미타불로부터 도를 전수받은 제석보살이면서 천권天權으로는 옥황상제이며,[26] 하날님이라는 존호尊號는 수운이 직접 붙인 것이다.[27] 부처와 하날님은 일원적一圓的 존재인 동시에 체용적體用的 관계이며, 따라서 수운은 하날님을 '불천佛天의 하나님'이라고 불렀고, 불佛(법法)의 부처와 천天(권權)의 하날님이 하나이기 때문에 수운교에서는 수운교의 진리를 '불천佛天의 묘법妙法'이라고 한다.[28] 수운교에서는 이와 같이 부처와 하날님을 같은 존재로 인식하면서도, 경우에 따라서는 양자의 역할을 구분하기도 한다. 예를 들어서 하날님은 일체 중생을 존속

참조; 기존 통설과 다른 수운교 주장의 변론은 이찬구, 「수운교의 미륵관 연구」, 『신종교연구』 11, 2004, 67-77쪽 참조.
24 윤하인, 『최제우수운천사』, 삼영출판사, 1995, 92-94쪽.
25 수운교교리연구원 편찬, 앞의 책, 37-38쪽.
26 위의 책, 349쪽.
27 위의 책, 48쪽.
28 위의 책, 348-349쪽.

시키는 존재이며, 부처는 모든 영혼을 천도시키는 존재로 묘사되며,[29] 인간 세상의 직접적인 주재자는 하날님으로 설정한다.[30]

수운교 교조에 대한 공식 명칭은 '수운천사'이며, 경우에 따라 (후천)천황씨, (이최)출룡자, 순덕군, 미륵존불, 선생님 등의 호칭으로 부른다.[31] 수운교는 수운에 대해 아래와 같이 좀 다양하게 이해하고 있는 것으로 보인다.

- 천상 도솔천궁에서 하강한 미륵불[32]
- 전생은 석가모니불이었으나, 후생은 후천 주세불인 미륵존불[33]
- 신의 기능에 사람의 기능을 더하여 스스로 천황씨의 자리에 오른 존재[34]
- 선천의 천황은 환웅이고, 후천의 천황은 수운[35]
- 옥황상제 하날님으로부터 천권을 받았으므로 후천 천황씨이고, 제석보살 하날님으로부터 아미타불의 불법을 나옹도사를 통해 전수받았으므로 후천 미륵존불[36]
- 하날님을 대신해서 인간세계를 교화[37]

29 이찬구, 「수운교(동학)에 있어서의 생명사상과 해원상생의 정신」, 『신종교연구』 12, 2005, 103쪽.
30 수운교교리연구원 편찬, 앞의 책, 44쪽.
31 위의 책, 17-19쪽.
32 문태규, 『궁을도덕: 수운교 신앙과 동학사상』, 수운교출판부, 2002, 5쪽.
33 윤하인, 앞의 책, 24쪽.
34 수운교교리연구원 편찬, 앞의 책, 294쪽.
35 위의 책, 340쪽.
36 위의 책, 349쪽.
37 수운교 홈페이지http://www.suwoongyo.or.kr 참조.

- 하날님이 인간계를 근심하여 보낸 존재[38]
- 후천 5만년의 무량세계를 건설할 지상의 총지휘자[39]
- 수운은 다시 돌아올 것이다.[40]

이를 간단히 종합해 보면 수운교에서 수운은 인간이면서 동시에 하날님을 대신하는 신이고, 또 한편으로는 미륵불로 이해되고 있다는 것을 알 수 있다.

수운교의 신관을 이해하기 위해서는 이밖에 수운교의 종지인 佛天心佛天心 일원—圓에 대해 언급할 필요가 있다. 불천심 일원이란 부처, 하늘, 마음이 하나라는 뜻이다.[41] 이 종지에 의해 수운교 교인은 부처님, 하날님, 마음을 굳게 믿고 있다.[42] 그런데 불천심 각각은 사람과 상황에 따라 조금씩 표현이 다르게 나타난다. 예를 들면 부처-하늘-마음,[43] 부처님부처의 세계-하날님-사람수운,[44] 부처-하늘-사람[45] 등의 예에서 볼 수 있듯이 특히 심心의 경우에 마음, 사람, 수운으로 각기 달리 표현되고 있다.

수운교 도량에서 중심적인 위치를 차지하는 도솔천궁은 금강탑, 무량수탑 등 탑파와 단군, 공자, 노자, 석가의 위패 등 화려하고 복잡하게 구성되

---

38 수운교교리연구원 편찬, 앞의 책, 49쪽.
39 위의 책, 235쪽.
40 윤하인, 앞의 책, 112쪽.
41 문태규, 앞의 책, 33쪽.
42 이찬구, 「동학수운교의 수행에 관한 고찰」, 『신종교와 수행』(한국 신종교학회 춘계학술회의 자료집), 2005, 41쪽.
43 수운교교리연구원 편찬, 앞의 책, 389쪽.
44 이찬구, 「수운교의 미륵관 연구」, 『신종교연구』 11, 2004, 100쪽.
45 윤하인, 앞의 책, 170-171쪽.

어 있지만, 가장 중심적인 부분은 하날님을 상징하는 천단天壇, 그리고 나옹을 의미하는 해, 수운을 의미하는 달이다. 나옹과 수운은 각각 불사佛師와 천사天師로 묘사되며,[46] 경우에 따라서는 양불兩佛로 묘사되기도 한다.[47] 수운교 도량에서 기도처로 쓰이는 봉영각鳳靈閣에는 중앙에 목조입상의 아미타불을 모시고, 좌우로 각각 나옹과 수운의 존영을 모시고 있으며, 일요일에 법일예식을 거행하는 법회당에는 석가모니불과 관세음보살, 대세지보살 삼불三佛을 모시고, 한편에 수운의 존영을 모시고 있다. 그리고 수운교 교인들의 집에 있는 가정천단은 하날님과 함께 나옹과 수운을 모시고 있다.[48]

수운교에서는 아미타불, 석가세존, 옥황상제, 하날님, 수운이 한 몸이며,[49] "부처님의 응덕과 하날님의 덕화와 수운천사님의 덕은이 하나로 합하여지는 삼덕일체가 될 때 대덕은 만세토록 무궁할 것이다"[50]라고 말하고 있다. 얼핏 보기에 수운교의 신관은 좀 복잡한 양상을 보이고 있는 듯하지만, 수운교에서 말하는 불천심 일원은 결국 부처와 하날님, 그리고 수운이 같은 목적을 지닌 존재라는 점, 그리고 수운은 지상에서 부처와 하날님을 대신하는 존재로 정리해 볼 수 있을 것이다.

나. 우주관과 구원관

수운교 교인은 "수운교에 지상 유일의 도솔천궁, 개벽의 일꾼을 배출해

---

46 수운교교리연구원 편찬, 앞의 책, 517쪽; 이찬구, 「동학수운교의 수행에 관한 고찰」, 『신종교와 수행』(한국 신종교학회 춘계학술회의 자료집), 2005, 42쪽.

47 이찬구, 「수운교의 미륵관 연구」, 『신종교연구』 11, 2004, 92-93쪽.

48 수운교교리연구원 편찬, 앞의 책, 529쪽.

49 위의 책, 361쪽.

50 위의 책, 54쪽.

낼 용호도량, 육신부노肉身不老, 영혼불사의 영부선약靈符仙藥과 주문이 있다"[51]고 자랑한다. 따라서 수운교를 이해하기 위해서 우리는 먼저 도솔천궁, 용호도량, 그리고 영부와 주문에 대한 수운교의 설명에 주목할 필요가 있다. 여기에서는 도솔천궁, 용호도량 등 수운교 도량의 구조를 중심으로 수운교의 우주관을 일별해 보도록 하자.

하날님이 강림해 있는 도솔천궁을 중심으로 동서남북에 용호문龍虎門, 보화문普化門, 광덕문廣德門, 성덕문聖德門이 있는데, 이 네 개의 문 안을 용호도장龍虎道場이라고 한다. 용龍은 수운을 상징하고 호虎는 수운의 제자들을 상징한다. 따라서 용호도량은 수운과 그의 제자들이 개벽을 도모하는 장소이다. 불교 우주관에 의하면 천상 욕계의 여섯 하늘 가운데 네 번째 하늘이 도솔천이다. 도솔천에는 안과 밖의 두 원이 있는데 도솔천 안의 원을 내원경이라고 하며, 바로 이곳에 미륵불이 거주한다. 수운교의 용호도량은 도솔천의 내원경에 해당한다.

도솔천궁과 함께 봉령각鳳靈閣, 법회당法會堂을 수운교의 3단 성지라고 한다.[52] 봉령각은 주로 기도를 하는 곳이며, 법회당은 법일예배와 함께 손님을 맞이하는 곳이다. 도솔천궁 앞 광장은 30만 선인군자를 모실 만성당萬聖堂[53] 건립 기지이며, 봉령각 앞 광장은 8만 4천 선성을 모실 선성당先聖堂[54] 건립기지라고 한다.[55] 만성당, 선성당은 용호도량과 함께 수운교의

<hr />

51 위의 책, 287쪽.
52 변문호, 앞의 글, 191쪽.
53 만성당은 30만 선인군자 도덕군자 도통군자의 靈名을 금석으로 새겨 배향할 3층 건물의 명칭이다. 수운교교리연구원 편찬, 앞의 책, 662쪽 참조.
54 선성당은 단군을 위시하여 유불선 3聖을 포함하여 동, 서양의 모든 선성과 현인, 민족의 얼을 빛낸 현인 선군, 충신열사, 효자, 효부, 열녀 등 8만 4천의 영위를 모실 목조

3대 기지이다.[56] 만성당과 선성당이 아직 건립되지 않았기 때문에 수운교 본부의 도량은 아직 완전히 체재를 갖춘 곳은 아니라고 할 수 있다. 수운교에서는 교기인 궁을기弓乙旗를 '지상천국을 상징하며 아울러 하늘과 땅이 열리고 닫히는 조화문이며, 음양이 출입하는 길이요, 만물이 생성하는 기틀'[57]이라고 말한다. 수운교의 도량이 지상천국을 의미한다면 궁을기에 대한 수운교의 설명이 수운교 도량에도 그대로 적용될 수 있을 것으로 보인다.

수운교에 의하면 천상 도솔천 내원경에는 미륵보살이 아니라 하날님이 거주한다. 본래 하날님은 무형무극의 대원천궁大圓天宮에 있었는데 뜻한 바 있어 도솔천에 하강하여 도솔천계와 인간계의 수백억 화신을 동시에 주재한다. 하날님은 도솔천 내원경에서 수도하고 있는 미륵보살을 지상으로 내려 보내 지상의 70억 인간계를 하늘의 도솔천과 똑 같은 미륵정토로 만들라고 명령하였다. 물론 수운교에서는 천상 도솔천궁에서 하강한 미륵을 수운으로 믿고 있다는 사실은 말할 필요도 없다. 수운은 1929년에 천상 도솔천궁과 똑 같은 모습으로 지상에 도솔천궁을 건립하였다. 수운교에 의하면 하날님은 천상과 지상의 도솔천궁에 동시에 거주한다.[58]

도솔천궁[59]의 중앙 북쪽 벽을 천단天壇이라고 한다. 천단의 중앙에는 하날님의 위를 상징하는 사각형의 금단보좌가 있고 좌, 우로 나옹과 수운을

3층의 성전으로 건립될 것이라고 한다. 윤하인, 앞의 책, 168쪽 참조.
55 『수운교요람』, 수운교본부, 2003, 13쪽.
56 수운교교리연구원 편찬, 앞의 책, 257쪽.
57 『수운교요람』, 수운교본부, 2003, 5쪽.
58 수운교교리연구원 편찬, 앞의 책, 371-372쪽.
59 현재 대전광역시 문화재 자료 제12호로 지정되어 있다.

상징하는 해와 달, 그리고 더 좌, 우로 자미성과 삼태성, 동서남북 사대칠성의 28수를 모형으로 조성 봉안하여 대우주의 실상을 36 별자리로 상징하였다고 한다.[60] 천단의 바로 앞에 있는 단군, 석가, 노자, 공자의 네 위패는 하날님을 지키고 있는 모습인데, 앞으로 선성당先聖堂이 건립되면 그곳으로 옮길 것이라고 한다.[61] 네 위패 앞에 좌동편과 우서편에 각각 목조금박 6층의 금강탑과 무량수탑이 있으며, 서쪽 벽에는 18두頭 36수手의 동진보살이 창검과 방패를 들고 불천계佛天界를 지키는 신장탱화가 있다. 본래 금강탑과 무량수탑 사이에 미타탑이 있었으나 일제하에 일본으로 반출되었다가 근래에 찾아왔으나 일부 훼손되어 아직은 봉안하지 않고 있다.[62]

주로 기도처로 이용하는 봉령각에는 중앙의 주불로 목조입상의 아미타불 존상을 봉안하고, 왼편에 나옹, 오른편에 수운의 존영을 모셨다. 이곳의 아미타불은 일본불교 진종 대곡파 동본원사에서 들여왔는데, 본래 도솔천궁의 미타탑이 일본으로 반출되면서 그 자리에 세웠던 것을 나중에 봉령각으로 옮겨온 것이다.

법회당에는 중앙의 삼불상三佛像이 있고 좌동 편에 관음보살의 탱화, 우서 편에 전체 우주를 그림으로 묘사한 '삼천대천세계도三千大千世界圖'와 수운의 소형 존영이 봉안되어 있다. 그리고 동편에는 향사록享祀錄에 등재된 선망先亡 교인의 위패가 봉안되어 있으며, 또 500성 제성諸姓의 영가가 모셔져 있다.[63]

---

60 『수운교요람』, 수운교본부, 2003, 15쪽.
61 수운교교리연구원 편찬, 앞의 책, 415, 649쪽.
62 위의 책, 649쪽.
63 위의 책, 535-536쪽.

여기에서 우리가 주목해야 할 것은 수운교의 우주관을 이해할 수 있게 해 주는 삼천대천세계도이다. 삼천대천세계도에 의하면 우주는 상천, 중천, 하천의 삼천三天으로 나누인다.[64] 상천은 무량광계, 중천은 도솔천계, 그리고 하천은 인간계를 말한다. 아미타불, 하날님, 수운이 각각 상천, 중천, 하천을 주재하는데, 삼천 가운데 중천인 도솔천계가 중심이다. 중천인 도솔천계를 중심으로 상천인 무량광계와 하천인 인간계가 통일될 수 있기 때문이다.[65] 상천인 무량광계는 아미타불이 주재하는 극락세계로 모든 영의 고향이고, 중천인 도솔천계는 하날님이 주재하는 하늘나라로 영이 출입하는 우주의 현관이다.[66] 그리고 중천에 천상 도솔천궁이 있는 것과 마찬가지로 하천에 지상 도솔천궁이 있다.

상천, 중천, 하천은 또한 불계佛界, 천계天界, 인계人界로 부를 수 있다. 불계, 천계, 인계는 서로 독립적으로 존재하는 것이 아니라 유기적으로 존재한다. 수운교의 우주관에 의하면 지상의 인간계는 미륵불수운에 의해 하늘의 도솔천과 같이 개벽되어야 하고, 하늘의 도솔천계는 하날님에 의해 상천의 무량광계의 극락세계와 같이 개벽되어야 하며, 궁극적으로는 지상의 도솔천도 또한 극락세계로 개벽되어야 한다.[67] 이와 같이 지상과 천상의 도솔천계가 상천의 무량광계와 합일되어 지상 극락세계가 이루어지는 것을 수운교에서는 삼등세계三等世界가 이루어진다고 말한다.[68]

---

64 위의 책, 363쪽.
65 이찬구, 「수운교(동학)에 있어서의 생명사상과 해원상생의 정신」, 『신종교연구』 12, 2005, 99-100쪽.
66 문태규, 앞의 책, 31쪽; 윤하인, 앞의 책, 169쪽.
67 수운교교리연구원 편찬, 앞의 책, 383쪽.
68 위의 책, 589쪽.

무량광계를 불佛이라면, 도솔천계는 천天이라 할 수 있고 인간계는 心이라 할 수 있다. 따라서 수운교에 말하는 불천심佛天心 일원은 다시 무량광계, 도솔천계, 인간계의 3계가 동귀일체同歸一體되는 것을 의미하기도 한다.[69] 이와 같이 지상의 인간계와 중천의 도솔천계가 상천의 무량광계와 합일되어 지상 극락, 그리고 지상 선경의 세계가 이루어지면, 인간은 완전한 지상 신선이 되어 금생극락今生極樂을 누리게 된다는 것이 수운교의 주장이다.[70]

4.2. 의례

여기에서는 수운교 의례의 전반을 다루기보다는 몇몇 특징적인 것만을 중점적으로 다루기로 하자.[71] 일단 우리가 주목해야 할 필요가 있는 것은 역시 영부靈符이다. 수운교에 의하면 수운은 39세인 1860년에 계시에 의해 영부와 주문을 함께 받았다. 수운은 영부를 종이에 그려 불에 태우고, 그 남은 재를 물에 타서 마시는 행위를 여러 차례 하였다. 이와 같이 부적을 태우고 남은 재를 물에 타서 마시는 행위는 이미 도교에서 행해졌던 것으로 수운에 의해 동학에 도입된 것이다. 수운교에 의하면 영부는 죽을 사람을 살리는 약으로 사람의 영靈을 다스리고, 주문은 사람의 기氣를 다스려

---

69 위의 책, 389쪽.
70 위의 책, 483쪽.
71 수운교 의례의 전반적인 과정이나 의미에 대해서는 수운교교리연구원 편찬, 위의 책, 663-689쪽; 문화체육부, 『한국종교의 의식과 예절』 1995, 517-534쪽; 변문호, 「수운교 연혁 및 교리개관」, 『신종교연구』 3, 2000, 194-197쪽 참조.

사람을 늙지 않게 한다.[72] 수운교의 교기인 궁을기弓乙旗가 영부를 상징한다고 한다. 그리고 도솔천궁 앞 광덕문 앞 광장에 그려져 있는 궁을의 모양을 밟으면서 도솔천궁에 출입하는 것을 궁을도행弓乙道行이라고 한다. 수운교에서는 이와 같이 궁을기와 궁을도행에서만 영부의 흔적을 볼 수 있고, 영부를 통한 직접적인 수련의 전통은 끊어진 것으로 보인다.[73]

우리나라의 여타 신종교와 마찬가지로 수운교에서도 주문 수련은 중요한 비중을 차지한다. 수운교의 주문은 수운이 1860년 계시에 의해 영부와 함께 받은 강령주문 8자와 본주문 13자로 이루어져있는 시천주 주문, 그리고 수운이 직접 작성한 천황주, 팔통주, 정심주 등이 있다. 과거에는 주문 수련에 팔통주가 주로 사용되었으나 현재는 천황주가 주로 사용된다.[74] 천황주는 1910년대에 수운이 청양 도성암에서 기도할 때 많이 사용하였는데 천황주의 의미는 잘 알 수 없다고 한다.[75]

수운교 의례에서는 주문과 함께 염불 또한 중요한 비중을 차지한다. 수운교에 의하면 주문은 天界와 관련이 있고, 염불은 불계佛界와 관련이 있다.[76] 앞에서도 지적하였듯이 수운교는 불계佛界, 천계天界, 인계人界 삼계를 함께 고려하기 때문에 주문과 함께 염불이 수운교에서 중요한 비중

---

72 수운교교리연구원 편찬, 위의 책, 570쪽; 이찬구, 「동학수운교의 수행에 관한 고찰」, 『신종교와 수행』(한국 신종교학회 춘계학술회의 자료집), 2005, 48쪽.

73 이찬구, 「수운교의 역사와 교리사상」, 한국학중앙연구원 종교문화연구소 청계종교연구포럼 발표문(2005.2.26) 참조.

74 수운교교리연구원 편찬, 앞의 책, 515쪽.

75 이찬구, 「동학수운교의 수행에 관한 고찰」, 『신종교와 수행』(한국 신종교학회 춘계학술회의 자료집), 2005, 38쪽.

76 위의 글, 49쪽.

을 차지하는 것은 당연하다. 수운교의 주요 염불로는 염불정근, 6자염불, 관음염불 등이 있고 염불을 할 때는 주로 105염주를 사용한다.[77]

수운교의 연중 법회일은 수운과 위령慰靈에 관한 것이 대부분이다. 수운교에서는 수운의 탄강기념일을 4월 15일, 개교기념일을 10월 15일, 수운의 열반일을 9월 18일을 최존의식最尊儀式이라고 하여, 수운교 교인은 이 최존의식에 반드시 참석하여야 한다. 특히 탄강기념일과 개교기념일은 수운교의 양대 경축행사이다.[78] 수운교의 신관이 복잡한 듯 보이지만 수운교의 연중 법회일에서 수운과 관련이 있는 법회일이 많다는 사실에서 우리는 수운교에서 수운이 차지하는 비중을 살필 수 있다.

수운교에서 위령제의 대상은 순국선열, 전몰군경, 선망先亡 신도 및 무주고혼無主孤魂이다. 순국선열과 전몰군경이 위령제의 대상이 되는 것은 수운교의 삼대원三大願 가운데 하나가 보국안민이라는 점에서 비롯되는 것으로 보인다. 선망 신도가 수운교에서 위령제의 대상이 되는 것은 당연하다. 그리고 무주고혼이 위령제의 대상이 되고 있다는 점에서 우리는 수운교에서도 해원解寃 관념이 중용하다는 사실을 엿볼 수 있다.

다음으로 언급하고 넘어가야 할 것이 영우총보靈友叢譜와 향사록享祀錄이다. 수운교에 입교하여 3년 이상 주문봉송呪文奉誦, 청수봉전淸水奉奠, 기도봉행祈禱奉行, 법일참배法日參拜, 기공덕미祈功德米 헌납 등 소위 오관五款[79]을 성실히 수행한 사람은 성교인誠敎人이 되어 영우총보와 향사록에 등재될 자격을 얻게 된다.[80] 영우총보는 성교인들 각각의 5대 이하 조상과 처자식

---

77 위의 글, 36쪽.
78 수운교교리연구원 편찬, 앞의 책, 549쪽.
79 五款에 대해서는 앞의 책, 521-539쪽 참조.

의 이름을 적은 일종의 족보로 영우총보는 도솔천궁에 봉안되어 있다.[81] 그리고 성교인 가운데 신앙의 정도에 따라 사후 교단에서 선별된 사람은 향사록에 등재되어 1년에 3회씩 위령제에서 모셔지는데 현재 수운교 법회 당에는 2,700여 개의 위패가 봉안되어 있다.[82]

수운교 개교 직전 수운은 제자 30여 명과 함께 검무를 추다가 예산경찰서에 구류를 당한 적이 있다. 이와 같이 검무를 더 이상 출 수 없는 상황에서 수운은 1934년 수운교 위령제에서 바라춤을 추게 하였고,[83] 바라춤은 현재까지 지속되어 오늘날 수운교의 자랑거리로 자리매김되었다. 수운교의 바라춤은, 동학 본래의 검무가 전승되지 못한 상황에서, 불교의 바라춤과 동학의 검무 중에서 어느 것과 맥을 같이 하는지는 현재로서는 알 수 없는 형편이다.

수운교 의식 가운데 마지막으로 우리의 주목을 끄는 것은 특별기도이다. 수운교에서는 86 아시안게임, 88 서울올림픽, 93 대전엑스포, 2002 한일월드컵 등 국가적인 행사가 있을 경우 이 행사의 순조로운 진행을 위해 특별기도를 한다.[84] 광복 60주년을 맞이하여 2005년 9월 30일부터 10월 20일까지 수운교 본부를 비롯하여 전국 30여 개 지부에서 조국통일축원 특별기도를 동시에 봉행하였다.[85] 수운교의 이러한 특별기도는 역시 수운

---

80 위의 책, 538쪽.
81 위의 책, 688쪽.
82 수운교 홈페이지http://www.suwoongyo.or.kr 참조.
83 이찬구, 「동학수운교의 수행에 관한 고찰」, 『신종교와 수행』(한국 신종교학회 춘계학술회의 자료집), 2005, 49쪽.
84 수운교교리연구원 편찬, 앞의 책, 770-779쪽.
85 『수운교보』 37(2005.11.6) 참조.

교의 삼대원三大願 가운데 하나인 보국안민과 관련이 있다고 하겠다.

5. 수운교의 기원과 전개

수운교는 1923년 서울에서 창교되었다. 창교 당시 본래는 교명을 천황교天皇教로 하려다가 수운교라는 교명으로 조선총독부로부터 인가를 받았다.[86] 개교 초기에는 주로 평안도, 황해도, 함경도 등 서북지방을 중심으로 활동하여, 분관 및 선교소가 1925년에는 50여 개소, 1933년에는 80여 개소에 달하였다.[87] 수운교는 1925년부터 대전 금병산 기슭으로 본부를 이전하기 시작하여 1929년에 도솔천궁을 건설하고 하날님을 봉안하면서 이전을 완료하였다. 수운교는 1932년부터 부처를 봉안하기 시작하여, 1933년에는 도솔천궁 안에 금강탑, 미타탑, 무량수탑을 조성하고, 1936년 법회당을 준공할 때 삼불상을 봉안하였다.

1936년에는 교명을 수운교에서 미타교로 변경하고 도솔천궁의 현판도 도솔천에서 미타전으로 바꾸어 달았다. 1937년에는 일본진종 대곡파의 동본원사로부터 목조 입상의 아미타불을 가져와 미타전에 봉안하였고, 소위 미타교는 황룡사라는 이름으로 다시 일본진종 소속의 사찰로 바뀌었다. 당시 수운교 간부 10여 명이 동본원사 대전분원과 일본 경도에 있는 동본원사에서 일본불교 진종에 귀의하는 의식을 치르기도 하였다.[88] 목조 입

---

86 수운교교리연구원 편찬, 앞의 책, 638쪽.

87 위의 책, 642쪽.

88 위의 책, 711쪽.

상의 아미타불은 앞에서도 지적하였듯이 처음에 도솔천궁의 미타탑 자리에 봉안하고, 미타탑은 일본 동본원사로 반출해 갔다.

1929년부터 수운교는 제주도에 집중적인 포덕을 개시, 1937년에는 수운이 직접 제주도를 방문하여 당시 도솔천궁에 봉안되어 있던 아미타불 입상을 모형으로 한 아미타불 봉불식을 다섯 개의 지부에서 거행하였다.[89] 이것이 계기가 되어 현재까지도 제주도 지방의 수운교 교세가 꽤 큰 편이다.

1939년부터는 일본 승려 암무애庵無涯가 소위 강사의 자격으로 아예 수운교에 상주하였고, 수운교 의식은 일본불교의 의식으로 변경될 수밖에 없었다. 이런 상황에서 수운교 교인들은 수운교 의식을 비밀리에 거행하거나, 또는 일제가 곧 망할 것이라는 예언을 했다가 발각되어 고초를 겪는 사건이 발생하기도 하였다.[90]

광복 후 수운교는 곧 바로 원상을 회복하였다. 수운교는 1948년과 1949년에 '태극지하종교연합회', '태극지하성정통일종교연합'이라는 종교연합 운동을 주도적으로 벌였으며, 1961년 소위 국산종교 통폐합 조치에 맞서 여러 종단들이 연합하여 동도교를 결성할 당시에도 적극적으로 참여하였다.[91] 이러한 전통이 있었기에 수운교는 1991년 사단법인 민족종교협의회가 창립할 당시 창립교단으로 참여하였고, 현재에도 민족종교협의회의 주요 교단 가운데 하나로 활동을 하고 있다.

1983년 국방군사 620사업으로 계룡산과 금병산 일대의 모든 민간시설

89 위의 책, 644-645쪽.
90 위의 책, 734-737쪽.
91 한국민족종교협의회, 『한국민족종교운동사』, 2003, 292-295쪽.

이 철거당하게 되었다. 이때 수운교도 본부 내의 시설물과 부지 5만여 평을 수용당하고 본부의 철거를 강요당하는 일을 겪게 되었다. 이에 수운교는 대법원까지 가는 재판 끝에 끝내 패소하였으나, 1988년 제6공화국이 들어서면서 우여곡절 끝에 도솔천궁과 봉령각, 법회당 등 주요 시설물과 일부 부지 1만여 평을 환수 받을 수 있었고, 1999년에는 문광부로부터 재단법인 설립 인가를 받아 오늘에 이르고 있다. 현재 수운교는 제주도의 20여개 지부를 비롯해 전국에 30개 지부와 선교소에 백여 명의 교역자와 1만 세대의 교인이 있다.

6. 나오는 말

지금까지 한국 신종교에 대한 각론적 연구의 일환으로 수운교의 교리와 의식, 그리고 역사를 중심으로 수운교의 특징적인 면들을 고찰해 보았다. 본고에서는 다루지 못했지만, 수운교의 특징은 이 밖에도 경전, 道位, 복식, 그리고 교인들의 실제적인 종교생활이나 수행, 수련 등 고찰해 보아야 할 문제들이 물론 많이 남아 있다.

수운교의 경전은 수운이 직접 쓴 경전도 중요하지만, 그의 제자들이 降書로 받은 경전들 또한 중요한 비중을 차지하는 것으로 보인다. 일관도의 경전이 교조가 아니라 다른 사람들에 의해 한 글자 한 글자 降筆에 의해 쓰였다는 말을 들은 적이 있다. 다른 종교와 달리 교조가 아니라 제자가 강서든 강필에 의해 쓴 문헌이 경전의 역할을 하는 것은 흔하지 않은 일이다. 또한 남자 교인의 경우 13단계, 그리고 여자 교인의 경우 5단계로 구분되어 있는 도위, 그리고 도위에 따른 복식 구분 등도 다른 종교에서는 결코 쉽게 찾아볼 수 있는 것이 아니다. 이런 문제들은 차후에 다시 고찰해 볼 필요가 있을 것으로 보인다.

수운교의 중요한 특징은 역시 수운 최제우가 대구에서 당시에 죽지 않고, 제2, 제3의 인생을 살았다는 수운교의 주장에서 비롯한다. 수운교의 교조 수운이 동학에서 말하는 수운 최제우 바로 그 사람이라는 수운교의 이러한 주장의 진위를 본고에서 따지는 것은 물론 적절치 않다.

또한 끝으로 지적해야 할 것은 역시 佛과 天을 동시에 아우르는 수운교의 면모이다. 대부분의 종교는 유불선 합일이라고 하더라도 사실은 유儒나 선仙으로 치우치는 경우가 대부분이다. 그리고 대부분의 종교는 불佛이면 불佛, 천天이면 천天을 말하는 것이 일반적이다. 이에 비해 불佛과 천天을 일원一圓으로 하여 유기적인 관계를 지우면서 서로의 역할을 분담시키는 수운교 교리는 다른 종교와 다른 면모를 보이고 있는 것이 사실이다.

일반적인 상식에 어긋나는 주장을 꿋꿋이 하면서, 다른 종교에서는 쉽게 찾아볼 수 없는 면모를 동시에 지니고 있는 수운교가 앞으로 한국종교사에서 어떤 모습으로 전개할지는 알 수 없다. 다만 수운교 도성암에서 인터넷을 이용해 시도하고 있는 사이버법당에서 수운교의 미래를 엿볼 수 있을 뿐이다.

수운교가 앞으로 지속적으로 발전하여 동학의 맥을 이어가는 종단의 모습을 갖추어 나가기를 개인적으로 기원하면서, 아울러 본고가 수운교에 대한 보다 세부적인 연구에 시발점이 되었으면 하는 바람을 가지면서 글을 맺고자 한다.

제5장

'여호와의 증인'의 특징과 전개.*

1. 들어가는 말

무릇 특정의 종교를 연구할 때 종교학이 어떤 입장을 견지해야 하는가에 대해서는 논란의 여지가 있다. 얼마 전까지 인류학은 타문화의 연구를 목표로 삼았다. 그 타문화의 연구가 제국주의적인 발상에 의한 것이라는 비판이 제기되기도 하였다. 그러나 인류학의 학문적 목표를 긍정적으로 이해해 본다면 그것은 일견 비합리적이고 비상식적이고 기괴하게 보이는 문화를 인류학의 프리즘을 통해 이해 가능한, 그리고 합리적이고 상식적인 문화로 탈바꿈시키는 것이다. 그리고 인류학은 그렇게 이해된 타문화의 시각에서 다시 자신의 문화를 돌이켜 재이해하는 기회를 제공해 준다. 인류학의 목표를 이렇게 설정할 때 비로소 얼핏 보면 우리의 삶과 거의 관계가 없는 아프리카나 북, 남미, 그리고 호주 등의 원주민에 대한 연구가 왜 우리에게 필요한지가 이해될 수 있다.

---

* 『종교연구』 43, 2006.

서구에서 성립한 종교학도 그 역사를 보면 기독교 이외의 종교에 대한 연구에 더 많은 노력을 기울여 온 것을 알 수 있다. 인류학과 대비시켜 볼 때 종교학도 타종교에 대한 이해를 통한 자기 종교의 재이해라는 목표를 한편으로 지니고 있다. 아니면 타종교인의 삶에 대한 연구를 통해 자신의 (종교적) 삶에 대한 이해를 심화시키는 것이 종교학의 주된 목표라고 바꾸어 말할 수 있다.

　이렇게 보았을 때 종교학은 일단 특정의 종교를 그 종교와 관련이 없는 사람들에게 이해시키는 작업에서 학문적 의의를 찾을 수 있다. 예를 들어서 불교를 소위 무종교인에게, 또는 기독교인 등 이웃 종교인에게 이해시키는 것은 불교인이나 불교학자보다 종교학자가 더 잘 할 수 있다. 불교인이나 불교학자는 불교적인 개념들을 주로 사용하여 불교를 설명할 것이고, 만약 자신들의 설명을 이해하지 못하는 사람이 있다면 그에게 불교를 일단 믿으면 불교를 이해할 수 있다고 말할 것이다. 그러나 종교학자는 비불교적인 개념들을 사용하여 불교를 비불교인에게 설명할 수 있는 능력을 겸비하고 있다. 종교학은 바로 이 점에서 학문적인 강점을 지닐 수 있다는 것이 필자의 생각이다.

　한편, 신종교의 연구는 왜 하는 것인가? 신종교 연구의 목적은 종교 연구의 목적과 크게 다르지 않다. 특정의 기존 종교의 연구가 일반인들과 이웃 종교인에게 그 종교를 이해시키는 데 일차적인 목적이 있듯이, 신종교의 연구도 일반인들과 타종교인, 특히 기존 종교인들에게 그 신종교를 이해시키는 데 일차적인 목적이 있다. 혹자는 사회적으로 물의를 일으키는 '사이비 종교', 그리고 기성종교계에서 소위 '이단'으로 간주되는 신종교들을 학문적으로 연구하려는 시도 자체에 의구심을 보일 수 있다. 그러나 신종교 연구가 종교이론 창출 및 검증에, 그리고 해당 사회와 문화의 역동성을 살필 수 있는 좋은 연구대상이라는 점에 대해 적어도 종교학계에서는 이제 더 이상 이의가 없을 것으로 생각한다.[1]

본 논문은 신종교 연구의 필요성에 대한 이러한 소박한 견해를 가지고, '여호와의 증인'[2]의 전반적인 특징 몇몇을 살피고, 이어서 그 역사를 개괄적으로 살피게 될 것이다. 본 논문의 이러한 작업은 여호와의 증인 이외의 사람들에게 이 교회를 이해시킨다는 일차적인 의미와 동시에, 또한 개별 종단에 대한 각론적 연구의 한 예를 학계에 제시한다는 의미를 동시에 지니게 될 것이다.

우리는 이 글을 통해서 여호와의 증인들이 우리와 어떻게 다른가, 그러면서도 이들이 결국은 우리와 같이 상식적인 삶을 살고 있는 사람들이라는 점을 밝히는 데 주력해 볼 것이며, 또한 '여호와의 증인'이라는 교단을 종교학의 연구 대상으로 승격시키는 데 기여하고자 한다.

2. '여호와의 증인'과의 만남

고등학교 때 초등학교 동창회를 준비하면서 동창생 가운데 한 명이 여호와의 증인이라는 사실을 알게 되면서 '여호와의 증인'이라는 '종교'가 있다는 사실을 처음으로 알게 되었다. 초등학교 동창회를 갖고자 한 것은

---

1 강돈구, 「신종교연구서설」, 『종교학연구』 6, 1986 참조.
2 본 논문에서 교단을 가리킬 때는 '여호와의 증인', 또는 교단, 그리고 신자를 가리킬 때는 여호와의 증인, 또는 줄여서 증인, 또는 교인으로 표기하고자 한다.

대도시 주변에 살면서 중, 고등학교는 모두 대도시로 다녔기 때문에 동창회를 통해서 친목을 도모하는 것이 주요 목적이었다. 그다지 크지 않은 동네였기 때문에 어려서부터 같이 커온 관계로 예전에는 꽤 가까이 지내던 친구였음에도 불구하고, 그 친구는 동창회에 참석하지 않았다. 다른 친구들 말에 의하면 그 친구가 아주 열성적인 여호와의 증인이 되어 그쪽 일 말고는 다른 일에 전혀 관심이 없다고 한다. 그 당시 분위기는 친구들을 포함해서 나도 그 친구가 어느 이상한 종교의 '광신도'가 됨에 따라 좋은 친구 하나 잃고 말았다는 그런 것이었다. 그 때는 1960년대 후반, 정확히는 1967년이었으니까 '여호와의 증인'으로서는 초창기의 성장세를 맞이하고 있었던 때라고 할 수 있을 것이다.

1980년대 전반 여름에 대학산악부 후배가 설악산 등반 중에 설악골을 건너다 사망하는 사고가 발생하였다. 3인이 계곡을 건너다 국지성 호우로 갑자기 계곡의 물이 부는 바람에 그 가운데 1인이 사망하고 말았다. 내가 개인적으로 아끼던 후배였고, 또한 사고 소식을 제일 처음 접한 관계로 그 즉시 사고 지점으로 가서 사고 수습을 도맡아 하게 되었다. 설악산 아래 계곡에 임시 천막을 치고 밤늦게 시신의 염을 하고 있을 때였다. 사고 수습을 해야 할 처지에 있던 나는 비록 죽었지만 후배의 얼굴을 보면 감정이 북받칠 것 같아 염을 하는 자리에 참석하지 못하고 천막 밖에서 영구차 운전기사와 함께 대기하고 있었다. 염이 끝날 때쯤이면 후배의 가족이 도착할 것이고 그러면 곧바로 화장터로 이동할 예정이었다.

문제는 영구차 운전기사였다. 거의 한 시간을 함께 하면서 그 즈음 동해안 바닷가에서 어찌어찌하여 익사 사고가 많이 난다는 등 서로 이야기를 나누는데 그 운전기사가 이야기를 하면서 수도 없이 바이블[3] 구절들을 인용하는 것이었다. 좀 심하게 말하면 문장 하나를 말할 때마다 바이블 구절을 하나씩 인용하는 것이었다. 이미 대학원에서 종교학을 전공하고 있었던 때라 나는 그 사람에게 "혹시 무슨 종교를 가지고 계시는지 여쭈어 보아도 실례가 되지 않겠습니까?"라고 정중히 물어보았다. 그러자 그 사람 은 잠깐 머뭇거리더니 자신이 여호와의 증인이라고 말하는 것이었다. 그 때 여호와의 증인들은 바이블 구절을 인용하지 않으면 그 어떤 말도 할 수 없는 사람들이라고 생각할 정도로 이들은 바이블에 대한 지식이 풍부 하다는 것을 알 수 있었다.

아마도 이들이 『파수대』[4]와 『깨어라』[5]라는 소책자를 들고 집집을 방문 하는 것을 본 사람은 많이 있을 것이다. 필자도 서, 너 차례 이들이 우리 집을 방문하고 소책자를 두고 간 경험을 하였다. 그 때마다 귀찮은 생각이 들어서 이들과 대화를 나누지는 못하였다. 하지만 다음에 이런 일이 또 있으면 이들과 대화를 좀 나누어야겠다는 생각은 항상 가지고 있었다. 하 지만 지금은 아파트로 이사를 간 다음에 아파트 입구에서 출입증이 있어 야만 통행이 가능하기 때문에 이들을 집에서 만나는 것은 매우 어려울 것 같다.

다미선교회의 일을 기억하는 사람들이 아직 많이 있을 것이다. 다미선

---

3 일반적으로 기독교의 경전을 '성경'이라고 부르나 '聖經'은 고유명사라기보다 일반명사 의 성격이 보다 강함으로 종교학 논문에서는 기독교의 경전을 영어 'Bible'를 그대로 표기하여 '바이블'이라고 부르는 것이 적절하다.
4 교리나 실천 중심의 내용을 수록하고 있으며 여호와의 증인들을 교육시키는 주요 수단 이다. 이들은 파수대가 거의 영감에 의해 쓰여진다고 믿는다. J. Bergman, *Jehovah's Witnesses: A Comprehensive and Selectively Annotated Bibliography*(London: Greenwood Press, 1999), p. 20.
5 주로 비신도를 대상으로 하며, 현실적이고 시사적인 문제들을 다룬다.

교회는 1999년에 새천년이 시작되고 새천년이 시작되기 전 7년 동안 대환란이 있는데 대환란이 있기 직전에 믿는 사람들이 휴거가 된다는 주장을 하였다. 이들이 지목했던 휴거일 이후에 이 선교회가 어떻게 전개될지에 대해 필자는 많은 관심을 가지고 있었다. 종말의 날을 지정했던 다른 교단들이 소멸했는지, 아니면 지속되었는지에 대해 관심을 가지면서 또 다시 '여호와의 증인'에 주목한 적이 있다. 종말론을 강조했던 교단이 어떻게 해서 지속되는지를 고찰한 페스틴저의 『예언이 실패할 때』[6]는 비록 UFO와 관련된 교단을 다루고 있기는 하지만 유사한 교단들이 지속되는 이유로 자신의 신념과 일치하지 않는 현상을 무시하는 경향이 있다는 '인지부조화 이론cognitive theory of dissonance'을 제시하고 있다. 이 책의 주장, 그리고 '여호와의 증인'이 과거 종말의 날을 지정했음에도 불구하고 오히려 성장하였던 사실에서 다미선교회도 쉽게 소멸하지 않을 것으로 예상한 적이 있다.[7]

이 밖에 여호와의 증인이 수혈을 거부하여 위급한 자식을 죽음으로까지 몰고 간다든지, 또는 이들이 수감생활을 감내하면서까지 병역을 거부하고 있다는 사실은 그저 상식적으로 알고 있었다. 하지만 지금까지 왜 그들이 그런 행위를 하면서까지 사회적으로 고립을 자초하는지에 대해서는 천착할 기회가 없었다.[8] 이런 궁금증을 해소하기 위해서 아래에서는 우선 '여

---

6 L. Festinger, *When Prophecy Fails: A Social and Psychological Study of a Modern Group that Predicted the Destruction of the World*(New York: Harper Torchbooks, 1956) 참조.
7 다미선교회는 현재 '새하늘교회'라는 이름으로 계속 활동을 하고 있다. http://www. hdjongkyo.co.kr/data/view.htm?no=44 참조.
8 '여호와의 증인'에 대해 연구를 한 학자들로는 T. White, M. J. Penton, W. Cumberland, J. Aygnunt, A. Rogerson, J. Beckford, M. Curry, G. Hébert, Q. Munters, B. Wilson 등을

호와의 증인'의 교리, 의식, 조직 등을 중심으로 이 교단이 지니고 있는
전반적인 특징을 고찰해보도록 하자.

3. '여호와의 증인'의 특징

3.1. 교리

'여호와의 증인'은 교리에 관한 논문집이나 권위 있는 교리 성명서를
따로 발간하지 않는다. 따라서 그들의 신학적 견해나 교리에 대해 알기
위해서는 『파수대』와 『깨어라』 등의 전도용 책자와 교단의 발간 (소)책자
들을 일일이 살펴보아야 한다. 그리고 이들에게는 신학을 체계화시키는
별도의 조직신학자가 따로 없으며,[9] 게다가 이들은 '여호와의 증인'을 통해
서 신의 계시가 여전히 나타나고 있다고 믿고 있기 때문에,[10] 이들의 교리
를 일목요연하게 파악하는 것은 쉬운 문제가 아니다.

이들은 자신들의 교리가 결코 신비적, 감성적, 소위 주술적이지 않고
어디까지나 합리적이고 체계적이라고 주장한다.[11] 그럼에도 불구하고 만

열거할 수 있다. J. Penton, *Apocalypse Delayed: The Story of Jehovah's Witnesses*(Toronto:
University of Toronto Press, 2002), p. ⅹⅴ 참조. 그러나 대체로 우리나라는 물론이고
외국에서도 '여호와의 증인'은 수혈거부, 병역거부 등으로 인해 주로 매스콤의 대상이
되었고, 학계에서는 거의 주목을 받지 못한 편이다.

9 J. Penton, *op. cit.*, p. 159.

10 *Ibid.* p. 324.

11 A. Holden, *Jehovah's Witnesses: Portrait of a Contemporary Religious Movement*(London:
Routledge, 2002), p. 58; B. Wilson, "Aspects of Kinship and the Rise of Jehovah's

약 교리의 일부분이 전체 체계와 일치하지 않는 부분이 발견되면 그 문제는 증인 개개인이 아니라 교단의 대표기관만이 해결할 수 있다. 특정의 교인이 만약 교리에 대해 다른 목소리를 내면 그는 출교를 감수해야 한다. 교단의 대표기관이 예를 들어서 종말의 해를 잘못 지정한다거나 해서 문제가 발생하더라도 교인들은 교단의 대표들도 역시 인간인지라 그들의 예언이나 지식이 틀릴 수도 있다는 입장을 견지한다.[12] 만약 교단의 대표들이 신에 의해 지도받지 않는다면 교단이 지금과 같이 성장할 수 없을 것이라는 점을 이유로 이들은 교단의 대표들이 신에 의해 지도받는다는 변함없는 확신을 지니고 있다.[13]

'여호와의 증인'은 삼위일체, 그리스도의 신성, 그리스도의 육체부활, 성령의 인격성, 영원한 형벌, 영혼불멸, 예수의 대속을 부인한다는 점에서 일반 기독교와 차이가 있다.[14] 아래에서는 이 교단의 교리적인 특징을 바이블, 신여호와, 예수, 인간구원, 종말이라는 몇몇 개념을 중심으로 살펴보도록 하자.

이들은 1950년에 신약을 번역하고, 그 후 구약을 10년에 걸쳐 번역하여 1961년에 『신세계역 성경New World Translation of the Holy Scriptures』이라는 한 권의 책으로 출간하였다.[15] 일반 기독교에서는 이 책이 가감과 오역으로

....

Witnesses in Japan", *Social Compass*, XXIV, 1977, p. 103 참조.

12 J. Penton, *op.cit.*, p. 168.

13 *Ibid.*, p. 318; W. C. Stevenson, *The Inside Story of Jehovah's Witnesses*(New York: Hart Publishing Company, Inc., 1967), pp. 35-37.

14 H. W. House, *Charts of Cults, Sects & Religious Movements*(Grand Rapids, Michigan: ZondervanPublishing House, 2000), p. 150.

15 우리말 번역본이 1999년에 발간되었다.

가득 차 있다고 비판함에도 불구하고, 이들은 자신들이 번역한 바이블이 신의 도움에 의한 것이기 때문에 가장 정확하며,[16] 또한 자신들의 바이블 해석이 바이블의 전체 내용을 일관성 있게 만든다고 주장한다.[17] 물론 이들은 교단 지도부만이 바이블을 해석할 수 있는 전권을 위임받았다고 생각하며, 바이블에 대한 개인적인 해석은 오만스런 행위로 간주한다.[18]

이들은 신약과 구약을 전부 믿으며, 표현상 또는 문맥상 비유적이거나 상징적인 것임이 분명한 부분을 제외하고 바이블을 문자 그대로 받아들인다. 그리고 이들은 바이블 예언의 많은 부분이 이미 성취되었고, 어떤 부분은 현재 성취되고 있으며, 또 어떤 부분은 앞으로 성취될 것으로 이해한다.[19] 다시 말해서 이들은 바이블을 거의 문자 그대로 해석하는 한편, 바이블의 진리는 점차적으로 밝혀진다고 생각한다.[20] 그리고 이들은 그 어떤 것보다 바이블에 대한 지식을 강조하며, 그 지식을 바탕으로 자신들이 처한 상황에 적절하게 바이블 구절을 인용하는 데 탁월하다.[21]

이들은 삼위일체라는 단어나 또 그런 개념이 바이블에 없다고 주장하면서, 이 교리는 고대 이교도로부터 영향을 받은 것이며, 나아가서 사탄이 만든 것이라고 주장한다.[22] 이들은 창조주에게 합당한 호칭이 여호와[23]라

----

16 H. W. House, op.cit., pp. 151-152.
17 W. C. Stevenson, op.cit., p. 47.
18 D. Harris, The Jehovah's Witnesses: Their Beliefs & Practices(London: Gazelle Books, 1999), p. 33.
19 http://www.watchtower.org/languages/korean/library/jt/index.htm 참조.
20 『여호와의 증인 - 하나님의 왕국 선포자』, 워치타워성서책자협회, 1993, 148쪽.
21 W. C. Stevenson, op.cit., p. 27.
22 H. W. House, op.cit., p. 153.
23 이들은 한국어 출판물에서 여호와라는 호칭 대신 '하나님'이라는 호칭을 사용하다가,

고 하면서 예수를 '위대하신 선생님'[24]으로 표기하기도 한다. 그리고 이들에게 성령은 삼위일체의 한 위격이 아니라 '여호와의 활동력God's active force'이다. 따라서 이들에게는 여호와만이 우주의 최고 주권자이기 때문에 이들의 신관은 전체적으로 4세기 초반의 아리우스주의와 유사하다고 하겠다.[25]

여호와의 본래 목적은 땅을 낙원으로 만드는 것이었다.[26] 그런데 땅을 지배하려는 욕심을 가진 사탄 때문에 여호와는 자신의 본래 목적을 잠시 유보하였다. 여호와는 사탄을 없애지 않고 그에게 자유의지를 부여하여 사탄으로 하여금 자신의 뜻대로 한 번 하게 하였다. 따라서 지금까지 땅을 통치한 것은 여호와가 아니라 사탄이다. 이들은 바티칸과 유엔을 사탄과 같은 편으로 본다.[27] 이제 때가 되어 여호와가 땅을 낙원으로 만들겠다는 본래의 목적을 이루기 위해 움직이기 시작하였다. 여호와가 이런 방법을 사용한 것은 결과적으로 자신의 뜻이 옳았다는 것을 보여주기 위한 것이라는 것이 이들의 주장이다.[28]

예수는 원래 천사장 미가엘이었다. 그는 인간으로 오기 전에 천상에서 여호와의 처음이자 유일하게 직접 창조된 피조물로 선재해 있었다. 그는 여호와로부터 권능을 부여받고 자신 이외의 모든 피조물을 만들었다. 다

최근에 '하느님'이라는 호칭을 사용하고 있다.

24 『우리에게 관심을 가진 창조주가 있는가?』, 워치타워성서책자협회, 1998, 144쪽.
25 J. G. Melton, *Encyclopedic Handbook of Cults in America*(New York: Garland Publishing, Inc., 1992), p. 84.
26 『여호와의 증인 - 하나님의 왕국 선포자』, 워치타워성서책자협회, 1993, 283쪽.
27 W. C. Stevenson, *op.cit.*, p. 20.
28 A. Holden, *op.cit.*, p. 24.

시 말해서 다른 모든 피조물은 여호와의 대리자인 예수를 통해서 존재하게 되었다.[29] 성령과 마리아에 의해 출생한 예수는 원죄가 없으며 세상에 있는 동안에는 완전한 사람이었다. 신의 아들이며 동시에 인간의 아들이기도 한 예수는 성령에 의해 기름 부은 자가 됨으로써 비로소 그의 전생과, 전생에서 여호와가 말한 내용을 알게 되었다.[30] 다시 말해서 그는 침례를 받기 전까지는 그리스도가 아니었으며, 침례를 받으면서 비로소 메시아가 되었다.[31]

예수는 십자가가 아니라 형주刑柱, stake에서 죽었다.[32] 예수가 죽었을 때 그의 인간성은 사라졌고, 본래의 모습인 미가엘 천사로 부활하였다. 다시 말해서 그는 영적 피조물, 영적 인간으로 부활하여 현재 비가시적 존재로 적에 둘러싸인 채 여호와의 권위 아래 드디어 모든 창조 세계를 통치하는 권능과 특권을 추가로 부여받게 되었다.[33]

인간은 영soul을 소유한 것이 아니고 영 그 자체이며, 영은 육체와, 여호와가 부여한 생명력life force의 결합체이다.[34] 그리고 숨이 육체를 떠나고 육체가 흙으로 돌아가면 인간은 더 이상 존재하지 않으며, 부활의 때에 여호와가 자신의 기억에 근거해서 인간을 육적으로 부활시킨다.[35] 다시

29 로버트 M. 바우만, 『여호와의 증인』(장미숙 역), 은성, 1997, 37쪽.
30 D. Harris, op.cit., pp. 55-56.
31 James Penton, op.cit., p. 187.
32 D. Harris, op.cit., p. 26.
33 J. Penton, op.cit., p. 187; 로버트 M. 바우만, 앞의 책, 37쪽.
34 H. W. House, op.cit., p. 158.
35 이 교리를 비판하는 사람들은 이것은 부활이 아니라 새로운 창조하고 말한다. W. C. Stevenson, op.cit., pp. 124-125.

말하면 '여호와의 증인'은 인간이 죽으면 완전히 소멸되고, 그의 의식도 없게 된다고 여기기 때문에 영혼 불멸론을 전적으로 부인한다.

예수가 아담의 죄를 대속하여 인류가 구원받을 수 있는 길이 비로소 열리기는 하였으나 인간 개개인이 지은 죄는 예수가 대속하지 않았다. 구원은 여호와가 인간에게 값없이 주는 은혜가 아니라 인간 개개인의 행위에 대한 보상이기 때문에 인간은 구원받기 위해서 일생동안 흠 없이 지내야 한다.[36]

이들은 인류를 그토록 사랑하는 여호와가 불신자라고 할지라도 지옥의 영원한 고통을 맛보게 하는 것은 이치에 맞지 않는다는 생각 아래 죄인을 위해 예비된 영원한 형벌의 장소로서 지옥이 존재한다는 것을 부인한다. 죽음은 인간 존재의 끝이기 때문에 죄인은 영원한 형벌을 받는 것이 아니라 멸절당하여 소멸되며, 지옥은 형벌의 장소가 아니라 단지 묘지일 뿐이라고 주장한다.[37]

이들은 세계가 천국과 지상으로 이루어져 있기 때문에 세계의 역사란 천국과 지상의 역사 모두를 포함한다고 생각한다.[38] 이들에 의하면 천국은 지상보다 먼저 만들어졌으며, 전체 세계를 통치하는 곳이다. 천국에 살고 있는 영적 존재인 천사들은 여호와가 부여한 임무를 수행하기 위해 조직a board of directors을 가지고 있다. 예수가 창조되기 전에는 여호와 혼자 존재했으며 예수는 여호와가 창조한 첫 번째 영적 존재였다. 예수를 창조한 후 여호와는 예수의 도움으로 다른 존재들을 창조하였다. 여호와·예수

---

36 D. Harris, *op. cit.*, p. 45.
37 J. Penton, *op. cit.*, p. 14.
38 W. C. Stevenson, *op. cit.*, pp. 110-111.

다른 천사들-인간-동물이 존재상의 하이어라키를 이룬다.

　지상과 지상의 모든 존재를 창조한 뒤 여호와는 특정의 천사로 하여금 지상을 보호하게 하고, 여러 다른 천사들로 하여금 그를 돕게 하였다. 천국에 존재하는 영적 존재, 그리고 지상에 존재하는 아담과 이브는 여호와가 창조한 것이기 때문에 완전한 존재였다. 그런데 지상을 보호하도록 지시를 받은 천사가 아담과 이브를 유혹하고, 자기를 돕는 천사들과 함께 여호와에게 반기를 들고 지상을 직접 통치하고자 하였다. 이 특정의 천사가 사탄이고 그를 도운 천사들이 악마들이다. 그리하여 아담과 이브는 여전히 여호와에게 복종하고 있었던 지품천사cherubs에 의해 에덴동산으로부터 추방되었고 지상천국the earthly paradise은 상실되었다. 여호와는 사탄이 인간을 하나도 빠짐없이 사탄 자신의 통치 아래 둘 수 있는지를 보기 위해 6천년 동안 기다렸다. 6천년이 지난 동안 사탄이 그 일을 하지 못하면 그 때 가서 여호와가 세계의 진정한 통치자라는 것이 저절로 밝혀질 것이기 때문이다. 따라서 사탄은 6천년 동안 인간을 타락시키기 위해 갖은 방법을 동원하여 몸부림쳐 왔던 것이다.

　이제 드디어 여호와는 사탄 대신 예수로 하여금 지상을 통치하게 하였고, 그리하여 예수와 사탄의 전쟁인 아마겟돈 전쟁이 발발하였다. 그러나 아마겟돈 전쟁을 통해 말 그대로 지구의 종말이 오는 것은 아니다. 이들은 그리스어 'kosmos'의 번역어인 'world'에 대해 '조직organization' 또는 '사물들의 체계system of things'로 이해한다. 따라서 종말은 지구의 종말을 의미하는 것이 아니라 다른 말로 세계의 구조, 조직, 체재가 변하는 것을 의미한다.[39] 아마겟돈 전쟁은 물론 예수의 승리로 끝이 날 것이다. 여호와는 사탄을 돕던 악마들 대신에 14만 4천명[40]의 인간을 선택하였다. 이들은 사망

직후 영적 존재로 변하여 천상으로 올라가 예수를 도와 지상을 통치한다. 지상에서는 사탄의 통치를 받던 사람들 대신에 여호와의 증인들이, 죽은 사람들은 육적으로 부활하고 살고 있던 사람들은 살고 있던 그대로, 그리고 예수를 알지는 못하였으나 착하게 살았던 사람들이 육적으로 부활하여 지상에서 살게 된다.[41] 이러한 상황은 천년 동안 지속된다. 천년이 지난 다음 예수는 다시 한 번 사탄을 풀어놓아 지상에 사는 인간들을 시험한다. 그 때 사탄의 유혹에 빠져 있는 인간들은 멸절하고 선택된 사람들만이 이후 영원히 지상에서 살게 된다.[42]

지금까지 이들은 아마겟돈 전쟁의 시작을 1874년, 1914년, 1918년, 1925년, 1975년으로 예언한 바 있다.[43] 그 때마다 뚜렷한 변화가 없자 근래에는 특정의 해를 지정하지 않고 지구의 사회적, 자연적 재해를 그 징조의 예로 들면서 예수의 주권이 확립될 때가 매우 임박해 있음을 말하고 있다.[44] 어쨌든 이들은 예수가 천상과 지상에 천국을 만들려는 여호와의 뜻을 이루기 위해 이미 비가시적으로 임재presence하여 활동하고 있다고 믿고 있다.

----

39 *Ibid.*, p. 20.
40 12지파에서 2만 명씩, 그래서 14만 4천 명이다. J. Bergman, *op.cit.*, p. 11; 로버트 M. 바우만, 앞의 책, 85쪽; H. W. House, *op.cit.*, p. 160 등 참조.
41 *Ibid.*, p. 112-117.
42 Jerry Bergman, *op.cit.*, p. 17.
43 A. Holden, *op.cit.*, p. 1.
44 J. F. Zygmut, *op.cit.*, p. 935.

3.2. 조직과 집회

'여호와의 증인'의 조직적 특징은 신권통치theocracy와 하이어라키식 조직에서 찾을 수 있다. 이들은 스스로가 그리스도를 통해 여호와의 직접통치를 받는다고 생각하며, 교회를 대표하는 17명의 지도자로 구성된 소위 통치체governing body가 지상에서 여호와의 권위를 대신한다고 생각한다.[45] 이들에 의하면 여호와는 아버지이고, 조직은 어머니이며 여호와는 바로 조직을 통해서 자신의 목표를 달성하고자 한다.[46] 따라서 이들은 통치체에서 지시하는 대로 믿어야 하고 통치체의 말대로 말하고 행동을 하여야 한다. 다시 말해서 통치체에 절대 복종하여야 하고 충성을 다하여야한다. 그렇다고 해서 이들이 통치체가 절대로 실수를 하지 않는다고 생각하지는 않는다. 통치체도 종종 실수를 하면서 여호와의 뜻을 실현해 나가는 최종 결정기구라고 생각한다.

통치체 밑에 몇몇 나라를 함께 감독하는 지구zone가 있고, 지구 밑에하나, 또는 몇 개의 나라를 관장하는 지부branch가 있다. 현재 우리나라에도 지부 한 개가 결성되어 있으며, 전 세계에 111개의 지부가 있다. 다시지부 밑에 지역district이 있으며, 지역 밑에 순회구circuit, 그리고 순회구 밑에 최소 단위인 회중congregation이 있는데 각 순회구에는 대략 20여 개의 회중이 있다.[47] 우리나라에는 현재 지부 1개, 지역 5개, 순회구 71개[48], 회

---

45 J. G. Melton, *op. cit.*, p. 85.
46 D. Harris, *op. cit.*, pp. 32-33.
47 「여호와의 증인 어떤 사람들인가? 무엇을 믿는가?」, 워치타워성서책자협회, 2002, 25쪽.
48 특별히 청각장애인을 위해 별도의 순회구를 운영한다.

중 1,401개가 있다.

각 지부에는 뉴욕에 있는 본부와의 연락을 담당하는 조정위원을 포함해서 3-7명의 지부 위원들이 지부를 관장한다. 각 지역에는 지역을 담당하는 감독자overseer가 있으며 이들은 지역에 속해 있는 순회구를 순차적으로 방문하여 감독하는 일을 한다. 그리고 각 순회구에는 순회구를 담당하는 감독자가 있으며, 이들 역시 순회구에 속해 있는 각 회중을 1년에 두 차례씩 방문하여 감독하는 일을 수행한다. 각 순회구에서는 1년에 두 차례, 그리고 각 지역에서는 1년에 한 차례씩 대형 집회를 개최한다. 순회구 감독과 지역 감독은 물론 무보수를 원칙으로 이런 일을 모두 수행해야 하며, 정기적으로 특별 교육을 받아야 한다.

회중은 대략 70여 명의 증인들로 구성되며 그 이상이 되면 회중을 분리하기 때문에 원천적으로 '여호와의 증인'에는 대형 교회가 생길 수 없다. 회중은 장로들이 이끄는데 장로는 25살이 넘거나, 또는 침례 받은 지 5년이 넘은 남자가 특정의 봉사활동을 거쳐 순회구 감독자에 의해 임명된다.[49] 장로 가운데 대표가 회중을 감독하며 그 밑에 7명의 장로들이 각기 일을 분담하여 회중 감독자를 보좌한다.

여호와의 증인이 되려면 15세 이상이 되어야 하며, 6-9개월, 길게는 2년 동안의 준비 기간을 거쳐 순회구 대회나 지역 대회에서 침례를 받아야 한다. 이들은 대체로 합리성을 강조하기 때문에 급격한 회심은 없는 편이다.[50] 여호와의 증인은 호별방문을 통해 매주 일정 시간 이상 소위 '야외봉

---

49 J. Penton, op. cit., p. 234.
50 A. Holden, op. cit., p. 60.

사'를 반드시 하여야 한다. 특별히 야외봉사를 많이 하는 사람들 가운데 매달 50시간 이상 하는 사람은 보조 파이오니아pioneer, 매달 70시간 이상 하는 사람은 정규 파이오니아, 매달 140시간 이상 하는 사람은 특별 파이오니아라고 하며, 이들 가운데 후자만이 약간의 경비를 지급받는다.[51]

뉴욕에 있는 본부와 각 지부에는 서적 발간과 배포, 그리고 그러한 활동을 지원하는 사람들이 무보수로 장기간 집단적으로 거주하는데 이들을 '베델 가족'이라고 한다. 베델은 하느님의 집을 의미한다. 이들은 소위 전시간 봉사자로 다른 여호와의 증인들처럼 정기적으로 야외봉사에도 참여해야 한다. 베델에는 일반적으로 4년간 기거하여야 하나 생활이 엄격하여 통상 2년 정도 머문다고 한다.[52] 그러나 경우에 따라서는 수십 년 동안 머무는 사람도 적지 않다고 한다.[53] 뉴욕에 있는 베델에는 2천 5백여 명이 있고, 우리나라에 있는 베델에는 230여 명이 있다. 또한 1943년에 뉴욕에 선교사를 교육시키는 기관The Watch Tower Bible School of Gilead을 설립하여 운영하고 있다.

이들이 집회를 하는 곳을 왕국회관Kingdom Hall이라고 한다. 화려한 건축은 여호와보다 그 건축물을 만든 사람들의 오만함을 표시하는 것이라는 생각 아래 이들은 주로 유용성을 위주로 왕국회관을 건축한다.[54] 왕국회관은 여호와의 집이 아니라 여호와의 증인들이 만나서 집회를 여는 곳이고, 결혼식과 장례식을 치르는 그들 나름의 종교 생활의 중심지일 뿐이다.[55]

---

51 D. Harris, op.cit., pp. 39-40.
52 J. Penton, op.cit., p. 224.
53 『여호와의 증인 - 하나님의 왕국 선포자』, 워치타워성서책자협회, 1993, 298쪽.
54 W. C. Stevenson, op.cit., p. 50.

이들은 일주일에 세 차례 모임을 갖는다. 두 번은 왕국회관에서, 그리고 한 번은 일반 가정에서 모임을 갖는다. 이들의 모임 분위기는 예배 분위기라기보다는 말 그대로 공부하는 무슨 학교 분위기와 마찬가지이다.[56] 왕국회관의 첫 번째 모임은 주중 저녁에 신학적인 주제로 공부하는 모임이고, 두 번째 모임은 일요일 집회인데, 이 모임은 장로 가운데 한 사람이 하는 공개강연public talk과 최근에 발간된 파수대를 공부하는 모임으로 진행된다. 가정 모임은 발간된 책들을 중심으로 매주 전 세계 여호와의 증인들이 똑같은 방식으로 공부를 하는 모임이다.[57]

'여호와의 증인'의 조직과 집회는 오로지 책자의 발간과 보급, 그리고 그것을 공부하는 데 일차적인 목적이 있는 것으로 보인다. 모든 여호와의 증인은 한 주일에 5시간씩 교육을 받아야 할 의무가 있으며,[58] 1년에 영어책의 경우 3천 페이지 이상의 분량을 읽어내야 한다.[59] 호별방문을 통한 선교인 소위 '야외봉사'는 일차적인 목적이 책자의 보급에 있지만, 이차적으로는 이것을 통해서 여호와의 증인 스스로의 신앙을 확인하고 강화하는 목적을 동시에 지닌다. 다시 말해서 이들은 야외봉사가 여호와를 예배worship하는 것이며, 이것을 통해서만이 자신과 타인의 구원을 달성할 수 있다고 믿기 때문에,[60] 야외봉사에 소홀히 하는 사람들은 여호와를 섬기지 않는 사람으로 간주한다.[61]

....

55 *Ibid.*, p. 51.
56 J. Bergman, *op.cit.*, p. 242.
57 A. Holden, *op.cit.*, p. 66.
58 노길명, 『한국의 신흥종교』, 가톨릭출판사, 1988, 264쪽.
59 J. Bergman, *op.cit.*, p. 231.
60 W. C. Stevenson, *op.cit.*, p. 88.

4. '여호와의 증인'의 기원과 전개

19세기에 미국에서 생겨난 대표적인 교단으로 몰몬교, 안식교, 크리스챤 사이언스, '여호와의 증인'을 열거할 수 있다. 이들 교단은 당시의 미국의 사회적, 문화적 배경 속에서 생겨났기 때문에 공통적인 부분도 꽤 지니고 있으며, 매우 미국적인 종교로 규정된다.[62] 1880년대 중반 미국에서 천년왕국적 재림운동이 번성하였는데 현재까지 남아있는 것이 안식교와 '여호와의 증인'이다.[63] 밀러William Miller는 1843년과 1844년에 그리스도가 재림할 것이라고 예언하였다. 그것이 실현되지 않자 밀러의 일부 추종자들은 그리스도가 1844년 불가시적으로 천상에 재림하였다고 믿고 안식교[64]를 출현시켰다. 당시의 재림론자들은 영원한 형벌의 교리를 부인하고, 지옥은 단지 무덤이라고 하고, 그리스도의 신성과 삼위일체 교리를 부인하는 경향이 강했다.[65]

'여호와의 증인'은 1852년 피츠버그에서 출생한 러셀C. T. Russell(1852-1916)

---

61 J. Penton, op.cit., p. 247.

62 M. Eliade, ed., *The Encyclopedia of Religion*, vol, 7(New York: Macmillan, 1987), p. 564.

63 Timothy Miller, ed., *America's Alternative Religions*(New York: State University of New York Press, 1995), p. 33.

64 안식교는 영혼불멸을 부정하는 면에서는 '여호와의 증인'과 유사한 측면이 많이 있으나 나중에 삼위일체를 인정하게 되었다. 안식교는 고등 교육의 강조, 세속사회와의 유대 등을 강조해서 주변 사회와 비교적 우호적인 관계를 맺고 있으며, 여호와의 증인은 군수공장에서 일하는 것조차 허용되지 않는 반면, 안식교인은 비전투 요원으로 전쟁에 참여하는 것을 허용한다. 이 점에서 여호와의 증인은 안식교가 자신들과 달리 주변 사회와 타협을 도모하고 있다고 하면서 그들과의 차별성을 말한다.

65 로버트 M. 바우만, 앞의 책, 13-14쪽.

에서 비롯되었다. 그의 부모는 장로교인이었으나 그는 어려서 회중교회를 다녔다고 한다. 십 대에 웬달J. Wendall을 만나 영향을 받았는데 그는 1874 년에 예수가 재림한다고 주장하고 있었다. 러셀은 1868년에 바이블 연구회를 만들어 웬달의 견해에 따라 바이블을 연구하면서 지옥은 영원히 벌을 받는 곳이 아니며, 삼위일체는 틀렸다는 견해를 피력하였다. 그러나 1874년에 그리스도의 재림이 실현되지 않자 그는 희랍어의 '파루시아parousia'가 '재림coming'이 아니라 '임재presence'를 의미한다면서, 1874년에 예수가 임재하였고 1914년에 이방인의 지배가 끝난다고 예언하였다. 그는 1879년에 「파수대」를 발행하고 1884년에 '협회Zion's Watch Tower Society'를 결성, 1880년대 말에 이미 30여 개의 그룹을 결성할 수 있었다.[66] 수년 뒤 '여호와의 증인'은 미국 전역은 물론이고 이웃 나라까지 퍼져나갔다. 러셀은 1908년 본부를 뉴욕의 부르클린으로 옮겼으며 1912년에 7명의 추종자들과 함께 세계 선교여행을 했는데, 이 때 일본과 중국에까지 다녀갔다.

러셀은 제대로 된 신학 교육을 받지 못하였음에도 불구하고 여섯 권으로 된 『천년기 새벽Millennial Dawn』[67]뿐만 아니라 전도지, 소책자, 파수대 기사들을 37년간에 걸쳐 저술하여, 5천 쪽에 달하는 글을 썼으며, 백만 마일 이상 선교 여행에, 3천 회 이상 설교를 했다고 한다.[68] 1914년에 재림이 이루어지지 않고, 러셀이 1916년 선교 여행 도중 사망하자 교단 내부가 뒤숭숭한 분위기 속에서 러더포드J. F. Rutherford(1869-1942)가 그의 뒤를 잇

---

66 J. G. Melton, op.cit., pp. 81-82.
67 이 책은 나중에 한 권이 추가되어 『바이블 연구studies in the Scriptures』라는 제목으로 출간되었다.
68 조쉬 맥도웰・돈 스튜어트, 『이단종파』(이호열 옮김), 기독지혜사, 1989, 63-64쪽.

게 되었다.

러더포드는 러셀의 저작을 보고 여호와의 증인이 되어 1907년에 이 협회의 변호사 일을 맡아보게 되었다. 그는 러셀과 달리 직설적이고, 사생활이 거의 알려져 있지 않으며, 그에 의해 현재의 여호와의 증인이 만들어졌다고 해도 과언이 아니다. 그는 교단의 민주적인 운영방식을 권위적인 운영방식으로 바꾸어 놓았다. 그는 제1차 세계대전 당시 추종자들과 함께 군입대를 거부하여 감옥생활을 한 뒤 "현재 살고 있는 수백만 명의 사람들은 결코 죽지 않는다"[69]라는 주장을 하고, 러셀의 재림론을 수정, 1914년에 그리스도가 눈에 보이지 않게 이미 재림하였고, 1975년에 아마겟돈의 전쟁이 끝이 난다고 주장하였다.[70]

러더포드가 회장으로 있는 동안 연감이나 파수대 등 정간물을 제외하고도 24개의 서적과 86개의 소책자가 간행되었다.[71] 그의 저작물은 3천6백만 부가 배포되었다. 그리고 그는 1922년에서 1928년까지 매년, 그리고 1935년, 1941년에 대형 연례 모임을 개최하여 많게는 십만 명이 넘는 사람들 앞에서 교단의 중요 교리들을 선포하면서, 미국 내에서 사회적으로 무시할 수 없는 세력으로 교단을 성장시켰다.[72] 1929년에는 러더포드의 교리보다 러셀의 교리를 더 선호하는 사람들이 '새벽 바이블 연구자 협회the Dawn Bible Students' Association'를 결성하여 나갔다.[73] 그러자 그는 1931년에 다른

---

69 J. G. Melton, op.cit., p. 143.
70 Ibid., p. 194.
71 『여호와의 증인 - 하나님의 왕국 선포자』, 워치타워성서책자협회, 1993, 88쪽.
72 J. Penton, op.cit., pp. 58-59.
73 W. C. Stevenson, op.cit., pp. 140-141.

분파들과 스스로를 구별하기 위해 '여호와의 증인'이라는 이름을 채택하고 호별방문 선교를 주창하고 「깨어라」의 전신인 「황금시대The Golden Age」를 창간하였다.[74]

러셀은 그래도 비교적 이웃종교들에 대해 우호적인 편이었으나, 러더포 드는 물질적 풍요, 정부, 종교를 사탄의 주요 도구로 간주하고 특히 천주교 를 전방위적으로 비판하는 입장을 견지하고 스스로는 종교가 아니라고까 지 하였다. 그리하여 1940년에 캐나다정부가 '여호와의 증인' 활동을 전면 적으로 금지하기까지 하였다.[75]

러더포드에 뒤를 이은 노어N. J. Knorr(1905-1977)는 출판과 수송 계통에 서 두각을 나타내 이미 1935년에 '여호와의 증인'의 부회장이 되었다. 그는 선교사들을 교육시키기 위해 1943년에 선교사 교육기관을 설립하였고, 1950년부터 십여 년에 걸쳐 바이블을 나름대로 번역하여 출판하였다. 노 어에 이어 4대 회장이 된 프란즈F. W. Franz(1893-1992)는 신학적인 소양이 많았다. 1975년이 아무 일도 없이 지나가자 교단 내부에 마찰이 생겨 프란 즈는 자신의 조카를 교단에서 축출하기까지 하였다. 프란즈가 99세의 나 이에 사망하고 그의 뒤를 이어 헨셀M. G. Henschel이 회장이 되었다. 현재 여호와의 증인은 그의 이름도 모를 정도로 그는 이전의 회장들과 달리 카리스마적인 실질적 지도자라기보다 명예직의 지도자로 자임하고 있 다.[76]

---

74 H. W. House, *op. cit.*, p. 150.
75 J. Penton, *op. cit.*, pp. 58-59.
76 '여호와의 증인'에 대한 1992년까지 주요 사건 중심의 짤막한 연표는 『여호와의 증인
 - 하나님의 왕국 선포자』, 워치타워성서책자협회, 1993, 718-723쪽 참조.

1900년에 영국, 1903년에 독일, 그리고 1904년에 호주에 지부branch office 가 생긴 이래 꾸준히 성장을 하여 '여호와의 증인'은 현재 235개 국가에 지부 111개, 회중 96,894개, 그리고 교인이 650만 명에 이른다.[77] 20만 명 이상의 교인이 있는 나라는 나이지리아, 멕시코, 미국, 브라질, 이탈리아, 일본[78]을, 그리고 10만 명 이상의 교인이 있는 나라는 스페인, 아르헨티나, 영국, 우크라이나, 잠비아, 캐나다, 콜롬비아, 콩고민주공화국, 폴란드, 프랑스, 필리핀이다.[79] '여호와의 증인'은 대체로 아프리카와 남미 지역, 그리고 가톨릭이 우위에 있는 나라에서 비교적 활동이 성한 것을 알 수 있다. 1998년에서 1999년 사이에 알바니아, 캄보디아, 몽고에서는 25%의 교인 수가 증가하였다. 현재 여호와의 증인의 40%가 가톨릭 국가에 살고 있으며, 전체 교인의 50%가 본래 가톨릭 교인이었다고 한다.[80] 그리고 러시아에서는 '여호와의 증인' 활동이 법적으로 금지되어 있으며, 르완다, 아르메니아, 투르크메니스탄, 그리고 우리나라에서 이런 저런 이유로 여호와의 증인이 수형생활을 하고 있다.[81]

아시아의 경우 1883년부터 이들의 전도지가 중국으로 유입되었고, 1898

77 『2005 여호와의 증인 연감』, 워치타워성서책자협회, 2005, 31쪽.
78 일본은 주지하다시피 기독교가 전반적으로 매우 약세이다. 그럼에도 불구하고 '여호와의 증인'을 비롯해서 몰몬교가 일본에서 약진하고 있는 것은 주목할 필요가 있다. 文化廳 編, 『宗教年鑑』, ぎようせい, 2005; Bryan Wilson, "Aspects of Kinship and the Rise of Jehovah's Witnesses in Japan", Social Compass, XXIV, 1977/1, pp. 97-120. 윌슨은 위 논문에서 '여호와의 증인'이 비교적 일본에서 성공한 이유로 가족 관계의 재강화, 확대 가족과 유사한 공동체, 그리고 일반적인 서양종교와 달리 합리적으로 조직화된 종교활동 등을 지적하고 있다.
79 『2005 여호와의 증인 연감』, 워치타워성서책자협회, 2005, 32-39쪽.
80 J. Penton, op.cit., pp. 254-255.
81 『2005 여호와의 증인 연감』, 워치타워성서책자협회, 2005, 4쪽.

년에 중국에서 선교 활동이 시작되었다. 러셀은 1912년에 상해에서 강연을 하고, 이후 15개의 도시와 마을을 방문하였다. 1930년대 초에는 일본의 여호와의 증인이 중국에서 선교를 하고 상해와 천진에서는 중국어로 라디오 방송까지 하였다. 1930년대와 1940년대에는 호주와 유럽에서 온 선교사들이 주요 도시에서 선교활동을 벌였으나 1958년 이후 활동이 중단되었는데,[82] 당시 150여 명의 여호와의 증인이 있었다고 한다.[83]

1912년에 역시 러셀이 동경을 방문한 적이 있으며, 1920년대에 일본계 미국인에 의해 선교가 시작되었으나 1933년에 이들의 활동이 금지되었다.[84] 제2차 세계대전 이전에 여호와의 증인 수는 100여 명이었으며 1949년 이후 이들의 선교가 재개되어 오늘에 이르고 있다.[85]

우리나라에서는 1912년에 내한한 홀리스터R. R. Hurister 선교사 부부가 1914년에 '한국성경연구원'이란 이름으로 선교활동을 시작하였다. 그리고 1915년에 내한한 멕켄지 부부가 본격적인 선교활동을 벌여 1923년에 우리나라에 인쇄공장이 설립되었다. 일본과 마찬가지로 1933년에 우리나라에서 이들의 활동이 금지되었고,[86] 1939년에 여호와의 증인 대부분으로 추정되는 38명이 치안유지법 위반, 금지된 서적 배포, 신사참배 거부 등의 이유

---

82 『여호와의 증인 - 하나님의 왕국 선포자』, 워치타워성서책자협회, 1993, 489-490쪽.
83 B. G. Harrison, *Vision of Glory: A History and a Memory of Jehovah's Witnesses*(New York: Simon and Schuster, 1978), pp. 328-329.
84 B. Wilson, *op.cit.*, pp. 104-105.
85 『여호와의 증인 - 하나님의 왕국 선포자』, 워치타워성서책자협회, 1993, 490-491쪽.
86 그 당시 이들이 보관하고 있던 서적 5만 부를 경찰이 압수하여 한강에서 공개적으로 소각하였다고 한다. 『1988 여호와의 증인 연감』, 워치타워성서책자협회, 1987, 144쪽 참조.

로 구속되어 그 가운데 5명이 옥사하였다.[87]

광복 후 1949년에 12명으로 다시 첫 회중이 조직되었고, 같은 해 스틸 부부가 선교사로 내한하였다.[88] 1952년에 워치타워성서책자협회가 사단법인으로 등록되고 1954년부터 「파수대」가 정식으로 인쇄되어 배포될 수 있었다. 1953년부터 미국지부에서 독립하여 한국지부가 설립되었고, 1955년에 최초의 순회구 대회 개최, 1956년 이후 노어, 프란즈 등 주요 인사의 방문과 우리나라 한 곳에서 길게는 수십 년 간 머문 선교사들의 활동 등에 힘입어 현재 우리나라에는 여호와의 증인 수가 10여만 명에 이른다.

그간 우리나라에서 여호와의 증인은 1959년부터 병역 거부 문제로, 그리고 1963년부터 수혈 거부 문제로 사회적으로 주목을 받아왔다. 1969년에는 중, 고등학교의 여호와의 증인이 애국가 봉창과 국민의례 거부, 국군 장병에게 보내는 위문편지 작성과 위문품 전달 거부로 사회적인 주목을 받았다.[89] 1986년에 여호와의 증인에서 이탈한 사람들과 그 가족 1천 4백여 명이 '여호와의 증인'을 반국가적 종교단체로 고발하는 일이 발생하였다. 2002년부터 양심적 병역 거부자에 대한 대체복무제 논의가 활성화되었으나 2004년 양심적 병역 거부[90] 위헌 심판이 대법원에서 기각되면서 이 문제는 다시 미궁에 빠지게 되었다.[91] 현재 병역 거부로 수형생활을 하고 있는 여호와의 증인은 1천여 명에 이르며, 지금까지 이 문제로 각각

---

87 앞의 책, 150-152쪽.
88 앞의 책, 156쪽.
89 『조선일보』, 1969년 6월 24일자.
90 양식적 병역 거부자들에 대한 후원 모임은 http://withoutwar.org 참조.
91 『한겨레 21』367(2001.7.11); 『한겨레 21』512(2004.6.1) 참조.

3년과 4년에 걸쳐 도합 7년의 수형생활을 한 사람도 있고, 병역 대신 방위산업체에서 5년간 근무하기 위한 1개월의 군사훈련을 거부하여 역시 수년 동안의 수형생활을 한 사람도 있다.[92]

5. 나오는 말

지금까지 러셀에서 비롯된 '파수대 운동the Watchtower Movement'[93] 가운데 여건상 '여호와의 증인'만을 중심으로 살펴보았다.[94] 통상 여호와의 증인 하면 일반적으로 수혈거부, 국경일 안 지키기, 군대 안가기, 대학 안가기, 투표 안하기, 공무원 안하기, 국가 안 부르기, 정치 행위에 참여 안하기, 호별 방문 선교 등의 이미지가 떠오른다. 이들은 이런 이미지가 1세기 원시 그리스도인들의 이미지 그대로라고 말한다. 예를 들어서 이들은 로마 시대 그리스도인들이 박해를 받은 주요 원인 가운데 하나가 그들이 병역 의무를 거부했기 때문이라고 한다. 그리고 이들이 수혈을 거부하는 것은 바이블에 여러 차례 언급되는 '피를 멀리하라'는 여호와의 말을 그대로 따르는 것뿐이라고 항변한다. 그리고 이런 일로 인해 현재 이들이 비록 난관

---

92 '여호와의 증인'을 포함해서 국내의 양심적 병역거부와 관련된 전반적 논의는 강인철, 「한국사회의 양심적 병역거부: 역사와 특성」, 『종교문화연구』 7, 2005, 103-141쪽 참조.
93 '파수대 운동'이란 용어에 대해서는 J. A. Beckford, "The Watchtower Movement World-wide", *Social Compass*, XXIV, 1977/1, p. 5 참조.
94 파수대 운동 가운데 미국에서 발생한 분파들에 대한 정보는 J. Bergman, *op.cit.*, pp. 287-319, 그리고 영국, 캐나다, 스위스, 프랑스, 독일, 그리이스, 인도, 폴란드, 호주 등 미국 이 외의 지역에서 발생한 분파들에 대한 정보는 같은 책, pp. 323-338 참조. 우리나라에서 발생한 분파로 보이는 '여호와의 왕국'에 대해서는 http://www.jehovah.co.kr 참조.

에 봉착해 있다고 하더라도 이런 일들은 모두 여호와가 뜻이 있어서 그렇게 하도록 했을 것으로 굳게 믿고 있다.

이들은 이런 일 등을 포함해서 자신들의 선교활동에서 비롯된 일들로 인해 현재 각국의 법원이나 유럽의 인권재판소 등에 피소, 또는 소를 제기해 놓고 있다. 그리고 지금까지 많은 재판에서 승소를 하여 전체적으로는 '여호와의 증인'이 각국의 인권 신장이나 표현의 자유 실현에 많은 기여를 했다고 지적되고 있다.[95]

이들의 모습은 곧 없어질 세상에 소위 이방인으로 살고 있는 모습이다. 이들은 하지만 세상적인 일을 거부한다기보다는 오히려 세상적인 일에 무관심한 생활을 하고 있다. 혹자는 유토피아에 대한 희망, 그리고 삶의 난관에 대한 확고한 답변으로 인해 '여호와의 증인'이 지속될 수 있을 것으로 볼 수도 있을 것이고, 혹자는 곧 실현될 유토피아에 대한 희망만이 있고, 교인들에게 거의 무한정의 희생을 강조하는 상황 속에서 이 교단이 그다지 오래 지속될 수 없을 것으로 예상할 수도 있을 것이다. 하여간 분명한 것은 '여호와의 증인'은 주변 사회와 일정 수준 반드시 긴장감을 유지해야만 하는, 어찌 보면 외부 사회로부터 공격을 많이 받을수록 성장하는 경향을 지닌 교단인 것처럼 보인다.

그리고 여전히 몇몇 문제도 보인다. 교단 본부의 통제가 하부 조직까지 그대로 미친다는 면에서 교단이 성장할수록 역으로 조직의 통일성이 지금처럼 그대로 유지될 수 있을지 하는 의구심이 생긴다. 이 문제는 얼핏 보면 가톨릭도 마찬가지인 것처럼 보인다. 하지만 그래도 현재 가톨릭은 하

---

95 J. Bergman, *op.cit.*, pp. 1-2.

부 조직에 일정 부분 자율성을 보장하고 있다는 점에서 '여호와의 증인'과 다르다. 물론 '여호와의 증인'도 역사적으로 하부 조직에 일정 부분 자율성을 부여한 시기도 있었다. 하부 조직에게 어느 정도의 자율성을 부여할 것인가는 '여호와의 증인'이 성장하면 할수록 끊임없이 제기될 소지가 있는 문제로 보인다.

그리고 지금까지는 본부 통치체에서 저술한 책자를 그야말로 발품을 팔아서 배포하는 것만을 위주로 선교 활동을 벌였으나 컴퓨터나 인터넷, 그리고 미디어 등 현대의 기술 문명을 여전히 계속해서 멀리할 것인지에 대해서도 문제가 제기될 수 있을 것이다. 물론 '여호와의 증인'은 1920년대와 1930년대에 방송과 축음기를 이용한 선교 활동을 한 경험이 있기는 하다. 하지만 지금은 그 때와 비교할 때 기술 문명이 고도로 발전해 있다. 문제는 이런 기술 문명을 이용하면 효율성 면에서는 유리하겠지만 이들에게는 거의 예배에 해당하는 야외봉사가 위축되어 사실 예배가 없는 교단으로 전락할 위험이 생길 것이다.

끝으로 적은 문제이기는 하지만 '여호와의 증인'이 현재 주로 제3세계에서 괄목할 만한 성장을 보이고 있기 때문에 전 세계적으로 볼 때 교단의 경제적인 면에서 어려움을 겪을 수도 있을 것으로도 보인다.

제6장

세계평화통일가정연합의
현재와 미래.
: 천주청평수련원을 중심으로

1. 머리말

본 논문은 한국 신종교 가운데 하나로 사회적인 영향력에 비해 학계로
부터 비교적 주목을 받아오지 못한 통일교의 주요 특징과 역사적 전개를
살피는 것을 그 목적으로 한다. 통일교의 공식 명칭은 본래 세계기독교통
일신령협회였으나, 근래에 교회 명칭을 세계평화통일가정연합으로 변경
하였다. 본 논문에서는 통일교 대신 세계평화통일가정연합이라는 공식 명
칭을 사용하는 것이 바람직하나, 편의상, 그리고 현재 교단 내에서도 스스
로 여전히 통일교라는 명칭을 함께 사용하고 있는 점을 감안하여 세계평
화통일가정연합이라는 비교적 긴 명칭 대신 통일교라는 명칭을 사용하고
자 한다.

기성종교에 대해서 보통 우리는 그 종교의 상층부에 속한 사람들을 통

---

* 강돈구 · 윤용복 · 조현범 · 송현동 · 고병철, 『한국종교교단연구 Ⅱ』, 한국학중앙연구
  원 문화와 종교연구소, 2007.

해서 지식을 습득한다. 예를 들어서 우리는 유명한 신학자의 책이나 저명한 목회자의 설교를 통해서 기독교에 대한 정보와 지식을 습득한다. 물론 불교에 대해서도 마찬가지이다. 그러나 우리는 새로 생긴, 역사가 비교적 짧은 종교에 대한 정보나 지식은 주로 좋지 않은 소문이나 또는 그 종교에 대해 비우호적인 언론 매체를 통해서 습득하는 것이 일반적이다. 기성종교에 대한 비교적 객관적인 설명이 일반인들에게는 해당 종교에 대해 비판적인 것으로 받아들여질 수 있다. 이에 비해 통일교와 같은 신종교에 대한 비교적 객관적인 설명은 일반인들에게 해당 종교에 대해 우호적인 것으로 받아들여질 수 있다.

통일교에 대해 가능한 한 객관적인 서술을 목적으로 하는 본 논문이 통일교에 대해 비판적인 사람들에게는 통일교에 대해 우호적이고 옹호적인 글로 평가받을 수 있고, 또 한편으로 통일교인들에게는 자신들의 종교에 대해 피상적이고, 그리고 여전히 비판적인 글로 이해될 수 있을 것이다. 통일교에 대해 비우호적인 정보에 무비판적으로 노출되어 있는 일반 지성인들에게, 통일교에 대한 학술적 연구는 비생산적이고 무모한 것으로 받아들여질 수도 있을 것이다. 하지만 통일교에 대한 학술적 연구가 그리 많지 않은 현 국내의 학계의 상황에서 본 논문을 통해 통일교가 본격적으로 학술적 연구의 대상으로 승격할 수 있을 것으로 기대한다. 아울러 본 논문은 통일교에 소속해 있는 사람이나 또는 통일교에 대해 극단적으로 비판하는 사람들이 아니라 통일교에 대한 학술적 연구가 필요하다는 데에 동의하는 종교학자들을 일차적인 대상으로 쓰였다는 점을 분명히 밝히고자 한다.[1]

통일교는 1950년대에 성립한, 비교적 역사가 짧은 종교임에도 불구하고 교리의 형성 과정을 추적하거나, 또는 역사적 전개를 정리하는 것이 쉽지 않다. 그 이유는 교회를 시작한 교주를 비롯한 1세대들이 아직 생존해 있고, 또한 교단의 전개 과정이 추적을 불허할 만큼 급격한 변화를 겪고 있으며, 또한 국내뿐만 아니라 해외의 활동 또한 무시할 수 없을 정도로 괄목할 만하기 때문이다. 본 논문은 교주의 출생 이후부터 현재까지 90여 년의 역사, 또는 교단의 출발 이후 현재까지 50여 년의 국내외의 역사를 모두 살피기보다는 가능하면 현재 통일교의 모습에 초점을 맞추어 교리, 의례, 조직 등의 측면에서 통일교의 주요 특징들을 중점적으로 살펴보고자 한다.

통일교에 대한 미국을 비롯한 서구권의 연구는 통일교가 그 지역에서 활발히 활동을 전개하고 있던 시기인 1970년대와 1980년대에 주로 많이 이루어졌다.[2] 그러나 근래에는 1970년대와 1980년대에 비해 통일교가 서구권의 학자들로부터 큰 주목을 받지는 않고 있는 것으로 보인다. 일본의 경우 통일교에 대한 비우호적인 사회적 분위기의 영향으로 몇몇 비판적 연구가 있을 뿐, 자국 내 신종교에 비해 통일교에 대한 본격적인 연구는 없다고 해도 과언이 아니다.[3]

국내에서 통일교를 대상으로 한 종교학 분야의 주요 연구로는 아래의

1 해당 종교에 대한 연구자의 개인적 선입견, 그리고 연구의 목적에 따라 논문의 구성과 내용, 그리고 주장이 다를 수 있다. J. I. Cabezón & S. G. Davaney, *Identity and the Politics of Scholarship in the Study of Religion*(New York: Routldedge, 2004) 참조.

2 John A. Saliba, *Social Science and the Cults: An Annotated Bibliography*(New York: Taylor & Francis, 1990) 참조.

3 비우호적이나마 대표적인 연구로는 다음의 것을 열거할 수 있다. 櫻井義秀, 「宗教/ジェンダー・イデオロギーによる家族の構築 - 統一教会女性信者を事例に-」, 『宗教と社会』 9, 2003, pp. 43-66; 櫻井義秀, 「教団発展の戦略とカルト問題 - 日本の統一教会を事例に-」, 樫尾直樹・伊藤雅之・弓山達也 編著, 『スピリチュアリティの社会学』, 世界思想社, 2004, pp. 205-224.

것들을 열거할 수 있다.

정진홍,「종교제의의 상징기능: 통일교 제의를 중심으로」,『종교학서설』,
전망사, 1980
노길명,「통일교」,『한국의 신흥종교』, 가톨릭출판사, 1988[4]
황필호,『통일교의 종교철학』, 생각하는 백성, 2000
이진구,「통일교의 기독교 인정투쟁과 종교통일 담론」,『한국기독교와 역
사』, 20집, 2004

정진홍은 통일교의 중요한 의례 가운데 하나인 결혼식에 나타난 상징들
을 분석하여 통일교에 대한 최초의 학술적 논문을 발표하였다. 노길명은
통일교의 역사, 교리, 경전, 그리고 종교 외적 활동을 전반적으로 다룬 통
일교에 대한 개괄적인 논문을 최초로 발표하였다. 황필호는 통일교의 고
통받는 신관념을 분석하여 통일교에 대한 종교철학적 분석의 모델을 제시
하였다.[5] 그리고 이진구는 통일교가 스스로 기독교임을 자처하면서 종교
통일운동을 전개하여 국내에서 교단으로서 위치를 확립하고자 하는 노력
을 서술하였다.
언론 매체에서 통일교를 소개한 글 가운데 주목할 만한 것들로는 아래
의 것들을 열거해 볼 수 있다.

---

4 노길명은 이 밖에도 통일교의 경제활동에 관한 별도의 논문을 발표하였다. 노길명,
「통일교의 경제활동과 그 '원리적' 배경」,『한국신흥종교연구』, 경세원, 1996 참조.
5 황필호의 저서에 대한 상세한 서평으로 윤승용,「통일교와 한국적 기독교」,『종교연구』
24, 2001, 201-210쪽 참조.

윤재걸, 「'재벌왕국' 통일교 재산의 내막」, 『신동아』, 1986년 12월호

서병욱, 「거대재벌 통일교 축재의 내막」, 『월간조선』, 1988년 6월호

문기현, 「권력을 노리는 통일교 문선명의 방북 깜짝쇼」, 『월간 사회평론』, 92권 1호, 1992

이대주, 「통일교의 성과 사랑, 결혼」, 『월간 사회평론』, 92권 9호, 1992

권영준, 「통일교 문선명의 전 며느리 홍난숙 충격폭로」, 『월간 사회평론 길』, 98권 11호, 1988

이정훈, 「일본 흔든 한국 통일교, 한국 뚫은 일본 창가학회」, 『신동아』, 2006년 3월호

조성식, 「대해부 통일교왕국」, 『신동아』, 2006년 9월호

언론 매체의 글은 아무래도 일반 독자들의 흥미를 끄는 폭로성의 글이 주조를 이룬다. 이정훈의 글에서 볼 수 있듯이 경우에 따라서는 약간 우호적인 글도 있을 수 있지만 이런 경우는 매우 드물다. 이것은 아무래도 통일교인이 전체 인구에서 차지하는 비중이 적기 때문에 많은 독자를 확보해야 하는 언론 매체는 통일교에 대해 비우호적, 폭로성의 글을 실을 수밖에 없기 때문일 것이다.[6] 하지만 통일교에 대한 학자들의 현지참여 조사가 적은 상황에서 언론 매체를 통한 통일교에 대한 정보도 현재로서는 중요할 수 있다고 하겠다. 본 연구는 위의 연구결과물과 언론 매체의 글들을 참조하고, 동시에 짧은 기간이나마 필자의 현지참여연구를 토대로 작성하

---

6 언론 매체에 글을 쓰는 기자나 기고가의 개인적인 종교관에 따라 기사의 내용이 통일교에 우호적이거나 비우호적일 수 있다. 미디어 전반이 개별 종교에 미치는 긍정적, 부정적 영향에 대해서는 다른 글에서 다루고자 한다.

였음을 밝힌다.

2. 통일교와의 만남

  필자가 학부에 들어가기 수년 전에 학과의 교수 한 분이 통일교에 대해
비난조의 강연을 공개적으로 하였는데 강연 중에 그 교수가 통일교인으로
부터 통세례를 받았다는 말을 학과에 진입해서 주위 선배들로부터 들었
다. 그 교수는 꽤 보수적인 개신교 신학자로 자신의 신앙심에서 그런 일을
했을 것이지만 하여간 학교 내에서 그런 일이 있을 수 있다는 것이 당시로
서는 매우 의아스러웠다. 역시 학부 때 선배 가운데 한 분이 통일교의 합
동결혼식을 통해 일본 여자와 결혼한 분이 있었다. 그 분은 책상 앞에 '루
시퍼 나쁜 ××'라는 글을 써 붙이고 있었다. 당시 필자가 다니던 학과는
개신교 신학적 분위기가 농후해서 그 선배는 학과에서 꽤 힘들게 생활하
였던 것으로 기억한다. 왜 하필이면 그 선배는 책상 앞에 그런 글귀를 써
붙이고 있었는지 역시 당시에는 매우 궁금했었다. 그 선배는 나중에 미국
에서 학위를 마치고 현재 모 대학에서 신종교 전공의 종교학 교수로 재직
하고 있다.
  1980년대 초에 통일교에 대한 궁금증을 해소하기 위해 통일교 관련 서
적을 수집하여 이것저것 탐독한 적이 있다. 그 때 통일교의 타락론, 신론
등을 대충 살필 수 있었다. 특히 통일교의 신 관념은 전지전능성全知全能性
을 포기함으로써 기독교의 난제인 신정론神正論을 피해가고 있다는 것, 따
라서 통일교는 일반 개신교와 달리 소수구원론小數救援論이 아니라 만인구

원론萬人救援論을 선호하고 있다는 몇몇 사실을 알 수 있었다. 당시에 본 책 가운데 지금도 영국의 종교학자인 바아커E. Barker가 쓴 책이 기억난다. 그 녀는 통일교 신자가 되는 것이 세뇌에 의한 것이라는 일반적 통념을 검증하기 위해 유럽에서 현지참여조사를 하였는데 그 결과 통일교는 세뇌가 아니라 개인의 자발적인 선택에 의해 신자를 확보하고 있다는 점을 주장하였다.[7]

1980년대 후반에 잠실 올림픽경기장에서 거행된 통일교 합동결혼식에 참석한 적이 있다. 그 많은 예비부부들이 식이 진행되는 장시간 동안 일사분란하게 행동하는 것이 장관이었다. 그리고 아프리카 신랑과 한국인 신부의 모습을 보고 좀 당혹해 했던 기억도 있다. 1990년대 중반에 청파동에 있는 통일교의 본부교회를 방문하였다. 일요일 예배에 참석하기 위한 것이었는데 특이한 것은 예배가 새벽에 거행되었다는 것이다. 그밖에 목사의 설교 등이 일반 개신교의 예배와 그다지 차이가 없는 것으로 보였다. 물론 이미 예상했던 것이지만 교회 안과 밖 어디에도 십자가는 보이지 않았다는 것이 기억난다. 그 뒤 올림픽 펜싱경기장에서인가 하는 행사에 참석한 적이 있는데, 구체적으로 무엇을 위한 행사였는지는 기억이 나지 않지만, 행사의 많은 부분이 연예인들에 의해 주도되는 오락 행사였던 것으로 기억한다. 우리가 알고 있는 외국 출신 연예인들 가운데 상당수가 통일교 신자라는 사실을 그 때 알 수 있었다.

1990년대 중반 청평에 통일교 관련 주요 시설이 있다는 말을 들었으나

---

7 E. Barker, *The Making of A Moonie: Brainwashing or Choice*(Oxford: Basil Blackwell, 1984) 참조.

일반인의 출입이 쉽지 않다는 말에 나중을 기약한 적이 있었다. 그러다가 2006년 3월초에 선문대에 근무하는 교수의 도움으로 청평 시설을 일차적으로 둘러볼 기회를 가졌다. 당시에 청평에는 종교시설 뿐만 아니라 대학원과 고등학교, 그리고 병원시설, 요양시설 등이 갖추어져 있었으며 교단 차원에서 청평을 통일교의 국제적인 핵심공간으로 만들어가고 있다는 사실을 알 수 있었다. 대학원은 신학 관련 교육기관인데, 선문대에 이미 있는 신학대학원과 어떻게 차별화를 시도하고 있는지가 궁금하였다. 그리고 고등학교는 일반인을 대상으로 영어로 교육하는 학교인데, 일반인들도 선호하는 학교로 입학하기가 쉽지 않다는 말을 들었다. 청평이 영적인 치유가 활발히 일어나고 있는 곳임에도 불구하고 종합병원이 따로 있는 것이 좀 의아스러웠다. 병원의 시설은 좋은 편이나 좀 외진 곳에 위치하고 있어서 환자가 그다지 많지 않은 것으로 보였고, 정신의학 쪽이 많은 비중을 차지하고 있는 것으로 생각되었다.

2006년 3월 중순에 내친김에 위에서 언급한 교수 가족의 도움으로 청평의 주요행사 가운데 하나로 그래도 일반인이 특별히 참관할 수 있는 행사인 조상해원식과 조상축복식에 1박2일로 참여할 수 있는 행운을 가질 수 있었다. 조상해원식과 조상축복식은 문헌으로는 도저히 접할 수 없는 아주 특이한 행사로 많은 것을 관찰할 수 있었다.[8] 이 행사에는 비아시아권의 신자들도 종종 보이기는 하였으나 일본인 신자들이 꽤 많이 참석하였고, 그들의 참여의식이 매우 높았던 것을 알 수 있었다. 의식이 물론 한국

---

8 조상해원식과 조상축복식에 대해서는 비판적인 안목으로 서술되어 있다는 한계가 있기는 하나 현재로서는 조성식의 앞의 글을 통해 약간의 내용을 파악할 수 있다.

어로 진행되고는 있었으나 어디 일본에서 행하는 종교의식에 참여하고 있다는 착각을 느낄 정도였고, 한편으로는 겉보기에 일반 개신교의 열광적인 기도원 행사 분위기와 유사하다는 느낌도 받았다.

2006년 4월경에는 구리수련원에서 행하는 2박 3일의 '원리'[9] 교육에 대학원생 4명과 함께 참여하였다. 이미 통일교의 경전인 『원리강론』 등 문헌자료를 통해 통일교의 교리에 대해서는 일정한 정보를 가지고 있었으나, 답사 차원에서 대학원생들과 함께 통일교의 초심자 또는 통일교에서 운영하는 사업체에 근무하는 일반인들을 대상으로 하는 교육에 직접 참여해 보았다. 2박 3일의 집중적인 교리 교육을 통해서 통일교 교리에 대해 전반적이고, 체계적으로 배울 수 있었다. 통일교는 체험을 통한 교육보다는 교리에 대한 지식 전달을 통해 신자를 확보하는 것으로 보였다. 통일교는 교리에 대한 교육 방식이 매우 정교하게 확립되어 있고, 그런 교육 방식 때문에 통일교의 교리 교육이 통일교 외부로부터 전형적인 세뇌 교육이라는 비판을 받고 있는 것으로 보였다. 2박 3일의 교리 교육은 현재 통일교의 합동결혼식에 참여하고자 하는 사람들, 그리고 세계일보 등 통일교에서 운영하는 사업체에 근무하는 비신자들을 대상으로 행하고 있는 것으로 보였다.

2006년 8월에 4박 5일 일정으로 일본 후쿠오카에서 개최된 '국가지도자 세미나'에 참여하였다. 이 세미나는 사회에서 일정한 역할을 담당하고 있는 일반인들을 소위 '평화대사'로 만들기 위한 목적으로 열리고 있었다.

---

9 통일교의 교리가 체계적이고 논리적이라는 의미에서 통일교에서는 '교리' 대신에 '원리' 라는 용어를 사용한다. 세계기독교통일신령협회, 『성화학생의 길: 문선명선생말씀 주제별 정선 6』, 성화출판사, 1991, 256쪽 참조.

세미나의 주된 내용은 통일교의 핵심적인 교리와 통일교의 최근의 주요 활동들을 소개하는 것으로 이 세미나에 참석한 사람들로 하여금 통일교에 대해 우호적인 인식을 가지게 하는 것이 세미나의 주요 목적이었다. 참석 자들에게 평화대사란 호칭이 부여되는데, 통일교는 이들을 전국적으로 조직하여 앞으로 통일교에 대해 우호적인 인식을 확산시키는 주요 단체로 확립코자 하고 있었다. 이 세미나를 통해 통일교가 앞으로 알래스카와 아시아를 잇는 다리와 한일 해저터널을 건설하려는 야심찬 계획을 수립하고 있다는 것을 알 수 있었고, 또한 통일교가 남북통일, 서아시아의 평화, 일본 재일교포의 통합에 실질적으로 많은 기여를 해 왔다는 사실도 알 수 있었다. 한편으로 통일교가 한일 간의 국제결혼을 통해 한일 간의 우호 증진에도 많은 기여를 하고 있다는 사실도 알 수 있었다. 한일 간의 국제 결혼을 통해 현재 2천여 명의 한국여자가 일본에, 그리고 8천여 명의 일본 여자가 한국에서 살고 있다고 하는데, 통일교에서는 이들과 이들의 2세, 3세들이 앞으로 한일 간의 우호 증진에 남다른 기여를 할 것으로 보고 있었다. 이 세미나는 통일교를 소개하는 것에 그치지 않고, 참석자들로 하여금 민족과 국가를 위해 일정한 역할을 담당할 것, 그리고 윤리적인 생활을 할 것 등을 말하고 있어서 얼핏 1970년대의 새마을교육을 연상시키기도 하였다.

통일교는 인터넷 웹사이트를 통해 통일교의 현재 모습과 주요 활동들을 비교적 자세히 소개하고 있어서 과거와 달리 통일교를 연구하고자 하는 사람들에게 많은 정보를 제공하고 있다. 웹사이트를 보면 통일교는 계속 해서 무엇인가 일을 만들어 나가고 있어서 일반인들의 인식과 달리 나름 대로 교단이 숨 가쁘게 돌아가고 있는 것으로 보인다. 교단의 활동 내용이나 전개 속도가 빠르기 때문에 웹사이트의 업그레이드가 오히려 따라가지 못하는 것으로 보일 정도이다.[10] 통일교의 웹사이트를 보면 현재 통일교를 이해하기 위해서는 '천주청평수련원'의 활동을 이해하는 것이 무엇보다도 중요하다는 점을 인식할 수 있다. 이 밖에도 현재 통일교는 '원리 교육'보다는 '훈독회'를 강조하고 있다는 점, 또한 교주 사후 통일교의 미래가 학문적 관심의 대상이 될 것이라는 점 등을 알 수 있다.

3. 통일교의 주요 교리

3.1. 경전

통일교의 경전은 『원리강론』이다. 문선명은 본래 『원리원본』을 집필하였다. 1953년에 『원리원본』을 접한 유효원이 이를 보완하여 1957년에 『원리해설』을 집필하였고, 다시 이를 보완하여 1966년에 『원리강론』을 출간하였다. 『원리원본』에는 예를 들어서 기독론이 없는 등 이들 3개의 책은 약간의 차이가 있다.[11] 『원리강론』은 통일교의 입문자들이 최초로 배우는 교재로, 조직신학과 역사신학이 주요 내용이다. 통일교에서 말하는 '수련'은 다른 종교에서 말하는 것과 달리 『원리강론』을 중심으로 하는 교리

---

10 통일교의 주요 웹사이트로 www.tongil.or.kr; www.ipeacetv.com; www.chungpyung.org이 있다.

11 세 책자의 차이에 대해서는 Kim Jin-choon, "A Study of the Formation and History of the Unification Principle", *Journal of Unification Studies*, vol. II, 1998 참조

교육이 주종을 이룬다. 따라서 통일교의 수련소는 한마디로 통일교의 조직신학과 역사신학을 배우는 장소이다.

『원리강론』못지않게 통일교에서 중요한 책자는 문선명의 '말씀'을 모아 놓은 400여 권의 『문선명선생말씀선집』이다. 이 책은 너무 방대하기 때문에 통일교에서는 예를 들어서 '지상생활과 영계', '축복과 이상가정', '하나님의 섭리로 본 남북통일', '문선명선생의 평화사상', '문선명선생의 교육철학', '문선명선생과 종교연합운동', '참가정과 가정맹세', '하나님의 조국과 평화유엔', '종족적 메시아', '참부모님 천주승리 축하 선포' 등 주제별로 다시 묶어 책을 발간하였다. 이 또한 방대하기 때문에 문선명의 '말씀' 가운데 가장 중요한 내용들을 선별하여 최근에 『천성경天聖經』[12]이라는 책을 발간하였다. 『천성경』은 16장으로 구성되어 있으며, 4백여 권의 『문선명선생말씀선집』을 주제별로 핵심을 간추린 것이다. 『원리강론』은 1950년대에 기본적인 내용이 정해졌고 신학서의 역할을 한다. 이에 비해『천성경』은 1970년대 이후 통일교회 내외의 여러 구체적인 상황을 염두에 둔 문선명의 직접적인 언급을 수록하고 있다. 『천성경』은 다시 각장 70분 분량으로 12장의 CD로 만들어졌다. 『원리강론』은 영어, 일본어 등으로 번역되었으나, 『천성경』은 문선명이 직접 외국어 번역을 금지시켰다고 한다.[13]

통일교에서는 『원리강론』을 중심으로 수련소에서 하는 교리 교육이 중요한 비중을 차지하였으나 최근에는 수련소에서 행하는 이러한 교리 교육 못지않게 『천성경』을 중심으로 하는 훈독회가 보다 많은 비중을 차지하고

---

12 세계평화통일가정연합, 『천성경天聖經』, 성화출판사, 2005.
13 위의 책, 461쪽.

있다. 훈독회는 신자들이 모인 자리에서 『천성경』의 특정 부분을 함께 읽고 논의하는 모임으로 궁극적으로는 문선명의 '말씀'을 계속해서 되새기고 실생활에 활용할 수 있게 하는 것을 주요 목표로 한다.

3.2. 신관

유일신교의 가장 큰 어려운 문제는 전지전능한 신이 만든 피조 세계에 왜 고통과 악이 존재하느냐이다. 전통적으로 이 문제를 해결하기 위해 여러 가지 다양한 신학적 해결책이 제시되어 왔지만, 결과적으로 고통과 악의 존재는 우리 인간이 알 수 없는 신의 또 다른 의도에 의한 것이라는 방향으로 정리되어 왔다.

통일교의 신은 전지전능한 무형無形의 부모이다.[14] 신의 전지전능성 때문에 통일교도 역시 고통과 악의 존재 이유에 대해 나름대로의 논리로 설명한다. 신에게 95%, 그리고 인간에게 5%의 책임이 있다는 통일교의 주장은 일견 일반 기독교에서 주장하듯이 신이 인간에게 자유의지를 부여했다는 주장과 일맥상통하는 것으로 보인다. 통일교는 이에 덧붙여서 신이 고통 받고 있는 인류 때문에, 그리고 자신의 창조 목적을 달성하지 못하였기 때문에 슬픔과 한恨의 신이 되어 지금까지 신 노릇을 제대로 못해왔으며,[15] 신의 이러한 슬픔과 한은 신 자신이 아니라 우리 인간이 해결해주어야 한다고 말한다.[16] 또한 통일교의 신은 자신이 세운 천리원칙과 천

---

14 위의 책, 394쪽; 세계평화통일가정연합역사편찬위원회 편, 『가정연합 8대 명절 및 주요 기념일』, 성화출판사, 2001, 37쪽.

15 세계평화통일가정연합, 위의 책, 21쪽.

법天法을 따라야만 하는 존재로 묘사되며, 신은 혼자서 행복할 수 없는 존재로 규정된다.[17] 신에 대한 통일교의 이러한 주장은 어찌 보면 스스로가 말하는 신의 전지전능성과 상치되는 것으로 보인다.

문선명과 오랜 동안 가까이 지내 온 사람도 문선명이 구체적으로 어떤 사람인지 모른다고 말하며,[18] 신에 대해 파헤치고 알려고 하는 자는 최고로 어리석은 자로 규정된다.[19] 따라서 신과 문선명의 관계, 그리고 문선명의 위치와 역할을 외부인의 시각에서 일목요연하게 정리하는 것은 쉬운 일이 아니다. 그러나 통일교의 신 관념에서 중요한 것은 통일교의 교주인 문선명의 위치와 역할임은 말할 필요가 없다. 문선명은 16세 때인 1935년 부활절 아침 기도중에 '하늘의 뜨거운 당부의 손길이 찾아드는'[20] 체험을 했다고 한다. 당시 예수가 문선명에게 나타나 고통 받고 있는 인류 때문에 '하나님'이 슬퍼하고 있다고 말하고, '하나님'의 역사役事에 대해 특별한 역할을 해달라고 요구하면서 많은 계시와 교시를 주었다고 한다.[21] 문선명은 그 뒤에도 예수와 여러 번 직접 대화를 나누었는데, 그 때 계시된 내용이 『원리강론』의 핵심을 이루고 있다고 한다. 문선명에 대한 호칭은 메시

---

16 위의 책, 32쪽.
17 천주평화연합 조국향토 환원대회(서울권, 2006.3.25, 선문대학)에서 나온 말로, 웹사이트http://www.tongil.or.kr/event2 참조할 것.
18 세계평화통일가정연합역사편찬위원회 편, 『통일교회시대 주요 의식과 선포식 II-1982~1993년』, 성화출판사, 2001, 251쪽.
19 통일사상연구원 편, 『영계의 실상과 지상생활』, 성화출판사, 1998, 91쪽.
20 세계기독교통일신령협회, 『축복과 이상가정: 문선명선생말씀 주제별정선 1』, 성화사, 1987, 2쪽.
21 세계기독교통일신령협회, 『성화학생의 길: 문선명선생말씀 주제별정선 6』, 성화출판사, 1991, 269쪽.

아, 재림주, 구세주, 천지인 참부모, '하나님'의 아들, '하나님'의 대신자, 중보자, 평화의 왕 등 매우 다양하다.[22] 얼핏 보면 일반 기독교에서 예수가 차지하는 역할과 위치를 문선명이 통일교에서 맡고 있는 듯하다. 그리고 통일교에서 신과 문선명의 관계는 일반 기독교의 신과 예수의 관계와 유사해 보이기도 한다.

통일교의 신은 무형으로 있는 존재로 주장된다. 그리고 문선명은 신의 체體를 쓰고 있는 존재,[23] 그리고 신과 일체인 존재[24]로 묘사되면서, 동시에 문선명은 신이 하지 못한 것을 하는 존재,[25] 신과 분리된 존재[26]로 서술된다. 이렇게 보면 일반 기독교에서 예수가 신과 일체이면서 독립된 존재이듯이, 통일교에서 문선명도 신과 일체이면서 독립된 존재로 이해되고 있다는 것을 알 수 있다.

3.3. 역사관

통일교의 역사관을 이해하기 위해서는 우선 '천주天宙'[27]라는 개념에 주목할 필요가 있다. '천주'는 지상과 천상, 또는 육계肉界와 영계靈界를 아울

---

22 세계평화통일가정연합역사편찬위원회 편, 앞의 책, 519쪽; 세계평화통일가정연합역사
    편찬위원회, 『홍순애 대모님(上)』, 1997, 89쪽; http://www.tongil.or.kr/event2 참조.
23 김영순, 『하나님은 인류의 부모』, 광일인쇄문화사, 2002, 44쪽.
24 세계평화통일가정연합 편, 『성약시대 청평역사와 축복가정의 길』, 성화출판사, 2000,
    195쪽.
25 세계평화통일가정연합역사편찬위원회 편, 『통일교회시대 주요 의식과 선포식 Ⅱ -
    1982~1993년』, 성화출판사, 2001, 136쪽.
26 통일사상연구원 편, 앞의 책, 682쪽.
27 영어로는 'cosmos'로 표기한다.

러 함께 지칭하는 용어로,[28] 지상은 육계이고 천상은 영계이다. 통일교에 의하면 지상은 영인체를 가진 육신이 존재하는 곳이고, 영계는 인간이 죽은 뒤 육신을 벗은 영인체가 존재하는 곳이다. 인간은 태어날 때 신으로부터 영인체를 부여받는다. 인간은 지상에서 살면서 영인체를 완성시켜야 하고, 죽은 뒤 그 영인체가 영계에 가서 영원히 산다고 한다.

신의 본래 목적은 지상과 천상에 천국을 건설하는 것이었다. 그런데 인류 역사 초기에 신의 이러한 목적은 좌절되고 말았다. 에덴동산을 먼저 가꾸었던 천사장 누시엘은 신이 자신보다 아담과 해와를 더 아끼고 사랑하는 것에 서운함을 느끼고 해와와 불륜의 관계를 맺고,[29] 자기의 위치와 자기의 분수를 넘어서 자신의 주인인 신의 자리를 훔쳤다.[30] 그 결과 인류는 신이 아니라 누시엘의 후손이 되고 말았다.[31] 누시엘과 그를 따르는 나쁜 천사들의 세력이 급속도로 확대되었고, 신은 외로운 심정으로 누시엘과 그 일파들이 잘못을 회개하고 돌아오기만을 기다리고 있었다.[32] 이것이 최근까지의 인류 역사였으며, 20세기말은 세계가 두 패가 되어서 승패를 결정하는, 하늘편이냐 사탄편이냐를 결정하는 섭리사적 종착점이었다.[33]

세계2차대전[34]을 계기로 잘못 진행되어 온 인류의 역사를 비로소 바로

---

28 세계평화통일가정연합역사편찬위원회 편, 『가정연합시대 주요의식과 선포식 IV - 1999년 7월 ~ 2001년 1월』, 성화출판사, 2001, 48쪽.

29 통일사상연구원 편, 앞의 책, 247-249쪽.

30 위의 책, 267쪽.

31 위의 책, 266쪽.

32 위의 책, 252쪽.

33 세계평화통일가정연합역사편찬위원회 편, 『통일교회시대 주요의식과 선포식 II - 1982~1993년』, 성화출판사, 2001, 191쪽.

34 통일교의 신은 제2차세계대전을 새로운 역사적 전환시기로 생각하고, 한국 땅을 중심

잡는 '놀음'[35]이 문선명에 의해 전개되었다. 문선명은 지상과 천상, 육계와 영계, 즉 천주天宙를 신이 본래 목표했던 바대로 천국으로 만들 사명을 부여받고,[36] 우선 지상에 천국을 건설하는 일을 전개해 오고 있다. 통일교에 의하면 지상이 먼저 천국이 되어야 영계가 천국이 될 수 있으며, 문선명이 생존해 있을 때 우선 지상 천국이 반드시 이루어져야 한다.[37]

문선명 이전에는 악이 선을 공격하는 시기였으나, 20세기 후반부터는 선이 악을 공격하는 시기였고,[38] 새천년인 21세기가 시작되면서 사탄이 아니라 신이 직접 역사를 주관하고 있다.[39] 20세기 끝 무렵에 사탄인 천사장 누시엘이 신과 문선명 앞에 항복하고 복종하였으며,[40] 이제 21세기에는 인간이 5%의 책임을 다하기를 신이 기다리고 있기만 하는 것이 아니고, 자신의 전지전능성을 보여주기 위해 능동적으로 활동하고 있다.[41] 한국의 여타 신종교에서와 마찬가지로 이러한 역사의 변환을 통일교에서도 선천시대가 끝나고 후천시대가 시작되었다고 말하고 있다.[42]

삼고 섭리의 출발을 벌였다고 한다. 세계평화통일가정연합역사편찬위원회, 앞의 책, 30쪽.

35 문선명은 잘못된 인류의 역사를 바로 잡는 자신의 행위를 종종 '놀음'이라는 용어로 묘사한다.

36 세계평화통일가정연합 편, 앞의 책, 41쪽.

37 통일사상연구원 편, 앞의 책, 290; 세계평화통일가정연합, 위의 책, 240쪽.

38 세계평화통일가정연합역사편찬위원회 편, 『통일교회시대 주요의식과 선포식 Ⅰ - 1960년~1981년』, 성화출판사, 2001, 463쪽.

39 세계평화통일가정연합역사편찬위원회 편, 『통일교회시대 주요의식과 선포식 Ⅱ - 1982년~1993년』, 성화출판사, 2001, 208쪽.

40 세계평화통일가정연합역사편찬위원회 편, 『가정연합시대 주요의식과 선포식 Ⅲ - 1994년 5월~1999년 6월』, 성화출판사, 2001, 278쪽.

41 세계평화통일가정연합 편, 앞의 책, 164-165쪽.

후천시대가 선포되었다고 해서 지상천국이 아직 완전히 실현된 것은 물론 아니다. 통일교에 의하면 후천시대가 시작되면서 신과 문선명이 왕권을 행사하고 있기는 하지만, 아직 천사장의 잔당들이 남아 있고,[43] 또한 환경과 나라가 신을 온전히 해방시키지 못한 상태가 여전히 지속되고 있다.[44] 이러한 상태는 2010년대 전반까지 지속될 것이고, 그 이후에 가서야 지상에 천국이 온전히 실현될 것으로 통일교에서는 말하고 있다.[45]

3.4. 인간관

인류는 해와와 아담의 타락으로 인해 신의 후손이 아니라 사탄인 누시엘의 후손이 되었다. 인류는 이제 누시엘의 후손임을 그만 두고 신의 후손이 되어야 하는데, 그러기 위해서 인류는 통일교의 의식을 통해 소위 혈통 전환을 해야만 한다. 혈통 전환은 최근까지 문선명이 주관하는 합동결혼식을 통해 이루어졌다. 그러나 근래에 통일교는 까다로운 절차를 수반하는 합동결혼식보다는 보다 손쉬운 절차로 이루어진 '성주식聖酒式'을 통해 보다 많은 대중들의 혈통 전환을 시도하고 있다. 합동결혼식을 한 사람들에게 성주식은 재축복의 의미를 지니며, 성주식을 해야 천국에 갈 티켓을 얻는다고 한다.[46]

---

42 http://www.tongil.or.kr/event2 참조.
43 김영순, 『하나님은 인류의 부모』, 광일인쇄문화사, 2002, 182쪽.
44 위의 책, 192쪽.
45 http://www.tongil.or.kr/event2 참조.
46 위 참조.

최근에 통일교에서 주목하고 있는 것은 합동결혼식이나 성주식을 통해 혈통 전환을 한 사람들의 윤리적 삶인 것으로 보인다. 본래 혈통 전환은 통일교에서 말하는 구원의 처음이자 마지막이었다. 그러나 축복을 받았다고 아무런 어려움 없이 천국에 갈 수 있는 것은 아니며,[47] 축복받은 후에도 책임을 다해야 한다.[48] 이 때 중요한 것이 고차원의 윤리적인 삶, 그리고 생활습관이다. 혈통 전환한 사람들이 보다 고차원의 윤리적인 생활을 영위하는 것에 실패하면서, 통일교는 이들에게 또 다른 조건, 즉 '영인체의 완성'이라는 목표를 제시하고 있다.

통일교에 의하면 인간은 태어남과 동시에 신으로부터 영인체를 부여받는다. 지상에서 인간은 영인체를 완전히 성숙시켜 천상에서 신과 함께 영원히 살 수 있도록 준비해야 한다.[49] 따라서 지상 삶의 궁극적 목적은 영인체의 완성이며,[50] 천국은 영인체가 완성된 자들이 가는 곳이다.

통일교에 의하면 이와 같이 인간은 지상에서 통일교 의식을 통해 신의 자녀로 다시 태어난 뒤 영인체의 완성을 위해 노력해야 하고, 죽은 뒤 육신을 벗은 완성된 영인체가 천국에 가서 신과 함께 영원한 삶을 영위해 나가야 할 존재이다.

---

47 세계평화통일가정연합 편, 앞의 책, 131쪽.
48 세계평화통일가정연합역사편찬위원회 편, 『가정연합 8대 명절 및 주요 기념일』, 성화출판사, 2001, 170쪽.
49 통일사상연구원 편, 앞의 책, 497쪽.
50 위의 책, 400쪽.

4. 천주청평수련원

영계의 관문,[51] 그리고 복귀되고 완성된 에덴동산[52]으로 주장되는 천주 청평수련원[53]은 두 가지 목적을 지니고 있는 것으로 보인다. 두 가지 목적 가운데 하나는 통일교인들의 영인체 완성이고, 또 하나는 천상, 즉 영계의 천국화이다. 영인체를 완성해야 하는 이유는 앞에서 언급하였다. 천상의 천국 건설은 지상의 천국 건설과 마찬가지로 신이 본래 뜻하였던 것이나 실현을 시키지 못했다. 천상의 천국 건설은 통일교에 의하면 본래 지상 천국 건설이 마무리된 뒤에나 가능한 것이다. 그런데 지상의 천국 건설이 막바지에 이른 지금, 천상의 천국 건설, 즉 영계의 해방이 청평수련원을 통해 앞당겨서 실현되고 있다.

1980년대 이후 통일교의 성장이 둔화되면서 통일교인이 직면한 문제는 구원을 받은 것으로 간주되었던 교인들의 윤리적 일탈, 배교 행위, 그리고 신앙의 보상에 대한 기대가 실현되지 못한 것에 대한 적절한 해답이었다. 물론 이것은 전통적으로 기독교가 지녀 왔던 신정론theodicy의 문제였다. 이때 제시되었던 해답은 여전히 인간이 지닌 5%의 책임분담에 대한 강조 였다. 인간의 책임분담론이라는 신정론은 인류 타락의 원인으로 제시되었 던 것인데, 1980년대 이후 통일교의 성장이 둔화되면서 이러한 신정론, 다시 말해서 합동결혼식을 통해 축복을 받은 뒤에도 인간은 여전히 자신 의 책임을 다해야 한다는 점이 새삼 강조되었던 것이다.[54] 지상에 천국이

---

51 세계평화통일가정연합 편, 앞의 책, 62쪽.
52 위의 책, 63쪽.
53 이하에서는 청평수련원으로 호칭한다.

건설되는 막바지에 신이 본래의 역할을 다하고 있는 현 시점에서 통일교는 더 이상 과거와 같이 세상에 악이 존재하는 이유를 사탄과 그의 추종자의 존재로만 설명할 수 없는 처지에 놓이게 되었다. 이 때 제기된 것이 천상, 즉 영계의 역할이다.

청평수련원은 이와 같이 지상에 천국이 건설되는 막바지에 여전히 존재하는 세상의 악을 설명할 필요에 의해 영계의 존재, 그리고 그로 인한 인간의 또 다른 책임과 역할을 제시하면서 근래 통일교의 전개에 핵심을 이루고 있다.

1980년대 중반에 문선명의 자녀인 문흥진[55]이 고등학교 재학중 교통사고로 사망하는 일이 발생하였다. 이 때 통일교는 문흥진이 어린 나이에 사망한 것이 통일교인들이 신의 뜻을 이루기 위한 자신들의 책임을 소홀히 했기 때문이라고 주장하고,[56] 한동안 금주와 성윤리를 강조하는 회개운동을 전개하였다.[57] 문선명은 문흥진을 영계의 지도자, 즉 영계의 총사령관으로 임명하고,[58] 문선명 자신이 죽어서 영계에 가서 할 일을 문흥진으로 하여금 먼저 하게 하였다고 한다.[59]

1989년에 문선명의 장모인 홍순애가 사망하고, 통일교는 1990년대 중반

---

54 세계평화통일가정연합역사편찬위원회 편, 앞의 책, 170쪽.
55 통일교인들은 문흥진을 '흥진님'이라고 호칭한다.
56 세계평화통일가정연합 편, 앞의 책, 75쪽.
57 George D. Chryssides, *The Advent of Sun Myung Moon*(New York: The St. Martin's Press, 1991), pp. 128-129.
58 세계평화통일가정연합 편, 앞의 책, 35-36쪽.
59 세계기독교통일신령협회, 『지상생활과 영계(下): 문선명선생말씀 주제별정선 11』, 성화출판사, 1997, 149-150쪽.

부터 청평수련원에서 김효남 장로를 중심으로 새로운 국면을 맞이하였다. 통일교에서 홍순애는 '대모님', 김효남은 '훈모님'으로 호칭하고 있다. 통일교에 의하면 홍순애는 죽은 뒤 영계에 가서 통일교인들의 불행과 고통을 보고 왜 통일교인들이 이렇게 어렵게 사는가를 생각하면서 눈물로써 기도하면서 영계를 두루 살피고, 영계의 비밀을 알아냈다고 한다. 홍순애는 문흥진과 일체가 되어 영계를 대표하며,[60] 1990년대 중반부터 김효남의 육신을 빌어 재림하여 청평 역사役事를 이끌고 있다고 한다.[61]

청평수련원은 영적 체험과 질병 치료의 기적이 일어나는 곳으로 통일교인만을 위한 공간이다. 다시 말해서 통일교의 결혼의식을 거치지 않은 사람은 들어갈 수 없는 곳이다. 청평수련원의 주요 행사로는 영 분립, 조상해원식과 조상축복식이 있다.

통일교에 의하면 악령들이 사람의 몸 안에 들어가 개미 알처럼 집을 짓고 있으면서 사람을 괴롭히고 있다고 한다. 원한을 가진 악령들은 자신의 억울함을 잊지 못하고 주변에 같은 입장에 있는 악령들과 함께 사람의 몸 안에 들어가 그 사람을 사고로 죽이거나 고통으로 몰고 간다. 영 분립은 이러한 악령을 몸 밖으로 내 보내는 의식을 말하며 영을 털어낸다는 표현을 쓰기도 한다.[62] 악령들을 몸에서 내 보내고 나면 불치병이 고쳐지고, 아이를 갖게 되고, 사업도 잘되며, 시간이 갈수록 윤택한 삶을 누리게 된다고 한다.[63] 그런데 악령이 사람의 몸 안에 들어가 자리를 잡고 사람에

---

60 세계평화통일가정연합역사편찬위원회, 『홍순애 대모님(上)』, 성화출판사, 1997, 154쪽.
61 세계평화통일가정연합 편, 앞의 책, 55-57쪽.
62 위의 책, 71쪽.
63 http://www.cheongpyeong.org 참조.

게 나쁜 일을 하기까지 한 달 정도 걸린다고 한다. 그리고 통일교인들이 세상 사람들과 같이 살아가면서 잘못된 생활이 원인이 되어 악령들이 수시로 몸 안에 들어오기 때문에 통일교인들은 적어도 한 달에 한번 씩은 청평수련원에서 영 분립 의식을 해야 한다고 한다.[64] 통일교인에게 결혼 의식에 참여하는 것이 천국을 향한 1차적인 관문을 통과하는 것이라면, 청평수련원에서 영 분립 의식에 참여하는 것이 천국을 향한 2차적인 관문을 통과하는 것이 된다고 한다.[65]

사람의 몸 안에는 악령들뿐만 아니라 지상에 살 때 가족에게 죄를 많이 지은 조상들이 영계에 가서 자리를 잡지 못하고 지상에 살고 있는 가족이나 후손에게 돌아와 그들을 통해 자신의 죄를 벗기를 원하고 있다. 이들은 후손들에게 크고 작은 좋지 않은 일들이 일어나게 하면서 자신의 존재를 후손에게 알리고 있다고 한다.[66] 인간의 병과 불행은 앞에서 언급한 악령들과 이들 조상의 영들이 원인이다. 따라서 가족이나 후손은 이들 조상의 영을 해원시키는 의식을 따로 행해야 할 의무를 지닌다.

분립된 악령과 해원된 조상의 영은 영계로 돌아가 문흥진이 주관하는 수련소에서 통일교의 교리 교육을 일정기간 받게 된다. 이 영계의 수련소에는 가족과 후손의 바람에 따라, 그리고 '대모님'의 도움으로 통일교인으로 살지 않다가 죽은 조상들의 영도 함께 수련을 받는다. 영계의 수련소는 지상의 수련소와 마찬가지로 통일교의 교리 교육을 일정 기간 시켜 예비 통일교인을 만드는 곳이다. 지상의 수련소가 살아있는 사람들을 예비 통

---

64 세계평화통일가정연합 편, 앞의 책, 105쪽.
65 위의 책, 38쪽.
66 통일사상연구원 편, 앞의 책, 59-60쪽.

일교인으로 만드는 곳이라면 영계의 수련소는 이미 죽은 자들을 예비 통일교인으로 만드는 곳이다. 지상의 수련소에서 일정 기간 교육을 마친 사람들이 결혼의식을 통해 완전한 통일교인이 되듯이 영계의 수련소에서 일정 기간 교육을 마친 사람들도 결혼의식을 통해 완전한 통일교인이 되어야 한다. 영계의 수련소에서 교육을 마친 사람들을 위한 결혼의식이 조상축복식이다.

분립된 영, 그리고 해원된 조상의 영, 그리고 영계에 있는 조상들이 이와 같이 영계의 수련소에서 일정기간 교육을 마치고, 이어서 결혼의식을 하고 나면 이들이 모두 절대선령이 된다. 이들 절대선령은 현재 천사들과 함께 통일교인들을 도와 지상천국 건설의 막바지 작업에 동참하고 있다는 것이 통일교의 주장이다.

5. 영계의 구조

천주청평수련원은 이와 같이 소위 영계의 총사령관인 문흥진(홍진님), 영계와 지상의 중간적 매개자인 홍순애(대모님), 그리고 홍순애의 대리자인 김효남(훈모님)을 중심으로 지상천국 건설의 막바지 작업, 그리고 천상천국 건설의 전 단계 작업을 하는 곳이라고 할 수 있다. 천상에 천국이 건설된다고 할 때 통일교인들의 주된 관심은 영계의 실제 모습으로 모아질 수밖에 없다. 영계의 실제 모습은 최근에 이상헌과 김영순을 중심으로 통일교인들에게 알려지고 있다.

이상헌은 통일사상[67]과 승공이론을 체계화한 인물로 생전에 영계에 많은 관심을 가졌으며, 1997년에 사망한 뒤 영계에서 본 실상을 김영순을 통해 지상에 알리고 있는 인물이다.[68] 김영순은 1986년부터 영계에 있는 사람들의 메시지를 지상에 있는 사람들에게 전하는 역할을 해오고 있는 인물이다. 영계에 있는 이상헌이 지상에 있는 김영순을 통해 밝히고 있는 영계의 모습은 매우 구체적이며, 현재 통일교에서는 이들이 제시하고 있는 영계의 모습을 그대로 인정하고 있는 것으로 보인다.[69]

영계는 천국과 지옥, 그리고 둘 사이의 여러 계층으로 되어 있다고 한다. 천국은 흰색으로 빛나고 중간계층은 여러 가지 색깔을 띠며, 지옥은 아주 어둡고 까만색이라고 한다.[70] 천국의 문은 최근에 열렸지만 아직까지 문선명이 가지 않았기 때문에 천국에 살고 있는 사람은 없다고 한다. 영계의 총사령관인 문흥진도 천국을 들락날락하고는 있지만 아직까지 천국에 거주하고 있지는 않다.[71] 천국의 바로 다음에는 통일영계권이 있다. 통일영계권에는 통일교인이 80-90%, 그리고 나머지는 일반 사람들이 거주하는데, 이들은 앞으로 천국에 갈 수 있는 소망과 기쁨을 가지고 있다고 한다.[72]

통일영계권 다음에 낙원이 있다. 낙원은 그렇게 화려하지도 행복하지

---

67 통일사상은 통일교 교리를 중심으로 현대의 주요 학문의 내용을 재정리한 한 것으로 일반 기독교의 '현대신학'에 해당한다고 할 수 있다.
68 김영순, 앞의 책, 8쪽.
69 세계평화초종교초국가연합, 『참부모님 천주승리축하 선포』, 성화출판사, 1999, 137쪽.
70 세계평화통일가정연합 편, 앞의 책, 152-155쪽.
71 세계평화통일가정연합역사편찬위원회 편, 『통일교회시대 주요의식과 선포식 Ⅱ - 1982년~1993년』, 성화출판사, 2001, 65쪽.
72 통일사상연구원 편, 앞의 책, 685쪽.

도 않지만 여전히 소망과 희망이 있는 곳이며,[73] 천국에 가기 위한 일종의 대합실이라고 한다.[74] 예수, 마리아, 요셉 등 기독교인들이 현재 낙원에 거주하고 있다.[75] 낙원의 다음에 중간영계가 있고, 그 다음에 지옥이 있다. 통일교에 의하면 지옥은 신이 만든 곳이 아니고 생겨난 곳이다. 쓰레기통을 만들어 놓고 집을 지은 것이 아니라, 집 짓고 살다보니 쓰레기통이 생긴 것과 마찬가지라는 논리이다.[76]

최근에 영계에 있는 많은 사람들이 영계의 수련소에서 통일교의 교리 교육을 받고, 또한 지상에서 통일교의 결혼의식을 행한 뒤 문선명을 따르고 있다고 한다. 지상 천국 건설이 막바지에 이르고 있는 현재 천상의 천국 건설도 꽤 진행되었다는 것이다.

6. 맺음말: 통일교의 최근 경향

문선명이 과거 한남동에 거주하던 곳을 천궁이라고 불렀다.[77] 2006년에 청평수련원에 문선명이 거주하는 천정궁天正宮을 새로 건립하였다. 천국에 신이 거주하는 곳과 마찬가지의 모습으로 지상에 신이 거주하는 곳을 만들었다고 한다.[78] 천정궁은 신의 거주 장소로 문선명이 조성한 곳인데,

---

73 위의 책, 115쪽.
74 세계기독교통일신령협회, 앞의 책, 21쪽.
75 통일사상연구원 편, 앞의 책, 112-115쪽.
76 세계기독교통일신령협회, 앞의 책, 31쪽.
77 이종선, 『참사랑이 피어나는 천궁』, 성화출판사, 2003 참조.
78 세계평화통일가정연합 편, 앞의 책, 116쪽.

신과 문선명은 둘이면서 하나이기 때문에 결국 문선명이 거주하는 곳이기도 하다. 문선명은 사후 영계의 신이 거주하는 곳과 지상의 천정궁을 오가면서 지상과 천상을 함께 주재한다.[79] 새천년 이후 신은 천정궁에서 문선명과 함께 직접 지상과 천상을 주재하는데 이 국가를 천일국天一國이라고 한다. 이제 통일교인은 천일국 백성이고, 천일국에는 경찰, 군대, 의회, 정당 등이 갖추어져 있다.

과거에 통일교는『원리강론』을 중심으로 하는 집중적인 교리 교육과 합동결혼식을 통해 무엇보다 통일교인을 확보하는 일에 주안점을 두었으나 이제 통일교는 천일국 백성을 만드는 일에 매진하고 있는 것으로 보인다. 천일국 백성의 확보는 두 가지 측면에서 이루어지고 있다. 첫째는 기존 통일교인들을 재교육하는 방식이다. 이 방식은 영 분립, 조상해원식, 조상결혼식 등의 의식을 중심으로 하는 청평수련원과 훈독회 모임에서 주로 이루어진다. 청평수련원의 의식이 의미가 있기 위해서는 영계의 존재와 모습이 중요하다. 이 문제는 앞에서 살펴 본대로 몇몇 영통인들의 활동으로 해결되고 있는 것으로 보인다. 과거 통일교는『원리강론』을 교재로 일정기간 교리를 집중적으로 교육하는 수련소 교육을 무엇보다 강조하였다. 그러나 이제는 통일교인을 중심으로『천성경』을 정기적으로 강독하는 소위 훈독회 모임을 강조하고 있다. 훈독회의 최소 조직 단위가 가정이고, 소수의 가정이 모여 소위 (훈독)가정교회를 구성한다.[80] 청평수련원의 의식과 훈독회 모임은 말할 필요도 없이 기존 통일교인들을 대상으로

---

79 위의 책, 62쪽.
80 김기복,『훈독가정교회 이야기』, 성화출판사, 2004 참조.

한다.

둘째는 합동결혼식의 간소화된 형식인 성주식을 통해 비통일교인을 천일국 백성으로 만드는 방식이다. 과거의 합동결혼식은 통일교인이 되고자 하는 사람들만이 참석하였다. 그러나 성주식은 기존 통일교인과 함께 통일교의 주요 행사에 참석한 비통일교인들도 대상으로 한다. 비통일교인들의 성주식 참여는 적어도 통일교에 대해 우호적인 사람들을 조직화하는 데에는 큰 기여를 하고 있는 것으로 보인다.

통일교는 현재까지 중앙집권적 구조, 그리고 대회와 행사 중심의 종교라는 성격을 많이 지니고 있었다.[81] 혹자는 통일교가 대규모의 신도 이탈, 그리고 대규모의 경제적 손실을 보지 않는 한 지속될 것으로 주장하고 있다.[82] 필자는 끝으로 통일교가 앞으로 직면할 수 있는 몇몇 문제들을 지적하면서 글을 마무리하고자 한다.

첫째, 교조의 카리스마에 의존해서 통일교가 지금까지 전개되어 왔으나, 교조의 사후 교조의 카리스마가 소멸되었을 때 생길 수 있는 문제이다. 현재 문선명은 스스로 할 일을 다 한 것이나 마찬가지이기 때문에 앞으로는 통일교인들 스스로가 문선명을 대신해서 모든 일을 해야 한다는 주장을 하고 있다.[83] 그리고 한편으로는 문선명의 부인과 자손들을 교회 활동의 전면에 배치하고 있다.[84] 그러나 대체로 종교는 교조의 사후 특정인의 카리스마보다는 제도에 의한 운영 쪽으로 교단의 조직이 정비되는 것이

---

81 위의 책, 105쪽.
82 George D. Chryssides, *op.cit.*, p. 179.
83 세계평화통일가정연합역사편찬위원회 편, 앞의 책, 405쪽.
84 http://www.tongil.or.kr 참조.

일반적이다. 교조와 교조의 가족 중심의 지배 구조 방식, 그리고 조직에 의한 교단 운영 방식 사이에서 앞으로 통일교가 해결해야 할 사안들이 많이 있을 것으로 보인다.

둘째, 교조와 교조 가족 중심의 대회와 행사가 교단 활동의 중심이 되면서, 그리고 기존 교회 조직과 별도로 청평수련원이라는 별개의 조직이 교단 활동의 중요한 역할을 담당하면서 생기는 문제들이다. 교조의 생전에 많은 일을 기획하고 있는 통일교가 행사 중심으로 교단을 운영하고 있기 때문에 교단의 하부조직이 활성화되지 못하고 있는 것으로 보인다. 교단의 하부조직은 단지 행사에 참여할 교인들의 확보를 전담하는 역할을 주로 하고 교인들의 실제적인 종교생활을 이끄는 조직의 기능은 하지 못하고 있는 것으로 보인다. 다시 말해서 현재로서는 교단의 상부 조직과 하부 조직이 유기적인 관계를 맺지 못하고, 또한 하부 조직이 나름대로의 역할을 찾지 못하고 있는 것으로 보인다.

셋째, 한국 민족주의의 강조로 인해 생길 수 있는 문제들이다. 통일교는 앞으로 한국어가 세계 공용어가 된다거나,[85] 또는 천상 천국의 생활 모습이 한국인의 현재 생활 모습과 완전히 같을 것이라는 주장[86] 등 한국이 세계사적, 섭리사적으로 중요한 지위와 역할을 지니고 있는 것으로 말하고 있다. 현재 청평수련원 등에 참석하는 통일교인의 상당수가 일본인이라는 사실에서 한국을 강조하는 통일교의 주장이 일본인들에게는 적어도 큰 문제가 되지 않는 것으로 보이기도 한다. 그러나 한때 미국에서 교세가

---

85 세계평화통일가정연합역사편찬위원회 편, 『가정연합시대 주요의식과 선포식 Ⅲ - 1994년 5월~1999년 6월』, 성화출판사, 2001, 25쪽.
86 세계평화통일가정연합 편, 앞의 책, 161-162쪽.

확장되면서 미국지부와 한국지부 사이에 갈등이 표출되었던 일을 상기하면,[87] 앞으로 한국 민족주의를 강조하는 통일교의 주장이 통일교의 세계적인 확산에 어떤 역할을 할지에 주목할 필요가 있을 것으로 보인다. 일견 세계적인 선교에 일정 부분 성공한 통일교가 민족주의를 재삼 강조함으로써 오히려 앞으로 세계 선교에 지장을 초래할 지의 여부에 대해서도 주목할 필요가 있을 것으로 보인다.[88]

----

87 J. 이사무 야마모도, 『통일교』(이재하 역), 은성, 2003, 19-20쪽.
88 이 문제는 예를 들어서 미국적인 종교인 몰몬교, 그리고 일본적인 종교인 창가학회의 사례와 비교할 수 있는 또 다른 연구 과제가 될 수 있을 것으로 보인다.

제7장

예수그리스도후기성도교회의
특징과 전개*

1. 들어가는 말

몰몬교Mormonism의 정식 이름은 '예수그리스도후기성도교회The Church of Jesus Christ of Latter-day Saints'이다. '몰몬Mormon'은 기원후 4세기에 아메리카 대륙에 살았다는 예언자이자 장군의 이름이다. 몰몬교의 성경인 『몰몬경 The Book of Mormon』은 그의 이름을 딴 것으로, '예수그리스도후기성도교회' 가 일반적으로 몰몬교라는 이름으로 불리는 것은 그 때문이다. 정확히는 '몰몬교'라는 이름 대신 '예수그리스도후기성도교회'라는 호칭을 사용하여 야 하지만 이 책에서는 편의상 '예수그리스도후기성도교회' 대신 '몰몬교' 라는 호칭을 사용하고자 한다.

몰몬교는 19세기 전반 미국의 조셉 스미스Joseph Smith, Jr.에게서 비롯되 었다. 현재 대략 200여 개의 분파가 있다고 하나, 여섯 개의 분파가 비교적

---

* 강돈구·송현주·윤용복·조현범, 『한국종교교단연구 Ⅰ』, 한국학중앙연구원 문화와 종교연구소, 2007.

203

영향력이 있는 것으로 알려져 있다.[1] 여섯 개의 분파는 각각 후기성도예수 그리스도교회, 그리스도 공동체the Community of Christ,[2] 같은 이름이나 또 다른 교파인 예수그리스도후기성도교회, 그리고 예수그리스도교회the Church of Jesus Christ라는 같은 이름을 가진 서로 다른 교파 셋을 말한다.

이 가운데 솔트레이크시티에 본부를 두고 있는 예수그리스도후기성도 교회와 미주리 주 인디펜던스에 본부를 두고 있는 그리스도 공동체가 대표적이다. 전자는 조셉 스미스 사후 브리검 영Brigham Young이 주도한 교회이고, 후자는 조셉 스미스 사후 조셉 스미스의 후손이 주도한 교회이다. 일반적으로 전자는 보다 보수적이고 배타적인 교회로, 후자는 보다 진보적인 교회로 알려져 있다.[3] 교세 면에서는 전자가 월등히 우세하다. 전자의 교파가 미국 서부 개척에 기여한 바는 대단히 크다. 유타를 비롯해서 그 주변에 있는 아이다호, 네바다, 아리조나 등은 후기성도들에 의해 개척되었다고 해도 과언이 아니다.

현재 이 교회는 아프리카와 남태평양 지역을 포함해서 전 세계에 퍼져 있다. 아무래도 미국 내의 교회 활동이 두드러지며, 중남미 쪽의 교세가 급성장하고 있다. 아시아에서는 필리핀을 비롯해서, 일본과 한국, 홍콩의 활동이 주목할 만하다.

---

1 조셉 스미스에게서 비롯된 교회들을 망라해서 '후기성도 운동'이라는 용어로 포괄할 수 있을 것이다.

2 원래 복원후기성도예수그리스도교회Reorganized Church of Jesus Christ of Latter-day Saints였으나 최근에 이름을 변경하였다. Glen M. Leonard, *Nauvoo: A Place of Peace, A People of Promise*(Salt Lake City: Deseret Book Company, 2002), p. xviii.

3 Steven L. Shields, "The Latter Day Saint Churches" in *America's Alternative Religions*, ed. by Timothy Miller(Albany: State University of New York Press, 1995), pp. 47-59.

대부분의 새로운 종교들이 그렇듯이 이 교회도 주변 사회로부터 많은 압박을 받아왔다. 몰몬교의 부정적인 이미지는 소위 기독교의 정통을 자부하는 교단들이 만들어낸 것이 대부분이다. 이 교회에 대한 부정적인 이미지 가운데 대표적인 것으로 백인우월주의, 일부다처제 등을 꼽을 수 있다. 최근까지 흑인이 교단 내에서 일정 수준의 교직을 맡는 것이 불가능하였던 것이 사실이다. 이 교회에서는 일반 기독교의 목사에 해당하는 사람을 감독이라고 하는데, 흑인은 최근까지 감독이 될 수 없었다. 또한 조셉 스미스로부터 비롯한 교회들 가운데 일부에서는 계속해서 일부다처제를 시행하고 있는 것도 사실이다.

그러나 근래에 흑인도 감독에 임명될 수 있는 조치가 이루어졌고, 또한 일부다처제를 현재까지 시행하고 있는 교회가 몰몬교 전체에서 차지하는 비중이 극히 적다는 사실을 인식할 필요가 있다. 따라서 몰몬교를 백인우월주의나 일부다처제로 비판하는 것은 현재로서는 설득력이 없는 것으로 보인다.

무릇 특정 종교를 연구할 때 종교학이 어떤 입장을 견지해야 하는가에 대해서는 논란의 여지가 있다. 얼마 전까지 인류학은 타문화의 연구를 목표로 삼았다. 그 타문화의 연구가 제국주의적인 발상에 의한 것이라는 비판이 제기되기도 하였다. 그러나 인류학의 학문적 목표를 긍정적으로 이해해본다면 그것은 일견 비합리적이고 비상식적이고 기괴하게 보이는 문화를 인류학의 프리즘을 통해 이해 가능한, 그리고 합리적이고 상식적인 문화로 탈바꿈시키는 것이다. 그리고 인류학은 그렇게 이해하게 된 타문화의 시각에서 다시 자신의 문화를 돌이켜 재이해하는 기회를 제공해 준다. 인류학의 목표를 이렇게 설정할 때 비로소 얼핏 보면 우리의 삶과 거의 관계가 없는 아프리카나 남미, 호주 등의 원주민에 대한 연구가 왜 우리에게 필요한지 이해할 수 있다.

서구에서 성립한 종교학도 그 역사를 보면 기독교 이외의 종교에 대한 연구에 더 많은 노력을 기울여온 것을 알 수 있다. 인류학과 대비시켜볼 때 종교학도 타종교에 대한 이해를 통한 자기 종교의 재이해라는 목표를 한편으로 지니고 있다. 아니면 타종교인의 삶에 대한 연구를 통해 자신의 (종교적) 삶에 대한 이해를 심화시키는 것이 종교학의 주된 목표라고 바꾸어 말할 수 있다.

이렇게 보았을 때 종교학은 일단 특정의 종교를 그 종교와 관련이 없는 사람들에게 이해시키는 작업에서 학문적 의의를 찾을 수 있다. 예를 들어서 불교를 소위 무종교인에게, 또는 기독교인 등 이웃 종교인에게 이해시키는 것은 불교인이나 불교학자보다 종교학자가 더 잘할 수 있다. 불교인이나 불교학자는 불교적인 개념들을 주로 사용하여 불교를 설명할 것이고, 만약 자신들의 설명을 이해하지 못하는 사람이 있다면 그에게 불교를 일단 믿으면 불교를 이해할 수 있다고 말할 것이다. 그러나 종교학자는 비불교적인 개념들을 사용하여 불교를 비불교인에게 설명할 수 있는 능력을 지니고 있다. 종교학은 바로 이점에서 학문적인 강점을 지닐 수 있다는 것이 필자의 생각이다.

한편, 신종교 연구는 왜 하는 것인가? 신종교 연구의 목적은 종교 연구의 목적과 크게 다르지 않다. 기존 종교의 연구가 일반인과 이웃 종교인에게 그 종교를 이해시키는 데 일차적인 목적이 있듯이, 신종교 연구도 일반인과 타종교인, 특히 기존 종교인들에게 그 신종교를 이해시키는 데 일차적인 목적이 있다.

이 글은 신종교 연구의 필요성에 대한 이러한 소박한 견해를 가지고, 우선 몰몬교의 전반적인 특징 몇몇을 살피고, 이어서 그 역사를 개괄적으로 살피게 될 것이다. 이 글의 이러한 작업은 우선 몰몬교 이외의 사람들에게 이 교회를 이해시킨다는 일차적인 의미와 동시에, 또한 개별 종단에 대한 각론적 연구의 한 예를 학계에 제시한다는 의미를 지니게 될 것이다.[4]

2. 몰몬교와의 만남

대학 시절 학과 연구실에 비치되어 있던 몰몬경을 본 것이 필자가 이 교회를 처음 접한 계기이다. 그때 본 몰몬경은 한인상이 번역한 1967년 판이었다. 당시 내용은 구체적으로 보지 못하고 몰몬경이라는 것이 미국 어느 곳에 묻혀 있던 금판을 조셉 스미스라는 교주가 발견하여 번역한 것이라는 사실을 아는 정도였다. 항시 '이 교회가 무슨 교회인가' 하는 궁금증을 가지고 있던 차에 봉천동에 있는 교회를 우연히 방문한 적이 있다. 아주머니 한 분이 연단에 서서 그저 일상적인 이야기를 계속해 나갔고, 실내에는 아이들의 울음소리도 있고 해서 교회의 의식치고는 그다지 엄숙하지 못하고 무슨 좌담회 같다는 인상을 받았던 것으로 기억한다. 예고 없이 방문했기 때문에 다른 교인들이 필자를 어색한 듯 쳐다보았던 것도 기억한다.

----

4 강돈구, 「신종교연구의 길」, 『한국종교』 23, 원광대종교문제연구소, 1998 참조.

그러던 중 2003년 여름부터 1년간 유타에 있는 브리검 영 대학에 교환교
수로 다녀올 기회가 있었다. 유타는 주지하다시피 몰몬교가 세운 주이고,
브리검 영은 이 교회의 2대 대관장[5]으로 브리검 영 대학은 이 교회에서
직접 운영하는 종합대학이다. 1년간 교회의 주요 기관들을 방문하고, 교회
집회에도 참석하는 등 나름대로 현지조사를 어느 정도 수행할 수 있었다.
처음에는 교회의 부정적인 이미지보다는 가능한 한 긍정적인 요소들을
찾아보고자 노력하였다. 그 결과 아래와 같은 몇몇 인상을 받게 되었다.

몰몬교의 여성들은 교회 내에서나 사회에서 매우 수동적일 것으로 예상
하였으나, 예상과 달리, 이들은 강인하고, 적극적이며, 사려가 깊고, 낙관
적인 성품을 지니고 있다는 것을 알 수 있었다. 한마디로 몰몬교의 여성들
은 모두 일종의 성직자 분위기를 느끼게 하였다. 그리고 이쪽 교회의 남성
들은 모두 비교적 지적인 듯 보였다. 이들 모두는 필요한 경우 교회의 중
요 임무를 맡아 수행할 만반의 준비를 항상 하고 있는 것처럼 보였다. 이
들은 농담이긴 하지만, 이쪽 교인 3인만 있으면 세계 어느 곳에서라도 단
독 교회를 세울 수 있다는 말을 할 정도이다.

몰몬교는 미국 내에서 꽤 오랫동안 핍박을 받아온 교회 가운데 하나이
다. 그러나 이 교회는 유타 내에서 다른 종교들과 우호적인 관계를 유지하
고 있는 것으로 보였다. 주지하다시피 유타는 몰몬교의 주요 활동 무대이
고, 유타 인구 중 다수가 이 교회 소속이다. 그런데도 이 교회의 본부 인근
에서 100여 년의 역사를 자랑하는, 그리고 교회 건물도 비교적 웅대한 가
톨릭교회와 장로교회가 자유롭게 활동하고 있는 것을 볼 수 있었다. 가톨

---

5 이 교회에서는 교회의 우두머리를 대관장President이라고 부른다.

릭 성당의 대대적인 보수를 위해서 얼마 전 이 교회가 보조금도 지원하였다고 한다.

이 밖에도 그리스정교회와 침례교를 포함해서 미국 내에서는 컬트cult로 분류되는 하레크리슈나 사원까지 활동하고 있는 것을 볼 수 있었다. 하레크리슈나 사원은 브리검 영 대학교에서 비교적 가까운 곳에 위치하고 있는데, 이 사원의 준공식에 이 대학교 총장이 참석하여 축사를 하였다고 한다. 오랫동안 미국 내에서 다른 종교와 주변 사회로부터 핍박을 받아온 몰몬교가 자신의 주요 근거지에서 다른 종교의 활동을 적극적으로 보장하고 있는 것은 특이한 상황이라고 하겠다.

다음으로 이 교회는 육체의 건강에 남다른 관심을 지닌 것으로 보였다. 이 교회에 다니는 사람들은 커피나 홍차 등 뜨거운 차와 담배와 술을 금하는 것으로 유명하다. 물론 이들 기호품에 대한 금지는 건강을 지키기 위한 것이다. 이 교회에 다니는 사람들은 건강하게 오래 사는 것을 신의 축복, 또는 인간이 해야 할 의무로 생각하고 있는 듯이 보였다. 이점은 칼빈파들이 재산의 많고 적음을 구원의 표시로 생각하는 것을 연상시킨다. 건강에 대한 관심은 이 교회의 교리와 밀접한 관련을 맺고 있다. 나중에 다시 살피겠지만 여기에서는 일단, 인간이 이 세상에 온 것이 육체를 지니기 위한 것이고, 인간은 육체를 지녀야 완전한 인간이 되고, 나아가 신의 경지에도 오를 수 있다는 이 교회의 교리가 이들로 하여금 육체의 건강에 지대한 관심을 가지게 하고 있다는 점을 지적하고자 한다.

유타에 있는 솔트레이크 성전temple 부근에 방문자센터가 있다. 방문자센터는 솔트레이크시티를 방문하는 이 교회 소속 사람들이나 외부인들에게 몰몬교를 소개하기 위해 만든 곳이다. 방문자센터를 구경하는 사람들은 마지막에 예수 그리스도의 커다란 그림이 벽에 붙어 있는 곳에서 기념 사진을 찍곤 한다. 좀 특이한 것은 예수가 천체들로 가득 찬 우주 공간에 서 있는 모습이다. 일반적으로 예수는 지구 내적인 존재earthly god로 이해 되고 있다. 그러나 이 교회에서는 예수가 소위 우주적인 신cosmic god으로 이해되고 있는 듯했다. 물론 예수가 우주를 배경으로 서 있는 그림도 이 교회의 교리에서 비롯된다.

일반적으로 몰몬교는 교리나 의식적인 면에서는 개신교에 가깝고, 조직 면에서는 천주교와 유사하다고 지적된다. 그러나 이 교회가 기독교인가 아닌가 하는 논란이 계속되고 있다. 이 교회는 스스로가 진정한 기독교라 고 믿고 있지만, 주요 교리 면에서 일반 기독교와 상이한 점이 많이 있기 때문에 일반 기독교에서는 이 교회를 기독교로 분류하는 것을 꺼리고 있 다. 필자가 1년간 유타에 있다가 귀국한 뒤 한국에서 이 교회를 대표하는 사람을 만났을 때 이 사람이 처음으로 한 말이 "1년간 이상한 교회를 공부 하고 왔다고 주변으로부터 곤혹을 치르지 않았는가?"라는 질문이었다. 미 국 내에서 이 교회는 우여곡절 끝에 교회church로 분류되고 있으나 우리나 라에서는 아직 섹트sect의 범주에 머물고 있는 것으로 보인다.

몰몬교는 프리메이슨Freemasonry에서 비롯되었다고 주장되는 한편, 경우 에 따라서는 17세기 유럽의 연금술에서 비롯되었다고 주장되기도 한다.[6] 천상결혼, 인간이 신이 된다는 등 이 교회의 주요 교리들이 이전의 비의적 인 종교들로부터 영향을 받았다는 주장이다. 따라서 이 교회는 미국적 영

---

6 John L. Brooke, *The Refinder's Fire: The Making of Mormon Cosmology, 1644-1844* (Cambridge: Cambridge University Press, 2001) 참조.

지주의american gnosticism라고 명명되기도 한다.[7]

이와 같이 이 교회는 미국의 주류 종교전통에서 벗어난 종교라는 인식이 팽배해 있는 반면, 한편으로는 미국의 종교적 상상력이 만들어낸 극히 미국적인 종교, 다시 말해서 아메리카니즘의 종교적 변형version이라는 인식,[8] 즉 이 교회는 가장 미국적이면서a microcosm of America, 나름대로의 독특성peculiarity을 지니고 있다는 견해 등이 동시에 존재한다.[9]

3. 몰몬교의 특징

3.1. 교리

몰몬교는 스스로 "나는 어디서 왔는가, 왜 이곳에 있는가, 죽은 다음에는 어찌 되는가?"라는 인류의 공통적인 세 가지 난제에 대해 명쾌하게 설명해준다고 말한다.[10] 하지만 이 교회의 교리는 확실성보다는 개연성이 큰 것으로 보인다. 따라서 혹자는 후기성도들이 무엇을 믿고 있는지를 설명하기보다는 오히려 이들이 무엇을 믿지 않는지를 설명하는 것이 쉬울

---

7 *Ibid.*, p. 301.

8 Richard N. Ostling and Joan K. Ostling, *Mormon America: The Power and the Promise*(New York: HarperSanFrancisco, 1999), p. Ⅹ Ⅸ. 물론 몰몬교를 하나의 새로운 종교로 보아야 한다는 주장도 제기되고 있다. Jan Shipps, *Mormonism: The Story of a New Religious Tradition*(Urbana: University of Illinois Press, 1987) 참조.

9 Thomas F. O'Dea, *The Mormons*(Chicago: University of Chicago Press, 1957), p. 21.

10 Coke Newell, *Latter Days: An Insider's Guide to Mormonism, the Church of Jesus Christ of Latter-day Saints*(New York: St. Martin's Griffin, 2000), p. xv.

수 있다고 말하기도 한다. 그 이유는 이들이 교리 자체보다는 실천을 중요하게 생각하고 있기 때문이다.[11]

이 교회에는 공식적인 교리와 개인이 믿고 있는 교리가 혼재해 있는 것으로 보인다. 이 교회는 직업적인 신학자를 가지고 있지 않기 때문에 논리적인 신학체계를 만들려고 하지도 않고, 또한 교회 당국자도 교리를 일관성 있게 설명하는 것에 그다지 관심이 없어 보인다. 예를 들면 이 교회의 핵심적인 교리 가운데 하나인 신관은 20세기에 들어와서야 정형화되었다고 주장될 정도이다.[12] 또한 이 교회는 "모든 것이 변한다"[13]는 생각, 다시 말해서 '진리는 변하고, 변화가 진리라는 생각[14]을 가지고 있기 때문에 이 교회의 교리를 체계적으로 파악하는 것은 쉬운 일이 아니다.

게다가 이 교회의 교리는 교회 내외로부터 비체계적이고, 비전문적 amateurish이라는 지적을 받아왔다. 오데아T. O'dea는 몰몬교의 신학이 평신도와 비전문가에 의해 논의되고 있다고 하였고,[15] 벨라R. N. Bellah는 이 교회가 구성원들의 궁극적이고 근본적인 문제에 대해 직접적인 해답을 주기보다는, 그들이 스스로 문제를 해결하도록 지원해주는 입장을 견지한다는 점을 지적하였다.[16] 혹자는 교리나 신학에 대한 이 교회의 이러한 입장을

---

11 Kurt Widmer, *Mormonism and the Nature of God: A Theological Evolution, 1830-1915* (Jefferson: McFarland & Company, Inc., 2000), p. 21.

12 *Ibid.*, p. 21, pp. 157-160.

13 Mark p. Leone, *Roots of Modern Mormonism*(Cambridge, Massachusetts : Harvard University Press, 1979) pp. vi-vii.

14 *Ibid.*, p. 212.

15 T. O'dea, *op.cit.*, pp. 229-230.

16 R. N. Bellah, "Religious Evolution" in *Beyond Belief*(New York: Harper and Row, 1970) pp. 43-44.

'개개인이 스스로 하는 신학do-it yourself theology'이라는 용어로 규정한다.[17]

따라서 이 교회의 교리를 짧은 지면을 이용해서 일목요연하게 정리한다는 것은 거의 불가능에 가깝다. 여기에서는 경전, 신관, 인간관, 구원관 등을 중심으로 이 교회의 교리를 간략히 정리해보도록 하자.

일반 기독교에서는 기독교가 신약시대 이후 로마의 국교가 되기까지의 과정을 교리가 정립되는 기독교 승리의 과정으로 인식하고 있는 데 비해, 몰몬교는 이 시기에 기독교가 기독교의 본질적인 측면을 상실했다고 생각한다.[18] 따라서 이 교회는 성전 개념, 그리고 죽은 자를 위한 침례 등 몰몬교의 특징적인 개념이나 의식이 오히려 사도시대의 그것과 유사하다고 주장한다.

몰몬교는 『바이블』과 『몰몬경』, 『교리와 성약Doctrine and Covenant』, 『값진 진주The Pearl of Great Price』를 자신들의 주요 경전으로 삼는다.[19] 그리고 이들은 주일학교에서 이들 경전을 각각 4년 주기로 1년씩 공부한다. 이들은 자신들이 구약과 신약, 즉 바이블을 신봉하는 진정한 크리스천이라고 주장한다.[20] 하지만 조셉 스미스에게 바이블은 계시를 통해서 계속해서 수정, 보완이 가능한 경전이었으며,[21] 바이블에 대한 이 교회의 역사상 주

---

17 Mark p. Leone, op.cit., pp. 171-172.

18 Todd M. Compton and Stephin D. Ricks, eds., Mormonism and Early Christianity (Salt Lake City: Deseret Book Company, 1987), p. vii.

19 이 교회에서는 자신들의 영어 경전을 이탤릭체로 표기하지 않는다. H. Wayne House, Charts of Cults, Sects & Religious Movements(Grand Rapids, Michigan: Zondervan Publishing House, 2000), p. 57. 하지만 여기에서는 편의상 학술적인 용례를 따르고자 한다.

20 Philip L. Barlow, Mormons and the Bible: The Place of the Latter-day Saints in American Religions(New York: Oxford University Press, 1991) 참조.

요 인물들의 입장도 계속해서 변화해왔다. 이들은 바이블이 신의 말씀이란 것을 믿으면서도 바이블에는 상호 모순되는 내용이 있기 때문에 그 내용을 말 그대로 믿을 수 없다고 말한다. 이들은 바이블의 여러 판본 가운데 교회 자체 내에서 발간한 흠정역King James Version을 사용한다.

'예수그리스도의 또 하나의 성약'이라는 부제가 붙어 있는 『몰몬경』은 「니파이 일서」에서 「모로나이서」까지 15개 부분으로 이루어져 있다. 『몰몬경』은 고대 미대륙에 살았다는 몰몬과 그의 아들 모로나이Moroni가 고대 아메리카의 역사를 서술한 책이다. 모로나이가 고대 미대륙의 역사가 기록된 금판을 현재의 뉴욕 주 구모라Cumorah에 묻어두었는데 나중에 조셉 스미스가 모로나이의 계시에 의해 이를 발견, 원래 고대 이집트어로 되어 있는 것을 영어로 번역하여 『몰몬경』이라는 이름으로 1830년에 발간하였다.[22]

『교리와 성약』은 조셉 스미스가 받은 계시를 주축으로 하고, 그의 후계자들이 받은 몇몇 계시들을 추가하여 엮은 책이다. 1835년에 최초로 발간된 『교리와 성약』에는 102개 편section이 수록되어 있었는데, 1876년과 1921년에 일부 수정되어,[23] 현재 사용하고 있는 『교리와 성약』에는 138개 편이 수록되어 있다.

---

21 *Ibid.*, pp. 43-73.

22 국내에서 『격암유록』이 최근에 쓰여진 책이라는 비판이 있듯이, 몰몬경도 오래 전의 기록이 아니라 19세기의 기록이라는 비판도 있다. 이러한 비판을 제기하는 사람들은 몰몬경에 19세기 전반 미국 신학계의 교리적인 논쟁이 수록되어 있다는 점을 그 이유 가운데 하나로 들고 있다. Jerald and Sandra Tanner, *The Changing World of Mormonism* (Chicago: Moody Press, 1981), p. 111.

23 Kurt Widmer, *op.cit.*, p. 10.

『값진 진주』에는 '예수그리스도후기성도교회의 초대 예언자, 선견자seer, 그리고 계시자인 조셉 스미스가 받은 계시, 그리고 그의 번역과 말씀의 발췌'라는 긴 부제가 붙어 있다. 이 책에는 8장으로 구성되어 있는 「모세서」, 5장으로 구성되어 있는 「아브라함서」,[24] 그리고 「조셉 스미스서Joseph Smith - History」가 포함되어 있다.

『몰몬경』에 의하면 이스라엘 후손의 일부가 기원전 2200년과 기원전 600년경 두 차례에 걸쳐서 아메리카로 이주해왔다. 첫 번째로 이주해 온 부족은 야렛족Jaredites이다. 이들은 언어가 혼동되어 족속들이 흩어지던 시기에 바벨탑을 떠나 아메리카로 이주해서 기원전 300년경까지 살았으나 신의 계명을 지키지 않아 멸망당했다고 한다.[25]

두 번째는 기원전 600년경 에레미아와 동시대의 예언자인 리하이Lehi가 야곱이스라엘의 열한 번째 아들인 요셉 후손들의 역사를 기록한 판들을 가지고 아메리카로 이주해온 것이다.[26] 리하이의 후손이 두 무리로 나뉘어 서로 경쟁을 하면서 기원후 4세기 중반까지 북미와 남미, 태평양 일대에서 살았다. 두 무리는 리하이의 두 아들의 이름을 따라 레이맨인Lamanites과 니파이인Nephites으로 불린다. 니파이인은 레이맨인보다 신의 계명을 더 따랐는데도 불구하고, 4세기 중반 두 무리의 전투에서 레이맨인이 승리하고 니파이인은 몰살당했다. 레이맨인이 니파이인을 멸망시키자, 신의 저주로 레이맨인의 피부가 검게 변하였다.[27] 현재 아메리카 인디언과 태평양 일

---

24 「아브라함서」는 1876년에 경전에 포함되었다. *Ibid.*, p. 9.
25 『몰몬경』의 「이더서」 참조. 이더는 야렛의 28대 자손이라고 한다. 리그랜드 리챠즈, 『기이한 업적』(말일성도예수그리스도교회, 1998), 169쪽.
26 Coke Newell, *op.cit.*, p. 27-28.

대의 원주민은 레이맨인의 후손이다.[28]

몰몬교에 의하면 아담은 이전 시기의 미가엘로 예수를 도와 세상을 창조한 인물이며, 본래 현재의 이스라엘 어딘가가 아니라 미국의 미주리에서 930년을 살았다.[29] 아담의 후손이 그 뒤 서서히 동쪽으로 이주하며 살았는데 노아의 홍수도 미시시피 강 유역,[30] 또는 캐롤라이나 부근의 대서양[31]에서 있었으며, 십자가에서 부활한 예수가 이스라엘에 이어 아메리카에 와서 복음을 전하고 승천하였다.

후기성도들은 자신들을 이스라엘야곱의 후손, 그 가운데에서도 야곱의 열한 번째 아들인 요셉, 그리고 요셉의 두 번째 아들인 에브라임의 후손으로 여긴다. 이들에 의하면 인류는 후기성도, 유대인, 그리고 이들을 제외한 이방인들로 구성되어 있으며,[32] 유럽의 이방인들이 아메리카에 와서 역시 이스라엘의 후손인 아메리카 인디언들에게 복음을 전할 것이라고, 부활한 예수가 말하였다.[33]

예수는 이스라엘의 열 지파를 회복시킨 다음, 예루살렘과 시온성새 예루살렘 두 곳에 수도를 정하고, 인류를 통치한다.[34] 시온성은 미주리에 있는

....

27 「니파이 1서」 12장 23절.
28 이들의 주장에 의하면 아메리카 인디언들이 모두 이스라엘의 후손은 아니다. 이들과 달리 베링해를 건너온 사람들의 후손도 아메리카 인디언에 속해 있다고 한다. Coke Newell, *op.cit.*, pp. 255-256.
29 *Ibid.*, p. 23.
30 *Ibid.*, p. 26.
31 Jerald and Sandra Tanner, *op.cit.*, p. 23.
32 Coke Newell, *op.cit.*, p. 28.
33 *Ibid.*, p. 55.
34 초기 몰몬교는 전천년왕국설premillenialism의 입장을 견지하였으나, 1920년대 이후 천년

잭슨 카운티가 될 것이다.[35] 예수의 재림을 전후해서 유대인들이 개심을 하는데,[36] 이들은 예루살렘으로 집합하며, 에브라임의 후손인 후기성도들은 시온으로 집합한다.[37]

『몰몬경』에는 유일신론과 교체신론henotheism이 동시에 존재한다. 1844년 봄 연차대회에서 조셉 스미스가 행한 설교[38]를 통해서 이 교회의 신관이 유일신론에서 교체신론으로 변경되었다.[39] 이 교회의 신은 과거에 인간이었으며, 그가 최초의 신도 아니며, 세계를 창조할 때 무로부터 창조한 것이 아니라 이미 존재하고 있는 것들을 이용하였고, 육체를 지니고 있기 때문에 동시에 여러 곳에 존재할 수도 없다.[40] 다시 말해서 그는 인간과 마찬가지로 우주의 물리법칙에 제한을 받는다.[41] 하지만 그는 영의 매체나 천사의 영역을 통해서 어떤 일도 어느 곳에서나 행할 수 있다.[42] 그리고

왕국에 대한 갈망이 쇠퇴하였다고 한다. Grand Underwood, *The Millenarian World of Early Mormonism*(Urbana: University of Illinois, 1999), p. 141.

35 북미 대륙이 신의 선민들을 위해 선택된 땅이라는 관념은 이 교회가 생기기 이전에 이미 북미 대륙에 널리 퍼져 있었다. 그리고 1844년부터 이 교회도 북미 대륙 전체가 시온이라는 관념을 수용하였다. Kurt Widmer, *op. cit.*, p. 5. 혹자는 남미 대륙 전체를 시온이라고 하기도 한다. 브르스 알 맥콩키 편, 『구원의 교리 III』, 재단법인 말일성도 예수그리스도교회, 1978, 64-65쪽.

36 브르스 알 맥콩키 편, 위의 책, 7-8쪽.

37 위의 책, 61쪽.

38 'the King Follett discourse'라고 부른다.

39 Kurt Widmer, *op. cit.*, p. 21.

40 Bill McKeever and Eric Johnson, *Mormonism 101: Examining the Religion of the Latter-day Saints*(Grand Rapids: Baker Books, 2000), pp. 23-39.

41 Mark p. Leone, *op. cit.*, p. 31.

42 김차봉, 「하나님과 그리스도에 대한 명쾌한 교리와 가르침」, 신호범 외, 『기적의 역사 －유토피아를 건설하는 세계적 종교의 등장』, 삶과 꿈, 1994, 209-211쪽.

이 세상에는 신이 하나이지만, 다른 세상에는 또 다른 신들이 무수히 많이 있다.

이 교회에 의하면 예수는 여호와이며, 신의 지시를 받고 이 세상을 창조하였다.[43] 그는 일반 기독교에서 말하듯 성신에 의해 태어난 것이 아니라, 신과 마리아의 말 그대로의 육체적 결합을 통해 이 세상에 태어났다.[44] 그리고 성신은 육체를 가지고 있지 않으며 신과 예수를 증거하는 존재이다.[45] 따라서 몰몬교는 일반 기독교에서 말하는 삼위일체 교리를 거부하며, 이들에 의하면 삼위는 각기 다른 존재이며 단지 목적만을 같이할 뿐이다.[46]

한편, 인간은 본래 영원한 물질인 지혜intelligence[47]로 존재하고 있었다. 지혜는 본래부터 있었던 것으로 창조된 것이 아니며 또한 영원히 존재한다. 이 지혜가 신과 그의 부인에 의해 전세에 영체영적 존재로 태어났는데 이 영체를 '첫째 지체first estate'라고 부른다.[48] 이 수십 억의 영적 자손spirit children들이 신과 함께 하늘에 있는 영적 세계spirit world에 살고 있었다. 이 영적 존재들은 계속해서 진보를 해야만 하는데, 궁극적으로는 육체를 가져야만 신과 같은 존재가 될 수 있다. 신의 영적 자손들 가운데 장손에 해당하는 여호와예수와 루시퍼가 구원사업을 서로 맡고자 하였다. 루시

43 브르스 알 맥콩키 편, 『구원의 교리 Ⅰ』, 재단법인 말일성도예수그리스도교회, 1978, 70쪽.

44 Bruce R. McConkie, *Mormon Doctrine*(Salt Lake City: Bookcraft, 1979), p. 547.

45 김차봉, 앞의 글, 215쪽.

46 Bill McKeever and Eric Johnson, *op. cit.*, pp. 51-57.

47 지혜는 생명life, 마음mind, 진리의 빛the light of truth이라고도 한다.

48 브르스 알 맥콩키 편, 앞의 책, 56쪽.

퍼[49]는 모든 존재를 구원하려는 계획을 가지고 있었으나 이것이 신에게 받아들여지지 않았다. 그러자 영적 자손들의 1/3이 루시퍼 편을 들고 싸움을 벌였으나 영적 세계에서 추방되어 육체를 가지지 못한 영적 존재로 지상에서 살면서 계속해서 신의 구원사업을 방해하고 있다. 그러나 여호와는 미가엘아담의 도움을 받고 지구를 창조하였다.[50]

아침의 아들이며 전생에서 최초로 태어난 영적 존재이며, 구약에서 말하는 여호와가 영원불멸의 존재인 아버지 신과 지상의 여인 마리아 사이의 육체적 결합에 의해 지구상에 태어났다. 그는 모친으로부터는 멸성 mortality을, 그리고 부친으로부터는 불멸성을 부여받았다.[51] 그리고 일반적으로 말해지고 있듯이 아담과 이브의 타락은 타락이 아니라 그들의 위대한 선택이었다. 이로 인해 인류가 원래 계획되었던 멸성을 가지게 되어 신적 존재가 될 수 있는 길이 열렸다.[52]

전생에 있던 영적 존재들은 육신을 가지려고 치열하게 노력한다.[53] 이들은 부부의 결합에 의해 이 세상에서 '둘째 지체second estate' 즉 육신을 가진 존재로 태어난다. 전세의 생활이 현세의 생활에 영향을 미치는데, 피부색 등 유리하거나 불리한 조건을 갖고 태어나는 것은 그런 이유에서

49 현재 운위되고 있는 사탄을 말한다. Coke Newell, op.cit., p. 21.
50 Coke Newell, op.cit., pp. 7-12.
51 Ibid., p. 33.
52 Ibid., p. 17.
53 이러한 이유로 인해 이 교회에서는 한때 일부다처제와 조혼을 선호하였다. George W. Bivens, 500 Little-known Facts in Mormon History(Springwill, Utah: Bonneville Books, 2002), p. 132. 그리고 현재도 다산을 선호하고 산아제한을 잘못된 것으로 생각한다. 브르스 알 맥콩키 편, 『구원의 교리 Ⅱ』, 재단법인 말일성도예수그리스도교회, 1978, 77쪽.

이다.[54] 예수의 죽음과 부활로 인해 인간의 속죄가 가능해졌다. 하지만 인간은 은혜grace뿐만 아니라 인간 개개인의 행위work에 의해서 구원을 받는다.

인간은 죽으면 부활할 때까지 거처하는 '영의 세계'로 간다. 영의 세계는 낙원paradise과 영옥靈獄, spirit prison-hell 두 곳이 있는데 현세에서 의롭게 살던 영은 낙원에, 그렇지 못한 영은 영옥으로 간다.[55] 하지만 예수의 공적에 의해 이 두 지역은 왕래가 가능해졌다. 따라서 낙원에 있는 올바르게 살다가 죽은 영들이 영옥에 있는 그렇지 못한 영들에게 복음을 전파할 수 있다.[56] 대리침례는 바로 영옥에서 복음을 받아들인 자들을 위해 현세에서 대리로 침례를 해주는 것으로 몰몬교에서는 매우 중요한 성전의식 가운데 하나이다.

낙원에 있는 영들은 예수가 재림하여 복천년이 시작될 때 부활한다. 그리고 영옥에 있는 영들은 복천년이 끝난 뒤 심판의 때에 드디어 부활한다.[57] 심판 후 인간은 각각 천국과 지옥으로 갈 것이다. 천국은 다시 별의 왕국telestial kingdom, 달의 왕국terrestrial kingdom, 해의 왕국celestial kingdom 세 지역으로 나뉜다. 별의 왕국에는 사악한 사람들이 가며, 달의 왕국에는 복음을 받아들이지는 않았지만 그래도 의롭게 산 사람, 그리고 비열성적인 후기성도들이 갈 것이다. 해의 왕국은 다시 세 지역으로 나뉜다. 그

---

54 브루스 알 멕콩키 편, 『구원의 교리 I』, 재단법인 말일성도예수그리스도교회, 1978, 56-57쪽.
55 김차봉, 앞의 글, 236-237쪽.
56 Bruce R. McConkie, op.cit., pp. 755-816.
57 김차봉, 앞의 글, 238-239쪽.

가운데 가장 좋은 곳은 신이 된 인간들이 가는 곳이다. 이곳에서 신이 된 인간들은 자신의 가족과 함께 영원히 살며, 계속해서 자손을 낳아 자신이 할당받은 지역을 관장한다. 그가 하는 일은 현재 이 교회의 신이 했고, 앞으로 할 일을 계속해서 반복하게 될 것이다.[58]

3.2. 의식과 조직

몰몬교의 주요 의식은 안식일 모임, 연차대회, 그리고 성전의식을 통해서 살펴볼 수 있다. 일반 기독교의 일요 예배가 대략 1시간 정도 소요되는 것에 비해 이 교회의 일요 예배는 3시간가량 소요된다. 안식일 모임은 세 부분으로 나뉘는데 처음은 이 교회의 경전을 공부하는 시간이고, 둘째 부분은 교회의 회원들이 직위별로 나뉘어 하는 공부 시간이고, 셋째 부분이 일반 기독교에서 행하는 예배와 유사하다. 그러나 성찬식에 해당하는 셋째 부분은 일반 기독교의 목사에 해당하는 감독의 설교보다는 교회의 평신도 중심의 간증이 주종을 이룬다는 점에서 일반 기독교의 그것과 커다란 차이가 있다.

연차대회는 이 교회의 본부가 있는 솔트레이크시티에서 1년에 두 번 거행한다. 연차대회에는 대관장과 십이사도, 그리고 칠십인 정원회 등이 소속되어 있는 교회의 총관리역원과 일반 회원들이 참석하여 개최되는데, 주로 대관장 이하 총관리역원들이 이틀에 걸쳐서 돌아가면서 '말씀'을 전하는 형식을 취한다. 연차대회의 진행 모습은 각국의 언어로 동시통역되

---

58 Bill McKeever and Eric Johnson, op.cit., pp. 177-181.

어 실시간으로 세계 각지로 전파되는데 그때에는 세계 각지의 회원들이 연차대회에서 전하는 '말씀'을 경청하여야 한다. 연차대회가 몰몬교에서 중요한 이유는 이 회의에서 대관장 이하 총관리역원들의 '말씀'을 통해 신의 뜻이 계시로 전해진다고 믿고 있기 때문이다.[59]

몰몬교에서 가장 중요한 의식은 역시 성전의식temple worship이다. 성전은 신의 집이며 기도하는 집이고 신으로부터 개인적인 계시를 받는 곳이다.[60] 성전의 기원은 멀리는 구약의 법궤, 솔로몬 성전, 그리고 예수 직전의 헤롯 성전으로 거슬러 올라간다.[61] 따라서 이들은 자신들의 성전과 성전의식이 본래 기독교에서 행해져왔던 것이라고 주장한다.[62] 솔트레이크시티에 있는 성전은 우주를 축소시킨 모습을 하고 있다고 하며,[63] 각 지역의 성전은 모두 동쪽을 바라보고 있으나,[64] 겉모습은 모두 다르다.

이 교회 최초의 성전은 오하이오 주 북동쪽에 있는 커틀랜드에 세워진 성전이다. 성전의식은 조셉 스미스가 프리메이슨으로부터 영향을 받아 만든 뒤에[65] 브리검 영에 의해 수정되어 제도적으로 완성되었다. 앞에서도 여러 차례 지적하였듯이 이 교회는 계시의 계속성을 믿고 있기 때문에

---

59 Coke Newell, op.cit., p. 259.
60 David John Buerger, The Mysteries of Godliness: A History of Mormon Temple Worship(San Francisco: Smith Research Associates, 1994), p. 180.
61 Richard O. Cowan, Temples to Dot the Earth(Springville, UT: Cedar Fort, 1997), pp. 3-13.
62 Todd M. Compton and Stephin D. Ricks, ed., op.cit. 참조.
63 Don E. Norton, ed., Temple and Cosmos(Salt Lake City: Deseret Book Company, 1992), pp. 16-17.
64 Ibid., pp. 36-37.
65 David John Buerger, op.cit., pp. 53-55.

이후에도 계속해서 성전의식은 수정 과정을 거쳐 오늘에 이르고 있다.

성전에는 아무나 들어가는 것이 아니라 침례를 받은 회원 가운데 스테이크 부장[66]의 성전추천서를 받은 사람만이 들어갈 수 있다. 이곳에서 행하는 주요 의식[67]은 엔다우먼트endowment, 결혼식, 그리고 죽은 자를 위한 대리침례the proxy baptism이다. 엔다우먼트는 성전추천서를 받은 사람이 성전에 가서 특별한 의식을 거쳐 천국에 들어갈 수 있는 비밀스런 증표를 받는 의식이다.[68] 다시 말해서 엔다우먼트는 '해의 왕국'에 들어갈 수 있는 열쇠를 받는 의식으로, 이 의식을 통해 인간은 신의 권능을 부여받는다.

성전에서 행하는 결혼식을 통해 남편과 부부는 영원한 부부관계를 맺게 된다. 성전 결혼식은 최고의 천국인 '해의 왕국'에 가기 위해서 반드시 필요하다. 부부는 '해의 왕국'에서 자신들의 조상, 그리고 후손들과 함께 영원히 살며, 또한 자손들을 계속해서 생산할 수 있다.

복음을 듣지 못하고 죽은 자들이 구원받지 못한다는 관념은 정의와 자비의 신 관념에 부합할 수 없다는 것이 몰몬교의 주장이다. 낙원에 있는 올바르게 살다가 죽은 영들이 영옥에 있는 그렇지 못한 영들에게 복음을 전파하고, 영옥에 있는 영들이 복음을 받아들이면 산 사람이 영옥에 있는 영들을 대신해서 침례를 행한다. 대리침례를 받은 영은 심판의 때에 부활하여 지옥이 아니라 천국으로 갈 수 있다.[69] 이런 의미를 지닌 대리침례를

---

66 천주교의 주교에 해당한다고 할 수 있다.
67 다음의 책에 성전의식에 관한 간략한 설명이 있다. Teena Kimble, *The Mormon Way: A Guide to the Mormon Life-Style*(Salt Lake City: Bookcraft, 1981), pp. 70-79.
68 Bill McKeever and Eric Johnson, *op.cit.*, pp. 207-226.
69 1997년 현재 1억 4천 명 가량의 죽은 이들이 침례를 받았다고 한다. *Ibid.*, p. 215.

위해 몰몬교는 족보사업에 남다른 관심을 보인다.

몰몬교는 중앙집권적인 조직을 지니고 있다. 이 교회에는 일반적인 의미의 성직자가 없으며, 평신도 중에서 역원이 선택되며 이들은 봉사의 대가를 받지 않는다.[70] 따라서 혹자는 이 교회가 평신도 운동의 성격을 지니고 있다고 말하기도 한다.[71] 이 교회의 남자는 적절한 과정을 거쳐 소위 신권을 소유하게 된다. 신권에는 아론 신권과 멜기세덱 신권이 있는데, 아론 신권을 소유한 사람은 침례를 줄 수 있는 권한을 지니며, 멜기세덱 신권을 소유한 사람은 사도apostleship의 직분에 임명될 수 있는 권한을 지닌다. 아론 신권은 예비적 신권이며, 멜기세덱 신권은 교회 안의 일체의 직무를 행할 수 있는 권능을 말한다.[72] 최근까지 흑인은 이 교회에서 신권을 소유할 수 없었으나 1978년부터 흑인도 신권을 소유할 수 있게 되었다.[73]

교회의 최고 정점에는 대관장단the First Presidency이 있다. 대관장단은 대관장과 그를 보좌하는 2인을 포함해서 3인으로 구성되어 있다. 대관장은 신의 대변자로 교회의 중요 사항을 신의 계시를 통해서 최종적으로 결정하는 존재이다. 대관장단 아래 12인으로 구성되는 십이사도회the Council

---

70 서희철, 「한국의 예수그리스도후기성도교회」, 신호범 외, 『기적의 역사 — 유토피아를 건설하는 세계적 종교의 등장』, 삶과 꿈, 1994, 352쪽. 1995년 현재 보수를 받고 전임으로 교회 일만을 하는 사람들은 100여 명뿐이다. Frank S. Mead(revised by Samuel S. Hill), *Handbook of Denomination in the United States*(Nashville: Abingdon Press, 1995), p. 169.

71 *Ibid.*, pp. 168-169.

72 『신권의 의무와 축복 — 제1과정』, 재단법인 말일성도예수그리스도교회, 1980, 18쪽.

73 흑인의 신권 소유 문제는 Newell G. Bringhurst and Darron T. Smith, eds., *Black and Mormon*(Urbana: University of Illinois Press, 2004) 참조.

of the Twelve Apostles가 있다. 십이사도회는 대관장단의 지시 아래 교회의 일체 사항을 감독하며, 특히 선교사업위원회를 구성한다. 십이사도회 아래 칠십인 정원회가 있다. 교회는 큰 지역Area, 지역regions, 스테이크stake, 와드ward[74]로 세분되는데 칠십인 정원회는 큰 지역을 관리한다. 우리나라의 교회는 북아시아 큰 지역Asia North Area에 속하는데 큰 지역을 직접 관리하는 조직이 다시 3인으로 구성되어 있는 지역 회장단이다.

교회 조직과 별도로 각 지역을 담당하는 선교부가 따로 구성되어 있어 어느 의미에서 몰몬교는 이원적으로 운영된다고도 할 수 있다. 선교부에 소속된 선교사들은 남자의 경우 2년, 여자의 경우 1년 반을 각 지역에서 자비로 선교활동을 하는데 최근의 선교사 수가 6만 여 명에 달한다고 한다. 선교사들의 활동이 이 교회의 성장에 큰 기여를 해온 것은 말할 필요도 없다.

4. 몰몬교의 기원과 전개

1805년에 버몬트 주 샤론에서 태어난 조셉 스미스[75]는 뉴욕 주의 서부에 있는 팔마이라라는 마을에서 1820년에 실물 그대로 육체를 지니고 있는 '하나님 아버지'와 예수 그리스도를 친견하고 그들로부터 당시의 모든 종교가 잘못되었다는 계시를 받았다.[76] 당시 그 지역에는 장로교, 감리교,

---

74 스테이크는 교구, 와드는 개별 교회에 해당한다.
75 조셉 스미스에 대해서는 Fawn M. Brodie, *No Man Knows My History: The Life of Joseph Smith*(New York: A Division of Random House, Inc, 1995) 참조.

침례교가 각축을 벌이고 있어서 조셉 스미스는 어느 종교가 참된 종교인 지에 대해 많은 고민을 하고 있었다. 1830년에 그는 뉴욕 주 파이에트에서 교회를 설립, 교회 이름을 '그리스도의 교회the Church of Christ'라고 하였다가 1837년에 교회 이름을 예수그리스도후기성도교회로 변경하였다.[77] 초기 에 이 교회에 참여한 사람들은 당시 그 지역에 널리 퍼져 있던 천년왕국운 동과, 초대 기독교로의 복원을 주장하는 여러 분파들로부터 영향을 많이 받았다.[78]

몰몬교는 이후 교회 내 반대 세력의 공격과 주변 사회로부터의 압박을 받고 오하이오 주, 미주리 주를 거쳐 일리노이 주의 나부에 일단 정착하였 다. 1844년 조셉 스미스가 주정부가 관리하는 감옥에서 폭도들로부터 피 살을 당하자 당시 십이사도회의 대표인 브리검 영[79]이 교단의 대표직을 승계하였다. 조셉 스미스가 살아 있을 당시 후기성도들은 오하이오 주의 커틀랜드, 미주리 주의 인디펜던스와 파웨스트, 그리고 일리노이 주의 나 부에 집중적으로 살고 있었다.[80] 브리검 영의 대표직 승계를 반대하는 사

---

76 미국 몰몬교의 역사에 대해서는 아래의 책을 참조할 수 있다. 교회교육기구 편, 『때가 찬 시대의 교회사』, 말일성도예수그리스도교회, 2000; 고든 비 힝클리,『회복된 진리: 말일성도예수그리스도교회 약사』, 말일성도예수그리스도교회, 1991; 말일성도 예수그리스도교회, 『우리의 유산: 말일성도예수그리스도교회 약사』, 1996; Richard L. Bushman, *Joseph Smith and the Beginnings of Mormonism*(Urbana: University of Illinois Press, 1984); Jan Shipps, *op.cit.*; George D. Smith, ed., *Faithful History: Essays on Writing Mormon History*(Salt Lake City: Signature Books, 1992).

77 Coke Newell, *op.cit.*, p. 4.

78 Kurt Widmer, *op.cit.*, p. 5; John C. Bennett, *The History of the Saints*(Urbana : University of Illinois, 2000), p. xi.

79 브리검 영에 대해서는 Richard Neitzel Holzapfel & R. Q. Shupe, *Brigham Young : Images of a Mormon Prophet*(Salt Lake City: Eagle Gate, 2000) 참조.

80 Kurt Widmer, *op.cit.*, p. 5.

람들이 여러 분파를 형성하였는데, 그 가운데 대표적인 교단이 조셉 스미스의 아들을 중심으로 결성된 '그리스도 공동체the Community of Christ'이다.

브리검 영은 자신을 따르는 후기성도들을 인솔하여 1846년 2월 나부를 출발, 같은 해 7월 솔트레이크시티에 도착하여 그 지역 일대를 개척하기 시작하였다. 이후 대륙횡단철도가 유타를 통과하게 된 1869년까지 22년에 걸쳐 1,300마일의 대평원을 횡단하여 솔트레이크시티로 온 후기성도의 수는 8만여 명에 달하였으며, 이 가운데 약 6천여 명이 중간에 사망하였다.[81]

19세기 후반 미국에서는 종교의 자유를 보장해주어야 한다는 여론과 함께 로마 가톨릭과 몰몬교와 같은 소위 '이국적인 파충류들foreign reptiles'이 미국 전역을 기어 다녀서는 안 된다는 여론이 있었다.[82] 당시 미국은 중국인 문제the China Question, 아메리카 인디언 문제the Indian Question와 함께 몰몬교 문제the Mormon Question를 심각한 문제로 인식하고 있었다.[83]

그러나 브리검 영이 대관장으로 있는 동안 후기성도는 2만 6천여 명에서 13만 5천여 명으로 성장하여 이후 이 교회가 급성장하는 터전이 마련되었다.[84] 후기성도는 솔트레이크시티를 중심으로 유타, 아이다 호 남부, 그리고 아리조나 북부에 주로 거주하였다. 이들의 개척에 힘입어 유타가 1850년에 준주準州가 되고 1896년에 주로 승격될 수 있었다. 이렇게 되기까지 물론 이 교회는 많은 시련을 겪어야만 했다.[85]

---

81 김차봉, 앞의 글, 307쪽.
82 Sarah Barringer Gordon, *The Mormon Question: Polygamy and Constitutional Conflict in Nineteenth Century*(Chapel Hill: The University of North Carolina Press, 2002), p. 143.
83 *Ibid.*, p. 205.
84 Richard N. Ostling and Joan K. Ostling, *op.cit.*, p. 55.
85 당시 이 교회가 별종이라는 인식이 팽배해 있었으나, 이 교회가 당시 미국의 지배적인

조셉 스미스가 1820년 최초로 계시를 받은 후 이 교회의 역사에서 중요한 국면 전환이 몇 번 있었다. 첫째는 이 교회가 나부(7년간 : 1838-1844)에 있을 때이다. 그때 조셉 스미스는 성전 관련 신앙을 천명하고, 그 안에서 행하는 의식을 정하였다. 둘째는 1890년 일부다처제 시행을 중지한 때이다. 셋째는 1978년 흑인을 포함해서 모든 남성들이 신권을 소유할 수 있다는 점을 천명한 때이다.[86] 최근에 이 교회는 여러 특징적인 움직임을 보이고 있는데 이 움직임은 계시, 현대 예언자, 계보 찾기, 성전의식, 선교, 가족이라는 핵심 단어로 요약해볼 수 있다.[87]

2000년 현재 전 세계 1,100만여 명의 교인 가운데 1세대 교인이 69%인데, 미국과 캐나다를 제외하면 그 수치는 90%라고 한다.[88] 그리고 몰몬교는 현재 미국 내에서 도시 중산층으로 주로 사업에 종사하는 사람이 비교적 많은 국제적인 종교로 평가받고 있다.[89] 이렇게 급성장하는 추세 속에서 현재 이 교회는 정체성의 유지라는 문제에 직면하여 최근에 보다 근본주의적인 성향을 보이고 있는 것으로 보인다.[90]

조셉 스미스 당시 주변 사회로부터 압박을 받는 상황 속에서도 이 교회

사상이었던 공화사상republican ideology을 공유하고 있었다는 점에서 그들을 긍정적으로 평가해야 한다는 주장도 있다. Kenneth H. Winn, *Exiles in a Land of Liberty: Mormons in America, 1830-1846*(Chapel Hill: The University of North Carolina Press, 1989) 참조.

86 Glen M. Leonard, *op.cit.*, pp. xvii-xviii.
87 Armand L. Mauss, *The Angel and the Beehive: The Mormon Struggle with Assimilation* (Urbana: Univesity of Illinois Press, 1994), pp. 77-101.
88 Coke Newell, *op.cit.*, p. 185.
89 Mark p. Leone, *op.cit.*, p. 1.
90 Armand L. Mauss, *op.cit.*, pp. 157-176.

는 유럽 등지에 선교사를 꾸준히 파견하였다. 당시 선교사들의 활동에 힘입어 유럽에서 개종한 후기성도들이 미국으로 이주하였으며 경우에 따라서는 유타로 직접 이주해온 유럽인도 적지 않았다. 후기성도가 최초로 유타에 도착한 바로 5년 뒤인 1852년에 브리검 영은 아시아에 선교사를 보낼 것을 결정하였다.[91] 그리하여 1853년 홍콩에 3명의 선교사가 파견되었으나 별다른 성과를 보지 못했다.[92] 1949년과 1950년에 홍콩을 중심으로 다시 선교활동을 벌였으나 곧바로 철수하고 1955년에 다시 선교활동을 재개하였다. 중국에는 현재 북경과 상해, 마카오에 각각 지부branch가 하나씩 있는데 주로 외국인들이 소속되어 있는 것으로 보인다.[93] 홍콩에는 스테이크 5개, 선교부가 1개, 성전이 1개 있는데 전체 교인 수는 2만 명 남짓이다.

일본에서는 1901년에서 1924년까지 선교사들의 활동에 힘입어 166명의 교인을 확보할 수 있었다.[94] 그러다가 1948년 아시아 최초로 선교부를 설립하고 선교활동을 재개하였다.[95] 일본에는 현재 스테이크 30개, 선교부 8개, 성전 2개가 있으며 교인 수가 11만 명 남짓이다.[96] 일본의 기독교인

91 Spencer J. Palmer, *The Church Encounters Asia*(Salt Lake City: Deseret Book Company, 1970), p. 27.
92 *Ibid.*, pp. 27-30.
93 *2001-2002 Church Almanac*, p. 308.
94 초기 일본 몰몬교에 대한 사회로부터의 인식은 아래의 글을 참조할 수 있다. Takagi Shinji, "Mormons in the Press: Reactions to the 1901 Opening of the Japan Mission", *BYU Studies*, vol. 40, no. 1, 2001, pp. 141-175.
95 일본의 경우 패전 직후 일본 몰몬교의 상황은 아래의 글을 참조할 수 있다. Takagi Shinji, "The Eagle and the Scattered Flock: Church Beginnings in Occupied Japan, 1945-48", *Journal of Mormon History*, vol. 28, no. 2, 2002, pp. 104-138; Takagi Shinji, "Riding on the Eagle's Wings: The Japanese Mission under American Occupation, 1948-52", *Journal of Mormon History*, vol. 29, no. 2, 2003, pp. 200-232.

가운데 10%가 이 교회 회원이라고 한다.[97]

한국에는 1956년 4월에 선교사 2명이 파송되어 공식적인 선교활동을 시작하여 1962년에 선교부가 설립되어 오늘에 이르고 있다.[98] 이보다 앞서 미국에 유학중이던 김호직이 1951년에 한국인 최초로 침례를 받았는데, 한국에서 이후 이 교회가 발전하는 데 김호직의 역할은 매우 중요하였다.[99] 초기에 이 교회의 문을 두드린 사람들은 거의가 중·고등학생이나 대학생이었으며,[100] 1970년대까지 이 교회 회원의 성 분포를 보면 남자가 여자보다 많았다고 한다.[101] 1980년대까지 급격한 성장을 보인 한국 교회는 현재 스테이크 17개, 선교부 4개, 성전 1개에 교인 수가 7만 명 남짓이다.[102]

5. 나오는 말

지금까지 우리는 몰몬교의 교리와 의식 그리고 조직을 중심으로 그 특징을 살피고, 이어서 이 교회의 기원과 역사적 전개를 미국과 동아시아를

96 *Ibid.*, pp. 347-351.

97 김차봉, 앞의 글, 55쪽.

98 Spencer J. Palmer, *op.cit.*, p. 91.

99 서희철, 「한국의 예수그리스도후기성도교회」, 신호범 외, 『기적의 역사 - 유토피아를 건설하는 세계적 종교의 등장』, 삶과 꿈, 1994, 331쪽.

100 앞의 글, 333쪽.

101 Spencer J. Palmer, *The Expanding Church*(Salt Lake City: Deseret Book Company, 1978), p. 144.

102 한국 교회의 초기 상황은 아래의 책을 참조할 수 있다. 스펜서 제이 팔머·셜리 에이치 팔머, 『한국의 초기 말일성도-개인역사선집』, 영진문화사, 1992.

중심으로 살펴보았다. 현재 몰몬교는 전 세계적으로 1,100만 명 정도의 회원을 가진 것으로 추정되며 가장 빨리 성장하고 있는 교회로 주목을 받고 있다. 이 교회는 이미 10여 년 전에 소유 부동산이 2억 5,000만 달러에 달하고 1년 수입이 5,000만 달러에 달하였다고 한다. 몰몬교는 미국에서 시작한 종교이지만 현재 미국 이외의 지역에 거주하는 회원 수가 미국에 거주하는 회원 수를 능가하고 있다.[103] 이 점에서 이미 이 교회는 세계적인 종교의 모습을 갖추었다고 해도 과언이 아닐 것이다.

몰몬교의 특징은 이 글에서 살피지는 않았지만 이 밖에도 족보사업, 복지사업, 가족 중심의 신앙[104] 등 짚고 넘어갈 문제가 여전히 많이 남아 있다. 이런 문제들은 차후에 다루기로 하고 여기에서는 몰몬교에 대한 필자 나름의 소회를 몇 가지 나열하는 것으로 맺음말에 대신하고자 한다.

첫째, 평신도 위주로 운영되는 이 교회는 여러 가지 장점을 지니고 있는 반면, 이러한 조직상의 특징이 종교간 교류와 대사회적 활동을 하는 데 오히려 지장을 초래하는 경우가 있을 수 있다. 예를 들어 종교지도자들의 모임이 있을 경우 이 교회는 사회 통념적인 의미의 성직자를 보유하고 있지 않기 때문에 누구를 참여시킬 수 있을지 문제가 제기된다.

둘째, 몰몬교는 현재 남미나 아프리카 등지에서 급성장을 지속하고 있는 데 비해 우리나라에서는 성장이 둔화되고 있다는 지적이 있다. 그 이유를 여러 가지 측면에서 고찰해볼 수 있을 것이다. 대체로 외국에서 들어온

---

103 Richard N. Ostling and Joan K. Ostling, *op.cit.*, p. xiv.
104 가족 중심의 교리와 실천을 중심으로 몰몬교와 통일교를 비교한 연구로 아래의 책을 참조할 수 있다. Ji-il Talk, *Family-Centered Belief & Practice in The Church of Jesus Christ of Latter-day Saints & The Unification Church*(New York: Peter Lang, 2003).

종교의 경우 선교 모국과 우리나라의 국제정치적인 관계가 매우 중요한 역할을 해온 것이 역사적 사실이다. 이 교회도 미국과 우리나라의 국제정치적인 관계의 좋고 나쁨에 따라 흥망성쇠를 거듭하지 않을까 하는 예측을 해볼 수 있다.

셋째, 중앙집권적인 조직 구조가 조직의 효율적인 관리와 정체성 유지에 도움이 될 것이라는 점은 말할 필요도 없다. 몰몬교는 이 점에서 아직까지는 중앙집권적인 조직 구조를 최대한 이용해오고 있는 것으로 보인다. 지역에서 스테이크와 선교부가 일견 이원적으로 활동하고 있는 것으로 보이기도 하지만 조직 관리상의 문제는 거의 없는 것으로 보인다. 그러나 중앙집권적인 조직 구조에 폐해가 있을 수 있다는 점 또한 주지의 사실이다.

넷째, 비록 미국에서 비롯된 교회이기는 하나 교회가 전 세계적으로 확산되어 이미 미국보다 미국 이외의 지역에 거주하는 회원 수가 더 많아졌는데도 소위 교회의 수뇌부는 여전히 미국의 백인들이 주축을 이루고 있다. 미국 이외의 지역에 거주하는 회원이 앞으로 얼마나 교회의 수뇌부에 들어갈 수 있을지, 그리고 미국 이외의 지역에 거주하는 회원이 교회의 수뇌부에서 차지하는 비중이 높아짐에 따라 어떤 문제들이 제기될 수 있을지 생각해 볼 필요가 있다.

다섯째, 몰몬교가 전세계적으로 확산됨에 따라 문화권에 따라 몰몬교의 외형적인 모습이 서로 달라질 가능성이 있을 수 있다. 이 경우 만약 교회가 현재와 같이 전반적으로 근본주의적인 입장만을 견지한다면 이러한 입장이 교회의 성장을 둔화시키는 원인이 될 여지가 있을 것으로 보인다.

제8장

제칠일안식일재림교의 교리와 역사.

1. 머리말

본 논문은 제칠일안식일재림교Seventh-day Adventist Church의 교리와 역사를 서술하고 그 특징을 살피는 데 목적이 있다. 제칠일안식일재림교는 통상 안식교로 알려져 있으나 교회 측에서는 재림교회, 또는 안식교회라는 용어를 선호한다. 재림교회라는 용어는 제칠일안식일재림교가 예수의 재림이 임박해 있음을 강조하기 위해, 그리고 안식교회라는 용어는 제칠일안식일재림교가 제칠일, 다시 말해서 토요일을 안식일로 지키는 것을 강조하기 위한 것으로 보인다. 본 논문에서는 교회 측의 견해를 따라 제칠일안식일재림교를 줄여서 재림교회로 부르고자 한다.

미국에서 자생한 개신교 계통의 대표적인 종교로는 예수그리스도후기성도교회, 여호와의 증인, 그리고 재림교회를 열거할 수 있다. 이 세 종교

---

* 강돈구 · 조현범 · 고병철 · 이욱 · 윤용복, 『한국종교교단연구 Ⅳ』, 한국학중앙연구원 문화와 종교연구소, 2008.

는 미국 내에서 주변 사회로부터 많은 압박을 받으면서 성장해왔고, 아직도 경우에 따라서는 미국의 주류 종교전통에서 벗어난 종교라는 인식이 남아있다. 예수그리스도후기성도교회는 미국 내에서 교세가 5위를 차지하고 있어서 교단 유형으로는 교회church로 분류되고 있으며, 여호와의 증인은 적지 않은 교세를 지니고 있으면서도 현재로는 섹트sect로, 그리고 재림교회는 교회와 섹트의 중간 유형인 디노미네이션denomination으로 분류될 수 있을 것으로 보인다.[1]

이 세 종교는 모두 미국에서 자생한 것에서 예측할 수 있듯이 미국적인 성격을 많이 지니고 있다. 특히 예수그리스도후기성도교회는 미국의 종교적 상상력이 만들어 낸 극히 미국적이고, 아메리카니즘의 종교적 변형이라는 지적도 있을 정도이다.[2] 여호와의 증인과 재림교회도 정도의 차이는 있으나 같은 지적을 받을 수 있다.

필자는 이미 예수그리스도후기성도교회와 여호와의 증인에 대해서 글을 발표하였다.[3] 본 논문에서 재림교회를 다루면 필자로서는 미국에서 자생한 세 개의 주요 종교들을 모두 살피게 된다.

본 논문의 목적은 이미 필자가 다른 글에서 밝힌 것과 동일하다. 종교학은 일단 특정의 종교를 그 종교와 관련이 없는 사람들에게 이해시키는 작업에서 학문적 의의를 찾을 수 있다. 예를 들어서 기독교를 소위 무종교

---

1 J. M. Butler, & R. L. Numbers, "Seventh-Day Adventism" in *The Encyclopedia of Religion*, vol. 13, 1987, p. 182.
2 강돈구, 「예수그리스도후기성도교회의 특징과 전개」, 『한국종교교단연구 Ⅰ』, 한국학중앙연구원, 2007, 20쪽 참조.
3 강돈구, 「여호와의 증인'의 특징과 전개」, 『종교연구』 43, 2006.

인에게, 또는 불교인 등 이웃 종교인에게 이해시키는 것은 기독교인이나 신학자보다 종교학자가 더 잘 할 수 있다. 기독교인이나 신학자는 기독교적인 개념들을 주로 사용하여 기독교를 설명할 것이고, 만약 자신들의 설명을 이해하지 못하는 사람이 있다면 그에게 일단 믿으면 기독교를 이해할 수 있다고 말할 것이다. 그러나 종교학자는 비기독교적인 개념들을 사용하여 기독교를 비기독교인에게 설명할 수 있는 능력을 겸비하고 있다. 종교학은 바로 이 점에서 학문적인 강점을 지닐 수 있다.

한편, 신종교는 왜 연구하는가? 신종교 연구의 목적은 종교 연구의 목적과 크게 다르지 않다. 특정의 기존 종교의 연구가 일반인들과 이웃 종교인에게 그 종교를 이해시키는 데 일차적인 목적이 있듯이, 신종교의 연구도 일반인들과 타종교인, 특히 기존 종교인들에게 그 신종교를 이해시키는 데 일차적인 목적이 있다. 혹자는 사회적으로 물의를 일으키는 '사이비 종교', 그리고 기성종교계에서 소위 '이단'으로 간주되는 신종교들을 학문적으로 연구하려는 시도 자체에 의구심을 보일 수 있다. 그러나 신종교 연구가 종교이론 창출 및 검증에, 그리고 해당 사회와 문화의 역동성을 살필 수 있는 좋은 연구대상이라는 점에 대해 적어도 종교학계에서는 이제 이의가 없을 것으로 생각한다.

본 논문은 종교교단 연구의 필요성에 대한 이러한 소박한 견해를 가지고, 재림교회의 전반적인 특징 몇몇을 살피고, 이어서 교리와 역사를 개괄적으로 살피게 될 것이다. 본 논문의 이러한 작업은 재림교회 이외의 사람들에게 이 교회를 이해시킨다는 일차적인 의미와 동시에, 또한 개별종단에 대한 각론적 연구의 한 예를 학계에 제시한다는 의미를 동시에 지니게 될 것이다.

우리는 이 글을 통해서 재림교회 교인들이 우리와 어떻게 다른가, 그러면서도 이들이 결국은 우리와 같이 상식적인 삶을 살고 있는 사람들이라는 점을 밝히는 데 주력해 볼 것이며, 또한 재림교회를 한국 내에서 종교학의 연구 대상으로 승격시키는 데 기여하고자 한다.

2. 재림교회에 대한 인상

대학 1학년 때 학교 캠퍼스가 공릉동에 위치해 있어서 학교에 가자면 청량리역, 휘경동을 거쳐 가야만 했다. 가는 길에 시조사라는 고풍스런 건물이 좌측에 있었다. 지나갈 때마다 저 곳이 무엇을 하는 곳인가 의아해 하고는 했다. 무슨 태초의 새와 관련이 있는 곳인지, 또는 무슨 성씨와 관련이 있는 곳인지 생각을 하고는 했다. 시조사는 한자로 '시조사時兆社'라는 사실을 나중에야 알게 되었다. '시조時兆, Signs of the Times'[4]를 구태여 번역하면 '때의 징조'로 할 수 있을 것이며, 예수 재림의 때가 가깝다는 것을 알리기 위한 말이라는 것을 알 수 있다. 일제시대에 서구에서 우리나라로 유입된 종교들은 서구어를 번역할 때 곧잘 일본식 한자어를 이용하였다. '시조時兆'도 그런 것으로 이해할 수 있다.

휘경동에 위생병원이 있다. 당시에는 휘경동이 청량리 밖이니까 서울의 변두리라고 할 수 있다. 변두리에 있는 병원치고는 병원이 꽤 크다는 인상을 받았다. 역시 나중에 안 사실이지만 1950년대에는 재림교회의 서

---

4 재림교회의 간행물 명칭으로 '시조사'는 『시조』를 발간하는 출판사이다.

양인 의사가 이승만의 주치의를 맡은 적이 있고, 또한 한때 위생병원이 주한 미국인과 미대사관 직원의 보건 치료병원이었고, 미국 비자 신청자들의 엑스레이 검사를 위생병원과 세브란스 병원으로 국한된 적이 있었다고 한다.[5] 다른 교파 못지않게 재림교회가 의료 선교에 많은 비중을 두고 있었다는 점을 알 수 있다.

재림교회는 1907년에 평안남도 순안에 교역자 양성을 위해 의명학교를 설립하였다. 의명학교는 1931년에 회기동의 본부교회로 옮겼다가, 1949년 공릉동의 구황실 소유 임야 약 70정보를 구입하여 삼육대학교를 설립하였다.[6] 비록 미군정 직후이기는 하나 재림교회가 구황실 소유의 임야를 매입할 수 있었던 것은 미국에서 유입된 선교비의 힘도 컸겠지만, 당시 재림교회의 정치적인 힘도 어느 정도 있었기 때문에 가능했을 것으로 보인다. 재림교회는 개신교 교파 가운데 비록 규모는 크지 않지만 종합대학을 소유한 몇 안 되는 교파 가운데 하나로 개신교의 여타 교파 못지않게 교육 선교에 힘을 쏟았다는 사실을 알 수 있다.

오래 전에 이상구 박사라는 분이 텔레비전에서 새로운 건강법을 소개하여 세간의 이목을 끈 적이 있다. 어찌 보면 이상구는 우리나라에서 웰빙을 주창한 최초의 인물이라고 할 수 있을 것이다. 그러나 이상구가 재림교회의 소속된 인물이라는 사실을 아는 사람은 그다지 많지 않은 것으로 보인다. 재림교회는 미국에서 초창기부터 다른 교파들보다 육체 건강에 남다른 관심을 보여 왔다. 이들은 현재까지 채식주의자로 유명하며, 우리나라

5 오만규, 『재림교회사: 제칠일안식일예수재림교회』, 시조사, 2004, 312쪽.
6 삼육대학교 홈페이지http://with.syu.ac.kr 참조.

에서 개신교 관련 채식주의자들은 거의 재림교회와 관련이 있는 사람들이라고 해도 과언이 아니다.[7] 또한 아침에 식사대용으로 이용하고 있는 켈로그가 재림교회와 관련이 있다는 사실을 아는 사람도 그다지 많지 않은 것으로 보인다. 켈로그는 미국 재림교회 역사에 등장하는 저명한 의사의 이름 존 켈로그John Kellogg에서 비롯되었다.

토요일을 안식일로 지키는 것이 재림교회의 특징이라는 사실은 주지의 사실이다. 이 밖에도 재림교회의 예배의식은 일반 개신교의 그것과 다소 상이하다. 두 시간가량 진행되는 토요일의 예배는 두 부분으로 구분된다. 첫 부분은 안식일학교라고 해서 재림교회의 교리를 연령대별로 나뉘어서 학습하는 과정이다. 그리고 두 번째 부분은 일반 개신교의 예배의식과 동일하게 진행된다. 다른 교파와 차별성을 강조하는 교파일수록 자신들의 교리를 신자들에게 학습시키는 것을 중요하게 생각한다. 이 점은 비슷한 시기에 같은 지역에서 생겨난 예수그리스도후기성도교회나 여호와의 증인도 유사하다.

재림교회에 대한 일반 개신교 측의 인식은 양분되어 있는 것으로 보인다. 예수그리스도후기성도교회와 여호와의 증인은 대체로 부정적인 인식이 팽배해 있으나 재림교회에 대한 인식은 긍정적인 인식과 부정적인 인식이 중첩되어 있다. 좀 더 정확히 말하면 재림교회가 생겨난 미국에서는 재림교회를 개신교 교파 가운데 하나로 인정해 주는 분위기가 대세인 반면, 우리나라에서는 재림교회를 개신교 교파 가운데 하나로 인정해 주지

---

7 예수그리스도후기성도교회도 건강에 남다른 관심을 보이는 교단이나 채식을 강조하지는 않는다.

않는 분위기가 대세인 것으로 보인다. 미국에서도 재림교회를 소위 이단으로 정죄하는 분위기가 전혀 없는 것은 아니다. 그러나 근래에 재림교회 측이 다른 교파들과의 차별성 보다는 동질성을 강조하는 노력을 기울이고 있는 것에 힘입어 적어도 미국 내에서는 주류 개신교 쪽으로 분류되는 경향이 농후해 지고 있는 것으로 보인다. 그러나 재림교회 측의 이러한 노력에도 불구하고 우리나라에서는 재림교회가 여전히 개신교의 주류 교파로 분류되지 못하고 있는 것으로 보인다. 그 이유를 살피기 위해 III장에서는 우선 재림교회의 차별적인 교리 내용을 살펴보기로 하자.

3. 재림교회의 교리

3.1. 교리 일반

재림교회의 교리 일반을 이해하기 위해서는 우선 재림교회가 알미니안주의Arminianism의 입장에 서 있다는 점을 지적할 필요가 있다.[8] 알미니안주의는 네델란드의 알미니우스Jacobus Arminius(1560-1609)에서 비롯되었다. 알미니우스는 극단적 칼빈주의에 반대하여 인간의 자유의지의 교리와 함께 인간은 자신의 구원에 최종적이고 결정적인 역할을 한다고 가르쳤다. 따라서 알미니우스에 의하면 인간이 죽고 사는 문제는 최종적으로 신의 손에 달린 것이 아니고 인간의 손에 달려 있다. 또한 알미니우스는 그리스

---

8 신계훈, 『어두움이 빛을 이기지 못하더라』, 시조사, 2004, 279쪽.

도가 모든 사람을 위해 죽었다고 가르쳤으며, 은혜로부터 타락이 가능하다고 하고 성령의 불가항력적 사역을 부인하였다.[9]

장로교가 이러한 알미니안주의를 인정한다는 것은 불가능하였다. 따라서 1618년 11월과 1619년 5월 사이에 열린 도르트회의the Synod Dort에서 알미니안주의는 장로교로부터 철저히 단죄되었다.[10] 이 과정에서 칼빈주의 5대 요점이라고 알려진 'TULIP'[11]이 제시되었다. 'TULIP' 가운데 여기에서 장로교의 특징으로 지적하고 싶은 것은 어떤 이들에게는 영원한 생명이 미리 정해져 있고 또 다른 이들에게는 영원한 저주가 미리 정해져 있다는, 다시 말해서 신에 의해 선택된 사람들만 구원받을 수 있다는 소위 '예정론'과, 인간이 회심하여 한번 구원을 받으면 이 구원의 효력은 영원히 지속된다는 교리이다.

감리교는 신이 회심한 사람일지라도 신으로부터 멀리 떨어져나가는 자유를 부여했다는 소위 '은총으로부터의 타락'을 말하고 있는 것으로 보아 신학적으로 칼빈주의보다는 오히려 알미니안주의에 가까운 성향을 보이고 있다는 것을 알 수 있다.[12] 영국의 초기 침례교는 알미니안주의를 지지하는 일반침례교와 극단적 칼빈주의를 따르는 특수침례교로 양분되어 전개되었다. 그러다가 일반침례교 내에 온건한 칼빈주의를 토대로 한 복음적인 침례교 교리가 출현하게 되어 18세기말에 일반침례교와 특수침례교

---

9 B. K. 카이퍼, 『세계기독교회사』(김해연 옮김), 성광문화사, 1980, 325-326쪽.
10 폴 칼슨, 『장로교의 유래』(오성종 역), 생명의 말씀사, 1994, 65-66쪽.
11 'Total depravity, Unconditional election, Limited atonement, Irresistible grace, Perseverance of the saints'에서 첫 알파벳 5개를 합친 말인데, 자세한 내용은 위의 책, 173-187쪽을 참조할 것.
12 찰스 케이저, 『감리교의 유래』(조재국 역), 생명의 말씀사, 1984, 26쪽.

가 통합되었다.[13] 그리하여 칼빈주의의 장로교와 알미니안주의의 감리교와 비교해 볼 때 침례교의 신학적 경향은 장로교 쪽에 보다 가까운 온건한 칼빈주의의 입장에 서 있게 되었다.

이에 비해 재림교회는 칼빈주의의 예정론보다 감리교와 같이 알미니우스의 조건적 선택과 보편적 속죄, 그리도 예지예정을 믿는다.[14] 이 밖에 재림교회의 특징적인 교리로는 제칠일 안식일, 조건적 영혼불멸, 그리스도의 하늘 지성소 봉사와 조사심판, 그리고 화잇Ellen G. White의 '예언의 선물' 등에서 찾을 수 있다.[15] 아래에서는 이 점을 염두에 두고 재림교회의 특징적인 교리를 살펴보기로 하자.

3.2. 경전과 신관

재림교회는 다른 개신교 교파와 마찬가지로 바이블을 경전으로 삼고 있다. 다만 재림교회는 바이블이 영감으로 기록되었으나 문자적으로 오류가 전혀 없는 것은 아니라고 보고 있다. 그리고 이 밖에 화잇Ellen Gould White(1827-1915)의 저술과 대총회General Conference[16]가 제시한 각 부의 요람[17]을 중요하게 간주한다.

---

13 로버트 G. 토벳트, 『침례교회사』(허긴 역), 침례신학대학출판부, 1984, 99쪽.
14 김경선 역편저, 『성경적 기독교교리와 각 교단의 교리·신앙고백·신조들』, 여운사, 1998, 409쪽.
15 조지 R. 나잇, 『재림교회 신앙의 정체성을 찾아서 - 제칠일안식일예수재림교 신앙적 신념의 발달사』, 삼영출판사, 2007, 67-107쪽.
16 재림교회의 최고 의결기관이다.
17 교회 요람, 안식일학교 요람, 선교회 요람, 청지기 요람, 청년선교회 요람, 구호봉사회

재림교회를 이해하기 위해서는 우선 화잇이 누구인지, 그리고 그녀가 재림교회에서 차지하는 위상을 살필 필요가 있다. 화잇은 1827년 11월에 미국의 동부 메인 주에서 태어났다. 부모는 헌신적인 감리교인이었고, 형제는 8남매였다. 그녀는 9살 때 공원에서 다른 아이가 던진 돌에 코를 맞고 3주일 간 혼수상태에 빠진 적이 있었고, 학교에서 교육을 받은 것은 3년밖에 안된다고 한다.[18] 그녀는 17살 때인 1844년 12월에 첫 계시를 받기 시작하여 한 달에 2회 이상 1년에 약 28번, 71년간 약 2천 번의 계시를 받았으며, 계시를 받을 때마다 신체적인 변화와 초자연적인 현상들을 경험하였다.[19] 그녀는 계시를 바탕으로 10만 쪽의 원고를 남겼는데, 미국국립도서관의 통계에 의하면 그녀가 쓴 책의 수는 레닌, 조지 사무엘, 그리고 톨스토이가 쓴 책의 수 다음이라고 한다.[20]

1855년부터 1909년까지 그녀가 재림교회를 위해 쓴 글을 정리해서 아홉 권으로 발간한 책이 『교회증언』이다. 그리고 『교회증언』 가운데 좀더 일반적인 내용을 추려서 세 권으로 발간한 책이 『증언보감證言寶鑑』이다. 이 밖에도 화잇의 글을 발췌하여 편집, 발간한 책이 130권이 넘으며, 우리나라에서도 2005년 현재 46권이 발간되었다.[21] 그녀가 책에서 언급하고 있는 내용은 종교를 포함해서 교육, 건강, 사회문제, 예언, 출판, 영양, 절제, 경영, 가정문제, 자녀교육 등 현재 재림교회가 중점을 두고 있는 분야가

요람, 도르가회 요람, 신탁 요람 등을 말한다.
18 동중한합회 선교부, 『시대를 비추는 등불 - 예언의 신 연구』, 시조사, 2004, 35-36쪽.
19 김군준, 『엘렌 G 화잇의 계시와 건강 기별』, 시조사, 2005, 22쪽, 311-319쪽.
20 위의 책, 38쪽.
21 위의 책, 405-406쪽.

모두 포함된다.

화잇은 재림교회 초기에 활동했던 사람들의 주장을 자신이 받은 계시를 통해 확인, 종합, 체계화하여 재림교회를 실제적으로 창시한 인물이라고 할 수 있다.[22] 재림교회에서는 화잇의 증언이 성령으로 인한 것으로, 그리고 그녀의 증언은 바이블과 동등, 또는 그 이상의 위상을 지닌 것으로 보고, 교인들로 하여금 화잇의 저작물에 대한 독서를 적극적으로 권장하고 있다. 재림교회에서는 화잇을 통한 예언의 은사가 마지막 시대 자신들의 교회에 주어진 것으로 간주하기 때문에 재림교회가 바로 소위 '남은 교회'임을 주장한다. 따라서 재림교회에 의하면 화잇은 신의 사자로서, 그녀의 저술들은 지속적이고도 권위 있는 원천으로서 재림교회에 위로와 인도와 교훈과 교정을 제공한다.[23]

화잇 자신은 스스로를 '더 큰 빛the greater light', 다시 말해서 바이블로 인도하는 '보다 작은 빛a lesser light'이라고 표현하였다.[24] 그리고 재림교회는 1928년 대총회에서 화잇을 사무엘, 예레미아, 세례 요한과 마찬가지로 선지자로 규정하였고, 1980년에는 화잇의 저술이 바이블과 질이나 정도에 있어서 차이가 있지 않다고 공식적으로 주장하였다.[25] 실제로 재림교회에서 화잇은 칼빈, 루터, 웨슬리가 각각 장로교, 루터교, 감리교에서 차지하는 위상, 또는 그보다 더 우위의 위상을 지니고 있다.[26] 미국에는 '대총회

---

22 엘렌 G. 화잇, 『자서전』, 시조사, 2004 참조.

23 제칠일안식일예수재림교, 『기본교리 27』, 시조사, 1990, 204쪽.

24 김경선 역편저, 앞의 책, 408쪽.

25 Wallace D. Slattery, *Are Seventh-day Adventists False Prophets?: A Former Insider Speaks Out*, (Phillipsburg, N. J.: P& R Publishing, 1990), p. 24.

26 *Ibid.*, p. 24.

화잇 유산 관리위원회Ellen G. White Estate, General Conference of SDA가 있고, 각 지역별로 화잇을 연구하는 부서들이 별도로 조직되어 있는 것을 볼 때 재림교회에서 화잇이 차지하는 위상을 짐작해 볼 수 있다.[27]

재림교회는 초기에 몰몬교, 여호와의 증인과 마찬가지로 삼위일체론을 부인하였다. 재림교회의 초기 지도자들은 일요일 예배, 영혼불멸설과 마찬가지로 삼위일체론이 가톨릭에 의해 왜곡된 비바이블적인 교리로 간주하였다. 그리하여 예수는 신도, 그리고 영원한 존재도 아니며, 성령은 거룩한 감화력에 불과하다고 주장하였다. 그러다가 1890년에 화잇이 삼위일체론을 강조하면서, 재림교회에서는 삼위일체론을 수용하게 되었다. 그러나 현재에도 예수는 죄가 없는 것만을 제외하고는 다른 인간과 동일하다거나,[28] 또는 예수의 완전한 대속을 인정하지 않는 등의 입장을 견지하고 있어서 재림교회의 삼위일체론은 일반적인 기독교 교파의 삼위일체론과 상이한 뉘앙스를 지닌다.

3.3. 구원과 종말

재림교회는 육체를 '신의 성전the temple of God'으로 간주하고, 건전한 생각을 하며 깨끗한 음식물을 섭취하여 최선의 건강상태를 유지하는 것이 신의 뜻이라고 생각한다.[29] 따라서 재림교인은 술, 담배, 커피, 마약을 멀

---

27 우리나라에도 삼육대학교에 '예언의 신 연구소'가 있고, 한국의 재림교회 최상위 기관인 한국연합회에도 '예언의 신 부'가 설치되어 있다(김성현 편, 『재림교회 선구자들의 발자취』, 한국연합회, 1995, 5쪽).

28 박기민, 『외래신흥종교연구』, 혜림사, 1986, 147쪽.

리한다. 구약의 「레위기」 11장에 의하면 돼지, 비늘 없는 생선, 닭을 제외한 새고기, 파충류, 갑각류를 먹어서는 안 되고, 되새김질을 하고 쪼개진 발굽을 지닌 동물만을 먹을 수 있다. 재림교인은 인간의 내장이 육식보다는 채식을 하는 동물의 내장과 비슷하기 때문에 육식보다는 채식을 해야 장수한다고 주장한다.[30]

재림교회는 육체의 건강을 위해서는 맑은 공기, 일광, 절제, 휴식, 운동, 합당한 식사, 그리고 숯가루 물에 타서 마시기, 물 다량으로 마시기 등 민간요법과 유사한 자연치료, 대체의학을 강조한다.[31] 따라서 재림교회는 신학교를 졸업하고 보건학이나 의학 학위를 딴 전문 의료 인력으로 의료상의 문제들을 신학적으로 해석하고 가르치는 건강 전도 목사를 별도로 두고, 체조, 운동, 맛사지, 수水 치료[32]와 같은 대체의학적 의료행위를 중심으로 일주일에서 열흘간 이어지는 건강프로그램을 운영하고 있다.[33]

한편, 재림교회는 영혼불멸을 부인한다. 인간은 죽으면 부활할 때까지 잠자는 상태로 존재한다는 소위 '영혼수면설soul sleep'을 주장한다.[34] 기독교의 일반적인 주장에 의하면, 죽으면 몸을 떠난 영혼은 의식을 지닌 채

29 김경선 역편저, 앞의 책, 403쪽.
30 재림교인들의 구체적인 음식물 섭취 습관에 대해서는 동중한합회 선교부, 앞의 책, 28-29쪽 참조.
31 김군준, 앞의 책, 89-100쪽.
32 물을 적절히 마시는 치료로, 재림교회에서 사용하는 용어이다.
33 백숭기, 「죽음과 재생의 안식일 의례에 관한 종교학적 고찰 - 제칠일안식일예수재림교회를 중심으로」, 『종교학연구』 21, 2002, 151-153쪽.
34 Anthony A. Hoekema, The Four Major Cults(Grand Rapids: William B. Eerdmans Publishing Co., 1963), p. 111. 이러한 주장은 재세례파에게서도 볼 수 있다고 한다. 신계훈, 앞의 책, 25쪽.

생전에 행한 선악에 따라 천국이나 지옥, 또는 연옥에서 예비적인 평안이나 고통의 상태에 있다가, 예수의 재림 때 부활하여 심판을 받고 천국이나 지옥에서 영원히 거주한다. 그러나 재림교회에 의하면, 인간은 죽으면 모두 무의식 상태에 있다가 종말의 때에 부활하여 의인은 영원히 살게 되고, 악인은 영원히 소멸한다. 따라서 재림교회에는 영원한 지옥 관념이 존재하지 않는다.[35] 재림교회는 이러한 소위 '조건적 불멸설conditional immortality' 또는 영혼수면설이 「디모데전서」 6장 16절에 근거하며, 루터와 위클리프 등에게서도 볼 수 있다고 주장한다.[36]

일반 기독교에서는 인간의 죄가 십자가 사건에 의해 모두 속죄되었다고 주장하는 반면, 재림교회는 예수가 십자가에서 죽음으로써 완전한 속죄가 이루어졌지만, 사람과 세상을 죄와 그 결과에서 영원히 회복하는 구원의 과정이 끝난 것은 아니라고 주장한다.[37] 재림교회에 의하면 속죄는 현재 진행중에 있기 때문에 아무리 재림교인들이라고 하더라도 스스로가 구원 받았다는 말을 하지 않는다.[38]

재림교회의 이러한 구원관을 이해하기 위해서는 재림교회의 '지성소the sanctuary'와 '조사심판investigative judgement'이라는 개념을 파악해야 한다. 나중에 다시 살피겠지만 재림교회는 1844년 10월에 예수가 재림할 것이라고 예언하였다. 그런데 예수의 재림이 실현되지 않자, 이들은 지성소와 조사

---

35 재림교회는 사랑의 신이 죄인을 견딜 수 없는 불구덩이에 넣어 말할 수 없는 고통을 영원히 당하게 하며, 그것을 즐길 신이 아니라고 말하여, 이러한 입장은 성공회와 빌리 그레이엄 목사도 지지하고 있다고 주장한다. 김경선 역편저, 앞의 책, 408쪽.

36 위의 책, 407쪽.

37 신계훈, 앞의 책, 368쪽.

38 Wallace D. Slattery, op.cit., p. 4.

심판이라는 교리에 의해 예수 재림의 불발을 설명하게 되었다. 일반 기독교에 의하면 예수는 십자가에서 죽은 뒤 3일 만에 부활하여 곧바로 지성소로 올라가 신의 오른 쪽에 앉아있다. 그러나 재림교회는 하늘에 '성소'와 '지성소'가 따로 존재하며, 1844년 10월에 예수는 지상으로 재림할 것이라는 우리의 잘못된 기대와 달리 실제로는 거처를 성소에서 지성소로 옮겨, 신과 베일을 사이에 두고 있다고 말한다.[39]

예수가 현재 지성소에서 하고 있는 일이 소위 조사심판이다. 예수는 지성소에서 한편으로는 정의로운 사람을 판별하고, 또 한편으로는 스스로 자복한 인간의 죄를 정결케 하고 있다. 재림교회에 의하면 지금의 시기는 예수가 한 사람이라도 더 회개하여 돌아오기를 기다리며 사람들에게 십자가의 사랑을 호소하는 신의 사랑에 의한 유예기간이며,[40] 인간을 위한 이러한 은혜와 사랑의 유예기간은 예수가 재림하면 끝이 난다.[41] 따라서 재림교회는 조사심판이라는 용어대신에 '재림전 심판'이라는 용어를 사용하기도 한다.[42]

예수의 지성소 조사심판은 매우 엄격히 진행되고 있는데, 인간은 이 엄격한 조사심판을 통과해야만 비로소 완전한 구원을 얻을 수 있다. 일반 기독교는 믿음과 복음만을 강조하고 선행에 의해 구원받는다는 것을 거부하고 있는 데 비해, 재림교회는 인간이 신을 위해서 해야만 하는 일, 다시 말해서 율법을 완벽하게 지키는 것을 무엇보다도 강조한다.[43] 재림교회가

---

39 *Ibid.*, p. 50.
40 김경선 역편저, 앞의 책, 407쪽.
41 위의 책, 400쪽.
42 위의 책, 406쪽.

토요일 안식일 지키기와 비폭력, 비무장을 주장하는 이유가 바로 여기에 있다.

재림교회에 의하면 안식일은 일요일이 아니라 토요일이다. 일반 기독교에서는 한 주간의 첫 날을 안식일로 삼으나, 재림교회는 토요일을 한 주간의 마지막 날, 즉 제7일로 간주하고 이 날을 안식일로 삼는다. 신은 6일 동안 세상을 창조한 뒤 제7일에 안식하였고, 인간에게도 제7일에는 휴식과 예배를 통해 예수의 가르침과 실천에 일치하는 봉사의 날로 준수하도록 요구하였다.[44] 따라서 재림교인은 금요일의 해질 때부터 토요일의 해질 때까지 종교행위와 사는 데 필요한 일만을 해야 하고, 예를 들어서 텔레비전 시청, 라디오 청취, 스포츠, 학교공부 등을 하지 않는다.[45]

재림교회는 일요일을 안식일로 지키는 가톨릭과 개신교가 연합해서 자신들을 박해하고, 공격할 것이라고 믿고,[46] 자신들은 '하나님의 인'을 받은 반면, 일요일을 지키는 가톨릭과 개신교는 '짐승의 표'를 받았다고 주장한다. 재림교회에 의하면 유대교는 물론이고, 12세기 남부 프랑스와 북부 이태리에서 활동하였던 왈데스파the Waldenses, 16세기 재세례파의 일부, 17세기 제7일침례교 등도 토요일을 안식일로 지켰고,[47] 미국의 경우 현재 190여 개의 교단이나 단체가,[48] 그리고 국내에서도 '하나님의 교회'[49]가 토

---

43 Wallace D. Slattery, *op.cit.*, pp. 54-55.
44 신계훈, 51-52쪽.
45 Wallace D. Slattery, *op.cit.*, p. 18.
46 *Ibid.*, p. 4.
47 신계훈, 앞의 책, 137-145쪽.
48 김경선 역편저, 앞의 책, 406쪽.
49 http://www.watv.org 참조.

요일을 안식일로 지키고 있다.

십계명의 넷째 계율이 제7일, 즉 토요일 안식일 지키기라면, 여섯째 계율은 비폭력, 비무장과 관련이 있다. 미국의 초기 재림교회는 전부가 다 그런 것은 아니었지만 대체로 비폭력 무저항주의의 입장을 견지하였다.[50] 그리하여 남북전쟁 초기에는 다른 사람을 대신 군대에 보내거나, 일정한 돈을 내고 군 입대를 면제받기도 하였다.[51] 그러다가 1920년대 초에 미국의 재림교회는 교단 소속 병사들이 무장활동을 할 수 없으며, 안식일에는 인도적인 작업 이외의 그 어떤 일도 하지 못한다는 입장을 지지하게 되었다. 그 뒤 미국과 유럽의 재림교인들은 이 문제로 곤욕을 치르다가 소속 신자들에게 응급구호법, 기초 간호교육, 위생병 훈련을 미리 실시하여, 재림교인 청년들이 비무장으로 군복무를 하는 방법을 고안, 시행하게 되었다.

우리나라에서도 재림교인들은 비무장, 비폭력의 신념으로 인해 군 내에서 많은 어려움을 겪어서, 1992년 현재 100명 남짓의 재림교인 병사들이 집총거부와 토요일 안식일 지키기로 옥고를 치렀다.[52] 우리나라에서는 1974년 이후 집총거부 신념이 후퇴하고, 1981년 이후로는 토요일 안식일 지키기로 어려움을 겪고 있다고 한다.[53] 현재 재림교회는 비무장, 비전투원으로서의 군복무를 강력하게 지지하면서 동시에 극단적인 평화주의와

---

50 오만규, 「제칠일안식일예수재림교회 비무장 군복무의 기원과 발전」, 『한국교회사학회』, 12, 2003, 64쪽.

51 위의 글, 76-78쪽.

52 오만규, 『한국 재림교도들의 군복무 역사 - 집총거부와 안식일 준수의 신앙양심』, 삼육대학교 부설 선교와 사회문제연구소, 2002, 209-210쪽.

53 위의 책, 128-149쪽.

극단적인 양심적 참전 반대에 대해서도 비판적인 입장을 취하고 있다.[54] 다시 말해서 비무장, 비폭력의 신앙생활을 재림교인의 가장 바람직한 삶의 방식으로 권장하고 있으면서, 비무장 군복무를 허용하지 않는 상황에서는 그렇지 못하더라도 그것이 출교의 이유는 되지 않는다.[55]

기독교의 천년왕국적 종말론은 「요한계시록」 20장, 특히 그 가운데에서도 4-6절로부터 비롯하였는데 그 내용은 아래와 같다.

> 나는 또 많은 높은 좌석과 그 위에 앉아 있는 사람들을 보았습니다. 그들은 심판할 권한을 받은 사람들이었습니다. 또 예수께서 계시하신 진리와 하느님의 말씀을 전파했다고 해서 목을 잘리운 사람들의 영혼을 보았습니다. 그들은 그 짐승이나 그의 우상에게 절을 하지 않고 이마와 손에 낙인을 받지 않는 사람들입니다. 그들은 살아나서 그리스도와 함께 천 년 동안 왕 노릇하였습니다. 이것이 첫째 부활입니다. 그 나머지 죽은 자들은 천 년이 끝나기까지 살아나지 못할 것입니다. 이 첫째 부활에 참여하는 사람은 행복하고 거룩합니다. 그들에게는 둘째 죽음이 아무런 세력도 부리지 못합니다. 이 사람들은 하느님과 그리스도를 섬기는 사제가 되고 천 년 동안 그리스도와 함께 왕 노릇할 것입니다.

그러나 예수의 재림을 중심으로 종말의 때에 일어날 사건 및 과정에

---

54 오만규, 「제칠일안식일예수재림교회 비무장 군복무의 기원과 발전」, 『한국교회사학회』 12, 2003, 108쪽.

55 오만규, 『한국 재림교도들의 군복무 역사 - 집총거부와 안식일 준수의 신앙양심』, 삼육대학교 부설 선교와 사회문제연구소, 2002, 29쪽.

대한 일반 기독교의 입장은 매우 다양하다. 예를 들어서 예수가 천년왕국 이후에 재림할 것인지, 또는 이전에 재림할 것인지, 또는 '천년왕국'에서 천년이란 기간을 문자적으로 이해할 것이 아니라 상징적으로 이해해야 한 다는 견해들이 있다. 이러한 견해들은 차례대로 후천년설post-millennialism, 전천년설premillennialism, 그리고 무천년설amillinnialism이라고 부른다.[56]

재림교회는 기본적으로 전천년설과 대환란설을 지지한다. 그리고 일반 적인 기독교에 비해 예수의 재림 이후의 사건을 비교적 자세히 언급하고 있다.[57] 재림교회에 의하면, 지성소에서 예수가 하고 있는 조사심판이 끝 나면 약 1년 동안 일곱 개의 재앙이 지구를 황폐화시키고 악의 무리들이 재림교인들을 궁지에 빠뜨린다. 그리고 세상에 갑자기 어둠이 닥치고, 신 의 목소리와 함께 세상이 다시 밝아지면서 예수가 문자 그대로 구름을 타고 재림한다. 정의롭게 사는 사람들, 그리고 정의롭게 살다가 죽은 사람 들이 부활하여 천사들과 함께 7일 동안 하늘을 여행하고 하늘에서 천년 동안 평화롭게 통치한다. 이 기간 동안 이들은 조사심판 책들을 보면서 사악하게 살다가 죽은 자들을 조롱하며, 사탄은 여전히 땅에서 어떻게 하 면 세상의 통치권을 예수로부터 빼앗을 것인지를 궁리한다.[58] 천년이 지 난 다음 예수가 성도들과 거룩한 성과 함께 하늘로부터 이 땅으로 내려온

---

56 기독교의 천년왕국적 종말론에 대해서는 강돈구, 「한국 신종교의 역사관」, 『현대한국 종교의 역사이해』, 한국학중앙연구원, 1997, 295-300쪽 참조.

57 천년기 전후한 시기의 사건들, 그리고 새 땅과 그곳의 삶의 모습에 대해서는 제칠일안 식일예수재림교, 『기본교리 27』, 시조사, 1990, 336쪽과 346-354쪽 참조; 화잇의 저술 가운데 종말 관련 내용은 엘렌 G. 화잇, 『각 시대의 대쟁투』, 시조사, 1999, 그리고 엘렌 G. 화잇, 『마지막 날 사건들』, 시조사, 2003 참조.

58 Wallace D. Slattery, op.cit., p. 21.

다. 그 때에 죽었던 불의한 사람들이 부활하여 사탄과 그의 천사들과 함께 그 성을 에워싼다. 그러나 하늘로부터 내려온 불이 그들을 소멸하고 땅을 정결케 하는데, 정의로운 자들의 모든 죄를 태우기 위해서 사탄은 가장 오랫동안 불 속에서 탄다.[59] 이리하여 우주는 죄와 죄인들로부터 영원히 자유롭게 된다.[60]

4. 재림교회의 역사

4.1. 미국 내 역사

18세기 초엽부터 유럽과 미국에 재림사상이 널리 유포되기 시작하였다. 미국에서는 특히 19세기 초에 발생한 제2차 각성운동Second Great Awakening 에 의해 미국이 신국神國, the kingdom of God이 될 것이라는 낙관적인 전망과 함께 또 한편으로는 예수가 재림하여 세상을 바꾸어 놓을 것이라는 재림 사상이 팽배해 있었다.[61] 당시에 침례교 신자였던 밀러William Miller(1782-1849)[62]는 기존의 재림사상과 다르게 예수가 천년기 전에 재림할 것이라는

---

59 *Ibid.*, p. 22.
60 신계훈, 앞의 책, 346쪽.
61 M. Pearson, *Millennial Dreams and Moral Dilemmas: Seventh-day Adventism and Contemporary Ethics*(Cambridge: Cambridge University Press, 1990), p. 5.
62 밀러의 영향을 받고 현재까지 활동하고 있는 교단은 세 개이다. 1860년에 설립하여 일요일을 안식일로 지키는 '재림그리스도교회Advent Christian Church', 예수는 베들레헴 에 태어나면서 비로소 존재하게 되었고, 성령은 신의 영향력이라고 주장하는 '하나님 의 교회 대총회Church of God General Conference', 그리고 지금 우리고 다루고 있는 재림

전천년설을 주장하였는데 밀러의 이러한 주장은 당시 영국과 미국에서 예언 연구를 주도하던 학자들의 주장과 유사한 것이었다고 한다.[63]

밀러는 다니엘서 8장 14절, 그리고 다니엘서 9장 24절에서 27절에 주목하여 예수가 1843년 3월 21일에서 1844년 3월 21일 사이에, 그리고 나중에는 1844년 10월 22일에 재림할 것이라고 주장하였다.[64] 밀러의 재림신앙은 처음에는 감리교, 침례교, 장로교, 조합교 등 여러 교파에 속한 사람들 사이로 퍼져나갔고, 이에 따라 당시 개신교의 교세가 급등하기도 하였다.[65] 밀러를 추종하는 사람들을 밀러주의자Millerites라고 하였는데, 이들은 처음에는 별도의 교단을 설립하지는 않았으나 당시 밀러주의자들은 5만 명에서 10만 명 정도 되었다.[66]

밀러가 예언한 날이 가까워지자 밀러주의자들은 가정과 직장, 그리고 재산을 포기하고 벅찬 희망과 기대를 가지고 준비를 하였으나 예수의 재림은 끝내 실현되지 않았다. 그러자 밀러주의자들은 이전의 자신들의 교회로 돌아가거나 신앙을 포기하는가 하면, 한편으로는 밀러의 재림신앙을 끝까지 고수하는 사람들이 남게 되었다. 남아 있는 밀러주의자들은 크게 두 그룹으로 나뉘었다. 하나는 재림 날짜를 새롭게 잡고 예수의 재림이 곧 올 것이라고 주장하는 소위 '열린 문 재림주의자the Open-Door Adventists'

교회가 밀러에서 비롯된 교단들이다. Frank S. Mead(revised by Samuel S. Hill)., *Handbook of Denominations in the United States*(Nashville: Abingdon Press, 1995), pp. 35-39 참조.

63 재림교회 홈페이지http://www.adventistkr.org 참조.

64 Timothy Miller, ed., *America's Alternative Religions*(Albany: State University of New York Press, 1995), p. 34.

65 Frank S. Mead, *op.cit.*, p. 33.

66 *Ibid.*, p. 34.

들이고, 또 하나는 1844년 10월 22일에 예수가 재림할 것으로 믿었던 사람들만이 구원을 받고, 불신앙자들을 위한 더 이상의 구원 계획은 없다고 주장하는 소위 '닫힌 문 재림주의자들the Shut-Door Adventists'이었다.[67] 우리가 여기에서 다루고 있는 재림교회의 개척자들은 물론 후자에 속한다.

　1844년 10월 예수 재림 불발 이후 밀러주의자들 가운데 한 사람인 에드슨Hiram Edson이 예수가 천상의 성소에서 지성소로 들어가는 것을 환상으로 보았다고 주장하였다. 그리고 역시 밀러주의자들 가운데 한 사람인 베이츠Joseph Bates가 요한계시록 14장 6-12절에 나오는 세 천사의 기별 가운데 셋째 천사의 기별은 제7일을 안식일로 지키라는 것이라고 주장하였다.[68] 하아몬Ellen G. Harmon은 본래 감리교 신자였으나 밀러의 강연을 듣고 감리교를 이탈하여 밀러주의자가 되었다. 그녀는 1844년 12월에 밀러주의자들이 밝은 길을 따라서 여행하여 빛나는 신의 도성에 이르는 것을 보았고, 곧 이어 두 번째로 이제 다른 사람들에게 그녀 자신이 본 것을 전달해야 한다는 계시를 받았다고 주장하였다. 하아몬은 1845년에 역시 밀러주의자였던 제임스 화잇James White과 결혼하였고 1847년 환상중에 먼저 천상 성전의 '성소'로, 그리고 이어서 '지성소'로 들어가 그 곳에서 법궤와 법궤 안에 있는 십계명을 보았는데, 특히 십계명의 제4계명 둘레에 광채가 비치는 것을 보았다고 한다.

　이리하여 재림교회의 주요 교리인 지성소 봉사, 조사심판, 그리고 제7일 안식일 지키기 교리가 확립되고 화잇을 예언자로 추종하는 사람들이 점차

---

67 Wallace D. Slattery, op.cit., p. 14.
68 박기민, 앞의 책, 134-138쪽.

모여들게 되었다. 이 새로운 집단은 화잇의 남편 제임스의 카리스마적 조직력과 화잇의 영적 지도력을 중심으로 서서히 성장하게 되었다.[69] 밀러주의자들은 특정 조직을 가지는 것을 싫어하였지만 이 새로운 집단은 1860년에 교단 이름을 제칠일안식일재림교Seventh-day Adventists로 정하고 1863년에 세계선교를 위하여 대총회General Conference를 조직하였다.[70]

대총회 조직 당시 재림교회는 125개의 교회와 3,500명의 신자를 확보하였다.[71] 재림교회는 1874년 유럽에 선교사를 파견한 것을 시작으로 호주, 뉴질랜드, 남아프리카의 백인들을 중심으로 선교활동을 하였고 나중에는 아프리카, 아시아, 남미에도 선교사를 파견하였다. 1900년에 500명의 선교사가 활동하였고, 7만5천 명의 재림교인 가운데 15%가 북미 밖에 살았다고 한다.[72] 화잇은 교회 내에서 공식적인 직책을 맡지 않았음에도 불구하고, 교회 내에서 87세의 나이로 1915년에 죽을 때까지 지속적으로 계시를 받으면서 교회의 지도적 역할을 담당하였고,[73] 그녀가 사망할 당시 재림교회는 12만5천 명의 신자를 확보할 수 있었다.[74]

19세기 후반 20세기 전반에 미국의 개신교는 진화론과 고등비평을 중심으로 양분되어 있었다. 19세기 미국의 전형적인 섹트로 출발한 재림교회

69 J. M. Butler, R. L. Numbers & G. G. Land, "Seventh-Day Adventism" in *The Encyclopedia of Religion*, vol. 12, 2005, p. 8235.
70 밀러 이후 재림교회 초기의 역사에 대해서는 오만규, 『재림교회사: 제칠일안식일예수재림교회』, 시조사, 2004, 46-61쪽 참조.
71 J. M. Butler & R. L. Numbers, *op.cit.*, p. 180.
72 *Ibid.*, p. 181.
73 Pearson, *op.cit.*, p. 6.
74 *Ibid.*, p. 7.

는 이 때 진화론과 고등비평을 거부하고 축자설을 인정하는 근본주의의 입장을 견지하였다.[75] 1980년 현재 교인의 85%가 북미 밖에 살고 있으며, 북미 밖에서도 주로 제3세계에 교인 수가 많이 있다.[76] 1950년대 이후 재림 교회는 섹트에서 탈피하여 일반 기독교에 합류하려는 움직임을 보이고 있다. 그리고 1970년대와 1980년대에는 재림교회 소속 학자들이 화잇의 저술에서 역사적, 과학적 오류를 발견하고, 경우에 따라서는 화잇의 저술 이 다른 사람의 저술을 베낀 것으로 판명되면서 화잇의 교단 내의 위상에 대한 비판이 제기되기도 하였다.

물론 재림교회 내에서 여전히 보수 진영의 목소리가 크기는 하지만, 최근에는 재림교회의 특정 교리를 포기하면서까지 일반 기독교와 가까워지려는 움직임까지 보이고 있다. 21세기 현재 재림교회는 섹트에서 디노미네이션으로 옮겨가고 있다는 것이 학자들의 진단이며,[77] 재림교회는 현재 세계 228개 나라/지역 가운데 203개 나라/지역에서 활동하고,[78] 세계에서 가장 큰 개신교 학교 체제Protestant school systems를 지니고 있다.

4.2. 한국 내 역사

재림교회는 1902년에 홍콩에 공식적으로 첫 선교사를 파견하였고, 1900

---

75 J. M. Butler & R. L. Numbers, op.cit., p. 181.
76 미국 내에서도 히스패닉과 흑인의 신자 수가 늘고 있음에도 불구하고 교권은 남자 백인에게 집중되어 있다. Ibid., p. 182.
77 J. M Butler, R. L. Numbers & G. G. Land, op.cit., p. 8237.
78 재림교회 홈페이지http://www.adventistkr.org 참조.

년대 초에는 방글라데시, 미얀마, 인도네시아, 필리핀, 싱가포르, 스리랑카, 인도, 대만 등 아시아 지역에서 선교사업을 시작하였다.[79] 재림교회는 일찍이 1896년에 그레인저w. C. Grainger 부부를 일본에 선교사로 파견하여 동경에 영어 성서학원을 개설하고 선교사업을 시작하여, 구니야 히데國谷秀(1872-1962)를 일본의 첫 재림교인으로 얻을 수 있었다.[80] 구니야 히데는 1899년 일본 재림교회 최초의 침례식의 4명의 수침자 가운데 1명으로 1962년 사망할 때까지 61년간 일본 재림교회의 주요 인물로 활동하였는데, 바로 이 사람이 한국 재림교회의 첫 단추를 끼운 사람이다.

하와이로 이민을 가기 위해 일본에 잠시 머물던 한국인 두 사람이 1904년에 구니야 히데로부터 침례를 받았다. 이 가운데 한 사람이 하와이 이민을 가지 못하고 귀국하던 중 배 안에서 한국인 또 한 사람에게 선교하였다. 이들에 요청에 의해 구니야 히데가 1905년 한국을 방문, 곧 이어 들어온 일본 재림교회 선교부장 휠드F. W. Field(1853-1944)와 함께 평안남도 평강군 일대에서 50일간 전도를 하고 네 곳에 교회를 개척하였다.

1905년 11월에 재림교회 초대 선교사로 스미스w. R. Smith가 내한하여 진남포에 주재하면서 선교를 하였고, 1908년에 한국선교부가 일본선교부로부터 독립하게 되었다. 1909년 한국인 교회지도자들 일부의 반발에도 불구하고 선교본부를 서울로 옮기고 본격적인 선교에 돌입하였다.[81] 초기

79 재림교회의 아시아 선교에 대해서는 Gil G. Fernandez, ed., *Light Dawns over Asia: Adventism's Story in the Far Eastern Division, 1888-1988*(Silang, Cavite: Adventist International Institute of Advanced Studies Publications, 1990) 참조.

80 *Ibid*, pp. 33-58.

81 김재신, 『제칠일안식일예수재림교회 북한교회사』, 시조사, 1993, 287쪽.

의 재림교인들은 주로 감리교와 장로교에서 개종한 사람들이었다.[82] 1915
년 재림교회 총회장 다니엘스A. G. Daniels가 내한하여 한국인 2명에게 최초
로 목사 안수를 하였고, 1919년 당시에는 교회수 24개, 교인수 1,021명으로
성장할 수 있었다.[83]

1919년에는 최초로 화잇의 저서를 번역 출간하였고, 1922년에는 '제칠
일안식일예수재림교 조선합회 유지재단'으로 재단법인을 설립하였다. 일
제하에서 10년 이상 활동한 선교사가 10여 명에 이르렀으나 1939년에 선
교사들이 모두 철수하고, 1943년 12월에 교회가 해산하기에 이르렀다.[84]
1945년 10월에 교인 146명이 참석한 가운데 전국 신도대회를 개최하였고,
1947년에 다시 내한한 선교사들의 도움으로 교회를 재건하기에 이르렀다.
6.25 당시에는 다시 선교사들이 일본으로 철수하였고, 1.4 후퇴 때에는 월
남한 교인들과 서울에 남아 있던 기관 사역자 가족과 교인들이 제주도와
거제도로 함께 피난을 갔었다.[85] 한국 재림교회는 1965년까지 성장세를
보였으나 1967-8년에 교회 분쟁을 겪고, 1970년에는 선교사 중심에서 한국
인 중심의 행정체재로 전환, 1983년부터 비로소 외국 지원을 받지 않는
교단이 되었다.[86]

1915년 예수교장로회 4차 총회는 재림교회 교리에 동조하거나 재림교
회로 옮기는 교인은 면직, 제명하기로 결정하였고, 1995년 예장 통합 80차

82 위의 책, 265-282쪽.
83 위의 책, 290쪽.
84 위의 책, 294-296쪽.
85 위의 책, 305쪽.
86 재림교회 홈페이지http://www.adventistkr.org 참조.

총회는 재림교회를 이단으로 정죄하였다.[87] 선교모국인 미국에서는 현재 재림교회가 디노미네이션으로 분류되고 있는 것에 비해 우리나라에서는 재림교회가 여전히 섹트로 분류되고 있는 것으로 보인다.

5. 맺음말

재림교회는 역시 미국에서 생겨난 교회이기 때문에 몰몬교나 여호와의 증인과 조직이나 의식 면에서 유사한 측면이 있는 것으로 보인다. 세 교단 모두 본부는 미국에 있으며, 교단의 상층부는 여전히 백인들이 장악하고 있다. 특히 재림교회의 조직은 몰몬교의 그것과 꽤 유사한 것으로 보인다. 예배일 의식은 물론 세부적인 차이는 있으나 재림교회는 몰몬교와 마찬가지로 예배일에 교리를 공부하는 시간을 포함시키고 있다. 몰몬교는 의식을 먼저 하고, 나중에 교리공부를 하고 있으나, 재림교회는 교리공부를 먼저하고 의식을 하는 차이가 있다.

주지하다시피 몰몬교와 여호와의 증인은 일반 기독교와 달리 삼위일체론을 부인한다. 재림교회도 성립 초기에는 삼위일체론을 부인하는 경향이 있었으나 이미 19세기말에 삼위일체론을 공식적으로 수용하였다. 따라서 재림교회는 이 점에서 이들 두 교단에 비해 선교 여건이 비교적 양호한 편이라고 할 수 있다. 그러나 한편으로 재림교회 역시 일반 기독교와 다른 나름의 교리를 여전히 지니고 있기 때문에 대사회적 여건이 좋은 편이라

---

87 김영무·김구철, 『이단과 사이비』, 아가페문화사, 2004, 97쪽.

고는 할 수 없다.

여호와의 증인은 여전히 비폭력, 비무장의 문제로 곤혹을 치르고 있는 반면 재림교회는 적어도 이 문제로부터는 이제 자유로워진 것으로 보인다.[88] 그러나 재림교회는 몰몬교나 여호와의 증인과 달리 토요일을 안식일로 지키는 문제로 여전히 어려움을 겪고 있다. 남들이 일하는 토요일에 일을 해서는 안 되고, 또한 물론 기독교인들에게 국한되는 일이지만 남들이 일을 하면 안 되는 일요일에 일을 할 수밖에 없는 상황은 재림교인들에게 큰 어려움이었음에 틀림없다. 물론 이제 우리나라도 관공서, 금융기관 등 토요일을 휴무로 정한 곳이 많이 있고, 토요 휴무제가 앞으로 확산될 것으로 보여 이 문제도 언젠가는 그다지 큰 문제로 남지는 않을 것이다. 유타 주의 몰몬들은 토요일에 운동 등을 하면서 여가를 즐기고, 일요일은 경건하게 지낸다. 토요일을 경건하게 보내고 일요일에 자유롭게 활동하는 것이 이제는 재림교인들에게 자연스러울 수 있을 것이다.

일반적인 섹트와 달리 주변 사회와 각을 세우는 것을 싫어하는 한국의 재림교회는 나름의 교리를 중심으로 자신들의 정체성을 철저히 유지하면서, 또 한편으로 섹트에서 디노미네이션으로의 전환이라는 과제를 동시에 지니고 있는 것으로 보인다.

---

88 재림교회 내에서 여전히 비폭력, 비무장을 주장하는 교인들이 재림교회 조직을 떠나서 별도로 활동하고 있다고 한다. 오만규, 『한국 재림교도들의 군복무 역사 - 집총거부와 안식일 준수의 신앙양심』, 삼육대학교 부설 선교와 사회문제연구소, 2002, 31-32쪽 참조.

제9장

구세군의
역사와 정체성*

1. 머리말

본 글은 종교교단으로서의 구세군의 전반적인 특징을 살펴보는 데 있다. 특히 사회복지 사업을 다른 어느 종교교단보다 중요하게 생각하는 구세군이 종교교단으로서의 자기 정체성을 어떻게 확립하고, 유지해오고 있는지에 대해서 살펴보고자 한다. 필자는 지금까지 침례교, 오순절교, 수운교, 여호와의 증인, 몰몬교, 통일교, 안식교, 원불교를 순차적으로 다루었다. 본 글도 같은 맥락과 목적에서 구세군의 역사와 교리, 의례, 조직을 살피고, 구세군 나름의 특징을 지적함으로써 일반 교양인과 이웃 종교인들에게 구세군을 소개하고, 아울러 종교학자들에게 구세군에 대한 연구 관심을 진작시키는 데 기여하고자 한다.

구세군 하면 일반인들은 일단 군복과 유사한 복장과 자선냄비를 떠올릴

* 강돈구 · 류성민 · 조현범 · 고병철 · 이혜정, 『한국종교교단연구 Ⅵ』, 한국학중앙연구원 문화와 종교연구소, 2009.

것이다. 교단 이름에 '군army'이라는 용어가 있기 때문에 군복을 입는 것은 당연할지 모른다. 그런데 군복은 복종과 엄격성의 이미지를 지니고 있기 때문에 구세군의 복장이 오히려 구세군에 대한 일반인의 접근을 보다 어렵게 하는지도 모르겠다. 하지만 우리나라에서 구세군이 성공회보다 교세가 더 크다는 사실을 알고 있는 사람은 그다지 많지 않은 것으로 보인다.[1]

자선냄비는 주지하다시피 모금을 위한 것이다. 그런데 길거리에서의 모금활동이 법적으로 금지되어 있기 때문에 특히 종교교단이 길거리에서 모금활동을 하기 위해서는 행정 당국으로부터 허가를 얻어야 한다. 길거리에서 모금활동을 하는 종교교단은 구세군이 유일하다. 불교 승려의 탁발은 자신의 개인적인 필요에 의한 것인 반면, 구세군의 자선냄비 모금은 구세군 자신을 위한 것이 아니고 사회 구제사업을 위한 것이다. 요즈음은 길거리뿐만 아니라, 고속도로의 톨게이트에서도 구세군이 모금활동을 하는 것을 볼 수 있다.

군복과 자선냄비는 요즈음 사용하는 용어로 구세군의 '브랜드'라고 할 수 있다. 구세군에는 계급이 있다. 장교를 사관이라고 하는데 사관은 일반 기독교의 목사에 해당한다. 구세군에는 사관 이외에 하사관, 그리고 병사가 있다. 한 지역의 우두머리를 군국 사령관Territorial Commander이라고 하고, 세계적인 우두머리를 대장General이라고 한다. 구세군은 교회를 영문營門, Corps이라고 부른다. 구세군을 처음으로 살피면서 '탄약금Cartridge'이라는 용어를 사용하고 있다는 것에 놀라움을 금하지 못했다. 그리고 아멘이라는 용어 대신 '일제 사격'이라는 용어를 쓰고 있다는 점에 의아해하지

---

1 문화체육관광부, 『한국의 종교현황』, 2008, 38-41쪽.

않을 수 없었다. 예상은 했었지만 이런 용어들을 보면서 구세군이 스스로 철저하게 군대임을 자처하고 있다는 사실을 알 수 있었다. 그러나 또 한편으로는 구세군의 전통적인 용어인 '영문' 대신에 '교회'라는 용어를 사용하는 지역도 있는 것에서 구세군이 일정부분 변화하고 있다는 점도 알 수 있었다.

2008년은 한국 구세군의 선교 백주년이었다. 선교 백주년 사업의 일환으로 구세군은 현재 서울에 백주년 기념회관을 신축하고 있다. 길거리 모금활동을 통해서 사회 구제사업을 벌이고 있는 구세군의 자체 자산이 늘어가는 것에 대해 외부에서는 좋지 않은 시선으로 보고 있는 모양이다. 구세군이 자선냄비로 모금한 돈을 자신들의 백주년 기념회관 신축 비용으로 사용한다는 유언비어까지 있었던 모양이다.

구세군은 외형상 비교적 보수적인 색체를 지닌 교단으로 보이고 있음에도 불구하고 진보적 에큐메니칼 운동단체인 한국기독교교회협의회NCCK[2]에 참여하고 있다. 그 이유는 아마도 구세군국제본영이 세계교회협의회WCC에 참여하고 있기 때문인 것으로 보인다. 세계교회협의회에는 구세군과 비교적 친화력이 있는 성공회, 퀘이커교, 감리교, 성결교, 모라비안교 등이 모두 참여하고 있다. 마찬가지로 한국기독교교회협의회에도 성공회, 감리교와 함께 구세군이 참여하고 있다.

구세군은 스스로를 자랑스럽게 표현할 때, 그리고 기독교의 다른 교단

---

2 2009년 7월 현재 한국기독교교회협의회에 참가교단은 대한예수교장로회, 기독교대한감리회, 한국기독교장로회, 구세군대한본영, 대한성공회, 기독교대한복음교회, 한국정교회, 기독교대한하나님의성회이다(http:www.kncc.or.kr 참조); 비교적 보수적인 단체인 한국기독교총연합회에는 2009년 7월 현재 66개 교단이 참가하고 있다(http:www.cck.or.kr 참조).

과 스스로를 구별할 때 '마음은 하나님께, 손길은 이웃에게Heart to God, Hand to man'라는 말을 자주 쓴다. 이웃을 사랑하라는 말은 물론 기독교뿐만 아니라 모든 종교들이 금과옥조로 쓰는 말이다. 그럼에도 불구하고 구세군은 실질적으로, 그리고 구체적으로 이웃을 배려한다는 의미에서 이 말을 즐겨 사용한다. 구세군은 성공회, 퀘이커, 감리교, 침례교와 함께 영국에서 비롯된 교단이다. 감리교가 성공회에서 비롯되었듯이 구세군은 감리교에서 비롯되었다고 해도 과언이 아니다. 본 글은 이와 같은 역사적인 맥락, 그리고 구세군이 나름의 정체성을 어떻게 확립하였고, 그 정체성을 어떻게 유지, 변화시켜오고 있는지에 주목하면서 구세군의 몇몇 특징을 살펴보고자 한다.

아래에서는 구세군의 역사, 교리, 의례, 조직 등을 차례대로 살피고, 마지막으로 구세군이 종교교단으로서 이웃 교단들과 어떤 차별성을 지니고 있는지를 지적해 보고자 한다.

2. 구세군의 역사

구세군의 초기 역사를 살피려면 무엇보다 영국의 종교사를 이해할 필요가 있다. 영국에서는 의외로 기독교의 새로운 교파들이 여럿 출현하였다. 16세기 전반에 성공회를 비롯해서 16세기 중반에 회중교회, 17세기 초에 침례교와 17세기 후반에 퀘이커교, 18세기 중반에 감리교, 그리고 19세기 후반에 구세군이 출현하였다. 구세군은 특히 퀘이커교와 감리교의 연장선 위에서 이해할 필요가 있으며, 위그노파와 모라비안교로부터도 적지 않은 영향을 받았다.[3] 구세군의 창립자인 윌리엄 부스William Booth(1829-1912)는 퀘이커교의 창립자인 조지 폭스George Fox(1624-1691)의 영이 자신의 몸으로 들어온 것 같다고 말했는가 하면,[4] 감리교의 창립자인 존 웨슬리John Wesley(1703-1791)를 선지자로,[5] 그리고 스스로를 웨슬리의 제자이며 계승자로 자처하였다.[6]

대부분의 교파들의 출현 과정이 유사하지만 구세군의 출현 과정은 특히 감리교의 출현 과정과 흡사하다. 성공회 사제였던 웨슬리는 당시 영국의 성공회가 합리주의 풍조의 만연과 산업혁명의 후유증에 제대로 대처하지 못하고 있다고 판단하고, 성공회를 개혁하려는 시도에서 출발하여 독립된 새로운 교파를 세우게 되었다.[7] 웨슬리는 처음에 자신의 추종자들의 모임을 '소사이어티soceity', 또는 '커넥션connexion'이라고 하여 자신의 목표가 새로운 분파를 만드는 것이 아니라 성공회 내부의 개혁운동임을 분명히 하였다.[8]

성공회 측이 그럼에도 불구하고 웨슬리의 설교권을 제한하자 웨슬리는 "세상이 내 교구이다The World is my parish"라는 표어 아래 술과 도박에 중독

3 김준철, 「구세군에 관한 자기 이해」(한국학중앙연구원 문화와 종교연구소 세미나 발표문, 2009.5.25), 5쪽 참조.
4 『구세군연수원 교재』 1-2, '구세군의 역사' 부분 참조.
5 『구세군 교리 학습안내』, 구세군대한본영, 2002, 180쪽.
6 김준철, 「구세군의 신학사상사 - 구세군의 신학적 입장을 중심으로」, 『한국기독교역사연구소소식』 30, 1998, 11쪽.
7 조현범, 「대한성공회의 역사와 특징」, 『한국종교교단연구 II』, 한국학중앙연구원 문화와 종교연구소, 2007, 99쪽.
8 이진구, 「한국 감리교의 역사와 특성」, 『한국 개신교 주요교파 연구 I』, 한국정신문화연구원, 1998, 80-82쪽.

된 사람들, 빚에 짓눌려 소망이 끊어진 사람들, 가난과 고독에 지친 도시 빈민과 광산 노동자, 농민들을 대상으로 교회 밖의 거리에서 야외설교와 즉흥 설교를 하게 되었다.[9] 웨슬리는 이 세상에 있는 수많은 군중을 수용할 건물이 없고, 또한 죄인들이 자신들을 찾아오기를 기다리는 것보다 자신들이 그들을 찾아가는 것이 자신들의 할 일로 생각하고 야외설교를 시도한 것이다. 그리고 가난한 신자들에게 빵과 석탄, 의복을 구해주는 일도 열심히 하여, 감리교는 초기에 방직공, 광부 등 가난한 자들의 교회로 성장할 수 있었다.

웨슬리는 선교 전략으로 예배당 세우기, 소그룹운동과 제자화, 평신도 지도자 세우기, 연회조직, 사회사업, 선교사 파송을 선택하였다.[10] 그리고 웨슬리는 급증하는 신자들의 종교적 욕구를 충족시키기 위해 평신도들에게 설교권을 부여, 단기간의 훈련을 마친 평신도 설교자들을 신속하게 파송하여 많은 성과를 올릴 수 있었다.[11] 당시 영국은 산업혁명의 여파로 빈부의 차가 심하고 농촌에서 도시로 사람들이 몰려드는 상황이었다. 감리교가 초기에는 이들을 대상으로 많은 일을 하여 혹자는 감리교 때문에 영국에서 사회혁명이 일어나지 않았다고 주장하는 이론까지 등장할 정도였다.[12] 하지만 웨슬리가 죽은 뒤 80년이 경과한 시점에서 부스가 보기에 감리교는 이미 가난한 자들의 교회가 아니었다. 그리고 당시 감리교의 주

---

9 웨슬리안교회지도자협의회, 『제4차 세계웨슬리안지도자대회 자료집』(2009.6.2.-6.5), 45쪽.

10 한국웨슬리학회, 『웨슬리안세계지도자대회 자료집』(2005. 5.24-27), 50-51쪽.

11 이진구, 앞의 글, 81쪽.

12 F. 훼일링 엮음, 『현대 종교학과 사회과학』(이용범 · 이진구 옮김), 서광사, 2000, 188-189쪽 참조.

활동무대는 영국에서 미국으로 이미 이동해 있었다.

웨슬리가 성공회를 개혁하려는 시도에서 출발했다면, 구세군의 창립자 윌리암 부스는 감리교를 개혁하려는 시도에서 출발하였다.[13] 부스는 원래 평신도의 역할과 개체교회의 자율성을 강조하는 '감리교 신파Methodist New Connexion' 소속의 목사였다. 부스는 당시 특정 교회의 담임 목사이기보다는 여러 지역을 순회하는 부흥 전도사를 원하고 있었다. 그러나 목회자가 순회 전도를 위해 잦은 출장을 가면 부작용이 생길 것을 염려하여 교단에서 부스의 이러한 희망을 들어주지 않았다.[14] 그러자 부스는 현재 구세군의 어머니로 불리는 부인 캐더린Catherine Booth(1829-1890)과 함께 소속 교단을 떠나 가난한 사람들이 많이 거주하고 있는 동부 런던지역의 선교를 목적으로 하는 '동런던선교회East London Mission'를 설립하고, 1865년부터 마구간, 싸구려 극장, 맥주홀, 장작가계, 목공소 등 당시로서는 파격적이라고 해야 할 이례적인 장소에서 예배를 보기 시작하였다.

부스는 웨슬리가 그랬던 것처럼 처음에 구세군을 하나의 교파로 성립시키려는 의도가 전혀 없었다. 특히 부스의 부인 캐더린은 이 점에서 매우 강경한 입장을 취하였다.[15] 이들은 처음에 자신들이 가르친 사람들을 인근의 기성교회로 보냈다. 그런데 인근의 기성교회가 이들이 가난한 사람

---

13 영국 구세군의 역사에 대해서는 프리데릭 쿠츠, 『구세군발전사』(권성오 역), 대한기독교출판사, 1981; M. L. 카펜터, 『윌리엄 부스』, 구세군출판부, 2006; 『교사통신교육교재』 3, 구세군대한본영, 1994 등 참조.

14 김준철, 「구세군에 관한 자기 이해」(한국학중앙연구원 문화와 종교연구소 세미나 발표문, 2009.5.25.), 4쪽.

15 Paul A. Rader, "The Salvation Army in Korea after 1945: A Study in Growth and Self-understanding", Ph.D, Fuller Theological Seminary, 1973, p. 97.

들이라는 이유로 받아들이지 않자, 이들은 기성교회로 가지 않고 부스의 주변에 머물기를 원했다. 따라서 일찍이 웨슬리가 그랬던 것처럼 부스도 나름의 교파를 만들어 나가는 수밖에 없었다.[16] 부스는 1870년에 동런던선 교회 이름을 '기독교선교회the Christian Mission'로, 그리고 1878년에는 다시 기독교선교회의 이름을 '구세군the Salvation Army'으로 변경하여 별도의 독립된 교단을 설립하였다.

당시 영국이 제국주의가 팽창하던 시기였기 때문에 구세군이 영국의 군대 조직을 흠모하고 모방한 것은 오히려 자연스런 일이었다. 당시에는 구세군뿐만 아니라 예수회, 프란치스코회도 군대 조직을 따르고 있었으며,[17] 1880년대 초에는 다시 구세군을 모방하여 '교회 부대Church Army', 그리고 '교회 선교 부대Church Mission Army'와 같은 단체들도 생겨났다.[18] 구세군의 이러한 군대 조직과, 할렐루야를 외치고 손뼉을 치고 노래하며, 브라스 밴드를 이용하여 북 치고 나팔 불고 챔버린을 치는 파격적인 선교 행위는 기성교회의 틀을 타파한 것으로 최하층 사람들에게 오히려 큰 환영을 받을 수 있었다.[19]

부스는 처음부터 여성들에게 남성과 동등한 지위를 부여하였다.[20] 그리하여 단기간에 교육을 받은 여성들이 슬럼가 등을 누비며 적극적인 활동을 하여 많은 성과를 볼 수 있었다. 부스의 부인인 캐더린은 구세군이 출

---

16 *Ibid.*, pp. 97-98.
17 최상용, 「구세군 교육의 특성 연구: William Booth를 중심으로」, 장로회신학대학 대학원 석사논문, 1978, 20-21쪽.
18 『교사통신교육교재』 3, 구세군대한본영, 1994, 131쪽.
19 장형일, 『한국구세군사』, 구세군대한본영, 1975, 14쪽 참조.
20 M. L. 카펜터, 앞의 책, 88쪽.

현하기 이전인 1859년에 이미 여성도 설교를 할 권리가 있다는 내용의 책을 발간하였다.[21] 캐더린은 이 책에서 여성이 설교하는 것이 잘못되었다는 세간의 인식에 대해서 여러 기존의 의견들을 종합해서 반박하였다. 캐더린의 영향으로 1878년 구세군의 성직자인 사관의 91명 가운데 여성 사관이 41명이나 될 수 있었다. 영국에서 여성이 투표권을 부여받은 것이 1918년이라는 점을 감안하면 구세군의 여성 성직자에 대한 이러한 입장은 획기적인 것이다.[22] 웨슬리도 여성 사역을 강조하기는 하였으나 영국 감리교는 19세기 초에 이미 여성 사역을 부정하는 입장을 취하였다고 한다.[23]

월리암 부스는 처음부터 담배, 도박과 함께 술을 철저히 금지하였기 때문에 양조업자와 술장사들이 특히 구세군의 활동을 집요하게 방해하였다.[24] 그리고 브라스 밴드를 앞세운 가로전도는 교통방해와 소음을 이유로 영국에서는 물론이고 다른 나라에서도 구세군에게 많은 어려움을 안겨주었다. 영국에서는 1882년 한 해에 699명의 병사가 체포되었는데 이 가운데 251명은 부녀자, 15세 미만의 어린이가 23명이었다.[25] 영국에서는 1912년까지 구세군 교인이 기소되어 감옥에 가는 일이 있었다.[26] 이런 상황은 스웨덴, 스위스, 인도, 미국, 호주, 뉴질랜드에서도 발생하였다.

부스는 1890년에 구세군 역사상 획기적인 선을 긋는 책 한 권[27]을 발간

---

21 캐서린 부스, 『여성사역』, 구세군출판부, 2006.
22 이응호, 「뿌쓰의 개혁운동과 구세군선교」, 아세아연합신학대학원 석사논문, 1984, 42-43쪽.
23 김준철, 앞의 글, 4쪽.
24 M. L. 카펜터, 앞의 책, 107쪽.
25 이응호, 앞의 글, 27쪽.
26 M. L. 카펜터, 앞의 책, 107쪽.

하였다. 그는 이 책에서 승합마차를 끄는 말도 잘 곳이 있고 먹을 것이 있는데 말보다도 못한 삶을 사는 자들이 런던에 10분의 1이나 된다고 주장하였다. 그리고 이들을 도울 수 있는 방안을 구체적으로 제시하고 아울러 10만 파운드를 모금하여 자신이 제시한 방안을 실현시키고자 하였다. 그가 제시한 방안은 도시에 염가 숙박소, 대중식당, 직업소개소들을 설치하여 가난한 자들을 구제하고, 이들 가운데 일부를 농촌으로 보내 목축이나 경작에 종사할 수 있게 하며, 또 이들 농촌에 거주하는 사람들 가운데 일부를 아예 해외로 이주시키자는 것이었다.

위장된 사회주의자에 불과하다는 주변의 회의적인 시선[28] 속에서도 3백만 명에게 식량, 의복, 주택, 직업을 알선해 주자는 부스의 제안이 호소력을 발휘하여 4개월 만에 12만 파운드가 모금되었고, 그로 인해 부스의 제안이 많은 성과를 거둘 수 있었다.[29] 당시 영국에서 사회사업의 개척자들은 모두 구세군 사관이었다고 한다.[30] 이때부터 구세군은 종교단체이면서 동시에 모금을 통한 사회사업단체로서 자리매김을 하게 되었다. 그리고 구세군은 유대인의 이스라엘 이주와 영국인들의 호주, 뉴질랜드, 캐나다 이주를 위해 적극적으로 활동하였다.[31] 1938년까지 구세군의 이민부를 통해 해외로 이주한 영국인이 25만 명에 달하는데,[32] 구세군 사관이 이들과

---

27 윌리엄 부스, 『최암흑의 영국과 그 출로In Darkest England and the Way Out』, 구세군출판부, 2009.
28 프리데릭 쿠츠, 앞의 책, 125쪽.
29 M. L. 카펜터, 앞의 책, 125-128쪽.
30 프리데릭 쿠츠, 앞의 책, 127쪽.
31 이응호, 앞의 글, 58쪽.
32 윌리엄 부스, 앞의 책, 감역자 해설 참조.

동행, 이들이 정착할 때까지 돌보아주었다고 한다.[33]

구세군은 1880년에 미국을 시작으로 프랑스(1881), 캐나다(1882), 인도(1882), 일본(1895), 한국(1908), 미얀마(1914), 중국(1916), 러시아(1917), 홍콩(1930), 싱가포르(1935), 말레이시아(1938) 등으로 확산되었다.[34] 이 과정에서 구세군 이해에 도움이 될 만한 몇 가지 사실을 언급하고자 한다.

1884년 미국의 구세군이 영국 구세군으로부터 분리하려는 움직임이 있었다. 미국 구세군이 처음부터 끝까지 윌리엄 부스 대장의 지휘를 받아야만 하는지, 다시 말해서 미국 구세군이 독자적인 활동을 할 수 있는지가 주요 문제였는데 이 분리운동은 실패하였다.[35] 1896년에 또 다른 분리운동이 미국에서 발생하였다. 부스의 아들 볼링턴Ballington Booth이 미국 구세군을 총괄하고 있었는데 부스와 이 아들 사이에 갈등이 야기되었다. 부스는 미국의 구세군이 너무 미국화되어서 문제가 있으며, 따라서 미국 구세군을 다시 영국화시켜야 된다는 취지 아래, 미국의 총괄 책임자를 자신의 아들 볼링턴에서 다른 사람으로 바꾸어 버렸다.[36] 그리하여 볼링턴과 그의 부인을 중심으로 별도의 단체가 출현하였는데 이 단체는 '미국 자원봉사회Volunteers of America'란 이름으로 미국을 중심으로 현재까지 활동하고 있다.[37]

사회적, 정치적 개혁을 도외시하는 부스의 계획은 당시 낭만적이고 비

---

33 M. L. 카펜터, 앞의 책, 128쪽.
34 *The Salvation Army Year Book*, 2009 참조.
35 Herbert A. Wisbey, Jr., *Soldiers without Swords: A History of the Salvation Army in the United States*(New York: The Macmillan Company, 1955), pp. 45-55.
36 *Ibid.*, p. 107.
37 현재 미국 44개 주에서 자선 활동을 벌이고 있다. http://www.voa.org 참조.

현실적이라는 비판에 직면하기도 하였다. 그리고 1880년 부스의 부인인 캐더린이 사망하자, 구세군의 운영을 두고 부스와 그의 참모들, 그리고 부스의 자손들 사이에 갈등이 표출되었다.[38] 그러자 부스는 자신의 후계 자로 큰 아들 브람웰William Bramwell Booth을 지정하고 그의 이름을 적은 종이를 밀봉하여, 자신이 죽은 뒤에 공개하게 하였다. 그리하여 1912년 부스가 죽은 뒤에 그의 큰 아들 브람웰이 구세군의 총책임자가 되어 구세 군을 지휘하였다. 브람웰 자신도 1926년 일본과 한국을 방문했을 때 자신 의 큰 아들을 데리고 온 것을 보면,[39] 브람웰도 자신의 큰 아들에게 구세군 을 물려주려는 의도를 지니고 있었던 것으로 보인다. 그러나 1928년 브람 웰이 병으로 인해 구세군을 지휘할 수 없게 되자 1929년 소집된 '최고회의 High Council'는 부스의 후손 대신에 다른 사람을 구세군의 3대 총책임자로 선출하였다. 그리고 1934년에 소집된 최고회의는 윌리엄 부스의 딸인 에 반젤린Evangeline Booth을 구세군의 4대 총책임자로 선출하였고 에반젤린은 1939년 8월까지 구세군을 지휘하였다. 이런 과정을 보면 구세군은 초기에 세습제를 채택했다는 것을 알 수 있으며, 적어도 1939년까지 창립자의 후 손들이 구세군 내에서 강력한 힘을 발휘했다는 것을 알 수 있다.

부스는 1912년 83세의 나이로 죽기 3개월 전에 행한 설교에서 아래와 같이 말했다.

---

38 Edward H. McKinley, "Booth, William", *ER*, vol. 2, 2005, pp. 1021-1022.
39 이상정, 「1926년 구세군 분규사건에 대한 연구」, 연세대학교 연합신학대학원 석사논 문, 2007, 63쪽.

지금과 같이 여성이 울고 있는 한, 나는 싸우리라. 지금과 같이 어린이들이 울고 있는 한, 나는 싸우리라. 지금과 같이 남자들이 감옥을 들락거리는 한, 나는 싸우리라. 가련한 여자가 한 사람이라도 거리를 방황하는 한, 나는 싸우리라. 하나님의 빛없이 영혼이 캄캄한 사람이 한 사람이라도 남아 있는 한, 나는 싸우리라. 끝까지 싸우리라.[40]

아마도 인류가 현 상태로 존속하는 한 위와 같은 상황은 지역과 시대에 따라 정도의 차이는 있을지언정 지속될 것이다. 그리고 인류가 현 상태로 존속하는 한 부스의 말대로라면 구세군은 계속해서 해야 할 일에 직면할 것이다.

다른 개신교 교파들에 비해 창립된 이후 구세군은 교리나 조직, 그리고 선교 방식 등에서 비교적 크게 변하지 않았다.[41] 2008년 9월 현재 구세군은 116개국에서, 은퇴 사관을 포함해서 26,032명의 사관이 활동하고 있다.[42] 구세군 사관의 50%, 그리고 신자의 85%가 미국, 영국, 캐나다, 호주, 뉴질랜드에 있으나, 아프리카, 인도, 파키스탄에도 의외로 구세군 교인이 많이 있는 편이다.[43] 최근에는 북서 아프리카의 말리, 그리고 쿠웨이트 등 이슬람 지역에서도 구세군의 활동이 시작되었다.[44] 그리고 술 중독자들을 위한 재활사업뿐만 아니라 최근에는 자살 방지 운동을 적극적으로 전개하고

40 윌리암 부스, 앞의 책, 감역자 해설 참조.
41 Edward H. McKinley, "Salvation Army" in *ER*, Vol. 12, 2005, p. 8063.
42 *The Salvation Army Year Book*, 2009, p. 29.
43 Edward H. McKinley, *op.cit.*, p. 8064.
44 *The Salvation Army Year Book*, 2009, pp. 3-4.

있는 것으로 보인다.[45]

일본에는 일찍이 1895년부터 구세군이 활동을 시작하였는데 초기에는 공창폐지운동을 적극적으로 전개하여 많은 성과를 보였다.[46] 2009년 8월 현재 일본에는 구세군 소대[47]가 56개가 있으며,[48] 2006년 4월 현재 일본 구세군 사관학교 1학년에 재학중인 학생은 부부 1쌍뿐이라고 한다. 일본 에서는 인적자원이 부족하여 구세군 사관은 은퇴 후에도 일선에서 목회를 담당한다고 한다.[49] 일제시대에는 일본 구세군이 대련을 중심으로 만주에 서 활동하였고,[50] 일본이 중국을 침략할 때 해당 지역에서 구호활동을 벌 이기도 하였으나,[51] 중국에서 구세군은 당시 큰 성과는 보지 못한 것으로 보인다. 현재 중국에서 구세군은 북경, 곤명, 그리고 내몽고 지역에 거점 을 확보하고 있다.[52]

구세군이 한국에 들어온 것은 1908년 10월이다. 당시 한국에서는 장로 교, 감리교, 성공회는 물론이고 안식교, 침례교, 성결교 등 개신교의 주요 교파들이 이미 모두 활동을 하고 있었다. 1902년 체결된 영일동맹을 계 기로 동아시아 지역에서 영국과 일본은 당시 매우 가까운 관계를 유지하 고 있었다. 또한 일본을 상대로 한 의병운동이 당시 여전히 전개되고

---

45 *Ibid.*, pp. 8-10.
46 프리데릭 쿠츠, 앞의 책, 140-143쪽; 장형일, 「한국 구세군의 해체와 시련」, 『기독교사상』 33-9, 1989, 208쪽.
47 일본에서는 구세군 교회를 '소대'라고 한다.
48 http://www.salvationarmy.or.jp 참조.
49 김준철 편저, 『허가두 생애와 사역』, 구세군출판부, 2007, 541쪽 참조.
50 坂本雷次, 「朝鮮救世軍大要」, 『朝鮮社會事業』 六-八, 1928, p. 5.
51 프리데릭 쿠츠, 앞의 책, 196-197쪽.
52 *The Salvation Army Year Book*, 2009, p. 121.

있었고 구세군이 들어온 지 2년이 채 안된 1910년 8월에 한국은 일본에 합병되었다.

　구세군 최초의 선교사 영국인 허가두Robert Hoggard가 8년간의 선교활동을 마치고 1916년 돌아갈 때 목회자가 87명, 집회 장소가 78개, 신자가 1,201명에 이르렀고, 월간으로 발간되는『구세신문』발행 부수가 3,500장이었다.[53] 이와 같이 비교적 선교 초기에 성공할 수 있었던 이유로는 무엇보다도 구세군이 당시 통감부, 그리고 총독부와 호혜적인 관계를 맺고 있었다는 점을 지적할 수 있다.

　허가두는 한국에 온 지 얼마 되지 않아 영국 주재 일본대사의 소개장을 지니고 이토오 통감을 만나서 구세군은 정치에 관여하지 않겠다는 의사를 전달하고, 아울러 구세군의 사회복지 활동을 위해 통감부에서 구세군에 건물 등 인프라를 제공해 줄 것을 요청하였다.[54] 좀 나중의 일이기는 하지만 예를 들어서 구세군이 1923년에 남자 고아들을 위한 복지시설인 후생학원을 설립했을 때 총독부에서 그 부지를 제공했고, 운영비도 상당 부분 제공하였다.[55] 그리고 구세군의 제2대 대장인 브람웰 부스가 한국을 방문했을 때 부산에서 서울로 가는 기차 전용객실을 무료로 사용하게 해 주었다.[56] 일제 말기가 되면서 국제정세의 변화로 영국과 일본의 관계가 멀어지기 전까지 구세군은 다른 교파들에 비해 통감부와 총독부로부터 비교적 적지 않은 도움을 받은 것으로 보인다.

53 『구세군 한국선교백주년보고서 2008』, 구세군한국선교백주년본부, 2008, 232쪽.
54 장형일, 앞의 책, 32-33쪽; 김준철 편저, 앞의 책, 83쪽.
55 김준철, 『한국구세군 100년사 - 1908~2008』, 구세군출판부, 2008, 183-184쪽, 188쪽.
56 위의 책, 216쪽.

또한 북을 포함해서 8명으로 구성된 악대가 연주하면서 행진하는 것을 본 사람은 이전에는 거의 없었으며,[57] 환등기를 이용해서 예수의 일생을 보여주는 등의 미디어를 이용한 구세군 교육은 당시 사람들에게 새롭게 받아들여졌을 것이다.[58] 그리고 허가두가 온지 2년 만에 단기간의 교육을 통해서 21명의 목회자를 양성하여 전국 각지의 교회로 파견할 수 있었는데,[59] 이러한 단기간의 목회자 양성과 이들의 적절한 활용도 구세군 초기 성장에 적지 않은 기여를 했을 것으로 보인다.

구세군은 일제 후반부에 장로교, 감리교, 성결교에 이어 개신교 4대 교파로까지 성장하였으나, 1926년에 한국 구세군 역사에서 중요한 사건이 하나 발생하였다. 당시는 동아시아 지역에 사회주의의 영향 등으로 반기독교 인식이 팽배해 있었고, 또한 1925년 여름 안식교의 소위 '허시모 사건' 등으로 한국 내에 외국인 선교사들에 대한 반대 감정이 고조되어 있었다. 1926년 구세군 제2대 대장 브람웰 부스가 한국을 방문하였을 때 한국인 목회자들은 구세군 내부의 문제점들을 진정서에 담아 브람웰 부스에게 제출하려고 하였다. 당시 외국인 선교사들의 방해로 진정서가 브람웰 부스에게 끝내 공식적으로 제출되지는 못하였지만, 이로 인해 한국인 목회자들의 상당수가 구세군으로부터 제명당하는 사건이 발생하였다. 당시 구

---

57 김준철 편저, 앞의 책, 279-280쪽.
58 물론 이런 선교와 교육 방식은 구세군이 다른 나라에서도 사용했던 것이다. Diane Winston, "All the World's a Stage: The Performed Religion of the Salvation Army, 1880-1920" in *Practicing Religion in the Age of the Media: Explorations in Media, Religion, and Culture* eds. by Stewart M. Hoover and Lynn Schofield Clark(New York: Columbia University Press, 2002), pp. 113-137 참조.
59 김준철, 앞의 책, 98쪽.

세군 선교사들 가운데에는 인종우월주의에 빠져 한국인들을 업신여기는 자들이 적지 않게 있었던 것으로 보인다.

구세군 한국인 목회자들은 그 때 구세군 재정의 공개, 한국인의 차별대우 폐지, 한국인의 교단 운영 참여, 외국인 선교사들의 도덕적 정화, 한국인 목회자들의 생활과 지위 향상 등을 강력히 요구하였다.[60] 구세군 본부에서는 한국인 사관의 반 이상인 44명의 한국인 사관들을 면직시키고, 28명의 사관학생들을 퇴학시키는 극단적인 조치를 취하였다.[61] 그러자 면직된 사관들이 '구세군개선연결대救世軍改善連結隊'를 조직하여 구세군 본부 측에 반대운동을 벌이고, 지방에서도 산발적으로 분규 행위가 있었으나 본부 측으로 복귀하는 사관과 병사들이 늘어감에 따라 구세군개선연결대는 유명무실해졌다.

이 분규 사건으로 인해 8,509명이었던 교인 수가 3,396명으로 줄어든 것에서 볼 수 있듯이 구세군의 교세가 급격히 감소하였다. 당시 반선교사, 반기독교의 분위기로 장로교와 감리교도 각각 20% 감소했지만, 구세군은 60%나 감소하였다.[62] 기독교사학자들은 구세군의 이 분규 사건을 반선교사, 민족운동으로 규정하고 있다.[63] 그러나 당시 구세군 본부 측은 이 사건이 한국이 미개하고 훈련이 되지 않은 나라이기 때문에, 그리고 구세군 내부에 불만을 가진 몇몇 소수의 한국인 사관들 때문에 일어난 사건이라고 안이하게 대처하였다.

---

60 위의 책, 244-245쪽.
61 위의 책, 266쪽.
62 한국기독교사연구회, 『한국기독교의 역사 II』, 기독교문사, 1990, 260쪽.
63 서정민, 「구세군 분규사건(1926년)」, 『한국기독교사연구회소식』 26, 1989 참조.

1940년이 되면서 일본에서는 구세군이 영국을 위해서 첩보활동을 벌이고 있다는 죄목으로 탈퇴사관연맹 등 12개 단체가 연합하여 반구세군운동을 벌였다.[64] 그리하여 일본과 한국의 구세군은 영국의 구세군 국제본영으로부터 이탈하여 별도로 활동하게 되었다. 게다가 한국 구세군은 일본 구세군으로부터 지휘, 감독을 받는 상황에 처하게 되었다. 이렇게 되자 한국 구세군은 무엇보다도 영국의 구세군 국제본영으로부터 지원을 받지 못하게 되어 경제적 난관에 봉착하게 되었다. 일제 말기 구세군은 보유하고 있던 부동산을 적지 않게 처분하여 광복 이후에도 한동안 경제적으로 어려움을 겪었다.

일제 말기에 구세군 국제본영으로부터 이탈되었던 한국 구세군은 광복이 되자 다시 국제본영으로 귀속될 것인지, 또는 국제본영과 상관 없이 계속해서 독자적인 활동을 해 나갈 것인지의 여부로 잠시 갈등을 빚었다.[65] 그러나 일본 구세군과 마찬가지로 결국 한국 구세군도 국제본영과의 관계를 다시 회복하게 되었다. 영국의 국제본영이 제2차세계대전으로 인해 경제적인 어려움에 처해 있었기 때문에 한국 구세군은 광복 이후 상당 기간 동안 미국 구세군으로부터 경제적인 지원을 받게 되었고, 그로 인해 서서히 교세를 확장시켜나갈 수 있었다. 1950년에 3,580명이었던 구세군 교인의 수가 1960년에는 10,311명으로 늘어날 수 있었다.[66]

1973년 당시 구세군 국제본영이 "아시아는 아시아의 지도자를 세운다"는 방침을 세움에 따라 한국 구세군도 드디어 한국인이 사령관을 맡게

64 장형일, 앞의 글, 209쪽.
65 김준철, 앞의 책, 390쪽.
66 위의 책, 429쪽.

되었다.[67] 2000년대를 맞이하여 한국 구세군은 국제본영으로부터 서서히 경제적 자립을 도모하여, 블라디보스톡, 몽골, 짐바브웨 등 해외 선교활동도 벌이고 있다. 2007년에는 그 동안 국제본영이 주도한 북한선교를 한국 구세군이 주도하게 되어 남포시 와우도 병원의 현대화 사업을 지원하는 등 북한에 대한 선교와 구호 지원사업에도 관심을 보이고 있다.[68] 북한에서는 구세군을 종교단체라기보다는 비정부기구NGO로 인식하고 있어서 구세군의 북한 내 활동이 자연스럽게 이루어질 수 있는 측면이 있다.[69]

2008년 현재 로스앤젤레스, 뉴욕, 시카고, 알렉산드리아(미국), 필라델피아, 런던, 토론토, 시드니, 멜버른, 오클랜드(뉴질랜드), 마닐라 등지에서 구세군 한인교회가 활동하고 있다. 그리고 한국 구세군은 2008년에 선교 100주년를 맞이하여 다양한 행사를 개최하고 구세군의 실질적인 성장을 위해 많은 노력을 기울이고 있다.[70]

3. 구세군의 교리와 의례

구세군의 창립자 부스와 그의 부인 캐더린은 구세군이 새로운 교리를 만들지 않았다고 선언하였다. 구세군 교리는 그 기본을 바이블에 두며, 역사적으로 나타난 사도신경, 니케아신경, 아타나시우스 신경 등에 근원

67 위의 책, 495쪽.
68 위의 책, 784쪽; *The Salvation Army Year Book*, 2009, p. 21.
69 『동아일보』, 2008.10.3.
70 『구세군 한국선교백주년보고서 2008』, 구세군한국선교백주년본부, 2008 참조.

하고 있다고 한다.[71] 이렇게 보면 구세군의 교리는 기독교의 다른 교파들의 그것과 크게 다른 것이 없다고 하겠다.

감리교의 웨슬리는 성공회의 신조 39개조 가운데 칼빈주의적 요소, 그리고 교회가 왕권에 복종해야 한다는 조항 등을 제외하고 비교적 알미니안주의와 조화되는 것들을 중심으로 감리교 신조 25개조를 만들었다. 윌리엄 부스가 본래 소속되어 있던 감리교 신파의 신조는 12개조인데, 구세군의 신조 11개조는 감리교 신파의 신조와 유사하다.[72] 부스는 웨슬리를 선지자로, 그리고 자신을 웨슬리의 제자이며 계승자로 생각하였기 때문에 구세군 교리가 감리교 교리와 크게 다를 수가 없었을 것이다.

루터의 신학은 '의인화론과 십자가 신학', 칼빈의 신학은 '칭의와 예정의 신학', 그리고 웨슬리의 신학은 '칭의justification와 성화sanctification'의 신학으로 요약할 수 있다.[73] 웨슬리안들은 물론 웨슬리가 루터와 칼빈의 신학을 완성했다고 주장한다.[74]

구세군 신조 6조에 의하면 구세군은 누구든지 믿으면 구원을 얻는다고 하여 예정론을 반대하며, 어떤 특정한 사람들만 구원받는다든지, 또는 어떤 특정한 사람들은 타락하도록 예정되어 있다든지 하는 교리를 거부한다. 그리고 구세군 신조 7조와 9조에 의하면 구세군은 회개와 지속적 신앙 없이도 구원받는다는 신조를 반대한다.[75] 부스는 특히 '은혜로 말미암은

71 『성숙한 구세군 병사』, 구세군대한본영, 2003, 17쪽.
72 김준철, 앞의 책, 40쪽.
73 이진구, 앞의 글, 75-77쪽 ; W. 클라이버 · M. 마르쿠바르트, 『감리교회 신학』(조경철 옮김), KMC, 2007; H. 린드스트룀, 『웨슬리와 성화』(전종옥 역), 기독교대한감리회 홍보출판국, 1998; 『구세군 교리 학습안내』, 구세군대한본영, 2002, 129쪽.
74 한국웨슬리학회, 앞의 책, 27-28쪽.

성화론'에서 웨슬리의 신학적 계승자이다.[76] 그는 웨슬리가 성공한 것은 죄인들로 하여금 회개하게 하는 데 있지 않고, 교인들을 바르게 육성하는 데 있었다고 하였다.[77] 구세군에 의하면 신이 인류를 구원한 목적에는 죄인된 인간을 구원하는 것뿐만 아니라 구원받은 영혼이 성결하게 살아가도록 하는 것도 포함되어 있다.[78]

웨슬리의 영향을 받은 교파는 감리교를 포함해서 구세군과 성결교를 지적할 수 있다. 따라서 구세군의 교리를 이해하기 위해서는 감리교와 성결교, 그리고 구세군의 교리가 각각 그래도 어떤 차이가 있는지에 대해서 언급할 필요가 있다. 감리교 사학자인 이덕주는 구세군 교리의 특징을 아래와 같이 지적하였다.

> 웨슬리가 말하는 중생 이후 과정인 성화聖化를 말하면서도 인간의 전적 타락에 대한 교리도 담고 있어 구세군 교리가 청교도적 회중주의 원리와 감리교의 아르미니우스 원리를 혼합하고 있음을 알 수 있다.[79]

우리의 주목을 끄는 대목은 구세군이 인간의 '전적 타락' 교리를 지니고 있고 청교도로부터도 영향을 받았다는 점이다. 구세군 내부에서도 구세군

---

75 『그리스도의 좋은 군사 - 구세군병사군령군율』, 구세군대한본영 교육부, 2002, 36쪽 참조.

76 김준철, 앞의 책, 38쪽.

77 김준철, 『나는 구세군과 결혼했다』, 에디아, 2004, 192쪽 참조.

78 구세군대한본영, 『성숙한 구세군 병사』, 2003, 11쪽; 구세군 교리 가운데 '성결에 이르는 7단계'에 대해서는 앞의 책, 184-190쪽 참조.

79 이덕주, 『한국 토착화 교회 형성사 연구』, 한국기독교역사연구소, 2000, 64쪽.

이 신학적으로 청교도로부터 영향을 받았다는 점을 지적하고 있다.[80] 성결교도 친웨슬리적이면서도 구세군과 마찬가지로 인간의 '전적 타락' 교리를 지니고 있다는 지적이 있다.[81] '전적 타락' 교리는 물론 웨슬리보다는 캘빈 쪽에 가깝다. 구세군과 감리교의 모태라고 할 수 있는 성공회는 39개조 신조 가운데 제17조에 예정과 선택에 관한 문제를 다루고 있어서 친예정론적임에 틀림없다.[82] 칼빈과 웨슬리를 각각 왼쪽 끝과 오른쪽 끝에 놓으면 "(칼빈) - 성공회 - 성결교·구세군 - 감리교 - (웨슬리)"로 친화력의 정도를 나타낼 수 있을 듯하다.

감리교는 신학적으로 다양한 색채를 띠고 있지만 일반적으로 자유주의 쪽에 가까운 것으로 평가된다.[83] 이에 비해 구세군은 스스로를 결코 자유주의적이 아니고 오히려 보수적이고 복음주의적이라고 규정한다.[84] 구세군은 보수 선교단체들이 주로 이용하는 선교용 책자인 『4영리』를 쓰고 있으며,[85] 감리교가 후천년설을 지지하는 것에 비해 구세군은 성결교와 함께 전천년설을 지지한다.[86] 그리고 구세군은 스스로를 감리교에 비해 보다 실천적이라고 평가하고 있으며, 성결교가 '성결'의 내면성을 강조하

---

80 황선엽, 「구세군대한본영」, 『한국민족문화대백과사전』 참조.
81 조태연, 「성결교단의 역사적·신학적 정체성과 새로운 가능성의 모색」, 『한국 개신교 주요교파 연구 Ⅰ』, 한국정신문화연구원, 1998, 163쪽.
82 조현범, 앞의 글, 123-124쪽 참조.
83 이진구, 앞의 글, 119쪽.
84 김준철, 「구세군의 신학사상사 - 구세군의 신학적 입장을 중심으로」, 『한국기독교역사연구소소식』 30, 1998, 14쪽.
85 『구도자상담』, 구세군대한본영 교육부, 1992, 93쪽.
86 Edward H. McKinley, "Booth, William", *ER*, vol. 2, 2005, pp. 1021-1022; 조태연, 앞의 글, 155-156쪽.

는 것에 비해, 구세군은 감리교와 함께 '성결'의 윤리성을 보다 강조한다고 주장한다.[87]

　천주교가 일곱 개의 성례전을 지키는 것에 비해 개신교는 일반적으로 세례와 성만찬 두 개를 성례전으로 지킨다. 물론 세례와 성만찬을 거행하는 의식 절차와 의미는 교파마다 다르다. 구세군은 세례와 성만찬을 거행하지 않는다는 점에서 개신교의 다른 교파들과 큰 차이가 있다. 그렇다고 해서 구세군이 처음부터 성례전을 행하지 않은 것은 아니다. 기독교선교회에서 구세군으로 이름을 바꾼 1878년부터 1881년까지도 매월 성례전을 거행하다가 1883년부터 공식적으로 성례전을 하지 않기로 결정하였다. 부스는 당시 성례전을 행하지 않기로 결정한 다음, "그 문제는 먼 훗날 우리가 좀 더 분명히 알 때까지 연기하는 것이 현명한 일이 아니겠는가?"라고 말했다고 한다.[88] 부스의 이 말은 구세군의 성례전에 대한 입장이 잠정적인 것이며, 경우에 따라서 그 입장이 바뀔 수도 있다는 것을 의미한다.[89]

　구세군은 현재 세례와 성만찬을 거행하지 않는 이유를 아래와 같이 제시하고 있다.

① 의식주의가 갖는 위험을 줄임
② 교회 안에서 특정 계층만이 성례전을 집례한다는 것은 만인제사장론에 역행

---

87 김준철, 「구세군에 관한 자기 이해」(한국학중앙연구원 문화와 종교연구소 세미나 발표문, 2009.5.25.) 참조.
88 김준철, 앞의 책, 159쪽 참조.
89 『병사문답집』, 구세군대한본영, 2002, 36쪽.

③ 여성들이 성례전을 집행할 수 없었기 때문,

④ 성례전 없이도 하나님이 원하는 성결한 삶이 충분하기 때문,

⑤ 술 중독자들의 경우 성만찬에서 주는 포도주는 재타락의 유혹이 될 수 있기 때문[90]

위에 열거된 이유들 가운데 ②와 ③이 특히 중요한 이유였을 것으로 추측된다. 부스의 부인 캐더린이 여성 사역에 많은 관심을 지니고 있었고, 그로 인해 구세군은 초창기부터 여성에게 목회자의 지위를 부여하였다. 영국에서 30세 이상의 여성이 선거권을 가지게 된 것은 1차세계대전이 끝난 뒤인 1918년이었다. 1880년대에 여성이 설교는 그렇다하더라도 세례와 성만찬 의식을 주재할 경우 주위로부터 혹독한 비난을 받았을 것이다. 그리고 구세군은 당시 아주 단기간에 걸친 교육을 거쳐서 목회자를 양성하였다. 구세군의 목회자는 다른 교파의 목회자에 비해서 교육 수준의 차이가 꽤 있었기 때문에 역시 이들의 설교는 그렇다하더라도 세례와 성만찬 의식을 주재할 경우 주변으로부터 비난을 많이 받았을 것이다. 이런 상황에서 부스는 세례와 성만찬 의식의 거행을 잠정적으로 중단하고 주변으로부터 예상되는 비난을 사전에 막았던 것으로 생각된다.

이 밖에도 구세군 의식의 특징으로 자비석Mercy Seat을 언급할 필요가 있다. 웨슬리는 옥외 전도할 때 등받이 없는 긴의자를 이용하여 '참회자석Mourner's bench'을 설치하고, 그곳에 나와서 참회의 눈물을 흘리며 예수 믿기를 결심시켰는데, 이것에서 구세군의 자비석이 비롯되었다고 한다.[91]

---

90 위의 책, 35쪽.

자비석은 영문 안의 강단과 회중석 사이에 있는데, 구세군은 세례요한이 죄의 용서를 위해 공적 회개를 요청한 것처럼,[92] 자비석에서 무릎을 꿇고 죄의 용서를 받도록 구도자를 초청하는 것을 강조하고 있다.

4. 구세군의 조직과 현황

구세군은 한마디로 군대 조직을 지니고 있다. 군대에서 장교를 양성하는 교육기관을 사관학교라고 하듯이 구세군도 목회자를 양성하는 교육기관을 사관학교라고 한다. 구세군의 목회자는 군대의 장교를 의미하는 사관Officer이라고 한다. 구세군의 최고 지도부는 영국에 소재하는 국제본영International Headquarters이고, 최고 지도자는 대장이라고 부른다. 대장은 구세군의 각국 지도자들로 구성되는 최고회의the High Council에서 선출되며, 임기는 따로 정하지 않고 대체로 65세인 정년 때까지 하는 것으로 보인다.[93]

구세군은 세계를 지역별로 군국軍國, Territory으로 구분한다. 우리나라에는 군국이 하나 있으나 미국과 인도같이 지역이 넓은 경우에는 한 나라에 여러 군국이 있기도 한다. 군국을 지휘하는 지휘부를 군국본영Territorial Headquarters이라고 하며, 그 지휘자를 군국사령관이라고 부른다. 물론 군국사령관은 대장이 선임한다.[94] 군국은 여러 개의 지방Division으로 구분된

---

91 『구도자상담』, 구세군대한본영 교육부, 1992, 9쪽.
92 「마가복음」 1장 4절.
93 *The Salvation Army Year Book*, 2009, pp. 22-26.
94 『구세군 사관 군령군율』, 구세군대한본영, 2004, 90쪽.

다. 지방의 지휘부를 지방본영이라고 하고, 지방본영의 지휘자를 지방관 Divisional Commander이라고 부른다.

개신교 다른 교파의 교회에 해당하는 것이 영문營門, Corps이다. 영문에는 장로에 해당하는 정교正校, Sergeant-Major, 그리고 집사에 해당하는 부교副校, Sergeant가 있는데 이들을 하사관이라고 하며, 일반 신도를 병사라고 한다. 사관은 정위, 참령, 부정령, 정령, 부장, 대장 순으로 계급별로 구분한다. 참령은 정위로 임관된 뒤 15년이 지나면 될 수 있고, 부정령 이상은 대장으로부터 계급을 부여받는다.[95] 구세군의 이러한 조직 관련 명칭은 영국식 군대 용어를 각 나라별로 번역해서 사용하고 있는 것으로 보인다.[96]

구세군 목회자인 사관을 교육하는 기관인 사관학교는 여타 이웃 개신교의 신학교와 다른 양상을 지닌다. 구세군 사관학교는 2년제로 바이블, 교리, 구세군 역사 등 이론적인 교육과 함께 상당 기간 학문보다 실질적인 훈련을 시키는데 주력한다. 사관학교의 교과목은 국제적으로 동일하며, 사관학교는 신학교육이나 학문 연구기관의 역할보다는 실무적인 일을 가르치는 데 일차적인 목표를 지닌다. 사관학교는 부부가 함께 입학하는 것이 권장되며, 독신 사관은 나중에 반드시 사관과 결혼해야만 한다.[97]

군대 조직을 지니고 있는 구세군은 당연히 군대식으로 운영된다. 다시 말해서 구세군은 상명하복의 형식으로 운영되며, 구세군 내부에서 '민주적 운영'이라는 말은 통하지 않는다. "민주적으로 합시다"라는 말을 좋아하는 사람은 구세군에 결코 남아 있을 수가 없다.[98] 군대에 군령과 군율이

---

95 위의 책, 158쪽.
96 『구세군용어집』, 구세군대한본영, 2004 참조.
97 『구세군 사관 군령군율』, 구세군대한본영, 2004, 144-146쪽.

있듯이 구세군에도 병사, 하사관, 사관 등 각 구성원과 하다못해 악대와 찬양대와 같이 세부적인 조직 부문에 대해서도 군령과 군율이 별도로 있다.[99] 그리고 구세군 구성원들은 군령과 군율에 따라 스스로의 행동을 규제하고, 조직을 운영해 나간다.

구세군은 2008년 9월 현재 116개국에서 활동하고 있고, 영문이 14,869개, 은퇴사관을 포함해서 사관이 26,032명이며,[100] 교인수가 1백만 명이 넘을 것으로 추정된다.[101] 구세군 사관의 50%, 그리고 신도의 85%가 미국, 영국, 캐나다, 호주, 뉴질랜드에 있다.[102] 국제본영은 영국에 있지만 사회복지 사업의 규모 면에서는 미국 구세군이 세력이 커서, 2007년 미국 뉴욕에 '구세군국제사회정의센터International Social Justice Commission'를 새로 설립하여 운영하고 있다.[103]

한국 구세군은 은퇴사관을 포함해서 사관이 719명, 교인수가 6만 명 정도이다.[104] 은퇴사관을 포함해서 186명의 사관, 3천 명 가량의 교인을 보유하고 있는 일본 구세군[105]에 비하면 물론 적지 않은 교세라고 할 수 있다. 한국 구세군은 9개의 지방으로 나뉘어 총 256개의 영문을 보유하고 있으며, 해외 한인들을 위해서 34개의 영문을 운영하고 있다.[106] 2008년도 문화

98 『영문사관 군령군율』, 구세군출판부, 2007, 111-113쪽.
99 『구세군 사관 군령군율』, 구세군대한본영, 2004, 131쪽.
100 *The Salvation Army Year Book*, 2009, p. 29.
101 Edward H. McKinley, "Salvation Army" in *ER*, Vol. 12, 2005, p. 8063.
102 *Ibid.*, p. 8064.
103 *The Salvation Army Year Book*, 2009 참조.
104 *Ibid.*, p. 165.
105 *Ibid.*, p. 156.

관광부 통계에 의하면 구세군은 4만 여명의 교인수를 지니고 있는 성공회보다 더 많은 교인수를 지니고 있는 것으로 나타나 있다.[107]

5. 맺음말

구세군은 개인 선교와 사회복지 선교 양쪽에 똑같이 비중을 두고 활동한다. 비록 최근에는 개인 선교에 비해 사회복지 쪽의 활동이 보다 더 발전한다는 문제가 제기되기도 하지만,[108] 구세군은 '복합선교'라는 이러한 입장을 구세군의 정체성으로까지 생각할 정도로 매우 중요하게 여긴다. 홍수 등 자연재해가 일어나면 국제적으로 가장 빨리 구호품을 전달하는 단체가 구세군이다. 우리나라에서도 1998년 IMF 당시 구세군이 처음으로 실업자 구제책을 강구, 실직 노숙자 숙소인 오뚜기사랑방을 운영하였고, 태안반도 기름 유출 사고현장에서 밥차를 운영하여 호평을 받기도 하였다.

구세군은 자신들이 '18세기 웨슬리의 성결운동과 사회선교운동의 꽃이요 열매'이며, 한국 구세군은 스스로가 '한국 기독교의 마지막 보루'라는 자부심을 가지고 있다.[109] 그러면서 또 다른 한편에서는 구세군이 어떤

---

106 http://www.salvationarmy.or.kr 참조.
107 문화체육관광부, 『한국의 종교현황』, 2008, 38-40쪽.
108 『구세군 한국선교백주년보고서 2008』, 구세군한국선교백주년본부, 2008, 17쪽.
109 김준철, 앞의 책, 2004, 98-99쪽; 『구세군 한국선교 100주년 기념 학술대회 발표 자료집』 (2008.9.29.-10.2), 7쪽.

단체인가에 대해서 구세군 밖은 물론이고 안에서조차 서로 다르게 이해하고 있다는 지적이 있으며,[110] 사관들 가운데 목사님이라고 불리면 좋아하고 정교 가운데 장로님이라고 하면 좋아하는 자들이 있고, 군령군율의 조문은 살아 있으나 그 정신은 잃어버린지 오래이고, 잊혀져 가는 가로전도, 잊혀져 가는 자비석, 그리고 환희의 예배, 구령운동, 사회봉사 사역에서도 '구세군 정신'을 발휘하지 못하고 있다는 자성어린 비판도 제기되고 있다.[111]

어느 조직을 막론하고 군대식으로 운영되는 조직은 변하기가 쉽지 않다. 근래에 '영문'이라는 이름을 '교회'로 바꾸는 경우가 많은 모양이다. 예를 들어서 과거에는 '○○○영문'이었던 간판을 이제는 '○○○영문교회', 또는 아예 '○○○구세군교회'로 바꾸어 달고 있다. 그리고 사관학교를 대학으로 승격시키고 다른 교파의 신학대학과 마찬가지로 연구와 강의를 전담하는 사관도 보유해야 한다는 지적도 제기되고 있다.[112] 본 글을 준비하면서 비교적 보수적인 색채를 지니고 있는 구세군이 한국기독교총연합회가 아니라 한국기독교협의회에서 적극적으로 활동하고 있다는 점, 그리고 이웃종교들에 대해 비교적 열린 태도를 지니고 있다는 점에 적지 않게 놀란 적이 있다. 물론 구세군 국제본영이 세계교회협의회에서 활동하고 있다는 점, 그리고 구세군이 이웃종교들에 대해 비교적 열린 태도를 지니고 있는 영국이라는 종교적 토양에서 배양된 종교라는 점에서 그 이유를 찾을 수 있을 것이다. 구세군이 앞으로 어떻게 변화할지 두고 보아야 할

---

110 『구세군 교리 학습안내』, 구세군대한본영, 2002, 200쪽.
111 김준철, 앞의 책, 100쪽.
112 『구세군 한국선교 100주년 기념 학술대회 발표 자료집』(2008.9.29-10.2) 참조.

일이지만, 어느 조직이나 장기적으로 발전하기 위해서는 내적으로 다양성 또한 지니고 있어야 한다는 점을 염두에 둘 필요가 있을 듯하다.

구세군은 인도, 호주, 뉴질랜드, 네덜란드, 독일 등 다른 나라에서와 마찬가지로 일제시대부터 정부로부터 보조금을 받으면서 사회사업을 전개해 왔다. 그러나 현재는 정부의 사회사업 관련 보조금이 구세군뿐만 아니라 다른 교단들에게도 많이 지급되고 있다. 다시 말해서 구세군이 정부의 보조금만을 가지고 사회사업을 한다면 사회복지 선교 면에서 영세성을 면하지 못할 것으로 보인다. 구세군은 자선냄비를 비롯해서 사회적으로 모금활동도 벌여서 연도별로 2004년에 25억6천만 원, 2005년에 28억8천만 원, 2006년에 30억8천만 원을 모금하였다.[113] 그리고 구세군은 교회 재정의 30% 이상을 구제와 대외 선교비로 쓰고 있다고 말하고 있다.[114]

구세군은 2010년 완공을 목표로 '구세군 한국선교 100주년 기념빌딩'을 건립하고 있다. 그런데 기념빌딩의 부지 매입 등의 경비에 자선냄비로 모금한 돈이 유입되었다는 유언비어가 돌았던 모양이다.[115] 돈으로 결코 부패하지 않았다고 자부하는 구세군으로서는 매우 듣기 어려운 말이었을 것으로 생각한다.[116] 이 점에서 구세군은 다른 교단에 비해 계속해서 가난해야 할 운명에 처해 있는지도 모르겠다. 미래의 가상적인 모습이기는 하지만 교인 천 명을 보유하고, 경제적으로도 부유하다고 알려진 한국 구세

---

113 『구세군의 사회봉사』, 구세군한국선교백주년본부, 2008, 43쪽.
114 박종호, 「세계를 향한 '선교 원표'를 준비합니다」, 『목회와 신학』 186, 2004. 12월호, 161쪽.
115 『국민일보』, 2008. 1. 28.
116 김준철, 앞의 책, 98쪽.

군이 추운 겨울 길거리에서 자선냄비로 모금하는 모습은 어쩐지 어색할 듯하다. 그렇다고 구세군이 연말에 자선냄비 모금행사를 중지하는 일은 결코 없을 듯하다.

안식교, 여호와의 증인, 몰몬교 등 미국에서 비롯된 기독교 교파들과 달리 퀘이커, 구세군 등 영국에서 비롯된 교파들은 적어도 우리나라에서는 이단 시비에서 자유로울 수 있었다. 선교 100주년을 넘어선 한국 구세군이 앞으로 이단 시비에서 자유롭다는 장점을 십분 활용하고, 한국 기독교의 마지막 보루라는 자부심을 끝까지 잃지 않으면서 보다 영향력 있는 교단으로 지속적인 발전을 해나가기를 바라면서 본 글을 맺고자 한다.

제10장

원불교의
일원상과 교화단*

1. 머리말

필자는 2007년부터 동료 연구자들과 함께『한국종교교단연구』[1]라는 제목의 연구서 4권을 발간하였다. 각각의 책에서 필자는 차례대로 예수그리스도후기성도교회몰몬교, 세계평화통일가정연합통일교, 수운교, 제칠일안식일예수재림교회안식교 관련 논문을 발표하였고, 같은 맥락에서 여호와의증인[2] 관련 논문도 다른 지면을 통해 발표하였다. 이리하여 지금까지 필자는 일반적으로 미국에서 자생한 3대 종교라고 일컬어지는 몰몬교, 안식교, 여호와의 증인을 모두 다루었고, 한국에서 자생한 종교로 통일교와 수운교 2개의 교단을 다룬 셈이다.

---

* 강돈구·고병철·이진구·송현동·조현범,『한국종교교단연구Ⅴ』, 한국학중앙연구원 문화와 종교연구소, 2009.

1 강돈구 외,『한국종교교단연구Ⅰ-Ⅳ』, 한국학중앙연구원 문화와 종교연구소, 2007-2008.

2 강돈구,「'여호와의 증인'의 특징과 전개」,『종교연구』43, 2006.

본 논문에서 필자는 교단연구의 여섯 번째로 한국에서 자생한 원불교를 다루고자 한다. 필자가 지금까지 다룬 5개의 교단은 국내의 학자들이 그 이름은 익히 알고 있었다고 하더라도 각 교단의 역사나 교리, 조직 등에 대해서는 구체적으로 잘 알지 못하는 교단들이었다. 필자는 이들 교단이 국내에서 그래도 적지 않은 영향을 지니고 있다는 점에서 앞으로 이들 교단을 연구의 대상으로 삼을 필요가 있다는 명문 아래, 각 교단의 역사와 교리, 그리고 의례와 조직 등을 중심으로 개괄적으로 소개하였다. 필자는 앞으로 이들 교단을 좀 더 구체적으로 연구하려는 학자는 필자의 기존 논문들을 참고하여 보다 생산적인 주제 아래 보다 진척된 연구를 진행하기를 바란다.[3]

필자는 이미 오래 전에 원불교 관련 글을 세 편 정도 발표하였다. 첫 번째 글은 「한국 근대 종교운동과 민족주의의 관계에 관한 연구」라는 제목의 박사학위 논문으로 천도교, 증산교, 대종교와 함께 원불교의 민족주의적 성격을 다루었다.[4] 두 번째 글은 「한국의 종교연합운동 - 원불교를 중심으로」라는 제목의 글로 원불교 종교연합운동의 성격과 그 의의를 다루었다.[5] 그리고 세 번째 글은 「종교 간의 공존윤리 이념」이라는 제목의 수필 식의 글로 원불교인을 대상으로 하는 잡지에 원불교에 대한 소견과

---

3 이길용은 필자의 수운교 관련 논문이 국내 유일하지만, 개략적인 소개에 그친 논문으로 지적하였다. 그러나 그의 수운교 관련 논문이 필자의 논문을 여러 곳에서 인용하고 있다는 점에 주목하고자 한다. 이길용, 「한국 신종교의 근본주의 - 동학계열 교단을 중심으로」, 『한국종교연구』 9, 2007, 97-117쪽 참조.
4 강돈구, 『한국 근대종교와 민족주의』, 집문당, 1992.
5 강돈구, 「한국의 종교연합운동 - 원불교를 중심으로」, 『인류문명과 원불교 사상』, 원불교출판사, 1991.

바람을 짧게 게재하였다.[6]

20여 년 만에 원불교에 대한 글을 쓰려니 어려운 점이 한, 두 가지가 아니다. 첫째, 그 동안 국내, 외에 원불교가 비교적 많이 알려져 있어서, 원불교의 개괄적인 내용을 본 논문에 어느 정도 포함시킬 것인지의 문제이다. 몰몬교 등 이미 필자가 쓴 다른 논문의 형식을 그대로 따라서 역사, 교리, 의례, 조직 등을 나열식으로 서술할 것인지, 아니면 원불교의 특징을 보다 많이 지적하는 방향으로 논문을 전개할 것인지의 문제가 생겼다. 둘째, 원불교가 그 동안 교단 내, 외적으로 많은 변화를 겪어왔다는 점이다. 그 동안 원불교의 대표인 종법사가 두 번이나 교체되었고, 경전의 외국어 번역 등에서 볼 수 있듯이 국외적으로도 많이 성장을 하였고, 군종 참여와 미디어 선교 등에서 볼 수 있듯이 국내적으로도 괄목할 만하게 성장하였다. 셋째, 이미 과거에도 그랬지만, 원광대학교 교학대학 등을 통해서 교학적인 논문과 책들이 많이 발간되어 자료의 수집과 섭렵에 노력이 따르게 되었다.

이런 문제 등으로 인해 한 편의 논문에서 원불교를 전반적으로 서술한다는 것이 거의 불가능에 가깝게 되었다. 그럼에도 불구하고 원불교는 여전히 우리에게 가깝고도 먼 교단임에 틀림없다. 따라서 본 논문에서 필자는 교단 관련 기존 논문의 틀을 유지하되, 가능한 한 원불교의 교단적인 특징을 지적하는 데 보다 많은 비중을 두면서 논지를 전개하고자 한다.

---

6 강돈구, 「종교간의 공존윤리 이념」, 『원광』, 1995. 9월호(잡지사의 청탁에 의해 썼으며 본래 제목이 있었으나 본래 제목을 잡지사에서 변경하였다.

2. 원불교에 대한 일반적인 인식

원불교 외부의 학자로서 원불교에 대해 학술적인 글을 쓴 사람으로는 윤이흠, 최준식, 노길명 등을 꼽을 수 있다. 윤이흠은 1985년에 발표한 글에서 대체로 모든 종교가 창업기, 제도 정착기, 문화 창조기로 발전하는데, 원불교는 당시 창업기를 거쳐 제도 정착기에 있으며, 앞으로 문화 창조기로 넘어가야 한다고 하였다.[7] 최준식은 외부인의 입장에서 역사, 교리, 수행 등을 중심으로 원불교 전반을 흥미있고 쉽게 일반 대중을 위한 최초의 서적을 출간하였다.[8] 노길명은 원불교가 한국에서 일정한 역할을 수행할 수 있고, 수행해야 하는데, 그러기 위해서 원불교가 지향해야 할 방향을 제시한 논문을 발표하였다.[9] 원불교 외부의 학자들은 대체로 원불교가 이웃 종교들에 비해 비교적 건실하게 성장하였고, 사회적으로도 좋은 이미지를 지니고 있다는 점에 주목하고, 원불교에 대해 비교적 좋은 인식을 가지고 나름의 입장에서 조심스럽게 조언을 하는 글들을 발표하고 있다.

한편, 학계에서는 일반적으로 소위 전통종교사상을 동학은 유교적으로, 증산교는 도교적으로, 그리고 원불교는 불교적으로 창조적인 변용을 한 것으로 인식되고 있다.[10] 여기에서 우리는 원불교가 과연 불교인가라는

---

7 김홍철 편,『한국 지성이 본 원불교』, 원불교출판사, 1987, 341-345쪽.

8 최준식,『한국의 종교, 문화로 읽는다 - 증산교·원불교』, 사계절, 2004.

9 노길명,「한국사회에 있어서 원불교의 소명」,『원불교사상과 종교문화』29, 2005.

10 이와 같은 유형적 접근은 얼핏 명쾌한 것으로 보이나, 문제는 동학에서 비유교적인 측면, 증산교에서 비도교적인 측면, 그리고 원불교에서 비불교적인 측면을 간과하여 각각의 종교에 대한 전반적인 이해를 보다 어렵게 할 수 있다는 점에 주목할 필요가 있다. 김홍철,『한국신종교사상의 연구』, 집문당, 1989, 126-141쪽; 최준식,『최준식의 한국종교사 바로보기 - 유불선의 틀을 깨라』, 한울, 2007, 189-267쪽.

문제를 검토해 볼 필요가 있다. 필자는 일찍이 일제하에서 원불교가 불교로 자기 정체성을 주장한 것은 당시 일제의 종교정책에 부응하여 보다 쉽게 교화전략을 구축하기 위한 것으로 주장한 적이 있다. 원불교 내부에서도 원불교가 불교인지의 여부에 대해 서로 다른 견해를 보이고 있는 듯하다. 이 자리에서 원불교는 불교이다, 불교가 아니다라는 논쟁에 휩싸일 필요는 없다. 단지 지적하고 싶은 것은 원불교는 스스로 불교이기도 하고 불교 아니기도 하다고 주장한다는 것이며, 국내적으로는 불교가 아닌 듯, 그리고 국외적으로는 불교인 듯 처신하고 있다는 점이다. 현재 한국불교종단협의회에는 조계종, 태고종, 천태종, 진각종 등 27개 종단이 소속되어 있는데, 원불교는 이 모임에 참가하지 않고 있다. 그리고 소위 7대 종단[11] 대표들로 구성되어 있는 한국종교지도자협의회에는 원불교 대표가 불교 대표와 나란히 참가하고 있다. 그러면서도 원불교는 국외적으로는 불교로 처신하고 있다. 원불교는 일본불교와 지속적으로 교류를 해 오고 있으며,[12] 세계불교도연맹the World Fellowship of Buddhism에도 1960년부터 참여하여, 급기야 1980년에 정식 회원이 되었다.[13] 그리고 미국과 독일 등 서구를 비롯해서, 최근에는 중국에서도 원불교는 한국의 개혁불교로 자처하고 있는 것으로 보인다. 원불교가 현재 국외적으로 불교로 자처하는 것

---

11 불교, 개신교, 천주교, 천도교, 성균관, 원불교, 한국민족종교협의회의; 원불교는 스스로 5대 종단불교, 개신교, 천주교, 유교, 원불교 가운데 하나라고 주장한다. 그러나 유교의 교단적인 성격을 감안한다면, 원불교는 사회적으로 4대 종교 가운데 하나로 군림하고 있다고 해도 과언이 아닐 것이다.

12 일본의 창가학회나 입정교성회가 불상을 모시지 않고 있다는 점을 감안하면, 원불교는 일본불교와 친화력이 있다고 하겠다.

13 전팔근, 「해외교화사」, 『원불교 70년 정신사』, 원불교출판사, 1989, 758-760쪽.

은 일제하에서 원불교가 그랬던 것처럼, 교화전략의 일환으로 보인다. 다시 말해서 원불교가 자칭 불교이면서 자칭 불교가 아니라고 하는 것은 사회적, 정치적 지위 확보라는 측면에서 불교에 대해 양가적인 입장을 견지하고 있는 것으로 보인다. 필자는 앞에서도 지적하였듯이 원불교가 불교인지의 여부 문제보다, 오히려 원불교의 비불교적인 측면이 충분히 고려될 때 원불교에 대한 전반적인 이해가 가능하다는 점에 주목하고자 한다.

원불교는 다른 교단들에 비해 교단 내적으로 분쟁도 적었고, 이웃 종교들과의 적극적인 교류 활동 등 몇몇 이유로 인해 사회적인 인식이 비교적 좋은 편이다. 같은 맥락에서 원불교는 정치세력과도 호혜 관계를 유지하고 있는 것으로 보인다. 국가의 수장 노릇을 했던 김영삼과 노무현은 원광대학교에서 명예박사학위를 수여받았다. 2007년 노무현이 북한을 방문했을 때 불교의 총무원장에 해당하는 교정원장이 이웃 종교의 3인과 함께 종교계를 대표해서 대통령을 수행하였다. 그리고 결코 쉽지 않을 것으로 예상했던 원불교의 군종 참여가 최근에 드디어 실현되는 쾌거를 이루었다. 2005년 9월 국방부는 원불교의 군종 참여 불가를 결정하였는데, 2006년 3월에 국방부는 6개월 전의 결정을 번복하여 원불교의 군종 참여를 승인하였다.[14] 2006년 9월 현재 원불교 관련 국회의원이 10여 명이라고 하는데,[15] 국회조찬기도회, 국회정각회, 국회가톨릭신도의원회와 함께 이들을 중심으로 원정회圓政會라는 이름의 국회 모임이 활동중이다. 그리고

---

14 『원불교신문』, 2006. 3. 31.
15 『원불교신문』, 2006. 9. 8.

최근에 있었던 제13대 종법사 취임식에 여야 정치인들이 대거 참석하였다. 적으나마 이러한 몇몇 사례를 통해 원불교의 사회적이고 정치적인 힘과 전략을 살필 수 있다.

원불교는 해방 후 곧 대학을 설립하였다. 그 이전에는 단기 훈련을 통하여 성직자를 양성했던 것으로 보이나, 대학 설립 이후에는 원광대학교 교학대학을 통해 성직자를 양성하였다. 이것은 천주교나 개신교가 대학을 통해 성직자를 양성하는 것과 마찬가지이다. 원불교 관련 학술논문은 이제 교단 내 인물들이 주로 쓰고 있다.[16] 이 점은 또한 천주교와 개신교는 물론이고, 불교와도 마찬가지이다. 현재 우리나라에서 증산 계통의 종교는 물론이고, 대종교, 천도교 등의 종교 관련 학술논문은 주로 교단 외부 인사들이 발표하고 있다. 또한 천주교와 마찬가지로 원불교의 성직은 대학에서 6년의 교육과정을 이수해야만 부여받을 수 있다. 이런 몇몇 이유로 인해 원불교 관련 학술논문은 근래에 급증하고 있어서 원불교학회의 결성은 물론, 한국학술진흥재단의 연구분야분류표에 '원불교학'이 포함되게 되었다.[17]

교단 내부의 연구자들은 대체로 인접 학문이나 이웃 종교들에 대해 관심이 적은 편이다. 이에 비해 원불교는 교단 내적으로는 그래도 문제가

---

16 『한국민족문화대백과사전』의 원불교 관련 항목은 모두 원불교 교단 내부 인사들이 집필하였다.

17 현재 한국학술진흥재단의 연구분야분류표에 의하면 종교학, 기독교신학, 가톨릭신학, 유교학, 불교학이 중분류 표제어로 제시되어 있다. 얼마 전 학진의 이사장이 기독교계 인물이었을 때 기독교신학을 중분류 표제어로 내세우기 위해 이런 기이한 분류가 가능할 수 있었다. 순수하게 교단 내적인 연구는 국가에서 지원해서는 안된다는 것이 필자의 주장이다.

있다는 지적이 없는 것은 아니지만,[18] 그래도 아직까지는 이웃 종교들에 비해 인접 학문이나 이웃 종교들에 대한 관심이 많은 편이다. 도교, 유교, 불교, 신종교, 철학 등에서 훌륭한 업적을 낸 학자들이 원불교 내에 적지 않다.

어느 방송사 제작자가 비교적 오래 전인 1970년에 원불교를 소개하는 프로그램을 만드는데 원불교의 특징을 잡아내기가 매우 어려웠으며, 결국은 원불교를 대변하는 용어로 '제생의세濟生醫世'를 선택했다고 한다.[19] 제생의세는 주지하다시피 원불교보다는 오히려 대순진리회를 대변하는 용어이다. 일반적으로 동학이나 증산교와 마찬가지로 원불교는 유불선 회통 사상을 지니고 있으며,[20] 통종교統宗敎를 지향한다고 한다.[21] 회통사상 자체가 특징으로 지적되면 앞에서도 지적하였듯이 원불교의 성격과 특징을 드러내는 것이 쉬운 일이 아니다.

여기에서 우리는 몇 가지 질문을 던질 수 있다. 우리나라에서 자생한 신종교로서 원불교가 비교적 건실하게 성장할 수 있었던 이유는 무엇인가? 그럼에도 불구하고 최근에 원불교의 성장이 둔화, 또는 침체되어 있는 이유는 무엇인가?[22] 또한 원불교가 이웃 종교들에 비해 비교적 분열을

18 김홍철, 「한국종교 토양에서 본 원불교의 전망과 과제」, 『원불교사상과 종교문화』 9, 2005, 39-40쪽.
19 김홍철 편, 앞의 책, 304-307쪽.
20 김홍철, 『한국신종교사상의 연구』, 집문당, 1989, 126-141쪽.
21 원불교는 앞으로 '세계 모든 종교의 교리와 천하의 모든 법이 합쳐질 것'이라고 말한다. (『대종경』, 교의품 1; 원불교역사박물관 홈페이지http://wonmuseum.net(2008.6.25.) 참조.
22 한내창, 「원불교 교당교화의 실태 분석」, 『원불교사상』 21, 1997, 147쪽; 『원불교신문』, 2003.3.21.; 어느 원불교 교무가 교단을 위한 苦言을 한다면서, 名大實小가 문제라고 지적하였다(『원불교신문』, 2004.9.24.). ; 2008년에 출범한 원불교 100년 기념성업회도

겪지 않은 이유는 무엇인가? 원불교도 내부적으로야 갈등이 전혀 없지는 않겠지만, 증산 계통의 교단, 천도교, 그리고 대종교 등에 비하면 그 정도가 약한 편이다. 그리고 우리는 그야말로 원불교만의 특징을 어떻게 서술할 수 있을까? 이상의 궁금증을 염두에 두고 아래에서는 원불교의 교리와 조직을 보다 구체적으로 살펴보도록 하자.

3. 원불교의 신앙대상

대부분의 종교교리는 내용면에서 상호 모순되는 내용을 지니고 있다. 서로 복잡하게 엮여 있으면서 일견 일관성을 지니고 있는 듯이 보이기도 하나, 대체로 상호 괴리되는 내용도 상당히 내포하고 있다. 그래서 교학神學이 필요하다. 교학은 상호 모순, 또는 상호 괴리되는 내용을 체계화시키고, 그것에 의해 밖의 세상을 읽고, 또 밖의 세상이 변함에 따라 교리를 다시 체계화시킨다. 교학이 그 기능을 상실하면 그 종교는 영향력을 잃고 쇠퇴하게 마련이다.

혹자는 원불교의 교리나 수행 방법이 간단하고 쉽다고 한다. 원불교는 산중에 있는 은자나 절이나 사원의 승려를 위한 것이 아니고 일반적인 남자나 여자를 위한 것이라고 한다.[23] 그리고 상근기가 백년 걸려서 할 공부를 소태산小太山의 가르침을 따르면 상근기의 경우는 즉시 바로 알고,

----

원불교의 당면과제로 교화 내실화와 교화 성장을 제시하고 있다(원불교 홈페이지 참조).

23 김홍철 편, 앞의 책, 388쪽.

아무리 하근기라고 하더라도 몇 달 내지 1, 2년이면 이룰 수 있으며,[24] 소태산이 만든 교리도敎理圖 대로만 하면 빈부, 귀천, 유무식, 남녀 노소를 막론하고 성불하지 못할 사람이 없을 것이라고 한다.[25] 그러나 원불교의 교리 이해가 반드시 쉽지 많은 않다. 기독교의 삼위일체 교리가 쉽게 파악되지 않는 것과 마찬가지로 원불교의 교리도 역시 잡힐 듯 말 듯한 부분이 적지 않다.

원불교의 주요 교리에 대해서 본 논문에서 정리하는 것은 그다지 필요하지 않다. 다른 종교와 달리 원불교를 개괄적으로 소개하는 책자들이 이미 나와 있고, 또한 요즈음은 원불교 관련 홈페이지를 통해 일반인들도 그것에 쉽게 접근할 수 있다. 여기에서는 원불교 교리의 주요 특징을 중심으로 정리하고, 필자의 견해를 밝혀보고자 한다.

우선 원불교에 의하면 원불교 신앙의 목적은 아래와 같이 정리해 볼 수 있다.

- 견성見性, 성불成佛, 제중濟衆; 마음을 개조하고 세상을 건진다.[26]
- 전생의 업을 없앤다.[27]
- 일원상 진리의 세계로 들어가 일원상 진리와 내가 하나가 된다.[28]
- 나와 대우주가 호흡을 같이하고, 나와 대우주가 친밀한 대화를 한다.[29]

---

24 이공전, 『大宗經選外錄』 36, 월불교출판사, 1982, 69쪽.
25 김인강, 『하나의 圓에서 네가지 恩惠로』, 원불교출판사, 1991, 33쪽.
26 안이정, 『원불교교전해의』, 원불교출판사, 1997, 17, 128쪽.
27 『대종경』, 「인과품」 9.
28 교화부 편수위원회 편, 『원불교 교리문답』, 원불교출판사, 1983, 52쪽.
29 『원불교신문』, 2002. 4. 12.

- 행복한 삶, 영생永生[30]
- 福樂복덕과 지혜, 심신의 평안[31]
- 마음의 안정, 진리의 감응, 부처님의 가호를 받고, 액운을 면한다.[32]
- 인간정신을 회복하고 현실의 고통, 즉 전쟁과 가난과 무지와 질병 등으로부터 해방되어 이 땅에 낙원 건설[33]

대체로 이해할 수 있는 내용이나 원불교에서 영생永生이라는 개념을 사용한다는 점이 특이하다. 그리고 원불교 신앙을 이해하기 위해서는 무엇보다 '일원상'이라는 신앙 대상을 알아야 할 것으로 보인다.

소태산은 예수를 잘 믿으면, 자신의 주장을 잘 알 수 있고, 자신의 주장을 잘 이해하면 예수의 주장을 잘 이해할 수 있다고 하고, 소태산 자신의 제자가 된 이후에도 예수에 대한 신앙이 두터워져야 자신의 진정한 제자가 될 수 있다고 하였다.[34] 소태산의 이 말에 근거하여 원불교에서는 원불교를 믿으라고 하기보다는 자신에게 맞는 종교를 신앙할 것을 권유하고,[35] 급기야는 다른 종교를 믿는 사람일지라도 원불교로 개종하지 않고도 원불교를 신앙할 수 있다는 주장까지 한다.[36] 그러나 한편으로 소태산은 "세계 모든 종교의 교리며 천하의 모든 법이 다 한 마음에 돌아와서 능히 사통오

---

30 위의 신문, 2004. 4. 16.
31 김일상, 『원불교 이해의 첫걸음』, 원불교출판사, 1981, 64쪽.
32 류병덕, 『원불교와 한국사회』, 시인사, 1988, 381쪽.
33 교화부 편수위원회 편, 『원불교는 어떤 종교인가』, 원불교출판사, 1980, 8쪽.
34 『대종경』, 「전망품」 14.
35 김일상, 앞의 책 참조.
36 최동희·류병덕, 『한국종교사상사 - 천도교·원불교』, 연세대학교출판부, 1993, 131쪽.

달의 큰 도를 얻게 되리라'[37]고 하여 원불교가 바로 미래의 유일한 종교라는 주장을 놓치지 않는다.

원불교의 교리와 신앙을 이해하기 위해서는, 그리고 이웃 종교에 대한 이러한 양가적인 입장을 이해하기 위해서는 무엇보다 원불교의 신앙대상을 파악하는 것이 중요하다. 주지하다시피, 원불교 교당에는 앞면 중앙에 일원상이 있고, 앞면 우측에 소태산의 사진이 걸려있다. 원불교에서 일원상은 무엇이고, 소태산은 누구인지, 그리고 양자의 관계는 어떤지가 우리의 관심사이다.

원불교 초기에는 신앙대상이 천제天帝였다. 비록 원불교 내에서는 방편적이었던 것이라고 주장하기는 하나 원불교의 초기 의례는 향촉과 청수를 사용하고, 축문 낭독과 주문 독송 등의 예에서 볼 수 있듯이 증산교와 천도교 의례와 유사했던 것으로 보인다.[38] 원불교 초기에는 천제 이외에도 천지신명, 허공법계 등의 신앙대상에 대한 호칭이 보인다.[39] 그러나 이들 신앙대상을 어떻게 형상화했는지는 알 수가 없다. 아마도 개교 이후 한동안 신앙대상을 형상화하지 않았던 것으로 보인다.

소태산의 대각 직후 곧바로 사은四恩이 신앙의 대상으로 공식적으로 정해진 것은 아니다.[40] 사은 교리는 1929년에 공식적으로 성립되어,[41] 1935년

---

37 『대종경』, 「교의품」 1.
38 서경전, 「敎化史」, 원불교창립제2대 및 대종사탄생백주년 성업봉찬회, 『원불교70년정신사』, 원불교출판사, 1989, 448-449쪽; 박용덕, "정산종사와 태을도", 『원광』 1989년 1월호, 63쪽; 정순일, 「원불교 종교의례의 특성 - 법회의식을 중심으로」, 『종교연구』 14, 1997, 248쪽.
39 백준흠, 「원불교 신앙강화를 위한 과제」, 『원불교학』 4, 1999, 24-25쪽.
40 정순일, 「사은신앙의 형성사적 연구 - 법신불 사은 연구 Ⅰ」, 『원불교사상』 21, 1997, 335-340쪽.

4월 익산의 중앙총부 대각전에 최초로 사은四恩이 위패位牌로 모셔졌다.[42] 그리고 1937년부터 일원상 진리, 일원상 신앙, 일원상 수행에 대한 논설이 발표되고, 1938년부터 비로서 일원상을 신앙의 대상과 수행의 표본으로 중앙총부의 대각전과 각 교당에 정식으로 모시고,[43] 1943년까지 일원상 교리가 체계화되었다.[44]

그러자 사은과 일원상의 관계가 문제가 되었다. 처음에는 별개의 개념이었으나 양자가 비슷한 시기에 신앙대상으로 등장하면서, 양자의 관계를 설정해야만 했을 것이다. 그리하여 이법적理法的인 일원상 진리의 위력이 사은[45]이라거나, 또는 사은은 일원상 진리의 실체이며, 일원상 진리 그 자체[46]라고 양자의 관계가 설정되고, 일원상의 또 다른 이름인 '법신불 일원상'과 함께 '법신불 사은'이라는 호칭이 등장하게 되었다.

원불교는 자신들의 신앙대상을 '일원상'으로 나타내면서 이제 일원상에 대한 교리적인 설명을 필요로 하게 되었다. 원불교에 의하면 법신불 일원상은 우주의 근원이고 인간의 본성이며, 법신불 일원상의 진리는 우주에 가득 차 있어 인간과 만물의 생성변화를 주재하지만, 보이지도 들리지도 만져지지도 않는다.[47] 원불교 신앙은 우주를 지배하고 있는 일원의 진리

41 위의 글, 344쪽.
42 김인강, 앞의 책, 69쪽.
43 위의 책, 69-70쪽.
44 원광대학교 교양교재 편찬위원회 · 원불교학분과위원회, 『원불교학개론』, 원광대학교 출판국, 1980, 154쪽.
45 이성택, 『교리도를 통해 본 원불교 교리이해』, 원화, 1992, 57-58쪽.
46 김인강, 앞의 책, 112쪽.
47 교화부 편수위원회 편, 『원불교는 어떤 종교인가』, 원불교출판사, 1980, 11쪽.

가 있다는 것을 믿고, 사은에 은혜 입은 내용을 깨달아서 감사하고 보은하는 생활에서 출발한다고 한다.[48] 그리고 원불교는 부처나 예수와 같이 깨달은 성자가 아니라 성자가 깨달은 진리 그 자체를 신앙한다고 말한다.[49]

원불의 신앙대상의 특징은 유영모와 존 힉J. Hick 같은 종교다원주의자들의 그것과 매우 유사한 것으로 보인다. 유영모의 말 두 가지를 언급해 보도록 하자.

예수교, 불교, 유교는 다 다른지 모르나 진리는 하나밖에 없는 것을 얘기하니 이보다 더 좋은 낙이 어디 있겠는가?[50]

종교는 사람 숭배하는 것 아니다. 하느님을 바로 하느님으로 깨닫지 못하니까 사람더러 하느님 돼달라는 게 사람을 숭배하는 이유다. 예수를 하느님 자리에 올려놓은 것도 이 때문이고 가톨릭이 마리아 숭배하는 것이 이 까닭이다.[51]

존 힉은 신앙대상에 대한 호칭으로 '영원한 일자the Eternal One'를 제안하였다.[52] 그리고 실재가 하나이고 그를 이해하는 모습이 종교적으로 다양한 것이기 때문에 각 종교전통들은 각자 서로에게서 배울 수 있다는 소위 '상보적 다원주의complementary pluralism'을 제창하였다.[53]

----

48 위의 책, 12-13쪽.
49 이성택, 앞의 책, 30쪽.
50 『다석어록』, 59쪽.
51 위의 책, 278쪽.
52 존 힉, 『하느님은 많은 이름을 가졌다』(이찬수 옮김), 도서출판 창, 1991, 48쪽.
53 존힉, 『새로운 기독교』(김승철 옮김), 나단, 1991, 107-108쪽.

유영모나 존 힉과 같은 종교다원주의자들의 신관을 심정적으로는 받아들일 수 있다고 하더라도 그러한 신을 믿는 신앙단체는 형성되지 못하였다. 우리는 이 점에 주목할 필요가 있다. 사실 법신불이라는 호칭에서도 알 수 있듯이 원불교의 신앙대상은 유교의 이理나 도교의 도道와 유사한 개념이다. 유교와 도교에서 이理나 도道를 말하여도 그것은 어디까지나 철학적인 개념이다. 철학적인 개념은 신앙의 대상이 될 수 없다. 따라서 유교가 철학에서 종교로 가기 위해서는 성균관, 문묘 등에서 볼 수 있듯이 공자와 공자의 제자들을 숭배하거나, 또는 천제天帝를 숭배하는 체재를 갖추어야 했다. 마찬가지로 도교도 철학에서 종교로 가기 위해서 옥황상제 등 수 많은 신격들을 필요로 하였다.

원불교는 법신불 일원상에게 복을 구하는 행위를 바람직하지 않은 것으로 간주한다.[54] 왜냐하면 원불교의 법신불 일원상은 원론적으로 말하면 처음부터 끝까지 이법적理法的인 존재임에 틀림없기 때문이다. 그러나 앞에서도 언급하였듯이 이법적인 존재만으로는 종교단체가 형성되기가 쉽지 않다. 그 이법적인 존재에 어느 정도 인격성이 부여될 필요가 대두되게 마련이다.

비록 교학적으로는 일원상이 이理와 광光과 역力으로 그 위력을 베풀어 준다고 말해지기는 하나,[55] 이것만으로는 우리가 그것에 다가가는 것이 쉽지 않다. 원불교의 신앙대상에 대한 호칭이 그래서 다양하게 전개될 수밖에 없었다. 원불교 쪽 자료에 의하면 법신불 일원상에 대한 호칭은 아래

54 손정윤, 『도덕박사가 되는 길』, 원불교출판사, 1990, 49쪽.
55 최동희·류병덕, 앞의 책, 152-153쪽.

와 같이 수없이 많이 등장한다.

> 둥그신님, 마음부처님, 법신불, 법신불 사은(님), 부처님, 불성佛性일원
> 상, 사은(님), 심불心佛, 심불일원상, 원불님, 일원님, 일원상, 일원상부처님,
> 진리부처님, 진리불

교학적으로는 신앙대상을 이법적으로 규정하면서도, 실제 신앙의 현장
에서는 그것만으로는 무언가 부족하니까 이와 같이 여러 호칭들이 등장할
수밖에 없었던 것으로 보인다. 교단 내의 일부에서도 이 점에 착안하여
'법신불 사은'이라는 이법적인 호칭보다 일원불, 원불님, 부처님 등 신앙대
상의 인격적인 측면을 보다 많이 부각시킬 필요가 있다는 의견이 개진되
고 있다.[56] 그리고 원불교 신앙은 이법신앙이 아니고 이법신앙이어서도
안되며, 진리신앙이라는 말은 종교적 신앙심을 약화시키는 역기능을 지닌
다는 주장도 조심스럽게 제기되고 있다.[57] 그러나 교단 내에서는 대체로
신앙대상에 대한 기존의 호칭을 새로운 호칭으로 바꾸면 오히려 더욱 혼
란이 야기될 것이라는 견해가 지배적인 것으로 보인다.[58]

원불교가 이법적인 신앙대상을 선호하고 있기 때문에 지금까지 원불교

---

56 정순일, 『원불교설교학』, 원광대학교출판국, 1993, 70-71쪽; 월간 원광사 편, 『소태산사
   상과 원불교』, 원불교 원광사, 1991, 153-154쪽; 한종만, 「원불교신앙강화의 교화방안」,
   『원불교사상』 16, 1993; 김홍철, 「한국종교 토양에서 본 원불교의 전망과 과제」, 『원불
   교사상과 종교문화』 29, 2005, 38-39쪽.
57 서경전, 「21세기의 원불교 교당 형태에 관한 연구」, 『원불교사상과 종교문화』 28, 2004,
   87쪽.
58 『원불교신문』, 2008. 4. 18.

가 이웃 종교들과의 대화나 연합운동에 적극적인 자세를 견지할 수 있었던 것은 분명하다. 그러나 다른 한편으로는 신앙대상의 이런 이법적인 성격 때문에 교조 소태산에 대한 신앙이 끊임없이 제기되어 왔다.

소태산 자신은 스스로 신격화되는 것을 바라지 않았다.[59] 그러나 소태산은 원불교 내에서 지속적으로, 그리고 손색이 없는 신앙대상의 위치에서 있다. 소태산은 곧 석가모니불이고,[60] 주세불이고,[61] 미륵불이며,[62] 생불이고,[63] 진리이며,[64] 급기야 소태산과 일원상은 둘이 아니다.[65] 교당은 소태산의 집이고,[66] 교인은 소태산을 각자의 마음에 모셔야 한다.[67] 그리하여 교인들은 소태산 성탑聖塔에서 108배를 올린다.[68] 이렇게 보면 원불교의 신앙대상은 소태산만으로도 결코 부족함이 없을 법하다. 그러나 원불교는 다시 소태산 신앙에서 법신불 일원상으로 돌아가야만 한다. 소태산 신앙은 미신행위이며, 결코 바람직하지 않다는 의견 또한 꾸준히 개진되고 있기 때문이다.[69] 그리하여 이 양자의 중간에서 우리는 "법신불 사은

---

59 『대종경』, 「변의품」 22; 이공전, 앞의 책, 29쪽.
60 안이정, 앞의 책, 645쪽; 원불교사상편찬위원회 편, 『원불교 인물과 사상 Ⅱ』, 원불교사상연구원, 2001, 92쪽.
61 『정산종사 법어』, 「기연편」 11.
62 최동희·류병덕, 앞의 책, 113-114쪽 참조.
63 원불교사상편찬위원회 편, 앞의 책, 38쪽.
64 김일상, 앞의 책, 47쪽.
65 김성장, 「원불교 신앙현상에 대한 연구」, 『원불교학』 7, 2001, 289쪽.
66 김인강, 앞의 책, 201쪽.
67 수위단회 사무처 편, 『수위단회 단장 개회사 모음』, 원불교출판사, 1991, 42쪽.
68 『원불교신문』, 2005. 2. 4.
69 김성장, 앞의 글 참조.

전과 대종사 성령전에 고백하옵니다"[70]라는 기원문의 구절을 이해할 수 있게 된다.

지금까지 원불교의 신앙대상이 다중적인 성격을 지니고 있다는 점을 지적하였다. 법신불 일원상을 강조하면 이웃 종교들과의 관계 설정이 유리한 반면, 소태산 신앙을 강조하면 원불교가 현재와 미래의 가장 적절한 종교라는 주장이 제기될 수밖에 없다. 앞에서도 지적하였듯이 원불교는 일본, 중국, 서구 등 해외에서 불교로 자처한다. 그러나 국내에서는 불교이기도 하고, 불교 아니기도 하다는 견해가 공존한다. 그러나 필자가 보기에 원불교는 불교 아닌 측면이 보다 강하다.

이제부터는 원불교가 이웃 종교를, 그리고 이웃 종교가 원불교를 어떻게 보고 있는지에 대해 간략히 언급하도록 하자. 원불교는 스스로 불법을 주체삼아 과거 모든 종교의 교리까지도 통합, 활용하여 가장 원만한 완전무결을 지향하는 종교로 자처한다.[71] 따라서 원불교는 보기에 따라 유교적,[72] 양명학적,[73] 도교적, 불교적,[74] 동학적, 증산교적,[75] 기독교적[76]이기

---

70 원불교사상편찬위원회 편, 앞의 책, 86쪽.

71 『대종경』, 「교의품」 1.

72 김수중, 「양명학의 입장에서 본 원불교 정신」, 『원불교학』 4, 1999, 615-628쪽; 김영민, 「원불교 性理의 신유학적 연원 연구」, 『원불교학』 4, 1999, 629-648쪽; 이성전, 「율곡의 修爲論과 원불교의 三學」, 『원불교학』 6, 2001, 207-235쪽.

73 김순임, 『양명사상과 원불교』, 원광대학교출판국, 1996 참조.

74 월간 원광사 편, 앞의 책, 271쪽.

75 원불교사상편찬위원회 편, 앞의 책, 134쪽; 박병수, 「송정산의 『修心正經』 연구」, 『원불교사상』 21, 1997, 423-452쪽; 박용덕, 「금산사 생불 출현사건」, 『원광』 1988년 11월호; 박용덕, 「증산교와 원불교의 관계」, 『원광』 1988년 12월호; 박용덕, 「정산종사와 태을도」, 『원광』 1989년 1월호; 김탁, 「한국종교사에서의 증산교와 원불교의 만남」, 원불교교화연구회 편, 『한국근대사에서 본 원불교』, 도서출판 원화, 1991, 191-235쪽.

도 한 것은 당연하다.

1924년 창립된 불법연구회의 명칭에서도 볼 수 있듯이 원불교는 일제하에서 분명히 불교로 자처하고 불교화의 과정을 거쳤고, 해방 후부터 원불교는 다시 탈불교화의 길을 걸어왔다는 지적이 있다.[77] 원불교의 역사를 불교와의 관계 속에서 고찰한 내용이다. 그러나 필자는 여기에서 원불교와 불교의 관계보다, 오히려 원불교와 동학, 그리고 증산교와의 관계에 주목하고자 한다.

소태산은 "내가 한 생각을 얻기 전에는 혹 기도도 올렸고, 혹은 문득 솟아오르는 주문도 외웠고, 혹은 나도 모르는 사이에 적묵寂黙에 잠기기도 하였는데, …"[78]라고 말하고 있다. 소태산의 이 말은 말할 것도 없이 동학적이고 증산교적이다. 그리고 소태산은 나중에 최제우는 농사를 지을 준비를 하라고 하였고, 강증산은 어느 때에 못자리를 만들고, 어느 때에 이앙을 하라는 농사절후를 알려주었다면, 소태산 자신은 농사짓는 법을 구체적으로 알려주었다는 말에 동조한다.[79] 그리고 최제우는 소태산의 전생이라든지, 또는 솥이 들썩이는 것은 미륵불의 출현을 암시하는 것이라는 증산교 측의 주장에서 원불교는 그 미륵불이 바로 소태산이라고 말한다.[80] 이 말은 소태산 자신이 최제우와 강증산이 하던 일을 완성시킨 인물로

76 원불교의 법회는 불교적이기보다 기독교적이다. 정순일, 「원불교 종교의례의 특성 - 법회의식을 중심으로」, 『종교연구』 14, 1997, 260쪽 참조.
77 신순철, 「불법연구회 창건사의 성격」, 『한국문화와 원불교사상』, 원광대학교출판국, 1985 참조.
78 『대종경』, 「수행품」 46.
79 이공전, 앞의 책, 126-127쪽.
80 원불교 홈페이지 참조.

자처하였다는 것을 의미한다.

원불교에서는 신명계를 공식적으로 인정하지 않고 있다. 그러나 원불교 자료에는 신명계의 다른 이름이라고 할 수 있는 음부陰府라는 용어가 등장한다. 소태산은 "불보살들이 세상을 따라 중생을 제도하러 나온 때에는 자기 실력을 충분히 갖추어 가지고 나오나 대개 먼저 음부의 인가를 받아야 되므로 흔히 명산대천을 찾아 기도를 올리는 것이다"[81]라고 말한다. 그리고 제2대 종법사인 정산鼎山은 "현실의 큰 일들은 다 음부의 결정이 나야한다"[82]고 말한다. 원불교가 음부로부터 인가를 받았다는 소위 백지혈인白指血印[83]도 물론 같은 맥락에서 나온 사건이다.

원불교의 어느 교무가 자신이 체험한 내용에 대해 "6일 동안 밤과 낮으로 정신이 계속 밝아 있었으며 머리 위가 없는 것 같고 몸 안에는 우주의 기운과 직결되어 있는 것 같았다"고 말하고 있다.[84] 원불교 안에서 이러한 체험에 대해 어떻게 평가하는지는 자세히 모르겠다. 하지만 물물천物物天, 사사천事事天, 사인여천事人如天, 동귀일체同歸一體 등을 말하는 천도교의 강령체험과 원불교 교무의 이러한 체험은 꽤 유사하다. 천도교인은 강령을 통해 우주가 하나의 유기적인 생명체이자 하나의 기운이라는 것을 느낀다고 하고 있기 때문이다.[85]

어느 중국인 학자가 사적인 자리에서 한국의 천태종은 중국의 천태종과

81 이공전, 앞의 책, 「영보도국장」 18.
82 『정산종사법어』, 「원리편」 30.
83 『대종경』, 「서품」 14.
84 박혜명, 『한 교당 한 교당이 열릴 때마다』, 원불교출판사, 1991, 19쪽.
85 차옥숭, 『한국인의 종교체험 - 천도교·대종교』, 서광사, 2000, 109쪽.

관련이 없고, 불교적이지도 않다고 지적한 적이 있다. 이 자리에서 필자가 원불교가 불교가 아니라고 주장하려는 것은 아니다. 지금까지 우리는 원불교를 불교의 맥락에서만 이해하려고 해왔다. 이제부터 우리는 원불교를 천도교와 증산교의 맥락에서 이해할 필요가 있으며, 그렇게 했을 때 비로소 원불교의 진정한 모습에 다가설 수 있을 것이라는 점을 말하고 싶다.

지금까지 우리는 원불교 신앙대상의 다중적인 측면, 그리고 이웃 종교와의 관계 설정을 중심으로 원불교의 특징을 살펴보았다. 아래에서는 敎化團에 초점을 맞추어 원불교의 조직을 중심으로 같은 일을 해보고자 한다.

4. 원불교의 조직

원불교는 현재 국내에서 불교, 개신교, 천주교에 이어 4대 종교로 대우받고 있다. 원불교는 그동안 이웃 종교들에 비해 별 내분없이 견실하게 성장해왔고, 사회적 공신력도 확보한 상태이다. 원불교는 수년 전에 불교, 개신교, 천주교와 나란히 군 교화에 참여할 수 있게 되었다. 그리고 방송매체를 소유하는 것도 쉬운 일은 아니었을 것이나, 현재 원음방송을 비롯해서 원불교 TV와 한방건강 TV를 통해 교화활동을 벌이고 있다. 이런 일은 모두 원불교가 사회적 공신력과 함께 정치적인 배경이 있어서 가능했을 것으로 보인다. 그러나 다른 한편으로는 원불교가 교화 정체를 넘어 침체의 상태에 있다는 진단이 있고, 원불교의 성직자인 교무를 지원하는 사람들이 급격히 줄어들어 많은 문제가 있다는 지적도 있다.[86]

원불교가 이와 같이 별 무리 없이 성장할 수 있었던 이유, 그리고 현재 성장이 둔화된 이유는 어디에서 찾을 수 있을까? 여러 가지 복합적인 요인들이 지적될 수 있겠지만 여기에서는 원불교의 조직적인 측면, 특히 교화단 조직을 통해 살펴보려고 한다.

소태산은 초기에 주변에 모여든 사람들 가운데 9인을 선발하여 자신을 포함해서 10인으로 단을 만들고 이들을 집중적으로 훈련시켰다. 역의 8괘 각각에 1명씩 8명을, 그리고 중앙에 1인을 배치하고 스스로가 단장이 되었다. 중앙은 단장을 보좌하여 나머지 8명을 관리한다. 그리고 역의 8괘에 배치된 사람들은 각각 다시 9명을 교화하여 중앙을 임명하고, 나머지 8명을 다시 역의 8괘에 배치한다. 이러한 조직은 원리적으로는 무한대로 뻗어나갈 수 있다. 그리고 각 교도는 자신이 교화단 조직의 어디에 위치하든지 간에 자신이 직접 교화한 9명만을 관리하면, 전체 조직이 일사분란하게 운영될 수 있다.

원불교의 교화단 조직은 동학과 증산교 쪽의 조직을 연상시킨다.[87] 천도교와 대순진리회는 입교, 또는 입도시킨 사람이 피입교, 또는 비입도된 사람의 연원, 또는 연운이 되어 양자 사이의 관계가 비유컨대 스승과 제자의 관계가 된다. 제자는 또 제자를 만들고 그 제자가 또 제자를 만든다. 물론 스승은 처음의 제자 이외의 또 다른 제자들도 계속해서 만들어 나간다. 그리하여 처음의 스승을 중심으로 하나의 피라밋 구조의 조직이 생겨

---

86 『원불교신문』, 2003. 10. 3.
87 이진구, 「천도교 교단조직의 변천과정에 관한 연구 - 연원제를 중심으로」, 『종교학연구』 10, 1991, 65-88쪽; 박상규, 「한국신종교의 연원제」, 『동아시아종교문화학회 창립기념 국제학술대회 발표집』, 2008, 161-165쪽.

나는 것이다.

손병희가 죽은 뒤에 천도교는 이러한 피라밋 구조의 연원제를 교구제로 변경한다. 교구제는 물론 교인들을 지역별로 관리하는 제도이다. 천도교는 명시적으로는 교구제를 운영하나, 실질적으로는 연원제가 일정부분 작용하고 있기 때문에 손병희 이후 여러 차례 분열을 겪게 된다. 천도교는 현재에도 연원제의 작용으로 인해 교구제가 제대로 역할을 하지 못하여, 교단 내적으로 갈등이 잠재되어 있다는 것이 필자의 생각이다.

대순진리회의 경우 철저히 연운제에 의해 교단이 조직되고 운영되고 있는 것으로 보인다. 그리고 얼마나 많은 사람을 입도시켰는가에 따라 교단 내에서 각 개인의 위치가 정해진다. 다시 말해서 커다란 피라밋 구조에서 자기 자신을 정점으로 하는 피라밋의 크기가 얼마나 큰지에 따라 교단 내에서 자신의 위상이 결정된다. 이 경우 피라밋 조직 최상단에 있는 인물에 문제가 생겼을 경우 그 인물의 직계제자들 사이에 서열을 정하는 것이 어려운 문제로 제기된다. 대순진리회를 포함한 증산교 교단이 쉽게 분열하는 이유는 바로 여기에서 찾을 수 있을 것이다.

원불교에서는 교화단 조직이 소태산이 최초에 의도했던 대로 피라밋 구조를 이룬 적은 없었던 것으로 보인다. 원불교에서도 '연원달기'라고 하여 교화자와 피교화자의 관계를 중요시하고, 또한 각 교인을 평가할 때 얼마나 많은 사람들을 교화하였는지도 중요한 지표 가운데 하나이다.[88] 그러나 제3대 종법사인 대산大山이 실제로 교화한 사람이 22명이라는 것을

---

88 원불교제1대성업봉찬회 편, 『원불교 제1대 창립유공인 역사』 권1, 원불교출판사, 1986 참조.

제10장 원불교의 일원상과 교화단 315

감안하면,[89] 대순진리회의 경우와 같이 각 교인의 교단 내 위상이 피교화자의 수에 따라 결정적으로 정해지는 것은 아닌 것으로 보인다.

원불교의 꾸준한 성장은 아무래도 원불교의 성직자인 교무제도에서 찾을 수 있을 것같다. 일제하에서는 단기 훈련을 통해 교무를 배출하다가, 해방 후에는 개신교와 마찬가지로 대학에서 4년의 훈련을 통해 교무를 배출하였다. 현재는 교무가 되기 위해서는 1, 2년의 예비, 4년의 대학과정, 그리고 2년의 석사과정을 거치고, 소정의 시험을 통과해야만 한다.[90] 교무는 남자교무와 여자교무가 있는데, 남자교무는 결혼을 할 수도 있으나, 여자교무는 아예 결혼을 할 수 없다. 결혼을 하지 않은 남자교무를 정남貞男, 그리고 여자교무를 정녀貞女라고 한다. 이들 교무들든 교단으로부터 경제적인 지원도 제대로 받지 않은 상태에서 원불교의 성장을 위해 헌신적으로 노력해왔다. 특히 결혼한 남자교무들은 교단으로부터 경제적 지원을 제대로 받지 않은 상태에서 가족의 생계를 별도로 꾸려나가면서 교단을 위해 봉사하였다.

개신교와 천주교, 그리고 불교가 각각 목사와 신부, 그리고 승려의 노력에 의해 성장할 수 있었다는 주장은 그다지 설득력이 없어 보인다. 그러나 최근에 원불교의 성장이 둔화된 이유로 교무들이 처해 있는 열악한 여건, 그리고 교무들의 능력과 자질 부족이 지적되고 있는 것에서 우리는 역으로 지금까지 그래도 원불교가 이만큼 성장할 수 있었던 이유를 교무들의 헌신적인 역할에서 찾아볼 수 있을 것이다.[91]

89 위의 책, 92쪽.
90 류성태,『원불교인은 어떠한 사람들인가』, 원불교출판사, 2002, 16쪽.
91 한내창,「원불교 교당교화의 실태 분석」,『원불교사상』21, 1997, 149쪽;『원불교신문』,

소태산이 처음에 의도했던 교화단 조직은 원불교 성장에 그다지 기여하지 못한 것으로 보인다. 현재 교무들을 중심으로 출가교화단이 조직되어 있다. 출가교화단은 종법사를 정점으로 전체 교무들이 피라밋 형식으로 이루어진 조직으로, 종법사와 정수위단을 1단으로 해서 그 아래 2단, 그리고 그 아래 3단까지 구성되어 있다.[92] 종법사와 정수위단원이 선출직이기 때문에 출가교화단은 물론 연원에 의한 조직이 아니라 정기적으로 재조직된다.[93]

출가교화단은 아마도 수위단, 총부, 기관, 교구, 교당 등의 행정조직을 중심으로 조직되어 있을 것으로 추측된다. 따라서 출가교화단은 행정과 교화, 그리고 교무들의 훈련 등 일상적인 기능 외에, 특히 교무들의 법위法位를 사정査定하는 기능을 담당하고 있는 것으로 보인다.

소태산의 초기 9인 제자로부터 비롯된 교화단은 조직의 목적과 내용이 변화를 거듭하였다. 1963년부터 1971년까지 개교반백년기념사업의 일환으로 연원달기, 교화단 불리기, 연원교당 만들기라는 교화삼대목표를 추진하면서 교세가 크게 성장하였다. 1977년에는 전 교도의 총단장은 종법사, 교구 총단장은 교구장, 기관과 교당의 총단장은 기관장 또는 교무가 맡게하여, 교화단 조직을 행정체재와 일치시키는 방향으로 교화단규를 개정하였다.[94]

92 「출가교화단규정」(원불교홈페이지); 『원불교신문』, 1998. 1. 23., 1998. 2. 6., 1999. 3. 12.
93 위의 신문, 1998. 2. 6.
94 이성은, 「조직제도변천사」, 원불교창립제2대 및 대종사탄생백주년 성업봉찬회, 『원불교70년정신사』, 원불교출판사, 1989, 427-428쪽.

소태산이 처음에 의도했던 교화단 조직의 목적은 동학과 증산교의 그것과 유사했던 것으로 보인다. 그러나 현재 원불교 재가교도들의 교화단의 기능은 천주교의 반班, 그리고 개신교의 구역區域이 지니는 기능과 보다 유사한 것으로 보인다. 물론 천주교의 반과 개신교의 구역이 각 종교의 교세 성장에 기여하는 바가 있을 것이다. 원불교의 현재 재가교도들의 교화단도 그 정도의 역할만 하고 있는 것으로 보인다. 이 점은 원불교 내에서 행정조직과 교화조직을 일원화시켜야 한다는 의견이 여전히 제기되고 있다는 사실에서 확인할 수 있다.[95]

혹자는 원불교가 지금까지 이웃 종교들에 비해 교단이 분열되지 않은 이유를 교화단 조직에 의한 훈련, 그리고 상, 하 교화단 사이의 원활한 의사소통을 통해 언로가 열려있기 때문이라고 한다.[96] 동의할 수 있는 주장이다. 그러나 필자가 여기에서 지적하고 싶은 것은 동학이 행정조직과 연원조직에서 행정조직에 좀더 무게를 두면서 교세가 침체된 것과 마찬가지로, 현재 원불교의 교세 침체 이유도 마찬가지로 진단해 볼 수 있을 것이라는 점이다. 그리고 원불교가 분열을 겪지 않은 이유 가운데 하나로 교화단을 연원에 의해 조직하지 않았기 때문에 연원조직의 잠재적인 갈등으로부터 오히려 자유로울 수 있었다는 점도 아울러 지적할 수 있다.

어느 교단이나 위계질서가 있게 마련이다. 개신교나 천주교, 그리고 불교는 선교나 포교를 많이 했다고 해서 교단 내에서 높은 위치에 오르지 않는다. 그러나 대순진리회와 같이 연운조직에 의해 움직이는 교단은 포

---

95 백준흠, 「원불교 교화단에 관한 연구」, 『원불교사상과 종교문화』 34, 2006, 262- 263쪽.
96 류병덕, 『원불교와 한국사회』, 시인사, 1988, 367쪽.

덕을 얼마나 많이 했느냐에 따라 교단 내의 위치가 결정된다. 원불교에서는 연원조직이 일찍이 중요도를 상실했기 때문에 교화를 얼마나 많이 했는가가 교단 내의 위치를 결정하는 데 큰 비중을 차지하지 않는다.

한편, 원불교에서는 출가와 재가를 막론하고 모든 교도들을 공부성적에 의해 대각여래위, 출가위, 법강항마위法强降魔位, 법마상전급法魔相戰級, 특신급特信級, 보통급普通級으로 구분한다. 그리고 또한 사업성적에 의해 모든 교도들을 특등, 1등, 2등, 3등, 4등, 5등으로 구분한다. 그리고 다시 공부성적과 사업성적을 합해서 원성적元成績이라고 하는데 원성적은 특등, 1등, 2등, 3등, 4등, 5등의 여섯 등급으로 구분된다. 원성적이 좋은 사람에게는 法勳을 수여하는데, 법훈에는 종사위宗師位, 대봉도위大奉道位, 대호법위大護法位가 있다.[97] 이 밖에 공부성적과 사업성적이 일정한 수준 이상인 남자에게는 '○산山', 그리고 여자에게는 '○타원陀圓'이라는 법호法號를 수여한다.

원불교에서는 출가와 재가 교도 모두 3년에 한 번씩 일정한 절차를 거쳐 법위 사정을 한다. 출가교도의 경우 출가교화단의 조직 선을 따라 사정이 이루어지며, 재가교도의 경우 교당의 교무가 주로 하되 교화단도 어느 정도 관여하는 것으로 보인다. 이러한 법위 사정이라는 제도에 의해 원불교 교도는 누구나 교단 내에서 자신의 위치가 정해진다. 그리고 원불교 교도들은 누구나 다 자신의 법위를 상승시키기 위해 나름의 노력을 기울인다. 원불교의 사회적 위상이 높은 것은 원불교 교도들의 이러한 노력이 원불교 밖의 사람들에게 좋은 인상을 주고 있기 때문인 것으로 보인다. 그리고 아울러 원불교 교도들 가운데 비교적 고학력, 중산층, 전문·기술직, 화이

---

97 「원불교교헌」 제3장(원불교 홈페이지).

트 칼라층의 비율이 높은 것도 이런 이유에서 찾을 수 있을 것이다.[98]

5. 맺음말

필자는 다른 글에서 일제하 원불교가 생각보다 민족주의적이지 못하였다는 점을 지적한 적이 있다. 그리고 또 다른 글에서 원불교의 종교연합운동의 배경, 그리고 앞으로의 성과를 예측한 적이 있다. 본 글에서는 원불교의 신앙대상이 다중적인 속성을 지니고 있다는 점, 그리고 교화단 조직을 중심으로 원불교의 성장과 침체 배경을 나름대로 살펴보았다.

필자가 지금까지 다른 교단을 서술할 때에는 그 교단을 일반인과 종교연구자에게 소개하는 데 무엇보다 초점을 맞추었다. 그러나 본 글에서는 원불교가 이미 우리들에게 익숙한 교단이라는 점을 감안하여, 보다 세부적인 주제를 다루고자 하였다. 마음공부를 중심으로 원불교의 수련에 대해서도 다루고자 하였으나 다음 기회로 미루고자 한다.

원불교 내부에서 원불교가 현재 처해 있는 상황을 오히려 외화내빈으로 묘사한다.[99] 어느 교단이나 마찬가지로 원불교도 내부에 갈등이 있을 수 있을 것이다. 대체로 교단의 기관지는 그 교단의 홍보를 위주로 하는 것이 일반적이다. 그러나 원불교의 기관지인『원불교신문』을 살피면서, 원불교는 다른 교단에 비해 언로가 트인 교단이라는 점에 주목할 수 있었다. 교

---

98 한기두·양은용·원석조,「원불교교도의 사회경제적 지위와 그 이동에 관한 연구」,
『원불교사상』12, 1988, 209-281쪽.
99 『원불교신문』, 2004. 8. 6.

단을 대표하는 종법사의 주요 인사에 대한 불만을 토로하는 기사를 볼 수 있었던 것이다.

원불교는 새로운 상황에 적응하는 능력이 있으며, 소위 벤치 마케팅에도 탁월한 것으로 보인다. 원불교의 지속적인 성장을 바라면서 마지막으로 한마디 적는다. 원불교는 성聖과 속俗을 넘나든다. 속俗이 성聖으로 되는 것은 좋을 수 있다. 그런데 혹시 성聖이 속俗이 되면서 생기는 문제는 없을지?

제11장

금강대도의
현재와 미래.

1. 머리말

  필자는 1998년부터 현재까지 침례교와 오순절교를 시작으로 무교회주의, 몰몬교, 여호와의 증인, 통일교, 수운교, 재림교회안식교, 원불교, 구세군, 대순진리회 등 11개의 종단을 대상으로 글을 발표하였다. 다행히 필자의 문제의식에 동조하는 동료학자들, 고병철, 류성민, 송현동, 송현주, 윤용복, 이욱, 이진구, 이혜정, 조현범과 함께, 모두 28개의 종단에 대한 연구를 마쳐, 『한국종교교단연구』, I - VI권을 발간하였으며, 20011년 말에는 '종교교육'에 초점을 맞추어 5개의 종단을 대상으로 연구한 결과물인『한국종교교단연구』, VII권을 발간할 예정이다. I - VI권이 종단에 대한 일반적인 연구물이라면, VII권은 '종교교육'에 초점을 맞춘 연구물이라는 점에 차이가 있다. 따라서 VII권에서 다루는 종단은 I - VI권에서 이미 다룬 종단과 중복되기도 한다.

* 『종교연구』 65, 2011.

혹자는 필자를 종단연구자로 부르기도 한다. 종단연구자가 구체적으로 무엇을 의미하는지는 모르겠지만, 종교학자의 전공 분야에 '종단연구'가 별도로 언급되는 일이 거의 없다는 점에서 약간 의아스럽기도 하다. 물론 필자가 적지 않은 기간 동안 그것도 특정의 종단이 아니라 여러 종단들을 차례대로 살펴나가는 것이 생소하게 보였을 수도 있을 것이다. 그리고 경우에 따라서는 그런 작업이 과연 학술적으로 의미가 있는지에 대해서도 이견이 있을 수 있을 것이다.

그럼에도 불구하고 필자는 이런 작업이 여전히 의의가 있을 것이라는 점에 의구심을 느끼지 않는다. 예를 들어서 개신교나 불교 일반에 대한 연구 못지않게, 개신교와 불교의 구체적인 교단들에 대한 연구가 중요하다는 점, 그리고 종교학자가 이들 구체적인 교단들에 대해서 지식을 겸비해야 하고, 나아가서 이들 구체적인 교단들에 대해서 나름의 학술적인 견해를 피력할 수 있어야 한다는 점을 주장하고 싶다.

이번에 필자가 주목하고자 하는 교단은 금강대도이다. 금강대도는 일제 말기에 보천교에 필적할 만한 교세를 지니고 있었음에도 불구하고, 학자들이 그 만큼의 주목을 해오지 못하였다. 현재 4대 도주가 금강대도를 이끌면서 교단을 외부 세계에 알리려는 노력을 경주하면서, 다행히 종교학계에서도 이미 금강대도 관련하여 여러 편의 주옥같은 글들이 발표되었다.[1] 사실 이번 글을 준비하면서 앞 선 연구자들이 하지 못한, 다시 말해서

---

1 고병철, 「금강대도 교단의 정체성 확립 과정 - 의례의 변천을 중심으로」, 『종교연구』 26, 2002; 이혜정, 「금강대도인의 신앙생활 분석」, 『종리학연구』 2, 2002; 박규태, 「한국 종교사의 맥락에서 본 토암의 종교사상 - 도덕의 담론을 중심으로」, 『종리학연구』 2, 2002; 송현주, 「금강대도의 역사와 특징」, 『한국종교교단연구 Ⅰ』 한국학중앙연구원 문화와 종교연구소, 2007; 윤승용, 「한국 신종교운동의 미래와 금강대도」, 『신종교연구』

앞 선 연구자들의 연구를 기반으로 좀 더 진전된 견해를 피력하고 싶었으나, 그렇게 하지 못한 감이 없지 않다.

글을 시작하면서 이재헌, 김원묵, 유제춘 등 교단 내부 연구자들의 도움을 많이 받았음을 미리 밝힌다. 어느 종교학자의 말대로 종교학자의 특정 교단에 대한 연구는 그 교단 내부인들이 동의하지 않으면 학술적인 의의를 상실할지도 모른다. 종리학[2]을 체계화시키려는 교단 내부 연구자들의 각고의 노력에 경의를 표하면서도, 이 글은 기본적으로 교단 내부자들이 아니라 교단 외부자들, 그리고 종교학을 연구하는 사람들을 대상으로 하고 있다는 점을 미리 밝힌다.

2. 금강대도와의 만남

2001년 1학기에 대학원에서 신종교 관련 강의를 하면서 참여관찰의 대상으로 금강대도를 선정하였다. 다행히 수강생들의 노력과 협조, 그리고 금강대도 내부의 도움으로 5편 정도의 논문이 만들어지고, 이 논문들이 『종리학연구』, 제2호(2002)에 모두 수록될 수 있었다. 앞에서 언급한 고병철, 이혜정의 논문 이외에 이 학술지에 게재된 논문들의 제목을 열거하면 다음과 같다.

24, 2011.
2 금강대도의 교학을 '宗理學'이라고 한다.

- 「금강대도의 구원관 - 성취동기화 모델의 적용」
- 「금강대도의 남녀평등론 연구」
- 「금강대도의 종교상징」

금강대도에서는 이상 5편의 논문들을 교단에서 발간하는 학술지에 게 재하였을 뿐만 아니라 금강대도 도인들을 상대로 발표하는 자리까지 마련 했던 것으로 기억한다. 당시 필자는 이미 진행하고 있는 별도의 연구가 있어서, 강의를 담당한 교수였음도 불구하고, 수강생들만큼 금강대도에 대해서 집중적으로 살펴보지 못했다. 아마도 지금 이 글을 쓰고 있는 이유 가 그 당시 하지 못한 숙제를 늦게나마 하기 위한 것인지도 모르겠다.

그 뒤 금강대도에서 주최하는 학술대회에 몇 차례 토론과 축사를 하기 위해 참석한 적이 있다. 사실 금강대도에 대해서 그다지 아는 것이 없는 상황에서 토론과 축사를 하는 것이 필자에게는 어색하고 힘이 들었던 기 억이 있다. 2010년 현 4대 도주가 용화교주龍華敎主로 취위就位하는 자리를 포함해서, 학생들과 몇 차례 금강대도를 방문하기도 하였다.

2011년 7월 남천포덕 100주년 (선화원 준공) 기념 제3차 학술대회에 참 가하여 축사를 하게 되었다. 논문을 발표하든지 아니면 토론자로 참석하 는 것이면 몰라도 축사만을 하기 위해 학술대회에 참가하는 것만큼 어색 한 것은 없다. 그 때 몇 가지 점에 주목하게 되었다. 하나는 금강대도 관련 발표 논문들의 수준이 꽤 돋보였다는 점이고, 또 하나는 종리학의 발전과 금강대도의 쇄신을 위해 노력하는 금강대도 도인들의 정성, 그리고 금강 대도 측의 외부인들에 대한 극진한 대접이었다. 그 때 좀 늦었지만 아무래 도 금강대도를 좀 공부해야겠고, 공부한 결과를 글로 만들어야겠다는 생각을 가지게 되었다.

이후 금강대도 측의 도움으로 여러 차례 나름대로 금강대도를 답사할 기회를 갖게 되었다. 처음에 충청남도 논산시 노성면에 있는 1대 도주 토암의 산소가 있는 노성본원을 비롯해서 금강대도의 신앙 대상인 건곤부모 5인의 산소를 각각 찾아보았고, 이어서 금강대도의 주요 본원인 무주본원과 경상본원³, 그리고 가야분원을 방문할 수 있었다. 노성, 무주, 경상본원에는 모두 규모를 제대로 갖춘 '삼종대성전三宗大聖殿'이 자리를 잡고 있었다. 금강대도는 총본원에서 주로 행사를 치르고, 금강대도 도인들은 거의 의무적으로 총본원 행사에 참석하는 것이 보통인데, 이들 본원에서는 총본원 행사의 일부를 자체적으로 치르고, 이 때 이들 본원 소속 도인들은 총본원에 가지 않고 본원 행사에만 참석해도 된다고 한다.

아무래도 본원 행사에 한번이라도 참석해야겠다는 생각에 비교적 거리가 가까운 서울본원 월례 모임에 참석해 보았다. 총본원과 함께 각 본원에서는 초하루와 보름날 아침에 삭망일 치성을 올리고, 매월 첫째 주 일요일에 모임을 갖는다. 서울본원 대표자의 사회로 개회식을 한 다음 통상 보고 봉독을 하고, 이어서 총본원에서 파견된 선화사의 말씀을 듣고, 도주들의 말씀인 성훈을 중심으로 도인들 가운데 적임자가 강론을 하였다. 당일은 수일 전에 소속 도인 가운데 한 사람이 사망한 관계로 보고 봉독은 생략하였다. 금강대도는 행사 때 장례식 참석 등 종교적으로 오염된 사람은 참석할 수 없는 규칙이 있다고 한다. 월례 모임의 형식을 좀 더 도인들 수준에 맞게, 그리고 흥미 있게 보완하려는 노력을 볼 수 있었다.⁴ 그리고 대체로

---

3 거창 소재.

참석자들이 나이 든 분들이 많았으며, 흥미 있게도 여자 도인들보다 남자 도인들이 더 많은 것으로 보였다.

금강대도는 연중 21개의 총회일 가운데 단군 관련해서 3월 15일(음)에 단군국조 제향일인 어천절과 10월 3일(양)에 단군국조 탄신일인 개천절 행사를 치룬다. 개천절 행사에 참석할 수 있었다. 단군 관련 행사는 삼종대성전이 아니라 삼청보광전에서 치룬다. 삼청보광전에는 노자, 삼성제군[5], 토암의 부모의 함께 단군의 존영이 모셔져 있다. 금강대도에서 단군은 국조로 모셔지는데, 금강대도의 신앙인 건곤부모에게 5배를 하는 것과 마찬가지로, 단군에게도 5배를 하는 것으로 보아, 금강대도에서 단군의 위치가 꽤 높다는 것을 알 수 있다. 단군 관련 행사는 홀기에 의해 유교식으로 치룬다는 점에 특징이 있다. 그리고 과거에는 금강대도 내에서 비교적 높은 위치에 있는 사람들이 주로 행사를 주도했으나, 현재에는 일반 도인들도 행사에 적극적으로 참여시키기 위해 일반 도인들 가운데 일부를 선정하여 행사에서 주도적인 역할을 돌아가면서 맡기고 있다.

9월 13일(음)에 금강대도의 2대 여자 도주인 보단寶丹의 제향일인 '련화삼청현화 도성곤원절蓮華三淸玄化 道聖坤元節' 행사에 참석하였다. 일반적으로 제향일은 자시子時에 시작하는데 삼종대성전 안에 모셔져 있는 해당 도주의 부부 앞에 제물을 진설하고, 초헌, 아헌, 종헌의 순으로 헌작을 올린다. 마지막에 삼종대성전 앞 마당에 도열해 있던 도인들이 삼종대성전 안으로 들어가서 한꺼번에 헌작을 올리고, 그 다음에 음복을 하고, 다음

---

4 『서울본원회보』 147, 2011. 10. 2. 참조.
5 관성제군, 문창제군, 부우제군을 말한다.

날 아침에 해당 도주의 산소에서 치성을 드리는 것으로 끝이 난다. 금강대도 도인들은 건곤부모를 조상으로 한 가족을 이루며, 건곤부모의 직계 가족이 종가宗家를 이룬다. 제향절 행사는 금강대도라는 커다란 가족 구성원들이 함께 모여서 현 도주인 종손宗孫을 중심으로 제사를 드리는 형식을 취하고 있는 것으로 보였다.

이와 같이 금강대도를 참여 관찰하는 동안 금강대도에서 아직 외부에 공개하지 않는 자료 몇 가지를 얻어 볼 수 있었다. 2대 도주의 행적을 서술하고 있는 『대정경大正經』, 죽으면, 전생과 이승의 과보에 의해 16단계로 나뉘어 윤회를 계속하며, 가장 좋은 단계인 16번째 단계가 되면, 천상 옥경 백옥루에서 옥황상제의 슬하가 될 수 있다고 주장하는 「삼천문 몽유기三千門 夢遊記」,[6] 토암의 제자들이 토암으로부터 들은 교화와 문답, 그리고 영험 등을 채록한 『성훈통고聖訓通攷』 전집,[7] 매년 시행하는 성재의 강의록 (2005, 2006, 2008, 2009, 2010), 단군 때부터 이승만 서거 때까지 역사를 서술한 책으로 몽골이 단군의 후손이고 만주족이 신라 경순왕의 후손이라고 주장하는 『오천년 동사영선五天年 東史英選』[8] 등을 살펴볼 수 있었다. 그리고 금강대도의 공식적인 홈페이지 외에도 금강대도 도인들이 운영하는 몇몇 카페를 살피면서 현재 금강대도 도인들의 활동과 생각도 아울러 살

---

6 변영의, 『三千門 夢遊記』, 1994.

7 1948년부터 1956년까지 유치홍의 주필로 완성되었는데, 卷之一(內篇上), 卷之二(內篇下), 卷之三(外篇), 卷之四(靈驗篇 第一), 卷之五(靈驗篇 第二), 卷之六(附錄)으로 구성되어 있다. 2세 도주 당시인 1957년에 다섯 권으로 묶어서 출판하였다. 이 책은 2000년에 이재헌에 의해 『대도는 담담한 물과 같으니 - 성훈통고 편집본』(금강대도에서는 일반적으로 『성훈통고』(편집본)으로 표기하고 있다)이라는 제목으로 출간되었다. 현재까지 축약본만 외부에 공개되었다.

8 유치홍, 『五天年 東史英選』 상, 하권, 1977, 미출판 서적.

필 수 있었다. 그러나 토암의 일생을 연대기순으로 기록한『성적편년聖蹟編年』(1956년 간행)과, 토암의 일생을 다시 주제별로 편집하였다는『성적제강聖蹟提綱』(1956년 간행)은 끝내 입수할 수 없었다.

3. 금강대도의 교리

3.1. 무엇이 문제인가?

모든 종교는 대체로 현재 세계에 대한 불만족에서부터 출발한다. 만약 현재 세계에 대해 만족하고 있다면 새로운 종교는 생겨나지 않을 것이다. 금강대도도 이 점에서는 마찬가지이다. 3장에서는 이 점에 초점을 맞추어 과연 금강대도는 현재 세계의 무엇이, 그리고 왜 문제가 되었다고 생각하는지, 금강대도는 따라서 우리 인간이 어떻게 해야 한다고 생각하는지, 그리고 우리가 금강대도의 가르침을 충실히 따른다면, 금강대도는 앞으로 무슨 좋은 일이 생길 것으로 생각하는지에 대해 차례대로 살펴보고자 한다.

『성훈통고』(편집본) 제5장에 토암이 겁운에 대해서 말한 내용이 '대겁운의 임박'이라는 제목 아래 수록되어 있다. 모두 13개의 기사가 게재되어 있는데, 주목할 만한 내용을 추려내면 아래와 같다.

- 대겁운이 임박했으니 너희들이 죽지 않고 살 수 있다면 새 세상에 인류 최고의 조상이 될 것이로되…

- 대겁이 임박했거늘 너희들은 어찌 빨리빨리 반성하여 도에 마음을 돌리지 아니하느냐? 구겁救劫의 대훈大訓에 이르지 아니하였느냐? "적賊이 가고 賊이 오나니 언제 쉬는 날이 있었던가? 인간의 시체와 해골이 언덕같이 앞을 가리도다. …"고 하니……

- 앞으로 선악을 분별할 때에 반드시 뇌성벽력으로 천지가 진동하는 일이 있으리니, 그 때에 불충不忠, 불효不孝, 무도無道한 자가 어찌 달아나 살수가 있겠는가? 너희들은 모름지기 나의 말을 좇아 충·효·성경에 마음을 다하면, 비록 물과 불이 덮치더라도 스스로 생명을 보전하는 길이 있으리니…

- 오늘날 사람들이 대겁이 이를 것을 알지 못하니 비유컨대 천간 큰 집에 방방이 만원인데, 전부 코를 골며 잠을 자고 잠을 깬 자는 오직 한 사람이라…그 하나가 바로 네가 아니냐?

- 잘 믿고 믿지 않음은 나는 말하지 않거니와 선악 분별 시에는 자연히 나타나니라. 천지의 이치를 네가 아느냐? 천지조화는 무궁무진하니라. 야반 삼경에 돌연히 다듬이 방망이 소리같이 나오는 것을 아느냐? 두렵고 두렵도다. 겁수劫數가 두렵도다. …

- 너희들은 병란兵亂과는 무관하지만, 두려운 것은 병겁病劫이라. 각국 괴질운怪疾運에 살아남을 자가 몇인고.

- … 모든 겁운을 두려워 말라. 세상 사람이 다 난리라 해도 나의 문하 제자들은 근심할 바가 없느니라. 잘 믿으면 비록 시체를 밟고 다니더라도 걱정이 없느니라.

이를 다시 요약하면, 선악을 분별하는 대겁이 임박했는데, 대겁은 느닷

없이 도래할 것이며, 대겁이 도래하면, 뇌성벽력으로 천지가 진동하고, 또한 병겁이 들이닥쳐 금강대도 도인들을 제외하고는 모든 인류가 멸망할 것이라는 내용이다.

그러면 왜 이런 일이 일어나야만 하는가? 금강대도는 한마디로 인간 스스로의 타락에서 이런 일이 일어난다고 주장한다.[9] 원래 인간은 선천적인 도덕성인 원신元神[10]을 부여받아 천지와 동격이 될 수 있었으나, 신체의 형기形氣인 구령신九靈神의 유혹으로 책임과 의무를 다하지 못해 왔다.[11] 인간이 자연법칙을 받아들이지 못하고, 도덕법칙의 옳고 그름의 표준을 바로 세우지 못할 때 인간이 금수와 다를 바 없는 존재가 되고, 그로 인해 인륜과 도덕이 무너지면 겁운으로 인해 인류가 멸망의 길로 나간다는 것이다.[12] 그리고 하늘은 하늘의 도天道가 있어서 하늘의 길을 가고, 땅에는 땅의 도地道가 있어서 땅의 도를 가는데, 우주의 주인공인 인간이 그 도人道에서 벗어나 탈선의 길을 걷고 있어서,[13] 천지가 그 동안 천지를 대신해서 인도人道를 바로 잡고자 여러 성인을 인간계에 내려 보냈으나 실패하고 말았다는 것이다.[14]

금강대도는 또한 인간이 이렇게 도덕적으로 타락한 원인을 기성종교에

---

9 이재헌, 「금강대도 개관」, 『금강대도종리학연구론』, 미래문화사, 2005, 24쪽.

10 心性을 주관하는 신명이란다(이재헌, 「금강대도의 생태 윤리 사상」, 위의 책, 245쪽 참조).

11 이재헌, 「금강대도의 오중운도 사상과 새시대의 비전」, 위의 책, 183쪽.

12 이재헌, 「종리학 시론」, 『건곤부모님과 금강대도의 진리』, 미래문화사, 2003, 99쪽.

13 이미경, 「민족종교에 나타난 한국인의 사상과 정체성」, 『제58회 성재 강의록』, 금강대도총본원, 2009, 90쪽.

14 김원묵, 「도성사 건곤부모님의 생애와 사상」, 『제59회 성재 강의록』, 금강대도총본원, 2010, 88쪽.

서 찾는다. 유가에서 는 글만 읽고 실행이 없으며, 불가에서는 의식만 알고 자비한 마음이 없고, 선가에서는 기괴한 것만 숭상하고 수련하는 공부가 없어서 스스로 높은 체만 하고 서로서로 부딪쳐 헐뜯고 싸워온 관계로 인간이 도덕적으로 타락하고 제대로의 인도人道를 갈 수가 없었다는 것이다.[15]

이를 다시 정리하면 유불선 삼교가 제대로 사명을 다하지 못해서, 인간이 도덕적으로 타락하여 인도를 걸을 수 없는 상황이 벌어지고, 다시 이로 인해 대겁이 곧 느닷없이 도래하여 금강대도 도인을 제외한 인류가 멸망의 길을 걷게 된다는 것이다.

3.2. 그러면 어떻게 해야 하는가?

『성훈통고』(편집본)의 목차 가운데 "그러면 어떻게 해야 하는가?"와 관련이 있는 부분은 도성보道聖寶: 건곤부모, 미륵대불, 의성義誠 신앙, 도덕道德사업, 삼종합일, 수도·심성배합心性配合, 충·효·성경, 가화家和, 청결이다. 이 가운데 필자가 우선 주목하고자 하는 내용은 신앙대상, 의성, 심성배합이다.

금강대도의 신앙 대상은 대도덕성사건곤부모大道德聖師乾坤父母이다. 대도덕성사건곤부모는 다시 대성사건곤부모土庵, 慈庵, 도성사건곤부모靑鶴, 寶丹, 덕성사건곤부모月鸞, 香蓮로 구성되는데, 차례대로 1세 도주, 2세 도주, 3세 도주를 말하며, 각 도주가 부부를 함께 말하기 때문에 금강대도의 신앙 대상은 총 6인이다.[16] 천상옥경天上玉京의 삼청옥황금궐三淸玉皇金闕 안에

---

15 이미경, 앞의 글, 90쪽.
16 3세 도주인 향련은 현재 생존해 있다.

금강궁金剛宮이 있는데, 이들은 원래 그 곳에서 각각 토암은 태청도덕천존太清道德天尊, 자암은 태을구고천존太乙救苦天尊, 청학은 상청영보천존上清靈寶天尊, 보단은 뇌성보화천존雷聲普化天尊, 월란은 옥청원시천존玉清元始天尊, 향련은 금궐화신천존金闕化身天尊으로 있었다고 한다. 이들은 현재 불교식으로 1세 도주 부부는 만법교주금강대불萬法敎主金剛大佛, 만법교주련화대불萬法敎主蓮華大佛, 2세 도주 부부는 동화교주금강대불東華敎主金剛大佛, 동화교주련화대불東華敎主蓮華大佛, 3세 도주 부부는 통천교주금강대불通天敎主金剛大佛, 통천교주련화대불通天敎主蓮華大佛로 각각 불리우며, 모두 미륵대불의 화신으로 신봉되고 있다.[17]

신앙의 현장에서 이들은 또한 성인, 부처, 천존, (태극과 무극의) 현화천존玄化天尊, 만고의 대성인, 미륵대불, 삼신일체 삼불세존, 천지건곤부모 등 여러 호칭으로 불리우며,[18] 종리학적으로는 하늘에서는 무극적 삼신일체인 '건곤부모'로, 그리고 땅에서는 태극적 삼신일체인 '성사부모聖師父母'로 호칭되기도 한다.[19] 이들은 유교적으로 공자 이래 3천 년간 끊어졌던 성인의 도맥을 잇는 만고대성인萬古大聖人으로, 복희, 신농, 황제, 요, 순, 우, 탕, 문, 무, 주공, 공자를 잇는 12번째 성인이라고 믿어지고 있으며,[20] 불교적

---

17 이재헌, 「금강대도백년사」, 『금강대도종리학연구론』, 미래문화사, 2005, 31, 47, 65-66쪽; 중국 도교에서 이들 각각의 호칭을 찾아보려고 하였으나 발견하지 못하였다. 현재로서는 이들 호칭이 금강대도만의 호칭인 것으로 보인다. 쿠보 노리타다, 『도교와 신선의 세계』(정순일 옮김), 법인문화사, 1992: 葛兆光, 『도교와 중국문화 - 도교의 우주론·의례와 방술·신들의 계보』(沈揆昊 옮김), 동문선, 1987 등 참조.
18 이경구·양정숙, 『기대하는 마음 1』, 금강출판사, 2010, 46-47쪽.
19 이재헌, 「금강대도 종리학」, 『제58회 誠齋 講義錄』, 금강대도총본원, 2009, 29-30쪽.
20 이재헌, 「금강대도의 삼교합일 유형」, 『금강대도 종리학 연구론』, 미래문화사, 2005, 126쪽.

으로는 선천시대의 석가불을 대신해서 후천시대를 이끌어갈 삼신일체의 미륵대불로 믿어지고 있다.[21] 그리고 도교적으로는 태극무극현화천존太極無極玄化天尊으로 옥황상제로 믿어지고 있다.

금강대도에서 옥황상제의 위치는 중첩적[22]이다. 문헌적으로는 토암이 옥황상제의 명을 받아 후천세계를 이끌고 있다는 기록,[23] 그리고 토암이 황적동에 머물고 있을 때 옥황상제가 토암의 집에 드나들었다는 기록,[24] 그리고 또한 금천리에 터를 잡기 전에 경제적으로 매우 궁핍한 시기였음에도 불구하고, 토암은 자암과 함께 후원에 단을 쌓고 10여 년간 하루도 빠짐없이 천제를 드렸다는 기록,[25] 그리고 적어도 1935년 전후 금강대도의 경축일에 성사土庵 탄신일5.19과 옥황상제 보탄일寶誕日, 1.9이 별도로 잡혀 있는 것,[26] 그리고 요즘도 금강대도가 중요한 일을 시작하기 전에 3-5년에 한 번씩 옥황상제를 주신主神으로 모시는 천제天祭를 드리고,[27] 연중 행사 때도 약식 천제라고 할 수 있는 특별 치성을 드리는 경우를 보면, 토암을 비롯한 금강대도의 신앙 대상이 곧바로 옥황상제라고 하기에는 어려움이 따를 수 있다.

금강대도에서는 그러나 토암, 청학, 월란의 성훈聖訓을 보면 그들 스스로가 옥황상제의 화신임을 암시하는 말을 하였다는 점 등의 예를 들어서,

21 이재헌, 「금강대도 개관」, 『금강대도 종리학 연구론』, 미래문화사, 2005, 22쪽.
22 '중첩적'이라는 의미가 교리적으로 일관성이 부족하다는 의미는 물론 아니다.
23 「明教章」(1916년) 참조; 「명교장」의 내용은 『五萬燈臺』 2, 1986, 63-64쪽 참조.
24 『聖訓通攷』, 卷之四, 靈驗篇 第一.
25 이재헌, 「금강대도백년사」, 『금강대도종리학연구론』, 미래문화사, 2005, 36쪽.
26 촌산지순, 『조선의 유사종교』(최길성·장상언 역), 계명대학교출판부, 1991, 321쪽 참조.
27 이재헌, 「단군국조와 금강대도」, 『금강대도종리학연구론 II』, 미래문화사, 2010, 162쪽.

이들이 이번에 옥황상제의 명을 받아 인간 세계에 하강해서 겁운에 쌓인 인간들을 구제하고 나면, 다시 천계에 돌아가서는 옥황상제의 지위에 올라간다는 믿음을 지니고 있다. 다시 말해서 이들은 옥황상제의 직위가, 예를 들어서 오늘날로 말하면 대통령의 직위와 같이 사람들이 돌아가면서 하는 것과 마찬가지로, 여러 존재가 돌아가면서 하는 것으로 이해하고 있다. 어쨌든 현재로서는 금강대도에서 이들 도주들이 곧 옥황상제라고 호칭하는 것보다는 만고대성, 또는 미륵대불로 호칭하고 있다.[28]

금강대도에 의하면 대도덕성사건곤부모[29]는 선천에서 후천으로 바뀌는 시기인 소위 오중시대午中時代[30]에, 인간이 처해 있는 대겁운의 난관을 인간 스스로가 헤쳐 나갈 수 없다는 판단 아래, 천하창생을 구제하는 후천 도덕개화의 주재자로 하늘에서 땅으로 내려왔다. 따라서 금강대도는 인간이 건곤부모에 대한 절대적 신앙을 통해 스스로 수도해 나가는 종교로 주장되고 있다.[31]

금강대도는 일단 도인들에게 도주들이 내려준 계율을 지키고, 총회 등 총본원 행사에 빠짐없이 참석할 것을 권장하고 있다.[32] 금강대도의 계율로는 금강대도의 경전인 『대성경』의 축소판으로 실천의 대강령[33]인 「금강

28 이재헌, 「금강대도의 삼교합일 유형」, 『금강대도종리학연구론』, 미래문화사, 2005, 159-160쪽 참조.
29 이하에서는 '건곤부모'로 표기하고자 한다.
30 금강대도에 의하면 선천과 후천의 과도기인 오중시대는 10,800년 동안 지속된다. 이재헌, 「금강대도의 午中運度 사상과 새시대의 비전」, 『금강대도 종리학 연구론』, 미래문화사, 2005, 184쪽 참조.
31 이미경, 앞의 글, 90쪽.
32 양정숙, 『기대하는 마음』, 금강출판사, 2010, 82쪽.
33 허상은, 「道史 속의 聖訓, 聖蹟과 誠禮金, 事業의 중요성」, 『제58회 誠齋 講義錄』,

실행십조金剛實行十條」,[34] 도인들의 실행 지침인 「금강삼대보훈金剛三大寶訓」,[35] 그리고 「금강십계율金剛十戒律」[36]이 있다.[37] 금강대도에서는 금강실행십조로 가르치고, 금강십계율로 수련시키고, 금강삼대보훈으로 심心, 성性, 신身을 닦는다고 하며,[38] 『대성경』을 요약하면, 금강실행십조, 금강십계율, 금강삼대보훈인데, 이것을 다시 요약하면 충忠 · 효孝 · 성경誠敬과 가화家和, 청결淸潔이고, 이것을 다시 요약하면 의성義誠이라고 한다.[39] 유교의 오륜五倫, 불교의 자비, 도교의 청정淸淨이 각각의 핵심 사상이라면, 금강대도의 핵심 사상은 의성義誠이라는 것이다.[40]

『성훈통고』에 나오는 '이충사군 이성사사 이효사친以忠事君 以誠事師 以孝事親'[41]라는 말을 보면 성誠은 일단 스승을 섬길 때 쓰는 개념으로 이해할 수 있으며, 아울러 "의성의 정신으로 일관되게 자수심성과 도덕 실천을 해나가야 한다"[42]는 말을 보면 의성은 결국 신앙대상에 대한 절대적인 신

금강대도총본원, 2009, 103쪽.

34 敬天地, 禮佛祖, 奉祖先, 孝雙親, 守國法, 重師尊, 別夫婦, 愛兄弟, 睦宗族, 信朋友.

35 白紙還元, 中庸之道, 至誠無息.

36 勿欺天地人, 心身淸淨潔, 鍊性克己慾, 敬惜字書紙, 言行重如山, 戒殺濟衆生, 不食魚肉類, 一夫當一妻, 勿取他人物, 勿犯罪過誤.

37 이들 계율에 대한 금강대도의 설명은 변갑태, 「십계율, 실행십조, 삼대보훈 해의」, 『제58회 誠齋 講義錄』, 금강대도총본원, 2009, 115-132쪽 참조.

38 이경구 · 양정숙, 『기대하는 마음 1』, 금강출판사, 2010, 96쪽.

39 이재헌, 「종리학 시론」, 『건곤부모님과 금강대도의 진리』, 미래문화사, 2003, 186-187쪽.

40 박현숙, 「덕성사건곤부모님의 생애와 사상」, 『제59회 성재 강의록』, 금강대도총본원, 2010, 112쪽.

41 『聖訓通攷』 卷之一(內篇上).

42 이재헌, 「금강대도의 삼교합일 유형」, 『금강대도 종리학 연구론』, 미래문화사, 2005, 139쪽.

앙과 함께 도인들이 스스로 수도해 나갈 때 취해야 할 태도를 말하고 있는 것으로 보인다. 금강대도 내에서는 '의성義誠'이 중요하기 때문에 교단 내에서도 여러 가지 측면에서 의성의 개념 정립에 힘을 기울이고 있다.[43]

금강대도에서 의성 못지않게 많이 언급되는 개념이 '심성배합心性配合'이다.[44] 금강대도에서 심心은 육체로 인해 생기는 선할 수도 악할 수도 있는 나 자신의 마음이며, 성性은 건곤부모가 인간에게 부여해 준 순선純善한 본성이다. 따라서 심성배합은 한마디로 인간의 마음이 건곤부모의 심법과 하나가 되는 것으로,[45] 천지에서 부여받은 착한 심성을 회복하는 것이라고 할 수 있다.[46] 금강대도는 이와 같이 신앙대상인 건곤부모에 대한 절대적인 신앙과 함께 도인들 스스로의 수련 또한 강조한다. 2대 도주인 청학은 "너희들이 잘하면 운도를 앞당길 수 있으나 만일 잘못하면 운도가 자연 늦추어지니라"[47]고 했고, 3대 도주인 월란은 "도가 사람을 넓히는 것이 아니라 사람이 도를 넓히는 것이고, 하늘이 사람을 더부는 것이 아니라 사람이 하늘을 더부는 것이다道不弘人人弘道 天不與人人與天"라고 하였다고 한다.[48]

---

43 義와 誠에 대한 금강대도의 설명은 『대성경』에 수록되어 있는 「玄妙經」에 자세히 나온다고 한다(박현숙, 「금강대도의 교리」, 『제57회 誠齋 講義錄』, 금강대도총본원, 2008, 91-92쪽 참조). 이 밖에 양정숙, 「금강대도의 성·경사상에 관한 철학적 탐구」, 대전대학교대학원 석사학위논문, 2008; 박현숙, 「誠과 中을 통해 본 『中庸』의 天人合一사상 - 朱熹의 『中庸章句』를 중심으로」, 충북대학교 박사학위논문, 2011 참조.

44 금강대도의 心性論에 대해서는 이병욱, 「금강대도 사상에 나타난 心性의 위상」, 『신종교연구』 25, 2011, 253-275쪽 참조.

45 이재헌, 「신도설교와 도덕적 초월」, 『제57회 誠齋 講義錄』, 금강대도총본원, 2008, 74쪽.

46 김원묵, 「도성사 건곤부모님의 생애와 사상」, 『제59회 성재 강의록』, 금강대도총본원, 2010, 91쪽.

47 김두환, 「남천포덕 일백주년 기념사업의 현황과 과제」, 『제58회 誠齋 講義錄』, 금강대도총본원, 2009, 137쪽 참조.

금강대도에서 절대적인 신앙 못지않게 도인들의 자발적인 수련이 강조되는 맥락을 살필 수 있는 내용이라고 하겠다.

대도인들은 연령과 신앙 기간, 포교 성적 등에 따라 여러 가지 호칭을 부여받는다. 연령 20세 이상, 신앙 기간 5년 이상, 총 본원 총회 연중 3회 이상 참여 여부 등에 따라, 남자의 경우 '丈', 여자의 경우 '부인'으로 끝나는 도호道號를 부여받는다. 그리고 연령 25세 이상 신앙 기간 10년 이상 등의 자격이 되면 대도인증大道人證을 수여받고, 다시 연령 30세 이상, 신앙 기간 10년 이상의 기혼자가 되면 도주로부터 직접 법호法號를 수여받고, 법복을 입을 자격을 얻는다. 그리고 또한 포교 성적에 따라 다시 포교원布敎員, 포교사布敎司, 선포사宣布司, 선교사宣敎司, 선화사宣化司, 선덕사宣德師, 선도사宣道師, 교화사敎化師, 강법사講法師, 개화사開化師의 순으로 도주로부터 도직道職을 수여받는다.[49] 이 밖에 매년 연말에 10여 일간 시행하는 합동수련회라고 할 수 있는 성재誠齋를 통해서 27 등급의 소위 영단靈丹을 수여받는데, 최고의 등급을 받으려면 적어도 30여 년의 기간이 소요되어, 60-70세가 되어야 비로소 최고의 영단을 수여받을 수 있다고 한다.[50] 물론 모든 경우에서 대도인들은 보다 좋은 호칭을 부여받기 위해서 신앙생활을 보다 열성적으로 하기 위한 노력을 기울일 것으로 보인다.

48 이경구, 「백운인에게 바란다」, 『오만등대』 2, 1986, 32쪽; 이경구, 『기대하는 마음』, 금강출판사, 2010, 53쪽 참조.
49 김두환, 「금강대도 의례에 대한 소고」, 『제57회 誠齋 講義錄』, 금강대도총본원, 2008, 46-48쪽 참조.
50 이재헌, 「종리학 시론」, 『건곤부모님과 금강대도의 진리』, 미래출판사, 2003, 157-158쪽; 이재헌, 「금강대도의 삼교합일 유형」, 『금강대도 종리학 연구론』, 미래문화사, 2005, 139쪽; 강성복 외, 『금화산 자락 대도의 본향, 금천리』, 금강출판사, 2011, 155쪽 참조.

3.3. 그러면 어떻게 되는가?

성훈통고편집본의 목차 가운데 "그러면 어떻게 되는가?"와 관련이 있는 부분은 구원관生死極樂, 약사여래, 대지명당大地明堂 등을 열거할 수 있다. 이재헌에 의하면 구원의 길은 스스로의 도덕적 자각과 실천에 의해 자연스럽게 오는 것이지 누구에 의해 타율적으로 주어지는 것이 아니다.[51] 건곤부모는 미륵부처로서 도인들의 노력 여하에 따라 복을 주고, 소원을 성취시켜주며,[52] 도덕을 개화시켜준다.[53] 금강대도에 의하면 입도만 해도 영원히 겁운에 떨어지지 않으며, 노력 여하에 따라 자기 선대 7세 조상들까지 모두 극락 천도시킬 수 있으며, 네 가지 소원[54]을 성취할 수 있다고 한다. 이들 가운데 우리의 주목을 끄는 내용은 살아서는 군자가 되고, 죽어서는 선불이 된다는 "차생군자 내생선불此生君子 來生仙佛"이다.

금강대도에서는 앞으로 건곤부모의 문하에서 8사, 5사, 108군자, 9,800 고명과古名過 등의 수제자가 배출되어 후손들의 추존을 받는다고 한다.[55] 공자의 제자는 72인인데 건곤부모의 제자는 9,800명이 될 것이고, 이들 가운데 만화도통萬化道通하는 자가 108 군자인데, 이들 108 군자는 공자보

---

51 이재헌, 「금강대도의 삼교합일 유형」, 『금강대도 종리학 연구론』, 미래문화사, 2005, 141쪽.

52 3대 도주 월란은 "조정이 가까우면 벼슬 얻는 일이 많고, 글방이 가까우면 먹 묻힐 일이 많지만, 스승에게 가까우면 반드시 소원을 성취한다"고 했다고 한다. 허상은, 앞의 글, 112쪽 참조.

53 김보년, 「태극시대의 신앙인」, 『제59회 성재 강의록』, 금강대도총본원, 2010, 39쪽.

54 네 가지 소원이란 도덕군자 되고, 귀한 자식 얻고, 明堂大地를 얻고, 生死 極樂하는 것이다.

55 이재헌, 「금강대도 백년사」, 『금강대도 종리학 연구론』, 미래문화사, 2005, 77쪽.

다 더 낫고,[56] 9,800명에 들기만 해도 옛 명현들보다 좋다고 한다.[57]

　평생을 군자의 도로써 신앙한 도인들은 죽으면 남자 도인은 신선이 되고, 여자 도인은 부처가 되어, 천상옥경의 금강궁과 연화궁[58]에서 건곤부모를 보필하여 삼천세계를 관리하고 오만대운을 누리며, 1년에 두 차례씩 유교식으로 말하면 불천위로 향사를 받고, 금천을 본관으로 하는 48성姓의 중시조中始祖가 된다.[59]

　도인들은 죽으면 천도 예규에 의거 도주에 의해 천도薦度 도직 道職이 수여되는데, 천도 도직 10등[60]급 가운데 상위 5등급의 천도 도직을 수여받은 사람은 그 공에 의해 고조부모까지 천도할 수 있는 기회를 부여받게 된다. 이 때 여자 도인의 경우는 시가뿐만 아니라 친가 쪽 조상도 천도할 수 있다고 한다.[61]

4. 금강대도의 현재

　4장에서는 앞부분에서 다루지 못한 내용 가운데 금강대도의 신앙 대상,

---

56 『聖訓通攷(編輯本)』, 금강대도 총본원, 2000, 78-79쪽.

57 지무구, 「소원성취와 천도봉불의 의미」, 『제55회 성재 강의록』, 금강 · 연화대도총본원, 2006, 11쪽.

58 또는 白玉樓라고도 한다.

59 『聖訓通攷』卷之二(内篇下); 이재헌, 「건곤부모님의 탄강과 현대인의 구원」, 『건곤부모님과 금강대도의 진리』, 미래문화사, 2003, 27쪽.

60 상위 5등급義誠師, 誠敬師, 奉誠師, 奉道師, 奉德師, 하위 5등급誠信師, 敬信師, 正信師, 奉信師, 平信師. 『대도입문』, 금강대도교화원, 2000, 24쪽.

61 김두환, 앞의 글, 48-49쪽 참조.

경전, 성재誠齋 등 의례 부분 관련해서 몇몇 주제를 살펴보고자 한다. 금강대도는 비교적 훌륭한 기록물들을 다수 보유하고 있음에도 불구하고 교리는 주로 구두로 전해져 온 것으로 보여 전체적인 윤곽을 파악하는 것이 비교적 쉽지 않은 편이다.[62]

기존의 연구서들을 중심으로 금강대도의 신앙 대상과 관련이 있는 건물 기록들을 연대순으로 정리해보면 아래와 같다.

- 1922년 신도안 석교리에 처음으로 법당을 준공하고 금불 한 위를 봉안, 진종대곡파논산동붕교출장소眞宗大谷派論山同朋教出張所'에 속하는 간판을 걸었다.[63]
- 1923년 금천리로 옮기고, 사택 안채인 계화당 삼청루를 짓고, 법당을 짓고 불상을 봉안했는데, 불상 안에 단군의 성상을 비밀리에 모셨다.[64]
- 1926년 진종동붕교의 간판 대신 관성교 지부 간판을 걸고, 별전別殿에 관성제군의 소상塑像을 봉안했다.[65]
- 1927년에 죽은 자암慈庵의 존영을 옥련사玉蓮祠에 봉안하였다.[66]
- 1929년에 노군묘老君廟를 세워 태상노군太上老君의 존영을 봉안하고, 법

62 『오만등대』 1, 1981, 43쪽; 이재헌, 「금강대도와 경전」, 『금강대도 종리학 연구론 II』, 미래문화사, 2010, 26쪽 참조.
63 김원묵, 「일제의 민족종교의 말살 정책과 금강대도의 수난사」, 『종리학연구』 2, 2002, 130쪽; 靑野正明, 『朝鮮農村の民族宗教 - 植民時期の天道教・金剛大道を中心に』, 社會評論社, 2001, 207쪽.
64 김원묵, 앞의 글, 131쪽.
65 위의 글, 132쪽.
66 위의 글, 132쪽.

당에는 구불상九佛像[67]을 조성하여 봉안하였다.[68]

- 1929년과 1930년에 백옥사白玉祠,[69] 금강문, 금강도덕문, 경례문, 봉심문 등의 현판을 걸었다.[70]

- 1938년 토암과 자암을 금불로 조성하여 봉안하였다.[71]

- 1938년 초당草堂 2층을 준공하였다.[72]

- 1940년 토암과 자암의 존영을 그려, 삼청루에 봉안하였다.[73]

- 일제말 훼철 당시 파괴된 건물 이름에 이 밖에 성전聖殿: 대법당, 꽃집,[74] 학몽사鶴夢祠,[75] 묘실墓室이 보인다.[76]

- 1945년 대성전과 단군성전을 복원하였다.[77]

- 1956년 월명사月明祠를 창건하고 태상노군과 삼성제군의 존영을 봉안하였다.[78]

---

67 금강대불을 중심으로 좌우로 四佛을 모셨다. 이강오, 「신흥종교」, 『한국민속종합조사 보고서(충청남도 편)』, 문화공보부·문화재관리국, 1975, 304쪽 참조.

68 이재헌, 「금강대도백년사」, 『금강대도 종리학 연구론』, 미래문화사, 2005, 42쪽.

69 토암의 부모와 자암의 부모를 모심.

70 김원묵, 앞의 글 132쪽.

71 강성복 외, 앞의 책, 188쪽.

72 김원묵, 「도성사 건곤부모님의 생애와 사상」, 『제59회 성재 강의록』, 금강대도총본원, 2010, 78쪽.

73 이재헌, 「금강대도백년사」, 이재헌, 『금강대도 종리학 연구론』, 미래문화사, 2005, 51-52쪽.

74 대법당을 꽃집이라고도 했던 모양이다. 아마도 꽃집은 蓮華에서 유래한 것으로 추측된다. 강성복 외, 앞의 책, 192쪽.

75 관운장과 노자를 모셨다. 위의 책, 183쪽 사진 참조.

76 『대정경』, 제1편 제3장 제15부 제5항과 제6항 참조.

77 김원묵, 앞의 글, 82쪽.

78 이재헌, 앞의 글, 63쪽.

- 2000년 이전 현재의 삼청보광전에는 3대의 도주 존영과, 단군국조의 존영을 모시고 각기 5배의 예절을 행했다.[79]
- 2000년 삼종대성전 건립 후 삼종대성전에는 토암과 청학 내외의 존영을 봉안하고, 현재의 삼청보광전에는 단군국조, 태상노군, 삼성제군, 토암의 부모를 봉안하였다.[80]

적어도 건물을 중심으로 살펴볼 때 금강대도의 신앙 대상으로 불佛, 단군, 관성제군, 자암, 토암, 태상노군, 금강대불, 구불九佛, 토암의 부모와 자암의 부모, 삼성제군의 이름이 나타나고 있다는 것을 알 수 있다.

이재헌에 의하면, 금강대도 초기 문헌에는 옥황상제, 일월신명, 석가여래모니불, 태상노군, 공부자, 복마대제관제군, 문창제군, 여순양, 이십사겁천지신二十四劫天地神, 오악대제도통신五岳大帝道通神, 그리고 이 밖에도 제천제불諸天諸佛, 삼태육성三台六星, 사해용왕四海龍王, 관음보살, 아미타불, 군선군신群仙群神, 옥부제신玉符諸神, 일월오성日月五星, 사두칠성四斗七星, 천룡제신天龍諸神 등 여러 신명들의 이름이 나타난다고 한다.[81] 그리고 초기에는 도인들 가운데 응신應神하는 사례가 많았다고 한다.[82] 그러다가 후대로 내려오면서 건곤부모에 대한 절대 신앙으로 바뀌어, 태상노군과 관성 · 문창 · 부우제군의 삼성제군과 아울러 국조로서 단군[83]이 신봉되고 있다고

79 이재헌, 「단군국조와 금강대도」, 『금강대도종리학연구론 II』, 미래문화사, 2010, 156쪽.
80 박현숙, 「덕성사건곤부모님의 생애와 사상」, 『제59회 성재 강의록』, 금강대도총본원, 2010, 108쪽.
81 이재헌, 「금강대도의 삼교합일 유형」, 『금강대도종리학연구론』, 미래문화사, 2005, 157쪽.
82 위의 글, 158쪽.
83 청소년들의 모임인 孝悌誠信會의 회가에 단군을 白聖師로 호칭하고, 금강대도가 단군

한다.[84] 태상노군과 삼성제군은 도인들의 의성심義誠心과 선악 행위를 감찰하는 신명으로 건곤부모의 보좌 신명이며, 특히 관성·문창·부우제군은 각각 충, 효, 성경誠敬을 상징하는 신명이라고 한다.[85]

다음으로 금강대도의 경전에 대해 살펴보기로 하자. 1910년 강원도 통천에서 충청도 신도안 일대로 내려온 소위 남천포덕 당시에 토암은 수시로 황정경黃庭經[86]을 외우곤 했다고 한다.[87] 1914년 토암은 「교유문敎諭文」 5권[88]을, 그리고 1916년에는 「명교장明敎章」[89]을 도인들에게 내려 주었다. 그리고 금강대도 초기에 토암은 제자들에게 「교유문」과 「명성경明聖經」[90]을 특히 많이 읽도록 권유하였다.[91] 이후 1923년부터 1932년까지 「진종보감眞宗寶鑑」 상, 하권(1923), 「진종대전眞宗大全」(1923), 「염불경念佛經」(1923), 「현화진경玄化眞經」 상, 하권(1925), 「청난경淸難經」(1927), 「삼청현화경三淸玄化經」 3권(1930), 「황보경黃寶經」(1930), 「현묘경玄妙經」(1931), 「금강화신경金

에서 유래하는 도덕을 계승하여 만고불변의 극락세계를 이룩하자는 내용이 들어있다고 한다. 이재헌, 「단군국조와 금강대도」, 『금강대도종리학연구론 Ⅱ』, 미래문화사, 2010, 155쪽 참조.

84 위의 글, 158쪽.

85 이재헌, 「종리학 시론」, 『건곤부모님과 금강대도의 진리』, 미래문화사, 2003, 113쪽.

86 중국 魏晉 시대의 도가들이 養生과 수련의 원리를 가르치고 기술하는 데 사용했던 도교 관계 서적.

87 오만등대편집위원회, 「聖蹟地探訪」, 『五萬燈臺』 2, 1986, 108쪽.

88 「교유문」은 주로 仁義, 충효, 道, 心, 도덕에 대해서 말하고 있다. 『제58회 誠齋 講義錄』, 금강대도총본원, 2009, 10-15쪽 참조.

89 「명교장」은 유불선의 교리를 요약하고, 도인이 실행해야 할 사항을 309자로 요약해 놓은 것인데, 도인들이 모든 의식에서 기본적으로 암송해야 하는 경문이라고 한다. 『五萬燈臺』 2, 1986, 63-64쪽 참조.

90 『관성제군명성경』이라고도 하며 주로 孝를 강조하는 내용의 관우신앙 관련 경전.

91 『聖訓通攷』 卷之一(內篇上).

剛化身經」(1932), 「도덕가道德歌」 10권을 차례대로 도인들에게 내려주었다.

2대 도주인 청학은 1953년 토암의 글들을 책으로 묶어 경전을 간행하고, 아울러 도교 관련 경전인 『옥황보훈』, 『옥황영첨』, 『관성영첨』, 『순양보결』도 간행하여 도인들에게 배포하였다.[92] 아울러 토암의 탄생에서 열반까지의 일생을 연대기 순으로 기록한 『성적편년聖蹟編年』, 그것을 항목에 따라 분류, 편집한 『성적제강聖蹟提綱』, 그리고 1948년부터 1956년까지 유치흥을 주필로 하여 토암의 여러 제자들이 직접 들은 교화와 문답, 영험 등을 채록한 『성훈통고聖訓通攷』를 발간하였다.[93] 이 밖에 송안영이 청학의 생애와 교화 내용 등을 편집하여 가칭 『대정경大正經』[94]을 출판년도 미상으로 간행하였다.[95]

현재 금강대도에서는 『대성경大聖經』이라는 큰 이름 아래 토암, 청학, 월란과 관련된 경전으로 각각 『대원경大圓經』, 『대정경大正經』, 『대방경大方經』으로 출간할 계획을 가지고 있다고 한다.[96] 현재로서는 1953년에 토암 관련 경전으로 묶은 책을, 2001년에 네 권으로 재편집하여 발간한 『대성경』만 볼 수 있다.

유제춘은 금강대도의 경전을 내경內經과 외경外經으로 나누고, 내경을 다시 방위별로 동교유문, 현묘경 · 서청난경, 금강신화경 · 남진종보감, 진종대전 · 북

92 정세근, 「경전과 권위 - 토암의 생애와 금강대도」, 『종리학연구』 2, 2002, 25쪽 참조; 유치흥이 해역한 「옥황보훈언해」가 한국학중앙연구원 장서각에 보관되어 있다.
93 임태규, 「대도역사(성훈통고, 이야기)」, 『제59회 성재 강의록』, 금강대도총본원, 2010, 153쪽.
94 현재 금강대도에서는 이 책을 『道聖編年』이라고 한다.
95 허상은, 앞의 글, 105쪽.
96 이재헌, 「금강대도와 경전」, 『금강대도 종리학 연구론 II』, 미래문화사, 2010, 43쪽.

삼청현화경, 현화진경 · **中앙도덕가**, 염불경, 황보경으로 각각 위치시키는 분류를 하고, 외경으로 신명이 내려 준 강경降經이라고 하여, 옥황보훈, 옥황영첩, 순양보결, 관성영첩, 명성경, 비장경을 열거하고 있다.[97] 그리고 이어서 금강대도의 경전이 어렵다는 점을 아래와 같이 말하고 있다.

> 대도의 경전에 대해서는 알기도 어렵고 보기도 어렵다. 빼어난 천재라
> 할지라도 우물 안에서 하늘을 보는 것 같고 눈먼 소경이 광활한 바다를
> 보는 것 같다. … 명교장을 다독하면 만화만리가 저절로 내 몸 안으로
> 들어오니 공부를 부지런히 하여야 할 것이다.

유제춘이 분류한 바대로의 내경은 한문으로 되어 있고, 동양철학 일반에 대한 지식뿐만 아니라, 금강대도에 대해서도 해박한 지식이 있어야 이해될 수 있으며, 번역하기도 어렵고 번역도 잘못하면 이해하기가 더 어려울 수 있다고 한다.[98] 따라서 특히 토암 관련 경전은 거의 해석이 되지 않은 상태에서 하늘이 내린 글이라 하여 절대적인 숭봉의 대상으로 어떤 의미에서는 도인들도 경전에 대한 연구에 그다지 큰 의미를 부여하지 않고 있다.[99] 하지만 2001년에 출간된 『대성경』이 27권 7십2만4천2백 여 자의 분량으로 불교의 팔만대장경의 9배라는 등의 주장에서 보듯이 도인들

97 http://blog.daum.net/1077kdy/1288525(2007.12.22.).

98 이재헌, 앞의 글, 35쪽.

99 위의 글, 20쪽; 「현묘경」이 도인들의 글에 비교적 많이 언급되고 있는 것으로 보아,
토암 관련 경전 가운데 「현묘경」이 중요한 것으로 보인다. 「현묘경」의 내용에 대해서
는 장승구, 「토암사상의 철학적 고찰」, 『종리학연구』 2, 2002, 87-103쪽 참조.

의 경전에 대한 자부심과 자긍심은 대단한 것으로 보인다.[100]

금강대도에는 도주 관련 경전 이외에 도인들이 심성수련 및 모든 의식에서 항시 암송하는 보고實誥와 경문을 모아 놓은 책으로 보경實經[101]이 있다. 보경에는 소위 옥황상제의 칙서라고 하는 영운경靈運經, 금강대도의 진리를 요약한 명교장明敎章, 건곤부모를 찬미하는 보고와 십성보고+聖實誥 및 삼성제군의 도덕을 찬미하는 각 위에 대한 보고實誥, 심성신心性身의 수련을 밝히는 경문으로 태상대통경太上大通經, 통심영이경通心靈異經, 성원경成願經, 응합삼재경應合三才經, 진심마경鎭心魔經, 수련경修煉經, 그리고 심령을 닦고 기원을 할 때 송독하는 주문으로 보신익화주保身益化呪, 락관주樂觀呪, 금강진언金剛眞言 등이 수록되어 있다. 보경은 건곤부모와 열위 신명들을 찬양하고 송덕을 기리며, 보고 봉독을 하는 자가 그들의 심법과 감화를 받아 겁수를 모면하고, 위태하고 어려운 지경에서 벗어나게 해 주고, 화를 복으로 바꾸어 주는 영험한 글로 간주되며,[102] 금강대도에서 보통 공부라고 하면 주로 보고를 바치는 것을 말하여,[103] 도인들은 항상 주문처럼 보고를 외워야 한다고 한다.[104]

금강대도에서는 1년에 21회의 총회일이 있어서 치성과 제향을 올린다.

---

100 허상은, 앞의 글, 104쪽; 변갑태, 「祝 五萬燈臺 二號發刊」, 『오만등대』 2, 금강대도백운도우회, 1986, 136쪽 참조.
101 『金剛大道 寶經』, 금강대도총본원, 1992.
102 김원묵, 「보고 봉독의 중요성과 올바른 자세」, 『제55회 성재 강의록』, 금강·연화대도총본원, 2006, 114쪽.
103 聖訓通攷 卷之二(內篇下).
104 이재헌, 「금강대도의 삼교합일 유형」, 이재헌, 『금강대도 종리학 연구론』, 미래문화사, 2005, 85쪽; 이재헌, 「종리학 시론」, 이재헌, 『건곤부모님과 금강대도의 진리』, 미래문화사, 2003, 162-164, 175, 180쪽.

총회일은 각 도주들과 단군의 출생과 사망한 날, 명절설, 추석, 태상노군과 삼성제군 관련된 날 등으로 구성되어 있다.[105] 그리고 연말에 전체 도인들이 10일간 함께 모여서 수련을 하는 성재誠齋를 시행하며, 여름에는 청소년들을 대상으로 약식 성재라고 할 수 있는 수련법회를 4일간 시행한다. 그리고 초하루 보름으로 소규모 치성을 올리고, 금강대도에서 중요한 일이 있을 경우 3-5년에 한번 정도 옥황상제를 모시는 천제를 올리고 있다. 물론 도인들은 총회일 참석은 물론이고 성재 등 금강대도 행사에 가능한 참석할 것을 권유받고 있다.

5. 금강대도의 미래

금강대도의 건곤부모는 토암土庵, 청학靑鶴, 월란月鸞으로 이어지는데, 이들은 월란을 중심으로 볼 때 조부자祖父子의 관계이다. 건곤부모는 이들 3인의 부인을 모두 포함하기 때문에 정확히 말하면 6인으로 구성된다. 금강대도는 건곤부모가 조부자로서 하나의 완벽한 가정을 이룸으로써 전인류의 종가宗家를 상징하기 위해서 3대째 내려왔다고 설명한다.[106] 그리고 이들 3대를 각각 1대는 태양 그 자체, 2대는 태양의 빛, 3대는 구체적인 사물에 비친 태양의 형체라든가, 또는 1대는 뿌리根, 2대는 몸체體, 3대는

---

105 김두환, 앞의 글, 50-52쪽; 총회 절차는 이재헌, 「금강대도의 삼교합일 유형」, 『금강대도 종리학 연구론』, 미래문화사, 2005, 144쪽 참조.

106 이재헌, 「금강대도와 인류 문명의 미래」, 『건곤부모님과 금강대도의 진리』, 미래문화사, 2003, 52쪽.

쓰임用이라든가,[107] 또는 1대는 씨앗을 뿌리고, 2대는 그것을 가꾸고, 3대는 그 열매를 거둔다는 등으로 설명하고 있다.[108]

금강대도는 토암이 출생한 1874년을 금강대도의 시작으로 보지만, 1910년 토암이 강원도에서 신도안으로 이주하여 포덕을 시작한 1910년이 실질적으로 금강대도가 시작한 때로 볼 수 있다. 금강대도에서는 1910년을 소위 남천포덕南遷布德을 시작한 때로 역사적으로 중요한 기점으로 간주하고, 남천포덕 100주년이 되는 2010년을 또한 중요한 기점으로 여기고 많은 행사를 치렀다. 특히 2010년 봄에 월란의 장남인 법산法山이 용화교주龍華敎主로 취위就位하여, 이제 금강대도는 만법교주萬法敎主; 토암, 동화교주東華敎主; 청학, 통천교주通天敎主; 월란를 이어 용화교주가 4대째를 이끌고 있다.[109]

월란의 탄생 60주년인 1994년부터 금강대도는 그동안 무극적無極的으로 은도隱道해 왔던 체제를 태극적太極的 개화開化시대로 전환시키기 위한 노력을 시작하여, 월란이 법산에게 4대째의 종통이 이어짐을 천명한 2001년을, 월란은 태극적 개화시대의 원년이라고 하였다.[110] 그러다가 남천포덕 100주년으로 법산이 용화교주로 취위한 2010년이 다시 금강대도의 개도 원년으로 간주될 정도로 중요한 의미가 부여되고 있다.[111]

금강대도 내부에서는 신앙대상관과 종통관에 대해서 성통聖統, 법통法

---

107 이재헌, 「종리학 시론」, 앞의 책, 100쪽.
108 위의 글, 104-105쪽.
109 5대 도주는 '오화교주'라고 하는 모양이다. 윤영수, 「태극시대의 비전」, 『제59회 성재 강의록』, 금강대도총본원, 2010, 11쪽 참조.
110 금강대도 홈페이지http://www.kumkangdaedo.com 道史 부분 참조.
111 이경구·양정숙, 앞의 책, 11쪽; 윤영수, 「남천포덕 100주년의 중요성과 시대적 사명」, 『제58회 誠齋 講義錄』, 금강대도총본원, 2009, 26쪽.

統, 황통皇統이라는 설도 있고, 또는 8불佛이니 9불이니 하는 설도 있는 모양이다.[112] 어쨌든 금강대도는 현재 1대에서 3대까지를 무극적 은둔시대로, 그리고 4대 이후를 태극적 개화시대로 규정하고, 태극적 개화시대는 한마디로 신화에서 현실로,[113] 금강대도를 포장하는 시대로 간주한다.[114]

금강대도는 현재 1세대에서 3세대까지를 정리하고, 앞으로 4세대와 5세대로 이어지는 미래를 전망하고 있다. 금강대도에 의하면, 매화꽃이 다섯 잎인데, 다섯 잎이 모두 피어야 매화꽃이 핀 것이 되듯이, 금강대도도 태극시대, 또는 도덕광명시대인 4세대, 그리고 일월광명시대인 5세대가 되어야 도덕 향기가 세상 중생에게 알려져, 삼천세계가 밝아진다고 한다.[115] 1세대에서 5세대까지를 하루의 시간으로 보면 1세대는 자시子時, 2세대는 축시丑時, 3세대는 인시寅時이고, 4세대는 묘시卯時, 5세대는 진시辰時이다. 따라서 아침 5-7시에 해당하는 4세대가 지나고, 5세대가 되어야 비로소 광명의 빛이 천하에 비치게 된다는 것이다. 그리고 5세대까지의 제자들은 죽어서 백옥루에 올라갈 수 있지만, 5세대 이후는 금강대도를 신앙하는 신앙인일 뿐, 제자의 반열에는 들지 못한다고 말하고 있다.[116] 4대 도주 부부의 탄생일이 연중 총회일에 각각 포함되어 있는 것을 보면, 4대 도주와 5대 도주도 신격화의 길을 갈지도 모르겠다. 그러나 삼종대성전 뒤쪽 벽면에 그려져 있는 10개의 벽화들 가운데 첫 번째 벽화를 보면, 4대와 5대

---

112 이재헌, 앞의 글, 125쪽.
113 이경구·양정숙, 앞의 책, 11쪽.
114 양정숙, 『기대하는 마음』, 금강출판사, 2010, 33쪽.
115 윤영수, 앞의 글, 10-11쪽.
116 윤영수, 「이 시대의 백운인 상」, 『제58회 誠齋 講義錄』, 금강대도총본원, 2009, 83쪽.

도주들이 건곤부모의 지위에까지 오를지는 아직 미정인 것으로 보인다.

6. 맺음말

지금까지 교리, 신앙 대상, 경전, 의례, 종통 계승 등을 중심으로 금강대도를 살펴보았다. 토암은 유불도와 금강대도의 관계를 아래와 같이 설명하고 있다.

> 석가세존은 오른 쪽 갈빗대에서 나온 고로 우도右道를 위주로 하고, 태상노군은 왼쪽 갈빗대에서 나온 고로 좌도左道를 위주로 하며, 공자는 가운데 문에서 나온 고로 중도中道를 위주로 하니 이것은 세 성인이 각각 일도一道를 위주로 한 것이요, 지금 나의 도는 3도를 합일하여 일도를 이루었으니, 비유컨대 사람 몸이 좌우중左右中이 갖추어진 것과 같다.[117]

이렇게 보면 금강대도만큼 유교적이고, 불교적이고, 동시에 도교적인 종교는 없다고 해도 과언이 아니다. 실제로 금강대도의 교리나 의례에서는 유불도의 요소들을 여기저기에서 살필 수 있다. 토암은 그러나 금강대도가 유불선儒彿仙 삼합三合이나 선도仙道가 중심이라고 말하고 있다.[118] 촌산지순은 금강대도를 불교 계통으로, 그리고 혹자는 금강대도를 계통 불

---

117 『聖訓通攷(編輯本)』, 금강대도 총본원, 2000, 57쪽.
118 『聖訓通攷』 卷之一(內篇上).

명으로 분류하기도 하였으나, 토암의 이 말을 참고하면, 금강대도는 차라리 도교 계통으로 분류하는 것이 보다 좋을 듯하다.

비록 1980년대 후반의 자료이기는 하지만 금강대도는 남자 신도의 비율이 57.8%로 여자 신도의 비율 42.2%보다 높다.[119] 그리고 신앙 기간이 15년 이상 된 도인이 80.7%로 도인들 대부분이 신앙 기간이 비교적 긴 편이다.[120] 금강대도 내부의 자조적인 평가에 의하면, 새로 입도하는 사람들보다 죽은 사람이 더 많다고 하며,[121] 재정적인 여건도 그다지 좋지 않은 것으로 보인다.[122]

금강대도 도인들은 비교적 학구열이 높은 것으로 보이며, 기본적으로 도덕을 표방하고 있기 때문에 사회적인 이미지도 비교적 좋은 것으로 보인다. 앞으로 금강대도가 1세대에서 3세대까지를 마감하고, 4세대, 그리고 5세대로 이어지면서 발전을 거듭하기를 기원하고, 자료 수집에 많은 도움을 준 이재헌 학형, 그리고 유제춘, 김원묵 두 분에게도 다시 한 번 감사의 말씀드리면서 글을 맺고자 한다.

119 이명선, 「신흥종교 신자들의 종교성 연구 - 금강대도를 중심으로」, 이화여자대학교 석사학위 논문, 1987, 40쪽.
120 위의 글, 44쪽.
121 이경구, 『기대하는 마음』, 금강출판사, 2010. 160쪽.
122 김두환, 「대도의 현실과 해야 할 일」, 『제55회 성재 강의록』, 금강·연화대도총본원, 2006, 18쪽.

제12장

한국 신종교의 종교교육*
: 대순진리회를 중심으로

1. 머리말

본 논문은 한국의 각 종교교단에서 종교교육을 어떻게 시행하고 있는지
를 살피는 연구 기획의 일환이다. 각 종교를 이해하는 방법은 여러 가지가
있을 수 있다. 본 논문은 여러 방법 가운데 각 교단에서 소속 구성원을
어떻게 확보하고, 이어서 확보된 구성원을 어떤 방법을 통해서 보다 바람
직한 구성원으로 탈바꿈시켜 나가는지를 구체적으로 살피고자 한다.

본 논문은 한국 종교 가운데 신종교, 그리고 신종교 가운데 대순진리회
의 종교교육에 일차적으로 주목하고자 한다. 필자는 오래 전에 「신종교연
구서설」[1]과 「신종교연구의 길」[2]이라는 논문을 발표하였다. 두 논문에서
필자는 왜 신종교연구가 필요한지, '신종교'라는 용어의 의미, 신종교 발생

---

* 강돈구·고병철·김훈·윤용복·조현범, 『한국종교교단연구 Ⅶ』, 한국학중앙연구원
  출판부, 2012.

1 강돈구, 「신종교연구서설」, 『종교학연구』 6, 1986.
2 강돈구, 「신종교연구의 길」, 『한국종교』 22, 1998.

원인에 관한 이론들의 문제점을 지적하고, 앞으로는 신종교에 대한 총체적인 연구보다는 참여관찰을 전제로 하는 신종교 교단 각각에 대한 연구가 필요하다는 점을 지적하였다.

이런 인식 아래 필자는 교단 각각에 대한 연구로 수운교, 여호와의 증인, 몰몬교, 통일교, 안식교, 원불교, 구세군 등을 차례대로 살펴보았다.[3] 이미 살펴본 종단들에 비해 사실 대순진리회에 대한 개인적인 인연은 꽤 오랜 편이다. 1975년 대학 2학년 때 중곡동도장을 방문하였다. 그리고 대학 4학년과 대학원 석사과정 때 두 차례 모악산 일대 증산 관련 종단과 유적지를 돌아본 적이 있다.

통정원 앞마당에서 도리깨질을 하던 촌노로부터 서, 너 시간 이야기를 들었다. 한갓 촌노로 생각하였던 분이 우주와 세계와 한국에 대해 해박한 지식을 가지고 말을 해주어 어안이 벙벙했던 기억이 있다. 사실 그 이후 답사를 가면 종단 당사자와 이야기를 가능하면 짧게 나누려는 버릇이 생길 정도였다. 그 때 보천교도 방문하여 갓 쓰고 수염이 난 분으로부터 보천교 관련 이야기를 들었는데 그 분이 지금 생각해 보니 月谷[4]의 자제분이었던 듯하다. 대학원 때 증산 관련 논문을 쓸 기회가 수차례 있었으나 결국 해내지 못하고, 대순진리회와 35년의 인연이 지난 지금 이 글을 쓰고 있다.

대순진리회는 한 때 불교, 개신교, 천주교에 이어 소위 4대 종교 안에 들어간다는 이야기가 있을 정도였다. 1980년대 중반부터 1990년대 전반에

---

3 『한국종교교단연구 I-VI』, 한국학중앙연구원 문화와 종교연구소, 2007-2010 참조.
4 보천교의 창교자인 車京石(1880-1936)의 호.

대순진리회는 급격히 성장하였다. 평화의 댐과 독립기념관을 지을 때 대순진리회가 적지 않은 성금을 기부하여 세간의 이목을 끈 적이 있다. 그리고 한 때는 매스컴을 통해 대순진리회가 여러 문제점들을 안고 있는 종단으로 소개되기도 하였다. 대학을 비롯한 교육기관의 설립, 노인복지시설 등 복지사업의 전개, 그리고 대대적인 장학사업 등 대순진리회 스스로의 끊임없는 노력에도 불구하고 요즘음도 대순진리회하면 여전히 좋지 않은 이미지를 떠 올리는 사람들이 적지 않다. 게다가 1996년 초 종단을 이끌던 우당牛堂[5]이 사망한 뒤 종단 분규로 인해 종단 대표자가 누구인지 등의 문제로 분규 당사자 사이에 지금도 재판이 진행 중이어서 대순진리회에 대한 일반인들의 궁금증이 증폭되고 있다.

요즘음에는 인터넷에 개신교 등 기성종교에 대한 안티 사이트도 있을 정도이기는 하지만, 기성종교에 비해 신종교에 대한 지속적인 반대 여론은 사실 세계 보편적인 현상이다.[6] 신종교를 접하면서 항상 느끼는 것이지만, 왜 특정의 사람들은 사회적인 이미지가 비교적 양호한 기성종교를 제쳐두고 하필이면 신종교를 찾고 신봉할 수밖에 없게 되는지가 궁금하다. 본 논문에서는 왜 특정의 사람들이 대순진리회를 찾고, 어떤 과정을 거쳐 독실한 도인이 되고자 하는지, 그리고 그 가운데 다시 특정의 사람들이 어떤 과정을 거쳐 소위 성직자가 되어 가는지에 초점을 맞추어 대순진리회를 살펴보고자 한다.

종교학에 '동감적同感的, sympathetic' 이해라는 말이 있다. 본 논문에서는

---

5 본명은 朴漢慶(1917-1996)이고, 대순진리회에서는 '都典님'이라고 호칭한다. 본 논문에서는 박한경의 호인 '牛堂'으로 호칭하기로 한다.
6 Peter Clarke, *New Religions in Global Perspective*(London: Routledge, 2006), p. xv.

동감적 이해보다는 '공감적共感的, empathetic' 이해의 입장을 취하고자 한다. 외부자의 입장에서 가능하면 종단 내부의 주장을 이해하려는 노력을 경주한다는 점에서 두 용어가 유사하기는 하지만, 전자보다 후자가 종단과의 거리를 좀더 두려고 한다는 점에서 차이가 있다.[7] 어느 종단의 경우나 마찬가지이지만 종교학자의 해당 종단에 대한 글에 해당 종단 소속자들이 완벽하게 만족할 수는 없기 마련이다. 그리고 경우에 따라서는 종단 소속자들에게는 상식에 불과한 내용을 종교학자들이 구태여 논의하는 것으로 이해될 수도 있다. 본 논문도 예외는 아니다. 본 논문을 통해서 대순진리회라는 종단이 종교학자의 시선을 통해 종교학적 자료로 정리될 수 있으면 한다.

본 논문을 위해 필자는 종단 기본 자료의 검토와 함께 종단 의식 참여, 그리고 종단 관련자들과의 수차례 심층면접을 하였음을 밝힌다.

2. 역사와 교리

대순진리회에 대해서는 매스컴을 통해 주로 비판적인 정보가 유포되어 있기 때문에 일반인들의 대순진리회에 대한 이해도 왜곡되어 있을 뿐만 아니라 대순진리회에 대한 학계의 이해도 일천한 편이다. 따라서 대순진리회의 종교교육을 살피기 위해서는 우선 대순진리회 일반에 대한 이해가

---

7 이들 개념에 대해서는 John J. Shepherd, ed., *Ninian Smart on World Religions*(Burlington: Asgate, 2009), p. 7 참조. 스마트는 후자의 특징으로 '애정이 있는 중립주의warm neutralism'를 제시한다.

어쩔 수없이 필요하다.

증산 관련 종단에 대한 연구로는 이강오[8]와 홍범초[9]의 연구가 여전히 고전적이다. 이 책들을 통해서 증산 관련 종단에 대한 기초적인 정보와 함께 대순진리회가 증산 관련 종단들에서 차지하는 위치를 어느 정도 살필 수 있다. 고전적인 연구임에도 불구하고 이 책들은 대순진리회가 충분히 성장하기 이전의 대순진리회를 다루고 있어서 오늘날의 시점에서는 정보가 충분하다고 할 수는 없다.

신종교 교단들이 대체로 그렇듯이 대순진리회도 얼마 전까지는 청탁에 의해 동원된 외부학자들의 연구가 주종을 이루어 왔다. 이들은 대체로 대순진리회의 사상이 독창적이며 21세기에 적합한 측면이 많다는 주장을 하는가 하면, 또는 대순진리회의 미래에 대해 조언을 하는 경우도 있다. 근래에는 대진대학교 관련 학과 소속 교수들이 학회와 세미나를 통해 일당백으로 많은 논문을 발표하는가 하면, 종단 소속의 연구자들이 참신한 글들[10]을 지속적으로 발표하여 일반학계에 많은 기여를 하고 있다. 최근에는 고병철이 대순진리회만을 전반적으로 다루는 선도적인 논문을 발표하여 대순진리회에 대한 일반적인 정보를 학계에 제공하는 성과를 이룩하였다.[11] 본 논문은 고병철의 논문을 기반으로 하였기 때문에 본 논문을 읽기 전에 우선 고병철의 논문을 먼저 읽기를 권한다.[12]

---

8 이강오, 『한국신흥종교총감』, 대흥기획, 1992.
9 홍범초, 『범증산교사』, 범증산교연구원, 1988.
10 『대순회보』; 『相生의 길』, 창간호(2004), 제2호(2004), 제3호(2005), 대순진리회출판부 등 참조.
11 고병철, 「대순진리회의 전개와 특징」, 『한국종교교단연구 Ⅱ』, 한국학중앙연구원 문화와 종교연구소, 2007.

보천교普天敎의 역사가 월곡月谷에서 시작되듯이 대순진리회의 역사는 정산鼎山[13]으로부터 비롯된다. 정산은 1921년에 무극도無極道[14]라는 교단의 창립을 선포하고, 3년간의 공사 끝에 총 19동 240여 간의 태인도장을 건립하였다. 하지만 정산은 만주에서 1917년에 득도하고 곧바로 귀국하였기 때문에 정산의 종교활동은 이미 무극도 창립 이전부터 시작되었다고 할 수 있다.

정산이 만주에 있을 때 증산에 대한 이야기를 처음 전한 사람이 보천교인이었기 때문에 정산은 처음에 보천교인이었다는 주장이 있다. 대순진리회 측에서는 물론 이런 주장을 거부하고 있다. 하지만 당시 보천교의 교세가 최고조에 달해 있었고, 정읍이라는 같은 지역에서 창립한 정산의 무극도가 교리와 조직이 어느 정도 체계화된 보천교와의 경쟁 상태에서 일정 부분 영향을 받았으리라는 점을 간과할 수는 없다. 정산을 처음으로 따랐던 사람도 보천교인이었다.[15]

보천교는 초기에 告天祭를 지낼 때 9층의 제단에 천지일월성신天地日月星辰을 그린 일월병日月屏을 두르고 '구천하감지위九天下鑑之位', '옥황상제하감지위玉皇上帝下鑑之位', '삼태칠성응감지위三台七星應感之位'[16]라고 쓴 삼위상

---

12 고병철의 논문 이외의 대순진리회 관련 연구 논저 현황과 목록은 이경원, 「대순사상 연구의 현황과 전망」, 대진학술원 제1차 월례학술회의, 2009.2.20 참조.

13 趙哲濟(1895-1958)의 호. 대순진리회에서는 '道主님'이라고 호칭한다.

14 무극대도와 무극도라는 교단 이름이 관련 자료상으로는 같이 나타나고 있으나 대순진리회의 경전인 『典經』에 나와 있는 대로 본 논문에서는 무극도라는 교단 이름을 사용하고자 한다.

15 『대순회보』 15, 1989. 12. 31.

16 삼태칠성은 三台六星과 北斗七星을 말하는데 전자는 인간을 낳고 기르는 것을 관장하고, 후자는 인간의 생사를 관장하는 별자리이다. 김일권, 『동양천문사상 - 하늘의 역사』,

三位床을 설하고, 월곡이 3층 단위에 올라가 제례를 올렸다.[17] 그리고 보천교가 나중에 건립한 십일성전十一聖殿에 삼광영三光影를 봉안했는데, 삼광영은 일광영日光影, 월광영月光影, 성광영星光影의 삼영위三影位를 말한다.[18] 일광영은 구천九天으로 우주의 체體를, 월광영은 옥황상제로 우주의 용用을, 성광영은 우주의 운행상運行象으로 삼태칠성을 말한다. 그리고 삼광영을 국가에 비유하면, 일광영은 국체國體, 월광영은 원수元首, 성광영은 행정기구를 의미한다고 한다.[19] 초기 보천교의 경우 옥황상제는 물론 증산을 말한다.[20]

이강오에 의하면 1920년대 후반에 보천교는 태을주 수련공부를 거부하고 유교의 정좌수심법靜坐修心法을 행하는 등 증산을 부인하고 유교에 가까운 신앙으로 변하였다.[21] 월곡이 죽고 해방이 되자 보천교는 증산을 일탑日塔에, 그리고 월곡을 월탑月塔에 봉안하자는 주장이 제기되는 등 신위 설정에 혼란을 겪다가, 보천교 신파는 월곡을 삼광영 신단으로 옮겨 삼광영과 함께 봉안하자고 하고, 보천교 구파는 삼광영은 그대로 두고 삼광영 옆에 있는 정화사井華祠에 월곡의 신위를 봉안하자고 주장하였다.[22]

보천교 조직은 동학 조직으로부터 영향을 받아 포덕한 사람을 중심으로

예문서원, 2007, 363-385쪽 참조.

17 『普天敎誌』, 普天敎中央總正院, 1964, 405쪽.
18 이강오, 앞의 책, 250쪽.
19 위의 책, 269쪽.
20 홍범초, 앞의 책, 137쪽.
21 위의 책, 264쪽. 홍범초는 그럼에도 불구하고 보천교가 끝까지 증산 교단의 범주를 넘어서지는 않았다고 말한다(같은 책, 138쪽.).
22 이강오, 앞의 책, 266-267쪽.

활동하는 속인제屬人制를 골간으로 하면서도, 지역을 담당하는 대표자를 중심으로 활동하는 속지제屬地制도 함께 시행했던 것으로 보인다. 조직 운영에서 속지제가 차지하는 비중이 어느 정도였는지는 현재 확인할 수 없지만, 지역을 담당하는 대표자를 별도로 두었던 것을 보면 속지제도 조직 운영에서 일정 부분 역할을 했을 것으로 보인다.[23] 보천교를 언급하면서 또 하나 특기할 만한 내용은 적어도 1963년도의 통계를 보면 보천교의 주요 활동 무대가 호남 지역이 아니라 오히려 영남지역이었다는 점이다.

무극도도 비록 1926년의 자료이기는 하지만 무극도의 주요 활동 무대는 정읍과 김제를 제외하고는 안동, 밀양, 예천, 청도, 봉화, 김천, 영주, 청송, 선산, 하동, 의성, 상주, 달성, 영양, 울진 등 주로 경상남, 북도였다.[24] 그리고 지역별로 책임자를 별도로 두었던 것을 보면 무극도도 속인제와 함께 일정 부분 속지제도 함께 시행했던 것으로 보인다.[25]

'무극도취지서'[26]에는 상제, 증산, 옥황상제 등의 용어가 보이지 않고 오직 天이라는 개념만 보인다. 그리고 무극도 도장에는 증산을 모시는 영대靈臺와, 천天을 모시는 도솔궁이 별도로 있었다. 영대의 내부는 3층으로 되어 있는데, 맨 위층에는 증산을 영위靈位로 모셨고, 1층과 2층은 집회 장소로 사용하였다. 도솔궁의 내부는 4층으로 되어 있는데, 맨 위층은 33

---

23 위의 책, 284-289쪽; 홍범초, 앞의 책, 85-87쪽.
24 『無極大道敎槪況』, 全羅北道, 大正 14년(1926년)(日本學習院大學 東洋文化硏究所 소장), 8쪽; 『전경』(교운, 2장 31절)의 1924년(갑자) 관련 기록에서도 정산을 추종하는 사람들이 경상도 지역 인물이 많았다는 점을 살필 수 있다.
25 필자의 이런 추측에 대해 대순진리회에서는 당시에도 속인제가 여전히 조직의 절대적인 원리였다고 주장한다.
26 위의 책, 25-35쪽.

天을 모신 도솔궁, 3층은 칠성을 모신 칠성전, 2층은 륙정신六丁神과 제대
신명諸大神明을 모신 봉령전奉靈殿이라고 하였고, 아래층은 중궁中宮이라고
하여 정산이 공부 때 사용하는 장소였다.[27] 규모 면에서 영대는 48간이고
도솔궁은 72간이었기 때문에 영대보다 도솔궁의 중요도가 더 컷을 것으로
추측해 볼 수 있으나 무극도의 주요 치성 날짜가 증산의 탄신일과 화천일이
었던 점을 감안하면 이 문제는 간단치 않은 것으로 보인다.[28] 앞으로 영대
와 도솔궁의 관계를 밝혀줄 수 있는 관련 자료가 필요할 것으로 보인다.

지금까지 무극도를 보천교와 대비시켜서 구태여 살펴 본 이유는 무극도
관련 자료가 턱없이 부족한 상태에서 당시에 같은 지역에서 활동하였던
보천교를 통해 무극도의 상황을 유추해 볼 수 있을 것이라는 점, 그리고
나중에 월곡이 죽은 다음 보천교가 분규를 거치면서 보천교에 속했던 사
람들이 무극도의 후신인 태극도太極道로 적지 않게 넘어갔을 것이라는 점
을 보이기 위해서였다.

일제말 무극도 활동을 중지하였던 정산은 광복 후 곧 활동을 재개, 1948
년에 부산에 본부를 두고, 1950년에 태극도라는 새로운 교명으로 활동을
하였다. 「무극대도취지서」와 달리 「태극도 취지서」에 비로소 '증산성사甑
山聖師'와 '공사公事'에 대한 언급이 주종을 이루며, 태극도의 기원을 설명하
는 부분에서는 음양과 오행에 관한 내용이 주종을 이룬다.[29] 『전경』에는

---

27 『태극진경』, 제3장 68절.

28 대순진리회에서는 물론 당시에 신앙의 대상인 증산의 영위를 모신 영대가 중심적인
건물이라고 주장한다.

29 『太極道道鑑』, 태극도본부, 출판연도 미상 참조(태극도 홈페이지http:www.taegukdo,co,kr
에 나와 있는 태극도의 도서목록에 1956년에 발간된 『太極道道鑑』이라는 책이 있고
『태극도통감』은 없는 것으로 보아 태극도 초기의 문헌으로 보인다.

무극도 당시에 이미 '구천응원뇌성보화천존상제九天應元雷聲普化天尊上帝'라
는 호칭이 쓰인 것으로 지적되어 있으나,[30] 무극도와 태극도 취지서 등
초기 문헌에는 그런 호칭이 보이지 않아 이 호칭이 언제부터 사용되었는
지는 앞으로 검토할 문제라고 생각한다.[31]

정산은 1958년 사망할 때까지 부산에서 태극도라는 교명으로 교리와
의식[32]을 재정비하고 조직을 확충하였으며, 또한 각종 수도 방법, 치성 의
식 절차 그리고 준칙 등을 마련하였다. 태극도 초기에는 포덕을 담당하는

----

30 『전경』교운 2장 31절.
31 대순진리회에서는 무극도 시절 사용되었다가 그 후대까지 전해진 開關呪의 "…吾奉九
天上世君勅速勅速唵唵唵如律令"과 九靈三精呪의 "…吾奉九天應元雷聲普化天尊玉
淸眞王律令" 등의 일부 주문을 참조해보면, 무극도 시절부터 '九天上世君'과 '九天應
元雷聲普化天尊上帝'라는 호칭이 사용되었다고 주장한다. 그리고 무극도에서 증산을
옥황상제로 신앙했다는 村山智順의 주장에도 이의를 제기한다(村山智順, 『朝鮮の類
似宗敎』, 朝鮮總督府, 1935, p. 335.).
32 태극도 자료에 당시의 교리나 의식상의 변화에 대한 기록이 보인다. 대순진리회 자료
에는 이러한 변화에 대한 기록이 없으나, 나중의 연구를 위해 태극도의 관련 자료를
여기에 소개하고자 한다. 태극도 자료에 의하면, 정산은 1955년 4월 아래 〈표1〉과 같이
신위를 봉안하고 의식을 정비했으며(『태극진경』제6장 10절), 1957년 4월에는 아래 〈표
2〉와 같이 영대에 15신위를 고쳐서 봉안하였다(『태극진경』제8장 42절). 그리고 같은
해 9월에는 영대의 옥황상제 位紙를 떼어내어 燒紙한 다음, 그 位에 자신의 眞影을
손수 봉안하였다(『태극진경』제8장 76절). 이 일은 사실 2년 전에도 정산의 제자들이
수차례 건의했던 것이라고 한다(『태극진경』제6장 8-9절). 이 때부터 정산은 '(옥황)상
제님'으로 호칭되었다.

〈표1〉

영 위	배례 회수	배례 순차
관성제군 位影	평 재배	4
옥황상제 位紙	평 4배	2
구천상제 眞影	법 4배	1
석가여래 位影	평 3배	3
칠성대제 位影	평 재배	5

포감布監[33]과 선도사宣導師[34]를 두고, 교화 업무를 담당하는 순찰巡察[35]과 순무巡務[36]가 있었으며, 나중에 종단에 공로가 큰 신도를 보정補正으로 임명하였다.[37] 이러한 조직의 테두리는 이후 큰 변화 없이 그대로 이어졌던 것으로 보인다. 1955년 당시에 정산이 방면 중심의 포덕활동이 방면 사이에 위화감을 조장한다는 점을 지적하고 있는 점을 보면,[38] 당시에 태극도는 완전히 속인제의 조직 원리에 의해 운영되었음을 알 수 있다.

1947년부터 이미 정산을 추종하였던 우당牛堂은 정산이 죽은 뒤 태극도를 10여 년간 이끌었다. 교리나 의식 절차 등의 문제는 없었던 것으로 보이

〈표2〉

영 위	배례순위	배례회수	위차
외선조 위패	5	평 2배	재 위
직선조 위패			
칠성대제 위패			
관성제군 위영			
옥황상제 위패	2	평 4배	원 위
구천상제 진영	1	법 4배	
석가여래 위영	3	평 3배	
명부십왕 위패	4	평 2배	3 위
오악산왕 위패			
사해용왕 위패			
사시토왕 위패			
칠성사자 위패	6	向南揖	4 위
우직사자 위패			
좌직사자 위패			
명부사자 위패			

33 自己淵源의 數爻에 따라 지정.
34 포감의 지도에 따라 포덕 임무를 수행.
35 정산을 보좌하여, 각 지방 도인의 교화 임무를 수행.
36 순찰을 보좌.
37 홍범초, 앞의 책, 402쪽.
38 太極道編纂院 편, 『太極道主 趙鼎山 傳記(자료편)』, 태극도출판사, 1992, 121쪽.

나 종단 운영의 방식을 문제 삼고 우당의 반대파들이 득세함에 따라 우당은 1968년 태극도를 떠나 이듬해인 1969년에 서울에서 대순진리회를 창립하였다.

대순진리회 설립 취지[39]로 제시된 글에 강증산姜甑山 성사聖師, 구천응원뇌성보화천존상제九天應元雷聲普化天尊上帝, 해원상생解冤相生, 조정산趙鼎山 도주道主 등의 용어가 나타난다. 그리고 대순진리회 창설 유래[40]로 제시되고 있는 글에서 태극과 증산의 관계를 설명하고 있는 아래의 내용이 우리의 주목을 끈다.

> 大巡이 圓이며 圓이 無極이고 無極이 곧 太極이라. 宇宙가 우주된 本然의 法則은 그 神秘의 妙함이 태극에 在한바 태극은 外此無極하고 唯一無二한 진리인 것이다. 따라서 태극이야말로 至理의 所以載요 至氣의 所由行이며 至道의 所自出이라. … 그러나 그(태극) 기동작용의 妙理는 至極히 奧密玄妙하며 無窮無盡하며 無間無息하야 可히 測度치 못하며 가히 想像치 못할 바이기 때문에 반드시 靈聖한 분으로서. … 創生을 廣濟하시는 분이 수천백년 만에 一次式 來世하시나니, 예컨대 帝王으로서 來世하신 분은 복희, 단군, 문왕이시오 師道로서 來世하신 분은 공자, 석가, 노자이시며 근세의 우리 姜甑山聖師이시다.

대순진리회 신앙대상의 명칭은 '구천응원뇌성보화천존강성상제九天應元

---

39 http://www.daesun.or.kr 참조.
40 http://www.idaesoon.or.kr 참조.

雷聲普化天尊姜聖上帝'이다. 그리고 1999년에 발생한 종단의 분규 이전에는 소위 靈臺에 모시는 신위는 태극도의 그것과 거의 일치하였다. 단지 신위 명칭에 태극도에서는 정산을 '옥황조성상제玉皇趙聖上帝'[41]라고 하는데 대순진리회에서는 '조성옥황상제趙聖玉皇上帝'라고 하는 차이가 있을 뿐이다.

신위의 이름을 보면 대순진리회에서는 증산이 '구천응원뇌성보화천존'이고, 정산은 옥황상제이다. 본래 '구천응원뇌성보화천존'은 뇌부雷部의 최고신으로, 특히 구름을 부르고 비를 오게 하며, 귀신을 부리고, 악귀를 쫓아내며, 병을 고치는 도교의 신으로 알려져 있다. 그리고 명나라 때 기록에 의하면 이 신은 6월 24일에 현시現示한다고 믿어져서 매년 6월 24일에 관리를 파견하여 현영궁顯靈宮에서 제사를 지냈다고 한다.[42] 옥황상제는 도교의 최고신으로 알려져 있다.[43] 대순진리회에서는 증산과 정산을 합쳐서 '양위兩位 상제님'이라는 호칭을 사용한다.

대순진리회 관련 자료 가운데 도교적인 신위 명칭을 차용한 것에 대해 구체적으로 언급하고 있는 자료가 없어서 최고신의 명칭을 토대로 대순진리회의 신관에 접근하는 것은 쉽지 않다. 그러나 대순진리회의 경전인『전경典經』에 자연현상 관련 이적이 많이 보이고, 또는 증산이 죽은 날[44]이 6월 24일이라는 점, 그리고 '구천응원뇌성보화천존'과 관련이 있는 도교 경전 가운데 하나인『옥추경玉樞經』이 조선시대 종교지형에 많은 영향을 미쳤다는 점[45] 등을 감안하면 대순진리회에서 최고신의 이름을 '구천응원

---

41 http://www.taegukdo.or.kr 참조.
42 范恩君·張興發·劉軍 編著,『道敎神仙』, 中國道敎學院, 1996, 44-45쪽.
43 김승동,『도교사상사전』, 부산대학교출판부, 2004 참조.
44 대순진리회에서는 이 날이 강증산 상제의 化天日로, 주요 치성일 가운데 하나이다.

뇌성보화천존'으로 한 것에 대해 어느 정도 추측해 볼 수 있을 정도이다.

대순진리회는 교리, 의식, 그리고 조직 면에서 태극도와 큰 차이가 없이 거의 그대로 이어받았다. 1969년에 창립한 이래 대순진리회는 우당의 지도력에 힘입어 중곡동에 이어, 여주, 포천, 제주도, 속초에 도장을 세우는가 하면, 대진대학교 등 교육기관의 설립과 분당제생병원 설립, 그리고 자선사업, 사회복지사업에도 힘을 기울였다.[46] 특히 1980년대 중반부터 1990년대 전반에 급격히 성장한 것으로 보인다.

우당의 활동 가운데 특기할 만한 사항은 그가 120명의 내수內修[47]에게 수개월 동안 불면불식不眠不食의 상태에서 특별수련을 시켜 소위 시료侍療를 하게 했다는 점이다. 우당은 1991년말부터 내수 120명을 선정하여 개안開眼을 위한 특별수련을 시키고, 이들을 순감巡鑑으로 임명하였다. 그리고 1992년 6월 포천수도장을 건립한 뒤부터 도인들 가운데 병든 사람들을 중심으로 특수수련기도반을 구성, 공부하게 하고 순감들로 하여금 이들의 병을 시료하게 하였다.[48]

순감들은 시료를 통해 뇌종양 말기로 3개월의 시한부 판정을 받은 사람을 완치하거나, 교통사고로 다리를 다쳐 목발을 짚고 다니는 사람의 다리를 고쳐주는 등 현대의학으로는 설명할 수 없는 치유 이적을 보여주었다.[49] 초기에는 순감들이 병든 사람들을 대면하여 시료를 하였으나 나중

---

45 구중회, 『옥추경 연구』, 동문선, 2006 참조.

46 대순진리회에 의하면 1969년 창설부터 2009년까지 대순진리회가 3대 주요 사업(구호자선, 사회복지, 교육)에 쓴 돈이 6,240억원에 달한다고 한다.

47 여자 道人을 말함.

48 『牛堂의 生涯와 思想』, 대순진리회, 2003, 166쪽.

49 위의 책, 168-169쪽.

에는 병든 사람을 대면하지도 않은 상태에서 병든 사람의 이름만 알고서도 치료를 하였다고 한다. 우당은 순감들의 이러한 치유 능력이 도통을 얻게 되면 도인들이 갖추게 되는 능력의 아주 초보적인 단계일 뿐이라고 말하였다.[50]

우당은 당시 순감들의 이러한 치유 능력이 사회에 알려지는 것을 매우 꺼려했다.[51] 이런 사실이 외부 사회에 알려지면 외부 사회가 대순진리회를 '사이비 종교'로 매도할 것이라는 점을 우려했던 것이다. 우당이 나중에 순감들의 이러한 능력을 잠정적으로 거두어 들였다고는 하나, 순감들의 이러한 치유 능력이 교세의 확장은 물론 도인들의 신앙심 고취에 큰 기여를 했을 것으로 보인다.

우당은 상급 임원[52]들을 모아놓고 정기적으로 훈시를 하였다. 훈시는 다른 종교에서 말하는 설법이나 설교 등에 해당하는 것으로 우당의 훈시는 조직체계를 통해 모든 도인들에게 그 내용이 위에서 아래로 순차적으로 전달되었다. 태극도 당시 정산도 그랬듯이 우당도 자기의 훈시가 문자나 녹취로 기록되는 것을 좋아하지 않았던 것으로 보인다.[53] 따라서 우당으로부터 훈시를 들은 상급 임원들은 각자 메모를 하여 그 내용을 숙지할 수 있었다. 현재 훈시의 내용은 1983년 7월부터 발간되고 있는 『대순회보』, 그리고 『우당牛堂의 생애生涯와 사상思想』을 일부 참조할 수 있으며, 적지 않은 내용이 미출판 상태로 남아 있다.

---

50 위의 책, 176쪽.
51 미출판 훈시(1992. 5. 3; 1992. 8. 16) 자료집. 이후 '훈시'로 표기함.
52 임원은 대순진리회의 성직자를 말한다.
53 훈시(1988. 7. 26; 1992. 3. 3).

훈시의 내용 가운데 교리적인 부분을 제외하고 필자의 눈길을 끈 부분은 대순진리회의 대사회적 이미지 제고와 종단 내부의 화합, 단결과 관련된 내용이 적지 않다는 점이다. 대순진리회는 신앙으로 인한 가정파탄, 그리고 성금의 과다 징수, 거리 포덕 등으로 인해 생기는 부작용으로 인해 사회로부터 많은 지적을 받아왔다. 우당은 이 점에 대해서 우선 신앙보다는 가화家和가 중요하다는 점, 그리고 물의를 일으킬 소지가 있는 돈은 성금으로 절대로 받지 말 것을 계속해서 강조하고, 급기야는 결혼하지 않은 사람들에게는 포덕布德을 하지 말 것을 지시하고,[54] 성금의 상한선을 구체적으로 제시하기도 하였다.

대순진리회의 독특한 조직체계인 선각先覺과 후각後覺[55]의 종속 관계, 그리고 나름의 자율성을 지니고 있는 방면별 조직 운영[56]은 다른 종단 조직에서는 볼 수 없는 장점과 함께 문제점도 아울러 지니고 있다. 우당은 훈시를 통해 대순진리회의 독특한 조직 운영으로 인해 생길 수 있는 불협화음을 도인들 사이의 인화단결을 통해 해결해 나갈 것을 끊임없이 말하고 있다.

우당은 1996년 초에 갑자기 사망하였다. 우당이 살아 있을 때인 1988년부터 이미 우당의 계승자가 누구인지, 그리고 우당을 신격화시킬 것인지의 여부를 중심으로 종단 내에서 이견異見이 제시되곤 했다. 그러나 우당이 살아 있을 때는 이러한 이견이 우당의 지도력에 의해 큰 문제를 야기시키지는 않았다.[57] 우당이 사망하자 지도력의 분산으로 인해 종단 내부에

---

54 훈시(1993. 5. 28).
55 입도한 사람을 後覺이라고 할 때 자신을 입도시킨 사람을 先覺이라고 한다.
56 대순진리회의 조직체계는 고병철, 앞의 글 참조.

서로 다른 의견들이 혼재해 있다가 급기야 1999년에 종단이 분열되어 현재에 이르고 있다.

종단 분열의 가장 핵심적인 원인은 우당의 신격화 여부이다. 교주의 사후 신격화 문제는 이미 보천교에서도 볼 수 있었다. 정산은 죽기 전에 이미 스스로를 신격화시켜 이로 인해 생길 수 있는 문제의 소지를 없앨 수 있었다. 1999년 대순진리회는 영대에서 서가여래[58]의 신위를 내리고 그 자리에 우당을 모시자는 측과 영대의 신위를 바꿀 수 없다는 측으로 분열되었다. 그리고 전자의 경우 나중에 다시 우당을 미륵불로 볼 것인지의 여부로 분열되어 현재에 이르고 있다. 우당을 영대에 모시는 측에서는 우당이 '박성상제朴聖上帝', '박성인존상제朴聖人尊上帝', '박성미륵상제', '박성미륵세존' 등으로 호칭되고 있다. 대순진리회가 이렇게 분열 양상을 보이고 있으면서도 대순진리회 도인들은 대체로 정산과 함께 우당이 증산의 후천선경으로 인간들을 인도하는 존재로 인식하고 있다는 점에서는 공통적인 것으로 보인다.

3. 방면교육

대순진리회 도인에 대한 교육은 크게 방면에서 하는 교육과 도장에서 하는 교육으로 구분해 볼 수 있다. 여기에서는 교육의 초기 단계라고 할

---

57 『牛堂의 生涯와 思想』, 대순진리회, 2003, 132-133쪽, 146쪽 참조.
58 대순진리회에서는 '석가여래'를 '서가여래'로 표기한다.

수 있는 방면교육을 중심으로 우선 살펴보고자 한다.

대순진리회의 종교교육 내용과 과정을 살피기 위해서는 우선 대순진리회의 목표를 알 필요가 있다. 대순진리회의 목표는 한마디로 '지상신선실현'과 '지상천국건설'이고, 대순진리회 도인들의 궁극적 목표는 '도통'이다. 이들 목표를 구체적으로 이해하기 위해서는 일단 대순진리회의 인간관, 신명관, 후천관 등을 일별할 필요가 있다. 따라서 여기에서는 이들과 관련된 대순진리회의 몇몇 주장을 일단 제시해보고자 한다.[59]

- 선령신先靈神들이 60년 동안 공을 쌓아 자손 하나가 태어난다. 공을 드려도 자손 하나를 얻지 못하는 선령신도 많다.[60]
- 삼생三生의 인연이 있어야 도인이 태어나며, 대개 전생에 산 속에서 중을 했던지 무언가 큰 일을 했던 사람들이다.[61]
- 사람이 죽어서 4대조 이상이 되면, 영靈이 되거나 선仙이 된다.[62] 영은 다시 윤회하여 사람으로 태어나고, 선은 다시 윤회하지 않고 집안을 지키는 수호신인 선령신이 되거나, 아니면 신선神仙이나 선녀仙女가 된다.[63]
- 신이 선仙으로 있을 때 죄를 짓고 그것을 닦기 위해서 인세人世에 내려오

---

59 대순진리회의 인간관, 신관, 세계관에 대해서는 대순종학교재연구회, 『대순사상의 이해』, 대진대학교출판부, 2003, 115-135쪽 참조; 2차 자료로는 김홍철, 「신인조화 사상의 원리와 그 실천이념」, 『대순진리학술논총』 3, 2008; 노길명, 「대순사상의 '신인조화'와 사회변혁」, 앞의 책을 참조할 수 있다.
60 『전경』, 교법 2장 36절.
61 훈시(1993. 9. 8).
62 『전경』, 교법 1장 50절.
63 인터뷰 때 들은 이야기.

는데, 인간으로 태어나는 것은 이 세상에서 죄를 닦기 위해서이다.[64]

- 신명神明[65]들은 극락이나 지옥과 같은 일정한 처소에서 일정 기간 동안 머물기도 하고 혹은 지방신·문명신 등이 되어 최상처의 좋은 궐루闕樓에서 향락하기도 하며, 악신, 적신賊神 등이 되어 누추한 곳에서 신음하거나, 주인 없는 외로운 혼이 되어 정처 없이 떠돌아 다니기도 한다. … 신명들은 다시 도를 닦음으로써 상승도 하고 하락도 한다.[66]

- 수도 여하에 따라서 모두가 동시에 도통을 받는다.[67] 이 때 죽은 사람도 모두 살아나는데, 올바르지 않은 사람의 영혼은 소멸한다.[68]

- 후천에는 도통군자와 평민, 두 계급이 존재한다. 그러나 먹는 것은 두 계급 모두 같다.[69]

이러한 인식 아래 인간은 만사를 제치고, 다시 말해서 불고가사不顧家事하는 한이 있더라도, 이 세상에서 도통을 받기 위해 끊임없이 준비를 해야만 한다. 도통을 받기 위해 준비를 하는 사람을 도인이라고 하며, 도인이 되기 위한 첫 관문이 입도식入道式이다. 선각先覺의 권유에 의해서 입도식을 치르는데, 입도식을 전후해서 후각後覺은 배례법과 배례대상, 주문, 치성 등 대순진리회에 대한 기초지식을 습득한다.[70]

---

64 훈시(1991. 9. 28).
65 신명은 인간이 죽어서 변화된 존재이다. 『교화모음집』, 대진대학교교정원, 2003, 52쪽.
66 대순종학교재연구회, 앞의 책, 128-129쪽.
67 훈시(1984. 3. 11).
68 대순종학교재연구회, 앞의 책, 130-131쪽.
69 『대순회보』 22, 1991. 3. 15.
70 전국대학대진연합회, 『대순학생 기초교육』, 1997 참조.

입도 단계에서 선각은 후각에게 주로 '조상의 공덕과 자손과의 관계, 인간 삶의 터전인 우주의 변화 원리와 선천과 후천, 그리고 상생과 상극과 관련된 이야기',[71] 또는 '어떻게 살아가야 하는가, 나는 누구이며 왜 이 지상에 태어났는가, 세계와 우주는 어떻게 이루어지고 변화해 가는가, 지금 내가 해야 할 일은 무엇이고, 하늘과 조상이 내게 바라고 있는 것은 무엇인가?'[72] 등에 대해서 설명해 준다.

증산 관련 종단에서는 접신과 강신을 강조하는 종단도 꽤 있는데 대순진리회에서는 접신과 강신을 좋지 않은 것으로 간주한다고 한다.[73] 우당도 관상, 점, 길흉 판단으로 도를 믿게 해서는 안 된다고 하였다.[74] 그런데 『전경』에도 전혀 없는 것은 아니지만,[75] 증산 관련 초기 자료에는 증산이 남의 운명을 잘 보았다는 내용이 많이 들어 있다.[76] 우당의 앞의 지적도 실제로 포덕 과정에서는 관상이나 점을 보거나, 강신과 접신 등의 현상이 적지 않게 나타날 수 있다는 점으로 이해해 볼 수 있다. 입도 과정에서 도인은 불치병이 치유되는 경험이나,[77] 신이한 꿈을 꾸고,[78] 경우에 따라

---

71 『대순회보』 25, 1991. 8. 4.
72 『대순회보』 32, 1992. 6. 24.
73 인터뷰 때 들은 이야기.
74 훈시(1989. 2. 12).
75 『전경』, 행록 4장 45절.
76 고남식, 「강증산 관련 경전의 변이에 대한 고찰 - 천지공사 이전의 내용을 중심으로」, 『종교연구』 50, 2008, 247-273쪽 참조.
77 "스물 네 살 때 어느 날 술을 마시고 자는데 꿈에 어떤 노인이 흰 옷을 입고 나타나서 한 쪽 신발을 벗으라고 말하는 겁니다. 그런데 이상하게도 그 날 이후로 한 쪽 팔과 다리가 미비되는 괴이한 증세가 나타나 그 뒤로 10여 년 동안 반신불수로 불구자 생활을 했습니다. 그러다가 입도를 하니까 몸이 씻은 듯이 회복되는 거에요"(『대순회보』 25, 1991.8.4).

서는 환시幻視 체험[79]을 하는 사례가 적지 않다고 한다. 우당은 이와 관련해서 아래와 같이 말하고 있다.

초등학교도 안 나온 사람이 대학교수, 박사들을 이론으로 설명해서 입도시킨다. 왜냐하면 뭔가 있기 때문에 들어온다.[80]

우당의 이 말은 포덕과 입도 과정에서 교리에 의한 설득보다 신앙 체험이 중요한 요인으로 작용하고 있다는 점을 보여주고 있다. 도인은 입도를 한 뒤부터 평일에는 하루에 4차례, 그리고 5일마다 돌아오는 주일主日[81]에는 하루에 8차례씩 주문[82] 위주의 기도를 한다. 새벽 1시에는 기도상祈禱床에 법수法水를 모시고 기도를 하는데, 기도가 끝난 뒤에 법수를 마신다. 그리고 주일에는 방면 회관에 모여서 기도를 하고, 상급임원으로부터 교화를 받는다. 이 밖에도 도인은 시간과 장소의 지정 없이 1시간 한도 내에서 주문을 외우는 수련을 하며, 포덕에 심혈을 기울여야 한다. 도인들은

---

78 정수리에 뿔이 난 흰 소가 덤벼드는 꿈을 꾸었단다. 그런데 소는 조상을 상징하고, 흰 소는 도를 의미한다고 한다.(인터뷰 때 들은 이야기); 아이가 죽을 병에 걸려 고생할 때 모친이 꿈에서 꿈을 꾸었다. 낭떠러지에서 떨어지다가 무엇을 잡고 다시 올라왔는데 올라와서 보니 어떤 할아버지의 수염이었다. 교회를 다닐까도 생각했는데 그 꿈을 꾼 다음에 대순에 입도, 사람들이 가족처럼 너무 좋았다고 한다(『대순회보』 36, 1993. 4. 20).

79 주홍 색의 옷을 입고 흰 수염이 길게 난 노인의 모습을 보았다고 한다(대순진리회에서 탈퇴한 사람으로부터 들은 이야기)

80 훈시(1993. 8. 14).

81 甲과 己로 시작되는 날.

82 도인에게 주문은 神明을 應氣시켜 그 기운을 받고 원하는 바를 이룰 수 있도록 해주는 글이다. 훈시(1988. 7. 26) 참조.

남 잘되게 해주는 일 가운데 가장 큰 것이 진리를 알리는 포덕으로 인식하고 있으며,[83] 포덕을 수도의 한 방식으로 이해하고 있다.

입도를 마친 평도인은 수도생활을 하면서 일정 시점이 되면, 이웃종교의 성직자에 해당하는 임원이 될 것인지의 여부를 결정한다. 세속 직업을 가진 임원도 있지만 임원은 불고가사不顧家事, 다시 말해서 종단 일에 전념하는 것이 일반적이다. 포덕을 주로 담당하는 임원은 포덕한 사람 수에 따라 선무宣務, 선사宣伺, 선감宣監의 직위로 올라간다.[84] 선무는 36호 이상, 선사는 300호 이상, 그리고 선감은 1,000호 이상을 포덕하고, 포덕한 사람들을 지속적으로 교화시켜야 한다.

도인은 누구나 모두 매달 10만원 미만의 성금을 내야한다. 선무는 한 달에 한 번 자기가 포덕한 사람들로부터 걷은 성금을 선사에게 전달하고, 선사는 다시 선무들이 걷어 온 성금을 선감에게 전달하며, 선감은 다시 선사들이 걷어 온 성금을 본부에 일괄 전달한다. 본부에서는 전달받은 성금의 40%는 해당 방면의 대표 선감에게 돌려주어서 포덕 사업에 쓰게 하고, 나머지 성금으로 종단을 운영하고 교육, 복지, 의료 사업 등에 충당한다. 임원은 기본적으로 봉급이나 수당이 없고 스스로 알아서 생활을 영위해 나가야 한다. 따라서 대체로 부부 가운데 한 사람이 종단 사업에 전념하고, 나머지 사람이 세속의 직업을 가지고 생활비를 조달한다.

선무와 선사는 주로 연락소를 중심으로 활동하는데 평도인으로부터 성

---

83 『대순회보』 34, 1992. 11. 19.
84 전체 임원의 역할과 조직에 대해서는 「道憲」의 해당 부분 참조. 본 논문에서는 편의상 포덕을 담당하는 布政院 소속 임원을 중심으로 하되 次宣監의 직위는 빼고 서술하고자 한다.

금을 걷는 과정에서 교화가 집중적으로 이루어진다. 정산과 마찬가지로, 앞에서도 지적하였듯이, 우당도 교화 내용이 기록되는 것을 그다지 좋아하지 않았다. 따라서 포덕 현장에서 사용할 수 있는 구체적인 교화 지침서 같은 문건은 별도로 없고, 피교화자에 따라서, 그리고 교화자에 따라서 교화 내용이 매우 다를 것으로 추측된다.[85]

4. 도장 교육

"상제님을 모신 곳이 영대요 천지신명을 모신 곳이 도장이다. 참배와서 꼬부라진 할머니 등이 펴지는 곳이다"[86]라는 말에서 대순진리회 도인들에게 도장이 어떤 의미를 지니는지 짐작할 수 있다.

도인 교육과 관련해서 도장에서 치르는 중요 의식과 행사로는 훈시, 치성, 공부, 진리토론회, 수강授講, 연수 등을 열거할 수 있다. 훈시는 우당이 선감 등 상급임원을 대상으로 정기적으로 행하던 교화였다. 상급임원은 우당으로부터 들은 훈시 내용을 방면에 내려가서 중간임원에게 전달하고, 다시 중간임원은 그 내용을 평도인들에게 전달하였다. 우당이 죽은 뒤로부터는 기존의 훈시 내용을 『대순회보』 등을 통해서 도인들에게 지속적으로 유포하고 있다.

---

85 교화에 활용할 수 있는 출판된 자료가 있으나, 실제 포덕 현장에서 어느 정도 활용되는 지는 알 수 없다. 대진대학교 교정원, 『교화모음집』 1~5, 2003-2007; 대순종교문화연구소 편, 『大巡의 길을 찾아서(手記 · 隨筆集)』, 대순진리회출판부, 1994 등 참조.
86 훈시(1994. 6. 5).

치성은 영대에 봉안되어 있는 15신위에게 정성을 드리는 경축 제례의식이다. 치성일은 증산 관련 2일, 정산 관련 4일, 우당 관련 2일, 그리고 음력 정월 초하루와 8월 15일, 24절후 가운데 입춘, 입하, 입추, 입동, 동지, 하지 등이다. 치성일에는 수천 명의 도인들이 도장에 모여서, 밤 10시쯤에 치성 장소에 입장, 11시에서 12시까지 15신위 앞에 제물을 진설陳設하고, 12시부터 새벽 1시까지 치성을 드린다.[87] 그 뒤 새벽 4시경 음복을 하고 아침에 해산한다. 하루 밤을 거의 지새우는 치성은 육체적으로 꽤 힘들 것으로 예상되나 도인들은 치성에 참석하는 것을 더 없는 보람으로 간주한다. 우당은 실수로 도인으로서의 의무를 어긴 사람에게 당분간 치성에 참석하지 말라는 훈시를 한 적이 있을 정도이다.[88]

분규 이전에는 여주 본부도장에서 시학공부侍學工夫와 시법공부侍法工夫, 수강授講, 중곡동 도장에서 기도공부, 포천수도장에서 수강, 그리고 제주도장과 금강산 도장에서 연수가 시행되었다.[89] 공부는 정산 당시에 시작했는데, 대순진리회를 창립한 이후 1991년부터 계속해서 시행되고 있다.[90] 시학공부는 4개의 방에 각각 1인씩 들어가서 1시간씩 주문을 외우는 공부이다. 1시간마다 교대를 하는데 하루 소요 인원은 36인이다. 5일이 지나면 180인36인×5일이 모여서 영대靈臺에서 20분간 주문을 외우는 초강식初降式을

---

87 치성의식의 과정에 대해서는 대순종학교재연구회, 『대순사상의 이해』, 대진대학교출판부, 2003, 220-225쪽; 이경원, 「대순진리회 치성의례의 종교적 특질에 관한 연구」, 『신종교연구』 20, 2009, 133-162쪽 참조.

88 훈시(1990. 3. 4).

89 윤재근, 「다종교사회에 있어서 대순진리회와 종교교육」, 『종교교육학연구』 8, 1999, 187쪽.

90 훈시(1991. 7. 11).

한다. 15일이 지나면 540인180인×3이 같은 방식으로 주문을 외우는 합강식合降式을 한다. 그리고 45일이 되면 1,620인540인×3이 모여서 봉강식奉降式을 한다. 앞으로 언젠가 증산이 도인들을 소집하여 대강식大降式을 거행할 것인데, 대강식을 해야 비로소 도통이 나온다고 한다.[91]

시법공부는 시학공부를 한 날로부터 90일이 지난 날 함께 시학공부를 한 36인이 모여서 3인씩 한 방에 들어가 1시간씩 주문을 외우는 공부이다. 따라서 한 개인이 시학공부와 시법공부를 모두 마치는데 3개월이 걸린다. 시학공부와 시법공부에는 정해진 사람이 정해진 시간에 반드시 들어가야 하기 때문에 직장일로 바쁜 사람은 참석하는 것이 쉽지 않다. 그러나 공부에 참석하는 사람뿐만 아니라 도인들이 도장에서 공부를 계속해가면 도인 전체, 그리고 인류 전체가 다 같이 기운을 받는다고 믿어진다.[92] 앞으로 올 후천세계는 시학공부와 시법공부로부터 지대한 영향을 받는다. 현세에 가끔 재앙이 오는 것이 전세에 무언가 잘못이 있었기 때문인 것과 마찬가지로, 시학공부와 시법공부에 착오가 있으면 후천세계에 재앙이 온다고 한다.[93] 따라서 주문은 틀려서도 안되고, 끊겨서도 안된다고 한다.[94]

공부반을 이끌어야 하는 임원이 임무를 소홀히 하여 이유도 없이 시름시름 앓다가 죽은 일이 있었다고 한다.[95] 그리고 공부를 하다가 지나온 과거가 보이고 생전에 보지 못한 조상의 말씀이 들리고, 조상의 모습이

91 인터뷰 때 들은 이야기.
92 훈시(1990. 4. 24).
93 훈시(1992. 3. 18).
94 훈시(1991. 7. 6).
95 인터뷰 때 들은 이야기.

보이는가 하면,[96] 병이 낫는 등 신이한 일들이 종종 생긴다고 한다.[97]

진리토론회는 각 방면의 상급임원들이 참석하여 자신이 수도하는 과정에서 경험하고 깨우친 것이나 연구한 것을 발표하고, 종단 상황에 대한 궁금한 점을 질의하고 토론하는 모임이다.[98] 각 방면이 자율적으로 운영되어 각 방면 사이에 차이점이 많이 존재하는데, 진리토론회를 통해 각 방면의 차이점이 어느 정도 상쇄될 수 있을 것으로 보인다.

수강授講은 상급 임원들을 제외한 교직자들이 1년에 한 차례 2박 3일간 받는 교육을 말한다. 수강에 참석한 교직자들은 주로 『전경』을 대상으로 교육을 받고, 주문 공부를 한다. 그리고 연수는 상급 임원을 제외한 교직자들과 평도인들이 5박 6일 일정으로 받는 교육이다.[99] 이 밖에도 도장에서는 청소년들을 대상으로 여름에 2박 3일 일정으로 캠프를 열고, 겨울에는 대학생들을 대상으로 3박 4일 일정의 동계수련회를 개최한다.

5. 맺음말

지금까지 대순진리회의 종교교육을 살피기 위해 먼저 교리와 역사를 일별하고, 방면과 도장에서 이루어지는 종교교육에 대해 각각 살펴보았다.

---

96 『대순회보』 9, 1988. 7. 7.
97 훈시(1992. 5. 31).
98 『牛堂의 生涯와 思想』, 대순진리회, 2003, 222-224쪽.
99 윤재근, 앞의 글, 173-195쪽 참조.

본 논문을 준비하면서 종단 내부의 보다 심도 있는 정보를 확보하기 위해 입도를 할까 하는 생각을 한 적이 있다. 종단 측으로부터 형식적으로라도 입도를 해 볼 것을 권하는 말도 들었다. 종단 측으로서는 나름대로 이유가 있었을 것이다. 입도한 사람만이 의식에 참여할 수 있을 것이고, 아무리 연구를 위한 것이라고 하더라도 외부자로서 도인들의 의식에 참여하는 것이 종단 측으로서는 부담스러울 수 있을 것이다. 그러나 아무리 형식적이라고 하더라도 입도를 하지 않기로 결정하였다. 어차피 연구를 위한 참여관찰자에게 비록 입도를 하였다고 해서 교단 내부의 모든 정보에 접근하는 것은 불가능할 것으로 보였기 때문이다.

이 글 앞에서도 지적하였듯이 현재 일반 사회에서 대순진리회라는 종단에 대해 궁금해 하는 것은 길지 않은 기간에 어떻게 크게 성장했는가?, 왜 종단이 분열하는가?, 그리고 사회적으로 부정적인 여론에도 불구하고 왜 사람들이 도인이 되는가? 등일 것이다.

개신교 케이블 TV에서 우리나라의 저명한 목사가 기도에 대해서 설교하는 것을 본 적이 있다. 기도를 많이 해야 응답을 받을 수 있으며, 기도의 주제는 사람이 사는 데 관련된 모든 것이 될 수 있다는 내용이다. 그리고 설교중에 자신의 경험담으로 어렸을 때 교회를 가야 하는데 비가 억수로 와서, 비가 그치게 해달라고 기도했더니 비가 그쳤고, 죽은 동생을 살려달라고 기도했더니 죽은 동생이 살아났으며, 눈이 오게 해달라고 했더니 눈이 오는 기도 응답의 체험이 있었다고 말하였다. 개신교 목사가 아니라 대순진리회 도인이 이와 유사한 경험을 말하면 일반인들은 곧바로 그런 일은 있을 수 없다고 말할 것이다.

그리고 많은 사람들은 대부분의 신종교들과 마찬가지로 대순진리회가 입도과정에서 강압이나 세뇌의 방식을 사용할 것이라고 주장할 수 있다. 그러나 대순진리회에 입도한 사람들 가운데 길지 않은 시간에 탈퇴한 사람의 수가 우리가 생각한 것보다 월등히 많다는 사실에서 이러한 주장이 신빙성이 적다는 점에 유의할 필요가 있다.[100]

과도한 성금誠金과 소위 가출家出에 대한 외부 사회의 비판은 이웃종단들의 유사한 사례들을 감안하면 대순진리회에만 적용될 수 있는 것은 아니다. 본 논문 준비과정에서 도인들과의 인터뷰를 통해 대순진리회에서 성금은 오히려 입문식入門式의 중요한 요소 가운데 하나로 이해할 수도 있을 것으로 생각해 보았다.

필자는 과거에 정역正易 관련 논문을 쓰면서 정역[101]으로부터 영향을 받은 종단들은 때가 되면 후천세계가 자연스럽게 이루어진다는 믿음 아래, 종단 소속 신앙인들은 때만 기다리고 별도의 노력은 그다지 기울이지 않을 것이라는 지적을 한 적이 있다.[102] 적어도 대순진리회의 경우에는 "모사某事는 재천在天이요 성사成事는 재인在人이다"[103]라는 말에서 볼 수 있듯이 필자의 이런 지적이 해당되지 않는 것으로 보인다. 그리고 나아가서 유토피아라고 할 수 있는 후천세계에서까지도 도인들은 더 높은 단계로 오르기 위해 끊임없이 노력해야 한다는 대순진리회의 주장에 주목을 하게

---

100 유사한 사례에 대한 연구로 Eilen Barker, *The Making of a Moonie: Brainwashing of Choice*(New York: Basil Blackwell, 1984) 참조.
101 물론 증산 관련 종단 내부에서는 증산이 정역을 글자 그대로 추종하지 않았다고 주장한다. 홍범초, 「증산사상에서 易을 어떻게 볼 것인가」, 『신종교연구』 5, 2001; 차선근, 「정역과 대순사상의 비교 연구」, 『종교연구』 60, 2010 참조.
102 강돈구, 「正易의 종교사적 이해」, 『한국종교의 이해』, 집문당, 1985 참조.
103 『전경』 교법 3장 35절.

되었다.

대순진리회의 종교교육을 살피면서 필자 나름대로 아래와 같은 생각을 할 수 있었다. 첫째, 대순진리회의 주요 집회 장소인 연락소와 방면회관, 그리고 도장이 현재로서는 일반인들이 접근하기가 쉽지가 않다는 점이다. 대순진리회가 생각보다 대사회적인 활동을 적지 않게 하면서도 일반인들이 쉽게 접근할 수 있는 장소나 의식이 비교적 적음으로 해서 대순진리회가 비의적秘儀的인 종교로 인식될 여지가 있다. 이웃종교들의 유사한 사례들을 감안하면, 공개하지 않는 장소나 의식이 많을수록 외부 사회에서 해당 종단을 의심스러운 눈으로 보는 경향이 높다는 점에 유의할 필요가 있다.

둘째, 교화의 구체적인 내용이 정립, 또는 통일되지 않아서 도인들의 신앙 내용이 이질적이라고 할 수 있을 정도로 다양하다는 점을 지적해 볼 수 있다. 그리고 그렇기 때문에 비록 성인成人을 대상으로 하는 교화에는 큰 문제가 없을지라도 청소년을 대상으로 하는 교화에는 어려움이 따를 것으로 예상된다. 물론 대순진리회 내부에서는 대순진리회를 성인成人 종교로 규정하는 경우도 있기는 하지만, 교화 내용과 형식의 정립과 통일을 통해 청소년들의 대한 교화가 보다 쉽게 이루어질 수 있을 때 대순진리회에 대한 사회적 인지도가 더욱 신장될 수 있을 것으로 보인다.

셋째, 브랜드의 문제이다. 종교집단을 포함해서 어느 집단이나 현대사회에서는 긍정적인 브랜드를 몇 가지 지니는 것이 필요하다. 대순진리회 내부에서는 대순진리회의 브랜드로 치성, 주문 수련, 사회복지 활동 등을 지적할 수 있을 것이다. 그러나 대순진리회의 치성에는 도인들만 참석할 수 있고, 주문은 도인이 아닌 사람들에게는 원칙적으로 공개하지 않으며,

사회복지 활동에 참여하는 종단도 대순진리회 이 외에도 결코 적은 편이 아니다. 경우에 따라서는 대순진리회 도인 가운데 사회적으로 영향력이 있는 사람들을 배출하는 것도 중요할 것으로 보인다. 역시 이웃종교들의 유사한 사례들을 감안하면, 도인들 가운데 특히 종교학 관련해서 인지도가 높은 학자들이나 영향력 있는 정치가, 또는 대중적인 스타들을 배출하는 것도 생각해 볼 필요가 있을 것으로 보인다. 대순진리회가 앞으로 보다 긍정적이고 인지도가 높은 브랜드 창출에 유념했으면 한다.

제13장

유교 조상의례의
미래.

1. 머리말

의례가 없는 문화는 생동감이 없다. 우리나라 문화는 의례적 요소가 많이 부족하여 다른 나라의 문화에 비해 생동감과 역동감이 부족하다. 조선 중기 이후 유교가 서민에까지 확산되면서 기존 문화의 의례적 요소가 대부분 공격을 받았으며, 조선 후기 이후 천주교와 개신교가 수용되면서, 역시 유교를 포함한 기존 문화의 의례적 요소가 다시 위협을 받게 되었다. 게다가 19세기 말 20세기 초에 소위 서구 근대성이 수용되면서 다시 서양 종교인 천주교와 개신교 이외의 다른 의례적 요소들, 특히 유교 의례는 대부분 허례허식이라는 비난을 받게 되었다.[1] 문화에서 의례가 담당하는 기능이 중차대함에도 불구하고 우리나라에는 의례 일반에 대해 혐오감이

---

* 강돈구 · 차차석 · 고병철 · 윤용복 · 조현범 · 박종수, 『한국종교교단연구 IX』, 한국학중앙연구원출판부, 2014.
1 장석만, 「한국 의례담론의 형성 - 유교 허례허식의 비판과 근대성」, 『종교문화비평』 1, 2002, 49쪽.

팽배해 있다는 것이 필자의 생각이다.[2]

우리나라의 1년 의례주기는 주로 국경일과 공휴일을 통해서 살필 수 있다. 우리나라의 국경일과 공휴일을 한꺼번에 나열하면 신정1.1, 설음력 1.1, 어린이날5.5, 삼일절3.1, 석가탄신일음력 4.8, 현충일6.6, 광복절8.15, 추석 음력 8.15, 개천절10.3, 성탄절12.25이다. 특이한 점은 불교와 기독교의 교조 가 출생한 날이 공휴일로 지정되어 있다는 것이다. 이러한 사례는 인도를 제외하고 다른 나라에서는 결코 찾아볼 수 없다. 그리고 일제 식민시기와 관련이 있는 날로 삼일절과 광복절이 각각 국경일로 지정되어 있다. 우리 나라가 40년 가까이 일본 제국주의의 통치를 받았다는 역사적인 사실을 결코 잊어서는 안 되겠지만, 국경일 4일 가운데 2일이 일본과 관련이 있다 는 점에 주목할 필요가 있다.

하늘이 열린 날이라는 의미를 지닌 10월 3일 개천절이 우리 민족에게 무엇보다 중요해야 함에도 불구하고, 오히려 8월 15일 일본이 패망하여 우리나라가 다시 빛을 보게 된 8월 15일 광복절로부터 우리나라가 비로소 시작한 듯 여겨지기도 한다. 그리고 우리나라는 신라와 고려시대에 전몰 장병 추모와 관련이 있는 팔관회가 음력 10월이나 11월에 개최되었다는 점을 감안할 때,[3] 현충일을 6월 6일로 지정한 것도 어딘지 석연치 않다. 간단하게 지적해 보았지만 우리나라의 1년 의례주기가 전체 국가 구성원 들에게 적절한 의미를 부여해 주지 못한다는 것이 평소 필자의 소신이다.

이 글은 유교의 조상의례를 중심으로 우리나라 가정의 1년 의례주기를

---

2 강돈구, 『종교이론과 한국종교』, 박문사, 2011, 110쪽.
3 위의 책, 396쪽.

살피는 데 주요 목적이 있다. 우리나라의 1년 의례주기에 포함되는 국경일과 공휴일 모두가 우리나라 가정의 1년 의례주기와 관련이 없는 것은 아니지만, 우리나라 가정의 1년 의례주기는 주로 가족 구성원의 생일, 설, 추석, 그리고 조상의 기일忌日로 구성되어 있다. 이 가운데 설과 추석에 지내는 차례와 조상의 기일에 드리는 제사는 모두 전통적으로 유교와 관련이 깊다. 물론 요즈음에는 차례와 제사를 천주교와 개신교, 불교, 그리고 개별 종교전통의 나름의 절차와 형식대로 지내기도 하지만, 여전히 차례와 제사는 전반적으로 유교로부터 많은 영향을 받고 있음에 틀림이 없다.

현재에도 동아시아에서 유교가 과연 종교인지의 여부에 대해 논의가 계속되고 있지만,[4] 종교학 분야에서 굳이 유교가 종교가 아니라는 주장에 귀 기울일 이유는 전혀 없다. 오히려 유교의 종교적 측면을 감안해야 유교의 전체적인 모습을 살필 수 있을 것이라는 주장이나,[5] 또는 현재 우리나라에서 성균관이 한국 종교의 하나로 명실상부하게 자리를 잡고 있다는 사실에 주목할 필요가 있다.

현재 우리나라에서 유교의 모습은 성균관, 향교, 서원 등 유교시설물, 그리고 전통적인 모습을 간직하고 있는 종가의 제사나 종친회 중심의 활동을 중심으로 살필 수 있다. 유교의례에 대해서는 지금까지 종교학을 비롯해서 민속학, 인류학, 역사학, 철학, 법학, 가정학 등 여러 분야에서 연구가 진행되어왔다. 대체로 이들 연구는 유교의례의 본래 의미를 살려서 기

---

4 임계유 편, 『유교는 종교인가 1 - 유교종교론』(금장태·안유경 역), 지식과 교양, 2011; 임계유 편, 『유교는 종교인가 2 - 유교비종교론 및 토론』(금장태·안유경 역), 지식과 교양, 2011 참조.
5 금장태, 『귀신과 제사 - 유교의 종교적 세계』, 제이엔씨, 2009, 2쪽.

존 전통을 유지하자는 주장, 그리고 기존의 전통적인 유교의례가 현실에 맞지 않는 측면이 많기 때문에 시의에 적절하게 유교의례를 변형시키자는 주장으로 구분해 볼 수 있다.

의례의 정의를 어떻게 내리든지 간에 의례가 없는 종교는 종교라고 할 수 없다. 따라서 모든 종교는 사상의 확립과 재해석에도 관심을 가지지만, 의례의 확립과 변용에도 지대한 관심을 보이기 마련이다. 개별 종교의 사상과 마찬가지로 개별 종교의 의례가 시대에 맞게 끊임없이 재구성되지 못한다면 그 종교는 지속되기가 어렵다. 의례는 해당 문화에 역동성을 부여하는liberating 측면을 지니면서, 한편으로는 해당 문화를 경직시키는 oppressive 측면을 지니기도 한다.[6]

이 글은 차례와 제사를 중심으로 유교의 현행 조상의례가 과연 현재 우리나라에서 어떤 순기능과 역기능을 하고 있는지를 살피는 데 궁극적인 목적이 있다. 2장에서는 유교의 죽음관과 종법 등을 중심으로 유교 조상의례의 배경을 살피고, 3장에서는 최근 균등 상속으로 상속법이 개정된 뒤에 우리나라의 조상의례가 지니게 된 문제점들을 살피고, 4장에서는 일본과 중국의 조상의례를 살핌으로써 우리나라의 조상의례가 지니고 있는 특징을 살펴볼 것이다.

---

6 강돈구, 앞의 책, 118쪽 참조.

2. 유교 조상의례의 배경

유교 신 존재의 영역은 천지인 삼재三才에 따라 천신天神, 지기地祇, 인귀人鬼로 나뉜다. 유교 최고의 유일신은 상제[天]이며, 그 아래 천신과 지기, 인귀가 있다. 천신은 일월성신의 자연신과, 구름, 비 등 하늘을 주재하는 신들을 말하며, 지기는 토지, 곡물, 산천, 바다 등 땅을 주재하는 신들, 그리고 인귀는 조상신을 말한다.[7] 모든 신들은 최고의 신인 상제의 지배를 받는다.

중국의 은나라 시대에는 천天의 인격성이 뚜렷하였으나 주나라 시대로 오면서 천天의 인격성이 약화되기 시작하였다.[8] 그러다가 송나라 때 성리학이 발달하면서 천은 또 다른 성격을 지니게 되었다. 유교의 천은 초월적 타자로서 섬김과 순종의 대상이면서, 한편으로는 보편적 원리로서 내재적 법칙성이 중시되는 태극太極, 이理, 도道로 인식되기에 이르렀다. 그리하여 유교의 신앙대상은 실체를 가리키면서, 한편으로는 기氣의 신묘한 작용 양상을 가리키기도 하는 이중성을 지니게 되었다.[9] 중국과 마찬가지로 조선시대에도 신을 이기론적으로 설명하려는 견해와, 윤휴, 정약용 등의 예에서와 같이 초월적 존재로 보는 견해가 공존해 있었다.[10]

유교는 과거에 궁극 존재인 천을 비롯해서, 일월성신, 운사, 우사 등

---

7 금장태, 『유교의 사상과 의례』, 예문서원, 2000, 212쪽.
8 김백희, 「중국 고대 신관의 전개」, 『동서철학연구』 54, 2009, 62쪽.
9 금장태, 『귀신과 제사 - 유교의 종교적 세계』, 제이엔씨, 2009, 55쪽.
10 이욱, 「조선시대 유교의 신관」, 『종교문화연구』 1, 1999, 5쪽; 박종천, 「신앙원리와 문화 역량의 변주곡 - 한국유교의 종교문화적 양태」, 『국학사상』 14, 2009, 193-198쪽.

천상의 신 존재와, 지를 비롯해서 산, 림, 천, 곡, 해 등 자연 사물의 신 존재, 그리고 공자를 비롯한 선현 및 죽은 임금, 국가에 공훈이 높은 인물과 조상에게 제사를 지냈다. 이 때 천신에 대한 의례를 사祀, 지기에 대한 의례를 제祭, 그리고 인귀에 대한 제사를 향이라고 하였다.[11]

현재에는 가정의 기제사와 문중의 시제時祭, 매년 5월의 종묘제례, 그리고 봄과 가을 두 차례 성균관 문묘와 향교에서 올리는 석전釋奠만이 여전히 시행되고 있다. 기제사와 시제는 가족과 친족 중심으로 시행되고, 종묘제례는 조선시대 왕족의 후예들이, 그리고 석전은 유림을 중심으로 시행되고 있다.

유교에 의하면 인간은 죽으면 신체인 백은 흙으로 돌아가고 마음인 혼은 우주의 기운으로 돌아가 그 개체성이 없어진다. 그런데 이 과정은 서서히 진행된다. 인간은 죽으면 그 기가 서서히 흩어져 종손의 5대 조상이 되는 시점이 되면 완전히 흩어져 버린다. 따라서 유교는 사람이 죽으면 그 혼백을 신주에 안착시키고 그 신주를 사당에 모시며, 기일과 설, 추석에 향을 피워서 혼을 부르고, 술을 땅에 부어서 백을 부르는 의례를 행한다. 그러다가 5대 조상이 되는 시점이 되면 그 신주는 시신이 묻혀 있는 묘 옆에 묻고, 1년에 한차례 문중 자손들이 묘에 찾아와 시제를 지낸다.

문제는 신관과 마찬가지로 유교의 인간관과 죽음관도 생각보다 복잡하고, 여러 의견들이 공존하고 있다는 점이다. 주자는 당시 불교의 잘못된 귀신관과 윤회설로 인해 악을 현세에 적극적으로 해결하려고 하지 않고, 있는지 없는지도 모르는 지옥의 형벌이라는 교리 때문에 세상에 악이 더

---

11 유교 의례의 종류에 대해서는 금장태, 앞의 책, 64-66쪽 참조.

욱 증가하고 있다는 점에 주목하였다. 그러면서 전염병 등 억울하게 죽은 사람은 그 기가 흩어지지 못하고 앙화를 일으키는 등 괴이현상을 일으킨다고 하였다. 이와 같이 주자는 인간이 죽으면 그 기가 시간을 두고 서서히 흩어진다는 견해를 표명하여 결국 불교의 견해를 비판하면서 전통적인 유교의 제사관도 옹호할 수 있었다. 그렇다고 주자가 조상신의 존재를 인정한 것은 결코 아니었다.[12]

조선시대의 유학자들도 대체로 이황, 이이, 송시열 등의 예와 같이 조상신의 존재에 대해 있기도 하고 없기도 하다는 주자의 애매한 견해에 동의하면서, 결국은 조상신의 존재를 인정하지 않는 입장을 고수하였다.[13] 그러나 허목과 윤휴 등의 예와 같이 조상신의 존재를 인정하는 견해도 일부 있어서, 조선시대 유학자들의 조상신에 대한 입장은 조상신의 존재를 인정하지 않는 견해가 주종을 이루면서, 한편으로는 조상신의 존재를 인정하는 견해도 일부 있었던 것으로 정리해 볼 수 있다.[14]

조상신의 존재를 인정하면 유교가 제사를 지내는 이유는 명백하다. 금장태에 의하면, 인간은 신들을 받들어야 하는 존재이면서, 동시에 스스로 신, 또는 신명을 지니고 있다. 따라서 인간은 자신의 신명을 매개로 모든 신들과 소통할 수 있으며, 죽은 뒤에도 자신의 신명이 후손의 신명과 소통할 수 있는 존재이다.[15] 게다가 조상신은 후손과 천지의 신명을 소통시켜

---

12 박성규, 『주자철학의 귀신론』, 한국학술정보, 2005 참조.

13 한형조, 「음양과 귀신」, 『국학사상』 14, 2009, 575-582쪽.

14 김우형, 「조선 후기 귀신론의 양상 -17·18세기 유귀론과 무귀론의 대립과 균열-」, 『양명학』 19, 2007, 190쪽; 박종천, 앞의 글, 198-204쪽.

15 금장태, 앞의 책, 80쪽.

주는 매개의 역할을 하며, 후손을 사랑하고 보살피고 축복하는 존재이다.[16]

그러나 조상신의 존재를 인정하지 않으면 유교가 제사를 지내는 이유는 불분명해진다. 음양의 두 기로 흩어지는 조상의 혼백은 제사를 흠향할 수 없는 존재이며, 따라서 유교의 중요한 요소인 조상의례는 그 의미를 상실하게 된다. 이 때 유교는 비록 죽은 조상이 시공간을 초월한 영역에 거처하는 것은 아니지만, 자손에게 기의 유전을 통해 존속된다는 입장을 견지한다.[17] 또는 죽은 지 얼마 안 되는 조상의 기는 서서히 흩어지는 과정에서 여전히 일부가 남아 있어서 후손과 감응이 가능하다거나, 또는 죽은 지 오래된 조상의 기는 비록 완전히 흩어졌지만, 조상의 理는 여전히 존재하므로 후손이 정성을 다 하면 역시 조상과 후손의 감응이 가능하다는 입장을 표명한다.[18] 또는 유교에서 제사를 지내는 것은 조상신의 실재를 믿어서가 아니라 효를 극진히 행하여 산 자들의 도덕적 심성을 생활화하려는 데 있다거나, 또는 오늘의 나를 있게 해 준 조상에 대해 정성을 다해 예로써 모시는 것이라는 견해를 제시하기도 한다.[19]

조상신에 대해 이와 같이 여러 견해가 병존해 있음에도 불구하고 민간을 통해 전승되어온 설화를 살펴보면, 제삿날 죽은 조상이 제사를 받아먹으러 반드시 찾아온다는 믿음이 있으며, 제사를 잘 지내면 후손을 잘 두는 등 복을 받을 수 있고, 그렇지 않으면 앙화를 받는다는 믿음이 있다.[20]

---

16 위의 책, 99쪽; 금장태, 『유교의 사상과 의례』, 예문서원, 2000, 224쪽.
17 이창일, 「귀신론과 제사론의 자연주의적 해석」, 『정신문화연구』 29-4, 2006, 149-178쪽.
18 김우형, 앞의 글, 190쪽.
19 이우성, 『제사』, 김영사, 2011, 104쪽.
20 임재해, 「설화문화학적 관점에서 본 제사문화와 재례의 민중적 인식」, 『민속연구』 9, 1999, 16-27쪽.

유교 측의 복잡한 설명에도 불구하고 아마도 이러한 현실적인 믿음에 의해 현재까지 유교식의 제사가 우리나라에서 존속될 수 있었을 것으로 추측된다.

가정에서 전통적으로 지내는 유교의례로는 2월, 5월, 8월, 11월에 지내는 사시제四時祭, 동지에 지내는 시조제始祖祭, 초조 이하 고조 이상에게 입춘에 지내는 선조제先祖祭, 사당에 모신 아버지에게 지내는 이제禰祭, 그리고 기제忌祭, 시제時祭 등이 있었으나, 우리나라에서는 기제와 차례, 시제가 중요시되었다. 그리고 과거에 차례는 설과 추석, 동지, 그리고 6월 유두 또는 7월 칠석 연 4회 하였으나, 현재에는 설과 추석에만 지낸다.

집에서 지내는 유교의례는 본래 신주를 모시고 있는 종가의 사당 중심의 조상의례이다. 사람이 죽으면 3년간 상청喪廳에서 아침, 저녁으로 상식을 올리다가, 3년이 지나면 상청을 없애고, 신주를 사당에 모신다. 신주는 5대째가 되면 매혼埋魂이라 하여 묘소 옆에 묻고, 5대조 이상에게는 묘지에서 시제를 지낸다.

사당 중심의 조상의례가 수용되기 전에는 위호衛護라 하여 조상의 신위를 무당 집이나 사찰에 맡겨서 이들로 하여금 조상을 모시게 하였다. 그러다가 조선 초기에 나라에서 강제적으로 사당 설립과 신주 봉안을 권장하기 시작하여, 조선 중기 이후가 되면 4대 봉사를 위한 사당 제도가 정착되었다.[21] 사당은 집안의 관혼상제의 모든 의례가 행해지는 지성소이며, 조상의 영혼이 가족의 일상적 공간에 함께 거주하는 것을 의미한다.[22]

---

21 석대권, 「제례를 통해 본 종교적 관념의 변화 -조상숭배의례를 중심으로」, 『비교민속학』 24, 2003, 155쪽.
22 이욱, 「제사의 종교적 의미에 대한 고찰」, 『유교사상연구』 16, 2002, 490쪽.

중국에서 한대 이전에는 신주 대신에 시동이 있었다. 시동은 죽은 자를 대신하는 존재로, 손자 가운데 선택하는 것이 일반적이었다. 불교의 영향으로 신주 대신에 영정이나 소상이 사용되기도 하였는데, 다시 송대 신유학의 영향으로 신주 사용이 일반화되었다.[23] 그리고 송대 때부터 이미 신주 대신 일회용으로 지방이 사용되었는데, 우리나라에서도 조선 초기부터 지방이 사용되었다.[24]

집에서 지내는 유교 조상의례는 신주가 중심이다. 신주나 지방을 모셔놓고, 음식을 정성껏 차려서 대접하는 것이 집에서 치르는 유교 조상의례의 전부라고 할 수 있다. 그러나 약간의 문제가 남는다. 가족이 집을 나가거나 들어올 때 사당 앞에서 신주를 보고 인사를 하는 것을 보면, 신주는 조상신 그 자체임에 틀림없다. 그러나 기제나 차례 때, 신주나 지방을 먼저 모셔놓고, 향을 피워서 혼을 불러오는 절차와 대지의 축소라고 할 수 있는 茅沙에 술을 부어 백을 불러오는 절차를 행하는 것을 보면, 신주나 지방은 조상신 그 자체라기보다는 적절한 절차를 거쳐야만 비로소 조상신이 될 수 있다는 것을 알 수 있다.[25]

『주자가례』는 주지하다시피 우리나라의 유교 조상의례에 지대한 영향을 미친 책이다. 이 책은『주례周禮』의 규범 절목 17항목을 기반으로 하여 발전 전개되어 온 의례를 골간으로, 1169년 주자가 남송 시대에 유통되던 생활의칙을 집성한 책이다. 당시 중국에서는 과거제도가 시행됨에 따라

23 위의 글, 102-103쪽.
24 이우성, 앞의 책, 25쪽.
25 기제나 차례의 구체적인 절차에 대해서는 금장태, 『유교의 사상과 의례』, 예문서원, 2000, 213-216쪽 참조.

이전과 같이 지배층의 권위가 세습될 수 없는 상황이었다. 따라서 주자는 이 책을 통해 조상에 대한 숭배의식을 강화하여 종족의 활동과 조직을 강화하여 종족의 영향력을 유지하고자 하였다.[26] 따라서 주자에게 중요한 것은 종법제도의 확립이었다.

종법宗法은 종자宗子와 지자支子를 구별하고 종자에게 불가침의 권위를 부여하여 가족질서를 확립하고, 나아가 사회질서를 유지하는 데 목적이 있다. 유교 조상의례는 일차적으로 이러한 종법제도를 유지하는 기능을 수행하며, 『주자가례』는 바로 종법제도를 기본으로 구성된 책이다. 종가, 종손, 사당, 족보 등은 종법제도를 구성하는 중요한 요소이며, 가계 계승과 제사 승계가 종법제도의 주된 내용이다.[27] 이 때 물론 가계 계승과 제사 승계는 적장자 위주이기 때문에, 유교 조상의례는 종족이 함께 참여하여 종족의 조직을 강화하면서, 한편으로는 종족 구성원의 서로를 구별하는 역할도 동시에 수행한다.[28]

유교 조상의례는 이와 같이 단순히 조상에 대한 예우 차원에서만 이루어지는 것이 아니라 종법을 의례적으로 실천하는 의례이며, 문화적 장치이다.[29] 조선시대뿐만 아니라 현재까지도 양반으로 인정받기 위해서는 유명 성씨, 유명 선조, 사당, 불천위 제사[30]가 기본적인 조건이다.[31] 종가와

---

26 육정임, 「송대 조상제사와 제례의 재구상 - 계급의 표상에서 종족 결집의 수단으로」, 『한국사학보』 27, 2007, 345쪽.

27 도민재, 「사회변화에 따른 제례의 제문제」, 『유교사상연구』 16, 2002, 55-56쪽.

28 양현아, 『한국 가족법 읽기 - 전통, 식민지성, 젠더의 교차로에서』, 창비, 2011, 187쪽.

29 마르티나 도이힐러, 『한국사회의 유교적 변환』(이훈상 옮김), 아카넷, 2003, 187쪽; 김미영, 「제사와 여성 - 조상제사의 실질적 주체」, 한국국학진흥원 교육연수실 편, 『제사와 제례문화』, 한국국학진흥원, 2005, 171쪽.

종손, 그리고 사당을 가지고 있으면서, 기제와 시제 등을 철저히 모시는 집안은 여전히 자신들이 양반의 후예임을 내세우려는 의도를 지니고 있다고 할 수 있다.

『주자가례』는 일찍이 고려시대인 1290년에 우리나라에 소개되었다. 조선 후기에 이재李縡가 『주자가례』에서 순장殉葬의 퇴화 형태로 보이는 의례들을 제외하고, 그 밖에 몇몇 의례서들을 참고하여 『사례편람四禮便覽』을 편찬하였는데, 이 책을 그의 증손자인 이광정李光正이 1844년에 간행하였다. 이 두 책은 우리나라의 유교 조상의례의 교과서의 역할을 수행하였다. 국가 측에서도 1398년 불교식 제례의 폐지, 1435년 사당 건립의 법제화, 1470년 불교식 장례인 화장의 금지와 유교식 상례와 매장의 권장, 1471년 『경국대전』 완성, 1474년 『국조오례의』 완성, 1741년 『국조속오례』 편찬 등을 통해 유교 조상의례의 법제화를 지속적으로 단행하였다.[32]

1895년 단발령의 시행으로 유교의례를 더 이상 강요할 수 없는 상황이 벌어졌고, 일제는 1912년 '묘지, 화장장, 매장 및 취재 규칙'을 공포하여 매장보다 화장을, 그리고 일반 묘지보다 공동 묘지를 권장하였고, 급기야 1934년에는 상기喪期를 최대 14일로 단축하고, 조문할 때 곡을 금지하며, 복기服期는 길어야 1-2년으로 하고, 4대 봉사가 아니라 2대 봉사를 하며, 기제와 시제만 인정하는 내용의 『의례준칙』을 발표하기에 이르렀다. 『사례편람』과 『의례준칙』의 근본적인 차이는 의례의 간소화이다.[33] 불교 중

---

30 5대조 이상임에도 불구하고 神主를 모시고, 기제를 행함.
31 김미영, 「'제사 모셔가기'에 나타난 유교이념과 양반 지향성」, 『민속연구』 9, 1999, 230쪽.
32 장철수, 「평생의례와 정책」, 『비교민속학』 10, 1993, 53-55쪽 참조.
33 김시덕, 「가정의례준칙이 현행 상례에 미친 영향」, 『역사민속학』 12, 2001, 92쪽.

심의 조상의례를 행하던 일본인의 눈에 우리나라의 유교 조상의례는 기묘한 것으로 보였고, 상당 부분이 허례허식과 미신으로 간주되었을 것이다.[34]

광복 후에도 정부는 유교 조상의례에 대한 입장을 지속적으로 발표하였다. 1956년 재건국민운동본부에서 '표준의례'를 제정하고 1961년 같은 내용을 보건사회부에서 공포하였다. 정부는 1969년에 권고법 형식의 '가정의례준칙'을 발표하였으며, 다시 1973년에 이를 개정하여 강제적 처벌 조항을 포함하는 내용의 '가정의례준칙'을 발표하였다. 1999년에 '가정의례준칙'을 폐지하고, '건전가정의례준칙'을 제정하였으며, 2008년에 전부 개정, 2010년과 2012년에 일부 개정하여 오늘에 이르고 있다.

대체로 광복 후에 정부에서 유교 조상의례에 대해 발표한 내용은, 물론 구체적인 면에서 상이한 부분이 없는 것은 아니지만, 허례허식을 타파한다는 면에서 1934년 일제가 발표한 『의례준칙』과 궤를 같이 한다. 1969년 '가정의례준칙'을 발표하면서 당시 대통령은 생활의 합리화와 근대화를 위해서 허례허식을 일소하고, 국민의 화합을 위해 전통문화를 과감히 떨쳐버리고 경제 논리에 따라 지도층이 앞장서서 개혁해야 한다고 하였다.[35] 현행 '건전가정의례준칙'의 내용 가운데 특기할 점은 국가와 지방자치단체는 이 준칙의 목적을 달성하기 위한 사업이나 활동을 하는 민간단체나 개인에게 필요한 경비를 보조할 수 있다는 것과, 특별시장·광역시장·도

---

34 이희재, 「일제강점기의 유교의례 변화 양상 -1930년대 『의례준칙』에서의 가정의례를 중심으로」, 『일본연구』 15, 2011, 567쪽; 전경수, 「관혼상제의 전통 만들기 -동아시아 유교문화와 주변문화론의 적실성」, 『역사민속학』 19, 2004, 70쪽.
35 김시덕, 앞의 글, 86-87쪽 참조.

지사·특별자치도지사 및 시장·군수·구청장은 가정의례에 관한 사항을 지도·계몽하기 위해 '명예가정의례지도원'을 위촉할 수 있다는 것이다. 현행 '건전가정의례준칙'에 포함되어 있는 보조금의 지원과 명예가정의례지도원의 위촉에 유림이 적지 않게 관여하고 있을 것으로 판단된다.

중국이 사회주의 국가 건설 과정에서 유교 조상의례가 허례허식이고 미신이라는 명분 아래 이들 의례를 금지한 적이 있다. 중국은 그렇다고 하더라도 사회 체제가 다른 우리나라에서 유교 조상의례에 대해 국가가 이래라저래라 하는 모습은 어딘지 어색하다.[36] 조선 초기에 국가가 나서서 유교 조상의례를 강요하던 모습이나, 일제시대부터 최근까지 국가가 나서서 유교 조상의례를 간소화하라는 모습이나, 비록 방향은 다르지만, 의도는 같다고 할 수 있다.

기제와 차례는 문중원 내의 사회적 결속을 강화하는 의례이고, 시제는 이웃 동족을 배제하고 자기 동족의 결속감을 강화하는 의례이다. 앞에서도 지적하였듯이 유교 조상의례에는 종손, 종가, 문중이 주도적인 역할을 담당한다. 그리고 유교 조상의례는 무엇보다 농업형의 대가족 사회에 적합하다. 언급할 필요도 없이 현대사회는 산업형의 핵가족 사회가 주류이다. 현대사회에서 문중에 대한 소속감은 현저히 떨어질 수밖에 없으며, 종가를 지켜야 하는 종손의 의무감도 버겁기만 하다. 급기야는 종가에 딸린 종토를 주말농장으로 개방하여 문중원들이 자주 모이게 하는 것이 좋을 것이라는 제안도 나올 정도이다.[37] 게다가 유교 조상의례는 여성을 배

---

36 송현동, 「근대 이후 상장례정책 변화과정에 대한 비판적 고찰」, 『역사민속학』 14, 2002, 219-221쪽.

37 도민재, 앞의 글, 58쪽.

재하는 논리를 지니고 있는데, 현대사회는 아들이 없는 핵가족이 적지 않게 있으며, 또한 여권 신장도 무시할 수 없는 상황이다. 또한 상속법이 지속적으로 개정되어, 과거와 같이 종손과 장손의 가계 계승과 제사 승계가 일사분란하게 이루어질 수도 없으며, 불교식, 천주교식, 개신교식 등의 이웃 종교의 조상의례가 유교 조상의례를 대체하는 경우도 점차 늘고 있는 추세이다. 제3장에서는 이 가운데 상속법 개정이라는 문제에 초점을 맞추어 기존의 유교 조상의례의 변화를 살펴보고자 한다.

3. 상속법 개정 이전과 이후의 유교 조상의례

현행 유교 조상의례는 주지하다시피 종법제도가 정착하기 시작한 조선 중기 이후에 정형화되었다. 현행 유교 조상의례의 실상을 보다 잘 이해하기 위해서는 일단 그 이전의 가계 계승과 제사 승계와 직접적인 관련이 있는 상속 관행에 대해 살펴보는 것이 필요하다.

고려시대에는 일반적으로 사찰에 부모의 위패를 모셔두고 재齋를 올렸다.[38] 고려시대에는 불교의 영향으로 이와 같이 조상의 영혼을 사찰에 안치하여 공양했기 때문에 제사와 가계 계승은 별개의 문제였고, 제사는 사후 봉양의 차원에서 행해졌다. 고려 사회는 부계·처계·모계가 모두 중시되는 수평적 사회였기 때문이다. 재산 상속도 적장자 우대 상속이 아니

---

38 김미영, 「조상제사, 누가 모셔야 하는가?」, 『조상제사, 어떻게 지내야 하는가 - 조상제사의 현대화 모델 정립을 위한 토론회』(한국학학술대회 자료집), 한국국학진흥원, 2011, 59쪽.

라 남녀, 출생 순서와 상관없이 토지, 노비 등의 재산이 균등하게 분배되었고, 제사도 후손들이 돌아가면서 지내고, 비용도 후손들이 함께 분담하였다. 물론 제사에 여성도 동등한 자격으로 참여할 수 있었다.[39]

1485년 간행된 『경국대전』에는 제사를 승계하는 아들에게는 사당 및 이에 딸린 재산을 상속하고,[40] 기타 토지와 노비의 분배는 아들, 딸 균등 분배를 하되, 제사 승계자에게는 5분의 1일을 더 준다고 되어 있다.[41] 16세기에 율곡을 포함한 7남매가, 제사를 지내기 위해 일정 부분의 재산을 미리 떼어 놓고, 나머지 재산을 7남매가 똑같이 나누어서 상속받았다는 기록이 있으며, 17세기에 아버지가 돌아가자 재산을 5남매가 균등하게 나누어 갖고, 제사를 돌아가면서 지내기로 하였다는 기록이 있다.[42] 이런 여러 사례들을 감안할 때 상속의 경우, 1600년대 중엽 이전까지는 자녀 간 균분 상속을 취했으나, 1600년대 중엽을 기준으로 자녀 균분에서, 장남 우대, 남녀 차별로 서서히 변하다가, 1700년대 중엽부터 장남 우대, 남녀 차별의 상속이 일반화되었다는 것을 알 수 있다.[43]

조선 후기로 오면서 제사 승계자에게 할당되는 재산의 양이 점차 증가하였고, 유산 상속자로서 특히 혼인한 딸의 지위가 급격히 하락하였다.[44] 그리고 제사 승계의 경우, 16세기 초에서 17세기말 사이에는 자녀들이 돌아가며 치르는 제사, 장남이 치르는 제사, 이 둘의 결합 형태, 자녀들 간에

---

39 박혜인, 「가정의례의 변화와 21세기의 지향 모색」, 『한국가족복지학』 6-1, 2001, 37쪽.
40 『경국대전』 2, 「戶典」, '田宅'.
41 『경국대전』 5, 「刑典」, '私賤'.
42 김미영, 앞의 글, 61-63쪽 참조.
43 여중철, 「한국 산간부락에서의 分家와 재산 상속」, 『한국학보』 15, 1979, 146쪽.
44 양현아, 앞의 책, 214쪽.

제사를 나누는 형태 등이 공존해 있다가, 17세기 중반에서 18세기 초가 지나면서 장남에 의한 배타적인 제사 형태가 자리를 잡았다.[45] 그리하여 재산 상속과 제사 승계 면에서 후손 간의 수평 지향적 관습이 드디어 장자 중심의 수직적 관습으로 변경되었다. 물론 이 과정이 쉽게 이루어진 것만은 아니고, 조선에 종법제도를 확립하려는 입법자들의 꾸준한 노력의 결과로 이루어질 수 있었다.[46]

일제는 1914년 호적제도를 도입하였다. 일제시대 호주의 권리는 가족에 대한 지배권과 통제권을 말하며, 호주는 가족에 대해 부양 의무가 있고, 이를 위해 호주는 전 재산을 독점 상속하였다.[47] 물론 이 제도는 일본의 관습에 의한 것이다. 조선시대 상속은 재산 상속과 제사 승계가 중요했는데, 호적제도의 도입으로 일제시대 이후에는 호주 상속이 첨가되었던 것이다. 호주는 이전 호주의 재산을 독점 상속하기 때문에 이 제도는 재산 상속의 측면에서 장자에게 유리한 제도이다. 1930년대만 해도 호주 상속에 따르는 재산 상속을 호주가 이전 호주의 전체 재산을 상속한 다음 차남 이하에게 분재分財하는 것인지, 아니면 호주와 차남 이하의 공동 상속으로 볼 것인지가 명확하지 않았다. 다시 말해서 식민지 시기에는 가산家産 개념에 따라 가독家督 상속자가 이전 호주의 재산을 독점 상속하는 일본의 관습과, 조상 재산의 분재分財 개념에 입각한 조선 관습이 혼재해 있었다.[48]

광복 후 1950년대까지는 장남 단독 상속이 가장 많았다가 1960년대에

45 위의 책, 190쪽.
46 마르티나 도이힐러, 앞의 책, 200쪽.
47 양현아, 앞의 책, 128, 159쪽.
48 위의 책, 127-128쪽.

들어서서 장남 우대 불균등 상속이 보편화되었다.[49] 그러나 재산 상속과 관련이 있는 민법 조항은 1960년부터 꾸준히 변경되었다. 1960년에 변경된 재산 상속 관련 민법은 1978년까지 지속되었는데, 그 당시 재산 상속비율은 장남 1.5, 2남 1, 출가장녀 0.25, 미혼 2녀 0.5, 처 0.5이었다. 다시 1979년에 변경된 민법에 의하면, 재산 상속비율은 장남 1.5, 2남 1, 출가장녀 0.25, 미혼 2녀 1, 처 1.5이었다.[50]

우리나라에서는 재산권과 제사 책임의 관계에서 제사 책임이 종속 변수이기 때문에 재산을 받은 만큼 제사에 대한 책임이 있다는 관념이 지배적이다.[51] 따라서 장남 우대 불균등 상속의 경우 제사의 일차적인 책임은 장남이 지고 차남 이하는 이차적이고 보충적인 책임을 진다. 차남 이하는 제사에 반드시 참여해야 하고, 제사 준비도 장남이 대부분 하지만 차남 이하도 술 등 제수 일부를 마련해야 하고, 차남 이하 부인들은 장남 집에 가서 제수 마련을 도와야 한다.

1991년 민법 개정에 의해 현재까지 재산 상속비율은 장남 1, 2남 1, 출가장녀 1, 미혼 2녀 1, 처 1.5가 되었다. 미망인에게 0.5의 비율을 더 주는 것 이외에 자손들은 균등하게 상속을 받게 되었다. 게다가 유림 측의 집요한 반발에도 불구하고 1990년 민법 개정으로 호주의 특권이 대부분 폐지되었고, 2005년 헌법재판소의 헌법불일치 판결로 드디어 호주제도가 완전히 폐지되는 상황이 벌어졌다.

비록 소위 위토位土는 제사 승계자가 물려받는다는 점이 민법에 명시되

<hr />

49 여중철, 앞의 글, 129쪽.
50 김미영, 앞의 글, 64-65쪽 참조.
51 임돈희, 「한국 조상숭배의 미래상」, 『한국문화인류학』 20, 1986, 159쪽.

어 있기는 하지만, 이제 상속 면에서 법률적으로 장남에게 주어지는 혜택이 없어지면서, 장남이 자손들을 대표해서 제사를 지내야만 한다는 기존의 관념에 균열이 생기게 되었다. 과거에는 제사 승계가 권위의 상징으로 인식되었으나 이제는 오히려 부담이 될 수밖에 없는 상황이 벌어졌다.[52] 이런 상황에서 과거에 제사는 장손과 장남을 중심으로 친족과 가족을 결합시키는 역할을 수행하였으나 현재에는 오히려 친족과 가족을 해체시키는 역할도 수행하고 있는 것으로 보인다. 따라서 현재 우리나라에서는 제사를 누가, 어떻게, 왜 지내야 하는지에 대한 근본적인 논의가, 매우 '뜨거운 감자'임에도 불구하고, 민속학, 가정학 등을 중심으로 꾸준히 그리고 조심스럽게 진행되고 있다.[53]

4장에서는 현행 유교 조상의례가 처해 있는 상황을 보다 잘 파악하기 위해서 이웃나라인 중국과 일본의 경우를 일별해 보도록 하겠다.

4. 한·중·일 조상의례의 비교

중국은 1949년 유교 조상의례를 봉건적인 관습이라고 하여 금지시킨 이래 조상의례는 주로 청명淸明, 양력 4월 5일과 추석에 성묘하는 풍습으로만 남아 있다.[54] 설에도 차례는 지내지 않고, 폭죽, 세배, 사자춤 등 송구영신

---

52 도민재, 앞의 글, 61쪽.
53 김미영, 앞의 글, 58쪽.
54 송재용, 「한·중·일 의례에 나타난 공통성과 다양성 - 관·혼·상·제례를 중심으로」, 『비교민속학』 21, 2001, 299쪽.

의 여러 가지 놀이를 즐기는 배년제拜年祭를 할 뿐이다. 추석에도 가족이 모여 월병을 먹고, 달을 보고 절하며 달을 감상하는 날로 휴일을 즐기는 일만을 할 뿐이다. 기제사를 할 경우에도 일반적으로 묘지에 가서 꽃을 놓고 묵념을 하거나 큰 절을 세 번 올리는 것으로 대신한다.[55] 그러나 현지인에 의하면 최근에 기제사 등 조상의례를 다시 복원하려는 움직임이 서서히 나타나고 있다고 한다.

최근까지 국내에서는 중국의 유교 조상의례에 대한 연구가 주로 대만을 중심으로 이루어져왔다. 여기에서는 주로 대만을 중심으로 수행된 연구업적들을 참조하여 중국의 조상의례를 살펴보고자 한다.

중국은 기본적으로 부모의 재산을 형제들이 똑같이 나누며, 종손이라는 개념도 없다.[56] 따라서 부모 가구의 가장권을 특정의 후손이 계승한다는 개념이 없으며, 각각의 후손은 자신의 조상에 대해 동일한 의무를 지닌다.[57] 중국에서는 재산을 분배할 경우, 특정의 재산을 자신의 노후 생계 기반으로 남겨놓고, 이 재산을 자신의 사후에 후손에게 위토로 물려주어 자신에 대한 제사의 기반이 되도록 한다. 제사를 지낼 수 있는 별도의 재산을 남겨주지 않을 경우 제사를 받지 못하는 경우도 있을 수 있다.[58] 중국에서는 대체로 객청客廳의 정면에 불교나 도교의 신과 함께 조상의 위패를 모시는데, 주로 재산을 상속해 준 부모와 조부모의 위패를 모시는 경우가

---

55 두경자, 「우리나라 제례의 검토와 제례 재구성모델 연구」, 『한국가정관리학회지』 18-3, 2000, 163쪽 참조.
56 이광규, 「중국 친족제도 연구 서설」, 『한국문화인류학』 17, 1985, 262쪽.
57 로저 자넬리·임돈희, 『조상의례와 한국사회』(김성철 역), 일조각, 2000, 186쪽.
58 김광억, 「조상숭배와 사회조직의 원리 - 한국과 중국의 비교」, 『한국문화인류학』 20, 1986, 112-113쪽.

많다. 3-4대가 지난 위패는 땅에 묻거나 태워 없애고, 나무판에 이름을 쓴 신위를 조묘에 옮긴다. 조묘에 모셔지는 신위는 조묘를 건립할 당시 출자한 사람, 또는 그 후 조묘가 중수될 때 출자한 사람들의 신위이거나, 또는 그런 일을 한 사람들의 조상의 신위이다.[59]

중국에서는 역대 선조를 집합적으로 하나의 위패로 만들거나, 복수의 조상을 하나의 위패로 만드는 경향이 있다.[60] 조상에 대한 의무를 후손들이 똑같이 지니고 있기 때문에, 만약 어느 후손이 먼 곳에 거주하여 조상의 례에 지속적으로 참여하지 못할 경우 그 후손은 별도의 위패를 만들어서 조상에 대한 의무를 이행한다.[61] 같은 유교문화권이면서도 중국에서는 대체로 제사를 지낼 수 있는 특정의 재산이 있어야만 조상 대접을 받을 수 있다는 지적이 무엇보다도 흥미롭다.

일본에서 재산 상속은 가장권을 계승한 후계자의 단독 상속이다. 대체로 후계자로 장남이 선정되지만, 차남이나 사위가 후계자가 되기도 한다. 우리나라와 달리 혈통보다는 가계가 우선시된다고 할 수 있다.[62] 후계자에서 제외된 나머지 후손들은 상속을 전혀 받지 못하며, 조상에 대한 의무는 후계자가 전적으로 진다.[63] 따라서 일본에서는 후계자가 제사를 지낼 때 후계자가 아닌 후손은 제사에 참석할 의무도 없고, 재정적인 부담도 지지 않는다. 그러나 일본에서는 지역에 따라 후손들이 부모의 위패를 나

---

59 김광억, 앞의 글, 114쪽.
60 배영동, 「전통적 기제사를 통해 본 조상관」, 『비교민속학』 23, 2000, 284쪽.
61 임돈희(글)·김수남(사진), 『조상제례』, 대원사, 1990, 40쪽.
62 竹田 旦, 「한일 조상숭배의 비교 연구」, 『한국민속학』 16, 1983, 395쪽.
63 임돈희(글)·김수남(사진), 앞의 책, 40쪽.

누어 모시는 분패分牌 제사祭祀가 발견되기도 한다.[64]

일본의 조상의례는 대체로 불교식이다. 집안에 불단을 설치하고 본존불과 함께 조상의 위패를 모시는데, 세대별 조상 각각의 위패가 아니라 모든 조상을 하나의 위패에 모신다.[65] 중국과 마찬가지로 일본에도 1년 주기의 기제사는 없으며, 있다고 하더라도 불교식으로 치른다.[66] 일본에서는 사람이 죽으면 사망일로부터 7일째, 그리고 57일째 또는 77일째에 사찰에서 의식을 거행하며, 3주기와 7주기에 절에 가서 꽃을 놓고 묵념을 한다. 그리고 3월의 춘분과 9월의 추분에 불단을 청소하고 꽃과 음식을 진열한다. 그나마 현대에는 춘분과 추분에 묘지에 가서 꽃 한 송이 놓고 묵념하는 것으로 끝을 낸다.[67] 이밖에 7월 중순경에 오봉お盆을 하면서, 묘지의 비석 위쪽에 맑고 깨끗한 물을 부어주는 물 공양을 시행하고 있다.[68]

중국과 일본의 경우를 감안하면, 비록 같은 유교문화권이라고 하더라도 조상의례에서 3국 사이에 차이점이 존재한다는 것을 알 수 있다.[69] 일단 우리나라는 매우 유교적이고, 중국은 유교적이되, 불교와 도교적인 요소가 가미된 것으로, 그리고 일본은 불교적이라는 차이점을 지적해 볼 수

64 김시덕, 「한국 일생의례의 동아시아적 보편성과 고유성」, 『비교민속학』 39, 2009, 120
   쪽; 최길성, 「조상숭배의 한·일 비교」, 『한국문화인류학』 20, 1986, 134쪽; 김미영,
   「'제사 모셔가기'에 나타난 유교이념과 양반 지향성」, 『민속연구』 9, 1999, 209-210쪽.
65 김시덕, 앞의 글, 76쪽.
66 호시아이 노부코, 「현대 일본 개신교 교회의 장송의례」, 편무영 외, 『종교와 일생의례』,
   민속원, 2006, 403쪽.
67 두경자, 「우리나라 제례의 검토와 제례 재구성모델 연구」, 『한국가정관리학회지』 18-3,
   2000, 163-164쪽.
68 송재용, 앞의 글, 299쪽.
69 3국의 보다 구체적인 차이점에 대해서는 로저 자넬리·임돈희, 앞의 책, 187-203쪽 참조.

있다. 유교적이라는 의미는 종법제도가 여전히 어느 정도 영향을 미치고 있다는 점을 말한다.

그리고 재산 상속과 조상에 대한 의무 사이에 일정한 관계가 있다는 점에도 주목할 필요가 있다. 중국은 후손들이 재산을 균등하게 상속받으며, 조상에 대한 의무도 후손들이 동등하게 지닌다. 일본은 가계을 잇는 후계자가 단독으로 재산을 상속받으며, 조상에 대한 의무도 후계자가 단독으로 지닌다. 한국은 최근까지 적장자 우대의 상속이 유지되고 있기 때문에 장자나 종손이 조상에 대한 의무를 일차적으로 지니며, 다른 후손들은 부차적인 의무만을 지닌다. 우리나라가 앞으로 중국과 마찬가지로 후손들이 재산을 균등하게 상속받는 제도가 정착된다면, 앞으로 조상의례가 여전히 장자나 종손 위주로 시행될 수 있을지가 의문이다.

5. 맺음말

우리나라에 '7대 종교'라는 말이 있다. 가끔 7대 종교의 지도자들이 대통령의 초청으로 청와대를 방문하거나, 또는 종교의 화합운동 등을 벌이고 있다. 유교의 성균관장은 불교, 천주교, 개신교, 원불교, 천도교, 민족종교의 대표자들과 함께 이런 행사에 참여한다. 물론 유교는 이웃종교들에 비해, 신자와 비신자의 경계가 뚜렷하지 않다거나, 소위 교학이 종단과 무관하게 존재한다거나, 성직자의 개념이 뚜렷하지 않다는 등의 여러 특징을 지니고 있다. 유교가 종교인지 아닌지에 대해 여전히 서로 다른 의견이 있음에도 불구하고, 유교는 그러나 우리나라에서 확실히 종교로 존재하고 있음에 틀림없다.

지금까지 유교의 조상의례를 중심으로 배경, 현재 모습, 그리고 중국과 일본과의 상이점을 살펴보았다. 의례가 아예 없거나, 의례의 의미가 상실되면 그 종교는 존속할 수 없다. 현재 우리나라에서 조상의례는 유교의 핵심적인 의례 가운데 하나이다. 만약 유교의 조상의례가 그 의미를 상실하고 형식으로만 남는다면 유교는 종교로서의 수명을 마치고 말 것이다.

최근까지 우리나라의 가족 공동체의 결속은 유교의 조상의례에 의해 지탱되어 왔다고 해도 과언이 아니다. 유교의 조상의례는 기본적으로 종법적 계층 질서에 근거하고 있다. 그러나 유교의 종법적 계층 질서는 남녀 평등사상은 물론이고, 최근의 호주제 폐지와 균분 상속제도의 시행 등으로 뿌리부터 흔들리고 있다.

혹자는 필자가 종교학을 한다는 이유로, 자기 집에서 제사를 어떤 형식과 절차로 지내는 것이 좋은지에 대해서 묻고는 한다. 그 사람이 일반 서점에 비치되어 있는 제사 지내는 방법에 관한 책을 참조하지 않았거나, 인터넷에서 관련 내용을 검색해 보지 않았을 리 없다. 문제는 그 사람이 널려 있는 그런 정보에 결코 만족하지 못하였다는 점일 것이다. 유교의 종교적 측면을 무엇보다 강조하는 어느 학자는 유교의 조상의례를 시의에 맞게 적절히 개선하는 것이 우리의 문화적 주체성을 확립하는 길이라고 강변한다.[70] 그리고 가정학과 민속학 분야에서는 구체적으로 유교의 조상의례의 개선된 시안을 제시하기도 한다.[71] 시안의 내용은 간단하다.

---

70 금장태,『귀신과 제사 - 유교의 종교적 세계』, 제이엔씨, 2009, 108쪽.
71 두경자, 앞의 글; 두경자,「제례 재구성 모델의 실증적 검증을 통한 제례 모델 재구성」,『한국가정관리학회지』19-6, 2001; 한국국학진흥원 교육연수실 편,『제사와 제례문화』,

조상의례의 핵심적인 의미를 해치지 않는 범위 내에서 절차와 형식을 간소화하자는 것이다. 그리고 후손들이 제사를 돌아가면서 치르는 윤회 봉사, 또는 후손들이 제사를 나누어서 치르는 제사 분할이 주장되기도 한다.[72] 물론 유림 측에서는 이러한 주장에 결코 귀를 기울이지 않을 것으로 보인다.

유교의 조상의례 대신 최근에 불교나 개신교, 천주교 등 이웃종교의 조상의례를 채택하는 가정이 늘고 있다. 조상에 대한 제사를 치르자니 번거롭고, 안 치르자니 마음이 불편하니 이웃종교의 보다 간편한 의례를 찾아가는 것이다. 불교나 개신교, 천주교의 조상의례에도 문제점이 없는 것은 아니다. 불교에서 죽은 조상은 49일이 지나면 환생하여 다른 존재로 바뀐다. 49일 이전에 죽은 조상을 더 좋은 존재로 환생시키기 위해 천도재를 지내는 것은 의미가 있다. 그러나 49일이 지나면 죽은 조상은 이미 다른 존재로 바뀌었는데, 1년 주기로 제사를 지낸다는 것은 의미가 없다. 개신교나 천주교에서 사람은 죽으면 지옥으로 갈 수도 있다. 지옥으로 간 조상에 대해 1년 주기로 예를 갖추는 것이 과연 무슨 의미가 있겠는가? 불교나 개신교, 천주교 등 이웃종교의 조상의례도 계속해서 변화를 겪고 있고, 다른 대안들이 꾸준히 제시되고 있다.

글을 맺으면서 두 가지 단상이 떠오른다. 지난 3공화국 시기에 충과 효를 매우 강조하였다. 충은 과거에 군왕에 대한 충성을 의미하였다. 당시 군왕이 없는 시절에 과연 충의 대상은 무엇이었는가? 아마도 국가에 대한

한국국학진흥원, 2005 등 참조.
72 김명자, 「현대사회에서 제례, 무엇이 문제인가」, 『역사민속학』 12, 2001, 77쪽; 김미영, 「가족·친족 문화의 전통과 계승」, 『민속연구』 13, 2004, 107쪽.

충성을 의미하였을 것이다. 유학을 하는 사람들이 당시 어용학자라는 비난을 받으면서까지 충의 논리를 개발하기 위해 나름대로 많은 노력을 기울였다. 그런데 문제는 효이다. 프로이드에 의하면 효를 강조하면 할수록 자손들은 효를 충분히 다하지 못했다는 정신적 스트레스를 받기 마련이다. 이 정신적 스트레스를 해소하는 데 가장 좋은 장치가 바로 조상의례이다. 그런데 위정자들은 효를 강조하여 국민들의 정신적 스트레스를 고조시키면서, 한편으로는 조상의례는 간소화할 것을 강요하였다.

유교에 '남녀7세부동석'이라는 말이 있다. 요즈음의 세상에서는 절대로 통용될 수 없는 말이다. 예전에 성균관의 어느 인사로부터 이 말은 7세가 되면 남녀가 '같은 장소'에 있지 말라는 뜻이 아니라, '방석 하나에'에 함께 앉지 말라는 뜻이라는 말을 들었다. 이 해석에 토를 달자는 것이 아니다. 신학이나 교학이 하는 일 가운데 하나가 바로 이런 일이다. 세상이 바뀌면 자신들의 경전에 나오는 구절을 재해석하고, 나아가서 자신들의 경전에 나오는 구절에 의해 세상을 바꾸고자 노력하는 것이 바로 신학이나 교학이 해야 할 일이다.

과거에 종손과 장남은 상속을 보다 많이 받을 권리와, 아울러 조상의례를 행해야 할 의무를 동시에 지니고 있었다. 이제는 종손과 장남에게는 권리는 없고, 의무만 있는 상황이 도래하였다. 불교와 천주교, 개신교 등 이웃종교는 이런 상황에 그다지 크게 놀라지 않아도 된다. 그러나 유교는 분명히 다르다. 이 글을 준비하면서 재미있는 주장에 접할 수 있었다.

우리 민족은 이 지구상에서 가장 조상을 잘 모시는 민족입니다. 조상을
잘 모시면 조상들도 천상에서 늘 그 자손들이 편안히 잘 살도록 보살펴주
실 것입니다.[73]

비록 대중적인 서적이기는 하지만, 유교의 조상의례를 설명하면서 언급
된 내용이다. 전통적인 유교식 설명을 감안하면 '천상'이라는 용어가 어쩐
지 탐탁하지 않다. 그리고 조상들이 자손들을 편안히 잘 살도록 보살핀다
는 주장도 어쩐지 어색하다. 이러한 여러 문제들을 포함해서, 조상의례를
누가, 왜, 그리고 어떻게 행해야 하는지에 대해 이제는 더 이상 미루지
말고 유학자들이 답해야 한다. 유학자들이 아니면 성균관이 직접 그야말
로 발 벗고 나서야 한다. 현대 한국사회에서 유교가 종교의 하나로 대접받
고자 하면서, 유교의 핵심적인 의례 가운데 하나인 조상의례의 실상에 대
해 계속 침묵을 한다면 유교는 종교로서 지니고 있는 책무를 스스로 방기
하는 것이 될 것이다. 특히 기제사, 차례, 시제 등 유교의 조상의례가 전통
문화라는 이름 아래 가족과 친족 중심의 1년 주기 의례에서 차지하는 비중
을 감안할 때 이 문제는 더 이상 미룰 수 없는 문제이다.

---

73 이우성, 『제사』, 김영사, 2011, 120쪽.

제14장

대순진리회의
신관과 의례.*

1. 머리말

　본 논문의 1차적인 목표는 대순진리회의 주요 의례들을 살펴보는 것이다. 대순진리회의 의례를 효과적으로 이해하기 위해서 본고는 도인 가정, 포덕소, 회관, 도장 등 장소별로 구분해서 각각의 장소에서 행해지는 주요 의례들을 살펴볼 것이다. 대순진리회의 의례는 일반적으로 기도, 수련, 공부, 치성으로 구분할 수 있다. 이들 의례에서 주문이 차지하는 비중이 매우 큰데, 특히 진법주眞法呪에는 대순진리회에서 신봉하고 있는 15신위神位의 이름이 차례대로 나열되어 있다. 도장의 영대靈臺에서 행하는 치성致誠은 대순진리회에서 신봉하고 있는 15신위 앞에 음식을 진설하고 드리는 것으로 진행 절차는 겉으로 보기에 유교식 제사의 그것과 유사한 듯하다. 대순진리회의 의례를 이해하기 위해서는 구천상제九天上帝를 비롯해서 대

　*「종교연구」 73, 2013. 본 논문은 2013년도 한국학중앙연구원 연구과제로 수행(AKSR 2013-C15).

순진리회에서 신봉하고 있는 여러 신격들에 대해서 우선적으로 이해하는 것이 필요하다. 기도나 수련, 그리고 공부와 치성 등 대순진리회의 의례의 중심에는 대순진리회에서 신봉하고 있는 여러 신격들이 자리하고 있기 때문이다.

대순진리회 도인들은 신이 실제로 존재하고 있는 종교는 자신들의 종교 뿐이라고 말한다. 대순진리회 이외의 종교들은 비록 신을 운위하고 있다고 하더라도 그 신이 실제적으로 존재하지는 않는다는 주장이다. 대순진리회에서 신이 차지하는 비중이 매우 큼에도 불구하고, 대순진리회의 신관은 생각보다 간단하지가 않다. 물론 역사가 긴 기독교의 경우에도 신관이 간단히 정리될 수 있는 것은 아니다. 예수가 죽은 뒤 예수가 신인지 인간인지의 여부에 대해 초기 기독교인들 사이에는 합의가 이루어지지 않았다. 예수가 죽은 뒤 수백 년이 지난 다음에 삼위일체라는 교리가 정립되어 이 문제가 일단락될 수 있었다. 그럼에도 불구하고 예수에서 비롯한 종교이면서도 삼위일체를 인정하지 않는 기독교 교파도 여전히 많이 활동하고 있다는 점은 주지의 사실이다.

대순진리회에서는 증산甑山 강일순姜一淳을 구천상제로, 그리고 2대 교주인 정산鼎山 조철제趙哲濟[1]를 옥황상제로 신봉하고, 이들 두 상제를 '양위兩位 상제님'으로 호칭하고 있다. 그리고 근래에는 3대 교주인 우당牛堂 박한경朴漢慶[2]을 석가모니불 대신에 영대에 원위元位로 모시는 문제로 대순진리회가 내분을 치르고 있다. 기독교를 비롯한 여타 다른 종교들이 모두

---

1 교단 내에서와 마찬가지로 본 논문에서는 道主로 호칭하고자 한다.
2 교단 내에서와 마찬가지로 본 논문에서는 道典으로 호칭하고자 한다.

그렇듯이 대순진리회에서도 도인들 사이에 이들 신에 대한 이해는 다양할 수밖에 없다. 본 논문은 대순진리회에서 신관이 어떻게 다양하게 전개되는지, 그리고 신관을 정립하려는 움직임이 어떻게 전개되고 있는지를 먼저 살펴본 뒤에 주요 의례들을 정리해 볼 것이다.

특정 종교교단에 대한 종교학자의 글은 여전히 오해의 소지가 있게 마련이다. 특히 그들이 신봉하고 있는 주요 신들에 대한 언급은 보다 조심스럽기만 하다. 게다가 현재 대순진리회는 신관을 중심으로 내분을 겪고 있기 때문에 대순진리회 신관에 대한 종교학자의 언급은 위태롭기까지 하다. 본 논문의 일차적인 독자는 대순진리회의 도인이라기보다는 오히려 종교학 분야에 종사하는 사람들이라는 점을 글의 앞부분에서 분명히 밝히고자 한다. 그리고 편의상 대순진리회에 대한 정보는 주로 여주본부도장을 중심으로 수집하였다는 점도 아울러 밝힌다.

종교학에 '동감적同感的, empathetic' 이해라는 말이 있다. 본 논문에서는 동감적 이해보다는 '공감적共感的, sympathetic' 이해의 입장을 취하고자 한다. 외부자의 입장에서 가능하면 종단 내부의 주장을 이해하려는 노력을 경주한다는 점에서 두 용어가 유사하기는 하지만, 전자보다 후자가 종단과 일정한 거리를 좀 더 두려고 한다는 점에서 차이가 있다.[3] 어느 종단의 경우나 마찬가지이지만 종교학자의 해당 종단에 대한 글에 해당 종단 소속자들이 완벽하게 만족할 수는 없기 마련이다. 그리고 경우에 따라서는 종단 소속자들에게는 상식에 불과한 내용을 종교학자들이 구태여 왈가왈부하

---

3 이들 개념에 대해서는 John J. Shepherd, ed., *Ninian Smart on World Religions* (Burlington: Asgate, 2009), p. 7 참조. 스마트는 후자의 특징으로 '애정이 있는 중립주의warm neutralism'를 제시한다.

는 것으로 이해될 수도 있다. 본 논문도 예외는 아닐 것이다. 하지만 본 논문을 통해서 대순진리회라는 종단이 종교학자의 시선을 통해 종교학적 자료로 정리될 수 있으면 하는 바람이다.

2. 대순진리회의 신관

2.1. 무엇이 문제인가?

대순진리회의 의례 장소는 도인 가정을 시작으로 포덕소, 회실, 회관, 도장으로 구분해 볼 수 있다. 분규 이전인 1998년 12월 현재 포덕소 1,115개, 회실 154개, 회관 91개가 있었다고 한다.[4] 가정과 포덕소에는 증산의 신위가 모셔져 있지 않지만, 회실과 회관에는 증산의 신위가 모셔져 있다. 그리고 도장에는 지성소로서 영대靈臺라는 것이 있는데, 현재 여주도장의 경우 영대에는 증산을 비롯해서 15신위가 모셔져 있다. 영대는 무극도 시절부터 증산의 신위를 모시는 장소를 지칭하는 용어로 사용되었는데, 대순진리회 내에서는 증산이 이미 영대에 대해 언급하였다고 믿고 있다.[5]

중국 쪽의 자료를 검색해 본 결과 중국에서 '영대'는 천문대, 마음, 하늘에 제사지내는 곳, 머리, 무덤, 제대祭臺, 별자리 이름 등 여러 가지 의미를 지니는 용어임을 알 수 있었다.[6] 이들 가운데 기원전 1057년 주 문왕이

---

4 이경원, 『대순종학원론』, 문사철, 2013, 154쪽.
5 "運 靈臺四海泊 得體 得化 得明", 『전경』, 대순진리회 교무부, 1974, 공사 3-41.
6 http://xh.5156edu.com; http://www.lingtai.gov.cn/zjlt/lswh/lsyy.htm; http://baike.baidu

密 땅을 치고 영대를 세워 하늘에 제사를 지내고 백성을 위안했다는 기록, 그리고 수나라 때 영대가 있었던 그 곳의 지명을 영대[7]라고 했다는 기록이 주목을 끈다. 대순진리회에서 영대는 마음이라는 관념과 직접적으로 연결되고 있는 것으로 보인다. 대순진리회는 주 문왕을 도와 천하를 평정한 강태공이 365신을 봉했다고 하는 전설[8]을 신봉어지神封於地로, 그 봉했던 장소를 영대로 이해한다. 원래 역사적으로 신들을 봉했던 장소가 영대이며, 이제 대순진리회가 영대를 지어 신들을 봉하고 있다는 것이다. 대순진리회는 후천이 되면 신들이 인간에 의해 봉해지는 시대가 열리는데, 그것을 신봉어천神封於人이라고 설명한다. 아울러 그 때가 되면 신은 인간이 그 닦은 바에 따라 인간의 마음을 통해 응한다고 한다. 따라서 향후에는 신이 봉해지는 인간의 몸이 곧 영대가 되며,[9] 그 시대가 열리기 이전에 증산의 천지공사와 관련된 신들을 불러 모아놓은 곳이 대순진리회의 영대라고 정리해 볼 수 있다.

대순진리회에서 신들을 불러 모으기 위한 수단 가운데 중요한 것이 주문 송독이다. 무극도 시절에는 봉축주奉祝呪, 진법주眞法呪, 이십팔숙주二十八宿呪, 이십사절주二十四節呪, 심경도통주心經道通呪, 칠성주七星呪, 원대주願戴呪, 관음주觀音呪, 해마주解魔呪, 복마주伏魔呪, 음양경陰陽經, 운합주運合呪, 개벽주開闢呪, 옥추통玉樞統, 태극주太極呪, 명이주明耳呪, 오방주五方呪, 오장주五臟呪, 구령삼정주九靈三精呪, 예고주曳鼓呪 등의 주문을 사용하였다. 이들

.com/view/361083.htm 참조.

7 甘肅省 平凉市 靈臺縣.

8 이 전설을 소재로 한 소설이 『封神演義』이다.

9 대순진리회는 이것을 心靈身臺라고 부른다. 『전경』, 교운 1-66의 『玄武經』十八面.

주문 가운데 이십팔수주, 이십사절주, 음양경, 운합주, 개벽주, 옥추통, 명이주, 오방주, 오장주, 구령삼령주의 전문이 『전경』에 실려 있다.[10] 이들 주문은 증산의 친필인 『현무경』과 함께 도주가 선돌부인[11]으로부터 받았다고 한다.

대순진리회에서 주문은 도인에게 신명을 응기應氣시켜 그 기운을 받고 원하는 바를 이룰 수 있도록 해 주는 글로, 주문을 지속적으로 읽으면 신명神明이 호위하여 떠나가지 않아 신인의도神人依導의 경지를 얻는다고 한다.[12] 그러나 입도하지 않은 사람이 주문을 읽으면 무당이 되는 등의 부작용이 있기 때문에, 증산 관련 대부분의 종단들과 마찬가지로 대순진리회도 주문을 공개하지 않는 것을 원칙으로 한다고 한다.

대순진리회 신관과 관련해서 우리가 일차적으로 주목하고자 하는 주문은 진법주이다. 왜냐하면 진법주에 나오는 15신위들이 영대에 그대로 봉안되어 있기 때문이다. 현재 대순진리회 여주도장에서 사용하고 있는 진법주의 내용은 아래와 같다.

구천응원뇌성보화천존강성상제 하감지위下鑑之位/ 조성옥황상제 하감지위/ 서가여래 하감지위/ 명부시왕 응감지위應鑑之位/ 오악산왕 응감지위/ 사해용왕 응감지위/ 사시토왕 응감지위/ 관성제군 응감지위/ 칠성대제 응감지위/ 직선조 하감지위/ 외선조 응감지위/ 칠성사자 내대지위來待之位/ 우직사자 내대지위/ 좌직사자 내대지위/ 명부사자 내대지위/ 천장길방天

---

10 위의 책, 교운 2-42.
11 증산의 누이동생.
12 이경원, 앞의 책, 262쪽.

藏吉方하여 이사진인以賜眞人하시나니 물비소시勿秘昭示하사 소원성취케
하옵소서.

증산이 천하를 주유하고 고향인 객망리로 돌아온 뒤 시루산 정상에서
진법주를 외우고, 오방신장과 48장 및 28장 공사를 하였다는 기록이 『전
경』[13]에 보이는 것으로 보아, 진법주는 증산 관련 초기 교단들에서도 이미
사용되었을 것으로 보인다. 보천교는 초기에 고천제告天祭를 지낼 때 9층
의 제단에 천지일월성신天地日月星辰을 그린 일월병日月屛을 두르고 '구천하
감지위九天下鑑之位', '옥황상제하감지위玉皇上帝下鑑之位', '삼태칠성응감지위
三台七星應感之位'라고 쓴 삼위상三位床을 설하고, 월곡月谷이 3층 단위에 올라
가 제례를 올렸다고 한다.[14] 따라서 보천교에서 사용하는 진법주는 앞부
분에 구천, 옥황상제, 삼태칠성이 언급되어 있었을 것이다. 그리고 증산도
에서 사용하는 진법주는 앞부분에 구천, 증산상제, 중종조가 차례대로 언
급되어 있다.

이와 같이 증산 관련 각 종단에서 사용하고 있는 진법주들은 주문의
앞부분에서 차이를 보이고 있다. 주로 앞부분에 자신들이 신봉하는 주요
신명들의 이름이 나오기 때문이다. 증산 당시의 진법주의 내용은 알 수
없으나 대순진리회에서 현재 사용하는 진법주는 1958년에 도주에 의해서
확정되었고, 영대에 모시는 15신위도 그 때 지금의 모습으로 정해졌다고
한다.

---

13 『전경』, 행록 2-10.
14 『普天敎誌』, 普天敎中央總正院, 1964, 405쪽.

영대에 모셔져 있는 15신위의 구체적인 모습은 아직 공개되지 않았다. 영대는 그야말로 지성소이기 때문에 일반인들이 들어갈 수 없는 것은 말할 것도 없고, 도인들도 15신위 앞에서는 치성 기간의 아주 짧은 순간을 제외하고는 고개를 숙이고 있어야 하기 때문에 15신위의 구체적인 모습을 제대로 아는 것이 쉽지 않을 듯하다. 다행인지 불행인지 1970년대 중반에 독일인 학자 프루너가 현장연구를 통해 15신위의 사진을 소개하고, 15신위 각각의 모습을 서술한 논문을 발표한 적이 있다. 논문에 소개된 사진은 질이 좋지 않아 그다지 도움이 되지 못하는 안타까움이 있지만 15신위의 모습을 서술한 내용은 참고하기에 충분하다. 이 논문에 의하면, 예를 들어서 구천상제는 갓을 쓰고 한복을 입은 초상화로, 조성옥황상제는 세 겹 정자관程子冠을 쓰고 한복을 입은 초상화로, 서가여래는 설법인說法印 손 모양에 승려복을 입은 황금색 톤의 모습으로 소개되어 있다.[15] 15신위의 배열된 순서는 아래 그림과 같다. 15신위 이외에 48장이 한 장의 그림으로 모셔져 있는데, 영대에 48장이 모셔져 있는 곳은 여주도장이 유일하다고 한다. 영대에 48장이 추가로 모셔진 이유는 아마도 구천상제를 직접 호위하는 48장의 중요성을 강조하기 위한 것으로 보인다.

---

15 Gernot Prunner, "The Birthday of God: A Sacrificial Service of Chungsangyo", *Korea Journal*, Vol. 16, No. 3, 1976, p. 16.

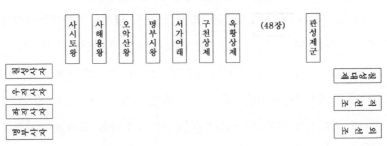

〈여주도장 영대에 봉안된 15신위〉[16]

대순진리회 지고신의 정식 명칭은 구천응원뇌성보화천존강성상제九天應元雷聲普化天尊姜聖上帝인데, 일반적으로 구천상제라고 부른다. 구천상제는 다른 유일신 종교들의 지고신과 마찬가지로 더 이상 지고至高일 수 없는 최고 경지의 지고신이다. 무극도 시절에는 지성소가 영대와 도솔궁 두 곳이 있었다. 영대는 48칸으로 외부는 2층이나 내부는 3층으로 되어 있었는데, 3층에 증산의 영위靈位를 모시고 1층과 2층은 집회장이었다. 도솔궁은 72칸으로 외부 3층, 내부 4층으로 4층은 33天을 봉안한 도솔궁, 3층은 칠성을 봉안한 칠성전, 2층은 육정신六丁神과 제대신명諸大神明을 봉안한 봉령전奉靈殿, 1층은 중궁中宮이라 하여 도주가 수도하던 곳이었다.[17] 『전경』에 의하면 무극도 시절에 도주가 이미 증산이 바로 구천응원뇌성보화천존이라고 말하였다고 한다.[18] 무극도 시절에는 바로 구천응원뇌성보화천존인 증산과 함께 33천,[19] 칠성, 육정신과 제대신명이 주요 신앙대상이었다는

16 차선근, 「대순진리회 상제관 연구 서설 II」(미발표 원고)에서 가져온 그림임.
17 홍범초, 『범증산교사』, 범증산교연구원, 1988, 358쪽; 村山智順, 『朝鮮의 類似宗教』(최길성·장상언 공역), 계명대학교출판부, 1991, 274쪽.
18 『전경』, 교운 2-31.

점을 알 수 있다.

태극도 자료에 의하면, 도주는 1955년 4월 구천상제를 비롯해서 옥황상제, 석가여래, 관성제군, 그리고 칠성대제의 5신위를 봉안하고 의식을 정비했으며(『태극진경』제6장 10절), 1957년 4월에는 영대에 현재와 같이 15신위를 고쳐서 봉안하였다.(『태극진경』제8장 42절) 그리고 같은 해 9월에 영대의 옥황상제 위지位紙를 떼어내어 소지燒紙한 다음, 그 위位에 자신의 진영眞影을 손수 봉안하였다고 한다(『태극진경』제8장 76절). 이렇게 해서 증산을 구천응원뇌성보화천존으로, 그리고 도주를 옥황상제로 하는 대순진리회의 15신위가 확립되기에 이른 것이다.

모든 종교의 교리가 전체적으로 일관성consistency, coherence을 지니고 있는 것은 물론 아니다. 역사가 수천 년이 지난 종교도 마찬가지다. 어느 종교학자는 교리의 특성을 지적하면서 모든 종교의 교리는 일관성을 지닌다기보다는 오히려 여러 조각들이 비체계적으로 어우러져 있는 하나의 모자이크와 비슷하다고 말하기도 하였다.[20] 하나의 종교 안에서 교리들은 서로 충돌할 여지를 지니고 있을 수 있다. 개별 종교의 신학자나 교학자들이 중요하게 수행해야 할 일 가운데 하나가 충돌할 여지가 있는 내용을 지니고 있는 교리들을 가능한 그렇지 않도록 정리하는 것이다.

구천상제를 중심으로 몇 가지 의견이 제시될 수 있다. 첫째, 증산을 옥황상제로 신봉하는 증산 관련 종단들이 적지 않은 데 비해, 대순진리회는

---

19 전라북도 부안에 있는 내소사의 보종각 건물이 원래 도솔궁의 맨 위층 건물이라고 한다. 건물 안 의 크기는 생각보다 작은 것으로 보인다(이정만, 「무극도장의 자취를 찾아서」, 『대순회보』 134, 2012, 41쪽 참조).

20 니니안 스마트, 『현대 종교학』(강돈구 옮김), 청년사, 1986, 133-134쪽.

증산이 아니라 바로 도주인 정산을 옥황상제로 신봉한다는 점이다. 증산이 활동할 당시와 무극도 시절의 진법주는 현재로서는 그 내용을 알 수 없고, 적어도 대순진리회가 현재 사용하는 진법주의 내용과는 분명히 달랐을 것으로 보인다. 증산이 사용한 진법주는 추종자들에게 구전으로 전해졌을 것이며, 그러다보니 진법주의 구체적인 내용은 초기 증산 관련 종단들마다 조금씩 차이가 있었을 것이다.

태을교의 경우 '옥황상제 강령지위'라는 위패를 모셨고, 초기 보천교의 경우 '구천 하감지위', '옥황상제 하감지위', '삼태칠성 응감지위'라는 위패를 모셨다. 두 종단 모두 증산을 옥황상제로 신봉하였다. 그리고 현재에도 『대순전경』이나 보천교와 친화력이 있는 종단의 경우 대체로 증산을 옥황상제로 신봉하는 경우가 많다. 증산을 옥황상제로 신봉하는 종단의 진법주는 대체로 '구천 하감지위, 옥황상제증산상제 하감지위'로 시작한다. 이때 이들 종단은 구천과 증산이 어떤 관계인지, 그리고 구천은 구체적으로 누구인지에 대해 설명할 필요가 있다. 증산을 지고신으로 신봉하면서, 동시에 구천을 증산보다 더 지고적인 존재로 간주하고 있는 것처럼 보이고 있기 때문이다.

태극도 자료에 의하면 도주가 옥황상제로 신봉되는 것은 1957년부터이다. 적어도 그 이전에는 도주와 옥황상제가 같은 존재로 인식되지는 않았다. 오히려 촌산지순村山智順과 홍범초는 무극도가 증산을 옥황상제로 신봉하였다는 점을 지적하였다.[21] 대순진리회는 물론 이들의 주장이 잘못된 것이라고 말하고 있다. 어쨌든 그렇다고 하더라도 전통적으로 이해되어

---

21 村山智順, 앞의 책, 273쪽; 홍범초, 『증산교 개설』, 창문각, 1982, 284쪽.

온 옥황상제와 도주가 같은 존재라는, 그리고 같은 존재일 수밖에 없다는 점에 대한 대순진리회의 보다 구체적인 설명은 여전히 필요할 것으로 보인다. 그리고 증산과 도주를 양위兩位 상제라고 했을 때, 전통적인 도교의 입장에서 구천응원뇌성보화천존과 옥황상제가 같은 목적으로, 같은 일을 할 수밖에 없게 된 이유와 과정에 대한 보다 구체적인 설명도 역시 필요할 것으로 보인다.

둘째, 구천응원뇌성보화천존이라는 신격이 중국 도교에서 다양하게 이해되고 있어서, 대순진리회의 구천응원뇌성보화천존이라는 신격과 중국 도교의 구천응원뇌성보화천존이라는 신격 사이에 일정한 괴리가 발견될 수 있다는 점이다. 옥황상제는 말할 것도 없고 구천응원뇌성보화천존도 물론 중국의 도교 신격 가운데 하나다. 도주가 바로 중국 도교에서 말하는 옥황상제 그 자체라는 설명이 필요한 것과 마찬가지로, 증산이 바로 중국 도교에서 말하는 구천응원뇌성보화천존 그 자체라는 보다 구체적인 설명이 필요할 것으로 보인다.

셋째, 원신元神; 천존(天尊)과 증산의 관계이다. 원신 관련 『전경』의 해당 부분은 아래와 같다.

> 상제께서 광구천하하심은 김일부의 꿈에 나타났으니 그는 상제와 함께 옥경에 올라가 요운전에서 원신元神이 상제와 함께 광구천하의 일을 의논하는 것을 알고 상제를 공경하여야 함을 깨달았도다.[22]

---

22 『전경』, 예시 3.

금구 내주동을 떠나신 상제께서는 익산군 이리를 거쳐 다음날 김일부를 만나셨도다. 그는 당시 영가무도의 교법을 문도에게 펼치고 있던 중 어느 날 일부가 꿈을 꾸었도다. 한 사자使者가 하늘로부터 내려와서 일부에게 강사옥姜士玉과 함께 玉京에 오르라는 천존天尊의 명하심을 전달하는 도다. 그는 사자를 따라 사옥과 함께 옥경에 올라가니라. 사자는 높이 솟은 주루금궐 요운전曜雲殿에 그들을 안내하고 천존을 배알하게 하는 도다. 천존이 상제께 광구천하의 뜻을 상찬하고 극진히 우대하는 도다. 일부는 이 꿈을 꾸고 이상하게 생각하던 중 돌연히 상제의 방문을 맞이하게 되었도다. 일부는 상제께 요운曜雲이란 호를 드리고 공경하였도다.[23]

『전경』에서 '상제증산'보다 더 지고적인 존재로 언급되는 원신천존이 과연 누구인지, 그리고 원신천존과 상제증산의 관계를 설명해야 할 필요가 있다. 또한 무극도 시절 사용되던 주문 가운데 하나인 오방주五方呪[24]에 나오는 '태일太一'과 '삼청진왕三淸眞王'이라는 지고신에 대해서도 설명이 필요할 것으로 보인다.

넷째, 구천대원조화주신九天大元造化主神, 보화천존普化天尊, 구천상세군九天上世君 등 구천응원뇌성보화천존 이외에 증산을 호칭하는 또 다른 신격의 이름들이 있는데, 이들 신 이름들에 대한 설명이 필요하다. 증산은 구천대원조화주신의 화신化身이었고, 죽어서는 보화천존의 제위에 올랐다고 한다.[25] 그리고 무극도 시절 사용되던 주문 가운데 하나인 개벽주開闢呪에

---

23 위의 책, 행록 2-2.
24 위의 책, 교운 2-42.
25 『대순진리회요람』, 대순진리회 교무부, 2003, 8쪽.

구천상세군이라는 호칭이 나온다.[26]

「태극도 취지서」에 "…유아성사惟我聖師는 응구천대원조화주신應九天大元造化主神으로 종지기이원위대강우세從至氣而願爲大降于世하사…"라는 구절이 있다. 대순진리회는 이 구절에서 성사聖師와 구천대원조화주신九天大元造化主神을 같은 존재로 이해하고 있다. 한편 중국도교협회에서 편찬한 도교의 신 관련 책에 의하면, 구천응원뇌성보화천존은 줄여서 뇌성보화천존이라고도 하는데, 이 신은 구천九天에 살면서 오뢰五雷: 천뢰(天雷), 지뢰(地雷), 수뢰(水雷), 신뢰(神雷), 사뢰(社雷)를 관장하고, 구천에 응화應化하며, 뇌정도부雷霆都府를 총관總管하고 이원二院: 오뇌원(五雷院), 구사원(驅邪院)과 삼사三司: 만신뇌사(萬神雷司), 뇌정도사(雷霆都司), 뇌정부사(雷霆部司)를 관장한다고 한다.[27] 우리는 여기에서 「태극도 취지서」의 '응구천대원조화주신應九天大元造化主神'의 '응應'과, 중국 자료에 나오는 '응화구천應化九天'의 '응화應化'에 주목할 필요가 있다.

다섯째, 33천天과 구천이 공간 개념인지, 아니면 신격의 이름인지에 대해 의문이 제기될 여지가 있다. 촌산지순은 무극도의 신앙 대상이 도솔천과 증산이라고 하고, 도솔궁의 4층에서 입춘, 입하, 입추, 입동 때 두솔천신兜率天神인 33천을 모셨다고 하였다.[28] 촌산지순은 적어도 33천을 도솔천의 신격으로 이해하고 있었음에 분명하다. 그러나 중국 도교에 의하면 도솔천은 33천 가운데 하나로, 대라천大羅天의 아래에 있으며, 태상노군이 거처하는 곳이다. 이런 주장에 의하면 33천은 신격의 이름이 아니라 공간을

---

26 『전경』, 교운 2-42.
27 中國道敎協會 編, 『道敎神仙畵集』, 華夏出版社, 1994, p. 74.
28 村山智順, 앞의 책, 273-274쪽.

지칭하는 개념이다. 대순진리회는 촌산지순이 33천을 신격으로 이해하고 무극도가 33천에 제사지낸 것으로 서술한 부분을, 신격으로서의 33천이 아니라 33천에 거주하는 제대신명諸大神明을 모신 것으로 이해하고 있는 듯하다.

대순진리회에서는 구천도 분명히 공간적인 개념이다. 구천상제는 가장 높은 하늘에 거주하는 상제를 말한다. "상제께서 구천에 계시사 신성, 불, 보살 등이 상제가 아니면 혼란에 빠진 천지를 바로 잡을 수 없다고 호소하므로…"[29]에서 구천은 아홉 개의 하늘 가운데 가장 높은 하늘을 의미한다. 여주도장에 있는 청계탑에서도 맨 위에 원형 9층탑을 조성하여 구천이 아홉 개의 하늘이라는 점을 보여주고 있다. 그리고 『전경』 예시 1의 내용과 유사한 내용이 『전경』 교운 1-9에 "삼계가 혼란하여 도의 근원이 끊어지게 되니 원시의 모든 신성과 불과 보살이 회집하여 인류와 신명계의 이 겁액을 구천에 하소연하므로…"라고 서술되어 있다. 또한 "상제께서 부안 사람이 감주를 올리기에 '이것은 구천 하감주라. 어찌 도적 음식을 받으리오'라고 하셨도다. 시좌하고 있던 종도들이 그에게 사유를 물으니 그 사람이 아내 몰래 가져왔다고 알리는 도다."[30] 구천에 하소연한다든지, 감주는 구천이 내려준 것이라고 할 때의 구천을 물론 공간적인 개념이라고 하더라도 큰 무리는 없을 듯하나, 구천이 신격으로 파악될 여지 또한 없다고 할 수만은 없다.

구천응원뇌성보화천존이 말한 내용을 담고 있는 도교의 경전이라고 하

29 『전경』, 예시 1.
30 위의 책, 제생 38.

는 『옥추경』의 「구사식위산난보영해장求嗣息衛産難保嬰孩章」에 "천존께서 말씀하시기를 … 곧 이 경을 읽으면 마땅히 구천께서 살피시고 … 아무 근심도 없어지느니라"라는 구절이 있다.[31] 여기에서 언급되고 있는 구천이 공간적인 개념이라고 하기에는 웬지 석연치 않다. 그리고 증산 관련 다른 종단에서 사용하는 진법주의 앞부분에 나오는 '구천九天 하감지위下鑑之位'에서 구천도 역시 공간적인 개념이라고 하기에는 여전히 석연치 않은 면이 있다.

2.2. 그런데

이상의 몇몇 의견들을 정리하기 위해서는 중국 도교의 신관과 하늘의 구조, 중국 도교 사원인 도관道觀의 구조, 그리고 아울러 무극도와 태극도, 그리고 대순진리회 지성소의 구조를 각각 살펴보는 것이 필요할 것으로 보인다.

1985년 당시 대만 전역의 도관이나 사당에 모셔져 있는 도교 관련 신격의 수가 320여 개나 되었다고 한다.[32] 도교의 신격들을 일목요연하게 정리하는 것은 불가능에 가깝다고 할 수 있다. 남북조 시대에 도홍경陶弘景이 편찬한 『진령위업도眞靈位業圖』에 도교 신의 계보가 비교적 체계적으로 수록되어 있는데,[33] 이 시기를 전후해서 원시천존元始天尊을 중심으로 도교의

---

31 구중회, 『옥추경 연구』, 동문선, 2006, 194-195쪽 참조.
32 마노 다카야, 『도교의 신들』(이만옥 옮김), 들녘, 2001, 8쪽.
33 葛兆光, 『도교와 중국문화: 도교의 우주론·의례와 방술·신들의 계보』(심규호 옮김), 동문선, 1993, 75쪽 참조.

신의 계보가 형성되었고,[34] 그러다가 송나라 때인 11세기 초에 옥황상제[35]가 최고신의 지위를 획득하게 되었다고 한다.[36] 그러나 중국 도교사를 관통해서 언제나 불변하는 최고신의 자리를 지속적으로 차지했던 신은 없었다고 해도 과언이 아니다. 원시천존을 최고신으로 삼는 전통이 유지되면서도, 또 한편으로는 옥황상제를 최고신으로 모시는 전통이 여전히 존재해 왔다.[37] 물론 옥황상제가 원시천존의 제자라든지 하여,[38] 옥황상제가 중요도에 있어서 원시천존을 비롯한 삼청三淸의 아래에 위치하는 것으로 인식되고 있으나, 실제적으로 도관을 참배하는 사람들은 삼청전보다 옥황전을 보다 많이 찾는다고 한다.[39]

대순진리회를 방문한 중국의 도교인들은 대순진리회가 과거 중국 도교의 일파였던 신소파神霄派에서 비롯된 것으로 인식하고 있다. 그리고 대만의 경우 정일교正一敎에 속하는 사람들이 대순진리회에 비교적 많은 호감을 가지고 있는 것에도 주목할 필요가 있다. 당나라 말 송나라 초에 중국 도교는 용호산龍虎山을 중심으로 하는 천사도天師道, 모산茅山을 중심으로 하는 상청파上淸派, 그리고 각조산閣皀山을 중심으로 하는 영보파靈寶派가 있었는데, 나중에 다시 이들로부터 천심파天心派, 신소파神霄派, 청미파淸微派, 동화파東華派가 갈라져 나왔다. 신소파는 북송 말에 왕문경王文卿(1093-1153)에 의해 창시되었는데, 이 신소파는 신소구신상제神霄九宸上帝를 신봉하였

---

34 위의 책, 95쪽.
35 중국에서는 옥황상제를 옥황대제라고 부른다.
36 김탁, 「한국종교사에서의 도교와 증산교의 만남」, 『도교문화연구』 8, 1994, 294쪽 참조.
37 쿠보 노리타다, 『도교와 신선의 세계』(정순일 옮김), 법인문화사, 2007, 31쪽.
38 中國道敎協會 編, 『道敎神仙畫集』, 華夏出版社, 1994, p. 8.
39 葛兆光, 앞의 책, 393쪽.

다. 신소파에 의하면 아홉 개의 하늘 가운데 가장 높은 하늘이 신소인데 이 신소에 구신상제九宸上帝가 있다고 한다. 이 구신상제는 장생대제長生大帝, 청화대제靑華大帝, 보화천존普化天尊, 뇌조대제雷祖大帝, 태을천존太乙天尊, 동연대제洞淵大帝, 육파제군六波帝君, 가한진군可韓眞君, 채방진군采訪眞君를 말한다.[40] 이 신소파가 남송 때 여러 다른 부적파符籍派들과 함께 정일교를 형성하게 되었다.[41]

그리고 원나라 때인 1333년 혹은 그 이전에 당시 제39대 정일교正一敎의 천사天師인 장사성張嗣成이 『구천응원뇌성보화천존옥추보경』을 썼다. 이 경은 일반적으로 『옥추경』이라고 부르는데, 이 경에는 정심신주淨心神呪를 비롯해서 여섯 개의 주문, 그리고 천경天經(9장章), 지경地經(15장), 인경人經(11장)으로 되어 있는 경문, 마지막에 15개의 부적이 실려 있다.[42]

이렇게 보면 신소파, 정일교, 『옥추경』은 서로 관련이 있다는 것을 알 수 있다. 『옥추경』 관련해서 몇몇 자료들을 살펴본 결과, 본 논문과 관련해서 아래의 내용들을 정리해 볼 수 있었다.

① 보화천존은 도교의 최고신인 원시천존 앞에서 일체 중생을 구제하려는 큰 서원을 세우고 수도한 끝에 신선의 경지에 이르렀는데 그 서원의 구체적 내용은 미래에 보화천존의 이름만 불러도 누구나 구제를 받을 수 있도록 하자는 것이었다.[43]

---

40 『道敎神仙畵集』, p. 42.
41 구중회, 앞의 책, 245쪽 참조.
42 구중회, 『경책 문화와 역사』, 민속원, 2009, 252-253쪽.
43 http://cafe.naver.com/taoismacademy.

② 구천응원뇌성보화천존은 천계天界에서 가장 높은 삼청경三淸境의 옥경
玉境에 있는 뇌성雷城에 거주하는데, 그는 살아 있는 모든 것들의 아버
지로, 재난과 행복, 인간의 생명을 주재하는 신이며, 인간들을 천계로
구해오는 역할도 맡고 있다. 그리고 그는 삼청三淸: 원시천존, 영보천존, 도덕
천존과 대등한 권력을 지녔으며, 삼청 이외의 모든 신들은 그의 지도를
받는단다.[44]

③ 우리나라에서 간행된 『옥추경』 보현사본(1733)에 "삼청삼경천존 뇌성
보화천존 상청영보천존 태청도덕천존三淸三境天尊 雷聲普化天尊 上淸靈寶
天尊 太淸道德天尊"이라는 구절이 있다고 한다. 이 책에 뇌성보화천존이
원시천존의 위치에 놓여있다는 것에 주목할 필요가 있다.[45]

④ 『옥추경』의 「설보경장說寶經章」에 "천존께서 말씀하시기를 내가 이제
곧 옥추보경을 설하리니,…나의 이름을 얻어 듣고…구천응원뇌성보화
천존의 이름을 부르면…내 이름을 부른 이로 하여금 모두 뜻과 같이
얻게 하리라…만일 그렇지 않으면…티끌이 되게 하리라"라는 내용이
있다.

①의 내용은 증산이 김일부와 함께 옥경에 올라가 요운전에서 천존을
만났다는 김일부의 꿈을 소개하고 있는 『전경』 행록 2-2의 내용을 상기시
킨다. 그리고 ②와 ③, 그리고 ④의 내용은 구천응원뇌성보화천존이 명실
상부한 지고신이라는 대순진리회의 신앙과 일맥상통하는 면이 있다.

---

44 마노 다카야, 앞의 책, 218-219쪽.
45 구중회, 앞의 책, 222쪽.

중국에서 도관道觀의 구조는 다양하나 대체로 산문山門, 종루鐘樓, 영관전靈官殿,[46] 주신전主神殿, 옥황전玉皇殿, 삼청전三淸殿, 조사전祖師殿 등이 있다.[47] 도관에 들어서면 우선 입구에서 멀지 않은 곳에 비교적 큰 건축물인 옥황전이 보인다. 그리고 쭉 들어가서 거의 맨 뒤쪽에 다시 큰 건축물인 삼청전이 눈에 띤다. 북경에 있는 백운관白雲觀의 경우 대략 삼청전을 바라보고 삼청전 우측에 약간 떨어져서, 별도의 담장을 가진 비교적 작은 규모의 전각에 구천응원뇌성보화천존이 모셔져 있다. 구천응원뇌성보화천존을 지고신으로 모시고 있는 대순진리회 도인이 백운관을 참배하면 이 소규모의 전각을 보고 당혹감을 느낄 수밖에 없을 것이다.

도교에서 말하는 하늘의 구조도 역시 다양하다. 대체로 9천, 32천, 33천, 36천이 언급되고 있는 것으로 보인다. 9천에 대해서는 이미 앞에서 논의한 바가 있다. 그리고 하늘에는 동방, 서방, 남방, 북방, 중앙에 각각 8천씩, 모두 32천이 있으며 각 천에 왕과 신장神將이 각각 하나씩 있다는 지적이 있다.[48] 아울러 36천을 말하고 있는 자료도 있다. 하늘에 36천이 있는데, 그 가운데 28천은 욕계-색계-무색계에 위치하고, 28천 각각에 왕이 하나씩 있다고 한다. 그리고 무색계 위에 종민천種民天,[49] 또는 범천梵天이 4곳 있으며, 그 위에 삼청경三淸境: 태청경(太淸境), 상청경(上淸境), 옥청경(玉淸境)[50]이, 그

---

46 도교의 호법신인 王靈官을 모시는 전각.

47 잔스창, 『도교문화 15강』(안동준·런샤오리 옮김), 알마, 2011, 651쪽; 『講座道敎』第二卷(雄山閣出版, 2000), pp. 64-65.

48 『道敎神仙畵集』, pp. 24-27.

49 種民天은 種民이 사는 하늘을 말한다.

50 太淸境은 大赤天이라고도 하는데 神寶君이 다스리며, 上淸境은 禹余天이라고도 하는데 靈寶君이 다스리며, 玉淸境은 淸微天이라고도 하는데 天寶君이 다스린다고 한다.

리고 맨 위에 최고신인 원시천존元始天尊이 중앙에 있는 현도玄都의 옥경玉京에서 교화를 행하고 있는 대라천大羅天이 있다고 한다.[51] 대순진리회도 9천과 함께 아래와 같이 36천도 동시에 언급하고 있다.

> 하늘은 36천이 있어 상제께서 통솔하시며 전기를 맡으셔서 천지 만물을 지배 자양하시니 뇌성보화천존상제이시니라.[52]

대순진리회에서 말하는 하늘의 구조가 중국 도교에서 말하는 하늘의 구조와 어떻게 같고, 어떻게 다른지에 대한 설명이 필요해지는 대목이다.

도장의 지성소가 무극도 이후 어떤 변천을 거쳐 왔는지에 대해서도 주목할 필요가 있다. 무극도의 경우는 앞에서 언급하였다. 태극도의 경우 현재로서는 태극도 홈페이지 등을 참조하여 지성소 내부의 모습을 그려볼 수 있다.[53] 태극도 지성소의 이름은 대강전大降殿이다. 이곳은 2층으로 되어 있는데, 1층은 회관으로, 공부실시학공부이 두 개 있었으며, 2층은 中宮으로, 영위靈位 봉안실인 영대靈臺, 도주의 공부실인 법단法壇, 그리고 전수실奠需室, 봉심실奉審室, 공부실시법공부이 있었다고 한다.

대순진리회 최초의 도장인 중곡도장(1969년)의 지성소는 4층으로 되어 있는데, 1층은 회관으로 증산의 진영眞影[54]을 모셨고, 2층은 봉강전奉降殿으

---

51 쿠보 노리타다, 앞의 책, 46-48쪽.

52 『전경』, 교운 2-55.

53 http://www.tgd.or.kr/site/news2/board-list.php?bbs_no=17&category_num=7

54 靈臺와 달리 金冠朝服을 입고 옥좌에 앉아 있는 모습. 『牛堂의 生涯와 思想』, 대순진리회, 2003, 100쪽 참조.

로 증산, 도주, 석가, 28숙宿 신장神將, 24절節 신장神將을 모셨으며, 3층은 공부실, 그리고 4층은 영대靈臺로 15신위를 모셨다.[55]

중곡도장에서는 위와 같이 영대, 봉강전, 회관이 층을 달리해서 한 건물 안에 모여 있었으나, 여주도장은 영대, 봉강전, 대순성전이 각각 별도의 건물에 위치한다. 현재 여주도장의 대순성전은 증산과 도주의 행적을 그린 성화聖畵들이 전시되어 있어 도인들에게 종단의 역사를 가르쳐주는 공간으로 이용되고 있으며, 영대에서 행하여야 하는 의례가 겹칠 경우 중요도가 낮은 의례를 봉강전에서 행한다.

정리해 보면, 무극도에서는 지성소가 두 곳으로 증산을 모시는 건물과 증산 이외의 다른 신격들을 모시는 건물이 별도로 있었고, 태극도에서는 비록 초기의 지성소의 모습은 현재로서는 알 수 없으나 1950년대 후반에는 한 건물 안에 증산을 중심으로 15신위를 모시는 지성소로 정리되었다가,[56] 대순진리회에서는 초기에 다시 15신위 이외의 신격들이 등장하고, 현재는 다시 15신위 중심에 48장將이 첨가된 모습의 지성소로 체계가 바뀌었다고 할 수 있다.

2.3. 따라서

본 글을 준비하면서 흥미 있는 미발표 논문들을 발견하였다.[57] 구천응

---

55 Gernot Prunner, *op.cit.*, pp. 12-36.
56 태극도는 현재 靈臺에 15신위가 아니라 구천상제, 옥황상제, 서가여래, 칠성대제, 관성제군만을 모시고 있는 것으로 보인다. 『修道正典』, 太極道, 1997, 140쪽 참조.
57 차선근, 「대순진리회 상제관 연구 서설 I」, 『대순사상논총』 20, 2013; 차선근, 「대순진

원뇌성보화천존은 지고신至高神이어야 하는데, 중국에서는 왜 그렇지 않은
지에 대한 난감한 심정에서 나온 글로 보였다. "상제께서 구천에 계시사
신성·불·보살 등이 상제가 아니면 혼란에 빠진 천지를 바로잡을 수 없
다고 호소하므로…스스로 세상에 내리기로 정하셨도다"[58]라는 구절에서
상제는 원래 이 세상에 관심이 없었거나, 또는 이 세상의 문제를 제대로
파악하지 못하고 있었다고 유추해 볼 수 있다. 이 문제는 신정론神正論이라
는 또 다른 주제와 연결시켜 생각해 볼 수 있는 여지도 있다. 그러나 이
논문들은 이 구절에서 세상에 내려오기 이전의 구천응원뇌성보화천존을
이 세상에 관심이 없는, 그래서 지금은 세상에서 사라져버린 신인 '데우스
오티오수스deus otiosus'로 규정하여, 지금까지 중국 도교가 구천응원뇌성보
화천존을 지고신으로 인식할 수 없었던 이유로 제시하고 있었다.

하나의 예에 불과하지만, 앞으로 대순진리회 내부 학자들이 이와 유사
한 문제들에 대해 관심을 가지는 것이 필요할 것으로 보인다. 그리고 특히
중국과 우리나라의 제천의례에 보이는 여러 신들에 대한 관념, 중국의 천
단天壇과 우리나라의 환구圜丘에서 어떤 신들이, 어떤 절차로 모셔졌는
지,[59] 그리고 태백산 등지에서 행해졌던 천제와,[60] 금강대도와 갱정유도
등 이웃 신종교들에서 행해지고 있는 천제들에 대해서도 관심을 가질 필
요가 있다.

리회 상제관 연구 서설 Ⅱ」(미발표 원고).

58 『전경』, 예시 1.

59 박미라, 「중국 제천의례 연구 - 郊祀儀禮에 나타난 上帝와 天의 이중적 天神觀을 중심
으로」(서울대학교 박사학위 논문, 1997); 이욱, 「대한제국기 환구제에 관한 연구」, 『종
교연구』 30, 2003; 김문식 외, 『왕실의 천지제사』, 돌베개, 2011 등 참조.

60 김도현, 「태백산 천제의 역사와 의례」, 『역사민속학』 31, 2009 등.

3. 대순진리회의 주요 의례

대순진리회의 주요 의례는 증산을 비롯한 15신위를 중심으로 행해진다. 여기에서는 도인 가정, 포덕소, 회관, 그리고 도장으로 구분해서 각 장소마다 행해지는 의례들을 가능한 1년 주기로 살펴보고자 한다. 대순진리회의 의례는 지금까지 주로 종단 내부자들에 의해 대부분 정리되었다.[61] 그러나 종단 내부자들의 의례 연구는 대개 비슷비슷해서 외부 연구자들의 궁금증을 모두 해결해 주지는 않는 것으로 보인다. 그렇다고 해서 외부 연구자들에게 대순진리회의 주요 의례들이 모두 공개되는 것도 아니다.

어느 종교나 마찬가지이겠지만 초기에는 이렇다 할 의례가 바로 만들어지는 것은 아니다. 증산 관련 종단들의 경우도 마찬가지이다. 증산 관련 종단들 중에서도 초기에 비교적 많은 신도들을 규합했다고 알려져 있는 보천교의 경우에도 도포를 입고 치성을 드리는 것 이외에는 별반 특별한 의례가 없다고 자신들을 소개하고 있을 정도였다.[62] 대순진리회의 경우, 무극도 시절을 거치면서 증산을 구천응원뇌성보화천존으로 설정하고, 태극도 시절을 거치면서 이전 무극도 시절의 도솔궁과 영대라는 두 개의 지성소가 영대 하나로 수렴되고, 이어서 진법주에서 운위되는 15신위가 영대에 모두 봉안되면서, 도장의 의례가 서서히 현재의 모습으로 확립되었을 것이다. 이러한 과정에서 도인 가정과 포덕소의 의례는 비교적 일찍

---

61 윤기봉, 「대순진리회의 의례와 믿음의 상관성의 관한 연구」, 『대순사상논집』 16, 2003; 이경원, 「대순진리회 기도의례의 종교적 상징성에 관한 연구」, 『신종교연구』 19, 2008; 이경원, 「대순진리회 치성의례의 종교적 특질에 관한 연구」, 『신종교연구』 20, 2009; 이재호, 「대순진리회 수행의 이론과 실제」, 『신종교연구』 13, 2005 등.
62 김탁, 『증산교학』, 미래향문화, 1992, 144쪽 참조.

이 정형화되었을 것이고, 나중에 회관이 기하급수적으로 증가하고, 또한 도장도 여러 개가 증설되면서 회관과 도장의 의례들이 일정한 변모를 거쳤을 것이다. 여기에서는 주요 의례들의 절차를 자세히 소개하는 것보다 의례가 수행되는 장소에 착안하고 또한 1년 주기를 염두에 두면서 정리해 보도록 하겠다.

3.1. 도인 가정

도인 가정에서 행하는 주요 의례는 기도이다. 기도는 평일기도와 주일기도로 나뉘는데, 주일主日은 갑甲과 기己로 시작되는 날로, 5일마다 돌아온다. 평일에는 오전 7시辰, 낮 1시未, 오후 7시戌, 밤 1시丑에, 그리고 주일에는 새벽 5시卯, 오전 7시辰, 오전 11시午, 낮 1시未, 오후 5시酉, 오후 7시戌, 밤 11시子, 밤 1시丑에, 따라서 평일에는 네 번, 주일에는 여덟 번, 주문봉송奉送 위주의 기도를 한다. 규정대로라면 도인은 집에서 평일에는 20분씩 4번, 주일에는 20분씩 8번이나 기도하는 데 힘을 기울여야 한다. 평일 밤 1시에 하는 기도 때에는 법수法水를 봉전奉奠하며, 기도가 끝난 다음 다른 그릇에 옮긴 후 마신다. 기도는 기도상祈禱床 앞에서 하는데 기도상에는 납폐지納幣紙와 촛대, 향로가 준비되어 있다. 기도상은 한 쪽 벽 중앙에 위치하고 대체로 그 벽면 맨 위 좌, 우에 각각 수칙[63]과 훈회[64]를 담은

---

63 守則의 내용은 다음과 같다. 1. 국법을 준수하며 사회도덕을 준행하여 국리민복에 기여하여야 함. 2. 삼강오륜은 음양합덕, 만유조화 次第道德의 근원이라 부모에게 효도하고, 나라에 충성하며, 부부화목하여 평화로운 가정을 이룰 것이며, 尊丈을 경례로써 섬기고, 수하를 愛恤 지도하고, 친우간에 신의로써 할 것. 3. 無自欺는 도인의 玉條니, 양심을 속임과 혹세무민하는 언행과 非理乖戾를 엄금함. 4. 언동으로써 남의 感을

액자가 걸려있다. 아래 사진은 어느 연락소에서
찍은 사진인데, 아마도 도인 가정에도 기도를 하
는 장소는 이와 같이 되어 있을 것으로 생각한다.
벽면에 대순진리회의 신격 관련 상징물이 전혀 없
다는 점이 특이하다.

그리고 주문을 봉송하면서 앞부분에 납폐지를
소상燒上하는 절차가 있다. 납폐지는 기도주, 도통
주, 운장주 각각 3매씩 총 9매를, 순서대로, 봉축
주를 1독, 태을주를 4독, 기
도주를 4독하면서, 각 1독
에 1매씩 소상한다. 납폐지
는 아래 사진과 같다. ①은
기도주, ②는 도통주, ③이
운장주이다.(사진은 역순임)
주문을 봉송한다는 것은

③　　　　②　　　　①

주문을 신격들에게 바쳐 올린다는 의미가 있으며, 주문이 쓰여 있는 납폐
지를 소상한다는 것은 납폐지에 쓰여 있는 주문을 신격에게 직접 드린다
는 의미가 있을 것으로 생각한다. 납폐지를 소상한 뒤 모든 주문을 1독하
고, 이어서 태을주와 기도주를 각각 24독하고 기도를 맺는다.

짓지 말며, 厚意로써 남의 호감을 얻을 것이요, 남이 나의 덕을 모름을 쾌의치 말 것.
5. 일상 자신을 반성하여 과부족이 없는가를 살펴 고쳐 나갈 것(『대순진리회요람』,
21쪽.).
64 訓誨의 내용은 다음과 같다. 1. 마음을 속이지 말라. 2. 言德을 잘 가지라. 3. 懸을 짓지
말라. 4. 은혜를 저버리지 말라. 5. 남을 잘 되게 하라(『대순진리회요람』, 18-20쪽.).

3.2. 포덕소

포덕소는 말 그대로 대순진리회의 포덕이 실제적으로 행해지는 장소이다. 대순진리회의 도인은 수도생활을 하면서 일정 시점이 되면, 이웃종교의 성직자에 해당하는 임원이 될 것인지의 여부를 결정한다. 세속 직업을 가진 임원도 있지만 임원은 불고가사不顧家事, 다시 말해서 종단 일에 전념하는 것이 일반적이다. 포덕을 주로 담당하는 임원은 포덕한 사람 수에 따라 선무宣務, 선사宣伺, 그리고 선감宣監의 직위로 올라간다. 선무는 36호 이상, 선사는 300호 이상, 그리고 선감은 1,000호 이상을 포덕하고, 포덕한 사람들을 지속적으로 교화시킬 수 있어야 임명된다.[65]

포덕소는 대체로 선무와 선사가 머물면서 포덕과 교화를 체계적으로 행하는 곳이다. 임원이 되고자 하는 평도인도 대체로 포덕소에서 생활하면서, 포덕과 교화에 전념한다. 혼자서 입도할 때는 입도하는 사람의 집에서 입도식을 할 수 있으나, 포덕소가 포덕이 일차적으로 행해지는 장소이기 때문에 입도식은 주로 포덕소에서 이루어질 것으로 생각된다.

---

65 차선근, 「대순진리회의 현재와 미래」, 『한국 종교의 확산전략』, 한국학중앙연구원 문화와 종교연구소, 2012, 121쪽; 박상규, 「대순진리회 조직의 특성」, 『한국 종교교단의 조직』, 한국학중앙연구원 문화와 종교연구소, 2013, 163쪽.

侍天主造化定永世不忘萬事知

報恩神
道主趙聖玉皇上帝

至氣今至願爲大降

解冤神
九天應元雷聲普化天尊姜聖上帝

年　月　日　道門小子　命　生

입도식이 시작되면 일단 성령지위聖靈紙位를 봉안奉安하는데, 이 성령지위는 입도식이 끝나면 소상燒上한다. 성령지위는 '구천응원뇌성보화천존 강성상제지신지성성령지위九天應元雷聲普化天尊姜聖上帝至神至聖聖靈之位'라는 글을 위에서 아래로 백지 위에 쓴 것이다. 성령지위에는 증산만 언급되어 있으나 진설할 때는 도주에게도 잔을 올려야 하기 때문에 잔과 저를 두벌씩 준비해야 한다. 분향, 법수봉전, 납폐지 소상을 하고, 세 번에 걸쳐서 잔을 올리고, '고유告諭'[66]라고 하여 집사자가 주문을 송독誦讀하고, 입도자 본인이 녹명지錄名紙를 소상하는 절차가 있다. 녹명지의 양식은 아래와 같다. 입도식의 과정은 도장 치성의 과정과 비슷하다.

그리고 포덕소에서는 입도식 이외에 모여 있는 도인들끼리 평일기도와 주일기도가 행해진다. 입도식과 기도가 이루어지는 장소의 모습은 옆 사진과 같다.

---

66 유교식 제사에서는 이 때 축문을 읽는다.

3.3. 회관

회관은 선감이 주재하는 곳으로, 하나의 방면에 여러 회관이 있을 수 있다. 그리고 규모가 포덕소보다는 크고 회관보다는 작은 곳을 회실이라고 한다.[67] 회관과 회실에는 도장의 영대에 해당하는 봉심전에 증산의 진영을 모시고 있다는 점에서 포덕소와 차이가 있다.

회관에서는 포덕소와 마찬가지로 평일기도와 주일기도를 행한다. 가정과 포덕소에서는 기도 1회의 시간으로 대략 20분 정도가 소요되는데, 증산의 진영이 모셔져 있는 회관또는 회실에서는 1회의 기도 시간으로 1시간이 소요된다. 그리고 회관의 개관을 기념하는 회관개관치성과 매년 동지 이후 세 번째 미일未日에 납향치성臘享致誠을 올린다. 이 두 치성 때는 증산, 도주, 석가에게만 진설을 하고, 도장에서 올리는 치성에 준해서 절차를 진행한다. 납향은 본래 중국에서 유래한 것으로 제후가 천자에게 올리는 치성으로, 우리나라에서는 종묘를 비롯해서 민간에서도 臘日에 행했다.

---

67 대순진리회가 자체적으로 종교시설물을 구분하는 기준은, 회관이 지상 5층 이상 연건평 500평 이상의 건물, 회실이 5층 미만 연건평 500평 이내의 건물, 포덕소가 연건평 100평 내외의 일반 소건물이라고 한다. 차선근, 「대순진리회의 현재와 미래」, 『한국종교의 확산전략』, 한국학중앙연구원 문화와 종교연구소, 2012, 142쪽 참조.

3.4. 도장

도장에서 행하는 주요 의례들 가운데 주목할 만한 의례는 치성, 시학·시법공부, 그리고 봉강식奉降式이다. 증산 사후 제자들이 세운 종단들에서는 주로 증산의 태어난 날과 죽은 날, 그리고 춘분, 하지, 추분, 동지와 관련된 날에 치성을 올렸을 것으로 보인다. 무극도에서도 영대에서는 증산의 탄신일과 화천일에 치성을 올렸고, 도솔궁에서는 입춘, 입하, 입추, 입동에 치성을 올렸다.[68] 태극도 때 도주 관련 치성이 추가되어 현재 대순진리회에서 올리는 치성은 아래와 같이 정리할 수 있다.

- 증산 관련 치성 2개 강세(降世), 화천(化天)
- 도주 관련 치성 4개 감오득도(感悟得道), 화천(化天), 봉천명(奉天命),[69] 탄강(誕降)
- 명절 관련 치성 3개 원단, 대보름, 추석
- 절후 관련 치성 6개 입춘, 입하, 입추, 입동, 하지, 동지

이 밖에 각 도장에서는 영대에 증산의 진영을 모신 날을 기념하는 영대봉안 치성을 올리고, 특히 제주수련도장에서는 중양절重陽節에 별도로 치성을 올린다. 분규 이후 중곡동 도장에서는 우당을 박성상제로 모시고 있기 때문에 우당 관련 치성탄강을 별도로 올리고 있고, 우당의 묘소가 있는 금상산토성수련도장의 경우에도 우당과 관련되는 의례가 별도로 치

---

68 村山智順, 앞의 책, 274쪽.
69 도주가 15세1909년 때 부친과 함께 만주 봉천으로 떠난 날을 기념.

러지고 있다.

절후치성을 제외한 모든 치성은 축시丑時 정각에 올리고, 절후치성은 그 절후가 드는 시각에 맞추어 올린다. 치성일에는 수천 명의 도인들이 도장에 모이는데, 밤 12시부터 치성 장소에 입장하기 시작하고, 그 때부터 15신위 앞에 제물 진설이 시작된다. 진설과 입장이 모두 끝난 직후인 새벽 1시가 되면 치성이 시작되어 2시경에 끝난다. 그 뒤 새벽 5시경 음복을 하고 아침에 해산한다. 하루 밤을 거의 지새우는 치성은 육체적으로 꽤 힘들 것으로 예상되나 도인들은 치성에 참석하는 것을 더 없는 보람으로 간주한다. 그리고 치성의 절차는 전반적으로 유교식 제사, 특히 종묘제례와 대비되는 측면이 많이 있다. 단지 유교식 제사에서 축문을 읽는 시점에, 치성에서는 참석자들이 주문을 봉송하는 것이 큰 차이라고 할 수 있다. 앞으로 대순진리회의 치성은 유교의 제천의례와 종묘제례, 그리고 금강대도와 갱정유도 등 이웃종교들의 치성과 대비되어 연구될 필요가 있을 것으로 보인다.

공부에는 시학공부侍學工夫와 시법공부侍法工夫가 있는데, 현재 종단에서 실시하고 있지는 않으나 태극도 시절에는 이 밖에도 법학공부法學工夫와 청학공부靑學工夫가 더 있었다고 한다.[70] 시학공부는 4개의 방에 각각 1명씩 들어가서 1시간씩 주문을 외우는 공부이다. 1시간마다 교대를 하는데 하루 소요 인원은 36명이다. 5일이 지나면 시학공부를 마친 인원이 180명 36명×5일이 되고 이들은 다시 도장에 모여 초강식을 한다. 초강식은 밤 11시부터 시작되어 36명이 5번씩 거행하는데 총 1시간 정도 소요되며, 영대에

---

70 장병길, 『대순종교사상』, 대순종교사상연구소, 1987, 171쪽.

서 배례를 드리고 주문을 외우며 녹명지를 소상하는 순서로 진행된다. 15일이 지나면 시학공부를 마친 인원이 540명180명×3이 되는데, 이들은 다시 도장에 모여 합강식을 거행한다. 합강식을 하는 날에는 아직 초강식을 하지 않은 사람들이 180명 남아있다. 이들이 초강식을 끝낸 직후인 밤 12시경에 합강식이 시작되는데, 108명이 5번씩 총 1시간에 걸쳐 진행된다. 45일이 지나면 시학공부를 마친 인원이 1,620명540명×3이 되고 이들은 도장에 모여 봉강식을 한다. 봉강식은 초강식과 합강식이 끝난 직후에 시행되며, 약 20여 분에 걸쳐 1,620명이 모두 영대 앞마당에 집결한 뒤 봉강문奉降文을 낭독하는 것으로 진행된다. 앞으로 언젠가 증산이 도인들을 소집하여 대강식大降式을 거행할 것인데, 대강식을 해야 비로소 도통이 나온다고 한다.

시법공부는 시학공부를 한 날로부터 90일이 지난 날 함께 시학공부를 한 36명이 모여서 3명씩 한 방에 들어가 1시간씩 주문을 외우는 공부이다. 따라서 한 개인이 시학공부와 시법공부를 모두 마치는데 3개월이 걸린다. 시학공부와 시법공부에는 정해진 사람이 정해진 시간에 반드시 들어가야 하기 때문에 직장일로 바쁜 사람은 참석하는 것이 쉽지 않다. 그러나 공부에 참석하는 사람뿐만 아니라 도인들이 도장에서 공부를 계속해가면 도인 전체, 그리고 인류 전체가 다 같이 기운을 받는다고 믿어진다. 앞으로 올 후천세계는 시학공부와 시법공부로부터 지대한 영향을 받는다. 현세에 가끔 재앙이 오는 것이 전세前世에 무언가 잘못이 있었기 때문인 것과 마찬가지로, 시학공부와 시법공부에 착오가 있으면 후천세계에 재앙이 온다고 한다. 따라서 주문은 틀려서도 안 되고, 끊겨서도 안 된다고 한다.[71]

---

71 시학공부, 시법공부, 降式의 구체적인 절차에 대해서는, 이경원, 『대순종학원론』, 도서

시간과 장소의 지정이 없이 태을주를 송독誦讀하는 수련도 대순진리회의 주요 의례 가운데 하나로 언급할 필요가 있다. 시간과 장소에 지정이 없기 때문에, 수련은 물론 가정, 포덕소, 회관, 도장 어느 곳에서나 할 수 있다. 그런데 종단 차원에서는 수련이 1일 3시간을 초과하지 않고, 한번에 2시간 이상 하지 않을 것이며, 2시간을 연속할 경우에는 중간에 10분 이상 쉴 것을 권장하고 있다. 무리해서 수련을 할 경우 부작용이 생길 염려가 있기 때문이라고 한다.

4. 맺음말

어느 종교나 초기에는 카리스마적 교주가 교리나 의례 하나하나를 정립해 나가고, 추종자들은 그저 교주가 하라는 대로 따라가는 과정이 있기 마련이다. 역사가 긴 종교들도 이 점에서는 모두 마찬가지이다.

앞에서 우리는 대순진리회의 신관과 주요 의례에 대해서 살펴보았다. 대순진리회의 신관은 주로 증산을 중심으로 살펴보았다. 증산을 포함해서 15신위 각각에 대해서도 살필 필요가 있을 것이나, 현재로서는 종단 내에서도 15신위 각각이 어떤 존재이고, 구체적으로 어떤 역할을 하는지 등에 대해서 언급을 하고 있지 않다. 사실 종교학자가 대순진리회의 신관을 언급할 때는 대순진리회가 종단 차원에서 내놓은 관련 자료를 정리하는 것에서 출발해야 할 것이다. 대순진리회 신관에 대한 언급은 그러나 현재

출판 문사철, 2013, 220-227쪽 참조.

상황에서는 여러 종교를 살펴본 종교학자로서 현재 시점의 대순진리회 신관이 지니고 있는 궁금한 내용을 부분적으로 지적해 내는 일일 수밖에 없는 상황이다.

모든 종교의 모든 교리가 항상 논리적이고 일관성을 지니고 있는 것은 아니고, 물론 그럴 필요도 없다. 하지만 특정종교의 내부자들은 교리를 통해 세상을 읽어 나가야 하고, 세상을 통해 교리를 재해석해 나가는 작업을 끊임없이 해나가야 한다. 만약 특정종교의 내부에서 그런 작업이 중단되면, 그 종교는 결국 쇠퇴의 길을 걷게 될 것이다. 대순진리회 신관에 대한 필자의 언급은 대순진리회 내부자들이 세상을 통해 교리를 재해석해 나가는 작업에 도움이 되었으면 하는 바람이다.

대순진리회의 주요 의례들은 대체로 지금까지 외부인들이 접근할 수 없는 장소에서 행해져왔다. 건물이 특정의 양식을 따르고 있기 때문에 대순진리회의 회관은 눈에 띄게 마련이다. 그러나 그 안에서 구체적으로 무슨 일이 일어나고 있는지에 대해서는 학자들조차도 자세히 알 수 없는 실정이다. 포덕소와 도장의 경우도 예외는 아니다. 도장을 방문하더라도 지성소에는 접근을 할 수 없고, 그저 외부 건물만 멀리서 바라볼 수 있을 뿐이다. 지성소에 대한 일반인의 접근이 금지되어 있는 몇몇 안 되는 종교 가운데 하나가 대순진리회이다. 다행히 근자에 종단의 내부 연구자들이 의례에 대한 자료를 공개하고 있어서 외부 연구자들에게 큰 도움이 되고 있는 편이다. 하지만 이러한 자료 공개는 여전히 외부 연구자들보다는 내부 도인들을 대상으로 하고 있다는 인상을 떨칠 수 없다.

교리도 그렇지만 의례도 시간이 지나면 변하기 마련이다. 역사가 오랜 종교도 의례 절차는 지금도 변해가고 있으며, 이러한 사정은 앞으로도 마찬가지일 것이다. 대순진리회도 예외는 아니어서 과거와 현재, 그리고 앞으로의 의례가 서로 같지 않을 것이고, 그럴 필요도 없을 것이다. 앞에서는 주요 의례의 구체적인 절차를 정리하기 보다는 종단이 공개하고 있는 자료들을 중심으로 필자의 주목을 끄는 부분들을 정리하는 선에서 만족할 수밖에 없었다. 앞으로 대순진리회의 의례에 대한 연구는 외부 연구자들에게 보다 많은 참여관찰에 기회가 주어지고, 아울러 종단의 내부 연구자들이 외부 연구자들을 위한 자료를 보다 많이 공개해 주어야 깊이를 더해 나갈 수 있을 것으로 보인다.

제15장

한국 종교교단의 '국학운동'*

1. 머리말

필자는 『한국 근대종교와 민족주의』라는 책에서 한국에 존재하는 모든 종교들이 단군에 대한 나름의 이해를 정립하는 것이 어떨까 하는 주장을 한 적이 있다.[1] 그리고 2002년과 2003년에 각각 발표한 논문에서 한국에서 신앙생활을 영위하는 모든 사람들은 특정 교단의 신앙인이면서, 동시에 한국인이라는 정체성을 유지했으면 하는 생각을 피력한 적이 있다.[2] 이러한 생각은 중국과 일본의 상황을 염두에 둔 것이었다. 일본은 특정 교단에 속한 사람이라고 하더라도 일본인이라는 정체성을 잃지 않고 있는 것으로 보이고, 중국 또한 개혁 개방 이후에 특정 교단에 속한 사람일지라도 사회주의와 유교를 중심으로 중국인이라는 정체성을 잃지 않고 있는 것으로

* 『종교연구』 70, 2013.

1 강돈구, 『한국 근대종교와 민족주의』, 집문당, 1992.

2 강돈구, 「한국의 종교적 상황과 민족 통합 과제」, 『단군학연구』 7, 2002; 강돈구, 「한국의 문화 정체성과 종교정책」, 『문화의 세기 한국의 문화정책』, 보고사, 2003.

보인다. 일본과 중국에서는 특정 교단에 속한 사람일지라도 일본인과 중국인이라는 정체성의 중요성을 결코 간과하지 않는 것으로 보인다. 이들에 비해 한국은 대체적으로 특정 교단에 속한 신앙인으로서의 정체성이 한국인이라는 정체성보다 우위에 있는 것으로 보인다. 따라서 특정 교단의 신앙인이면서, 동시에 한국인라는 정체성도 잃지 않았으면 하는 생각을 피력하였던 것이다. 필자의 이런 생각은, 보기에 따라, 좀 국수주의적인 것이라는 지적을 받을 수 있었을 것이다.

필자는 또한 2000년에 소위 '재야사학'에 대한 논문을 한 편 발표하였다.[3] 중국과 일본에 비해 고대사에 대한 체계적인 인식이 턱없이 부족한 우리나라에서 재야사학이 등장할 수밖에 없는 상황을 고려해야 한다는 점, 그리고 재야사학자들의 주장이 중국과 일본의 고대사 인식과 어떻게 다르고 어떻게 충돌하는지, 그리고 혹시 재야사학자들의 주장이 우리나라의 민족 정체성 확립에 나름대로 기여하는 바가 있는 것은 아닌지에 대해서 살펴보았다.

짧게는 10년, 길게는 20여 년이 지난 지금 필자는 몇몇 새로운 사실에 주목하게 되었다. 첫째, 동아시아 삼국에서, 비록 구체적인 내용은 서로 다르지만, '국학'에 대한 관심이 고조되고 있다는 점이다. 21세기로 넘어오면서 중국에서는 국학 관련 연구기관이 대학을 비롯해서 각 지방에 괄목할 만하게 많이 설립되고 있다. 대학에 설립된 국학 관련 연구소에서는 석, 박사 학위를 수여하는 대학원까지 운영하고 있다. 일본에서 국학은

---

3 강돈구, 「새로운 신화 만들기 – 재야사학에 대한 또 다른 이해」, 『정신문화연구』 23-1, 2000.

주로 에도시대에 제기된 학문으로 간주되고 있기는 하지만, 최근까지 일본에서 소위 '일본인론'이라는 주제가 활발히 논의되어 온 점에 주목할 필요가 있다. 우리나라에서도 한국학중앙연구원의 전신인 '한국정신문화연구원'은 설립 당시의 목표가 국학의 수립에 있었다고 해도 과언이 아니다. 주지하다시피 연세대학교에 국학연구원이 설립되어 있으며, 몇몇 대학에 '민족문화'와 관련이 있는 연구소는 국학 연구를 목표로 설립된 연구소라고 할 수 있다. 얼마 전에 경상북도에 한국국학진흥원이 설립되어, 나름대로 활발히 활동하고 있는 것으로 보인다.

우리는 여기에서 동아시아 삼국에서 사용하고 있는 '국학'이라는 용어의 구체적인 내용과 그들 사이의 차이, 그리고 국학이라는 용어가 등장하고 있는 배경에 대해 관심을 가질 필요가 있다. 비록 동아시아 삼국에서 말하는 '국학'의 내용은 서로 다르다고 하더라도 국학이라는 용어의 등장은 각 민족의 정체성 확립 노력과 관련이 있다는 것이 필자의 생각이다.

둘째, 과거에는 주로 소위 재야사학자들이 우리나라 고대사에 대해 지대한 관심을 보이고 있었으나, 얼마 전부터 특정의 종교교단들이 고대사에 대해 체계적인 정리를 하고, 그 내용을 신도들은 물론 대중에게까지 확산시키려는 노력을 꾸준히 기울이고 있다는 점이다. 과거에 재야사학자들의 주장은 소위 강단사학자들로부터 많은 비판과 비난을 받아왔기 때문에 대중에게까지 확산되는 데에는 어려움이 따랐다. 최근에 특정 종교교단들이 주장하고 있는 고대사 관련 내용은, 과거 재야사학자들의 주장과 많이 유사함에도 불구하고, 강단사학자들로부터 주목을 받지 않고 있다. 아마도 종교교단의 주장이기 때문에 어차피 학문적인 주장이라고 할 수 없기 때문에 이들의 주장에 대해 강단사학자들이 주목할 가치조차 없는 것으로 판단하고 있는 것으로 보인다. 이들 종교교단들은 고대사의 체계화를 도모하면서, 또 한편으로는 중국의 동북공정, 그리고 일본의 역사왜곡에 대해서도 지대한 관심을 가지고 이들 문제에 대해 집단적으로 대응하는 모습을 보이고 있다. 비록 본 논문에서 살피고자 하는 모든 종교교단들이 '국학'이라는 용어를 사용하고 있는 것은 아니지만, 이들 종교교단들의 이러한 관심들은 민족 정체성을 확립시키려는 노력이라는 점에서 모두 '국학'이라는 주제로 정리해 볼 수 있을 것으로 생각한다.

본 논문의 1차적인 목표는 대종교와 단월드 등 종교교단들의 국학에 대한 관심과 배경, 그리고 그 내용을 살피는 것이다. 그러기 위해서 먼저 제2장에서는 동아시아 3국에서 종교교단과 상관없이 진행되고 있는 일반 학계의 국학연구의 배경과 내용을 살펴보고자 한다. 종교교단들의 국학에 대한 인식을 이해하기 위해서는 일반 학계의 국학에 대한 인식을 먼저 살피는 것이 필요하고, 또한 우리나라 학계의 국학에 대한 인식을 보다 잘 이해하기 위해서는 중국과 일본 학계의 국학에 대한 인식을 먼저 정리할 필요가 있을 것이라는 판단 때문이다.

2. 동아시아의 국학

한자문화권인 동아시아 3국에서는 '전통사상'이라는 용어를 종종 사용한다. 이 용어를 굳이 영어로 번역하면 'traditional thought'라고 할 수 있겠으나, 영어의 이 용어는 어쩐지 어색하다. 동아시아 3국을 제외하고는 '국학'이라는 용어도 그다지 사용하지 않는 것으로 보인다. 굳이 번역한다면 국학을 'national learning'으로 해 볼 수 있을 것이나 이 용어도 여전히 어색하고 생소하다. 혹자는 외세 침탈의 과정을 겪었던 동아시아 3국에서만 국학이라는 용어가 대두되었다고 말한다.[4] 아마도 중국은 서구사상의 유입으로 인해 자국의 전통사상을 드러낼 필요가 있었을 것이며, 한국과 일본은 서구사상과 함께 중국사상으로부터도 자국의 전통사상을 드러낼 필요가 있었을 것으로 생각된다.

동아시아 3국이 똑같이 국학이라는 용어를 사용하고 있음에도 불구하고, 영어 표기는 각기 다르다. 중국은 국학을 영어로 'Research in the Tradition of Chinese Culture', 'China Traditional Culture', 또는 'Chinese Classics'로 표기한다. 국학에 대한 중국의 영어 표현을 다시 우리말로 번역하면, 중국에서 국학은 '중국의 전통문화(연구)', 또는 '중국 고전(학)'으로 이해할 수 있을 것이다.

일본에서 국학은 영어로 'Kokugak'라고 발음대로 표기한다. 한국에서도 단월드에서는 국학을 'kookhak'으로 표기한다. 일본과 마찬가지로 국학의 적당한 영어 표기를 찾지 못하였던 것으로 보인다. 대종교에서는 국학을 'Koreanology'로 표기하고, 국학과 한국학Korean Studies의 차이를 강조한다. 이밖에 연세대학교 국학연구원과 안동에 있는 한국국학진흥원을 비롯해서 대부분의 일반 학계의 연구소에서는 국학을 'Korean Studies'로 표기한다. 나름대로 이유가 있을 것으로 보인다. 아래에서는 일본과 중국, 그리고 한국의 경우를 중심으로 국학이 어떤 배경에서 사용되고, 어떤 내용을

---

4 안동대학교 국학부 편, 『21세기를 겨냥한 우리 국학의 방향과 과제 - 국학, 무엇을 어떻게 할 것인가』, 집문당, 1997, 443쪽.

포괄하고 있는지를 살펴보고자 한다.

2.1. 일본의 국학

과거 신라시대에 주로 유학을 가르쳤던 '국학'이라는 교육기관이 있었던 것처럼, 일본에서도 나라와 헤이안 시대에 지방 관리의 자제를 교육하기 위해 각 지방에 세웠던 학교를 '국학'이라고 하였다. 그러나 본 논문과 관련이 있는 국학이라는 용어는 17세기부터 일본학자들이 사용하기 시작한 용어이다. 일본에서 국학의 사전적인 의미는 자국의 전통적 민속과 사상, 그리고 문화 등을 연구하는 학문이다.

일본에서 국학은 화학和學, 고학古學, 고도학古道學, 고신도학古神道學, 황학皇學, 황도학皇道學, 황국학皇國學이라고도 하였다.[5] 1660년대부터 일본에서는 유교와 불교와 같은 중국의 사상적 지배에서 벗어나 고대 일본의 순수한 정신으로 복귀하자는 소위 古學派 운동이 벌어졌다.[6] 이후 카모노 마부치賀茂眞淵(1697-1769), 모토오리 노리나가本居宣長(1730-1801), 그리고 히라타 아츠타네平田篤胤(1776-1843) 등에 의해 에도시대의 국학이 비로소 정립될 수 있었다. 이들은 일본에서 만세일계의 황통이 유지될 수 있었던 것은 일본인의 고유한 전통적 사유 양식이 있었기 때문이며, 이 사유 양식은 유교와 불교로 대표되는 중국의 사유 양식보다 우월하다고 하면서, 일본이 세계의 중심이라는 일본식의 중화주의를 선언하기에 이르렀다.[7] 神

---

5 심상훈, 「동아시아 3국의 국학연구와 국학운동」, 한국국학진흥원 교육연구부 편, 『국학이란 무엇인가』, 한국국학진흥원, 2004, 58쪽.

6 위의 글, 61-69쪽.

道의 입장에서 유교와 불교를 적극적으로 비판하고 나선 이들에 의해서 신도가 비로소 하나의 종교로 확립될 수 있었다.[8]

메이지 시대 이후 국학은 오로지 신도를 중심으로 전개되었다. 전후 일본에서는 신도학과 국학을 담당해 오던 '진구코가쿠칸 대학神宮皇學館大學'과 국학원대학의 '황전강구소皇典講究所', 그리고 아울러 '국민정신문화연구소', '교학연성소敎學鍊成所', '대창정신문화연구소大倉精神文化硏究所', '일본문화중앙연맹' 등이 폐쇄되었다. 그러다가 1956년 국학원대학에 황전강구소 대신에 '일본문화연구소'가 설립되어, 이후 일본문화학으로서의 새로운 국학을 연구하게 되었다.[9]

황전강구소는 1882년에 창설되었는데, 1890년에 이 연구소 안에 국학원이 설치되었다. 국학원은 1906년 사립 국학원대학으로, 그리고 1919년에는 국학원대학으로 개칭되었고, 1946년 황전강구소가 해산되면서 재단법인으로 국학원대학이 설립되었다. 국학원대학은 일본의 전통문화와 일본의 정신을 탐구하고 전수하는 한편, 동시에 다른 나라의 학문을 독창적으로 수용한다는 전제 아래, '신도 정신'에 입각한 교육을 표방하고 있다. 학부에는 문학부일본문학과, 중국문학과, 외국어문화학과, 사학과, 철학과, 경제학부 경제학과, 경제 네트워킹학과, 경영학과, 법학부법률학과 법률전문직 전공, 법률학과 법률전공, 법률학과 정치 전공, 그리고 신도문화학부신도문화학과와 인간개발학부초등교육학과, 건강체육학과가 있다. 신도문화학과는 신도의 사제인 신관神官의 양

---

7 고희탁 외,『국학과 일본주의 – 일본 보수주의의 원류』, 동북아역사재단, 2011, 11쪽.
8 이이화,「국학의 관점에서 본 일본인의 삶과 사상」,『동양학』 33, 2003, 346-358쪽.
9 伊藤亞人,「일본에서의 국학과 일본연구」, 안동대학교 국학부 편,『21세기를 겨냥한 우리 국학의 방향과 과제 – 국학, 무엇을 어떻게 할 것인가』, 집문당, 1997, 196-197쪽.

제15장 한국 종교교단의 '국학운동' 455

성을 주체로 하는 '신도문화코스'와, 일본과 세계의 종교와 문화를 비교 연구하는 '종교문화코스'가 있다. 신도문화학과 교과목 가운데 국학개론이 있는데 아마도 에도 시대와 메이지 시대의 국학의 내용을 가르치는 것으로 보인다. 그리고 국학원대학에는 신상神像, 화권畵卷, 병풍 등 2천 점의 신도 관련 유물이 전시되어 있는 신도자료관이 있다.[10]

일본에는 국학원대학과 유사한 대학으로, 1882년에 설립된 (사립)황학관대학皇學館大學이 있다. 이 대학에는 문학부신도학과, 국문학과, 국사학과, 코뮤니케이션학과, 사회복지학부사회복지학과, 교육학부교육학과, 현대일본사회학부현대일본사회학과가 있다. 문학부의 신도학과에서는 일본의 역사와 신도의 본질, 황실의 제사와 전통, 신사神社의 기원과 전개, 신사제사神社祭祀와 그 사상, 그리고 신도와 제종교諸宗教 등을 가르치고 있으며, 이 학과를 졸업하면 신도의 사제가 될 수 있다. 황학관대학에도 역시 신도 관련 박물관이 있다.[11]

우리나라의 연세대학교와 한신대학교 등이 기독교 중심의 종합대학인 것과 마찬가지로, 일본에서 국학과 관련이 있는 국학원대학과 황학관대학은 신도 중심의 종합대학이라고 할 수 있겠다. 이러한 예에서 볼 수 있듯이, 국내의 여러 학자들이 지적한대로, 한국과 중국의 국학과 비교해 볼 때 일본의 국학은 신도 중심으로 전개되고 있다는 것을 알 수 있다.[12] 아울러 일본의 국학을 논의할 때 소위 '일본인론日本人論'에 대해서도 언급할

---

10 http:www.kokugakuin.ac.jp 참조.
11 http://www.kogakkan-u.ac.jp 참조.
12 김동환, 「국학의 개념 확립을 위한 제언」, 『한국학을 넘어 국학으로』(한민족기념관 · 국학원 정기학술대회자료집), 2012, 95쪽.

필요가 있다. 전후부터 최근까지 일본에서는 일본인론을 주제로 다루는
연구가 활발히 진행되어 왔다. 일본인론은 일본인이 다른 나라 사람들보
다 우월하다는 점을 드러내려는 일본인들의 성향에서부터 기인한 것으로
볼 수 있는데, 이 점에서 일본인론은 일본의 국학의 맥락에서 살필 수 있을
것으로 보인다.[13]

2.2. 중국의 국학

중국에서 '국학'은 원래 태학이나 국자감과 같은 국가학부로서 천자나
제후의 자제들을 교육시키는 학교였다. 앞에서 지적하였듯이 본 논문과
관련이 있는 국학은 일본에서 처음으로 제기된 개념으로, 일본의 영향으
로 중국에서도 20세기 초에 국학운동이 벌어졌다. 1920년대에 중국에서는
국고國故; 고유문화, 국수國粹, 국학國學 등의 명칭이 널리 사용되었는데, 이들
용어들을 사용하는 학자들은 전통문화의 토대 위에 외래문화의 좋은 점을
받아들이기 위해 노력하였다.[14] 이 당시의 국학은 중국의 전통문화와 학
술, 또는 그것을 연구하는 학문으로, 특히 서학西學에 대비해서 중학中學이
라고도 하였으며,[15] 주요 내용은 경학經學, 제자백가, 문학 등이 포함되어
있었다.[16]

13 박용구, 「전환기 일본인론의 과제」, 『일어일문학』 52- 2, 2005, 227-229쪽.
14 樓宇烈, 「중국 국학연구의 회고와 전망」, 안동대학교 국학부 편, 『21세기를 겨냥한
   우리 국학의 방향과 과제 - 국학, 무엇을 어떻게 할 것인가』, 집문당, 1997, 139-140쪽.
15 심상훈, 앞의 글, 57쪽.
16 章太炎 讲演(曹聚仁 整理), 『国学概论』(中华书局, 2009) 참조.

우수한 전통문화를 발굴하고 제창하는 것은 민족의 자존심과 애국심을 증진시키는 면이 있었음에도 불구하고, 이들의 입장은 종종 복고주의나 문화 보수주의라는 비판을 받기도 하였다. 이러한 비판은 얼마 전까지도 여전히 제기되기도 하였다.[17] 그러나 최근에는 중국의 우수한 전통문화를 연구, 계승 및 발전시키는 것은 중국적 특색의 사회주의를 건설하는 데 유용하다는 쪽으로 정리가 된 것으로 보인다.[18]

1980년대에 古籍을 정리, 출판하는 작업이 전개되면서, 국학이나 한학漢學 등의 개념이 새롭게 제시되었다. 1992년에 북경대학은 '중국전통문화연구센터'를 설립하고, 이듬해부터 『국학연구』를 발행하고 있다. '중국전통문화연구센터'는 2000년대 초에 '북경대학 국학원'으로 명칭을 변경하고, 2002년부터 대학원 과정을 운영하고 있다.[19] 북경대학 이외에도 2005년을 전후해서 청화대, 인민대, 무한대 등 여러 대학에 국학 관련 연구원이 설립되었으며, 이 밖에도 북경, 남경, 곡부, 장안, 절강 등 지역별로도 국학 관련 연구원이 여러 곳에 설립되어 나름대로 활동을 전개하고 있다.[20] 중국에서는 현재 국학이 국민들에게 폭넓게 교육되고 있으며, 중국사회과학원이 이들 국학의 전파를 총괄하고 있는 것으로 보인다. 2011년 현재 중국교육부의 지원 아래 세계 96개국에 332개의 공자연구소와 369개의 공자아카데미가 설립되어 운영되고 있다. 공자아카데미는 장학금을 운영하여 중국 내 외국인 학생 유치에 열을 올리고 있는데, 공자 관련 연구소의 활동도

---

17 치량, 『현대 신유학 비판』(이승모 옮김), 심산, 2012 참조.
18 樓宇烈, 앞의 글, 157쪽.
19 http://baike.baidu.com/view/3168351.htm?fromTaglist 참조.
20 장리텐, 「중국 - 국학의 개념과 가치 척도」, 『국학연구』 15, 2011, 113쪽.

중국의 국학과 관련해서 주목할 필요가 있을 것으로 보인다.[21]

중국의 국학은 공자와 육경六經, 선진유가, 한漢의 유학, 위진 도교, 남북조, 수, 당의 경학과 불경 번역, 송명이학, 청의 고증학, 호적胡適과 양계초 등의 근대 학술 등을 포함한다.[22] 얼핏 중국의 국학은 중국의 전통사상과 전통학술을 모두 포괄하고 있는 것으로 보인다. 그러나 불교와 도교가 일부 포함되고 있기는 하나, 핵심적인 내용은 유교라고 해도 과언이 아니다. 얼마 전까지 사회주의가 중국을 통합하는 역할을 충분히 수행하였으나, 개혁 개방 이후 사회주의의 영향력이 점차 쇠퇴하는 시점에서, 그 빈 공간을 유교로 채우려는 시도로 보인다.

2.3. 한국의 국학

우리나라에서도 신라와 고려 때 교육기관으로서의 국학이 있었다. 그러나 본 논문과 관련이 있는 '국학'에 대한 관심은 중국과 마찬가지로 20세기 초에 고조되었다. 박은식의 국혼, 정인보의 얼, 신채호의 낭가사상, 문일평의 조선정신 등에서 우리는 20세기 초 한국의 국학에 대한 관심을 살필 수 있다. 대체로 당시 한국의 국학은 국권 회복운동을 위한 학문적 기반을 조성하려는 움직임으로 이해해 볼 수 있다.

만주국 당시에 국학대학이 있었다. 만주의 국학대학은 만주군관학교,

---

21 중국의 국학운동이나 공자아카데미 열풍이 문화 가치관의 문제를 해결할 수 없으며, 단지 하층민을 어르고 달래기 위한 것에 지나지 않는다는 비판도 있다. 량사오성,『우울한 중국인』(고상희 옮김), 가치창조, 2002, 77-78쪽 참조.

22 钱穆,『国学概论』, 商务印书馆. 1997; 曹胜高 编著,『国学通论』, 北京大学出版社, 2008; 刘毓庆,『国学概论』, 北京师范大学出版社, 2009 등 참조.

산경군관학교와 함께 만주국에 봉사할 문관을 기르는 대학이었다. 우리나라에서도 광복 후에 대종교인들이 중심이 되어 서울에 국학대학이 설립되었는데, 정인보가 초대 학장을 맡았다. 이 국학대학은 1967년에 우석대학교에 흡수되고 말았다.

20세기 초 한국 국학의 중요 인물 가운데 한 사람인 정인보는 여러 저술을 남겼는데, 그 가운데 특히 『조선사연구』[23]와 『담원국학산고薝園國學散薹』[24]에서 당시 국학의 내용을 살필 수 있다. 정인보는 앞의 책에서 단군, 고조선, 부여, 고구려, 발해 등 주로 한국의 고대사에 대해서 기술하고 있다. 고대사를 중심으로 하는 우리나라 역사에 대한 기술은 요즈음 소위 재야사학자들의 역사 기술과 맥을 같이 하는 것으로 보인다. 그리고 뒤의 책에서 정인보는 18편의 조선의 고서에 대한 해제, 국학 인물론이라고 하여 송강, 정약용, 신채호의 업적 정리, 광개토대왕비문 등 고대사에 대한 네 가지의 새로운 해석, 양명학에 대한 소개, 세종, 이순신, 윤봉길, 3.1운동 등에 관련된 비문과 추념문에 대한 단상이 수록되어 있다. 양명학이 국학의 범주에 들어간 것이 좀 특이하다고 할 수 있지만, 정인보의 국학은 고대사, 역사의 주요 인물, 중요 역사 자료 등에 대한 관심으로 정리해 볼 수 있으며, 일정 부분 대종교의 영향을 받았을 것으로 짐작된다.[25]

일제하에서도 '조선학'이라는 용어가 있었지만, 근래 우리나라에서 국학은 한국학과 같은 개념으로 사용되기도 한다. '서울대학교 규장각 한국

23 정인보, 『조선사연구』 상, 하, 서울신문사출판국, 1946.
24 정인보, 『薝園國學散薹』, 文敎社, 1955.
25 김동환, 「우리 국학, 어떻게 할 것인가」, 국학연구소 편, 『올소리(001) - 국학 편』, 흔뿌리, 2006, 72쪽 참조.

학연구원'은 주로 규장각 소장 자료를 중심으로 연구하는 연구기관임에도 불구하고 국학 대신에 '한국학'이라는 용어를 사용하고 있다. 연세대학교 국학연구원은 산하에 동아시아 고전연구소와 비교사회연구소를 운영하고 있는데, 문사철 중심의 교수들이 주로 참여하고, 정치학, 사회학, 인류학, 교육학, 경제학 등 사회과학 교수들이 일부 참여하고 있다. 그리고 한국 전통사회와 문화, 한국 현대사회와 문화, 한국어 교육 세 분야로 나누어 대학원 협동과정을 운영하고 있다. '연세대학교 국학연구원'의 '국학'은 '한국학'의 의미를 지니고 있는 것으로 보인다.

학계에서 현재 '한국학'과 다른 의미의 '국학'을 강조하고 있는 곳으로 안동대학교와 한국국학진흥원에 주목할 필요가 있다. 안동대학교는 1996년에 국학부를 설치하였다. 국학부에는 한문학 전공, 민속학 전공, 동양철학 전공이 포함되었다. 국학부는 이후 국학 관련 여러 학술세미나를 의욕적으로 개최하고, 발표된 논문들을 묶어서 '국학총서'로 집문당에서 출간하였다. 국학총서로 발간된 책은 『우리 국학의 방향과 과제』(1997), 『민족통일을 앞당기는 국학』(1998), 『국학의 세계화와 국제적 제휴』(1999), 『인간과 자연이 함께 하는 국학』(2000), 『인간다운 삶을 위한 국학』(2001), 『새로운 우리 학문, 국학』(2004)으로 총 6권이다. 책 제목을 보면, 적어도 안동대학교의 국학은 민족 통일을 앞당길 수 있고, 인간과 자연이 함께 할 수 있고, 인간다운 삶을 살게 할 수 있는 '새로운 우리 학문'이다.

여러 사람들의 논문을 모아 놓은 책들이기 때문에 안동대학교에서 말하는 '국학'의 의미를 간단히 정리하는 것은 불가능하다. 단지 책의 내용 가운데 필자의 주목을 끄는 내용들을 일부 제시하면 아래와 같다.

- 국학은 민족원기民族元氣의 정화精華로, … 서구의 문명과 종교가 들어오
  면서 국학은 거센 도전과 엄청난 시련을 겪어야 했다. … 배타성을 띤
  신유학이 아니라 원시유교가 우리 민족의 단점을 장점으로 전화시킬 수
  있다.
- 국학은 인간성 회복을 위해, 그리고 민족의 번영을 위해 필요하다.
- 우리는 지난날 물질의 풍요만이 행복인줄 알고 서양을 부지런히 좇다가
  마침내 우리를 잃고, 인간을 잃고, 욕망만을 추구하는 금수가 되어 오늘
  까지 살아왔다. 이제 제정신을 찾아 인간으로서 살아야 한다.
- 우리들이 한국인으로서 또는 현대인으로서 그 책임과 역할을 다 하는
  삶을 살아가기 위한 고투가, 혹은 생활의 모습으로, 혹은 학문의 모습으
  로 진지하게 검토되고 절절하게 실천되어야 한다.
- 국학은 한국인의 정신과 기상을 함양하고 계발하는 데 중요한 역할을
  한다.
- 국학(중흥)운동이 필요하다.
- 안동은 국학의 역사와 전통이 깊은 지역이다.
- 한국이 21세기에 세계의 주역이 될 수 있다.

안동대학교 국학의 목표는 필자가 보기에 꽤 종교적이다. 학문으로서
의 국학이 할 수 있는 일이라기보다는 오히려 종교로서의 국학이 할 수
있는 일을 지향하고 있는 것으로 보인다. 안동대학교 국학부는 이유는 알
수 없지만 2009년에 폐지되었다.[26]

---

26 http://www.andong.ac.kr 참조.

한국국학진흥원은 1995년 법인 설립 허가를 얻고, 1996년에 개원, 2001년에 '홍익의 집'이라는 이름의 본관을 개관하였다. 지금까지 중앙 정부의 국비가 꽤 지원되고 있으며, 경상북도의 출연금으로 운영되고 있다. 전통 문화유산의 조사연구를 통해 미래사회를 이끌어 갈 정신적 좌표를 확립하기 위하여 설립된 한국국학진흥원은 우리나라 고유의 역사와 문화, 전통을 재창조하여, 전통문화가 현재를 풍요롭게 하고 미래의 희망이 될 수 있도록 다양한 문화실험을 앞장서서 실천하는 문화 전진기지가 되고자 한다.[27] 안동을 중심으로 한 영남지방은 조선조 유교문화권의 중심이자 현재에도 유교문화 자산이 가장 많이 남아있는 세계적인 유교문화의 보고이기 때문에 한국국학진흥원은 국학 가운데에서도 특히 유교문화에 대한 연구에 역량을 우선적으로 집중하되, 장기적으로는 국학 전반으로 관심 영역을 확대해 나가려는 구상 속에서 연구 활동을 수행하고 있다고 한다. 한국국학진흥연구원의 주요 사업 가운데 한국학 관련 기관과의 교류, 국제적인 유교문화 연구기관의 네트워크 형성, 국학 대중화를 위해 유교문화박물관 운영과 국학문화회관을 통한 교육연수사업이 주목을 끈다. 이밖에 유교에 관한 종합적인 정보서비스를 제공하는 사이트로 유교넷 http://www.ugyo.net을 운영하고 있고, 소식지로 『국학』을 발간하고 있다. 2002년에서 2011년까지 한국국학진흥원에서 개최한 국내외 학술대회의 주제는 대부분이 유교 관련 주제이며, '중국공자연구원' 등 학술교류 협정을 체결한 주요기관과의 협정 내용도 주로 유교에 대한 비교 연구이다.

한국국학진흥원은 '국학교양총서'로, 『우리 삶의 근원을 찾아서 - 생활,

---

27 http://www.koreastudy.or.kr 참조.

제도 편』(2003), 『한국의 멋과 아름다움 - 문화, 예술 편』(2003), 『한국의
사상 - 사상 편』(2003), 『국학이란 무엇인가 - 국학입문 편』(2004)이라는
몇 권의 책을 발간하였다. 특히 『국학이란 무엇인가』[28]에서 말하는 국학
의 의미는 안동대학교 국학부에서 발간한 책들에 수록된 내용과 그다지
차이가 없는 것으로 보인다. 민족의 얼과 자존이라는 원래의 정신 아래
국학연구의 방향을 다시 정립해야 한다는 주장,[29] 그리고 국학은 문사철을
중심으로 보다 인문학적이며, 우리 것이라는 강한 자의식 속에서 한국의
문화와 전통을 연구하는 반면, 한국학은 국학에 비해 보다 사회과학적이
며, 우리의 주관적 정서나 경험을 최대한 배제시키고 객관적인 시각에서
한국의 문화와 전통을 연구한다는 주장[30]이 눈에 띤다. 그리고 어느 글에
서는 국학의 앞날을 위한 제언을 하면서, 주로 유교 연구의 방향을 제시하
고 있는 것 또한 눈에 띤다.[31]

한국국학진흥원은 국내외 학술대회를 개최할 때 '국학'이라는 용어 대
신에 '한국학'이라는 용어를 사용하여, '한국학 학술대회'라는 표현을 쓰고
있다. 이런 몇몇 사례들을 볼 때 한국국학진흥원에서 말하는 '국학'은 안동
대학교 국학부에서 말하던 '국학'에 비해 보다 중층적인 의미를 지니고 있
는 것으로 보인다. 그러나 개원 이래 지금까지 연구 사업의 내용이나 활동
내용을 보면, 한국국학진흥원은 적어도 '국학'의 핵심에 유교를 위치시키

---

28 한국국학진흥원 교육연구부 편,『국학이란 무엇인가 - 국학입문 편』, 한국국학진흥원,
   2004.
29 이해영,「국학 연구의 어제와 오늘」, 위의 책, 53쪽.
30 박원재,「삶과 전통 그리고 국학」, 위의 책, 24-25쪽.
31 한형조,「세계 속의 국학의 앞날을 위한 제언」, 위의 책 참조.

고 있다는 것을 알 수 있다. 이 점에서 한국국학진흥원의 '국학'은 현재 진행되고 있는 중국의 유교 중심의 '국학'과 유사한 측면이 적지 않은 것으로 보인다.

지금까지 우리는 학술기관을 중심으로 일본과 중국의 사례와 대비해서 우리나라 국학의 현실을 살펴보았다. 아래에서는 현재 우리나라 종교교단에서 운위하고 있는 국학에 대해서 구체적으로 살펴보고자 한다.

3. 한국 종교교단의 '국학운동'

3.1. 대종교

대종교와 관련이 있는 국학 관련 연구소로 사단법인 '국학연구소'가 있다. 국학연구소는 2006년부터 2011년에 걸쳐 '올소리'라는 책 제목으로 국학, 독립운동, 종교, 고구려, 단군, 수행, 단군신앙, 중광100주년 기념, 치우천왕, 개천開天을 주제로 10권의 책을 발간하였다. '올소리'에서 다루고 있는 10개의 주제들은 고대사, 독립운동, 단군신앙, 수행으로 다시 정리할 수 있다. 국학연구소에서는 또한 1988년부터 2005년까지 『국학연구』 10집을 발간하였다. 『국학연구』 1집에서 10집까지 실려 있는 글들도 대체로 '올소리'에서 다루고 있는 주제들의 범위를 크게 벗어나지 않는다. '올소리'와 『국학연구』에서 다루고 있는 주제들을 통해서 우리는 대종교의 국학을 어느 정도 이해해 볼 수 있다.

대종교에서는 고대사와 관련된 책으로 『규원사화揆園史話』, 『환단고기

桓檀古記』, 『단기고사檀奇古史』, 『신단민사神檀民史』, 『신단실기神檀實記』, 『단
조사고檀祖事故』를 반드시 읽어야 할 6대 고대 사서로 중요하게 생각한다.
김교헌이 쓴 『신단민사』(1094년)와 『신단실기』(1914년), 그리고 대종교에
서 간행한 『단조사고』(1911년)를 보면, 대종교는 일찍이 우리나라의 상고
사와 고대사에 대해서 나름대로 체계적인 정리를 하고 있다는 것을 알
수 있다. 이 책들의 내용이 학계에서 정리하고 있는 우리나라의 상고사,
고대사와 현격한 차이가 있다는 점은 말할 필요도 없다.

　대종교에서는 우리나라에서 '국학' 대신에 '한국학'이라는 용어를 사용
하는 것이 우리의 정체성을 망각한 처사라고 하고, 영어로 국학을
'Koreanology'로 표기한다.[32] 그리고 한국의 불교나 유교는 한국사상은 될
수 있을지언정 우리의 정체성을 드러내는 한국철학으로 간주하기 힘들기
때문에 국학에 포함시킬 수 없다고 주장한다. 그리고 순수 국학이라는 표
현을 써 가면서 순수 국학은 단군신앙神敎 혹은 仙敎과 연관된 문사철로 한
정짓고, 이러한 국학은 인류 보편성을 지니고, 시간적으로나 공간적으로
닫혀 있는 국학이 아니라 열린 국학이라고 주장한다.

　대종교는 흥미롭게도 다문화주의가 추진되면, 머지않아 우리나라는 정
체성과 정통성을 상실할 것이라고 말하고 있다. 대종교는 이런 상황이 도
래하지 않도록 하기 위해서 배달사상教理과 배달역사, 그리고 배달문화修行
의 총합인 '국학'에 관심을 가져야 하는데, 이러한 국학의 중심에는 단군이
있다고 한다. 그리고 국학연구소는 소위 국학운동을 한 인물로 30여 명을

---

32 김동환, 「국학의 개념 확립을 위한 제언」, 「한국학을 넘어 국학으로」(한민족기념관 ·
　국학원 정기학술대회자료집, 2012), 90-91쪽.

소개하고 있는데, 거의 모두가 대종교인들이다.[33] 그렇다면 대종교에서 말하는 '국학'은 대종교일 수밖에 없다. 중국이 유교를 중심으로, 그리고 일본이 신도를 중심으로 나름의 국학을 전개하고 있다면, 대종교는 대종교 스스로를 중심으로 '국학'을 전개하고 있다고 정리해 볼 수 있다.

3.2. 단월드

요즈음 우리나라에서 '국학'이라는 용어를 써가면서 소위 '국학운동'을 비교적 활발히 전개하고 있는 종교교단으로 단연 단월드를 지적하지 않을 수 없다. 단월드가 종교교단인지 아닌지의 여부에 대해서 먼저 언급할 필요가 있다. 단월드는 현재 소위 수련 프로그램을 팔아서 수익을 올리는 주식회사로 등록이 되어 있다. 따라서 단월드는 스스로 종교교단이 아니라고 주장하고 있는 모양이다. 종교학자는 연구 대상의 확장이라는 측면에서 종교의 범주를 넓히려는 버릇이 있다. 종교의 범주를 협의로 사용해서 구태여 연구 대상의 범위를 좁힐 필요가 없다고 생각하는 것이다. 사실 "단월드는 단월드이다"가 가장 적절한 표현이다. 그리고 "단월드는 스스로 종교교단이 아니라고 주장한다"는 말이 사실일 뿐이다. 그러나 종교학자의 안목에서 단월드의 주장이나 하는 일의 내용을 보면 단월드를 종교교단의 범주 안에 넣는 것은 어쩔 수 없는 일이다. 오히려 우리는 단월드가 왜 스스로 종교교단이기를 거부하는지에 흥미가 있다. 종교교단이기를 거

---

33 이상의 내용은 http://www.gukhak.org; 김동환, 「우리 국학, 어떻게 할 것인가」, 국학연구소 편, 『올소리(001) - 국학 편』, 2006, 60-95쪽 참조.

부합으로써 단월드가 활동하는 데 보다 유리한 점이 분명히 있을 것이기 때문이다.

단월드의 창시자인 이승헌은 현재 국제뇌교육종합대학원대학교 총장, 글로벌사이버대학교 총장, 유엔자문기구 한국뇌과학연구원 원장, 국제뇌교육협회 회장이라는 직함을 가지고 있다.[34] 그리고 두뇌개발법인 뇌호흡을 창안하여 세계화한 뇌교육자, 세계적인 평화운동가, 정신지도자, 깨달음의 대중화를 위해 한민족의 철학을 바탕으로 현대단학과 뇌호흡을 창시하고, 국내외에서 깨달음, 힐링 소사이어티, 지구, 평화를 주제로 명상 워크숍, 강연 활동 등을 통해 '지구인 철학'을 널리 알리고 있는 사람으로 소개되고 있다.[35] 이승헌은 수십 권의 책을 출간하였는데, 그 가운데 상당수가 미국, 중국, 일본, 프랑스 등 세계 각국 언어로 번역되어 있다고 한다. 직함과 하는 일로 보아서는 오히려 적어도 국내에서는 그다지 주목을 받지 못한 사람으로 생각될 정도이다.

이승헌은 1950년 출생으로 중학교 때 태권도, 합기도를 배우고, 대학에서 임상병리와 체육교육을 전공했다.[36] 그는 1980년 모악산 토굴에서 21일 동안 단식과 철야 정좌 공부를 통해 '내가 누구인지, 그리고 내 삶의 목적이 무엇인지'에 대한 답을 얻고,[37] 천지기운과 천지마음이 인간 개개인을 포함해서 모든 생명의 실체임을 깨달았다고 한다. 그는 모든 종교의 핵심은 하나이고, 모든 생명의 작용은 천지기운을 통해 일어나며, 천지기운의

34 이승헌, 『힐링차크라』, 한문화, 2011 참조.
35 위의 책; 이승헌, 『증상별 단학도인체조 1』, 한문화, 2006 참조.
36 이승헌, 『세도나 스토리』, 한문화, 2011, 27-28쪽.
37 이승헌, 『두뇌의 힘을 키우는 생명전자의 비밀』, 한문화, 2011, 44쪽.

실체가 바로 천지마음인데, 이 천지마음을 예수는 사랑으로, 부처는 자비로, 공자는 인이라고 했다고 말하고 있다.[38] 그리고 그는 모악산에서 깨달음을 얻은 뒤에 『천부경天符經』을 보게 되었는데 자기가 깨달은 내용이 우주의 생성, 진화, 완성의 원리를 담고 있는 『천부경』에 이미 모두 있다는 것을 알게 되었다고 한다.[39]

이승헌은 모악산에서 깨달음을 얻은 뒤, 곧바로 경기도 안양 충현탑공원에서 무료로 수련장을 운영하기 시작하여, 1985년에 단학선원 1호 센터를 개원하였다. 1993년 단학선원을 주식회사로 등록하고, 1997년에 소위 '뇌호흡'이라는 수련법을 개발하였으며, 2003년에 단학선원을 주식회사 단월드로 개명하였다.[40]

1995년에 이승헌은 단학을 미국과 전 세계에 알리기 위해 미국을 방문하였다. 당시 한국에 단센터가 약 오십 개 정도 있었는데, 경영권을 제자들에게 넘겨주고, 처음에 뉴저지에 잠시 거주하다가, 세도나에 정착, '세도나 명상여행'이라는 자기개발 프로그램을 운영하였다.[41] 그가 세도나에서 명상하는 도중, 신라시대 박제상이 쓴 『부도지符都誌』[42]에 나오는 지구 어머니 마고의 딸이면서, 세도나를 보호하는 '세나'라는 여신이 나타났는데, '세나'는 자기 어머니 마고가 이승헌에게 전하라고 한 메시지가 있어서 2천년 동안 기다리다가, 드디어 자기가 이승헌을 세도나로 초대했다고 하면

38 이승헌, 『운기단법』, 한문화, 2010, 5쪽.
39 이승헌, 앞의 책, 164쪽.
40 http://www.dahnworld.com 참조.
41 이승헌, 앞의 책, 14-17, 50쪽.
42 朴堤上, 『符都誌』(金殷洙 譯解), 1986.

서, "인류에게 지구의 마음을 전해주십시오"라는 말을 전했다고 한다. 당시 이승헌은 지구의 마음이 내 마음을 열고 들어와 자기와 하나가 되는, 그리고 존재의 가장 깊은 곳에서부터 사람과 세상을 염려하고 보살피는 마음이 우러나오고, 우리 안에는 우리가 알고 있는 자신보다 훨씬 위대하고 아름다운 진실과 꿈이 있으며, 그 꿈을 이루는 데 필요한 모든 것을 우리가 이미 가지고 있다는 것을 알게 되었다고 한다.[43] 이승헌은 세도나에서의 이 체험이 1980년 모악산에서의 깨달음의 체험과 다르지 않다고 말하고 있다.[44] 그리고 그는 세도나에 있는 '마고성'에서 매월 보름에 인류와 지구를 위해 기도하는 천제天祭를 지내고 있다고 한다.[45]

이승헌에 의하면 단丹은 근원적인 생명력이고 에너지이다.[46] 이승헌은 지금까지의 성자聖者들이 깨달음의 소리는 쉽게 전해주었지만, 깨달을 수 있는 구체적인 방법을 제시해주시 못했다고 하면서, 단학은 깨달은 사람을 대량으로 생산하는 방법이라고 말하고 있다.[47] 그에 의하면 깨달음이란 하늘과 땅, 그리고 사람이 궁극적으로 하나이고, 자기 안에 신성이 있다는 것을 자각하고, 그 자각한 것을 행하는 힘이다. 그 힘으로 세상을 더 건강하고 행복하고 평화롭게 해야 하는데, 깨달은 사람이란 그 일에 전념하는 사람이라고 한다.[48] 그는 인간이 음식물을 통해 지기地氣를 얻고, 숨을 통해 무한한 우주 에너지인 天氣를 보충하는데, 현대인들은 천기를 느

43 이승헌, 앞의 책, 119-120쪽.
44 위의 책, 120-121쪽.
45 위의 책, 157쪽.
46 이승헌, 『단학기공』, 한문화, 2011, 12쪽.
47 이승헌, 『운기단법』, 한문화, 2010, 203-204쪽.
48 이승헌·신희섭, 『뇌를 알면 행복이 보인다』, 브레인월드, 2006, 132쪽.

끼지 못해서 음양의 조화가 깨지고 기운이 탁해져서 몸이 병들고 정신도 혼탁해졌다고 말한다.[49] 현대인들이 천기를 느껴야 몸이 건강하고 정신도 맑아진다는 말이다.

그리고 그는 단학은 우리 민족의 전통 수행법을 현대인에게 맞게 개선하고 과학화한 것인데, 단학은 단순히 건강법이나 수련법이 아니라, 나와 민족과 인류를 살릴 수 있는 길이라고 말한다.[50] 그가 단학 관련해서 출판한 여러 책의 말미에는 수련을 통해 병을 고치고, 하던 사업이 번창하게 된 수련자들의 체험담들이 적지 않게 수록되어 있다.[51]

그리고 그는 단학을 보급해 온 이유를 아래와 같이 지적하고 있다.

> 많은 사람들이 종교에 지쳐 있고, 사상에 지쳐 있고, 이데올로기에 지쳐 있는 오늘 날, 누구든지 접하기 쉬운 심신 수련방법으로 육체의 건강에서 정신 건강, 나아가서는 영혼의 구원까지, 그리고 진정한 깨달음의 문화로, 그 동안의 여러 가지 교육의 한계를 넘어설 수 있는 일을 하자는 뜻으로 단학을 보급해 왔다.[52]

이승헌은 또한 귀신 신神과 하느님 신㸺을 구분하고 있다. 귀신 신神은 시기하고 질투하고 분노하고 벌하고 축복하고 사랑을 주는 인격화한 신이나, 하느님 신㸺은, 인간의 운명에 관여해, 복을 주고 상을 주고 벌하는

---

49 이승헌, 『증상별 단학도인체조 1』, 한문화, 2006, 서문 참조.
50 이승헌, 『단학』, 한문화, 2011, 서문 참조.
51 예를 들어서 위의 책, 213-227쪽.
52 위의 책, 7쪽.

신이 아니라, 우주를 관장하는 하나의 큰 법칙이라고 말하고 있다.[53] 귀신 신神은 물론 기존의 종교들과 관련이 있고, 하느님 신儞은 이승헌과 관련이 있다. 앞에서도 지적하였듯이 이승헌 스스로는 단학이 결코 종교가 아니라고 말하고 있지만, 이승헌의 지금까지의 언설은 분명히 매우 종교적임에 틀림없다.[54]

이승헌의 단학은 미국에서 '단요가'로 알려져 있다고 한다. 그러나 그는 최근에 단학 대신에 뇌교육이라는 용어를 사용하고 있다. 뇌교육이라는 용어 이외에도 그는 뇌체조, 뇌호흡, 뇌과학, 뇌생리학, 뇌명상, 뇌치료 등 뇌와 관련된 여러 용어들을 맥락에 따라 두루 사용하고 있다. 이승헌은 스스로 말하기를 그 동안 300여 가지가 넘는 수련법을 개발했다고 말하고 있다.[55] 그는 수련의 방법, 또는 맥락에 따라 국학기공, 단학기공,[56] 운기단법, 태극기 기공, 단무도丹武道, 장생보법長生步法 등 여러 용어로 자신의 수련법을 표현하고 있다. 급기야는 '푸시업'까지도 그에게는 수련법의 일종이 되고 있다.[57] 그는 자신이 평생 동안 연구해 온 수련법과 프로그램들에 서양의 '뇌과학'을 접목시켜, 세계 최초로 두뇌운영 교육법인 '뇌교육'으로 통합했다고 한다.[58] 뇌교육은 뇌가 가진 참된 가치를 자각하고, 뇌체조,

---

53 이승헌·신희섭, 앞의 책, 129쪽.

54 이승헌의 단학에 대한 보다 자세한 내용은 임병렬, 「한국 '선도기공' 전통의 회복과 현대 '단학'」, 국제뇌교육종합대학원대학교 박사학위 논문, 2012, 112-122쪽 참조.

55 이승헌, 『걸음아 날 살려라』, 한문화, 2007, 11쪽.

56 단학기공에만 해도 丹舞, 丹功, 天符神功, 一指氣功, 地氣功, 運氣心功 등 여러 수련법이 포함된다고 한다. 이승헌, 앞의 책, 19쪽.

57 위의 책 참조.

58 위의 책, 171쪽; 이승헌, 『뇌파진동』, 한문화, 2010, 191쪽.

호흡명상, 에너지 교류 등 우리의 뇌를 어떻게 활용하고 개발해야 할지를 알려주는 체험적 교육방법론이라고 말하고 있다. 뇌호흡, 또는 뇌과학은 결국 단학을 서구식으로 체계화한 것이라고 할 수 있다.[59] 따라서 비록 단학과 뇌호흡은 수련 과정을 설명하는 용어들이 비록 각기 다르기는 하나, 인간의 참 가치를 실현하고 인류 평화에 기여하는 것을 목표로 한다는 점에서 서로 다르지 않다는 것을 알 수 있다.[60]

단월드는 국내에서 340여 개의 단센터를 운영하고, 일본, 미국, 캐나다, 영국, 독일, 네덜란드, 러시아 등 해외 7개국에서도 단센터를 운영하고 있다. 국내 340여 개의 단센터에는 일반회원월회원 및 10만 여명의 골드회원평생회원이 있다고 한다. 단월드는 명상한류기업, 국내 1위의 명상 전문기업, 명상을 통하여 홍익정신을 알리는 명상 한류기업으로 자처하고, 앞으로 전 세계에 교육센터를 3만6천 개 설립하려는 비전을 가지고 있다.[61] 대종교와 마찬가지로, 이승헌은 『三一燼誥』에 전하는 지감止感: 생각과 감정을 고요히 하는 마음 공부, 조식調息: 호흡을 통해 기운을 조절하는 숨 공부, 금촉禁觸: 五感을 넘어 깊은 정신세계로 들어가는 공부을 단학 수련의 근간이라고 하고 있으나,[62] 단월드에서 말하는 수련은 기체조, 호흡, 브레인 명상이 주축을 이루고 있다.

단월드와 관련이 있는 단체나 기관은 일반인들이 추적을 할 수 없을 정도로 많이 있다. 건강산업 관련 기관인 단월드와 브레인트레이닝센터,

59 조남호, 「20세기 국학과 21세기 국학」, 『한국학을 넘어 국학으로』(한민족기념관 · 국학원 정기학술대회자료집, 2012), 61쪽.
60 뇌호흡의 수련법에 대해서는 박진규, 「현대단학의 뇌수련법에 관한 한국선도적 고찰」, 국제뇌교육종합대학원대학교 박사학위 논문, 2012 참조.
61 http://www.dahnworld.com 참조.
62 이승헌, 앞의 책, 2011, p. 15.

연구와 컨설팅 기관인 (사)한국뇌과학연구원과 국제뇌교육협회, 강좌와 연수를 담당하는 지역뇌교육협회와 (사)한국뇌교육원, 교육사업 관련 기관인 (주)키즈뇌교육, (주)BR뇌교육, HSP컨설팅유답과 브레인월드닷컴, 교육기관인 글로벌사이버대학교 뇌교육융합학부와 국제뇌교육종합대학원대학교가 있고, 전문매체로 '브레인'과 'Brainworld'를 발간하고 있다.[63]

이승헌은 단학과 뇌교육 이외에 한편으로 국학과 국학운동에 심혈을 기울이고 있다. 그에 의하면 국학은 유불도 이전부터 존재했던 한민족 고유의 정신적 자산과 전통문화를 의미하며, 동시에 민족의 역사와 문화, 철학을 정립하여 민족정신을 바로 세우기 위한 학문이다.[64] 그는 국학의 핵심 철학이 널리 인간을 이롭게 하고 진리로 조화를 이룬 세계를 창조하자는 뜻을 지니고 있는 '홍익인간 이화세계'이며, 국학은 하늘, 땅, 사람이 하나라는 천지인 사상이 중심인, 인류 평화를 위한 최고의 철학으로 인류 누구에게나 받아들여질 수 있다고 말하고 있다. 그리고 국학운동은 한민족의 잃어버린 역사와 정신을 연구하고 알리는 것이라고 말하고 있다.

그는 『환단고기』 등의 사서를 자료로 하여 우리나라의 고대사의 맥을 한국시대한인 7대, 신시배달국한웅 18대, 단군조선단군 47대에서 북부여, 고구려, 발해로 이어지는 것으로 파악하고 있다.[65] 그리고 앞에서 언급한 『부도지』를 참고로 하여 태초부터 단군까지의 역사를 구성해내고 있다. 그에 의하면 태초에 우주를 창조한 근원적인 생명의 리듬인 율려에 의해 우주의 어머니 마고가 존재하게 되었다. 마고는 여성성과 남성성을 동시에 지

---

63 http://www.dahnworld.com 참조.
64 이승헌, 앞의 책, 16쪽.
65 위의 책, 19쪽.

녀 홀로 두 딸을 낳았고, 두 딸은 또 홀로 각각 두 딸과 두 아들을 낳았다. 이 네 쌍의 남녀가 황인, 백인, 흑인, 청인으로 나뉘어 살았고, 마고는 다시 율려의 리듬으로 육지와 바다를 만들고, 이어서 풀, 나무, 새, 짐승들이 태어났다. 몇 대가 지나자 마고성의 인구가 1만2천 명[66]이 되었는데 그러자 이들의 주식인 지유地乳가 부족하게 되었고, 많은 사람들이 포도를 먹게되어, 선과 악, 깨끗함과 추함, 옳고 그른 것을 따지게 되었다. 이에 사람들이 책임을 느끼고, 마고성을 떠났고, 다시 이들은 기를 단련하려 신성을 회복하여 다시 마고성으로 돌아가고자 한다.[67] 이들의 수행법이 바로 한국의 전통적인 심신 수련법인 선도仙道인데, 단군조선의 마지막 임금 때 선도의 맥이 끊어졌고, 그 맥이 동학과 대종교로 이어졌으나 빛을 보지 못하였고, 드디어 이승헌이 단학으로 과거 선도의 맥을 잇게 되었다는 것이다.

이승헌은 우리나라의 고대사를 위와 같이 구성해 내고, 자신의 단학의 역사적인 위치를 설정한 다음, 2002년에 국학원을 설립하기에 이른다. 국학원은 부설기관으로 홍익문화연구원, 천부경연구소, 충무공연구소, 광복의병연구소를, 그리고 부설 또는 산하기관으로 국학진흥회, 효충도리더스, 세계국학원청년단, 홍익이스트, 국학전우회를 가지고 있다.[68] 그리고 예를 들어서 경기국학원, 인천국학원 등의 이름으로 전국에 도별로 하나씩 지부를 가지고 있고, 2012년부터 전국 시군구에도 개별적으로 지부를 만들 계획으로 움직이고 있다. 국학원은 고구려 지킴이 운동, 동북공정

---

66 그래서 이승헌은 소위 홍익정신korean spirit이 살아 있는 1만2천 도통군자의 양성학교인 일지도통스쿨http://www.dotongschool.com을 운영하고 있는 것으로 보인다.

67 이승헌, 앞의 책, 160-161쪽.

68 http://www.kookhakwon.org 참조.

저지운동, 독도, 단기연호 등의 이슈를 중심으로 대중적인 국학운동을 전개하고 있고, 내부적으로는 국학운동을 주도할 1만 여명의 '국학 강사'를 배출했다. 그리고 2001년에 국학운동 시민연합을 결성하여 전국에 19개의 지부를 운영하고 있다.[69]

국학원은 2008년에 한민족역사문화공원을 개원하였다. 이 공원 아래 쪽 입구에 예수, 석가, 공자, 인디언 추장, 소크라테스, 성모 마리아의 동상들이 지구를 중심으로 부채꼴로 늘어서 있다. 이들 6인은 모두 홍익의 세상을 꿈꾸던 분들이라고 한다. 그리고 그 곳으로부터 위로 오르는 길옆에 나철, 주몽, 대조영 등[70]의 동상과 어록비가 세워져 있고, 맨 위에 33미터 높이의 단군상이 왼손에 지구를 들고 서 있다.[71] 입구에서 단군상까지 길을 이렇게 조성한 이유는 아마도 세계적인 성인들과 우리나라 역사상의 주요 인물들이 모두 단군이 하고자 했던 일들을 한 인물들이고, 이들이 하고자 했던 일은 결국 단군에 의해 완성될 것이라는 점을 알리기 위한 것으로 보인다.

단월드의 주장 가운데 우리의 눈길을 끄는 몇 가지 내용이 있다. 이승헌의 단학을 '현대단학'으로 표현하고 있다는 점,[72] 우리 민족이 국학의 후예라는 점, 단군왕검이 새 세상에 부활했다는 점, 대한민국이 인류의 종주국이라는 점, '21세기 국학'을 영어로 'Dahn Hak of the 21st Century'로 표기하고 있다는 점[73] 등이다. 특히 '국학'을 영어로 'Kookhak'으로 표기하면서,

---

69 http://www.kookhak-ngo.org 참조.
70 이들은 단군의 이상을 실현하려고 했던 인물이라고 한다.
71 http://www.koreapark.org 참조.
72 조남호, 앞의 글, 62쪽.

결국은 '단학'이 '국학'이라는 점을 은연중에 밝히고 있다는 사실에 주목할 필요가 있다. 이렇게 보면 단월드에서는 결국 이승헌의 단학, 또는 단학을 뇌과학에 접목시켜 체계화했다는 뇌교육이 결국 국학이라는 사실을 알 수 있다.

단월드를 정리하면서 선불교仙佛敎에 대해서도 어느 정도 언급할 필요가 있다. 선불교는 1994년 만월滿月 손정은 도전道田에 의해 창교되었다. 선불교는 천부天符의 법통法統을 이은 종교로서 한민족 고유의 하느님을 숭앙하고 거발한 한웅천왕께서 배달나라를 세울 때 내려주신 '본성광명本性光明, 홍익인간弘益人間, 이화세계理化世界'를 종지로 하고 있으며, 천부경, 삼일신고, 참전계경을 근간으로 하여 자체적으로 편찬한 『혼법』을 경전으로 하고 있다. 2010년 현재 충북 영동의 국조전을 중심으로, 전국에 120여 곳에 도원과 포연정을 가지고 있으며, 천제문화 복원운동, 한민족 하느님 찾기 운동, 천지인사상 알리기 운동, 국혼부활 천일기도 등 깨달음의 대중화와 선도문화 보급에 힘쓰고 있다고 한다.[74]

선불교는 불광삼신佛光三神을 말하고 있는데, 이 불광삼신은 우주의 무한한 법칙과 질서로 존재하는 법칙의 하느님인 불광신명佛光神明: 불광하느님, 만유에 깃든 하느님의 씨앗인 불광신불佛光神佛, 그리고 하느님의 씨앗을 키워 완성시킨 분인 불광선인佛光仙人을 말한다. 국조전에 불광선인이 모셔져 있는데, 이 불광선인은 불광신명과 불광신불과 불광선인의 삼신일체로 오신 분이라고 하는데, 불광선인은 바로 단군을 말한다. 선불교에

---

73 http://www2.kookhakwon.org/_new/kiosk/kiosk04.php 참조.

74 http://www.suntao.org 참조.

의하면 불광선인이 자신의 신명이 하늘에 떠 있는데, 천년의 운을 가지고 올 것이며, 거할 곳이 있으면 출현하고, 남북통일이 되고, 이 민족의 정신이 회복되어 인류의 지도국으로 바로 서면, 그 때 떠날 것이며, 자기가 떠나면 자기의 상像을 없애라고 하고, 그 이유로 자기가 떠나면 자신의 신명은 모든 사람들의 영혼으로 들어갈 것이기 때문이라는 계시가 있었다고 한다.

선불교는 조상의 영적 진화를 위해 조상의 위패를 모시고 있고, 나름대로의 수행법을 제시하고, 또한 나름의 경전을 가지고 있다. 선불교의 경전인 『흔법』은 『부도지』와, 『한단고기』[75] 가운데 「삼성기」, 「단군세기」, 「태백일사」 세 편의 내용이 포함되어 있으며, '선불교의 탄생'이란 제목으로 창교주 만월도전에 대해 비교적 짧은 글, 그리고 「천부경」, 「삼일신고」, 『참전계경』의 원문과 해설, '법어'라고 하는 만월도전의 글, 신앙대상과 수행법, 그리고 부록으로 몇 개의 기도문이 수록되어 있다. 다른 종교경전들과 비교해 볼 때 『흔법』에는 교조에 대한 언급과 교조의 활동, 그리고 교조의 주장 등이 비교적 간략히 제시되어 있다는 특징에 주목할 필요가 있다. 선불교의 법통이 마고, 황궁씨, 유인씨, 한인 7세, 한웅 18세, 단군 47세에서 곧바로 만월도전으로 이어진다고 말하면서도 적어도 경전에서 만월도전이 차지하는 비중은 꽤 적은 것으로 보인다. 게다가 인터넷을 통해 만월도전의 설법인 소위 흔법의 내용을 살펴본 결과, 만월도전의 주장과 이승헌의 주장이 크게 다르지 않다는 점을 알 수 있었다. 이승헌은 자신이 하는 일이 '종교'와는 무관하다고 주장하고 있다. 이승헌이 하고자

---

75 이들은 『환단고기』를 『한단고기』로 부른다.

하는 일이 종교적으로 체계화된 것이 혹시 선불교가 아닌가 하는 추측이 가능해지는 대목이다. 한민족기념관과 국학원이 공동으로 2012년 7월에 개최한 학술대회에서 만월도전이 '국학진흥후원회'의 회장 자격으로 축사를 하였다는 사실도 흥미롭다.

4. 맺음말

지금까지 우선 우리나라 학계에서 인식하고 있는 국학은 대체로 한국학과 유사한 개념이며, 경우에 따라서는 국학의 주된 내용이 유교로 인식되고 있다는 점을 알 수 있었다. 일본의 국학이 신도 중심으로, 그리고 중국의 국학이 유교 중심으로 전개되고 있다는 점을 감안하면, 대체로 우리나라 학계에서 말하고 있는 국학은 공유된 인식이 아직 정립되지 않고 있다는 점을 지적해 볼 수 있었다.

이런 상황에서 소위 민족종교로 분류되는 대종교와 단월드가 특히 국학에 대한 지대한 관심을 가지고 국학운동을 벌이고 있는데, 이들이 말하는 국학은 대종교의 경우에는 바로 대종교가, 그리고 단월드의 경우에는 바로 단학뇌교육이라는 점을 알 수 있었다.

끝으로 '겨레얼 살리기 국민운동본부'와 증산도에 대해서 언급하면서 글을 맺고자 한다. 이 두 단체는 비록 '국학'이라는 용어를 사용하고 있지는 않지만, 앞에서 살펴본 대종교와 단월드의 국학운동과 유사한 노력을 기울이고 있기 때문이다.

겨레얼살리기국민운동본부는, 위키백과에 의하면, "근대한국민족종교에 나타난 상생사상과 평화운동을 세계적으로 전개하여 인류의 평화를 증진함과 동시에 우리겨레의 유구한 정신문화로 계승된 경천애인사상과 평화애호의 겨레얼을 되살려 민족의 주체적 정신문화 창달에 이바지하기 위하여 2005년 6월 설립된 대한민국 문화체육관광부 소관의 사단법인이다." 그리고 이 단체에 의하면, 겨레얼은 우리 겨레의 유구한 전통 정신문화 속에 있는 혼이며, 의식이며, 삶이고, 겨레얼살리기운동은 겨레얼을 회복하고, 수호하며, 창조하는 범 국민운동이며, 겨레얼살리기국민운동은 도덕성회복, 생명사랑, 자연보호, 평화수호를 그 덕목으로 하며, 민족의 평화통일 완수를 그 목적으로 한다. 겨레얼살리기국민운동본부 홈페이지에 "겨레얼 되살려 상생과 평화의 세계 이룩하자"는 표어가 있고, 겨레얼살리기국민운동을 영어로 "Center for Movement of Intellectual Culture and Arts in Korea"로 되어 있는 것이 흥미롭다.[76] 'Intellectual Culture and Arts'라는 표현이 왠지 국학이라는 개념을, 그리고 나아가서는 '중국의 국학 개념'을 상기시킨다. 비록 이 단체는 '국학'이라는 용어를 사용하고 있지는 않지만, 대종교와 단월드의 국학운동이 지향하는 목표와 유사한 목표를 지니고 있다는 것을 알 수 있다.

주지하다시피 겨레얼살리기국민운동본부는 한국민족종교협의회와 관련이 있는 단체로 이 두 단체의 관계는 앞에서 살펴본 단월드와 선불교의 관계를 상기시킨다. 겨레얼살리기국민운동본부의 활동은 단월드의 활동과 마찬가지로 종교를 표방하지 않고 있기 때문이다. 한국민족종교협의회는 하나의 종교단체가 아니라 여러 종교단체가 연합해서 유지되는 단체이

---

76 http://koreaspirit.org 참조.

고, 겨레얼살리기국민운동본부의 활동이 주로 한국민족종교협의회에 의해서 주도되고 있기 때문에 이 단체에서 말하는 '겨레얼'이 대종교나 단월드의 그것에 비해 비교적 추상적일 수밖에 없다는 점에 주목할 필요가 있다.

한편, 증산도도 우리나라 고대사와 단군에 대한 관심이 비교적 많은 종교단체이다. 『증산도 도전』(1996) 맨 앞 쪽에 한민족사의 국통國統이라고 하여 "환국환인, 3301년 지속 - 배달환웅, 1565년 지속 - 조선단군, 2096년 지속 - 열국시대북부여 등 - 사국시대고구려, 백제, 신라, 가야 - 남북국시대대진국, 통일신라 - 고려 - 조선 - 임시정부 - 남북분단시대"라고 하는 연표가 실려 있다. 그리고 『증산도 도전』(2003)에는 "상제님께서 말씀하시기를 '이 때는 원시반본原始返本하는 시대라. 혈통 줄이 바로잡히는 때니 환부역조換父易祖하는 자와 환골換骨하는 자는 다 죽으리라' 하시고, 이어 말씀하시기를 '나도 단군의 자손이니라' 하시니라"(2:26)라는 내용이 있다. 그리고 증산도 도장 신단에는 증산의 어진과 태모의 진영과 함께, 환인, 환웅, 단군 3성조의 위패와 어진, 조상신들의 위패가 모셔져 있다. 이렇게 보면 증산도는 우리나라 고대사와 단군에 대해 관심을 꽤 많이 지니고 있다는 사실을 알 수 있다.

최근 증산도의 안경전은 『환단고기』 역주본(상생출판, 2011)을 출판하고 이 책에 대해 종단 차원에서 대대적인 홍보를 하고 있다. 안경전의 『환단고기』 역주본 가운데 흥미 있는 내용은 조선이 본래 신교神教의 종주국으로 상제님과 천지신명을 함께 받들어 온 인류 제사 문화의 본고향으로, 신교는 아주 옛날부터 한민족의 국교였으며, 『환단고기』는 인류의 시원사와 한민족 국통맥을 바로 잡는 역사서이며, 이 책에는 하늘 숭배문화의 실체인 상제신앙이 담겨있다는 주장이다.

증산도 홈페이지에는 증산도가 '한민족의 혼'이라는 주장이 보이기도 한다.[77] 그리고 증산도 홈페이지에는 외부인들에게 증산도에 대해서 쉽게 접근할 수 있도록 100가지의 질문과 그에 대한 100가지의 답변을 수록하고 있다. 그 가운데 "사람이 돌아가야 할 뿌리는 어떤 것입니까?"라는 질문에 대한 답변에서, 태고적부터 있었던 상제신앙을 회복해야 한다고 하면서, 환인, 환웅, 단군을 언급하고 있다. 이렇게 보면, 증산도에서는 고대 신교의 핵심이 상제신앙이며, 이 점에서 고대 신교와 증산도는 맥을 같이 한다는 생각으로 『환단고기』에 특히 관심이 많은 것으로 보인다. 또한 증산도는 최근에 '대한大韓의 올바른 역사회복 운동', '민족혼 부활운동', '나 자신이 대한이 되는 것'을 내용으로 하는 '그레이트 코리아Great Corea 운동'을 전개하고, 천부경과 삼일신고 암송대회도 수시로 개최하고 있다.

증산도의 이러한 관심은 대종교와 단월드의 국학에 대한 관심과 꽤 유사하다는 것을 알 수 있다. 그러나 증산도의 이러한 관심은 비교적 최근에 전개되고 있는 편이며, 증산도의 핵심 교리인 '개벽사상' 등과 어떻게 접맥이 될지는 아직 두고 보아야 할 것으로 보인다.

민족의 정체성 확립이라는 측면에서 국학에 대한 관심이 일본과 중국에서는 국가 주도로 전개되고 있다. 이와 달리 우리나라에서는 이러한 관심이 비록 소수이기는 하지만 몇몇 종교교단을 중심으로 비교적 활발히 전개되고 있다. 한국 종교교단의 '국학운동'은 한국종교의 또 다른 모습으로 우리가 지속적으로 주목할 필요가 있다.

---

77 http://www.jsd.or.kr 참조.

제16강

대한불교 천태종의
정체성 형성 과정.

1. 머리말

본 논문은 필자가 1998년부터 수행해 온 한국 교단 연구의 일환이다. 지금까지 필자는 침례교, 오순절교, 수운교, 여호와의 증인, 몰몬교, 통일교, 안식교, 원불교, 구세군, 대순진리회, 금강대도, 유교 관련 논문들을 발표하였고, 미륵대도, 단월드 등도 부분적으로 살펴보았다. 필자는, 이미 발표한 논문들과 마찬가지로, 대한불교 천태종[1]을 종교학계에 소개하여, 앞으로 천태종에 대한 종교학계의 연구를 진작시키고, 나아가서 현대 한국의 종교 일반에 대한 이해를 도모하려는 의도로 본 논문을 작성하였다. 따라서 본 논문의 1차적인 독자는 천태종에 관련된 사람들보다 오히려 천태종에 관심을 가진 천태종 외부의 사람들, 그리고 물론 종교학자들이

---

* 『신종교연구』 31, 2014.

1 이하에서는 대한불교 천태종을 '천태종', 또는 경우에 따라서 '한국 천태종'으로 표기한다. 고려시대의 천태종은 '고려 천태종'으로, 그리고 중국과 일본의 경우 '중국 천태종'과 '일본 천태종'으로 표기한다.

다. 필자의 다른 논문에서와 마찬가지로 글의 앞머리에서 구태여 이런 지적을 또 다시 하는 이유는 천태종 내부의 논란에서 벗어나고자 하는 필자의 바람을 표명하기 위한 것이다.

한국에서 근, 현대에 새롭게 생겨난 불교 관련 종단으로는 원불교, 진각종, 천태종을 들 수 있다. 원불교는 현재 불교, 개신교, 천주교에 이어 한국의 4대 종단 가운데 하나로 인정받고 있으며, 천태종과 진각종은 현재 조계종, 태고종에 이어 한국 불교종단 가운데 각각 3대와 4대 종단으로 인정받고 있다. 천태종 내부에서 원불교는 불교와는 별개의 종단이고, 진각종은 역사적 전통에 기반을 두지 못한 종단임에 비해, 천태종은 고려시대 의천이 개창한 천태종에 기반을 둔 정통성이 있는 불교 종단이라고 자부하고 있다.[2]

천태종은, 원불교의 원광대학교, 그리고 진각종의 위덕대학교와 마찬가지로, 종립대학으로 금강대학교를 운영하고 있으며, 비교적 대사회적으로도 좋은 인식을 가지고 있어서, 정부로부터도 경제적인 지원을 꽤 받고 있는 것으로 보인다. 현재 구인사에 있는 천태종 총무원이 2018년 대전에 있는 광수사로 이전을 하는데, 총무원이 들어설 건물을 짓는 비용 400억 원 가운데 200억 원을 정부와 지자체가 부담할 예정인 것으로 알려져 있다.[3]

원불교가 얼마 전부터 군종에 참여하고 있음에도 불구하고 비록 현재 천태종은 군종에 참여를 하지 못하고 있는 등 앞으로 종단이 해결해야 할 문제들은 여전히 산적해 있을 것으로 보인다. 하지만 애국불교, 생활불

2 원각불교사상연구원 편, 『한국천태종사』, 대한불교천태종, 2010, 362쪽.
3 《중앙일보》, 2014. 1. 16.

교, 대중불교를 지향하는 천태종은 조계종, 태고종은 물론이고, 원불교나 진각종과도 나름대로 차별화를 시도하여 현재 꾸준히 성장가도를 달리고 있는 종단으로 보인다.

천태종에 대한 연구는 지금까지 주로 천태종 외부의 불교학자, 그리고 일부 천태종 내부의 학자들에 의해 이루어져 왔다. 천태종 외부의 종교학 자들의 연구는 일천한 가운데 그래도 윤용복, 김훈, 이효원, 고병철의 선구 적인 연구가 있다. 본 논문은 이들의 선구적인 연구를 토대로 이루어졌다 는 점을 밝힌다. 필자는 이들 기존의 연구 결과와 함께 천태종에서 발간한 자료들을 중심으로, 그리고 전국에 산재해 있는 천태종 주요 사찰들에 대 한 참여관찰을 통해 본 논문을 작성할 수 있었다.

천태종에 처음 접하게 되면 몇 가지 궁금증이 생긴다. 첫째, 천태종에서 중국 천태종과 고려 천태종에 관한 연구가 꽤 열심히 이루어지고 있다는 점이다. 게다가 천태종은 중국 천태종과의 교류를 꽤 활발히 진행시키고 있으며, 고려 천태종 관련 사찰인 영통사 복원 등 북한 불교계와의 교류뿐 만 아니라 일본 천태종과의 교류에도 많은 관심을 가지고 있다. 상식적으 로 생각해 보면 광복 이후 출현한 천태종은 중국 천태종이나 고려 천태종 에 대한 연구, 그리고 중국과 북한, 일본의 천태종과의 교류 못지않게 오히 려 광복 이후의 한국 천태종에 대한 연구를 활발히 진행시켜야 한다.

둘째, 천태종의 총본산인 구인사에, 천태종의 소위 중창조重創祖인 상월 上月[4]을 우리가 일반적으로 볼 수 있는 불상과 같은 모양으로 '대조사전'이

---

4 본명은 朴準東(1911-1974), 상월은 법명, 圓覺은 법호이며, 본 논문에서는 상월로 호칭 하고자 한다.

라는 별도의 전각에 단독으로 모시고 있다는 점이다. 물론 구인사에는 설법보전説法寶殿이라는 법당이 별도로 존재한다. 일반적으로 불교 사찰의 법당에는 석가모니불을 본존으로, 문수보살과 보현보살을 좌우 협시보살로 모시고 있다. 구인사의 법당에는 석가모니불을 본존으로 하되, 불교의 일반 사찰과 달리, 대세지보살과 관세음보살을 좌우 협시보살로 모시고 있다. 어쨌든 석가모니불이 모셔져 있는 법당이 있음에도 불구하고, 이와 별도로 구인사 경내 가장 높은 위치에 금빛 기와를 덮은 비교적 웅장한 크기의 전각 안에 상월이 불상의 모습으로 모셔져 있는 것을 보고 일반인들은 꽤 의아하게 생각할 수 있다. 물론 일반 사찰에도 해당 사찰과 관련이 있으면서 후세에 존경받는 스님들의 존영尊影이나 위패를 모시는 조사전이 있는 경우가 있다. 그러나 보는 이에 따라서는 구인사가 얼핏 보기에 일반 불교 사찰과 큰 차이가 없는 것으로 보이나, 경내 가장 높은 곳에 위치에 있는 대조사전을 보고나서, 천태종은 조계종이나 태고종 등 일반 불교 종단들과 무언가 꽤 다른 색다른 종단이라는 생각을 가지게 된다.

셋째, 대체로 천태종 사찰은 법당 중앙에 삼존불을 모시고, 좌측에 상월의 존영을 함께 모시고 있다. 이때 본존은 일반적으로 석가모니 부처이지만, 대전 광수사의 경우에는 비로자나불을 본존으로 하고, 오른 쪽에 석가모니불, 왼쪽에 관세음보살을 모시고 있다. 그리고 사찰의 규모에 따른 차이로 보이지만, 관세음보살을 본존으로 모시고 있는 사찰도 적지 않다. 다시 말해서 같은 종단의 사찰임에도 불구하고 법당에 모셔져 있는 불과 보살이 통일되어 있지 않고 꽤 다양하다는 것을 알 수 있다.

이하에서는 이러한 궁금증을 염두에 두고, 천태종이 불교 종단으로서의 정체성을 확보하기 위해 노력하는 모습과 함께, 이와 별도로 천태종이 나

름의 고유성을 유지, 확대시키려고 노력하는 또 다른 모습을 아울러 살펴
보도록 하겠다.

2. 천태종의 현재

천태종은 사회적으로는 비교적 꽤 알려져 있음에도 불구하고, 종교학계
에서는 그간의 연구가 일천한 관계로 아직 생소한 종단이라고 할 수 있다.
따라서 위에서 제시한 궁금증과 문제의식을 풀어가기 전에 우선 천태종에
대한 필자 나름의 이해를 정리해 볼 필요가 있다.

천태종은 '참된 자아의 발견참되게 살자', '참된 생활의 구현올바르게 살자',
그리고 '참된 사회의 실현화합하며 살자'을 목표로, 근본을 지키며 불교를 쉽
게 이해하고, 바르게 실천할 수 있는 가장 현대적인 '새불교운동'으로 자처
한다.[5] 신도들의 입장에서는 구인사가 본인 마음에 따라서 기도만 열심히
하면 구인사로 가는 중에도 병이 낫고 집으로 돌아오는 중에도 나으며,
그 이외의 모든 소원도 다 이루어지는 사찰로 생각한다. 적어도 구인사에
가서 기도하면 적어도 한 가지 소원은 반드시 이룰 수 있다는 믿음을 지니
고 있으며,[6] 바로 이 점에서 자신들이 천태종 신도라는 사실에 긍지를 느
끼고 있는 것으로 보인다.

---

5 대한불교 천태종 홈페이지http://www.cheontae.org 참조.
6 대한불교천태종총무원 엮음, 『내가 만난 관세음보살』, 도서출판 열린불교, 1997, 34쪽,
  87쪽; 대한불교천태종총무원 엮음, 『믿음으로 피운 연꽃』, 도서출판 열린불교, 1997,
  19쪽.

천태종은 중국의 지의智顗(538-597)를 개조로, 고려의 의천義天(1055-1101)을 개창조로, 그리고 상월을 중창조로 하여 이들 3인을 천태종조로 지칭한다. 여기에서는 일단 중창조인 상월에 대해서 살펴볼 필요가 있다. 상월은 생전에 자신의 행적이나 언설을 기록으로 남기지 말라고 했다고 한다. 비교적 가장 최근에 천태종에서 출간한 책도 그의 행적이나 언설에 대한 학술적인 연구서적이라기보다는 오히려 한 편의 소설처럼 보이기도 한다.[7] 상월의 생애 관련 주요 자료로는 『천태종약전天台宗略典』(1970), 『천태종성전』(1971), 『상월조사와 천태종』(1981), 『불교포교집』(1983), 『상월원각대조사오도기략上月圓覺大祖師悟道記略』(1987), 『불멸의 등명燈明』(2000), 『상월대조사』(2013) 등을 열거할 수 있다. 이 가운데 천태종은 1982년 봄 2대 종정인 남대충의 증언을 조명기가 받아 쓴 『상월원각대조사오도기략』을 가장 중요한 자료로 간주한다.

상월은 1911년 음력 11월 28일 삼척에서 출생하였다.[8] 일반적으로 종교의 창시자들이 그랬던 것처럼 상월도 태어날 즈음 조부와 모친이 태몽을 꾸었다. 특히 그의 조부는 당신 집에 성인이 가시니 나와서 맞이하라는 큰 소리가 들려 마당에 나가 보니 하늘에서 광명이 비치는 가운데 천신이 가마를 모시고 와서 동자를 내려놓고 사라지는 꿈을 꾸었다고 한다.[9] 아홉 살 때인 1919년 초여름에 조부가 사망하자 상월은 매우 슬퍼하였다. 그러자 조부가 다시 살아나서 저승사자가 "저 어린 동자가 데리고 가지 말라고

---

7 대한불교천태종총무원 편, 『상월대조사』, 대한불교천태종출판부, 2013 참조.

8 상월의 간략한 생애 연표는 김세운, 「상월 조사의 생애와 교화 방편」, 『한국선학』 15, 2006, 669쪽 참조.

9 원각불교사상연구원 편, 『한국천태종사』, 대한불교천태종, 2010, 344쪽.

하면 우리도 그 뜻을 거역할 수 없다"고 하면서, '저 동자는 어린 아이가 아니라 부처님과 같은 위신력을 지닌 분'이라고 말하였고, 조부는 이후 1개월을 더 살고 죽었다고 한다.[10]

15세인 1925년 여름 상월은 뒷산에 올라가 천수다라니 수행을 중심으로 백일기도를 하였고, 이후 집을 나와 제천에 있는 영암사의 김순관 스님에게 득도하여 승려의 신분을 얻었다. 제천을 떠난 상월은 전국 사찰을 돌아다녔는데, 도중에 많은 환자들을 치료하였다고 한다. 그리고 금강산에서는 법은이라는 스님을 만나 2년간 배웠는데, 법은은 상월을 처음 만났을 때, "간밤에 관음보살을 친견하는 꿈을 꾸었더니 너를 보는구나"[11]라고 했다고 한다. 하지만 천태종에서는 상월이 결국 자신을 이끌어줄 만한 스승을 찾지 못했고, 상월 자신도 스승 없이 스스로 깨우쳤다는 '무사자오無師自悟'의 태도를 취했다고 한다.[12]

20세인 1930년 상월은 중국으로 가서 이후 6년간 티벳고원청해성, (내)몽골을 포함하여 중국 천태종의 본산인 천태산 일대 등 여러 곳을 돌아다녔다고 한다. 상월의 중국 여행 경로는 정확히 밝혀지지 않았으나, 이 때 상월은 천태종을 한국에 중흥시키겠다는 결심을 하였다고 한다.[13] 6년간의 중국 여행을 마치고 1936년 가을 상월은 고국으로 돌아와 오로지 수행에 전념하던 중, 1942년 가을 태백산 문수봉 석굴에서 굴 안팎이 환해지더니 태백산맥을 이어 뻗어 내려가는 소백산맥의 어느 골짜기에 흰 연꽃이

---

10 대한불교천태종 총무원 편, 앞의 책, 49쪽.
11 위의 책, 103쪽.
12 위의 책, 79쪽.
13 김세운, 앞의 글, 676쪽.

만발하고 그 위에 관세음보살께서 미소를 머금은 채 서 계신 것을 친견하였다고 한다. 천태종은 이 때 상월이 심안心眼으로 본 골짜기가 바로 오늘날 구인사가 있는 백자동栢子洞 계곡의 연화지蓮花地라고 말하고 있다.[14] 1945년에 삼척 인근에서 소수의 제자들을 규합하여 구인사 쪽으로 이동, 같은 해 5월에 30평 정도의 임시 법당을 만들고 사찰 이름을 '억조창생 구제중생 구인사'라고 하였다. 6.25 전쟁 때 잠시 공주 지역에 가 있다가 다시 구인사 쪽으로 돌아와 수행하던 중 1951년 음력 12월 28일 드디어 큰 깨달음을 얻었다고 한다.

한밤중부터 토굴에서 수행하던 상월은 새벽 3시쯤에 "나를 보라! 동천東天에 큰 별이 나타나서 내 입으로 들어오니 뱃속이 환하게 밝고 일월이 머리 위에 있으니 천지가 크게 밝도다. 천상천하 유아독존, 내가 탄생했다"라고 외쳤다고 한다.[15] 당시 상월이 나름의 오도의 게송을 읊었는데, 오도의 게송은 나중에 남대충 종사에 의해 기록으로 남아 전해지고 있다.[16] 천태종은 상월이 대각을 이룬 이 사건이 바로 박준동이라는 일개 인간이 무상대도無上大道를 이루고 상월대조사가 된, 다시 말해서 상월원각대조사의 현신現身, 또는 현현顯現이라고 말한다. 아침 6시부터 상월은 3일 밤낮을 쉬지 않고, "버스 3백 대가 이 절 앞에 온다", "영춘까지 철마가 왕래한다", "세계의 유학생들이 여기에 집합한다", "여기에 세계도시가 이루어진다", "앞으로 세계의 정신문명은 한국에서 주도한다"는 등의 예언을

---

14 원각불교사상연구원 편, 앞의 책, 347쪽.
15 대한불교천태종총무원 편, 앞의 책, 233쪽.
16 오도의 게송은, 고우익, 「상월원각대조사의 神異세계」, 『천태학연구』 16, 2013, 134-135쪽 참조.

포함하여, 33천, 불교경전, 각종 신통과 천문 등 온갖 내용의 설법을 하였다고 한다.[17]

이후 많은 사람들이 구인사로 몰려왔는데, 상월은 찾아온 사람들에게 천수경 독송 및 천수다라니 주송, 아미타불과 관세음보살 등 불보살의 명호를 부르거나, 관음경과 법화경을 독송케 하는 등의 다라니 수행을 통해, 망아의 경지에 들거나 큰 환희심을 느끼게 하고, 특히 많은 환자들을 고치는 이적을 행하였다.[18] 상월은 당시 음성을 듣거나 눈동자를 보고도, 그 사람의 성격을 알거나 판정하고, 개개인의 과거와 미래를 모두 꿰뚫고, 풍우와 조화를 부릴 줄 아는 기인, 신인, 활불로 간주되었다고 한다.[19]

상월은 1966년부터 당시 구인사의 60여 명의 승니 대중과 함께 천태종 중창을 준비하여, 상월을 종주로, 회삼귀일會三歸一,[20] 삼체원융三諦圓融[21]의 천태교관과 그 구현을 종지로, 당시의 전국 신도 대중을 종도로 하고, 구인사를 근본도량으로 삼아, 총무원과 종의회를 구성하고, 종헌과 종법을 제정, 1967년에 이르러 천태종의 중창을 보게 되었다. 1971년에 상월은 유일한 저작물인 「법어」와 「교시문」을 발표하였다. 종단의 의식 때마다 낭독하는 「법어」는 1971년 5월 5일 대중에게 발표, 같은 해 8월에 발행된 『천태종성전』에 수록되었다. 「법어」는 『법화경』의 내용을 축약한 것으로, 가장

---

17 대한불교천태종총무원 편, 앞의 책, 239쪽; 고우익, 「상월원각대조사의 神異세계」, 『천태학연구』 16, 2013, 135쪽.
18 대한불교천태종총무원 편, 앞의 책, 217, 243, 284쪽
19 고우익, 앞의 글, 137-138쪽.
20 聲聞乘, 獨覺乘, 菩薩乘이 방편으로는 서로 다르나 결국은 같다는 주장.
21 龍樹의 『中論』에 空평등의 원리, 假차별의 원리, 中차별 즉 평등의 원리의 세 진리가 나오는데 공제, 가제, 중제가 별개가 아니라 서로 원융한다는 주장.

핵심이 되는 내용은 "한마음 항상 깨끗하면 어디서나 연꽃이 피오리—心이 常淸淨하면 處處에 蓮華開니라"라고 한다. 이 『법어』를 한 번 읽으면 『법화경』을 한 번 읽은 공덕과 꼭 같은 공덕을 얻는다고 하며,[22] 1971년 10월에 발표된 「교시문」은 한국불교와 천태종의 개요를 설명하고 있다.[23]

상월은 1974년 음력 4월 27일 세속 나이 64세에 입적하였다. 상월의 출생연도에 대해 출생지 인근에 대한 현지조사와 호적을 통해 1911년이 아니라 1921년이라는 주장이 제기되기도 하였다.[24] 그러나 천태종은 남대충의 증언에 의해 기록된 『상월원각대조사오도기략』의 내용과, 상월 자신이 1971년에 고향을 찾아 자신의 회갑연을 연 사실을 근거로 상월의 출생연도가 1911년이라는 기존의 입장을 고수하고 있다.[25] 상월이 죽자 남대충 (1974-1993)이 2대 종정으로 취임, 20여 년간 종단을 이끌다가 입적, 1993년부터 현재까지 김도용이 3대 종정으로 종단을 이끌고 있다. 남대충도 「법어」를 남겼는데, 그의 「법어」 가운데 "된다고 하면 신장이 도와 이루게 해주고 내가 포기하면 도와주던 신장도 손을 놓게 된다"는 내용이 주목을 끈다.[26] 신도들 개개인의 노력과 신앙 대상의 도움 이외에 '신장'이라는 별도의 존재를 상정하고, 신도들이 바로 신장의 도움을 받을 수 있다는 사실을 피력하고 있기 때문이다.

---

22 천태종성전편찬회 편저, 『천태종교전 Ⅰ』, 대한불교천태종, 1972, 28쪽.
23 「법어」와 「교시문」에 대한 천태종 내부의 구체적인 해설은, 천태종성전편찬회 편저, 앞의 책; 박형철 편저, 『法門의 이해 - 상월대조사 법어·교시문이 지닌 뜻』, 대한불교천태종총무원, 2000 참조.
24 최동순, 「상월조사 행장 발굴과 연보 정정」, 『한국불교학』 54, 2009 등 참조.
25 원각불교사상연구원 편, 앞의 책, 344-345쪽.
26 서울 서대문구 소재 성룡사 홈페이지http://www.seongryongsa.org 참조.

천태종 홈페이지에 의하면, 천태종의 소의 경전은 『법화경』이다. 그러
나 천태종의 교리를 『법화경』만을 중심으로 정리해 볼 수는 없다. 소위
천태종의 중창 이후 1970년 1월에 『천태종약전』이, 그리고 같은 해 8월에
『천태종성전』이 발간되었다. 중국 천태종은 『법화경』을 소의 경전으로
하여, 지의智顗가 강설한 천태삼대부天台三大部(『법화현의法華玄義』, 『법화문
구法華文句』, 『마가지관摩訶止觀』)[27]를 중심으로 종지와 교의를 세웠는데, 『천
태종약전』과 『천태종성전』에서도 중국 천태종의 교리가 나름대로 정리되
어 소개되어 있다. 예경, 교리, 수행, 역사의 4편으로 구성되어 있는 『천태종
약전』은 이런 내용을 담은 책으로서는 중창된 천태종에서 최초로 발간된
책이기 때문에, 전문 용어 등 초심자로서는 이해하기 어려운 점이 많았으
나, 『법화경약찬게法華經略纂揭』를 비롯하여 대부분 우리말로 풀어쓴 예경편
은 천태종의 초기 법요의식의 정립에 많은 기여를 했다는 평가를 받고 있
다. 그리고 성전, 실행, 의식, 교상, 교리, 종사의 6편으로 구성된 『천태종성
전』은, 중국 천태종이 복잡한 교리로 인해 일반인이 쉽게 접근할 수 없다는
판단 아래 보다 현실에 적용하기 쉽게 개편, 신앙과 실천에 보다 중점을
두고 정리되었다는 평가를 받고 있다.[28]

'성전聖典'이라는 용어에서 볼 수 있듯이 특히 『천태종성전』은 제목만
보면 천태종 나름의 독자적인 교리가 제시되어 있을 것으로 생각됨에도
불구하고, 중국 천태종의 교리를 제시하면서도 중국 천태종의 교리는 단

---

27 중국의 지의가 법화경에 기초하여 한 강연을 그의 제자 灌頂이 모아서 만든 책들로
법화경의 해설서 내지 주석서이다.
28 대한불교천태종총무원 편, 앞의 책, 303-305쪽; 박형철 편저, 『상월조사와 천태종』, 대
한불교천태종, 1981, 290쪽.

지 참고용일 뿐이고, 천태종 자신의 교리는 아니라는 입장을 표명하고 있다.[29] 근래에 원각불교사상연구원에서는 『믿음과 수행의 길』(2008), 『지혜와 자비의 삶』(2009), 『수행과 깨달음이 세계』(2010), 『불교의 새로운 지평』(2011), 『지혜의 향연』(2012) 등을 발간하였다. 책 제목들을 보면, 천태종 나름의 교리와 실천에 관한 내용들이 수록되어 있을 것으로 판단되었으나, 책들의 구체적인 내용은 매권 20여 명 정도의 불교 관련 학자들이 쓴, 천태종과는 무관한 수필과 설법처럼 보이는 글들로 채워져 있다.

천태종에 의하면 상월은 저술이나 글을 거의 남기지 않았고, 법문이나 어록 또한 아직 완전하게 정리되지 않았다고 한다.[30] 게다가 상월은 말로만 깊고 오묘한 진리를 말하지 않고 몸으로 체험하는 것을 철칙으로 삼았기 때문에 평소에 대중이 알아듣기 어려운 법문을 하지 않았다고 한다.[31] 남대충 또한 10년간 수행을 하고 난 뒤에야 책을 읽는 것이 좋다고 하여, 교리에 대한 연구보다 수행이 우선이며, 교리에 대한 연구는 단지 남에게 설명하기 위한 것에 불과하다는 입장을 취했다고 한다.[32] 상월과 남대충이 모두 교리보다 수행에 1차적인 관심을 가질 것을 촉구했기 때문에 천태종 내부에서 교리의 체계화 작업에 대한 관심이 비교적 적었던 것으로 보인다. 따라서 일부에서는 천태종이 양적 성장에 비해 교학적인 발전이 더디게 진행되고 있다는 평가를 내리기도 한다.[33]

29 천태종성전편찬회 편저, 앞의 책, 8쪽.
30 대한불교천태종총무원 편, 앞의 책, 342쪽.
31 박형철 편저, 앞의 책, 279쪽.
32 삼운사 홈페이지http://www.samwoonsa.or.kr에 수록된 '삼운사 동영상' 참조.
33 최동순, 「현대 한국 천태종의 수행 구조와 원융삼제의 적용」, 『한국불교학』 37, 2004, 165쪽.

천태종의 의례는 몇 가지 측면에서 살펴볼 수 있다. 먼저 2008년 7월부터 2014년 7월까지 천태종 홈페이지의 '공지 및 종단 행사 일정표', 그리고 2005년 3월부터 2010년 1월까지 구인사 홈페이지의 '구인사 참소식'을 살핀 결과, 천태종의 주요 연중행사는 아래와 같이 정리할 수 있다. 상월과 남대충의 탄신 봉축법요식과 열반추모대재, 의천의 열반재, 구인사 개산기념 법요식, 수륙 영산대재 및 생전예수재, 하안거와 동안거가 중요한 행사이고, '불기 ○○○○년 종정의 봉축법어'와 '총무원장의 봉축사'가 별도로 게재되어 있는 것으로 보아 석가 탄신 관련해서도 일정한 행사가 치러지는 것으로 생각된다. 인물 관련해서는 1대와 2대 종정인 상월과 남대충의 탄신일과 열반일에 비교적 중요한 행사가 치러지고, 의천 관련 행사는 1996년에 의천의 진영을 완성하고 그 때부터 의천의 열반일에 대재를 행하고 있다.

사찰별 주요 월례 행사를 살피기 위해 분당 소재 대광사의 홈페이지를 참조하여 아래의 도표를 구할 수 있었다.

〈대광사의 정기법회〉[34]

법회명	법회 시간	비고
월 정기법회	매월 2/4째주 일요일 10시 30분	일요일 가족법회, 새신도 소개
초하루 불공	매월 (음)초하루 11시	일년인등, 삼재소멸불공
보름불공	매월 (음)15일 11시	가족행복 축원불공
지장재일 불공	매월 (음)18일 11시	영가 축원불공
관음재일 불공	매월 (음)24일 11시	가족행복 축원불공

34 대광사 홈페이지http://www.daegwangsa.org 참조.

사찰의 주요 행사는 사찰의 규모와 위치에 따라 서로 상이하다는 것이 두드러진 특징으로 보인다. 이 사실은 사찰의 운영이 천태종 본부와 상관없이 비교적 자율적으로 개 사찰별로 이루어지고 있다는 것을 보여준다.

천태종 의례의 주요 특징으로는, 승려와 신도가 함께 참여하는 각각 1달씩의 하안거와 동안거, 주경야선晝耕夜禪, 천도재의 강조, 그리고 입교 절차 등을 지적할 수 있다. 천태종의 신도가 되기 위해서는 반드시 구인사에 가서 3일간4박5일 기도를 하고, 종정을 친견해야만 한다. 그리고 신도가 되고 나서는 24시간 개방되어 있는 소속 사찰에 가서 수시로 기도를 하고, 집안에 우환이 있거나 문제가 있을 경우에는 구인사에 가서 기도하고 큰 스님종정을 친견하여 자문을 받는다.[35] 천태종의 기도는 '관세음보살'을 지속적으로 외우는 관음주송觀音呪誦이다. 안거 동안에는 낮에 일을 하고 밤에 관음주송을 하는 일과를 한 달 동안 지속한다. 상월은 관음주송을 백만 번 하면 9대 조상이 극락에 간다고 했다고 한다.[36] 따라서 천태종 신도들에게 관음주송은 지고의 가치가 있는 것으로 간주된다. 특히 천태종의 승려들은 신도들과 함께 하는 동안거가 끝나면, 구인사에서 55일간 별도의 안거를 하는데, 모든 승려들이 100% 참석을 한다고 한다.[37] 구인사의 경우 안거 참여 인원은 1천 명에서 1천 2백 명 사이라고 하며, 일반 사찰의 경우 2010년 하안거 기준으로 부산 삼광사 1,600명, 서울 관문사 500명 등 전국

---

35 경우에 따라서는 전화와 편지로도 친견이 가능한 모양이다. 대한불교천태종총무원 엮음, 『믿음으로 피운 연꽃』, 도서출판 열린불교, 1997, 73, 110쪽.

36 고우익, 앞의 글, 151쪽.

37 고우익, 「천태종 안거제도의 특성과 수행 - 재가 신도 안거 수행을 중심으로」, 『천태학연구』 15, 2012, 326쪽.

에서 9천여 명이 참가하였다고 한다.[38]

천태종 조직의 특징은 철저한 중앙집권제, 동사섭同事攝의 방편,[39] 그리고 승속부이僧俗不二에서 찾을 수 있다. 조계종의 경우 종단에서 소유하고 관리 운영하는 사찰, 소유는 종단, 관리는 문중의 지배를 받는 사찰, 종단이 소유, 개인이 관리하는 사찰, 개인이 소유, 개인이 관리하는 사찰로 나뉘어있고, 태고종의 경우는 일부 종단 소유 공찰을 제외하고는 대부분 개인 소유에 세습이 가능하다. 이에 비해 천태종은 중앙집권적 종권 구조를 지니고 있어서, 소유와 관리가 모두 종단에 귀속된다.[40] 그리고 상월은 육식과 음주를 일부 허용하고, 두발과 복장도 현대화하여 출가자들이 일반 사회의 대중들과 함께 생활하는 데 큰 불편이 없도록 하였다. 계율 관련해서도 다른 종단에서는 비구는 250계, 비구니는 348계의 구족계具足戒를 지켜야 하지만, 천태종에서는 승려와 재가신도 모두 십선계十善戒만 지키게 하였다.[41]

30명으로 구성되는 종단의 최고 의결 기관인 종의회도 15명 이상의 출가자와 15명 이하의 재가자로 구성, 재가자의 적극적인 종단 운영을 보장하고 있다.[42] 각 사찰의 경우에도 재정 지출은 매월 두 번 신도회 간부회의에서 결의, 주지의 결재를 받은 후에 집행하는 것에서 알 수 있듯이 재정

---

38 위의 글, 333쪽.
39 상대편의 근성을 따라 몸을 변하여 고락을 같이 한다는 뜻. 천태종성전편찬회 편저, 『천태종성전』, 대한불교천태종, 1971, 187쪽.
40 김응철, 「대한불교조계종단의 사원관리체제 연구」, 『천태학연구』 13, 2010, 277-278쪽 참조.
41 최기표, 「상월원각대조사의 계율관」, 『천태학연구』 16, 2013, 235-236쪽.
42 김세운, 「천태종의 사원 관리와 운영」, 『천태학연구』 13, 2010, 222쪽.

지출의 실질적인 운영은 신도회에서 담당하고 주지는 운영의 관리 책임자일 뿐이다. 조계종과 태고종은 재정 출납의 주체가 승려인 점을 감안하면, 이와 같이 신도회가 사찰 재정 출납의 주체라는 점은 천태종만의 독특한 운영방식임에 틀림없다.[43] 1969년에 중앙신도회가 조직되었고, 지방에는 시, 군, 읍, 면 단위로 교세에 따라 지부, 지회, 분회, 포교연락소가 설치되어 있다.[44] 유기적 지도체계를 갖추고 있는 각급 신도회는 자력으로 회관 또는 사찰을 세우는 데 적극적으로 활동을 하고 있는 것으로 보인다. 그리고 천태종에는 거사부전居士富殿이라는 직책이 있다.[45] 일반 신도와 승려의 중간에 위치한다고 할 수 있는 거사부전은 재齋나 불공 등의 의식을 집전하는 역할을 수행하는데, 소위 대처승으로 인한 거북한 문제를 거사부전의 직책을 통해서 해결하고 있다는 점에서 천태종의 또 다른 조직적인 특징이라고 할 수 있다.

지금까지 천태종의 역사, 교리, 의례, 조직 등을 중심으로 천태종에 대한 필자 나름의 이해를 정리해 보았다. 아래에서는 지금까지의 선이해를 토대로 천태종의 정체성 형성 과정이라는 측면에서 천태종의 또 다른 모습을 살펴보도록 하겠다.

---

43 위의 글, 231쪽.
44 천태종성전편찬회 편저, 『천태종교전 I』, 대한불교천태종, 1972, 182쪽.
45 고병철, 「대한불교천태종의 의례와 신앙 - 구인사와 대광사를 중심으로」, 『종교연구』
   73, 2013, 14쪽.

3. 천태종의 정체성 형성

3.1. 천태종의 정통성 확립

상월은 어렸을 때 고향에서 주로 천수다라니 수행을 한 것으로 알려져 있다. 천수다라니 수행은 상월만이 한 것은 아니다. 3.1운동 때 민족 대표 33인에 포함되어 있던 용성, 그리고 대각회의 이사장을 지냈던 광덕도 천수다라니 수행을 통해 최초의 깨달음을 얻고, 나중에 참선 수행으로 본격적인 깨달음을 얻었다고 한다.[46] 그런데 상월은 고향에서 천수다라니 수행만 한 것이 아니었다. 상월은 천수다라니 수행 이외에도 아미타불, 관세음보살, 미륵보살 등 불보살의 명호를 부르거나, '옴마니반메훔', '옴자레주레준제사바하', '궁궁강강弓弓降降' 등의 진언과 주문을 외우는가 하면, 단전호흡도 하였다. '궁궁강강' 주송은 1964년부터 하였는데 1969년부터는 '궁궁을을강강弓弓乙乙降降' 주송으로 바뀌었다.[47] 혹자는 상월이 삼척에 있을 때 쓰던 주문에 '구천상제'라는 신명이 들어가기도 하였다고 한다.[48] 불교 이외의 주문에 대해 상월은 '부처님의 출현을 기원하거나 새로운 부처님이 출현했음을 의미하는 진언의 일종'[49]이라고 하였다고 하나, 상월이 동학이나 증산 계통의 종단으로부터 일정한 영향을 받은 것은 분명한 것으로 보인다. 1970년대에 들어서서야 상월은 비로소 관음주송으로 일관하게

---

46 김호성, 『천수경과 관음신앙』, 동국대학교출판부, 2012, 123쪽.
47 대한불교천태종총무원 편, 『상월대조사』, 대한불교천태종출판부, 2013, 373-376쪽.
48 최동순, 『처처에 백련 피우리라』, 운주사, 2009, 155-156쪽.
49 대한불교천태종총무원 편, 앞의 책, 376쪽.

되었다고 한다.

상월은 젊었을 때 수년 간 국내의 명산대찰을 돌아다녔다. 이 때 의천의 행적이 남아있는 개성의 국청사와 영통사를 방문하였다고 한다.[50] 국청사는 의천이 세운 사찰로, 개성의 서쪽에 위치해 있고, 영통사는 의천의 유골이 봉안된 사찰로, 개성의 동쪽에 위치해 있다. 나중에 천태종은 개성의 영통사 복원에 참여하고, 남북 불교 교류에 많은 역할을 수행하게 된다. 국내 순례를 마친 상월은 역시 수년 간 중국 대륙으로 소위 '구법순례'를 다녀왔다. 중국 절강성에 있는 천태산 지역은 지의의 행적이 남아있는 곳이다. 지의의 유언으로 입적 후에 세워진 국청사가 있고, 국청사의 뒤쪽에는 지의가 직접 세우고 제자를 양성하던 수선사가 있다. 그리고 수선사 인근에 진각사가 있는데, 진각사에는 지의의 육신을 그대로 안치하고 그 위에 세운 육신탑肉身塔인 지자탑원智者塔院이 있다. 상월은 천태산을 방문하고 "나는 천태법화의 묘의妙意를 국청사에서 얻었고, 일심삼관一心三觀의 참된 경지는 화정봉華頂峰에서 보았다"고 하였다고 한다. 화정봉은 국청사 뒤에 있는 천태산의 최고봉으로 지의가 8년만의 수행 끝에 깨달음을 얻었다는 산이다.[51]

상월은 젊어서 의천의 행적이 남아있는 개성지역과, 지의의 행적이 남아있는 중국의 천태산 일대를 돌아보고, 지의가 창도한 종지를 바탕으로 의천이 건립한 천태종을 계승하여 20세기에 적합하게 천태교관을 우리나라에 중흥시키고자 결심하게 되었다고 한다.[52] 같은 맥락에서 2011년 5월

50 위의 책, 90-92쪽.
51 위의 책, 20, 25, 27쪽.
52 김세운, 「상월 조사의 생애와 교화 방편」, 『한국선학』 15, 2006, 676쪽; 김세운, 「한국

당시 천태종의 종정인 도용은 '중한천태종조사기념당'의 낙성 16주년 기념식에서 "천태조사의 법광이 시방을 비추니, 중토中土로부터 해동에 이르기까지 만 중생이 이 법에 의지하여 해탈을 얻고 모두가 환희하네"라는 법어를 설하게 된다.[53]

상월은 어려서 불교 위주로만 수행을 한 것은 아니었고, 천태종을 비롯해서 불교사상을 심도 있게 공부할 기회도 그다지 갖지 못했던 것으로 보인다. 의천과 지의의 행적이 남아있는 천태종의 유적을 돌아보고, 비로소 자신의 역할이 천태종의 중흥에 있다는 생각을 하게 되었다. 중국적인 불교를 표방한 지의의 중국 천태종이 정통성을 확보하기 위해 지의가 과거에 천축산에 있었다거나, 또는 '석가—용수—지의'로 이어지는 연결 고리를 찾아야 했던 것과 마찬가지로 한국 천태종도 이제는 '지의—의천—상월'로 이어지는 연결 고리를 찾을 필요가 있게 되었다.

정통성 확보라는 측면에서 한국 천태종은 이제까지 심혈을 기울여 몇 가지 노력을 기울이고 있다. 우선 한국 천태종은 중국과 고려의 천태종을 자신의 전사前史로 간주하고 스스로의 역사를 서술할 때 중국과 고려 천태종에 대한 서술에 많은 비중을 할당한다. 물론 그러기 위해서 중국과 고려 천태종에 대한 연구에 심혈을 기울이는 모습을 보이고 있다. 천태종의 산하기관인 원각불교사상연구원이 주축이 되어 천태학을 연구하고 있는데, 주로 중국과 고려의 천태종에 대한 연구가 주종을 이루고 있다.[54] 원각불

천태종의 교육이념과 교육현황」, 『천태학연구』 14, 2011, 209쪽.

53 대한불교천태종총무원 편, 앞의 책, 32-33쪽.

54 윤용복, 「대한불교 천태종의 역사와 특성」, 『한국종교교단연구 Ⅱ』, 한국학중앙연구원 문화와 종교연구소, 2007, 50쪽 참조.

교사상연구원은 1996년에 천태불교문화연구원으로 개원, 2007년에 이름을 변경하였다. '천태불교문화연구원'의 이름에서 알 수 있듯이 원래 이 연구원은 천태학을 중심으로 불교학 전반에 대한 연구를 목표로 시작하였으나, '원각불교사상연구원'이라는 이름에서 알 수 있듯이 이제는 상월의 생애와 사상을 심도 있게 연구하는 데 목표를 두고 있다. 그러나 원각불교사상연구원에서 개최하는 국내외 학술대회의 발표논문들, 그리고 『천태학연구』에 수록된 논문들을 일별해 보면, 아직 천태종에서는 한국 천태종에 대한 연구를 본격적으로 전개하고 있는 것으로 보이지는 않는다.

한국 천태종은 중국과 고려 천태종에 대한 연구에 심혈을 기울이면서 근래에 비록 일부이기는 하나 상월의 행적과 수행법 등을 중국과 고려 천태종의 관점에서 재해석하려는 움직임을 보이고 있다. 이런 움직임은 두 가지 방향에서 이루어지고 있다. 현재 한국 천태종 사찰에서 『법화경』의 핵심 개념인 '회삼귀일會三歸一'과 지의의 핵심 개념인 '삼체원융三諦圓融'이라는 문구를 발견할 수 있는데, 중국 천태종의 이러한 문구들에 대한 이해를 심화시켜 이러한 문구가 단지 구호로만 존재하지 않게 해야 한다는 문제의식이 제기되고 있다.[55] 그리고 예를 들어서 천태종의 관음주송이 고려 천태종, 특히 요세了世(1163-1245)의 백련결사의 염불수행을 현실에 맞게 변화, 발전시킨 것이라든지, 또는 지의가 평생을 걸쳐 이룩한 수행법인 천태지관天台止觀을 참조하여 한국 천태종의 주요 수행법인 관음주송을 발전시켜야 한다는 문제의식이 제기되고 있다.[56]

<hr />

55 최동순, 「현대 한국 천태종의 수행 구조와 원융삼제의 적용」, 『한국불교학』 37, 2004, 166쪽.
56 김세운, 「한국 천태종의 염불수행 전통과 그 계승」. 『한국선학』 30, 2011, 69쪽; 지창규,

한국 천태종은 이와 같이 교리와 수행 관련 연구뿐만 아니라 중국과 북한, 그리고 일본 천태종과의 교류를 통해서도 스스로의 전통성과 정통성을 확보하려는 노력을 기울이고 있다. 한국 천태종은 1996년 총경비의 3분의 2를 지원하여 중국불교협회와 공동으로 중국 천태종의 본산인 국청사에 '중한천태종조사기념당'을 건립하였다. 2층 목조건물에 청기와를 얹은, 명청시대의 대표적 양식으로 건립된 이 기념당에는 가운데에 지의, 바라보고 그 오른 쪽에 의천, 왼쪽에 상월이 청동좌상으로 봉안되어 있다.[57] 이 기념당은 한국 천태종이 중국 천태종의 지의로부터 비롯되었다는 점을 중국과 한국의 불교계에 단적으로 보여주는 건축물이다. 그리고 2008년에는 구인사에 '천태종역대조사전'을 건립하였다. 이 조사전에는 정면에 천태종 삼존 조사라고 하여 가운데에 용수, 바라보고 우측에 지의, 좌측에 의천이 닫집 밑에 봉안되어 있다. 용수는 지의와 의천보다 약간 크기가 큰 모습으로 봉안되어 있다. 그리고 지의 오른 쪽으로 혜문慧文, 혜사慧思 등 중국 측의 천태종 조사들 16인이, 그리고 의천 왼쪽으로 체관諦觀 등 한국 측 천태종 관련 조사들 17인이 모셔져 있다.[58] 이 조사전은 다시 한국 천태종이 중국 천태종은 물론 인도불교와도 관련성이 있는 전통성과 정통성이 있는 불교종단이라는 점을 대내외에 표명하는 건축물이다.

한국 천태종은 이보다 앞서 2002년부터 북한 측 조선경제협력위원회와 공동으로 영통사 복원을 진행하여 3년여에 걸쳐 기와 46여만 장, 단청재료

「천태지관과 관음주송 - 천태지관의 특성으로 모색한 관음주송의 발전 방안」, 『천태학연구』 13, 2010, 38쪽.

57 이봉춘, 「근세 천태종의 전개와 동향」, 『천태학연구』 1, 1998, 205쪽.

58 천태종 홈페이지http://www.cheontae.org/ebook//ecatalog.php?Dir=23 관련 사항 참조.

3천 세트, 조경용 묘목 1만 그루, 비닐 자재 60톤 등 총 40억 원을 북측에 지원하였다.[59] 그리하여 2005년에 낙성식을 하고, 2007년에는 5백 명에서 1천 명 단위로 수차례 순례단을 보냈다.[60] 영통사는 앞에서도 지적하였듯 이 의천의 유골이 봉안된 사찰이기 때문에 한국 천태종은 영통사 복원을 통해 다시 고려 천태종과의 연결 고리를 굳건히 할 수 있었다. 이 밖에도 한국 천태종은 일본 천태종과도 활발히 교류를 하고 있으며, 자체 발간물 에서도 일본 천태종을 꾸준히 소개하고 있다.[61]

주지하다시피 중국과 북한은 사회주의 국가이기 때문에 불교가 종파로 존재하지 않는다. 따라서 중국의 국청사는 천태종의 국청사가 아니라 중 국불교의 천태종이고, 북한의 영통사도 천태종의 영통사가 아니라 북한불 교의 영통사이다. 그리고 사회주의 국가의 종교 인식은 우리의 종교 인식 과 커다란 차이가 있어서 불교에 대한 인식도 종교라기보다는 오히려 '인 문정신의 총체'로 이해하는 측면이 있다.[62] 또한 일본 천태종은 한국 천태 종과 달리 밀교적인 성격이 강하기 때문에, 물론 공통부분도 많이 있으나, 양국 천태종 사이에는 이질성 또한 적지 않은 편이다.

그럼에도 불구하고 한국 천태종은 '천태종'이라는 불교 종단 이름으로 한중일, 나아가서 북한과도 교류를 할 수 있는 장점을 지니고 있다. 그리 고 이러한 장점을 살려 한국 천태종은 자타가 공인하는 전통적이고, 정통

59 『민족 21』 71, 2007. 2, 87쪽.
60 『통일한국』 25, 2007. 7, 81쪽.
61 일본 천태종과의 교류는 『중국·한국·일본 삼국천태 마음의 여행』, 코몬센스, 1999 참조.
62 뤄위례, 「인간불교의 이념과 실천」, 『천태학연구』 8, 2006, 53-69쪽 참조.

성이 있는 불교 종단이라는 점을 내외에 표명하여 왔고, 앞으로도 이러한 노력을 끊임없이 지속할 것으로 보인다.

3.2. 천태종의 조사신앙

1974년에 입적한 상월은 1976년에 금동좌상으로 조성되어 구인사 경내에 있는 삼보당에 봉안되었고, 1977년에는 구인사 산문 입구에 높이 23척의 상월대조사비가 세워졌다. 그리고 2000년에 구인사의 맨 위쪽에 대조사전을 짓고, 4미터 높이의 비교적 웅장한 상월의 좌상을 단독으로 봉안하였다. 구인사를 처음 방문한 사람들은 1980년에 지은 석가모니를 봉안한 법당이 있음에도 불구하고 상월을 봉안한 별도의 공간이 구인사 맨 위쪽에 자리 잡고 있는 것에 대해, 그리고 남녀노소를 불문하고 신도들이 끊임없이 대조사전 뒤쪽 산에 있는 상월의 묘소인 '적멸궁'을 참배하는 것에 주목하고는 한다. 따라서 혹자는 천태종의 특징을 관음신앙과 조사신앙으로 정리하고, 그 가운데에서도 상월을 부처의 반열에 두는 조사신앙이 보다 더 핵심적이라고 지적하고, 천태종의 조사신앙에 대한 연구의 중요성을 언급하고 있다.[63] 이런 문제의식에 동조하면서 여기에서는 천태종의 신앙 대상이 중층적이라는 점, 그리고 천태종에서 과연 상월을 어떤 존재로 인식하고 있는지를 차례대로 살펴보도록 하고자 한다.

상월이 구인사를 창건할 당시 법당이었던 초암草庵에 누구를 봉안하였

---

63 고병철, 앞의 글, 25쪽; 이효원, 「차안의 구원론과 주문 중심주의 – 천태종 관음신앙의 현대적 종교성」, 『종교연구』 33, 2003, 319쪽.

는지에 대해서는 자세한 기록이 없는 것으로 보인다. 초기 간행물에 신도들이 아침, 저녁으로 실행할 수 있는 간소한 의식을 소개하면서, 불단이나 탱화를 모시지 못할 때는 둥근 거울을 불단 삼아 쓰면 된다고 되어 있는 점을 감안하면,[64] 그저 둥근 거울이 놓여있을 수도 있다. 그리고 법당 자리가 원래 상월이 꿈에서 본 관세음보살이 현현한 장소라는 점을 감안하면 초암에는 관세음보살이 봉안되어 있을 가능성도 있다.[65] 어쨌든 1980년에 세워진 구인사의 법당에는 주불로 석가모니가 봉안되어 있다는 점은 앞에서 지적하였다.

전국에 분포되어 있는 천태종 사찰을 보면, 대체로 규모가 크고, 최근에 지어진 사찰일수록 법당에는 석가모니를 주불로, 그리고 관세음보살과 대세지보살을 협시불로 하는 삼존불을 모시고 있고, 바라보고 삼존불 좌측에 상월의 진영이 봉안되어 있다. 그리고 비교적 규모가 작거나 지어진지 오래된 사찰은 관세음보살을 주불로 하고, 그 좌측에 상월의 진영이 봉안되어 있다. 그리고 이 밖에도 앞에서 지적하였듯이 대전 광수사와 같이 비로자나불을 본존으로, 그리고 석가모니불과 관음보살을 협시로 봉안하거나[66], 또는 서울 관문사와 같이 옥으로 조성한 관음을 봉안한 별도의 커다란 공간을 조성하거나, 또는 분당 대광사와 같이 미륵불을 별도로 봉안한 비교적 큰 규모의 미륵불전을 건립하는 경우도 있다. 그리고 아직 사찰로 발전하지 못한 지부 이하의 경우 상월의 진영만을 봉안한 경우도

---

64 천태종성전편찬회 편저, 『천태종성전』, 대한불교천태종, 1971, 509쪽.

65 박형철 편저, 앞의 책, 298쪽.

66 비로자나불을 주불로 봉안하고 있는 경우 일반적으로 노사나불과 석가모니불을 좌우에 봉안한다.

있는 것으로 보인다. 사찰에 봉안된 신앙 대상만 보더라도 천태종의 신앙 대상은, 협시불은 감안하지 않는다고 하더라도, 석가모니불, 비로자나불, 미륵불, 관음보살, 상월 등 다양하게 나타나는 것을 알 수 있다. 비록 다양하게 보이는 측면이 있다고 하더라도, '나무석가모니불, 나무관세음보살, 나무상월원각대조사'라는 표현이 보이는 것을 보면,[67] 천태종의 주요 신앙 대상은 석가모니불, 관세음보살, 상월대조사로 일단 정리해 볼 수 있다. 이 때 우리는 천태종의 신도들이 이 세 신앙 대상 각각의 중요도의 차이, 그리고 역할 분담이나 중첩에 대해 어떻게 인식하고 있는지에 대해 주목할 필요가 있다.

혹자는 상월을 한국에 출현한 자비의 보살 관세음보살의 화신이라고 단언한다.[68] 그리고 사실 천태종의 초기 신도들도 상월을 관세음보살의 화현으로 간주하였고, 상월 자신도 출가 이후 스스로 관세음보살의 화현이 되고자 발원하였다고 한다.[69] 적어도 이러한 지적을 보면 천태종에서 상월은 관세음보살과 똑같은 존재로 인식되고 있는 것으로 보인다.

이와 달리 천태종 신도들에게 상월은 부처로도 인식되고 있다. 신도들은 관음기도를 하다가, 또는 기도 후에 신기한 꿈을 많이 꾼다고 하는데, 어느 신도는 꿈에 저승에 가서 상월원각 대조사님을 만났는데, 상월대조사님이 바로 부처님으로 계셨다고 증언하고 있다.[70] 그리고 상월의 모친을 불모佛

---

67 대한불교천태종총무원 엮음, 『내가 만난 관세음보살』, 도서출판 열린불교, 1997, 8쪽.

68 Kenneth Lee, "The Most Venerable Sangwol: Reincarnation of Gwanseum in Korea", 대한불교천태종총무원 · 원각불교사상연구원, 『상월원각대조사탄신100주년기념 佛學論叢 1 - 믿음과 수행』, 대한불교천태종출판부, 2011, 704-717쪽.

69 김세운, 앞의 글, 2006, 692쪽.

70 대한불교천태종총무원 엮음, 『내가 만난 관세음보살』, 도서출판 열린불교, 1997, 148쪽.

母로 호칭하거나,[71] 아예 상월을 '조사 부처님'이라고 호칭하기도 한다.[72]

또 한편으로 상월은 부처나 관세음보살과 별개의 존재로 인식되기도 한다. 어느 신도는 꿈에 비구니 스님 세 분을 보았는데, 나중에 보니 이들이 관세음보살이었다고 증언하고 있고,[73] 법당의 부처님에게만 삼배를 하고 나오려고 하니 발이 떨어지지 않아, 조사전에 삼배를 하니 비로소 발이 떨어졌다거나,[74] 풍전등화와 같았던 가정을 관세음보살께서 구원해주셨고, 대조사님께서 남편을 올바른 길로 인도해 주셨다고 감사의 마음을 표시하고 있다.[75] 그리고 또 다른 신도는 "때때로 기도를 하다보면 부처님이 나타나기도 하고, 관세음보살이 나타나기도 하며, 대조사님상월의 모습이 보이기도 합니다"라고 증언하고 있다.[76] 한편, 어떤 사람은 "부처님, 당신은 당신의 화신化身인 한 분을 우리 곁으로 보내 주셨습니다. 그 분이 상월원각대조사님임을 우리들은 알고 있습니다. 그래서 우리들은 조사님을 부처님, 당신과 꼭 같이 믿고 있습니다. 그리고 조사님으로부터 당신의 가피를 입고 있습니다"[77]라고 말하고 있다. 이렇게 보면 상월은 신도들에게 부처나 관세음보살과 별개의 존재이기도 하다.

천태종 총무원에서 2013년 5월 1일에 『상월대조사』라는 책을 발간하였다. 그러나 이 책의 초판은 2013년 2월 4일에 발간되었는데, 흥미롭게도

---

71 대한불교천태종총무원 편, 앞의 책, 77쪽.
72 고우익, 「상월원각대조사의 神異세계」, 『천태학연구』 16, 2013, 162쪽.
73 대한불교천태종총무원 엮음, 『내가 만난 관세음보살』, 도서출판 열린불교, 1997, 58쪽.
74 위의 책, 40쪽.
75 위의 책, 21쪽.
76 위의 책, 71쪽.
77 저자 미상, 『無畏殿』, 대한불교천태종총무원, 1980, 18쪽.

이 책 초판은 '부처님으로 부르고 싶은 임'이라는 부제를 달고 있었다. 5월 1일에 발간된 책에는 부제가 삭제되어 있다. 이렇게 보면, 고병철이 이미 지적한 것과 마찬가지로, 한국 천태종에서 상월은 석가모니와 같은 반열에 있는 또 다른 부처로 인식되고 있다는 점을 알 수 있다.[78] 그러나 5월 1일에 발간된 『상월대조사』에 '부처님으로 부르고 싶은 임'이라는 부제가 구태여 삭제되어 있는 것을 보면, 현재 천태종 내부에서는 상월이 또 다른 부처님으로 신앙되고 있으면서도, 대외적으로는 그러한 신앙을 표명하기를 주저하고 있는 것으로 보인다. 교조가 신앙 대상이 되는 것은 종교사적으로 결코 이상한 일이 아니다. 그러나 전통성과 정통성이 있는 불교종단임을 자처해 온 천태종이 자신들의 교조를 또 다른 부처님으로 신앙하고 있다는 점이 스스로의 정체성 확립과 유지에 어떤 영향을 미칠지 주목할 필요가 있을 것으로 보인다.

4. 맺음말

지금까지 천태종의 특징을 필자 나름대로 역사, 교리, 의례, 조직 등으로 구분해서 정리하고, 이어서 천태종이 정체성 확립과 유지라는 측면에서 어떤 노력을 기울여 왔고, 또 어떤 문제를 지니고 있는지에 대해 살펴보았다. 끝으로 천태종을 살피면서 몇 가지 느낀 점과 앞으로의 연구 과제를 제시하면서 글을 맺고자 한다.

------

78 고병철, 앞의 글, 25쪽.

첫째, 한국 천태종의 몇몇 특징들을 일본의 신종교들의 그것들과 비교하는 것이다. 특히 일본 일련종의 경우 조사를 예배의 대상으로 하는 조사신앙이 있어서 일련종 사찰에는 조사상祖師像을 모시는 조사당祖師堂이 별도로 있는 경우가 많다고 한다. 따라서 혹자는『법화경』을 소의 경전으로 하는 일본의 불교종파의 경우에는 조사신앙이 잠재되어 있다는 주장을 하기도 한다.[79] 그리고 일본의 신종교로 분류되는 창가학회創價學會와 영우회靈友會는『법화경』의 진리와 일련日蓮(1222-1282)의 가르침을 현대에 맞게 수정한 종단으로 자처하고 있다. 이들 종단에서 한국 천태종이『법화경』과 지의, 의천의 가르침을 현대에 맞게 수정한 종단으로 자처하고 있는 것과 비슷한 맥락을 살필 수 있다.

천태종 신도들은 구인사에 가면 큰스님을 친견하는 절차를 밟는다. 큰스님은 종정을 말하는데, 상월, 남대충을 거쳐 현재는 김도용이 큰스님 역할을 맡고 있다. 이 때 신도들은 큰스님에게 아이의 대학 진학 문제, 개인 사업 문제, 질병, 가정불화, 하다못해 금연 방법 등 일상의 아주 사소한 문제들까지도 문의하여 자문을 구한다. 일본의 신도계 신종교로 분류되는 금광교金光敎에 취차取次라는 의식이 있다. 신도들이 자신들이 바라는 것을 금광교의 교주와 지교회의 책임자들에게 말하면, 교주와 지교회의 책임자들이 신도들의 바람을 자신들이 신앙하는 신에게 전달하고, 신의 뜻을 알아본 다음, 이어서 그 신의 뜻을 신도들에게 전달하는 의식이다.[80] 그리고 주지하다시피 창가학회는 '나무묘법연화경'을 주문과 같이 사용한

79 望月眞澄, 『近世日蓮宗の祖師信仰と守護神信仰』, 平樂寺書店, 2002 참조.
80 井上順孝 編, 『現代宗敎事典』, 弘文堂, 2005, p. 159.

다. 이 점 또한 한국 천태종의 관음주송을 연상시킨다.

둘째, 한국 천태종의 상월에 대한 신앙과 원불교의 소태산에 대한 신앙을 비교하는 것이다. 원불교는 부처나 예수와 같이 깨달음을 얻은 성자를 믿는 것이 아니라 깨달은 진리 그 자체를 신앙한다고 한다.[81] 원불교에서는 깨달은 진리 그 자체를 '일원상—圓相'으로 표현한다. 그러나 실제적으로는 일원상에 '둥그신님, 마음부처님, 법신불, 법신불 사은(님), 부처님, 심불心佛, 심불일원상, 일원님, 일원상부처님, 진리부처님, 진리불' 등 여러 호칭이 있는 것에서 볼 수 있듯이 일원상에 인격성을 부여하는 모습이 보인다.[82] 그리고 소태산에 대해서도 석가모니불, 주세불, 미륵불, 생불, 진리라는 호칭을 사용하기도 하고, 원불교 교당은 소태산의 집이라거나, 소태산과 일원상은 둘이 아닌 하나라는 주장이 제기되기도 한다. 주지하다시피 현재 원불교에서 소태산은 대각여래위에 올라있고, 소태산 성탑聖塔에 신도들이 108배를 올리기도 한다. 교당에는 정면에 일원상이 걸려있고, 바라보고 왼쪽에 소태산의 진영이 걸려있으며, 원불교역사박물관 소태산실에는 소태산의 좌상이 불상의 모습으로 모셔져 있다. 그리고 같은 맥락에서 원불교 기원문 가운데 "법신불 사은전과 대종사 성령전에 고백하옵니다"라는 구절이 보이기도 한다.[83] 천태종의 상월에 대한 인식과 원불교의 소태산에 대한 인식이 꽤 유사하다는 점을 알 수 있다. 그리고 두 종단 모두 교조에 대한 종단 내부의 인식과 대외적인 표명에 어느 정도

---

81 이성택, 『교리도를 통해 본 원불교 교리 이해』, 원화, 1992, 30쪽.
82 강돈구, 「원불교의 일원상과 교화단」, 『한국종교교단연구Ⅴ』, 한국학중앙연구원 문화와 종교연구소, 2009, 27쪽.
83 위의 글, 28-29쪽.

괴리가 있는 것으로 보인다.

앞으로 천태종에 대한 이해는 이와 같이 주변 국가에서 활동하고 있는 비슷한 종단들, 그리고 원불교와 같이 국내에서 활동하고 있는 비슷한 종단들과의 비교를 통해서 더 확대될 수 있을 것으로 보인다. 아무쪼록 본 논문이 현재 불교의 3대 종단 가운데 하나인 한국 천태종에 대한 종교학계의 이해에 도움이 되었으면 하는 바람으로 끝을 맺는다.

제17장

미래 한국의 또 다른 종교들?*
: 선도계 수련단체들을 중심으로

1. 머리말

본 논문은 1970년대부터 우리나라에 등장한 호흡법을 강조하는 수련단체들을 정리하여 현대한국종교사에서 빠진 부분을 채워 보고자 하는 필자 나름의 노력의 일환이다. 일단 본 논문에서는 국선도, 한국단학회 연정원, 석문호흡, 수선재 등 네 단체를 살피고자 한다. 이들을 선도계 수련단체들 Ⅰ과 Ⅱ로 구분한 이유는 순전히 편의적인 것이다. 국선도와 연정원은 주로 1970년대와 1980년대에 활동을 시작하였다는 점에서 '선도계 수련단체들 Ⅰ'로 구분하였고, 석문호흡과 수선재는 이들보다 이후인 1990년대에 활동을 시작하였다는 점에서 '선도계 수련단체들 Ⅱ'로 구분하였다.

이들 네 단체는 모두 스스로를 종교가 아니라고 강변하고 있다. 그리고 이들 네 단체에서는 특정종교와 상관없이 여러 종교의 신도들도 수련을 하고 있는 것으로 보인다. 이들이 스스로 종교가 아니라고 강변하는 이유

* 『신종교연구』 33, 2015.

513

도 별도로 살펴볼 필요가 있다. 그러나 이들의 주장이 이웃종교들의 주장과 여러 면에서 유사하다는 점에 주목할 필요가 있다. 천인합일, 후천개벽, 깨달음 등 기존 종교들의 용어들을 수없이 사용하고 있다는 점에서 그렇고, 또한 기존의 종교들이 현재 생명력을 잃었고 자신들만이 앞으로 세계가 지니고 있는 궁극적인 문제들을 해결할 수 있다고 주장하는 점에서 또한 그러하다. 따라서 본 논문에서는 부제에서 이들의 주장에 따라 '종교'가 아니라 '수련단체'로 굳이 표기하기는 하였지만 이들 네 단체 모두를 '종교'의 범주 안에 포함시킬 것이다. 필자의 전공이 종교학인 이상 이들을 구태여 '종교'의 범주에서 제외시킬 하등의 이유가 없다.

사실 학계의 상식에 따르면 이들 단체를 '종교'로 분류하기보다는 '신종교'로 분류하는 것이 적절할 수 있다. 따라서 본 논문의 제목도 「미래 한국의 또 다른 '종교들'?」이 아니라 「미래 한국의 또 다른 '신종교들'?」이라고 하는 것이 더 적절할 수도 있다. 이들은 대체로 스스로의 전통이 우리 민족의 역사와 함께 시작하였다고 주장하고 있다. 그러나 여기에서는 이들의 이러한 주장보다는 오히려 '종교'와 '신종교'의 구분 속에서 '신종교'를 '종교'와 달리 '별종의', 그리고 '괴이한' 종교로 인식할 수 있다는 점을 염려하여, 이들을 '신종교'보다 '종교'로 범주화해보고자 하였다.[1] 이들 수련단체에 대한 필자 나름의 호감의 표현으로 이해해주기를 바랄 뿐이다.

'선도계'라는 표현도 설명이 필요할 듯하다. 학계에서는 주지하다시피 일반적으로 유교, 불교, 도교를 합쳐서 '유불도' 또는 '유불선'이라는 표현을 쓰고 있다. '유불도'가 아니라 '유불선'이라고 하더라도 '선'은 그저 '도교'

---

1 강돈구, 『종교이론과 한국종교』, 박문사, 2011, 654-657쪽 참조.

로 이해하는 것이 일반적이고, '선'을 '仙教'나 '仙道'의 약자로 이해하지 않는 것이 일반적이다. 선교나 선도는 좀 어색한 표현임에 틀림없다. 한국의 학자들은 중국의 도교와 한국의 도교가 그 뿌리가 다르다고 주장하는 경우가 종종 있다. '한국도교'는 '중국도교'가 유입되기 이전부터 나름대로 유구한 전통을 지니고 있다는 것이다. 이러한 한국학자들의 주장에 중국학자들이 동의하는 것은 물론 쉽지 않다. 그래도 좀 열린 중국학자라면 한국학자들이 왜 굳이 그런 주장을 하는지에 대해 고민할 것이다.

중국 북경대학 종교문화연구원에서 '도문화道文化' 국제학술세미나가 몇 차례 열린 적이 있다. 중국의 경우 도교는 다섯 개 공인종교 가운데 하나로, 국가적인 단체로 도교협회도 결성되어 있고, 전국 곳곳에 도교사원이 산재해 있다. 따라서 당연히 중국 측 발표자들은 중국도교를 대상으로 연구한 논문을 발표한다. 한국과 일본의 경우는 현재 도교사원이 존재하지 않기 때문에 한국학자들은 도교와 관련이 있는 신종교 교단을 중심으로, 그리고 일본학자들은 신도神道 관련 논문들을 발표한다. 중국학자들로서는 중국도교가 한국과 일본에도 영향을 미쳤을 것이라는 전제 아래 한국과 일본에서 그 흔적을 찾고 싶은 생각이 있었을 것이다.

국선도, 연정원, 석문호흡, 수선재는 모두 선도, 선문화 등의 표현을 자연스럽게 쓰고 있다. 물론 이들 외에도 예를 들어서 단월드에서도 선도仙道라는 표현을 쓰고 있다.[2] 이들의 공통점을 호흡법에서도 물론 찾을 수 있지만, 본 논문에서는 이들의 공통점으로 '선도'라는 표현에 주목해 보고

---

2 단월드는 필자가 이미 다른 논문에서 다룬 적이 있기 때문에 본 논문에서는 다루지 않았다. 강돈구, 「한국 종교교단의 '국학운동'」, 『종교연구』 70, 2013 참조.

자 한다. 특정의 종교들을 '○○계'로 분류하여 이들 각자의 특징을 도외시한 채, 공통점만을 나열하는 것에는 물론 위험이 따른다.[3] '○○계'로 분류하는 것은 특정의 종교를 이해하기 위한 시작 단계에 필요한 것이지, '○○계'로 분류하였다고 해서 그 특정의 종교에 대한 이해가 모두 끝나는 것은 아니다. 따라서 이들 네 개의 수련단체들을 '선도계'로 분류한 것은 이들에 대한 연구의 시작을 알리는 의미를 지닐 뿐이다.

본 논문을 위해서 특별히 현지조사를 하지는 못했다는 점 미리 밝힌다. 20여 년 전에 직장에서 점심시간마다 국선도 모임이 있었는데 거기에 참여하여 행공行功[4]을 따라해 본 적이 있다. 그리고 본 논문을 시작하면서 계룡산에 있는 연정원 관련 단체를 두 차례 찾아가 보았으나 찾지 못하고 돌아온 적이 있을 뿐이다. 대체로 각각의 수련단체에서 발간한 서적과 홈페이지를 이용하여 본 논문을 작성하였다.

2. 선도계 수련단체들 Ⅰ

2.1. 국선도

국선도는 1960년대 후반 청산靑山에서 비롯되었다. 청산의 본명은 고한영高漢泳이었으나 나중에 스스로 고경민高庚民으로 바꾸었다.[5] 청산은 1936

---

3 강돈구, 앞의 책, 551-552쪽 참조.
4 단전의 힘으로 하는 屈伸동작의 형태. 청산선사, 『국선도』 2, 국선도, 1993, 197쪽.
5 고남준, 『청산선사 - 우리시대의 위대한 도인』, 정신세계사, 2010, 22쪽.

년 천안에서 출생, 13세 때인 1948년에 충청남도 태학산의 해선암의 사미가
되어 주로 천수경을 공부하다가,[6] 약 반년 뒤에 청운靑雲이라는 도사를 만나
속리산, 밝달산, 치악산 등지에서 수련, 20세 무렵인 1955년 하산, 1956년에
육군에 입대, 1959년에 제대하고, 1960년에 다시 청운을 만나 입산 수련을
하다가 1967년에 하산하여 국선도를 세상에 알리기 시작하였다.[7]

　청산은 1970년에 종로3가에 있는 백궁빌딩 4층에 수련원을 열고, 1971
년에 '정신도법교육회'라는 명칭으로 등록, 이후 18년간 속세에서 제자들
을 양성하였다. 활동 초기에는 주로 국내외에서 물 속에서 숨을 쉬지 않고
18분을 견디거나, 불 속에서 화상을 입지 않고 7분을 견디는 등의 도력
시범을 보여 사회로부터 주목을 받았고, 초반에는 제자들에게도 주로 도
력을 키우는 수련을 하게 하였다.[8] 청산은 이후 국선도의 수련 9단계를
모두 정리해서 제자들에게 보급하였고, 나중에는 소위 외공보다는 내공에
중점을 두어 제자들을 양성하였다.

　청산은 박정희와 김일성의 죽음, 아웅산 사태와 광주민주화운동을 모두
예언하였다고 한다. 광주민주화운동이 일어나기 전에 광주의 많은 조상들
이 밤마다 청산을 찾아와 자손들을 살려달라고 했으며, 이에 청산은 정국
의 혼란을 방비할 나름의 책략까지 만들었으나, 제자들 가운데 한 사람이
밀고를 하여 당시 보안사에 1년간 구금까지 당하였다고 한다.[9] 그리고 남
북통일 관련해서는 강증산이 행한 천지공사와 유사한 행위를 한 적도 있

6　청산선사, 『삶의 길』, 국선도, 1992, 173쪽.
7　http://www.ksd21.com 참조.
8　청산선사, 앞의 책, 140-141쪽.
9　고남준, 앞의 책, 182-184쪽.

으며, 순간 이동까지 할 수 있는 능력도 갖춘 사람으로 알려져 있다.[10]

청산은 "나는 제일 높은 곳도 가보고 제일 낮은 곳도 가 보았다. 이제는 보고를 드리러 가야 한다"고 하면서, 또는 앞으로 닥칠 미래의 일에 적절히 대처할 준비를 하기 위해 선계仙界로 들어간다고 하면서, 스스로 예전에 언급해 왔던 때인 1984년에 집을 나가 재입산을 하였다고 한다.[11] 국선도 측의 설명에 의하면, 청산이 하산한 1967년 음력 3월 3일은 땅기운이 충만하게 열려 있던 날, 청산이 재입산한 1984년 음력 7월 7일은 천문이 열려 있던 날, 그리고 국선도 본원이 개원된 1970년 음력 3월 15일은 땅 위의 보이는 에너지와 보이지 않는 에너지가 새로운 시작을 알린 날이라고 한다.[12]

아주 오래 전에 백두산 북방 송화강을 중심으로 우리의 先民들이 많이 살고 있었는데, 그 가운데 '들머리'라는 나라가 있었다고 한다. 이 나라는 모든 부족국가 가운데 가장 강하고 앞선 나라로 '붉도'라는 붉받는 수련을 하는 풍습이 있었다.[13] 붉도 곧 국선도는 약 9,700여 년 전에 천기天氣, 하늘 흡도인이 백두산에서 우연히 선동仙童을 만나 신선들이 사는 마을로 들어가서 그 곳에서 국선도법을 모두 배우고 나와, 사람들에게 가르치면서 세상에 알려지기 시작하였다고 한다. 국선도는 천기도인이 백두산에서 내려온 해를 천원기天元紀의 시작으로 하여, 2015년이 천원기 9763년이 된다. 따라서 하늘과 태양을 숭배하는 사상에서 비롯된 국선도는 유불도가 생기기 이전부터 있었던 동이족 고유의 도법이라고 한다.[14]

---

10 위의 책, 20-22, 168-169, 188-189쪽.
11 위의 책, 185, 284쪽.
12 국선도법연구회 엮음, 『국선도 이야기』, 국선도, 2013, 38-39쪽.
13 청산선사, 앞의 책, 129쪽.

천기도인 이후 국선도의 맥은 고조선을 거쳐 고구려의 조의선인 제도, 백제의 수사 제도, 신라의 화랑 제도로 이어졌고, 이어 고려와 조선시대에는 산중에서 대대로 스승에서 제자로 비전秘傳으로만 전승되었다고 한다.[15] 근래에 무운無雲이 청운靑雲에게, 그리고 청운이 다시 청산에게 국선도의 맥을 전수하여, 비로소 국선도가 다시 세상에 드러나게 되었다고 한다.

국선도는 현재 여러 개의 단체로 나뉘어 활동하고 있다. 본 논문에서는 물론 어느 단체가 더 정통성이 있다거나, 또는 보다 적절한 활동을 하고 있다는 점을 밝히는 데에는 관심이 없다. 가능한 한 국선도 활동의 전모를 알아보기 위해서 국선도 관련해서 발간된 자료와 몇몇 홈페이지의 내용을 중심으로 국선도 관련 단체들을 소개해 보고자 한다.

국선도연맹[16]은 청산의 가족이 참여하여 많은 역할을 하고 있는 단체로 비교적 청산의 가르침을 변경 없이 그대로 이어가고 있다고 주장하는 단체이다. 국선도 관련 단체들은 모두 자기들이 종교와 상관이 없다고 주장하고 있으나 국선도연맹에서 발간한 청산 관련 서적들에는 다른 관련 단체들이 비해 '종교적' 색채가 비교적 농후한 편이다. 그리고 청산이 초기에는 외공수련을 강조했으나, 차차 내공수련에 치중한 점을 감안하면, 국선도연맹은 비교적 외공수련보다는 내공수련에 치중해온 것으로 보인다. 최근에는 청산의 아들인 고남준이 자기 자신이 부친으로부터 국선도 외공을 기초부터 철저히 닦은 유일한 사람임을 강조하고 있는 것을 보면, 국선도연맹도 서서히 외공수련에도 관심을 보이고 있는 것으로 보인다.[17] 국선

---

14 고남준, 앞의 책, 58-59쪽.
15 국선도법연구회 엮음, 앞의 책, 65쪽.
16 http://www.ksd21.com.

도연맹은 청산이 재입산한 뒤, 청산이 산에서도 다 보고 있으므로 모든 것을 청산이 있을 때나 없을 때나 똑같이 하여야 한다는 입장을 취하고 있다. 그리고 청산이 아들인 고남준에게 국선도의 유일한 지도자라고 말하였다거나, 또는 청산이 고남준에게 미래에 아주 중요한 일을 맡겼다거나, 또는 비록 천기누설에 해당하기 때문에 모두를 밝힐 수는 없지만, 청산이 고남준에게 많은 예언을 알려주었다거나, 또는 고남준이 선경仙境의 세상으로 인류를 이끌고 싶다고 스스로 말하거나 하여, 고남준이 소속해 있는 국선도연맹이 청산의 정통성을 잇고 있다고 주장하고 있다.[18]

세계국선도연맹[19]은 국선도의 맥이 '천기…무운-청운-청산'에서 도운道雲 허경무로 이어졌다고 주장한다. 국선도연맹이 비교적 청산의 원래 가르침을 그대로 따르려고 노력한다고 스스로 주장하고 있는 것에 비해, 세계국선도연맹은 오히려 국선도의 도법을 현대인의 요구에 맞게, 새로운 시대를 위해 변화시키는 것이 필요하다고 주장하고 있다. 그리고 현행 국선도연맹의 수련법이 오히려 청산의 원래 그대로의 모습이 아니라고 하여, 수련체계를 스스로 재정리하고, 별도의 수련법을 추가하기도 하였으며, 청산이 사용하지 않던 악기와 음악을 이용하고 있다. 산하에 국선도무도협회, 국선명상협회가 있는 것을 보면 세계국선도연맹은 국선도연맹에 비해 외공수련에 보다 비중을 두고 있는 것으로 보이며, 명상, 단식 등도 활용하고 있는 것으로 보인다. 세계국선도연맹도 역시 스스로는 종교가 아니라고 주장하고 있지만, 천인합일, 우아일여宇我一如, 깨달음 등의 종교

---

17 고남준, 앞의 책, 174쪽.
18 위의 책, 243, 254, 232쪽.
19 http://www.kouksundo.com.

적 용어들을 종종 사용하고 있는 것을 볼 수 있다.[20]

국선도무예협회[21]는 국선도의 외공수련을 부흥시키기 위해 청산의 첫 제자들이라는 사람들 3인이 2008년에 설립한 단체이다. 청산은 초기에는 국선도 외공수련도 가르쳤으나, 도력道力에 대한 오해 및 오용이 확산될 조짐을 보이자 외공수련을 금지시켰다고 한다. 따라서 국선도의 외공수련이 잊혀져가는 상황을 염려하여 청산으로부터 직접 외공수련을 배웠다는 제자들이 나서서 외공수련을 무예라는 이름으로 나름대로 정리, 보급하고 있다.

국선도단전호흡[22]은 단전호흡을 하면 20년을 더 살 수 있다거나, 국선도가 선인仙人의 길 또는 도사가 되는 길이라기보다는 쉽게 말해서 가능하면 치매에 안 걸리고 건강하게 사는 길이 국선도의 길이라고 주장한다.[23] 이 단체는 단전호흡을 중심으로 국선도를 주로 건강법의 하나로 보급하고 있는 단체로, 일반적으로 국선도는 긴 호흡을 중요시하는 데 비해 이 단체는 호흡을 길게만 하는 것이 건강에 유익한 것은 아니라고 주장하고 있다는 점이 특기할 만하다.

덕당국선도[24]는 청산에서 비롯되었다고는 하나 사상체질호흡법, 웃음·건강박수치료 등 나름의 수련 프로그램과 교육 프로그램을 지니고 있

20 허경무, 『국선도 원기단법 별해』, 밝문화미디어, 2005; 허경무, 『국선도, 대자연의 길』, 밝문화미디어, 2008; 허경무, 『국선도 기화법』, 밝문화미디어, 2009; 허경무, 『국선도강해』, 밝문화미디어, 2014; 허경무, 『국선도 입단행공』, 밝문화미디어, 2015 참조.

21 http://www.kouksundomuye.com.

22 http://www.kuksun.com.

23 백환기, 『국선도 단전호흡』, 말과 창조사, 2012, 18쪽.

24 http://www.kooksundo.com.

는 단체로 보인다. 이 밖에도 스스로 정리한 국선도의 모습을 책을 통해 나름대로 소개하고 있는 개인들이 있는데 이들이 이해하고 있는 국선도의 모습은 꽤 다양한 것으로 보인다.[25]

국선도라는 이름으로 여러 단체가 활동하고 있고, 각 단체의 수련법의 내용이 서로 상이하기 때문에 국선도 수련법의 내용을 일괄적으로 소개하는 일은 쉽지 않다. 그리고 일괄적으로 소개하다보면 특정 단체를 지지하는 것으로 보이기도 한다. 따라서 오히려 각 단체의 수련법들을 제각기 정리하는 것이 바람직하다. 앞에서도 지적하였듯이 이 논문은 국선도의 특정 단체를 옹호하기 위한 논문이 아니다. 필자의 능력 안에서 필자의 눈으로 정리할 수밖에 없다는 점을 다시 밝힌다.

국선도의 수련법을 소개하는 책들이 꽤 많이 있다. 처음에는 이 책들을 통해서, 그리고 관련 홈페이지의 자료들을 통해서 스스로 수련을 할 수 있을 정도이다. 그러나 어느 정도 수련 기간이 지나가면, 반드시 소위 고수들로부터 지도를 받을 것을 권장한다. 그런데 지도하는 사람들이 나름대로 강조하고, 선호하는 수련법이 다양하다고 한다. 따라서 국선도를 가르치는 도장마다 명상하는 곳인지, 운동하는 곳인지, 호흡하는 곳인지 강조점이 다를 수 있다고 한다.

여기에서는 국선도 수련법의 특징 몇 가지를 정리해보고자 한다. 첫째, 국선도 수련법은 크게 내공과 외공으로 구분된다. 내공은 다시 크게 세

---

25 임득춘, 『대체의학과 국선도 – 단전호흡 · 기체조 · 명상 · 요가』, 보문당, 2009; 유자심, 『배달민족의 신비 – 산중 고인돌과 국선도』, 헤드림출판사, 2012; 김종무, 『국선도 – 심신 치유와 영적 성장의 길』, 나무와 달, 2014; 임경택, 『숨쉬는 이야기』, 샘이 깊은 물, 2015 등 참조.

단계로 구분되며, 세 단계마다 다시 세 단계가 있어서 모두 아홉 단계로 구분된다. 그리고 아홉 단계 가운데 앞의 다섯 단계는 각기 여러 개의 행공동작이 따른다. 대체로 현재 국선도 도장에서는 아홉 단계 가운데 네 단계까지만 수련을 하고 있는 것으로 보인다. 물론 소위 신선의 위치에 오르기 위해서는 아홉 단계를 모두 마쳐야 한다. 외공에는 권법, 검법, 창법과 봉법, 부채술 등이 있는데, 외공수련의 일부를 각 단체의 홈페이지를 통해서 살필 수 있다. 외공수련의 일부를 동영상으로 외부에 공개하고, 국선도 외공이 각종 무술경연대회에서 선을 보이기도 한다. 그러나 국선도 외공은 일반 무술과 달리 상대방을 제압하기 위한 것이 아니라는 점이 강조되고 있다.

둘째, 국선도 수련은 내공과 외공 모두 호흡을 중요시하는데, 소위 이중 단전호흡을 강조하고 있다. 이중 단전호흡은 호呼와 흡吸, 흡과 호 사이에 약간씩 머무는 호흡으로, 80-90퍼센트 정도만 마시고 토하면서 약간의 여유를 두는 호흡법으로, 수련 단계가 올라갈수록 마시고 머무는 시간을 점차 늘리게 된다.[26]

셋째, 국선도에 의하면 지금은 후천시대이기 때문에 행공동작도 선천이 아니라 후천시대에 맞게 갖추어져 있다고 한다.[27] 후천시대에 대한 국선도의 이해는 아래에서 다시 언급할 것이다.

넷째, 국선도 수련을 하게 되면 육체적, 정신적으로 많은 변화를 겪게 된다고 한다. 스트레스 개선과 질병 예방 효과는 말할 것도 없고, 도력이

---

26 고남준, 앞의 책, 72-73, 94쪽.
27 국선도법연구회 엮음, 앞의 책, 36쪽.

높아지면, 과거를 거슬러 올라가 모든 것을 아는 회상법, 먼 곳을 직접 가서 보는 것과 같은 투시법, 거리와 상관없이 들을 수 있는 원청법遠廳法, 멀리 있는 사람과 말을 할 수 있는 심언법心言法, 몸을 가볍게 하는 경신법輕身法, 몸을 실제로 여럿으로 나누는 분신법分身法, 상대를 가까이 오게 하는 감취법甘取法, 잠시 죽어 있으나 완전히 죽지 않고 다시 환생할 수 있는 가사법假死法, 그리고 축지법 등의 도술도 할 수 있게 된다고 한다.[28] 국선도 수련을 오랫동안 해 온 어느 대학교수는 꿈에서 관세음보살을 친견했다고 하고, 앞일을 예언하는 꿈을 꾸는 등의 체험을 했다는 기록을 남기고 있으며, 또 어느 대학교수는 삼풍백화점 붕괴 당시 자신의 기감氣感을 이용하여 생존자 3인을 구출하는 데 직접적인 기여를 할 수 있었다는 기록을 남기고 있다.[29]

마지막으로 영혼, 환란과 후천, 한민족의 역할, 지상선경이라는 주제로 국선도의 종교적 성격을 살필 수 있는 국선도 측의 설명을 몇 가지 살펴보고자 한다.

〈영혼〉

- 청산은 음력 매월 1일, 그리고 설날과 추석에 '인류원귀봉안신위人類源歸奉安神位'라는 위패를 모시고 고사를 지냈다. 모든 종교와 무관하게 이 지구상에 살다가 죽은 모든 조상 선령을 모시는 의례이다.[30]

---

28 고남준, 앞의 책, 51, 84-88쪽.
29 김현창, 「동양심신수련법의 수행 일기 – 국선도 체험을 중심으로」, 김현창 외, 『동양심신수련법』, 한국학술정보, 2007, 348-377쪽; 임경택, 앞의 책, 258-271쪽.
30 고남준, 앞의 책, 219-220쪽.

- 우주에는 100억 개 정도의 영혼이 존재한다. 극소수의 영혼은 사라지기도 하지만, 대체로 영혼은 죽지 않고, 다시 사람으로 태어난다.[31]
- 앞으로 누구나 정명定命을 완수하고 죽음을 맞이하면 영혼들을 모시는 영화대靈和臺로 간다. 그곳에 머물다가 자손들이 보고 싶으면 언제든지 집집마다 집안에 마련된 선령님들을 모시는 곳으로 찾아와 자손들을 만나볼 수 있다.[32]
- 선인仙人은 계승자에게 직접 지도하여 주고는 주어진 수명을 살다가 자기들의 본향本鄕으로 가고는 흔적을 남기지 않는다.[33]

〈환란과 후천〉

- 1984년은 60갑자가 60번 돌아 다시 제자리로 돌아오는 대갑자년이고, 그 해부터 지구의 축이 점차 바로서기 시작한다. 대갑자년 중에서도 정확히 후천으로 넘어가는 시간의 기점은 청산의 스승인 청운이 청산의 집을 방문한 1984년 초봄 어느 날이다.[34]
- 그 후 점차적으로 지구에 큰 변화가 오고, 언제부터인가 수많은 사람들이 죽게 되는데, 그 때 환란을 이겨낼 수 있는 방법이 국선도 수련법이다.[35]
- 지구에 환란이 오면 인구의 3분의 1이 죽는다. 환란의 기간은 대략 45년이다. 그리고 앞으로 지구는 50년 안에 지상선경으로 바뀐다.[36]

----

31 위의 책, 106, 121쪽.
32 위의 책, 256쪽.
33 청산선사, 앞의 책, 46쪽.
34 고남준, 앞의 책, 233쪽.
35 위의 책, 20쪽.
36 위의 책, 251-252, 178쪽.

〈한민족의 역할〉

- 앞으로의 지구적인 재앙에서 우리나라는 그래도 안전한 편이며 많은 사람들이 국선도 수련을 해서 질병을 이겨낼 것이다. 우리나라가 도의 종주국이 되고, 지상선경을 만드는 일을 주도하게 된다.[37]
- 전 인류의 모든 생명체를 살리는 책임을 우리 민족이 걸머지고 있다. 우리 모두가 구세주, 구활주救活主가 되어야 한다.[38]

〈지상선경〉

- 미래의 세상에는 영법永法을 만들고 집행하는 일을 하는 높으신 분들이 열한 분인데 이 분들이 구활진주救活眞主이다. 실제로는 열두 분인데, 한 분씩 순차적으로 산에 들어가서 수도를 하므로 열한 분이라고 한 것이다.[39]
- 앞으로 후천세계에는 전체 지구가 백천국白天國이라는 하나의 나라로 통일될 것이다. 행정은 여섯 개의 대륙으로 나뉘고 대륙마다 한 명의 왕이 있어 여섯 명의 여자 왕이 통치를 하게 된다.[40]

이상의 내용은 주로 국선도연맹 측의 설명이다. 그런데 국선도연맹의 홈페이지에는 이상의 내용들이 소개되어 있지 않다. 따라서 위의 열거한 내용들이 국선도 수련을 하는 사람들에게 실제로 어느 정도 영향을 미치

---

37 위의 책, 243-244쪽.
38 국선도법연구회 엮음, 앞의 책, 73쪽.
39 고남준, 앞의 책, 263쪽.
40 위의 책, 262쪽.

고 있는지는 구체적으로 알 수 없다. 그러나 주로 청산의 아들이 직접 정리한 내용이라는 점에서 청산의 주장을 이해할 수 있는 중요한 실마리를 제공할 수 있을 것으로 보인다.

2.2. 한국단학회 연정원[41]

1984년 소설 『단丹』[42]이 발간되어 세간의 관심을 끌었다. 이 소설의 주인공 우학도인羽鶴道人이 바로 봉우鳳宇 권태훈(1900-1994)이다. 이 소설을 쓴 사람은 봉우를 여러 차례 인터뷰하여 그 내용을 토대로 소설을 썼는데, 이 소설로 인해 봉우 권태훈이 세간의 관심을 끌게 되었다. 봉우는 어려서 모친으로부터 영향을 받고 수련에 관심을 가졌으며, 19세 때 3개월간 구월산에서 김일송으로부터 수련법을 배웠다고 한다. 그는 주로 계룡산 아래에서 거주하였고, 환갑을 넘긴 후부터 서울에서 한의원을 운영하였다. 젊어서는 전국 각처와 중국, 일본, 몽골, 시베리아 등을 돌아다녔으며, 죽기 한 해 전에 다시 계룡산 아래로 돌아와 죽음을 맞이하였다.[43] 봉우는 "나는 하늘로 돌아갈 때 하늘에 그림을 그리고 올라갈 것이네"라고 말한 적이 있는데, 봉우가 죽고 이틀 뒤 집 뒤로 무지개가 두, 세 시간 떠 있었다고 한다.[44]

봉우는 1982년 대종교 총전교에 취임, 1986년에 수련단체인 연정원을

---

41 편의상 아래에서는 '연정원'으로 표기함.
42 김정빈, 『단』, 정신세계사, 1984.
43 봉우의 자세한 연보는 정재승 편, 『봉우일기』 2, 정신세계사, 1998, 515-535쪽 참조.
44 정재승 엮음, 『세상 속으로 뛰어든 신선』, 서울: 정신세계사, 2002, 60쪽.

설립하였고, 1987년에 사단법인 유도회 이사장에 선출되기도 하였다. 그는 스스로를 학인學人으로 자처하였고, 제자들은 그를 사부님, 스승님, 선생님 등으로 부르기보다 '할아버지'라고 불렀다.[45] 그러나 그는 이미 1925년에 수련을 통해 인류의 과거 역사 전체를 알게 되었고, 동서양의 위대한 성현들과 도인들의 고행도 참관하였다고 한다. 그리고 1963년에는 봉우 자신이 '병상病床의 일몽一夢'으로 표현하고 있는 계시를 대황조大皇祖 한배검으로부터 받았는데, 꿈의 내용 가운데 핵심은 봉우 자신이 '민중을 구제하는 보배로운 뗏목'이라는 것을 알게 되었다는 것이다.[46] 이후에도 봉우는 대황조를 수십 차례 친견하고 많은 영감을 받았다고 한다. 1988년에는 대황조를 친견하였는데, 대황조는 북극성에서 3천 명이나 되는 성인들이 모시고 있다고 한다. 그리고 봉우 자신은 보통 한 시간이면 북극성에 도달하는데, 우리나라에 북극성으로 가는 통로가 있다고 하였다.[47] 또한 그는 북극중천자미궁北極中天紫微宮에서 왔기 때문에 죽으면 사실 그 곳으로 가야하나, 현세에서 더 많은 일을 하기 위해 대황조에게 수명 연장을 부탁한 관계로 죽어서는 자미궁보다 못한 북두렴정성北斗廉情星으로 가게 되었다고 하였다. 그리고 자신은 이미 정신계 출입이 자유롭고, 하늘과 땅을 뜻대로 다닐 수 있으나, 아직 스스로는 신이 아니라 사람이라고 스스로에 대해 말하고 있다.[48] 그러나 봉우는 살아서나 죽어서나 제자들에게 꿈을 통해 많은 가르침을 주고 있다고 하는 것 등을 보면, 제자들이 봉우를 그저

45 봉우사상연구소 엮음, 『봉우仙人의 정신세계』, 정신세계사, 2001, 278-279쪽.
46 정재승 편, 『봉우일기』 1, 정신세계사, 1998, 56-57쪽.
47 정재승 엮음, 앞의 책, 196-197쪽.
48 정재승 편, 『봉우일기』 2, 정신세계사, 1998, 294-295쪽.

자신들과 같은 인간으로만 인식하고 있지는 않은 것으로 보인다.[49]

봉우의 사상은 '봉우국학',[50] 또는 조선의 단학파를 잇는 '봉우도교'[51]로 규정되기도 한다. 봉우는 우리나라에 옛날부터 전래되어 오던 전통적인 수련법이 조선 중기 북창 정렴(1506-1549)의 『용호비결龍虎祕訣』에 알기 쉽게 간략히 정리되어 있다고 하고, 1928년에 『용호비결』을 토대로 자신 나름의 수련법을 『연정硏精 16법』[52]으로 제시하였다. 봉우의 수련법은 대황조의 가르침에서 비롯한 것으로, 인간생명의 근원인 숨을 조절하여 몸과 마음을 안정시키고 더 나아가 본래 지니고 있던 정신의 밝음을 다시금 밝게 되찾음을 제일 목표로 삼아 그 명명明明함을 바탕으로 자기 주위의 세상을 이롭게 함에 힘쓰는 것을 최상의 목표로 한다고 한다.[53]

봉우의 수련법의 핵심은 숨을 고르게, 가늘게, 길게 쉬고, 정신을 집중하는 것이다.[54] 비록 삼재주三才呪나 산차주山借呪 등의 주문도 이용하나, 조식호흡이 핵심이며, 이 수련을 지속적으로 하면 아홉 단계의 완전한 경지까지 올라, 죽어서 하늘에 올라가 원신元神[55]으로 갱생, 신선이 되어 영원한 쾌락을 누리게 된다고 한다.[56] 인간은 우주 대자연의 크나큰 수레바퀴 속에서 자신의 과거 행적에 따라 돌고 도는 가운데, 각자가 무의미한

49 정재승 엮음, 앞의 책, 90쪽, 94쪽.
50 봉우사상연구소 엮음, 앞의 책, 9쪽.
51 정재서, 「봉우 권태훈과 한국 도교 간론簡論」, 봉우사상연구소 엮음, 위의 책, 18-21쪽.
52 정재승 엮음, 『천부경의 비밀과 백두산족 문화』, 정신세계사, 1989, 417-429쪽 참조.
53 권태훈, 『백두산족에게 고함』, 서울: 정신세계사, 1989, 66쪽.
54 정재승 엮음, 『세상 속으로 뛰어든 신선』, 정신세계사, 2002, 129쪽.
55 영원히 없어지지 않는 개인의 영혼.
56 정재승 외 엮음, 『仙道공부 – 봉우 선생의 한국 선도 이야기』, 솔출판사, 2006, 242쪽.

우연에 의해서 이 지상에 나오는데, 이 윤회의 수레바퀴에서 벗어나는 길이 봉우의 수련법이며, 이 우주에서 지구가 수련하기에 가장 좋은 곳이라고 주장한다.[57]

봉우의 수련법은 스트레스와 불안감 해소 등 건강 증진은 물론이고, 축지법을 사용할 수 있는 등 육체적 능력을 고양시킨다고 한다. 그러나 특징적인 것은 수련의 단계가 올라가면, 자신의 과거와 현재, 그리고 미래를 알 수 있고, 마치 타임머신을 타고 가서 직접 보듯이 과거의 역사적인 사건을 그 자리에 있었던 것처럼 볼 수 있게 된다고 한다.[58] 봉우 자신도 자신이 과거 산동성에 살고 있던 여자였다는 것을 수련을 통해 알게 되었는데, 나중에 그 곳을 직접 방문, 그 여자의 후손들을 만나서 그 여자가 실제 그 곳에 살았고, 봉우 자신이 그 여자의 후신後身이라는 것을 확인하였다고 한다.[59]

봉우에 의하면 현 인류의 시작은 다음과 같다. 지구가 생성된 이래 기상변화와 지각변동이 여러 차례 있었다. 마지막 개벽이 일어난 때가 만 년 조금 넘는데, 그 때 세상에 살아남은 황, 백, 흑, 적, 갈색의 오족五族이 홍수를 피해 당시 지상에서 가장 높았던 장백산[60]으로 모여들었다. 그들은 모두 무지몽매하였고, 짐승이나 다름없었다. 대황조 한배검이 장백산

57 권태훈, 앞의 책, 26쪽; 정재승 엮음, 『세상 속으로 뛰어든 신선』, 정신세계사, 2002, 249쪽.
58 권태훈, 위의 책, 169쪽; 정재승 편, 『봉우일기』 1, 정신세계사, 1998, 379쪽.
59 정재승 엮음, 『세상 속으로 뛰어든 신선』, 정신세계사, 2002, 256쪽.
60 현재의 백두산이 아니며, 만주 장춘 북쪽에 위치해 있었다고 한다. 원래 지구상에서 가장 높았던 산인데, 나중에 지각 변동으로 낮은 산이 되었다고 한다. 봉우는 장백산의 정확한 위치를 말하지 않았다고 한다.

으로 내려와서 여기저기 산재해있던 오족을 데리고 흥안령을 넘어 바이칼 호수 부근으로 이동하였고, 그 곳에서 오족을 가르쳤다. 이들이 나중에 세계 곳곳으로 퍼져나가, 각 지역의 문명을 이루게 되었다. 나중에 우리 민족인 백두산족은 대황조 한배검을 따라 동쪽으로 흥안령을 넘어 지금의 장춘 부근에 정착, 도읍을 정하였다.[61] 나중에 백두산족이 세운 은나라가 멸망한 뒤부터 우리 민족이 3천년 동안 쇠퇴의 길을 겪게 되었다.[62]

그렇지만 은나라가 멸망한 뒤 3천년이 지난 지금 다시 우리 민족을 중심으로 세계 평화시대가 도래할 것이다.[63] 백인들이 주축이 되어온 서구문명의 역할은 이제 곧 끝이 나고, 한국, 인도, 중국을 중심으로 한 새로운 문명권이 열리게 될 것이다. 남북한은 곧 통일이 되고, 수도를 압록강 바로 북쪽에 있는 북계룡으로 옮겼다가 나중에 다시, 대황조가 과거에 도읍을 정했던 장춘 부근으로 옮길 것이며,[64] 그 때는 만주를 포함한 바이칼 호수 동쪽 지역과 몽골 이북까지 모두 우리 민족의 영토가 될 것이다.[65]

봉우는 현 인류의 과거와 미래를 위와 같이 설명하면서, 한편으로 아주 구체적인 예언을 하기도 하였다. 예를 들어서 그는 1999년에 통일이 될 것이라든지, 우리나라를 세계 중심국으로 이끌 책임자인 '만세대장부'가 1955년 생으로 이미 남한에 살고 있는데, 2014년을 전후해서 세상에 그 모습을 나타낼 것이라든지, 앞으로 만세대장부를 도울 36명의 성인과 72

61 봉우사상연구소 엮음, 『일만 년 겨레얼을 찾아서』, 정신세계사, 2001, 18, 247쪽.
62 권태훈, 『백두산족에게 고함』, 정신세계사, 1989, 83쪽.
63 정재승 외 엮음, 『仙道공부 - 봉우 선생의 한국 선도 이야기』, 솔출판사, 2006, 420쪽.
64 정재승 엮음, 『천부경의 비밀과 백두산족 문화』, 정신세계사, 1989, 305-307쪽.
65 봉우사상연구소 엮음, 『봉우仙人의 정신세계』, 정신세계사, 2001, 166쪽.

명의 현인賢人이 출현할 것이라는 등 매우 구체적인 예언들을 내 놓았다.[66] 그리고 지구 안에 빈 공간이 있으며, 지상 문명보다 발달한 문명이 있고, 땅 속의 사람들은 우리들과 모습이 같다든지, 예수의 전신은 공자의 제자인 안자이고, 순임금이 나중에 미륵불로 나타날 것이라든지, 거북선은 이순신이 아니라 송익필이 만들었다거나, 속리산 산신은 조선 선조 때 영의정을 지냈던 이준경이며, 백두산, 관악산, 계룡산, 속리산, 월출산, 무등산, 소백산, 태백산 등 지역의 산신들도 모두 과거에 실존했던 인물이라는 다소 흥미로운 주장을 하기도 하였다.[67]

봉우는 1986년에 연정원[68]을 설립하였다. 연정원은 어디까지나 조식호흡 위주의 수련을 하고 있는 것으로 보인다. 봉우의 도반을 자처하는 벽오라는 사람이 설립한 삼원회三圓會[69]가 있는데 삼원회는 조식호흡과 주문수련을 함께 강조하고 있는 것으로 보인다. 그리고 봉우의 주장을 보다 학술적으로 접근하고 있는 봉우사상연구소[70]가 있다.

---

66 정재승 편,『봉우일기』1, 정신세계사, 1998, 11쪽; 봉우사상연구소 엮음, 위의 책, 166-168쪽; 정재승 외 엮음, 앞의 책, 859쪽.
67 정재승 편,『봉우일기』2, 정신세계사, 1998, 473쪽; 봉우사상연구소 엮음, 위의 책, 134-135쪽; 정재승 엮음,『세상 속으로 뛰어든 신선』, 정신세계사, 2002, 269, 209쪽.
68 http://www.dahn.org.
69 http://www.samwonhoe.com.
70 http://www.bongwoo.org.

3. 선도계 수련단체들 II

3.1. 석문호흡

석문호흡은 한당이 주창한 호흡 수련법이다. 한당은 39살의 나이로 2003년 1월에 원인미상으로 죽었는데 추종자들은 한당을 스승님이라고 부른다. 한당은 스승도 없이, 책도 없이 스스로 공부하였기 때문에 추종자들에게도 가능하면 스스로 공부하게 하였다고 한다.[71] 그는 평생 무술을 했으며, 차를 꽤 좋아해서, 나중에 추종자들은 자기들의 모임을 체조하고, 행공하고, 호흡하고, 차 마시고 노닥거리다가 마음에 맞는 사람끼리 한 잔 할 수 있는 곳으로 소개하기도 한다.[72] 한당의 생애에 대해서는 현재로서는 자세히 알 수 없는 형편이다.

국선도의 호흡이 '흡吸-지止-호呼-지止'의 이중 호흡이고, 봉우의 호흡이 고르게, 가늘게, 길게 쉬는 조식호흡이라면, 한당의 호흡은 석문혈石門穴을 단전으로 삼는 석문호흡으로, 들이마시는 숨이 내쉬는 숨보다 길어야 한다고 한다.[73] 한당의 추종자들도 청산의 추종자들과 마찬가지로 한당이 죽은 뒤, 도화제와 석문도문으로 나뉘어 활동을 하고 있는데, 도화제가 석문도문보다 한당의 가르침을 가능한 그대로 따르려고 하고 있는 것으로 보인다. 물론 두 단체 모두 석문호흡을 따르고 있는 것은 말할 필요도 없다.

---

71 석문도문 엮음, 『석문도담』, 석문출판사, 2012, 112쪽.
72 http://www.dohwajea.org.
73 석문도문 엮음, 앞의 책, 215쪽. 석문혈은 배꼽 정중앙 아래 2촌 지점에 위치해 있으며 丹田이라고도 함.

석문호흡의 수련은 와식臥息-좌식坐息-대맥운기帶脈運氣-소주천小周天-온
양溫養-대주천大周天-일월성법日月星法-귀일법歸一法-풍수법風水法-선인법仙人
法-전신주천全身周天-채약採藥-기화신氣化神-양신陽神의 14단계가 있다. 수련
14단계마다 각각 도화제는 11가지의 행공, 그리고 석문도문은 12가지의
행공이 있다.[74] 양신까지 수련을 마쳐야 비로소 도계道界에 갈 수 있는 준
비가 끝난다.

석문호흡에서 말하는 삼신三神에서 일신一神은 정자, 이신二神은 난자, 그
리고 삼신三神은 본령本靈이다. 남녀교합이 있을 때 본영이 대기 상태에
있다가 정자와 난자가 수정되는 순간, 빛으로 된 통로가 생기고, 이 때
본영이 자궁에 들어가서 태아가 된다.[75] 지구상에 50억의 인구가 있고, 천
상에 30-40억의 인간이 있는데, 천상의 인간은 3-400년에 한번 윤회를 하여
우주의 수련장인 지구에 와서 수련을 통해 자신의 죄를 탕감하고 더 높은
하늘인 10천도계에 오르기 위해 끊임없이 노력한다. 10천도계에 오르면
드디어 윤회에서 벗어날 수 있다고 한다.[76]

한당에 의하면 하늘에는 1천도계祖上界, 2천도계前生界, 3천도계道人界, 4
천도계萬物一如界, 5천도계故鄕星界, 6천도계無言界, 7천도계多界, 8천도계終天
界, 9천도계三道界, 10천도계無極大道界, 11천도계天神界, 12천도계天宮가 있
다.[77] 모든 사람은 죽으면 특별한 경우를 제외하고는 대개 1천도계와 2천

---

74 http://do.seokmun.org; 석문도문, 『석문도법 – 인간이 신이 되는 완성도법』, 석문출판
사, 2012, 162-319쪽.
75 석문도문 엮음, 앞의 책, 132쪽.
76 위의 책, 178, 157, 123, 56쪽
77 석문도문, 앞의 책, 325쪽.

도계에 머물고, 도를 닦은 사람은 3천도계에 머문다. 5천도계의 별들이 바로 천국이고 극락인데, 선천시대에는 5천도계까지만 갈 수 있었다. 11천도계에는 수많은 신명들이 살고 있고, 12천도계에 있는 하늘신이 현재 11천도계의 신명들을 거느리고 이 땅에 와 있는데, 하늘신이 바로 선천과 후천을 통일하여 조화선국을 건설하게 된다고 한다.[78]

한당에 의하면 1988년부터 23.5도 기울어져 있던 지구의 지축이 바로 서기 시작하는데, 지축이 바로 서게 되면 지구가 뜨겁게 변하고, 이런 상황에서 인간은 살아남기 위해서 스스로 체온을 올려야 하는데, 그 방법이 바로 석문호흡이다.[79] 그리고 우주의 절대적 권능을 지닌 하늘님이 11획으로 된 성씨를 택하여 전라북도 전주에 나타났고, 또한 하늘님을 돕기 위해 11천도계의 1만 2천의 신명들이 인간의 몸을 빌려 소위 도통군자로 이 지상에 와 있다고 한다.[80]

흥미롭게도 한당도 백두산족이 하늘의 정통 자손이고, 후천의 일은 먼저 우리나라에서 시작된다고 말하고 있다.[81] 태초에 도계의 신명들이 관여해 티베트 지역에 있는 대곤륜산에서 인류가 시작되었다. 인간의 수가 늘자 인류는 동서남북으로 흩어졌는데, 이 때 백두산 쪽으로 이동한 민족이 백두산족이고, 모든 문명의 근원이 백두산족에게서 비롯되었다. 그리고 우리나라는 지구의 단전이고, 동이족은 우주의 신령스러운 민족이기 때문에 앞으로 하늘의 일은 백두산족에게서 이루어진다고 한다.[82]

---

78 위의 책, 326-341쪽.
79 석문도문 엮음, 앞의 책, 427-431쪽.
80 위의 책, 440, 447, 456쪽.
81 위의 책, 69쪽.

3.2. 수선재

수선재樹仙齋를 설립한 문화영은 1951년 함남 원산에서 출생, 외대와 서울대 대학원(정치학)을 졸업하고 희곡으로 등단하여 라디오 드라마 작가로 활약하였다. 그러다가 인간이 닿을 수 있는 가장 미세한 파장인 0.0001의 알파파장을 통해 천강天降선인을 만나, 남사고, 서경덕, 이지함, 이율곡, 신사임당, 황진이 선인仙人 등이 행했던 비전의 수련법인 선계仙界수련의 맥을 전수받았고, 출가나 입산수도도 없이, 고난도 수련인 천여 일 동안의 금축수련을 통해, 1994년에 초각初覺, 1995년에 중각中覺, 1996년에 종각終覺을 완성하고 선인의 반열에 올랐다고 한다.[83]

문화영에 의하면 조물주는 우주의 법칙을 만들었으나, 스스로도 우주의 법칙을 따라야만 하는 존재로, 우주의 운행에는 직접 관여하지 않는다. 우주의 운행을 담당하는 존재는 조물주의 반열에 오른 선인들로 각 선인들은 각자의 영역을 갖고 조물주의 뜻에 따라 움직이며, 선인들은 합당한 신들을 동원해서 우주, 지구, 인간의 모든 것을 주관한다.[84] 우주는 1차원부터 10차원까지 존재하는데 선계仙界는 10차원의 공간으로 우주 운행의 사령탑 역할을 하는 곳으로 선인들이 거주하는 곳이 바로 선계이다. 우주의 제작에는 다섯 선인들이 참여했는데, 천강선인은 전체 우주의 별의 생성과 배치를 담당했고 전체 우주의 80%를 관장하고 있는데, 바로 이 천강선인이 문화영의 영적 스승이라고 한다.[85]

---

82 위의 책, 149, 423-428쪽.
83 http://www.suseonjae.org.
84 수선재 엮음, 『선인류의 삶과 수련』1, 수선재, 2012, 76, 119쪽.

문화영은 1997년에 『선계에 가고 싶다』라는 책을 발간한 이후 세간에 알려지기 시작하여 1998년 수선재를 창립하여 추종자들을 가르치다가 15년 뒤인 2012년에 지구별을 떠나 선계로 돌아갔다고 한다. 그는 15년 동안 『선계에 가고 싶다』를 시작으로,『다큐멘터리 한국의 선인들』(1999),『소설 仙』(2003),『황진이, 선악과를 말하다』(2004),『예수 인터뷰』(2005),『본성과의 대화』(2009) 등 30여 권의 책을 출간하였는데, 이 책들은 우주와 인간의 창조 목적, 지구의 미래, 우주인선인들과의 대화, 동이족의 기원, 호흡과 명상법, 선문화를 가꾸기 위한 실천지침 등을 다루고 있다.

문화영에 의하면 인류의 역사는 8백만 년 전쯤에 시작하였다. 유인원 한 마리가 밤하늘의 별을 쳐다보다가 우주의 파장을 지속적으로 받고, 영적 상승을 하게 되자, 다른 은하계의 영이 그 유인원의 몸을 빌려 태어난 것이 인류의 시작이다. 인류는 그 이후 번성했다가, 폐허가 되고 다시 번성했다가 폐허가 되는 과정을 반복했는데, 현존 인류는 약 일만 이천 년 정도 전에 중국 황하의 중상류에 있는 기상起床이라는 곳에서 발원하였다. 지구의 80여 종족 가운데 우리 동이족은, 우주인이 아니라, 조물주가 직접, 동이족의 형질을 만들어 '기상'이라는 곳에 이식한 것이기 때문에, 바로 우리 동이족이 현 인류의 시원이라고 한다.[86]

문화영에 의하면 우주에는 소속이 결정되지 않은 영의 씨앗들이 수없이 존재한다. 우주에는 창조가 가능한 높은 등급의 선인들이 상당수 있는데, 이들이 영체를 환생시킬 때 사용하기 위해 영의 씨앗들을 준비해 놓은

85 문화영,『다큐텐터리 한국의 선인들』2, 서울: 수선재, 2015, 223-224쪽.
86 수선재 엮음,『선인류의 삶과 수련』2, 수선재, 2012, 228-229쪽.

것이다. 씨앗으로 존재하던 영이 인간으로 태어나고자 하는 바람을 가지면 육체를 부여받고, 지구상에 태어난다.[87] 지구상에서 삶을 마감한 뒤에는 각자 진화의 수준에 따라 가는 곳이 다르다. 상천上天 수준의 영들은 영체靈體로서 상천에서 역할을 부여받거나 쉬거나 공부하면서 비교적 자유롭게 살고, 중천 수준의 영들은 기인氣人으로 사후세계에서 역할을 하거나 공부하면서 살아가는데 기인들도 쉬는 일은 없다. 하천 수준의 영들은 영인靈人으로 그저 어두운 창고에 보관되어 차후 어딘가에 태어나거나 갈 곳이 정해지지 않은 상태로 남아 있다. 선계는 상천을 지나 또 하나의 관문인 팔문八門을 열고 들어가야 갈 수 있는 곳으로 선계에 들어가야 비로소 윤회로부터 벗어날 수 있다고 한다.[88]

선인우주인들이 종종 지구에 오기도 한다. 이집트. 수메르, 마야 등 지구 곳곳에 남아 있는 불가사의한 건축물들은 선인들이 만든 것이며, 세계적으로 명성을 떨친 유명인들도 사실은 모두 우주의 어느 별에서 온 우주인이라고 한다.[89] 이들이 지구에 오는 이유는 공부를 하거나, 사명을 펴기 위한 것인데, 지상에 온 목적이 사명을 펴기 위한 것이라면 발자국을 남기지만, 단지 공부를 하기 위한 것이라면 이름을 남기지 않는다고 한다.[90]

현재 세종대왕은 북극성 부근의 위리어성Wirrer星에 선인으로 있으며, 이순신은 지구에서 1,600억 광년 떨어진 자류성Zaroo星에 선인으로, 그리고

---

87 수선재 엮음, 『선인류의 삶과 수련』 1, 수선재, 2012, 118-119쪽.
88 위의 책, 78쪽.
89 정래홍 · 토란트, 『우주에서 온 고대문명의 설계자들』, 수선재, 2011; 클레온, 『지구를 빛낸 우주인 이야기』, 수선재, 2012 참조.
90 문화영, 『다큐멘터리 한국의 선인들』 1, 수선재, 2015, 14쪽.

광개토대왕은 사룬성Saroon星에 선인으로 있다고 하며, 이들이 살고 있는 별들은 기적氣的인 별들이므로 일반인의 눈에는 보이지 않는다고 한다.[91] 그러나 수련의 정도가 높아져서 선인이 되면 사속思速이 가능해지고, 그러면 광속으로 500억 년 떨어진 별이라도 순식간에 이동이 가능하고, 나아가 자신이 속한 은하를 벗어나 모든 우주를 돌아다닐 수 있기 때문에 이들을 만나볼 수 있다고 한다.[92]

문화영이 창립한 수선재는 지구에서의 공부를 잘 해낼 수 있도록 도와주고 우주와 지구의 창조 목적, 삶의 이유와 사후세계에 대해 알려주는 곳이다.[93] 선계 수련에는 기공氣功, 신공身功, 신공神功, 심공心功의 네 과정이 있다. 기공은 기를 알고 운용하는 공부, 身功은 몸 공부를 통해 초능력을 계발할 수 있는 공부, 신공神功은 보이지 않는 세계에 대한 공부, 심공은 버리는 것을 위주로 하는 마음공부로, 신공神功 과정을 마치면, 신과 우주인, 그리고 타 영들과의 대화가 가능하고, 심공 과정을 마치면 천인天人이 된다. 그리고 깨달음의 단계에는 초각初覺, 중각中覺, 종각終覺의 세 단계가 있다. 초각은 자신에 대한 기초적인 정보를 아는 단계, 중각은 자신과 우주에 대해 아는 단계, 종각은 자신과 우주를 알고 다시 자신에게서 우주를 발견하는 단계로, 종각을 하면 선계 1등급이 허락되며, 우주와의 합일 정도에 따라 선계는 1-10등급으로 구분된다.[94]

사룬성에 선인으로 있는 광개토대왕이 천만 명도 더 앉을 수 있는 기

---

91 위의 책, 16-17쪽.
92 http://www.suseonjae.org.
93 수선재 엮음, 앞의 책, 7쪽.
94 문화영, 『천서 0.0001』 3, 수선재, 2006, 291-295쪽.

방석을 수선재에 보내주었다고 한다.[95] 그리고 수선재 상공에는 안테나가 서 있다고 한다. 기 방석은 수련할 때 원하는 우주의 모든 곳에 드나들 수 있는 우주선의 역할을 하고, 안테나는 주파수를 바꾸어 주는 장치로 우주의 기운과 연결시켜주는 장치라고 한다.[96] 그리고 수선재는 귀농공동체인 선애빌[97]을 운영하고 있다.

수선재에 의하면 지금 지구는 대변혁과 차원 상승의 때에 놓여 있다. 지구는 조만간 인간에 의해 황폐화된 자신의 모습을 회복하기 위해 대규모 자정작업을 시작하는데, 자정 작업은 지진, 화산폭발 등 천재지변의 형태로 일어나 인간과 생명체들에게 커다란 재앙의 모습으로 다가온다. 자정 작업이 끝나면 지구는 사람들이 모두 최고로 아름다운 모습에 늙지도 않고, 평균 수명은 몇 천 년, 굶주림도 가난도, 추위나 더위도 없는 완벽한 세상이 될 것이고, 그 시기는 2025년이라고 한다.[98]

4. 맺음말

지금까지 네 개의 수련단체들의 특징들을 필자 나름대로 정리해 보았다. 원래는 봉우 권태훈의 조식호흡에 관심을 가졌으나, 이보다 먼저 국선도가 있었다는 것을 알게 되어 국선도를 살피게 되었고, 다시 석문호흡과

---

95 문화영, 『다큐멘터리 한국의 선인들』 1, 수선재, 2015, 17쪽.
96 위의 책, 5쪽.
97 http://www.seonaevil.com 등.
98 스톰, 『2025 지구별 신인류 세상』, 수선재, 2012 참조.

수선재가 있다는 것을 알게 되면서 네 개의 수련단체들을 한꺼번에 정리하게 되었다.

이런 형식의 논문은 마지막에 네 개 수련단체들의 공통점을 나열하는 것이 특징이다. 굳이 정리해 본다면, 이들 수련단체는 체험 위주의 단체로, 비록 구체적인 방법에는 조금씩 차이가 있기는 하지만 호흡 수련을 강조하고 있고, 또한 기도나 의식 등 기존의 종교전통의 방식과 달리 철저히 스스로의 노력에 의해 목표에 이를 수 있다고 주장하고 있다. 그리고 『규원사화』, 『부도지』, 『환단고기』 등 현재 알려져 있는 소위 재야사학의 역사관과는 전혀 상관이 없는 나름의 역사관을 제시하고 있고, 또한 인류의 과거, 현재, 미래를 지구가 아니라 우주적인 차원에서 조망하면서, 백두산족이든 동이족이든 우리 민족의 역사적인, 그리고 우주적인 사명을 강조하고 있다. 그리고 모두 용어는 일치하지 않지만, 인류의 역사가 현재 전환점에 있으며 곧 대재앙이 있을 것이라는 점을 말하고 있다.

본 논문의 의의는 네 개의 수련단체들을 한꺼번에 종교학계에 소개하였다는 점에서 찾을 수 있겠으나, 앞으로 빠른 시일 안에 각각의 수련단체들을 각각의 논문으로 작성할 필요가 있다는 점은 말할 필요도 없다. 그러나 각각의 수련단체들이 서로 어떤 영향을 주고 받았는지, 또는 어느 수련단체가 보다 원조라든지 하는 문제는 그다지 중요하지 않다는 것이 필자의 소신이다. 끝으로 앞으로의 몇 가지 과제를 제시하면서 본 논문을 마무리하고자 한다.

첫째, 비교적 호흡 수련을 강조하고 있지는 않다고 하더라도 마음수련원[99], 마음수련[100], 마음호흡[101] 등 이들과 비슷한 방법과 목표를 지닌 단체들을 살펴볼 필요가 있다.[102]

둘째, 파룬궁, 태극권 등 중국과 일본에서 비롯된 비슷한 방법과 목표를 지닌 단체들을 살펴볼 필요가 있다.

1932년에 올더스 헉슬리가 『멋진 신세계Brave New World』란 책을 발간하였다. 이 책은 20세기에 미래를 가장 깊이 있고 날카롭게 파헤친 작품으로 평가받고 있다. 이 책에서 헉슬리는 혹 나쁜 기분이 들거나 고통스러운 일을 겪으면 소마soma라는 가상의 약을 통해 즉각적인 쾌감을 경험하게 될 것이라고 하였다. 헉슬리에 의하면 당연히 미래에는 기존의 종교들이 모두 없어지고 만다. 이번 논문을 작성하면서, 당분간은 헉슬리가 그린 종교의 미래대로 되지는 않을 것이라는 생각을 해보았다. 물론 이 논문에서 다룬 네 개의 수련단체들이 앞으로 계속해서 활발히 지속될 수 있을지는 두고 보아야 할 것이고, 이들의 흥망성쇠 또한 우리들의 관심 주제가 될 것이다.

---

99 http://www.trainingclu.org.
100 http://www.meditationlife.org.
101 http://cafe.naver.com/sundo2227.cafe.
102 뉴에이지, 명상단체, 기수련을 키워드로 하는 우혜란의 연구에 주목하고자 한다.

◆ 참고문헌 ─ 색인

참고문헌

──────────── 제1장 무교회운동의 종교사적 의의 ────────────
『김교신전집』 1~6, 경지사, 1975
『内村鑑三全集』 1~20, 설우사, 1975-1981
『함석헌전집』 1~20, 한길사, 1983-1988
Chung Jun Ki, *Social Criticism of Uchimura Kanzo and Kim Kyo-Shin*, Seoul: the
    UBF Press, 1988
Godbey, J. C., "Unitarian Universalist Association" in *The Encyclopedia of Religion*,
    vol. 15, ed. by, M. Eliade, New York: Macmillan, 1987
강돈구, 『한국 근대종교와 민족주의』, 집문당, 1992
김경재, 「씨올사상의 신학적 조명」, 『씨올의 소리』 105, 1989
김경재, 「종교다원주의와 예수그리스도의 주성」, 『신학연구』 27, 1986
김경재, 「함석헌의 사관과 기독교적 요소」, 『신학사상』 66, 1988
김경재, 「함석헌의 씨올사상연구」, 『신학연구』 30, 1989
김경재, 「함석헌의 종교사상」, 『씨올의 소리』 100, 1988
김영호, 「함석헌과 동양사상 - 인도전통을 중심으로」, 『씨올의 소리』 100, 1989
김용준, 「선생님의 걸어오신 길 - 함석헌 선생님 약력」, 『씨올의 소리』 99, 1989
김인서, 「무교회자의 비평에 답함」, 『신학지남』 12-6, 1930
김인서, 「무교회주의자 내촌감삼씨에 대하야」, 『신학지남』 12-4, 1930
김정환, 『김교신』, 한국신학연구소출판부, 1980
김진, 「함석헌의 종교사상연구」, 한신대 신학대학원, 1991
김흥호, 『제소리-유영모 선생님 말씀』, 풍만, 1983
나학진교수 정년퇴임기념논문집 간행위원회 편, 『종교다원주의와 종교윤리』, 집문당, 1994
노평구 편, 『김교신과 한국 - 신앙·교육·애국의 생애』, 경지사, 1975
류성민, 「민족을 위한 종교」, 『신학연구』 34, 1993
민경배, 「김교신과 민족기독교」, 『나라사랑』 17, 1974
민경배, 「김교신의 무교회주의와 '조선적' 기독교」, 『교회와 민족』, 대한기독교출판사, 1981
박영호, 『씨올-다석 유영모의 생애와 사상』, 홍익제, 1985
박재순, 「씨올사상과 민중신학」, 『신학사상』 66, 1989
박재순, 「씨올의 소리와 씨올사상」, 『씨올의 소리』 100, 1989
박재순, 「함석헌의 씨올사상」, 『씨올의 소리』 105, 1989
박재순, 『민중신학과 씨올사상』, 천지, 1990
박정희, 「함석헌의 고난 경험과 죄인식 - 사회전기적 고찰」, 이화여대대학원, 1990
이윤구, 「하늘만 믿은 님과 퀘이커 신앙」, 『씨올의 소리』 100, 1989
카워드, H., 『종교다원주의와 세계종교』(한국종교연구회 옮김), 서광사, 1990

한석희, 『일제의 종교침략사』(김승태 옮김), 기독교문사, 1990

──────────── 제2장 오순절교의 특성과 전개 ────────────
국제신학연구원, 『하나님의 성회 敎會史』, 서울서적, 1993
나운몽, 『내가 체험한 성령과 그 운동 반세기』, 애향숙출판부, 1980
럿셀 p. 스피틀러 편저, 『오순절신학의 전망』, 이재범 옮김, 나단, 1989
레이몬드, 『신오순절운동 비판 - 장로교회의 계시와 이적관』, 개혁주의신행협회, 1978
빈슨 사이난, 『20세기 성령운동의 현주소』, 국제신학연구원 역, 예인, 1995
윌리엄 블레어·브루스 헌트, 『한국의 오순절과 그 후의 박해』, 김태곤 옮김, 생명의
       말씀사, 1995
조용기, 『오중복음과 삼중축복』, 서울말씀사, 1997
한국종교연구회, 『세계종교사입문』, 청년사, 1989
헤롤드 스미스 편, 『오순절운동의 기원과 전망』, 박정렬 역, 순신대학교출판부, 1994
『朝鮮の宗敎及享祀要覽』, 1941
『한국종교연감』, 한국종교사회연구소, 1995
Anderson, R. M., "Pentecostal and Charismatic Christianity" in *ERE*, vol.11
Lee, Jae-Bum, "Pentecostal Type Distinctives and Korean Protestant Church Growth",
       Unpublished Ph. D. dissertation, Fuller Theological Seminary, 1986
Lee, Young-Hoon, "The Holy Spirit Movement in Korea", 『순신대학교 논문집』 4,
       1993
Slay, James L., 『오순절운동의 신앙적 특성』, 김용식 역, 샘, 1994

──────────── 제3장 침례교의 특징과 전개 ────────────
기독교한국침례회총회 역사편찬위원회 편저, 『한국침례교회사』, 침례회출판사, 1990
김균진, 『기독교조직신학 VI』, 연세대학교출판부, 1993
김장배, 『한국침례교회의 산증인들』, 침례회출판사, 1981
로버트 A. 베이커, 『침례교발전사』, 허긴 역, 침례회출판사, 1968
로버트 G. 토벳트, 『침례교회사』, 허긴 역, 침례신학대학출판부, 1984
심재원, 『교파의 유래』, 대한기독교서회, 1992
에드워드 콜, 『침례교의 유래』, 임성택 역, 생명의 말씀사, 1995
전택부, 『한국교회발전사』, 대한기독교출판사, 1987
정학봉 엮음·옮김·강해, 『침례교인의 신앙고백』, 동서남북, 1990
조 T. 오들, 『침례교인 핸드북』, 정명섭 역, 요단춘판사, 1985
조효훈, 『침례교회의 의식』, 요단출판사, 1988
찰스 케이저, 『감리교의 유래』, 조재국 역, 생명의 말씀사, 1984
폴 칼슨, 『장로교의 유래』, 오성종 역, 생명의 말씀사, 1994
허 긴, 「침례교」, 『기독교대백과사전』 14, 1984

헤롤드 L. 픽켈, 『침례교인의 신앙』, 도한호·정익환 공역, 침례회출판사, 1975

B. K. 카이퍼, 『세계기독교회사』, 김해연 옮김, 성광문화사, 1980

Clark, Allen D., *A History of the Church in Korea*, Seoul: Christian Literature Society of Korea, 1971

──────────────── 제4장 수운교의 특징과 전개 ────────────────

『수운교요람』, 수운교본부, 2003

강돈구, 「미륵신앙과 미륵대도」, 『신종교연구』 4, 2001

강돈구, 「신종교연구서설」, 『종교학연구』 6, 1986

강돈구, 「신종교연구의 길」, 『한국종교』 23, 1998

김홍철, 「김연국과 천진교」, 『원광』, 1988.3

김홍철, 「이상룡의 수운교」, 『원광』, 1988.4

문태규, 『궁을도덕: 수운교 신앙과 동학사상』, 수운교출판부, 2002

변문호, 「수운교 연혁 및 교리 개관」, 『신종교연구』 3, 2000

서영남, 「동학교의 복식에 관한 연구」, 효성여대대학원 석사학위논문, 1994

수운교교리연구원 편찬, 『수운교진리』, 수운교출판부, 1999

안태현, 「상주 동학촌의 전개과정을 통해 본 민중적 이상사회의 상과 실재」, 한동대학
　　　　교대학원 석사학위논문, 1998

윤정란, 「일제시대 청림교의 활동과 성격」, 『일제강점기의 민족운동과 종교』, 국학자료
　　　　원, 2002

윤하인, 『최제우수운천사』, 삼영출판사, 1995

이경우, 「한국의 신종교와 주문(2) – 수은이 계시 받아 지은 '시천주'」, 『종교신문』,
　　　　2004. 11. 25

이찬구, 「수운교의 미륵관 연구」, 『신종교연구』 11, 2004

이찬구, 「동학수운교의 수행에 관한 고찰」, 『신종교와 수행』(한국 신종교학회 춘계학술
　　　　회의 자료집), 2005

이찬구, 「수운교(동학)에 있어서의 생명사상과 해원상생의 정신」, 『신종교연구』 12, 2005

天道敎 京忠全淵源 編, 『天道敎精神史』, 1981(출판사 미정의 비매품)

최원식, 「동학가사 해제」, 『동학가사』 1, 한국학중앙연구원, 1979

한국민족종교협의회, 『민족종교총람』, 한누리, 1992

한국종교학회, 『한국신종교실태조사보고서』, 1985

村山智順, 『조선의 유사종교』, 최길성·장상언 공역, 계명대학교출판부, 1991

──────────────── 제5장 '여호와의 증인'의 특징과 전개 ────────────────

강돈구, 「신종교연구서설」, 『종교학연구』 6, 종교학연구회, 1986

강돈구, 「신종교연구의 길」, 『한국종교』 23, 원광대종교문제연구소, 1998

강인철, 「한국사회의 양심적 병역거부: 역사와 특성」, 『종교문화연구』 7, 2005

노길명, 『한국의 신흥종교』, 가톨릭출판사, 1988

로버트 M. 바우만, 『여호와의 증인』, 장미숙 역, 은성, 1997

조쉬 맥도웰·돈 스튜어트, 『이단종파』, 이호열 옮김, 기독지혜사, 1989

『1988 여호와의 증인 연감』, 워치타워성서책자협회, 1987

『2005 여호와의 증인 연감』, 워치타워성서책자협회, 2005

「여호와의 증인 어떤 사람들인가? 무엇을 믿는가?」, 워치타워성서책자협회, 2002

『여호와의 증인 - 하나님의 왕국 선포자』, 워치타워성서책자협회, 1993

『우리에게 관심을 가진 창조주가 있는가?』, 워치타워성서책자협회, 1998

文化廳 編, 『宗敎年鑑』, ぎょうせい, 2005

Beckford, J. A., "The Watchtower Movement World-wide", *Social Cumpass*, XXIV (1977/1)

Bergman, J., *Jehovah's Witnesses: A Comprehensive and Selectively Annotated Bibliography*, London: Greenwood Press, 1999

Eliade, M., ed., *The Encyclopedia of Religion*, vol. 7, New York: Macmillan, 1987

Festinger, L., *When Prophecy Fails: A Social and Psychological Study of a Modern Group that Predicted the Destruction of the World*, New York: Harper Torchbooks, 1956

Harris, D., *The Jehovah's Witnesses: Their Beliefs & Practices*, London: Gazelle Books, 1999

Harrison, B. G., *Vision of Glory: A History and a Memory of Jehovah's Witnesses*, New York: Simon and Schuster, 1978

Holden, A., *Jehovah's Witnesses: Portrait of a Contemporary Religious Movement*, London: Routledge, 2002

House, H. W., *Charts of Cults, Sects & Religious Movements*, Grand Rapids, Michigan: ZondervanPublishing House, 2000

Melton, J. G., *Encyclopedic Handbook of Cults in America*, New York: Garland Publishing, Inc., 1992

Miller, T., ed., *America's Alternative Religions*, New York: State University of New York Press, 1995

Penton, J., *Apocalypse Delayed: The Story of Jehovah's Witnesses*, Toronto: University of Toronto Press, 2002

Stevenson, W. C., *The Inside Story of Jehovah's Witnesses*, New York: Hart Publishing Company, Inc., 1967

Wilson, B., "Aspects of Kinship and the Rise of Jehovah's Witnesses in Japan", *Social Compass*, XXIV, 1977

김기복, 『훈독가정교회 이야기』, 성화출판사, 2004

김영순, 『하나님은 인류의 부모』, 광일인쇄문화사, 2002

노길명, 「통일교」, 『한국의 신흥종교』, 가톨릭출판사, 1988

노길명, 「통일교의 경제활동과 그 '원리적' 배경」, 『한국신흥종교연구』, 경세원, 1996

세계기독교통일신령협회, 『성화학생의 길: 문선명선생말씀 주제별 정선』 6, 성화출판사, 1991

세계기독교통일신령협회, 『지상생활과 영계(下): 문선명선생말씀 주제별정선』 11, 성화출판사, 1997

세계기독교통일신령협회, 『축복과 이상가정: 문선명선생말씀 주제별 정선』 1, 성화사, 1987

세계평화초종교초국가연합, 『참부모님 천주승리축하 선포』, 성화출판사, 1999

세계평화통일가정연합 편, 『성약시대 청평역사와 축복가정의 길』, 성화출판사, 2000

세계평화통일가정연합, 『天聖經』, 성화출판사, 2005

세계평화통일가정연합역사편찬위원회 편, 『가정연합 8대 명절 및 주요 기념일』, 성화출판사, 2001

세계평화통일가정연합역사편찬위원회 편, 『통일교회시대 주요의식과 선포식 Ⅰ - 1960년~1981년』, 성화출판사, 2001

세계평화통일가정연합역사편찬위원회 편, 『통일교회시대 주요 의식과 선포식 Ⅱ - 1982년~1993년』, 성화출판사, 2001

세계평화통일가정연합역사편찬위원회 편, 『가정연합시대 주요의식과 선포식 Ⅲ - 1994년 5월~1999년 6월』, 성화출판사, 2001

세계평화통일가정연합역사편찬위원회 편, 『가정연합시대 주요의식과 선포식 Ⅳ - 1999년 7월~2001년 1월』, 성화출판사, 2001

세계평화통일가정연합역사편찬위원회, 『홍순애 대모님(上)』, 성화출판사, 1997

윤승용, 「통일교와 한국적 기독교」, 『종교연구』 24, 2001

이종선, 『참사랑이 피어나는 천궁』, 성화출판사, 2003

이진구, 「통일교의 기독교 인정투쟁과 종교통일 담론」, 『한국기독교와 역사』 20, 2004

정진홍, 「종교제의의 상징기능: 통일교 제의를 중심으로」, 『종교학서설』, 전망사, 1980

통일사상연구원 편, 『영계의 실상과 지상생활』, 성화출판사, 1998

황필호, 『통일교의 종교철학』, 생각하는 백성, 2000

櫻井義秀, 「教団発展の戦略とカルト問題 - 日本の統一教会を事例に」, 樫尾直樹·伊藤雅之·弓山達也 編著, 『スピリチュアリティの社会学』, 世界思想社, 2004

櫻井義秀, 「宗教/ジェンダー·イデオロギーによる家族の構築 - 統一教会女性信者を事例に」, 『宗教と社会』 9, 2003

J. 이사무 야마모도, 『통일교』, 이재하 역, 은성, 2003

Barker, E., *The Making of A Moonie: Brainwashing or Choice*, Oxford: Basil

Blackwell, 1984

Cabezón, J. I. & S. G. Davaney, *Identity and the Politics of Scholarship in the Study of Religion*, New York: Routldedge, 2004

George D. Chryssides, George D., *The Advent of Sun Myung Moon*, New York: The St. Martin's Press, 1991

Kim Jin-choon, "A Study of the Formation and History of the Unification Principle", *Journal of Unification Studies*, vol. Ⅱ, 1998

Saliba, John A., *Social Science and the Cults: An Annotated Bibliography*, New York: Taylor & Francis, 1990

────────── 제7장 예수그리스도후기성도교회의 특징과 전개 ──────────

『신권의 의무와 축복 - 제1과정』, 재단법인 말일성도예수그리스도교회, 1980

강돈구, 「신종교연구의 길」, 『한국종교』 23, 원광대종교문제연구소, 1998

고든 비 힝클리, 『회복된 진리: 말일성도 예수 그리스도 교회 약사』, 말일성도예수그리스도교회, 1991

교회교육기구 편, 『때가 찬 시대의 교회사』, 말일성도예수그리스도교회, 2000

말일성도예수그리스도교회, 『우리의 유산: 말일성도예수그리스도교회 약사』, 1996

브르스 알 맥콩키 편, 『구원의 교리 Ⅰ』, 재단법인 말일성도 예수 그리스도 교회, 1978

브르스 알 맥콩키 편, 『구원의 교리 Ⅱ』, 재단법인 말일성도 예수 그리스도 교회, 1978

브르스 알 맥콩키 편, 『구원의 교리 Ⅲ』, 재단법인 말일성도 예수 그리스도 교회, 1978

스펜서 제이 팔머·셜리 에이치 팔머, 『한국의 초기 말일성도 - 개인역사선집』, 영진문화사, 1992

신호범 외, 『기적의 역사 - 유토피아를 건설하는 세계적 종교의 등장』, 삶과 꿈, 1994

2001-2002 Church Almanac

Barlow, Philip L., *Mormons and the Bible: The Place of the Latter-day Saints in American Religions*, New York: Oxford University Press, 1991

Bellah, R. N., *Beyond Belief*, New York: Harper and Row, 1970

Bennett, John C., *The History of the Saints*, Urbana: University of Illinois, 2000

Bivens, George W., *500 Little-known Facts in Mormon History*, Springwill, Utah: Bonneville Books, 2002

Bringhurst, Newell G. and Darron T. Smith, eds., *Black and Mormon*(Urbana: University of Illinois Press, 2004

Brodie, Fawn M., *No Man Knows My History: The Life of Joseph Smith*(New York: A Division of Random House, Inc, 1995

Brooke, John L., *The Refinder's Fire: The Making of Mormon Cosmology, 1644-1844*, Cambridge: Cambridge University Press, 2001

Buerger, David John, *The Mysteries of Godliness: A History of Mormon Temple*

Worship, San Francisco: Smith Research Associates, 1994

Bushman, Richard L., *Joseph Smith and the Beginnings of Mormonism*, Urbana: University of Illinois Press, 1984

Compton, Todd M and Stephin D. Ricks, eds., *Mormonism and Early Christianity*, Salt Lake City: Deseret Book Company, 1987

Cowan, Richard O., *Temples to Dot the Earth*, Springville, UT: Cedar Fort, 1997

Gordon, Sarah Barringer, *The Mormon Question: Polygamy and Constitutional Conflict in Nineteenth Century*, Chapel Hill: The University of North Carolina Press, 2002

Holzapfel, Richard Neitzel and R. Q. Shupe, *Brigham Young: Images of a Mormon Prophet*, Salt Lake City: Eagle Gate, 2000

House, H. Wayne, *Charts of Cults, Sects & Religious Movements*, Grand Rapids, Michigan: Zondervan Publishing House, 2000

Kimble, Teena, *The Mormon Way: A Guide to the Mormon Life-Style*, Salt Lake City: Bookcraft, 1981

Leonard, Glen M., *Nauvoo: A Place of Peace, A People of Promise*, Salt Lake City: Deseret Book Company, 2002

Leone, Mark p., *Roots of Modern Mormonism*, Cambridge, Massachusetts: Harvard University Press, 1979

Mauss, Armand L., *The Angel and the Beehive: The Mormon Struggle with Assimilation*, Urbana: Univesity of Illinois Press, 1994

McConkie, Bruce R., *Mormon Doctrine*, Salt Lake City: Bookcraft, 1979

McKeever, Bill and Eric Johnson, *Mormonism 101: Examining the Religion of the Latter-day Saints*, Grand Rapids: Baker Books, 2000

Mead, Frank S.(revised by Samuel S. Hill), *Handbook of Denomination in the United States*, Nashville: Abingdon Press, 1995

Miller, Timothy, ed., *America's Alternative Religions*, Albany: State University of New York Press, 1995

Newell, Coke, *Latter Days: An Insider's Guide to Mormonism, the Church of Jesus Christ of Latter-day Saints*, New York: St. Martin's Griffin, 2000

Norton, Don E., ed., *Temple and Cosmos*, Salt Lake City: Deseret Book Company, 1992

O'Dea, Thomas F., *The Mormons*(Chicago: University of Chicago Press, 1957

Ostling, Richard N. and Joan K. Ostling, *Mormon America: The Power and the Promise*, New York: HarperSanFrancisco, 1999

Palmer, Spencer J., *The Church Encounters Asia*, Salt Lake City: Deseret Book Company, 1970

Palmer, Spencer J., *The Expanding Church*, Salt Lake City: Deseret Book Company, 1978

Shinji, Takagi, "Mormons in the Press: Reactions to the 1901 Opening of the Japan Mission", *BYU Studies*, vol. 40, no. 1, 2001

Shinji, Takagi, "Riding on the Eagle's Wings: The Japanese Mission under American Occupation, 1948-52", *Journal of Mormon History*, vol. 29, no. 2, 2003

Shinji, Takagi, "The Eagle and the Scattered Flock: Church Beginnings in Occupied Japan, 1945-48", *Journal of Mormon History*, vol. 28, no. 2, 2002

Shipps, Jan, *Mormonism: The Story of a New Religious Tradition*, Urbana: University of Illinois Press, 1987

Smith, George D., ed., *Faithful History: Essays on Writing Mormon History*, Salt Lake City: Signature Books, 1992

Tark, Ji-il, *Family-Centered Belief & Practice in The Church of Jesus Christ of Latter-day Saints & The Unification Church*(New York: Peter Lang, 2003

Tanner, Jerald and Sandra, *The Changing World of Mormonism*, Chicago: Moody Press, 1981

Underwood, Grand, *The Millenarian World of Early Mormonism*, Urbana: University of Illinois, 1999

Widmer, Kurt, *Mormonism and the Nature of God: A Theological Evolution, 1830-1915*, Jefferson: McFarland & Company, Inc., 2000

Winn, Kenneth H., *Exiles in a Land of Liberty: Mormons in America, 1830-1846*, Chapel Hill: The University of North Carolina Press, 1989

──────── 제8장 제칠일안식일예수재림교회의 교리와 역사 ────────

김경선 역편저, 『성경적 기독교교리와 각 교단의 교리·신앙고백·신조들』, 여운사, 1998

김군준, 『엘렌 G 화잇의 계시와 건강 기별』, 시조사, 2005

김봉희, 「한국안식교의 문헌간행에 관한 연구」, 『서지학연구』 1, 1986

김성현 편, 『재림교회 선구자들의 발자취』, 한국연합회, 1995

김승태(번역 해설), 「1943년 성결교와 안식교의 해산사건에 관한 조선총독부 검찰의 기록」, 『한국기독교역사연구소소식』 58, 2003

김승태, 「1943년 성결교와 안식교의 해산 사건에 관한 조선총독부 검찰의 기록」, 『한국기독교역사연구소소식』 58, 2003

김재신, 『제칠일안식일예수재림교회 북한교회사』, 시조사, 1993

동중한합회 선교부, 『시대를 비추는 등불 - 예언의 신 연구』, 시조사, 2004

백승기, 「죽음과 재생의 안식일 의례에 관한 종교학적 고찰 - 제7일안식일예수재림교회를 중심으로」, 『종교학연구』 21, 서울대종교문제연구소, 2002

백숭기, 「죽음과 재생의 안식일 의례에 관한 종교학적 고찰-제칠일안식일예수재림교회를 중심으로」, 『종교학연구』 21, 2002

신계훈, 『어두움이 빛을 이기지 못하더라』, 시조사, 2004

엘렌 G. 화잇, 『각 시대의 대쟁투』, 시조사, 1999

엘렌 G. 화잇, 『마지막 날 사건들』, 시조사, 2003

엘렌 G. 화잇, 『자서전』, 시조사, 2004

엘렌 G. 화잇, 『초기문집』, 시조사, 2005

오만규, 「제칠일안식일예수재림교회 비무장 군복무의 기원과 발전」, 『한국교회사학회지』 12, 2003

오만규, 「통계로 본 한국 SDA 80년 선교의 허와 실」, 『논문집』 18, 삼육대학, 1986

오만규, 『재림교회사 - 제칠일안식일예수재림교회』, 시조사, 1989

오만규, 『한국 재림교도들의 군복무 역사 - 집총거부와 안식일 준수의 신앙양심』, 삼육대학교 부설 선교와 사회문제연구소, 2002

유영순, 「안식교는 무천년설파인가?」, 『기독교사상』 1971년 12월호, 대한기독교서회, 1971

정장복 외, 『예배학사전』, 예배와 설교 아카데미, 2000

제칠일안식일예수재림교, 『기본교리』 27, 시조사, 1990

조지 R. 나잇, 『재림교회 신앙의 정체성을 찾아서 - 제칠일안식일예수재림교 신앙적 신념의 발달사』, 삼영출판사, 2007

한규무, 「'허시모 사건'의 경위와 성격」, 『한국기독교와 역사』 23, 한국기독교역사연구소, 2005

홍현설, 「안식교도의 집총거부사건에 대해」, 『기독교사상』 1959년 3월호, 대한기독교서회, 1959

Butler J. M, R. L. Numbers & G. G. Land, "Seventh-Day Adventism" in *The Encyclopedia of Religion*, vol. 12, 2005

Fernadez, Gil G., ed., *Light Dawns over Asia: Adventism's Story in the Far Eastern Division*, 1888-1988, Silang, Cavite: Adventist International Institute of Advanced Studies Publications, 1990

Hoekema, Anthony A., *The Four Major Cults*, Grand Rapids: William B. Eerdmans Publishing Co., 1963

Mead, Frank S.(revised by Samuel S. Hill), *Handbook of Denominations in the United States*, Nashville: Abingdon Press, 1995

Meller, Timothy, ed., *America's Alternative Religions*, Albany: State University of New York Press, 1995

Melton, J. Gordon, *Encyclopedic Handbook of Cults in America*, New York: Garland Publishing, Inc., 1992

Pearson, M., *Millennial Dreams and Moral Dilemmas: Seventh-day Adventism and*

Contemporary Ethics, Cambridge: Cambridge University Press, 1990

Slattery, Wallace D., *Are Seventh-day Adventists False Prophets?: A Former Insider Speaks Out*, Phillipsburg, N. J.: P& R Publishing, 1990

───────────── 제9장 구세군의 역사와 정체성 ─────────────

『구세군연수원 교재』 1-2, 2002

『구세군 교리 학습안내』, 구세군대한본영, 2002

『구세군 사관 군령군율』, 구세군대한본영, 2004

『구세군용어집』, 구세군대한본영, 2004

『구도자상담』, 구세군대한본영 교육부, 1992

『교사통신교육교재』 3, 구세군대한본영, 1994

『병사문답집』, 구세군대한본영, 2002

『영문사관 군령군율』, 구세군출판부, 2007

『구세군 한국선교백주년보고서 2008』, 구세군한국선교백주년본부, 2008

The Salvation Army Year Book, 2009

김준철, 「구세군의 신학사상사 - 구세군의 신학적 입장을 중심으로」, 『한국기독교역사 연구소소식』 30, 1998

김준철, 「구세군에 관한 자기 이해」(한국학중앙연구원 문화와 종교연구소 세미나 발표 문), 2009. 5. 25

김준철, 『나는 구세군과 결혼했다』, 에디아, 2004

김준철, 『한국구세군 100년사』, 구세군출판부, 2008

김준철 편저, 『허가두 생애와 사역』, 구세군출판부, 2007

문화체육관광부, 『한국의 종교현황』, 2008

박종호, 「세계를 향한 '선교 원료'를 준비합니다」, 『목회와 신학』 186, 2004. 12

서정민, 「구세군 분규사건(1926년)」, 『한국기독교사연구회소식』 26, 1989

웨슬리안교회지도자협의회, 『제4차 세계웨슬리안지도자대회 자료집』, 2009. 6. 2-6. 5

윌리엄 부스, 『최암흑의 영국과 그 출로(In Darkest England and the Way Out)』, 구 세군출판부, 2009

이덕주, 『한국 토착화 교회 형성사 연구』, 한국기독교역사연구소, 2000

이응호, 「뿌쓰의 개혁운동과 구세군선교」, 아세아연합신학대학원 석사논문, 1984

이진구, 「한국 감리교의 역사와 특성」, 『한국 개신교 주요교파 연구 Ⅰ』, 한국정신문화 연구원, 1998

장형일, 「한국 구세군의 해체와 시련」, 『기독교사상』 33-9, 1989

조현범, 「대한성공회의 역사와 특징」, 『한국종교교단연구 Ⅱ』, 한국학중앙연구원 문화 와 종교연구소, 2007

최상용, 「구세군 교육의 특성 연구: William Booth를 중심으로」, 장로회신학대학 대학 원 석사논문, 1978

캐서린 부스, 『여성사역』, 구세군출판부, 2006
프리데릭 쿠츠, 『구세군발전사』, 권성오 역, 대한기독교출판사, 1981
한국기독교사연구회, 『한국기독교의 역사 II』, 기독교문사, 1990
F. 훼일링 엮음, 『현대 종교학과 사회과학』, 이용범·이진구 옮김, 서광사, 2000
H. 린드스트룀, 『웨슬리와 성화』, 전종옥 역, 기독교대한감리회 홍보출판국, 1998
M. L. 카펜터, 『윌리엄 부스』, 구세군출판부, 2006
W. 클라이버·M. 마르쿠바르트, 『감리교회 신학』, 조경철 옮김, KMC, 2007
McKinley, Edward H., "Booth, William" in *ER*, vol. 2, 2005
McKinley, Edward H. "Salvation Army" in *ER*, Vol. 12, 2005
Rader, Paul A., "The Salvation Army in Korea after 1945: A Study in Growth and Self-understanding", Ph.D, Fuller Theological Seminary, 1973
Winston, Diane, "All the World's a Stage: The Performed Religion of the Salvation Army, 1880-1920" in *Practicing Religion in the Age of the Media: Explorations in Media, Religion, and Culture* eds. by Stewart M. Hoover and Lynn Schofield Clark, New York: Columbia University Press, 2002
Wisbey, Jr., Herbert A., *Soldiers without Swords: A History of the Salvation Army in the United States*, New York: The Macmillan Company, 1955
坂本雷次, 「朝鮮救世軍大要」, 『朝鮮社會事業』 六-八, 1928

──────────── 제10장 원불교의 일원상과 교화단 ────────────

『대종경』
『정산종사 법어』
강돈구, 「종교간의 공존윤리 이념」, 『원광』, 1995년 9월호
강돈구, 「한국의 종교연합운동 - 원불교를 중심으로」, 『인류문명과 원불교 사상』, 원불교출판사, 1991
강돈구, 『한국 근대종교와 민족주의』, 집문당, 1992
교화부 편수위원회 편, 『원불교 교리문답』, 원불교출판사, 1983
교화부 편수위원회 편, 『원불교는 어떤 종교인가』, 원불교출판사, 1980
김성장, 「원불교 신앙현상에 대한 연구」, 『원불교학』 7, 2001
김수중, 「양명학의 입장에서 본 원불교 정신」, 『원불교학』 4, 1999
김순임, 「양명사상과 원불교」, 원광대학교출판국, 1996
김영민, 「원불교 性理의 신유학적 연원 연구」, 『원불교학』 4, 1999
김인강, 『하나의 圓에서 네 가지 은혜로』, 원불교출판사, 1991
김일상, 『원불교 이해의 첫걸음』, 원불교출판사, 1981
김탁, 「한국종교사에서의 증산교와 원불교의 만남」, 원불교교화연구회 편, 『한국근대사에서 본 원불교』, 도서출판 원화, 1991
김홍철 편, 『한국 지성이 본 원불교』, 원불교출판사, 1987

김홍철, 「한국종교 토양에서 본 원불교의 전망과 과제」, 『원불교사상과 종교문화』 29, 2005

김홍철, 『한국신종교사상의 연구』, 집문당, 1989

노길명, 「한국사회에 있어서 원불교의 소명」, 『원불교사상과 종교문화』 29, 2005

류병덕, 『원불교와 한국사회』, 시인사, 1988

류성태, 『원불교인은 어떠한 사람들인가』, 원불교출판사, 2002

박병수, 「송정산의 『修心正經』 연구」, 『원불교사상』 21, 1997

박상규, 「한국신종교의 연원제」, 『동아시아종교문화학회 창립기념 국제학술대회 발표집』, 2008

박용덕, 「금산사 생불 출현사건」, 『원광』, 1988년 11월호

박용덕, 「정산종사와 태을도」, 『원광』, 1989년 1월호

박용덕, 「증산교와 원불교의 관계」 『원광』, 1988년 12월호

박혜명, 『한 교당 한 교당이 열릴 때마다』, 원불교출판사, 1991

백준흠, 「원불교 교화단에 관한 연구」, 『원불교사상과 종교문화』 34, 2006

백준흠, 「원불교 신앙강화를 위한 과제」, 『원불교학』 4, 1999

서경전, 「21세기의 원불교 교당 형태에 관한 연구」, 『원불교사상과 종교문화』 28, 2004

서경전, 「敎化史」, 원불교창립제2대 및 대종사탄생백주년 성업봉찬회, 『원불교70년정신사』, 원불교출판사, 1989

손정윤, 『도덕박사가 되는 길』, 원불교출판사, 1990

수위단회 사무처 편, 『수위단회 단장 개회사 모음』, 원불교출판사, 1991

신순철, 「불법연구회 창건사의 성격」, 『한국문화와 원불교사상』, 원광대학교출판국, 1985

안이정, 『원불교교전해의』, 원불교출판사, 1997

원광대학교 교양교재 편찬위원회·원불교학분과위원회, 『원불교학개론』, 원광대학교출판국, 1980

원불교사상편찬위원회 편, 『원불교 인물과 사상 II』, 원불교사상연구원, 2001

원불교제1대성업봉찬회 편, 『원불교 제1대 창립유공인 역사』 1, 원불교출판사, 1986

원광사 편, 『소태산사상과 원불교』, 원불교 원광사, 1991

이공전, 『大宗經選外錄』 36, 원불교출판사, 1982

이길용, 「한국 신종교의 근본주의 - 동학계열 교단을 중심으로」, 『한국종교연구』 9, 2007

이성은, 「조직제도변천사」, 원불교창립제2대 및 대종사탄생백주년 성업봉찬회, 『원불교70년정신사』, 원불교출판사, 1989

이성전, 「율곡의 修爲論과 원불교의 三學」, 『원불교학』 6, 2001

이성택, 『교리도를 통해 본 원불교 교리이해』, 원화, 1992

이진구, 「천도교 교단조직의 변천과정에 관한 연구 - 연원제를 중심으로」, 『종교학연구』 10, 1991

전팔근, 「해외교화사」, 『원불교 70년 정신사』, 원불교출판사, 1989

정순일, 「사은신앙의 형성사적 연구 - 법신불 사은 연구 I」, 『원불교사상』 21, 1997

정순일, 「원불교 종교의례의 특성 - 법회의식을 중심으로」, 『종교연구』 14, 1997
정순일, 『원불교설교학』, 원광대학교출판국, 1993
존힉, 『새로운 기독교』, 김승철 옮김, 나단, 1991
존힉, 『하느님은 많은 이름을 가졌다』, 이찬수 옮김, 도서출판 창, 1991
차옥숭, 『한국인의 종교체험 - 천도교·대종교』, 서광사, 2000
최동희·류병덕, 『한국종교사상사 - 천도교·원불교』, 연세대학교출판부, 1993
최준식, 『최준식의 한국종교사 바로보기 - 유불선의 틀을 깨라』, 한울, 2007
최준식, 『한국의 종교, 문화로 읽는다 - 증산교·원불교』, 사계절, 2004
한기두·양은용·원석조, 「원불교교도의 사회경제적 지위와 그 이동에 관한 연구」, 『원
　　　불교사상』 12, 1988
한내창, 「원불교 교당교화의 실태 분석」, 『원불교사상』 21, 1997
한종만, 「원불교신앙강화의 교화방안」, 『원불교사상』 16, 1993

──────── 제11장 금강대도의 현재와 미래 ────────

『교리입문』, 금강대도교화원, 2000
『金剛大道 寶經』, 금강대도총본원, 1992
『大正經』(道聖編年)
『聖訓通攷』
『聖訓通攷』(編輯本), 금강대도 총본원, 2000
『제55회 성재 강의록』, 금강·연화대도총본원, 2006
『제57회 誠齋 講義錄』, 금강대도총본원, 2008
『제58회 성재 강의록』, 금강대도총본원, 2009
『제59회 성재 강의록』, 금강대도총본원, 2010
葛兆光, 『도교와 중국문화 - 도교의 우주론·의례와 방술·신들의 계보』, 沈揆昊 옮
　　　김, 동문선, 1987
강성복 외, 『금화산 자락 대도의 본향, 금천리』, 금강출판사, 2011
고병철, 「금강대도 교단의 정체성 확립 과정 - 의례의 변천을 중심으로」, 『종교연구』
　　　26, 2002
김두환, 「금강대도 의례에 대한 소고」, 『제57회 誠齋 講義錄』, 금강대도총본원, 2008
김두환, 「남천포덕 일백주년 기념사업의 현황과 과제」, 『제58회 誠齋 講義錄』, 금강대
　　　도총본원, 2009
김두환, 「대도의 현실과 해야 할 일」, 『제55회 성재 강의록』, 금강·연화대도총본원, 2006
김보년, 「태극시대의 신앙인」, 『제59회 성재 강의록』, 금강대도총본원, 2010
김원묵, 「도성사 건곤부모님의 생애와 사상」, 『제59회 성재 강의록』, 금강대도총본원,
　　　2010
김원묵, 「보고 봉독의 중요성과 올바른 자세」, 『제55회 성재 강의록』, 금강·연화대도
　　　총본원, 2006

김원묵, 「일제의 민족종교의 말살 정책과 금강대도의 수난사」, 『종리학연구』 2, 2002

박규태, 「한국종교사의 맥락에서 본 토암의 종교사상 – 도덕의 담론을 중심으로」, 『종리학연구』 2, 2002

박현숙, 「금강대도의 교리」, 『제57회 誠齋 講義錄』, 금강대도총본원, 2008

박현숙, 「덕성사건곤부모님의 생애와 사상」, 『제59회 성재 강의록』, 금강대도총본원, 2010

박현숙, 「誠과 中을 통해 본 『中庸』의 天人合一사상 – 朱熹의 『中庸章句』를 중심으로」, 충북대학교 박사학위논문, 2011

변갑태, 「십계율, 실행십조, 삼대보훈 해의」, 『제58회 誠齋 講義錄』, 금강대도총본원, 2009

변영의, 『三千門 夢遊記』, 1994

송현주, 「금강대도의 역사와 특징」, 『한국종교교단연구 I』, 한국학중앙연구원 문화와 종교연구소, 2007

양정숙, 「금강대도의 성·경사상에 관한 철학적 탐구」, 대전대학교대학원 석사학위논문, 2008

양정숙, 『기대하는 마음』, 금강출판사, 2010

오만등대편집위원회, 「聖蹟地探訪」, 『五萬燈臺』 2, 1986

유제춘, 「대성경 강의」, 『제59회 성재 강의록』, 금강대도총본원, 2010

유치홍, 『五天年 東史英選』 상, 하권, 1977, 미출판 서적

윤승용, 「한국 신종교운동의 미래와 금강대도」, 『신종교연구』 24, 2011

윤영수, 「남천포덕 100주년의 중요성과 시대적 사명」, 『제58회 誠齋 講義錄』, 금강대도총본원, 2009

윤영수, 「이 시대의 백운인 상」, 『제58회 誠齋 講義錄』, 금강대도총본원, 2009

윤영수, 「태극시대의 비전」, 『제59회 성재 강의록』, 금강대도총본원, 2010

이강오, 「신흥종교」, 『한국민속종합조사보고서(충청남도 편)』, 문화공보부·문화재관리국, 1975

이경구, 「백운인에게 바란다」, 『오만등대』 2, 1986

이경구, 『기대하는 마음』, 금강출판사, 2010

이경구·양정숙, 『기대하는 마음』 1, 금강출판사, 2010

이명선, 「신흥종교 신자들의 종교성 연구 – 금강대도를 중심으로」, 이화여자대학교 석사학위 논문, 1987

이미경, 「민족종교에 나타난 한국인의 사상과 정체성」, 『제58회 誠齋 講義錄』, 금강대도총본원, 2009

이병욱, 「금강대도 사상에 나타난 心性의 위상」, 『신종교연구』 25, 2011

이재헌, 「건곤부모님의 탄강과 현대인의 구원」, 『건곤부모님과 금강대도의 진리』, 미래문화사, 2003

이재헌, 「금강대도 개관」, 『금강대도 종리학 연구론』, 미래문화사, 2005

이재헌, 「금강대도 백년사」, 『금강대도 종리학 연구론』, 미래문화사, 2005

이재헌, 「금강대도 종리학」, 『제58회 誠齋 講義錄』, 금강대도총본원, 2009

이재헌, 「금강대도와 경전」, 『금강대도 종리학 연구론 II』, 미래문화사, 2010

이재헌, 「금강대도와 인류 문명의 미래」, 『건곤부모님과 금강대도의 진리』, 미래문화사, 2003

이재헌, 「금강대도의 삼교합일 유형」, 『금강대도 종리학 연구론』, 미래문화사, 2005

이재헌, 「금강대도의 생태 윤리 사상」, 『금강대도 종리학 연구론』, 미래문화사, 2005

이재헌, 「금강대도의 午中運度 사상과 새시대의 비전」, 이재헌, 『금강대도 종리학 연구론』, 미래문화사, 2005

이재헌, 「단군국조와 금강대도」, 『금강대도종리학연구론 II』, 미래문화사, 2010

이재헌, 「신도설교와 도덕적 초월」, 『제57회 誠齋 講義錄』, 금강대도총본원, 2008

이재헌, 「종리학 시론」, 『건곤부모님과 금강대도의 진리』, 미래출판사, 2003

이혜정, 「금강대도인의 신앙생활 분석」, 『종리학연구』 2, 2002

임태규, 「대도역사(성훈통고, 이야기)」, 『제59회 성재 강의록』, 금강대도총본원, 2010

장승구, 「토암사상의 철학적 고찰」, 『종리학연구』 2, 2002

정세근, 「경전과 권위 - 토암의 생애와 금강대도」, 『종리학연구』 2, 2002

지무구, 「소원성취와 천도봉불의 의미」, 『제55회 성재 강의록』, 금강·연화대도총본원, 2006

靑野正明, 『朝鮮農村の民族宗敎 - 植民時期の天道敎·金剛大道を中心に』, 社會評論社, 2001

촌산지순, 『조선의 유사종교』, 최길성·장상언 역, 계명대학교출판부, 1991

쿠보 노리타다, 『도교와 신선의 세계』, 정순일 옮김, 법인문화사, 1992

허상은, 「道史 속의 聖訓, 聖蹟과 聖禮金, 사업의 중요성」, 『제58회 誠齋 講義錄』, 금강대도총본원, 2009

─────────── 제12장 대순진리회의 종교교육 ───────────

『대순회보』

『無極大道敎槪況』, 全羅北道, 1926

『普天敎誌』, 普天敎中央總正院, 1964

『相生의 길』, 창간호(2004), 제2호(2004), 제3호(2005), 대순진리회출판부

『牛堂의 生涯와 思想』, 대순진리회, 2003

『전경』

『太極道通鑑』, 태극도본부, 출판연도 미상

『태극진경』

강돈구 외, 『한국종교교단연구 I-VI』, 한국학중앙연구원 문화와 종교연구소, 2007-2010

강돈구, 「신종교연구서설」, 『종교학연구』 6, 종교학연구회, 1986

강돈구, 「신종교연구의 길」, 『한국종교』 22, 원광대 종교문제연구소, 1998

강돈구, 「正易의 종교사적 이해」, 『한국종교의 이해』, 집문당, 1985

고남식, 「강증산 관련 경전의 변이에 대한 고찰 - 천지공사 이전의 내용을 중심으로」,
    『종교연구』 50, 2008
고병철, 「대순진리회의 전개와 특징」, 『한국종교교단연구 Ⅱ』, 한국학중앙연구원 문화
    와 종교연구소, 2007
具重會, 『玉樞經 硏究』, 東文選, 2006
김승동, 『도교사상사전』, 부산대학교출판부, 2004
김일권, 『동양천문사상 - 하늘의 역사』, 예문서원, 2007
김홍철, 「신인조화 사상의 원리와 그 실천이념」, 『대순진리학술논총』 3, 2008
노길명, 「대순사상의 '신인조화'와 사회변혁」, 『대순진리학술논총』 3, 2008
대순종교문화연구소 편, 『大巡의 길을 찾아서(手記 · 隨筆集)』, 대순진리회출판부, 1994
대순종학교재연구회, 『대순사상의 이해』, 대진대학교출판부, 2003
대진대학교 교정원, 『교화모음집』 1~5, 2003-2007
范恩君 · 張興發 · 劉軍 編著, 『道敎神仙』, 中國道敎學院, 1996
윤재근, 「다종교사회에 있어서 대순진리회와 종교교육」, 『종교교육학연구』 8, 1999
이강오, 『한국신흥종교총감』, 대흥기획, 1992
이경원, 「대순사상 연구의 현황과 전망」, 대진학술원 제1차 월례학술회의, 2009.2.20
이경원, 「대순진리회 치성의례의 종교적 특질에 관한 연구」, 『신종교연구』 20, 2009
전국대학대진연합회, 『대순학생 기초교육』, 1997
차선근, 「정역과 대순사상의 비교 연구」, 『종교연구』 60, 2010
村山智順, 『朝鮮の類似宗敎』, 朝鮮總督府, 1935
太極道編纂院 편, 『太極道主 趙鼎山 傳記(자료편)』, 태극도출판사, 1992
홍범초, 「증산사상에서 易을 어떻게 볼 것인가」, 『신종교연구』 5, 2001
홍범초, 『범증산교사』, 범증산교연구원, 1988
Eilen Barker, *The Making of a Moonie: Brainwashing of Choice*, New York: Basil
    Blackwell, 1984
John J. Shepherd, ed., *Ninian Smart on World Religions*, Burlington: Asgate, 2009
Peter Clarke, *New Religions in Global Perspective*, London: Routledge, 2006

──────────── 제13장 유교 조상의례의 미래 ────────────

강돈구, 『종교이론과 한국종교』, 박문사, 2011
금장태, 『귀신과 제사 - 유교의 종교적 세계』, 제이엔씨, 2009
금장태, 『유교의 사상과 의례』, 예문서원, 2000
김광억, 「조상숭배와 사회조직의 원리 - 한국과 중국의 비교」, 『한국문화인류학』 20,
    1986
김명자, 「현대사회에서 제례, 무엇이 문제인가」, 『역사민속학』 12, 2001
김미영, 「가족 · 친족 문화의 전통과 계승」, 『민속연구』 13, 2004
김미영, 「'제사 모셔가기'에 나타난 유교이념과 양반 지향성」, 『민속연구』 9, 1999

김미영, 「제사와 여성 - 조상제사의 실질적 주체」, 한국국학진흥원 교육연수실 편, 『제
　사와 제례문화』, 한국국학진흥원, 2005
김미영, 「조상제사, 누가 모셔야 하는가?」, 『조상제사, 어떻게 지내야 하는가 - 조상제
　사의 현대화 모델 정립을 위한 토론회』(2011 한국학학술대회 자료집), 한국국
　학진흥원, 2011
김백희, 「중국 고대 신관의 전개」, 『동서철학연구』 54, 2009
김시덕, 「한국 일생의례의 동아시아적 보편성과 고유성」, 『비교민속학』 39, 2009
김시덕, 「가정의례준칙이 현행 상례에 미친 영향」, 『역사민속학』 12, 2001
김우형, 「조선 후기 귀신론의 양상 - 17·18세기 유귀론과 무귀론의 대립과 균열」, 『양
　명학』 19, 2007
도민재, 「사회변화에 따른 제례의 제문제」, 『유교사상연구』 16, 2002
두경자, 「우리나라 제례의 검토와 제례 재구성모델 연구」, 『한국가정관리학회지』 18-3,
　2000
두경자, 「제례 재구성 모델의 실증적 검증을 통한 제례 모델 재구성」, 『한국가정관리학
　회지』 19-6, 2001
로저 자넬리·임돈희, 『조상의례와 한국사회』, 김성철 역, 일조각, 2000
마르티나 도이힐러, 『한국사회의 유교적 변환』, 이훈상 옮김, 아카넷, 2003
박성규, 『주자철학의 귀신론』, 한국학술정보, 2005
박종천, 「신앙원리와 문화 역량의 변주곡 - 한국유교의 종교문화적 양태」, 『국학사상』
　14, 2009
박혜인, 「가정의례의 변화와 21세기의 지향 모색」, 『한국가족복지학』 6-1, 2001
배영동, 「전통적 기제사를 통해 본 조상관」, 『비교민속학』 23, 2000
석대권, 「제례를 통해 본 종교적 관념의 변화 - 조상숭배의례를 중심으로」, 『비교민속
　학』 24, 2003
송재용, 「한·중·일 의례에 나타난 공통성과 다양성 - 관·혼·상·제례를 중심으로」,
　『비교민속학』 21, 2001
송현동, 「근대 이후 상장례정책 변화과정에 대한 비판적 고찰」, 『역사민속학』 14, 2002
양현아, 『한국 가족법 읽기 - 전통, 식민지성, 젠더의 교차로에서』, 창비, 2011
여중철, 「한국 산간부락에서의 分家와 재산 상속」, 『한국학보』 15, 1979
육정임, 「송대 조상제사와 제례의 재구상 - 계급의 표상에서 종족 결집의 수단으로,
　『한국사학보』 27, 2007
이광규, 「중국 친족제도 연구 서설」, 『한국문화인류학』 17, 1985
이우성, 『제사』, 김영사, 2011
이욱, 「제사의 종교적 의미에 대한 고찰」, 『유교사상연구』 16, 2002
이욱, 「조선시대 유교의 신관」, 『종교문화연구』 1, 1999
이창일, 「귀신론과 제사론의 자연주의적 해석」, 『정신문화연구』 29-4, 2006
이희재, 「일제강점기의 유교의례 변화 양상 - 1930년대 『의례준칙』에서의 가정의례를

중심으로」, 『일본연구』 15, 2011
임계유 편, 『유교는 종교인가 1 - 유교종교론』, 금장태·안유경 역, 지식과 교양, 2011
임계유 편, 『유교는 종교인가 2 - 유교비종교론 및 토론』, 금장태·안유경 역, 지식과
    교양, 2011
임돈희(글)·김수남(사진), 『조상제례』, 대원사, 1990
임돈희, 「한국 조상숭배의 미래상」, 『한국문화인류학』 20, 1986
임재해, 「설화문화학적 관점에서 본 제사문화와 재례의 민중적 인식」, 『민속연구』 9,
    1999
장석만, 「한국 의례담론의 형성 - 유교 허례허식의 비판과 근대성」, 『종교문화비평』 1,
    2002
장철수, 「평생의례와 정책」, 『비교민속학』 10, 1993
전경수, 「관혼상제의 전통 만들기 - 동아시아 유교문화와 주변문화론의 적실성」, 『역사
    민속학』 19, 2004
竹田旦, 「한일 조상숭배의 비교 연구」, 『한국민속학』 16, 1983
최길성, 「조상숭배의 한·일 비교」, 『한국문화인류학』 20, 1986
한국국학진흥원 교육연수실 편, 『제사와 제례문화』, 한국국학진흥원, 2005
한형조, 「음양과 귀신」, 『국학사상』 14, 2009
호시아이 노부코, 「현대 일본 개신교 교회의 장송의례」, 편무영 외, 『종교와 일생의례』,
    민속원, 2006

─────────────── 제14장 대순진리회의 신관과 의례 ───────────────
『講座道敎』 第二卷, 雄山閣出版, 2000
『대순진리회요람』, 대순진리회 교무부, 2003
『修道正典』, 태극도, 2002
『전경』, 대순진리회 교무부, 1974
『普天敎誌』, 普天敎中央總正院, 1964
『牛堂의 生涯와 思想』, 증곡: 대순진리회, 2003
葛兆光, 『도교와 중국문화: 도교의 우주론·의례와 방술·신들의 계보』, 심규호 옮김,
    동문선, 1993
구중회, 『경책 문화와 역사』, 민속원, 2009
구중회, 『옥추경 연구』, 동문선, 2006
김도현, 「태백산 천제의 역사와 의례」, 『역사민속학』 31, 2009
김문식 외, 『왕실의 천지제사』, 돌베개, 2011
김탁, 「한국종교사에서의 도교와 증산교의 만남」, 『도교문화연구』 8, 1994
김탁, 『증산교학』, 미래향문화, 1992
니니안 스마트, 『현대 종교학』, 강돈구 옮김, 청년사, 1986
마노 다카야, 『도교의 신들』, 이만옥 옮김, 들녘, 2001

박미라, 「중국 제천의례 연구-郊祀儀禮에 나타난 上帝와 天의 이중적 天神觀을 중심으로」, 서울대학교 박사학위 논문, 1997

박상규, 「대순진리회 조직의 특성」, 『한국 종교교단의 조직』, 한국학중앙연구원 문화와 종교연구소, 2013

윤기봉, 「대순진리회의 의례와 믿음의 상관성의 관한 연구」, 『대순사상논집』 16, 2003

이경원, 「대순진리회 기도의례의 종교적 상징성에 관한 연구」, 『신종교연구』 19, 2008

이경원, 「대순진리회 치성의례의 종교적 특질에 관한 연구」, 『신종교연구』 20, 2009

이경원, 『대순종학원론』, 문사철, 2013

이욱, 「대한제국기 환구제에 관한 연구」, 『종교연구』 30, 2003

이재호, 「대순진리회 수행의 이론과 실제」, 『신종교연구』 13, 2005

이정만, 「무극도장의 자취를 찾아서」, 『대순회보』 134, 2012

잔스창, 『도교문화 15강』, 안동준・런샤오리 옮김, 알마, 2011

장병길, 『대순종교사상』, 대순종교사상연구소, 1987

中國道敎協會 編, 『道敎神仙畫集』, 華夏出版社, 1994

차선근, 「대순진리회 상제관 연구 서설 Ⅰ」, 『대순사상논총』 20, 2013

차선근, 「대순진리회 상제관 연구 서설 Ⅱ」, 미발표 원고

차선근, 「대순진리회의 현재와 미래」, 『한국 종교의 확산전략』, 한국학중앙연구원 문화와 종교연구소, 2012

村山智順, 『朝鮮의 類似宗敎』, 최길성・장상언 공역, 계명대학교출판부, 1991

쿠보 노리타다, 『도교와 신선의 세계』, 정순일 옮김, 법인문화사, 2007

홍범초, 『범증산교사』, 범증산교연구원, 1988

홍범초, 『증산교개설』, 창문각, 1982

Gernot Prunner, "The Birthday of God: A Sacrificial Service of Chungsangyo", *Korea Journal*, Vol.16, No.3, 1976

Shepherd, John J. ed., *Ninian Smart on World Religion*, Burlington: Asgate, 2009

───────────────── 제15장 한국 종교교단의 '국학운동' ─────────────────

강돈구, 『한국 근대종교와 민족주의』, 집문당, 1992

강돈구, 「새로운 신화 만들기 - 재야사학에 대한 또 다른 이해」, 『정신문화연구』 23-1, 2000

강돈구, 「한국의 문화 정체성과 종교정책」, 『문화의 세기 한국의 문화정책』, 보고사, 2003

강돈구, 「한국의 종교적 상황과 민족 통합 과제」, 『단군학연구』 7, 2002

고희탁 외, 『국학과 일본주의 - 일본 보수주의의 원류』, 동북아역사재단, 2011

김동환, 「국학의 개념 확립을 위한 제언」, 『한국학을 넘어 국학으로』(한민족기념관・국학원 정기학술대회자료집), 2012

김동환, 「우리 국학, 어떻게 할 것인가」, 국학연구소 편, 『올소리(001) - 국학 편』, 흰

　　　　뿌리, 2006

樓宇烈, 「중국 국학연구의 회고와 전망」, 안동대학교 국학부 편, 『21세기를 겨냥한 우리 국학의 방향과 과제 - 국학, 무엇을 어떻게 할 것인가』, 집문당, 1997

량사오성, 『우울한 중국인』, 고상희 옮김, 가치창조, 2002

박용구, 「전환기 일본인론의 과제」, 『일어일문학』 52-2, 2005

朴堤上, 『符都誌』, 金殷洙 譯解, 1986

박진규, 「현대단학의 뇌수련법에 관한 한국선도적 고찰」, 국제뇌교육종합대학원대학교 박사학위 논문, 2012

심상훈, 「동아시아 3국의 국학연구와 국학운동」, 『국학이란 무엇인가』, 한국국학진흥원 교육연구부 편, 한국국학진흥원, 2004

안경전 역주, 『환단고기』, 상생출판, 2011

안동대학교 국학부 편, 『국학의 세계화와 국제적 제휴』, 집문당, 1999

안동대학교 국학부 편, 『민족통일을 앞 당기는 국학』, 집문당, 1998

안동대학교 국학부 편, 『새로운 우리 학문, 국학』, 집문당, 2001

안동대학교 국학부 편, 『우리 국학의 방향과 과제 - 국학, 무엇을 어떻게 할 것인가』, 집문당, 1997

안동대학교 국학부 편, 『인간과 자연이 함께 하는 국학』, 집문당, 2000

안동대학교 국학부 편, 『인간다운 삶을 위한 국학』, 집문당, 2001

伊藤亞人, 「일본에서의 국학과 일본연구」, 안동대학교 국학부 편, 『21세기를 겨냥한 우리 국학의 방향과 과제 - 국학, 무엇을 어떻게 할 것인가』, 집문당, 1997

이승헌, 『내 영혼의 푸시업』, 한문화, 2005

이승헌, 『증상별 단학도인체조』 1, 한문화, 2006

이승헌, 『걸음아 날 살려라』, 한문화, 2007

이승헌, 『운기단법』, 한문화, 2010

이승헌, 『세도나 스토리』, 한문화, 2011

이승헌, 『힐링차크라』, 한문화, 2011

이승헌, 『단학』, 한문화, 2011

이승헌, 『단학기공』, 한문화, 2011

이승헌, 『두뇌의 힘을 키우는 생명전자의 비밀』, 한문화, 2011

이승헌·신희섭, 『뇌를 알면 행복이 보인다』, 브레인월드, 2006

이이화, 「국학의 관점에서 본 일본인의 삶과 사상」, 『동양학』 33, 2003

임병렬, 「한국 '선도기공' 전통의 회복과 현대 '단학'」, 국제뇌교육종합대학원대학교 박사학위 논문, 2012

장리텐, 「중국 - 국학의 개념과 가치 척도」, 『국학연구』 15, 2011

정인보, 『薝園國學散藁』, 文敎社, 1955

정인보, 『조선사연구』, 상, 하, 서울신문사출판국, 1946

조남호, 「20세기 국학과 21세기 국학」, 『한국학을 넘어 국학으로』, 한민족기념관·국학

원 정기학술대회자료집, 2012
치 량, 『현대 신유학 비판』, 이승모 옮김, 심산, 2012
한국국학진흥원 교육연구부 편, 『국학이란 무엇인가 - 국학입문 편』, 한국국학진흥원, 2004
한국국학진흥원 교육연구부 편, 『우리 삶의 근원을 찾아서 - 생활, 제도 편』, 한국국학진흥원, 2003
한국국학진흥원 교육연구부 편, 『한국의 멋과 아름다움 - 문화, 예술 편』, 한국국학진흥원, 2003
한국국학진흥원 교육연구부 편, 『한국의 사상 - 사상 편』, 한국국학진흥원, 2003
『흔법』(선불교 경전), 도서출판 선, 2009
刘毓庆, 『国学概论』, 北京师范大学出版社, 2009
曹胜高 编著, 『国学通论』, 北京大学出版社, 2008
章太炎 讲演(曹聚仁 整理), 『国学概论』, 中华书局, 2009
钱穆, 『国学概论』, 商务印书馆, 1997
http://koreaspirit.org
http://www.andong.ac.kr
http://www.dahnworld.com
http://www.dahnworld.com
http://www.dotongschool.com
http://www.gukhak.org
http://www.jsd.or.kr
http://www.kogakkan-u.ac.jp
http://www.kookhakwon.org
http://www.koreapark.org
http://www.koreastudy.or.kr
http://www.suntao.org
http://www2.kookhakwon.org/_new/kiosk/kiosk04.php
http://www.kokugakuin.ac.jp

──────── 제16장 대한불교 천태종의 정체성 형성 과정 ────────
『중국·한국·일본 삼국천태 마음의 여행』, 동경: 코몬센스, 1999
강돈구, 「원불교의 일원상과 교화단」, 『한국종교교단연구Ⅴ』, 한국학중앙연구원 문화와 종교연구소, 2009
고병철, 「대한불교천태종의 의례와 신앙 - 구인사와 대광사를 중심으로」, 『종교연구』 73, 2013
고우익, 「상월원각대조사의 神異세계」, 『천태학연구』 16, 2013
고우익, 「천태종 안거제도의 특성과 수행 - 재가 신도 안거 수행을 중심으로」, 『천태학

　　　　연구』 15, 2012

교화원 편, 『불교포교집』, 대한불교천태종, 1982

구인사 편, 『請觀音經疏』, 대한불교천태종, 1994

권기종, 「미타염불과 관음염불의 同異点」, 『천태학연구』 14, 2011

권기종, 「백만 번 관세음보살 칭명수행에 대하여」, 『천태학연구』 13, 2010

김무생, 「진각종의 창교와 새불교 운동」, 『천태학연구』 16, 2013

김상현, 「염불신앙의 연원과 전개 - 고려 후기 백련사의 염불수행을 중심으로」, 『천태
　　　　학연구』 14, 2011

김세운 편, 『略纂揭 모음집』, 도서출판 감로, 2009

김세운, 「상월 조사의 생애와 교화 방편」, 『한국선학』 15, 2006

김세운, 「천태종의 사원 관리와 운영」, 『천태학연구』 13, 2010

김세운, 「한국 천태종의 교육이념과 교육현황」, 『천태학연구』 14, 2011

김세운, 「한국 천태종의 염불수행 전통과 그 계승」, 『한국선학』 30, 2011

김용표, 「상월원각대조사의 불교혁신관」, 『천태학연구』 16, 2013

김응철, 「대한불교조계종단의 사원관리체제 연구」, 『천태학연구』 13, 2010

김호성, 『천수경과 관음신앙』, 동국대학교출판부, 2012

김호성, 『천수경의 비밀』, 민족사, 2005

김훈, 「대한불교천태종의 종교교육에 대한 고찰」, 『신종교연구』 24, 2011

남대충 편저, 『天台宗略典』, 불교사상사, 1970

대한불교천태종교화원 편, 『불교포교집』(교화편), 대한불교천태종, 1982

대한불교천태종총무원 엮음, 『믿음으로 피운 연꽃』, 도서출판 열린불교, 1997

대한불교천태종총무원 편, 『상월대조사』, 대한불교천태종출판부, 2013

대한불교천태종총무원 엮음, 『내가 만난 관세음보살』, 도서출판 열린불교, 1997

대한불교천태종총무원·원각불교사상연구원, 『상월원각대조사탄신100주년기념 佛學論叢
　　　　1 - 믿음과 수행』, 대한불교천태종출판부, 2011

대한불교천태종총무원·원각불교사상연구원, 『상월원각대조사탄신100주년기념 佛學論叢
　　　　1 - 사상과 역사』, 대한불교천태종출판부, 2011

뤼위례, 「인간불교의 이념과 실천」, 『천태학연구』 8, 2006

望月眞澄, 『近世日蓮宗の祖師信仰と守護神信仰』, 平樂寺書店, 2002

무문, 「천태지자대사의 전적에 나타난 선병치료에 관한 소고」, 『대각사상』 8, 2005

박보진, 「사찰 입지 특성에 관한 연구 - 천태종, 조계종 관음성지를 중심으로」, 강원대
　　　　학교 부동산학과 석사논문, 2010

박형철 편저, 『法門의 이해 - 상월대조사 법어·교시문이 지닌 뜻』, 대한불교천태종총
　　　　무원, 2000

박형철 편저, 『상월조사와 천태종』, 대한불교천태종, 1981

박형철, 『天台敎義 要綱』, 선문출판사, 1993

송현주, 「대한불교 진각종의 역사와 특징」, 『한국종교교단연구 Ⅲ』, 한국학중앙연구원

　　문화와 종교연구소, 2007

원각불교사상연구원 편,『믿음과 수행의 길』, 대한불교천태종출판부, 2008

원각불교사상연구원 편,『불교의 새로운 지평』, 대한불교천태종출판부, 2011

원각불교사상연구원 편,『수행과 깨달음이 세계』, 대한불교천태종출판부, 2010

원각불교사상연구원 편,『지혜와 자비의 삶』, 대한불교천태종출판부, 2009

원각불교사상연구원 편,『지혜의 향연』, 대한불교천태종출판부, 2012

원각불교사상연구원 편,『天台歷代祖師傳 上 - 중국편』, 대한불교천태종출판부, 2013

원각불교사상연구원 편,『한국천태종사』, 대한불교천태종, 2010

윤용복,「대한불교 천태종의 역사와 특성」,『한국종교교단연구 Ⅱ』, 한국학중앙연구원
　　문화와 종교연구소, 2007

이기운,「천태지관에서의 身心의 병환과 치유」,『불교학보』58, 2011

이병욱,「중국불교의 현세긍정주의 특생 - 천태의 공·가·중의 관점을 중심으로」,『불
　　교학연구』15, 2006

이봉춘,「근세 천태종의 전개와 동향」,『천태학연구』1, 1998

이봉춘,「천태종 중창의 역사적 의의」,『천태학연구』5, 2003

이성택,『교리도를 통해 본 원불교 교리 이해』, 원화, 1992,

이영자,「천태교단의 관음행법 의례」,『천태학연구』6, 2004

이효원,「법화경 관세음보살보문품에 나타난 고통과 구원의 구조」,『천태학연구』9, 2006

이효원,「차안의 구원론과 주문 중심주의 - 천태종 관음신앙의 현대적 종교성」,『종교
　　연구』33, 2003

저자 미상,『無畏殿』, 대한불교천태종총무원, 1980

저자 미상,『중국·한국·일본 삼국천태 마음의 여행』, 동경: 코몬센스, 1999

전운덕,『마음의 法燈』, 대한불교천태종총무원, 1989

井上順孝 外,『新宗敎事典』, 弘文堂, 1990

井上順孝 編,『現代宗敎事典』, 弘文堂, 2005

조명기,『上月圓覺大祖師悟道記錄』, 1987

종두,「천태의 假想法과 주술법을 이용한 질병의 치료」,『한국학보』31, 2012

지창규,「천태지관과 관음주송 - 천태지관의 특성으로 모색한 관음주송의 발전 방안」,
　　『천태학연구』13, 2010

천태종 교전간행위원회 편,『불멸의 燈明 - 상월원각대조사 일대기』, 대한불교천태종총
　　무원, 2000

천태종성전편찬회 편저,『천태종교전 Ⅰ』, 대한불교천태종, 1972

천태종성전편찬회 편저,『천태종성전』, 대한불교천태종, 1971

최기표,「上月圓覺 大祖師의 생애와 업적」,『천태학연구』5, 2003

최기표,「상월원각대조사의 계율관」,『천태학연구』, 16, 2013

최기표,「천태종의 관음주송과 그 이론적 토대」,『동아시아불교문화』3, 2009

최동순,「상월조사 행장 발굴과 연보 정정」,『한국불교학』54, 2009

최동순, 「상월조사 행적에 대한 법화사상의 적용」, 『한국선학』 20, 2008
최동순, 「上月祖師의 생애에 타나난 수행관」, 『한국선학』 5, 2003
최동순, 「천태종 祖僧論의 배경」, 『불교학연구』 12, 2005
최동순, 「천태종의 관음 칭명 수행 원리 – 요세 비명의 '當處現前'과 그 배경 탐구」, 『한국학보』 34, 2013
최동순, 「현대 한국 천태종의 수행 구조와 원융삼제의 적용」, 『한국불교학』 37, 2004
최동순, 『처처에 백련 피우리라』, 운주사, 2009
최연식, 「월출산의 관음신앙에 대한 고찰」, 『천태학연구』 10, 2007
호리사와소몬, 「일본불교의 母山, 比叡山에서의 수행」, 『천태학연구』 10, 2007
황상준, 「대한불교 천태종의 관음신앙 연구」, 『천태학연구』 16, 2013
황상준, 「현대 재가불자의 관음신앙 유형에 대한 고찰 – 『삼국유사』의 관음설화를 토대로」, 『천태학연구』 15, 2012

──────────── 제17장 미래 한국의 또 다른 종교들? ────────────

강돈구, 「한국 종교교단의 '국학운동'」, 『종교연구』 70, 2013
강돈구, 『종교이론과 한국종교』, 박문사, 2011
고남준, 『청산선사 – 우리시대의 위대한 도인』, 정신세계사, 2010
국선도법연구회 엮음, 『국선도 이야기』, 국선도, 2013
권태훈, 『백두산족에게 고함』, 정신세계사, 1989
김대선·카르멘텔스, 『동이족의 숨겨진 역사와 인류의 미래』, 수선재, 2011
김예진, 『마을이 돌아왔다』, 수선재, 2014
김정빈, 『단』, 정신세계사, 1984
김종무 편저, 『국선도 원기단법 정해』, 나무와 달, 2011
김종무, 『국선도 – 심신 치유와 영적 성장의 길』, 나무와 달, 2014
김현창 외, 『동양심신수련법』, 한국학술정보, 2007
김현창, 「동양심신수련법의 수행 일기 – 국선도 체험을 중심으로」, 김현창 외, 『동양심신수련법』, 한국학술정보, 2007
김혜정, 『당신이 지구별에 여행 온 이유 – 삶의 의미에 대한 신들의 답장』, 수선재, 2012
문화영, 『다큐멘터리 한국의 선인들』 1, 2, 수선재, 2015
문화영, 『仙』 1, 2, 3, 수선재, 2012
문화영, 『예수인터뷰 – 한 명상가와 예수의 리얼 타임 대화록』, 아루이, 2006
문화영, 『천서 0.0001』 1, 2, 수선재, 2001
문화영, 『천서 0.0001』 3, 수선재, 2006
문화영, 『한국의 仙人들』, 1,2, 수선재, 2012
박은기·카르멘, 『플레이아데스가 말하는 지구의 미래』, 수선재, 2011
백환기, 『국선도 단전호흡』, 말과 창조사, 2012
봉우사상연구소 엮음, 『봉우仙人의 정신세계』, 정신세계사, 2001

봉우사상연구소 엮음, 『일만 년 겨레 얼을 찾아서』, 정신세계사, 2001

석문도문 엮음, 『석문도담』, 석문출판사, 2012

석문도문, 『석문도법 - 인간이 신이 되는 완성도법』, 석문출판사, 2012

석문도문, 『석문사상』, 석문출판사, 2013

수선재 엮음, 『선인류의 삶과 수련』 1, 2, 수선재, 2012

수선재 엮음, 『죽음의 두려움에서 벗어나는 법』, 수선재, 2012

스톰, 『2025 지구별 신인류 세상』, 수선재, 2012

안기석, 「봉우사상과 천부경」, 봉우사상연구소 엮음, 『봉우仙人의 정신세계』, 정신세계
        사, 2001

우혜란, 「포스트모던 시대의 새로운 종교현상 - 한국의 예를 중심으로」, 『신종교연구』
        19, 2008

Woo, Hai-ran, "New Age in South Korea", *Journal of Alternative Spiritualities and
        New Age*, 5, 2009

우혜란, 「한국 명상단체의 세계화 기획과 서구 사회의 대응 - 단월드와 마음수련을 중
        심으로」, 『신종교연구』 25, 2011

유건영 편저, 『내가 태어난 것은 기적이다』, 수선재, 2014

유자심, 『배달민족의 신비 - 산중 고인돌과 국선도』, 해드림출판사, 2012

임경택, 『숨쉬는 이야기』, 샘이 깊은 물, 2015

임득춘, 『대체의학과 국선도 - 단전호흡·기체조·명상·요가』, 보문당, 2009

정래홍, 『신에게 묻고 싶은 24가지 질문』, 수선재, 2012

정래홍·토란트, 『우주에서 온 고대문명의 설계자들』, 수선재, 2011

정재서, 「봉우 권태훈과 한국 도교 간론(簡論)」, 봉우사상연구소 엮음, 『봉우仙人의 정
        신세계』, 정신세계사, 2001

정재승 엮음, 『바이칼, 한민족의 시원을 찾아서』, 정신세계사, 2003

정재승 엮음, 『세상 속으로 뛰어든 신선』, 정신세계사, 2002

정재승 엮음, 『천부경의 비밀과 백두산족 문화』, 정신세계사, 1989

정재승 외 엮음, 『仙道공부 - 봉우 선생의 한국 선도 이야기』, 솔출판사, 2006

정재승 편, 『봉우일기』 1, 2, 정신세계사, 1998

정재승 편저, 『민족비전 정신수련법』, 정신세계사, 1992

정재승, 「봉우사상의 특성 - 예언의 구조 분석」, 봉우사상연구소 엮음, 『봉우仙人의 정
        신세계』, 정신세계사, 2001

조성택, 「봉우 선생의 풍수지리 사상」, 봉우사상연구소 엮음, 『봉우仙人의 정신세계』,
        정신세계사, 2001

청산선사, 『국선도』 1, 2, 3, 국선도, 1993

청산선사, 『삶의 길』, 국선도, 1992

클레온, 『지구를 빛낸 우주인 이야기』, 수선재, 2012

허경무, 『국선도 기화법』, 밝문화미디어, 2009

허경무, 『국선도 원기단법 별해』, 밝문화미디어, 2005
허경무, 『국선도 입단행공』, 밝문화미디어, 2015
허경무, 『국선도, 대자연의 길』, 밝문화미디어, 2008
허경무, 『국선도강해』, 밝문화미디어, 2014
http://do.seokmun.org.
http://www.bongwoo.org.
http://www.dohwajea.org.
http://www.kooksundo.com.
http://www.kouksundo.com.
http://www.kouksundomuye.com.
http://www.kouksundomuye.com.
http://www.ksd21.com.
http://www.kuksun.com.
http://www.suseonjae.org.
http://www.dahn.org.

색 인

ㄱ

강돈구 14, 32, 119, 147, 173,
203, 207, 233, 234,
251, 261, 293, 294,
295, 355, 382, 385,
386, 388, 422, 449,
450, 511, 514, 515,
516

강성복 ———— 339, 343
강인철 ————————— 170
고남식 ————————— 374
고남준 516, 517, 519, 520,
523, 524, 526
고병철 173, 233, 261, 293,
323, 324, 325, 355,
359, 360, 370, 385,
485, 498, 505, 509
고우익 490, 491, 496, 497,
508
고희탁 ————————— 455
구중회 – 368, 428, 430, 431
권태훈 527, 529, 530, 531,
540
금장태 387, 389, 390, 391,
392, 394, 408
김경선 241, 243, 245, 246,
247, 248
김경재 ———— 25, 42, 43

김광억 ———— 404, 405
김군준 ———— 242, 245
김균진 ————————— 90
김기복 ————————— 199
김도현 ————————— 435
김동환 – 456, 460, 466, 467
김두환 338, 339, 341, 349,
353
김명자 ————————— 409
김문식 ————————— 435
김미영 395, 396, 399, 400,
402, 403, 406, 409
김백희 ————————— 389
김보년 ————————— 340
김성장 ————————— 309
김성현 ————————— 244
김세운 488, 489, 497, 500,
502, 507
김수중 ————————— 310
김순임 ————————— 310
김승동 ————————— 367
김승태 ————————— 17
김시덕 ———— 396, 397, 406
김영민 ————————— 310
김영순 – 187, 190, 196, 197
김영호 ————————— 42
김용준 ————————— 41
김우형 ———— 391, 392

김원묵 325, 332, 338, 342,
343, 348, 353
김응철 ————————— 497
김인강 ———— 302, 305, 309
김인서 ————————— 39
김일권 ————————— 360
김일상 ———— 303, 309
김장배 ————————— 87
김재신 ————————— 257
김정빈 ————————— 527
김정환 ———— 39, 52
김종무 ————————— 522
김준철 265, 267, 269, 274,
275, 276, 278, 280,
281, 282, 283, 288,
289, 290
김진 ————————— 42
김탁 ———— 310, 429, 436
김현창 ————————— 524
김호성 ————————— 499
김홍철 125, 126, 296, 300,
301, 308, 372
김훈 ———— 355, 485
김홍호 ————————— 50

ㄴ

나운몽 – 61, 64, 66, 67, 79
남대충 488, 490, 492, 494,

495, 510
노길명 – 162, 176, 296, 372
노평구 ──────── 34, 39

ㄹ

류병덕 – 303, 307, 309, 318
류성민 ──── 14, 261, 323
류성태 ────────── 316

ㅁ

문태규 ──── 130, 131, 136
문화영 536, 537, 538, 539,
540
민경배 ──────────── 39

ㅂ

박규태 ─────────── 324
박미라 ─────────── 435
박병수 ─────────── 310
박상규 ──────── 314, 439
박성규 ─────────── 391
박영호 ──────────── 50
박용구 ─────────── 457
박용덕 ──────── 304, 310
박재순 ──────── 42, 43
박정희 ──────── 42, 517
박제상 ─────────── 469
박종천 ──────── 389, 391
박종호 ─────────── 290
박진규 ─────────── 473
박현숙 ──── 337, 338, 344

박형철 – 492, 493, 494, 506
박혜명 ─────────── 312
박혜인 ─────────── 400
배영동 ─────────── 405
백숭기 ─────────── 245
백준흠 ──────── 304, 318
백환기 ─────────── 521
변갑태 ──────── 337, 348
변문호 ──── 128, 133, 137
변영의 ─────────── 329

ㅅ

서경전 ──────── 304, 308
서영남 ─────────── 125
서정민 ─────────── 277
석대권 ─────────── 393
손정윤 ─────────── 307
송재용 ──────── 403, 406
송현동 – 173, 293, 323, 398
송현주 – 119, 203, 323, 324
신계훈 239, 245, 246, 248,
252
신순철 ─────────── 311
신호범 ──── 217, 224, 230
심상훈 ──────── 454, 457
심재원 ──────────── 92

ㅇ

안이정 ──────── 302, 309
안태현 ─────────── 125
양은용 ─────────── 320

양정숙 334, 336, 337, 338,
350, 351
양현아 ──── 395, 400, 401
여중철 ──────── 400, 402
오만규 237, 249, 250, 255,
260
우혜란 ─────────── 542
원석조 ─────────── 320
유자심 ─────────── 522
유제춘 – 325, 346, 347, 353
유치홍 ──────── 329, 346
육정임 ─────────── 395
윤기봉 ─────────── 436
윤승용 ──────── 176, 324
윤영수 ──────── 350, 351
윤용복 119, 173, 203, 233,
323, 355, 385, 485,
501
윤재근 ──────── 378, 380
윤정란 ─────────── 124
윤하인 129, 130, 131, 134,
136
이강오 ──── 343, 359, 361
이경구 334, 337, 339, 350,
351, 353
이경우 ─────────── 124
이경원 360, 378, 416, 418,
436, 444
이공전 – 302, 309, 311, 312
이광규 ─────────── 404
이길용 ─────────── 294

이덕주 ———————— 281
이명선 ———————— 353
이미경 ——— 332, 333, 336
이병욱 ———————— 338
이봉춘 ———————— 503
이성은 ———————— 317
이성전 ———————— 310
이성택 ——— 305, 306, 511
이승헌 468, 469, 470, 471,
472, 473, 474, 475,
476, 477, 478
이우성 ——— 392, 394, 411
이욱 233, 323, 389, 393, 435
이윤구 ———————— 42
이응호 ———————— 269, 270
이이화 ———————— 455
이재헌 325, 329, 332, 334,
335, 336, 337, 338,
339, 340, 341, 342,
343, 344, 345, 346,
347, 348, 349, 350,
351, 353
이재호 ———————— 436
이정만 ———————— 422
이종선 ———————— 198
이진구 176, 265, 266, 280,
282, 293, 314, 323
이찬구 124, 126, 129, 130,
131, 132, 136, 138,
140
이창일 ———————— 392

이혜정 – 261, 323, 324, 325
이효원 ———————— 485, 505
이희재 ———————— 397
임경택 ———————— 522, 524
임계유 ———————— 387
임돈희 – 402, 404, 405, 406
임득춘 ———————— 522
임병렬 ———————— 472
임재해 ———————— 392
임태규 ———————— 346

ㅈ

장병길 ———————— 443
장석만 ———————— 385
장승구 ———————— 347
장철수 ———————— 396
장형일 – 268, 274, 275, 278
전경수 ———————— 397
전택부 ———————— 107
전팔근 ———————— 297
정래홍 ———————— 538
정세근 ———————— 346
정순일 304, 308, 311, 334,
429
정인보 ———————— 459, 460
정재서 ———————— 529
정재승 527, 528, 529, 530,
531, 532
정진홍 ———————— 176
정학봉 – 91, 92, 93, 98, 115
조남호 ———————— 473, 476

조명기 ———————— 488
조용기 60, 61, 62, 63, 65, 66,
70, 78
조현범 119, 173, 203, 233,
261, 265, 282, 323,
355, 385
조효훈 ———————— 88, 91
지무구 ———————— 341
지창규 ———————— 502

ㅊ

차선근 382, 421, 435, 439,
441
차옥숭 ———————— 312
천도교 123, 124, 125, 126,
128, 294, 297, 299,
301, 303, 304, 312,
313, 314, 315, 407
최기표 ———————— 497
최길성 – 126, 335, 406, 421
최동순 – 492, 494, 499, 502
최동희 ——— 303, 307, 309
최상용 ———————— 268
최원식 ———————— 124
최준식 ———————— 296

ㅎ

한기두 ———————— 320
한내창 ———————— 300, 316
한석희 ———————— 17
한종만 ———————— 308

허경무 ——————— 520, 521
허긴 —— 86, 101, 106, 241
허상은 - 336, 340, 346, 348
홍범초 359, 361, 362, 365,
          382, 421, 423
황필호 ————————— 176